인류는 어떻게
문화적 동물이 되었을까

우주를
이해한
유인원

스티브 스튜어트 – 윌리엄스 지음

강아름 옮김

데이원

제인, 다윈, 인디아에게

목차 CONTENTS

서문

인지적 창조설 그리고 인간 본성의 현실적 관점

—마이클 셔머Michael Shermer

2019년 2월 12일 '다윈 데이'. 1809년 찰스 다윈의 탄생(아브라함 링컨의
생일과 같다)을 기념하는 이날, 여론조사기관 퓨 리서치Pew Research가 진화론에
대한 믿음(또는 불신)과 관련한 최신 통계를 발표했다.[1]

- 미국인의 3분의 1(33%)은 "인류가 신 또는 전능자의 개입 없이 자연 선
  택 등의 과정에 따라 진화했다"는 사실을 인정한다.
- 절반 가량(48%)은 진화가 있었다고 믿지만 "신 또는 전능자의 인도 또는
  허락을 받았다"고 생각한다.
- 5분의 1(18%)가량이 "인간은 처음부터 지금과 똑같은 형태였다"고 말하
  며 진화론 일체를 거부한다.

종교에 따라 진화론에 대한 입장이 다르다. 백인 복음주의 기독교도 사이
에서 자연적 과정 단독에 의한 진화론을 수용하는 경우는 겨우 4%에 지나지
않으며, 이들의 38%는 인간이 처음부터 "지금과 똑같은 형태였다"고 믿었다.

가톨릭의 경우 교황 요한 바오로 2세가 1996년에 발표한 회칙에서 진화론을 수용한 이후 인간 진화에 대한 생각을 바꾸게 되어 오늘날 신자의 56%가 인간이 "신 또는 전능자의 인도를 받아" 진화했다는 사실을 받아들이고 있으며, 30%는 우리가 전적으로 "자연적 과정의 결과"에 의해 진화했다는 데 동의한다. 종교적 소속이 없는 이들(자신의 종교를 무신론, 불가지론, 또는 "특별히 없음"으로 표현하는 이들)의 경우 신의 인도 없는 진화론을 받아들이는 비율이 64%로 가장 높다.

정치 성향 또한 진화에 대한 믿음에 중요하게 작용한다. 갤럽이 2012년에 진행한 여론조사[2]에 따르면 "공화당원의 58%가 신이 지난 1만 년 사이에 인간을 현재와 똑같은 형태로 창조했다고 믿으며" 겨우 5%만이 인간은 진화했고 그 과정에 신의 개입은 없었다고 응답했다. 사실 이 결과에 놀라는 사람은 그렇게 많지 않을 터다. 정작 놀라운 것은 민주당원의 41%와 무당파의 39%가 신이 지난 1만 년 사이에 인간을 현재와 똑같은 형태로 창조했다고 믿는다는 조사 결과다. 민주당원과 무당파의 19%만이 인간은 진화했고 그 과정에 신의 개입은 없었다고 믿으며, 인간이 신의 인도를 통해 진화했다는 믿음에 있어서는 공화당원(31%)과 민주당원(32%) 사이에 뚜렷한 차이가 없었다.

이 무슨 일인가? 나는 민주당원들이 성경책이 아니라 과학책 부류의 사람들이라고 생각했었다. 분명 이렇게 된 데에는 충분한 설명, 즉 진화가 실제로 일어났다는 설명에 대한 실증적 증거와 합리적 추론 외의 요인들이 추가적으로 작용하고 있는 게 분명하다. 2006년에 발표한 책 『왜 다윈인가Why Darwin Matters』에서 나는 사람들이 진화론을 받아들이지 않는 여섯 가지 이유를 다음과 같이 요약했다.[3]

1. **과학이 종교를 위협한다는 일반적 두려움.** 이를 나는 과학과 종교의 "상충하는 세계conflicting worlds" 모델의 영역으로 본다. 이 모델에서는 하나만 취하고 다른 하나는 버려야 한다. 이와 반대인 "하나의 세계same worlds" 모델에서는 과학을 이용해 종교적 교리들을 입증하려는 시도가 가능하다. 한편 "분리된 세계separate worlds" 모델에서는 과학과 종교가 차지하는 영역이 완전히 다르다(이 세계는 스티븐 제이 굴드Stephen Jay Gould 의 그 유명한 NOMA, 즉 '겹치지 않는 교도권NonOverlapping Magisteria'에서 구체적으로 나온다).[4] 최근 신을 믿는 미국인의 비율이 감소하고 종교적 소속이 없는 이들—"무교"—의 수가 눈에 띄게 늘기는 했지만(미국인 전체의 약 23%, 밀레니얼 세대의 34%[5]) 미국인의 약 90%는 (반드시 성경의 신은 아니더라도) 전능자의 존재를 어떤 형태로든 여전히 믿고 있으며[6] 대중의 59%는 과학과 종교가 종종 갈등을 겪는다고 말한다.[7]

2. **진화론이 종교를 위협한다는 특별한 두려움.** 과학과 종교는 지구의 나이나 창세기의 창조 순서와 같은 특정 교리에서 충돌한다. 다행스럽게도 대부분의 세계 종교는 변화무쌍한 과학적 발견에 적응하고 종교의 기원 신화는 비유로 읽는 정도의 유연성은 갖추고 있다. 그러나 미국의 근본주의 교파—특히 복음주의자와 주류 개신교—들은 자신들의 과학적 회의주의scientific skepticism를 진화와 같은 쟁점 사안(보다 최근에는 기후변화)들에 집중시켜 왔다.[8]

3. **진화론에 대한 오해.** 진화론과 창조론을 둘러싼 논란으로 인해 이 주제는 학교의 과학 교육 과정에 포함되지 않는 경우가 많고, 설령 포함된다고 하더라도 교사들은 행정당국 및 부모와의 긴장과 갈등을 피하기 위해 (아예) 가르치지 않는 쪽을 선택한다. 일례로 2001년 갤럽 조

사에 따르면 미국인의 66%가 본인이 진화에 대해 "잘 모른다"고 생각했다.[9]*

4. **진화가 우리의 인간다움을 훼손한다는 두려움.** 인간이 우주의 중심이라는 초석을 코페르니쿠스가 뒤집은 후, 다윈은 우리가 다른 모든 유기체와 동일한 자연 법칙과 역사적 힘의 지배를 받는 "한낱" 동물일 뿐이라 밝히며 쿠데타를 일으켰다. 싱크탱크 디스커버리 인스티튜트 Discovery Institute의 낸시 피어시Nancy Pearcey는 미 하원 법사위원회에서 진행한 "지적 설계" 관련 브리핑에서 다음과 같은 내용을 촉구하는 대중가요 가사를 인용했다. "당신과 나, 베이비, 그래봤자 우린 포유류일 뿐이야, 그러니 우리도 그대로 해보자고, 그들이 디스커버리 채널에서 하는 대로." 피어시는 미국의 법체계가 도덕 원칙에 바탕을 둔 이상 궁극의 도덕적 소양을 다지는 유일한 방법은 법이 "판결 받지 않는 판사", "창조되지 않은 창조자"를 가져야 한다는 주장을 이어 갔다.[10]

5. **진화를 윤리적 허무주의 및 도덕적 타락과 동일시하기.** 이 두려움의 이면에 내재된 추론의 방식은 이렇다. 진화는 신의 부재를 의미하므로 진화론을 믿는 것은 무신론으로 이어진다. 신에 대한 믿음이 없으면 도덕성도 의미도 없다. 도덕성과 의미가 없으면 시민 사회를 위한 기초가 없다. 시민 사회가 없으면 우리는 짐승과 다를 바 없이 사는 존재로 전락할 것이다. 이러한 비논리는 1991년 신보수주의 성향의 사회평론가 어빙 크리스톨Irving Kristol로부터 나왔다. "인류 역사에서 반론의 여지가 없는 단 하나의 진리가 있다면 그것은 어떤 공동체든지

---

*일례로 1925년 스코프스의 "원숭이 재판(monkey trial)"이 있은 후 교사와 교과서 제작자들은 진화론 교육을 중단했다—한 과학 역사가가 1925년부터 1960년 사이 고등학교 생물학 교과서를 대상으로 진행한 연구에 따르면 이 시기 진화론이라는 주제는 교육과정에서 그냥 자취를 감췄다(Grabiner, Judith V., and Peter D. Miller. 1974. "Effects of the Scopes Trial." Science, 185, 832—836.). 가르침이 없으니 배움도 없다.

그 구성원들이 공허한 우주에서 무의미한 삶을 이어가고 있다고 믿게 될 때—아니 의심이라도 품게 될 때—절대 살아남을 수 없다는 사실이다."[11]

6. 진화론이 인간 본성의 고정성 혹은 경직성을 암시한다는 두려움. 이는 유전자 결정론의 변종이면서 사회생물학과 진화심리학에 쏟아지는 비판인데, 이들이 정치 개혁과 경제 재분배 정책에 저항적인 인간이라는 결정론적 시각을 담고 있다고 보는 것이다. 흥미롭게도 1번~5번은 주로 정치적 우파들이 제기한다. 그들의 강력한 종교적 보수성 때문에 진화론을 종교의 기본 교리에 대한 도전으로 보기 때문이다. 그런데 6번은 좌파 진영에서 등장한다. 그들의 강력한 자유주의 성향 때문에 진화론을 정치적 기본 교리에 대한 도전으로 보기 때문이다. 나는 이러한 형태의 창조론을 "인지적 창조론cognitive creationism"이라 부른다. 인지적 창조론의 원천은 인간 본성의 본질을 둘러싼 전투, 그리고 그 본질이 인간 사회를 구성하는 데 끼치는 정치·경제적 영향을 둘러싼 전투다. 인지적 창조론자들은 인간의 정신과 사회에 진화론적 사고를 적용하려는 노력에 저항해 왔다. 인간의 생각, 도덕성, 사회적 행위, 경제적 선택들까지 자연 선택natural selection에 의해 만들어진 것이라면 인간성의 향상을 지향하는 사회 정책들은 실패하고 말 것이라는 우려 때문이다. 즉, 인지적 창조론자들은 진화가 오직 목 아래쪽에만 적용된다고 믿는다.

경제학자 토머스 소웰Thomas Sowell은 1987년작 『관점의 충돌A Conflict of Visions』에서 인간 본성에 대한 개인의 믿음을 설명하면서 이를 제약적 관점(보수주

의) 또는 무제약적 관점(자유주의)으로 묘사했다. 소월의 설명에 따르면 보수
주의자와 자유주의자는 세금, 복지, 사회보장, 보건의료, 사법제도, 전쟁처럼
사회의 다수 사안들에서 일관된 입장을 견지한다. 이는 인간의 본성을 제약적
으로 보느냐 또는 무제약적으로 보느냐에 대한 관점에 좌우된다.[12]

인간의 선택권이 본질적으로 무제약적이라면 그처럼 혐오스럽고 재앙에
가까운 현상들의 존재 자체에 대한 설명과 해법이 강력하게 요구될 것이
다. 그러나 인간의 한계와 열정이 이 고통스러운 현상의 핵심이라면 이
현상들이 기피 또는 최소화되어 온 방식에 대한 설명이 요구될 것이다.
　무제약적 관점에서 보면 사회적 악을 다루기 힘들 이유는 없고 따라서
충분한 도덕적 노력으로 해결하지 못할 이유도 없다. 그러나 제약적 관점
에 따르면 인간의 내재적 악을 제한 또는 개선하는 계략이나 전략들은 무
엇이 됐든 그 자체의 대가를 가지고 있으며, 그 일부가 이처럼 문명화된
제도들이 만들어내는 또 다른 사회 병폐의 형태로 나타나는 것이다. 그러
므로 가능한 것은 신중한 균형이 전부다.

2002년에 발표된 『빈 서판The Blank Slate』에서 심리학자 스티븐 핑커Steven Pink-
er는 이 두 가지 관점을 비극적 관점과 유토피아적 관점으로 새롭게 명명하고
그 의미를 살짝 바꾼다.[13]

유토피아적 관점은 사회적 목표를 분명히 하고 그 목표들을 정통으로 겨
냥하는 정책들을 고안한다. 경제적 불평등에는 빈곤과의 전쟁으로, 오염
에는 환경 규제로, 인종적 불균형에는 특혜로, 발암물질에는 식품첨가물

의 제한으로 맞선다. 비극적 관점은 이러한 정책들을 이행할 사람들의 이기적 동기—즉, 그들의 관료적 지배권의 확장—와 무수한 결과들을 예측하지 못하는 무능력을 지적한다. 이러한 양상은 사회적 목표들이 자신의 이익을 추구하는 수백만 사람들과 대립할 때 특히 두드러진다.

뚜렷한 좌—우 분열에 따라 정부의 규모(큰 정부 vs. 작은 정부), 과세 수준(고율 vs.저율), 무역(공정 vs. 자유), 보건의료(보편적 vs. 개인적), 환경(보호 vs. 방치), 범죄(사회 불평등의 결과 vs. 범죄 심리 소유자의 행위), 헌법(사회 정의를 위한 사법 적극주의 vs. 원래 의도의 관철을 위한 엄격한 구성주의) 등 수많은 구체적 다툼에서 (각각의) 유토피아적 관점과 비극적 관점이 일관되게 둘로 나뉜다.

나는 무제약적 관점이 유토피아적이라는 소웰과 핑커의 의견에 동의한다. 유토피아의 어원은 "없는 곳"이다. 인간 본성에 대한 무제약적 유토피아 관점은 '빈 서판' 모델을 수용하고 관습, 법, 전통적 제도들이 불평등과 불의의 원인이며 따라서 엄격한 규제와 하향식의 지속적 수정이 필요하다고 믿는다. 정부의 프로그램들을 통해 사회를 설계하여 인간 내면에 존재하는 선천적 무욕無慾과 이타성을 해제해야 한다고 생각한다. 이 관점은 신체적·지적 차이의 주원인이 불공평하고 부당한 사회 시스템이며, 사회 개발을 통해 이 시스템을 제대로 설계한다면 역사로부터 물려받은 부당하고 불공평한 정치, 경제, 사회 시스템의 인공적 산물인 사회 경제적 계급 사이의 이동이 가능하다고 본다. 나는 인간 본성에 대한 이 관점이 말 그대로 없는 곳에나 존재하는 것이라고 믿는다.

인간 본성을 바라보는 관점은 제약적 관점과 무제약적 관점, 또는 비극적 관점과 유토피아적 관점의 뚜렷하고 명백한 두 가지 범주로 구분되지 않는다. 내가 2011년에 발표한 『믿음의 탄생The Believing Brain』에서 주장한 바와 같이 인간 본성을 보는 관점은 단 하나가 있을 뿐이다. 바로 현실적 관점realistic vision이다. 현실적 관점은 빈 서판과 유전자 결정론 사이의 계산자를 따라 움직인다.[14] 인간 본성이 신체, 인지, 도덕의 모든 측면에서 부분적으로 제약되고 있다고 믿는 사람이라면 인간 본성에 대한 현실적 관점을 지닌 셈이다. 행동유전학과 진화심리학 분야의 연구에 의거해 제약의 정도를 40%에서 50%(유전에 의한 것으로 파악되는 인간 특징 대부분의 편차)로 놓아보자. 현실적 관점에서 인간 본성은 생명 작용과 진화 이력의 상대적 제약을 받으며, 따라서 사회와 정치 체계는 이러한 현실을 중심으로 조직되어 우리 본성의 긍정적 측면을 강화하고 부정적 측면은 축소해야 한다.

현실적 관점은 인간이 사회 프로그램에 너무도 순응적이고 호의적이어서 정부가 그들의 삶을 설계해 훌륭한 디자인의 사회로 만들 수 있다는 빈 서판 모델을 거부한다. 대신 가족, 관습, 법, 전통적 제도들이 사회 화합의 일차적 원천이 되어야 하며, 정부는 이 일차적 원천들이 실패했을 시의 예비적 대안으로 기능해야 한다고 믿는다. 현실적 관점은 부모, 가족, 친구, 공동체를 통한 엄격한 도덕 교육의 필요성을 인정한다. 이는 인간이 이기성과 이타성, 경쟁심과 협동심, 탐욕과 관대함의 이중적 본성을 가지고 있기 때문이며—스티븐 핑커는 2011년작 『우리 본성의 선한 천사The Better Angels of Our Nature』[15]에서 이를 우리의 "더 나은 천사"와 "내면의 악마"로 표현한 바 있다—따라서 우리가 옳은 일을 하기 위해서는 규칙과 지침과 격려가 필요하다. 현실적 관점은 인간의 신체적, 인지적, 도덕적 개인차가 상당하므로—이 중 다수가 자연적으로 물려받은 차이에 해당—그들 본연의 수준으로 높이는 (또는 낮추는) 것이 가능함을 인정한다.

　인간 본성에 대한 현실적 관점의 수용을 꺼리는 것—다시 말해 인지적 창조론을 수용하는 것—은 학계를 비롯한 보다 넓은 영역에서 최근 진행 중인 포스트모더니즘 부활의 배경이 되고 있다. 이에 따라 점점 더 많은 이들이 극단적 좌파, 퇴행적 좌파, 권위주의적 좌파, 극진보주의로 떠밀리고 있다. 또한 우리가 에버그린, 버클리, 예일, 미들버리에서 목격했던 대학 캠퍼스의 광기도 동반했다. 일명 혐오 발언, 미세공격microaggressions, 사전 고지trigger warning, 안전 영역safe spaces 등의 문제와 더불어 인간 본성에 대한 무제약적 또는 유토피아적 관점을 수용하지 않는 화자의 발화 플랫폼 차단 등의 논란이 대학을 휩쓸었다.

　지난 10년 사이 보수적 창조론은 정치 및 문화적 영향력을 상당히 상실했다. 공립학교 과학수업에서 자신들의 교리를 강의하도록 만들고자 내세운 "창조 과학", "과학적 창조론", "지적 설계론"이 법정 소송에서 완패했다(가장 대표적으로 아칸소, 루이지애나, 펜실베이니아 패소를 들 수 있다). 그리고 인지적 창조론은 옛 시절의 창조론을 대체하는 것 이상의 저력을 보이면서 학계와 미디어에 끼치는 영향력을 늘리는 사이, 점점 더 많은 수의 자유주의자들이 좌경화되어 빈 서판 교리를 받아들이고 있다.

　바로 이것이 스티브 스튜어트—윌리엄스의 『우주를 이해한 유인원The Ape that Understood the Universe』이 국가와 관련한 우리의 담론에서 그토록 중요한 이유다. 그는 진화의 증거를 제시하고 자연 선택이 유기체의 몸(인간의 신체 포함)에 작용하는 방식을 설명한다. 그뿐만 아니라 내가 생각하기에 인지적 창조론에 대한 사상 최고의 반론을 제시하는 한편 인간 본성을 보는 무제약적이고 유토피아적인 관점의 정체를 철저히 폭로한다. "빈 서판 이론 지지자와의 논쟁에서 승리하는 법"과 "밈 반대론자와의 논쟁에서 승리하는 법"이라는 제목의 두 부록만으로도 이 책은 진화생물학, 심리학, 인류학, 사회학을 공부하는 모든 학생들의 필독서가 되어야 한다. 또한 스티브 스튜어트─윌리엄스는 인지적 창조론자와 그들의 빈 서판 이론을 둘러싼 논쟁에서 허수아비 논증의 오류를 비켜간다. 대신 그들에게 유리한 최고의 논거로 그들의 주장을 강화한 후 증거와 논리를 활용해 체계적으로 반박한다. 외계 행성에서 온 인류학자의 렌즈를 통해 인간성을 바라본다는 관점 바꾸기 사고 실험은 독자에게 우리의 정신과 문화가 어떻게 진화해 왔는지에 대한 깊은 혜안을 제공한다. 책 전체가 과학적 추론의 결정체라 할 정도로 강력한 논증을 보여주면서도 품격 있게 쓰여 책의 마지막 장에 도달한 성실한 독자라면 모든 형태의 창조론을 배격하고 인간 본성에 대한 현실적 관점을 취할 수밖에 없게 될 것이다.

너무도 다양한 사안에서 좌파와 우파가 전례 없이 멀어져 있는 극심한 정치적 분열의 시대에 인간 본성에 대해 현실적 관점을 수용한다는 것은 미국 건국의 아버지들이 정부 시스템을 구축하던 당시 중시했던 가치이자 인간 본성에 대한 그들 자신의 이론적 기반이기도 했던 "균형"의 회복에 기여할 것이다. 이는 제임스 매디슨James Madison의 『연방주의자 논고Federalist Paper』51번에 너무도 훌륭히 드러나 있다.

그러나 정부는 무엇이며 인간 본성을 가장 잘 반영하는 것은 무엇인가? 인간이 천사라면 정부는 필요하지 않을 것이다. 천사가 인간을 지배한다면 정부에 대한 외적 통제도 내적 통제도 필요하지 않을 것이다. 인간이 인간을 다스리는 정부의 틀을 만드는 일의 중대한 난관이 여기에 있다. 먼저 정부가 다스림을 받는 자들을 통제할 수 있도록 해야 한다. 다음으로 정부

가 자기 자신을 통제하도록 해야 한다.[16]

에이브러햄 링컨Abraham Lincoln 또한 1861년 3월에 첫 취임사를 쓰던 당시 이 현실적 관점과 유사한 것을 마음에 품었다. 미국 역사상 가장 피비린내 나는 대립이 시작되기 전날 밤이었으며, 그는 그렇게 내면의 악마가 풀려나게 될 것임을 알았다.

비록 감정이 격앙되는 일은 있을 수 있겠지만 그 때문에 애정의 유대가 끊기는 일이 있어서는 안 됩니다. 기억이라는 신비로운 심금은 모든 전쟁터와 애국자의 무덤에서부터 이 드넓은 땅 전역의 모든 살아 있는 가슴과 가정까지 이어져 있습니다. 이러한 심금에, 우리 본성에 깃든 보다 선량한 천사의 손길이 다시금 닿게 될 때면 연방 찬가는 한층 드높게 울려 퍼질 것입니다.[17]

감사의 말

다른 누구보다도 내 아내, 제인 스튜어트—윌리엄스에게 감사한다. 제인이 아니었다면 이 책은 존재하지 않았을 것이다. 우리 아이들, 다윈과 인디아에 게도 감사한다. 집필을 처음 시작했던 때에 비해 많은 변화를 겪은 두 사람이 지만 늘 나를 지지해줬고 웃게 해줬다. 스완지대학교의 전 동료들, 마크 블라 그로브와 미셸 리에게 감사한다. 내가 안식년을 갖고 이 책의 집필을 시작할 수 있게 해주었다. 노팅엄대학교 말레이시아 캠퍼스의 현 동료들에게도 감사 드린다. 특히 데이비드 키블은 집필을 계속할 자유와 함께 작업 전반의 지원 을 제공했다. 마틴 데일리와 고故 마고 윌슨에게 감사한다. 두 사람은 진화심 리학을 바라보는 내 관점에 커다란 영향을 끼쳤다. 마크 앨브, 에이미 알콘, 존 아처, 수전 블랙모어, 바바 브링크맨, 닐 카터, 헬렌 피셔, 롭 로우, 로버트 킹, 제프리 밀러, 윌 리더, 매트 리들리, 토드 샤켈폴드, 마이클 셔머, 비어트 리스 스튜어트, 졸리언 스튜어트, 앤드루 토머스, 벤 윈터, 랜스 워크맨, 케임 브리지대학출판국의 검토자 3인 등 개별 챕터 또는 전체 원고의 초안을 읽어 준 모든 이에게 감사한다. 케임브리지대학출판국의 편집자 얀카 로메로에게 감사한다. 함께 일할 수 있어 즐거웠고 그의 제안 덕분에 많은 부분을 개선할 수 있었다. 토니 에락시넨, 케이틀린 앨런, 팻 바클레이, 캐서린 보비, 클로이

브래들리, 마이클 브리트, 데이비드 버스, 아힘사 캄포스—아르세이즈, 로건 칩킨, 앤드루 클라크, 제리 코인, 올리버 커리, 마르코 델 주디시, 그레그 딩글, 셀린 두라시에, 레베카 포스터, 브라이언 갤러거, 피터 그레이, 네레이다 부에노 기에라, 마티 해즐턴, 션 허먼슨, 애덤 후퍼, 스테파니 휴이슨, 줄리엣 제이콥스, 라지브 칸, 자비에 카타나, 스콧 배리 카우프먼, 토코 키요나리, 대니 크루프, 톰 로렌스, 장—밥티스트 레카, 클레어 리먼, 리카르도 로페스, 앤드루 러프넌, 제임스 맥켈러, 스튜어트 맥윌리엄, 랜디 네스, 니키 오웬, 애덤 버로트, 스티븐 핑커, 존 포드, 다이애나 리세토, 마르커스 시아, 데이비드 슈미트, 야엘 쇤브룬, 델리아 샨리, 로브 시카, 크리스티나 호프 소머스, 에밀리 소더스, 비베크 투필, 필 터커, 로버트 버브루겐, 앨리슨 워커, 애비게일 워킹턴, 톰 위플, 리 화이트, 바바라 윌리엄스, 브라이언 윌리엄스, 데이비드 와인버그 등 이 책의 집필 또는 관련 주제에 대한 연구에 도움을 준 모든 이에게 감사한다. 마지막으로 식물 생식기 농담을 선사해 준 존 앤더슨에게 감사한다(외계인의 보고서The Alien's report를 참고하라).

1장
외계인의 도전

이 책은 세상에서 가장 이상한 동물—지금 이 글자들을 읽는 동물과 이것을 쓴 동물—즉, 인간이라는 동물에 관한 것이다. 우리는 인간으로 사는 것에, 또 인간들과 사는 것에 너무도 익숙해서 때로는 우리가 얼마나 특이한 생명체인지에 주목하지 못한다. 이를 바로잡는 차원에서 나는 우리 종을 새로운 관점에서 바라보는 것으로 이야기를 시작하고자 한다. 이 관점은, 처음에는, 독자 여러분에게 다소 딴 세상 얘기처럼 보일 수 있다……. 그러나 마땅히 그래야 한다. 왜냐면 우리가 지금부터 사용하려는 게 바로 그 딴 세상 관점이니까. 우리는 가상의 초지능적 외계인—베텔게우스Ⅲ라는 행성에서 온 인류학자—의 눈을 통해 우리의 종을 관찰하게 될 것이다. 이 외계 인류학자는 은하계 사이를 누비는 비글을 타고 지구를 방문해 "물 한 방울 속에서 떼 지어 살며 증식하는 생명체들을 대상으로 현미경 연구를 진행하는 누군가"처럼 우리를 연구한다.[*] 그러나 이 인류학자는 흔히들 보는 초지능의 외계인 늙은이가 아니다. 성性중립적이고 무성無性에다 비사교적이고 도덕적 관념이 없으며 종교를 믿지 않고 음악을 모르는 외계인이다. 그러니까, 다른 말로, 우리에게

---

[*] 이 구절은 1978년 앨범 Jeff Wayne's Musical Version Of The War Of The Worlds의 "The Eve of War"에서 가져왔다.

너무도 익숙한 나머지 당연한 것으로 받아들여지는 인간사의 많은 요소들을 모른다는 얘기다. 바로 이것이 이 외계인의 관점이 유용한 이유다. 외계인의 뭘 모르는 눈은 익숙한 것을 낯설게 만들어줄 테고, 너무 깊숙이 박혀 있어 설명이 필요하다는 사실조차 우리는 깨닫지 못하는 것들, 우리가 보통은 간과하고 마는 인간성의 여러 양상들을 일깨워 줄 것이다.

본격적으로 시작하기에 앞서 이것 하나는 분명히 해 둬야겠다. 나는 외계 생명체가 지구를 실제로 방문했다고는 일순간도 믿지 않는다. 지적 생명체가 우주의 다른 어딘가에서 진화해 왔을 가능성이야 분명히 존재한다. 그러나 그중 어떤 것이든 성간 암흑을 가로질러 와 우리를 엿보거나, 탐사하거나, 혹은 다른 방식으로 우리 문명과 상호작용했음을 보여주는 명확한 증거는 없다(이와 관련해 스티븐 호킹은 이렇게 말했다. "나는 UFO를 봤다는 보고는 무시한다. UFO가 유독 약쟁이와 괴짜들에게만 나타나는 이유가 무엇이겠는가?").[2] 그럼에도 이렇게 물을 가치는 여전히 존재한다. 만약 외계인이 진짜로 우리를 찾아왔었다면 우리 종을 어떻게 봤을까? 우리의 성 차이, 성적 행위, 자녀 양육 방식, 사회적 행동, 종교, 그리고 언어와 음악과 과학을 어떻게 이해했을까? 그에 대한 대답으로 우리라는 비범한 종에 대한 외계인의 보고서를 다음과 같이 상상해 보았다…….

외계인의 보고서
권위 있는 학술지 〈베텔게우스 과학아카데미 프로시딩〉에서 발췌함.

지구는 우리 은하계 변두리에 있는 어느 평범한 궤도를 도는 작고 이상한 행성이다. 지구가 최초로 '대 은하 위원회'의 관심을 끈 것은 25우주사이클 전 무렵으로, 우리의 최고 다른세계학자 중 하나인 시어 람 틴이 지구 내부와 그 주변에서 발생하는 이상한 현상들을 감지하고부터였다.[3*] 지구는 소행성과의 충돌이나 화산 활동에 따른 간헐적 변화를 제외하면 45억 년의 역사 대부분을 아주 천천히 변화하며 보냈다. 그러나 몇천 년 전부터 변화의 속도가 느닷없이, 극적으로 빨라졌다. 숲이 사라지기 시작했고, "옥수수"와 "쌀", "밀"의 경작지로 대체되었다. 땅이 이상한 구조물들을 싹틔우기 시작했다. 현재는 "도시"로 알려진 것들이 마치 세균성 곰팡이처럼 지구의 표면에 퍼졌다. 도시를 둘러싼 땅은 제 몸을 직사각형과 다른 기하학적 형태들로 나눴다. 그러더니, 지난 세기에, 이 과정에 과한 발동이 걸렸다. 지구는 갑자기 전파의 주요 배출국이 되었다. 괴상한 금속 물체가 지구 주변 궤도에 뛰어들거나, 지구를 완전히 벗어나 다른 세계를 여행했다. 이 외로운 방랑자들은 쉬지 않고 자신의 고향 땅에 정보를 보냈고, 이에 따라 일부 베텔게우스인들은 지구에서 감각기관이 자라나고 있다고, 그래서 지구가 자신과 주변을 인식하게 되었다고 주장하기도 했다. 바로 이 가능성이 대 은하 위원회가 지구 문제에 최초로 관심을 갖는 계기가 되었다.

장장 3나노초 동안의 심도 깊은 논의 끝에 대 은하 위원회는 선임 다른세계학자를 지구에 파견하여 보다 면밀히 조사할 필요가 있다고 결론지었다. 빠르게 섭외 가능한 인원 중 가장 우수하고 뛰어난 다른세계학자인 내게 이 위대한 영예가 주어졌고, 나는 지구행 길에 올랐다. 도착과 동시에 나는 지구를 도는 일부 금속 기계 안에 육류에 해당하는 생명체가 들어 있다는 것을 확인했다. 이는 다수가 이미 의심해 왔던 사실의 증

---

*이 다른세계학자의 실제 모델은 지구인 천문학자 마틴 리스 경Sir Martin Rees이다. 이 문단은 리스의 2004년작 Our Final Century에서 아이디어를 얻었다.

명이었다. 지구에서 자연 선택에 의한 진화가 일어나고 있었다는 것 말이다. 우리가 감지한 예의 그 이상한 사건들에서 육류 생명체(다른 말로 "인간")들이 수행하는 역할이 무엇인지 처음에는 분명치 않았다. 일각의 의견은 인간이 도시의, 아니 어쩌면 그 금속 기계들의 생식기에 해당한다는 것이었다―인간을 수단으로 삼아 도시와 기계가 스스로를 재생산한다는 얘기였다.[4] 육류 생명체가 옥수수, 쌀, 밀의 노예라는 의견도 있었다. 어쩌면 이 식물들이 자신의 주요 경쟁자―나무―를 집단학살하여 도태시키도록 인간을 부추겼고, 자기들 대신 파종과 종자 전파를 담당하게 만드는 방법을 알아낸 것인지도 몰랐다.[5]

이러한 가설들을 아직 완전히 배제하지는 않았으나 이제 다른세계학자 대다수는 지구에서 일어나는 저 이상한 일들의 원동력이 바로 인간이라고 믿는다. 가장 설득력 있는 컴퓨터 시뮬레이션에 따르면 이 연약한 행성은 최근 테크놀로지를 휘두르는 인간이라는 역병에 시달리고 있다. 우발적인 것이든 의도적인 것이든 이 광적인 육류 로봇들은 지구 생물권의 더 많은 물질을 더 많은 인간으로 변환하는 방법을 발견했다. 그럼으로써 인간들은 지구상에 급속도로 퍼져나갔다. 식물을 노예로 만들고, 도시를 건설하고, 그 금속 감각기관들을 궤도로 들여보냈다. 이러한 평가에 기초하여 인간은 내 조사의 주된 관심사가 되었다. 이하는 현재까지 관찰된 바를 요약한 것이다.

사전 경고! 인간은 극단적이고 기괴하여 일부 베텔게우스인의 경우 처음에는 그들이 진실로 존재한다는 사실을 인정하기 꺼렸다. 그러면서 이 모든 것이 4구역의 그리미족들이 만들어낸 거짓말일지도 모른다고 제안했다. 자기 종족의 선발 육종 기법을 보다 열등한 생명체에 응용해보고 싶어 안달인 것으로 정평이 나 있는 디—스타 영역의 나보인들이 짓궂은 장난의 하나로 인간을 선발 육종한 것일지도 모른다는 의견도 등장했다. 이러한 주장들을 감안하여 나는 본고에 기록된 보고사항 일체가 대 은하 위원회의 검증을 마친 것임을 강조해야 하겠다. 인간은 진실로 존재하며, 그들이 다른 외계지성체의 간섭을 받은 바 있다는 증거는 전무하다.

가장 이상한 동물

　처음부터 시작해 보자. 인간은 자기복제시스템 또는 "생물 형태"로 조직된 원자들의 집합체다. 지구상 생명의 대부분은 단세포 유기체로 구성된다. 자유생활형의 고독한 세포들 말이다. 모든 인간들 또한 동일한 방식으로 시작된다—이 세포는 아주 작아서 인간 성체의 눈에도 좀처럼 보이는 일이 없다. 그러나 이 원세포는 이내 분열과 증식을 시작하고, 오래 지나지 않아, 확장하는 세포들의 무리가 인간의 형상으로 배열된다. 그러므로 인간이라는 개별 유기체는 사실 단세포 유기체들의 방대한 군집이다. 인간의 세포들이 이루는 군집은 "동물"로 알려진 세포 군집의 계통에 속한다. 이 세포 군집들은 주기적으로 새로운 세포 군집들을 형성한다—다시 말해, 번식한다. 대부분의 동물과 마찬가지로 인간은 이상하고도 비효율적인 방식으로 번식한다. 자신을 복제하는 간단한 방법 대신 짝을 이뤄 서로의 유전 물질을 병합하는 것으로 자손을 만들어내는데, 그러므로 이들은 부모 각각의 "반쪽짜리 복제품"일 뿐이다. 그러나 번식에 있어 모든 종류의 짝짓기가 유효한 것은 아니다. 어떤 이유에서인지 인간은 두 가지 기본 형태, 남자와 여자로 만들어진다. 새로운 인간 세포 군집을 형성하기 위해서는 남자와 여자 하나씩이 필요하다. 동물의 대부분이 바다에 산다. 이와는 대조적으로 인간은 "대륙"이라는 이름의 천천히 움직이는 뗏목을 타고 하늘의 밑바닥에서 산다. 그러나 모든 육상 동물이 그렇듯 인간 또한 해양 생명체의 후예다. 보다 정확히 말하자면 인간은 변형된 물고기다(혹자는 '육지물고기'라고 부를지도 모르겠다). 인간의 팔은 지느러미의 변형이다. 인간의 턱은 아가미의 변형이다.[6] 대부분의 육지물고기처럼, 그리고 사실상 대부분의 동물처럼, 인간은 일일 1회또는 2회 동면에 들며, 결과적으로는 그 짧은 인생의 3분의 1을 이 식물같은 상태로 보낸다. 저 보잘것없는 문명이나마 인간이 이룩하는 데 그토록 오랜 시간이 걸린 것도 당연한 일이다.

이 조그마한 괴물들을 더 깊이 들여다볼수록 내 혼란은 더해갔다. 이때쯤 나는 인간이 어떤 괴상한 연구실 실험의 결과가 아니라 자연 선택의 산물이라는 생각을 갖게 되었다. 교양 있는 생명체라면 누구나 알겠지만 자연 선택이 생산하는 개체들은 스스로의 생명을 유지하고 자신의 동종을 더 많이 만들어내도록 설계된다. 여러 가지 면에서 인간도 이 설명에 부합한다. 그들은 환경의 일부를 연료로 빨아먹는다. 위협으로부터 도망친다. 새로운 인간 개체를 만들고 돌본다. 그러나 또 다른 한편으로 인간은 생존과 번식이라는 고대로부터의 생물학적 의무에 저항하기도 한다. 일례로 그들은 스스로에게 해로운 물질을 갈망한다. 자신의 건강을 해칠, 수명을 급격히 단축시킬 음식에 대한 강력한, 거의 불가항력적인 식욕이 도처에 만연하다. 이는 독극물에 식욕을 느끼는 것이나 다를 바 없다. 어떻게 그런 식의 진화가 가능했을까? 또 다른 불가사의는 인간이 두려워하는 것과 실제 환경 속 위험이 형편없이 불일치한다는 점이다. 인간 대부분은 뱀과 거미 같은 생명체가 미치는 위험이 미미한 도시에 살면서도 이런 동물들을 여전히 두려워한다. 이와 비슷하게 많은 미니어처 인간(다른 말로 "아이")들이 어둠을 겁낸다. 인간 대부분이 야간에 도사리고 있는 위험들로부터 자신의 안전을 지켜줄 상자 안에서 사는데도 그렇다. 인간은 생존이나 번식에 그다지 위협적이지 않은 것들을 두려워하면서 정작 진짜로 위협적인 것들에는 본능적인 두려움을 보이지 않는다. 여기에는 "정크 푸드", "담배", "안전벨트 미착용 상태의 과속" 등 다양한 항목들이 포함된다. 또한 "콘돔"과 "피임약" 등의 물건도 포함된다. 이렇게 생식력에 유해한 피임법을 인간 대다수가 두려워하지 않으며, 오히려 번식을 막기 위해 의도적으로 사용한다. 대체 무슨 이유로 자연 선택은 그들이 그런 행동을 하도록 설계했다는 말인가?

앞서 설명했듯 인간은 두 가지 주요 품종이 있다. 남자와 여자다. 이러한 범주에 잘 부합하지 않는 일부도 있지만 대다수는 둘 중 하나에 속한다. 남자와 여자는 외모가 다소 달라 보일 뿐 아니라 행동도 다르다. 덩치가 큰 쪽(남자)은 보다 공격적이고, 성적으로 더 무모하며, 생명을 위협하는 위험을 기꺼이 감수하려는 의지도 더 강하다. 덩치가 작은 쪽(여자)은 성적 파트너의 선택에 있어 보다 까다롭고, 육아에 더 많이 참여하며, 더 장수하는 경향이 있다. 이러한 차이들을 발견하자마자 나는 궁금함을 느꼈다. 이 차이들은 어떻게 생겨나게 된 것일까. 가족과 주변 지인이 인간의 넥탑 컴퓨터(다른 말로 "두뇌")에 프로그래밍해 놓은 것일까? 아니면 그보다 심오한 근원이 있는 것일까? 이 털 없는, 직립하는 유인원에게 있어 이 차이들은 천성의 일부인가?

이 질문들에 유념하며 나는 내 애니마스코프5000 현미경으로 동물의 왕국 전체를 재빨리 스캔해 보고는 두 가지 중대한 사실을 발견했다. 첫 번째 발견은 내가 인간에게서 주목했던 것과 동일한 유형의 성 차이가 포유류 대다수를 포함한 다른 동물들 여럿에서도 발견된다는 점이다. 이에 따라 나는 인간의 성 차이가 단순한 문화적 프로그래밍의 산물은 아니라고 생각하게 되었다. 두 번째 발견은 인간의 성 차이가 다른 종 대부분에서 목격되는 것처럼 뚜렷하거나 양분되지는 않는다는 사실이었다. 가령 포유류 대다수의 짝짓기에서 경쟁은 수컷의 전유물이고, 암컷은 주어진 후보군 중에서 상대를 선택할 뿐이다. 반면 인간의 경우 양성 모두가 짝짓기를 위해 경쟁하고 양성 모두가 상대를 까다롭게 결정한다. 최소한 장기적 짝짓기에서는 그러하다. 또한 대부분의 포유류에서는 암컷만이 새끼를 돌보고 수컷은 정자기증자에 지나지 않는다. 이와는 달리 인간들 사이에서는 양성 모두가 그 흉물스러운 어린 것들을 보살피는 게 일반적이다—이는 포유류보다 조류에서 더 빈번히 발견되는 특징이다. 수컷 인간이 보다 치열하게 경쟁하고, 암컷 인간이 보다 까다롭게 선택하고 자식을 더 보살피는 경향이 있는 것은 분명하다. 그러나 이런 차이들은 다른 종 대부분에서 발견되는 것만큼 극심하지 않다. 저 위대하신 '파괴자 커트론'의 이름 아래 지금 대체 무슨 일이 벌어지고 있는 것인가?

(여담이지만, 여러분이 불행히도 인간을 만나는 일이 생긴다면 이러한 성 차이에 대해서는 언급을 삼가도록 하라. 이상하게도 인간 다수가 이 얘기를 불쾌하게 여긴다. 죽을 위험을 무릅쓰고 인정하건대 그 이유가 무엇인지는 밝혀낼 수 없었다.)

인간의 재생산 과정은 지구의 기준으로 보더라도 대단히 기괴하다. 인간은 그들 신체의 가장 외피에 있는 층, 특히 머리의 전면부를 육안 관찰하는 것으로 잠재적 짝짓기 상대를 평가한다. 베텔게우스인의 눈에 모든 인간은 똑같아 보인다. 그러나 그들 사이에서는 외견상의 미묘한 차이—예를 들어 균형 면에서의 미세한 비대칭, 거의 보이지도 않는 주름의 기색 등—가 존재하며 이것이 "아름다운 것"과 "심미적으로 곤란한 것"을 가르기도 한다. 왜 그들은 이렇듯 일견 임의적으로 보이는 사항들에 대한 선호를 가지고 있는 것일까?

일단 적합한 상대가 포착되면 인간은 다양하고 기이한 짝짓기 의식을 치른다. 예를 들어 남자가 여자에게 식물의 생식기(다른 말로 "꽃") 다발을 내밀거나, 발효시킨 식물의 즙을 마시면서 서로를 향해 주거니 받거니 소리를 낸다. 때로 이러한 짝짓기 의식은 두 인간 사이의 격렬한 광기, 즉 "사랑"을 촉발시킨다. 사랑—광기에 사로잡힌 인간들은 서로에게 집착하게 되고, 합리적이고 정밀한 관찰의 결과라고는 할 수 없는 방식으로 서로를 우상화한다. 더 이상하게도, 실패한 사랑이 수개월 혹은 수년간의 비참함과 울적함을 불러오기도 한다. 인간의 시간을 굳이 쏟아붓는 이것이 생물학적으로 유용한 일이라고는 생각하기 어렵다. 게다가 사랑은 위험을 본격적으로 유발하기도 한다. 인간은 때로 사랑 때문에 그들 자신, 전 연인, 연인의 애정을 두고 다투는 경쟁자를 죽인다. 처음에 나는 사랑—광기가 부적응의 문제인지 아니면 정신을 조종하는 바이러스의 산물인지 궁금했다. 그러나 나의 믿음직한 애니마스코프5000으로 인간 샘플을 신중히 스캔한 결과 사랑은 인간이라는 동물의 기본 구조에 내재되어 있는 것임이 분명해졌다. 그렇다면 자연 선택은 왜, 그토록 비이성적으로 쇠락을 야기할 가능성이 있는 증후군을 선호한다는 말인가?

인간의 이 이상하고도 익살스러운 짝짓기 행동은 때로 반쪽짜리 복제품—인간이 자주 부르는 이름을 빌리자면 "아기"—의 생산으로 이어진다. 베텔게우스인의 눈에 인간의 아기는 소름끼치고 섬뜩하다. 그러나 인간들 자신에게 아기는 가시적 우주 전체를 통틀어 가장 귀엽고, 본질적으로 가장 중요한 물질들의 집합체다. 부모와 그 자손들 사이의 유대가 화성 진흙 레슬러보다 더 강하다고 해도 과언이 아닐 정도다. 부모들은 생명과 변형된 지느러미를 걸고 자식을 보호할 것이며, 혹여 자식 중 하나가 죽기라도 하면 남은 생애 동안 안구에서 소금물을 누출할 것이다. 분명히 해두자면, 인간이 자신과 조우하는 모든 어린 것들에게 이렇게 행동한다는 말은 아니다. 인간은 타인의 자식에 비해 자신의 자식을 더 많이 먹이고 입히고 사랑할 가능성이 대단히 높다. 나처럼 공명정대한 베텔게우스인에게 이는 말이 되지 않는다. 그냥 모두가 모두를 돌보는 것이 종의 차원에서는 더 나은 일이 아니던가?

지금 여러분이 머릿속으로 하고 있을 생각이 내게는 훤히 보인다. 아마 이렇게 생각할 것이다. "이보시오, 이 촉수만 많은 어리석은 양반아! 지금 인간은 진화의 특이점 전pre—singularity 단계에 있는 것이오. 다행스럽게도 우리가 이미 수 이온 전에 통과한 그 단계에서는 자신의 이익만을 무자비하게 추구한 존재만이 생존에 성공하고 후손을 남긴다오. 그러니 인간들이 타인의 자식보다 자기 자식에게 더 신경을 쓰는 게 당연한 거요!" 타당한 의견이다("촉수만 많은 어리석은 양반" 부분은 좀 선을 넘었지만). 그러나 이 같은 관점으로 문제를 보면 이 미스터리의 반대쪽 부분이 모습을 드러낸다. 인간이 자신과 제 자손들에게 더 많은 신경을 쓰는 것은 분명한 사실이다. 그러나 그것이 **전부**는 아니다. 먼저 그들은 형제자매, 사촌, 조카 등 자신의 계통을 이어줄 수 없는 다른 친족에게도 관심을 갖는다. 왜 그런 행동을 할까? 그 답이 무엇이건 간에 이는 인간 고유의 특징은 아니다. 동물 대부분이 친족 아닌 생명체보다 친족에게 더 친절하다. 사실 다른 동물에 비해 정말로 두드러지는 인간의 특징은 그들이 친족 관계가 없는 이들에게도 친절할 수 있다는 점이다. 인간은 지구상 다른 종들과는 비교가 불가능할 정도로 친족이 아닌 이들과 협력한다. 단순한 협력을 넘어 그들을 깊이 염려하기도 한다. 때로는 친족이 아닌 자들이 지구 반대편에서 고통받거나 굶주리는 모습을 보며 안구에서 물을 누출하기도 한다. 친족 아닌 자에게서 보답을 기대할 수 없을 때조차도, 그리고 아무도 보고 있지 않을 때에도 그들을 돕는다. 가끔은 생명과 변형된 지느러미를 걸고 친족 아닌 인간을—더 나아가 다른 종의 구성원을 돕기도 한다. 이렇듯 이타적인 행동들은 다시 한번 인간을, 익히 알려진 모든 규칙의 혼란스러운 예외로 만든다. 왜 인간은 지구상의 다른 자기 본위 존재들처럼 자신과 가까운 친족만을 돌보는 것에 그치지 않는가?

여기서 반드시 짚어야 할 것은 인간이 그토록 친절할 수 있는 동시에 서로를 혹독하게 대하는 것 또한 가능한 존재라는 사실이다. 젊은 수컷 인간들은 주기적으로 무리 지어 다른 무리의 구성원들을 불구로 만들거나 죽인다. 인간은 서로를 불태우고, 서로의 신체 부위를 절단하고, 서로를 비방한다. 다른 동물 수백만을 감금하고, 고문한 다음 가열해 그 주검을 먹는다. 그럼에도 이 말은 꼭 해야겠다. 수많은 결점에도 불구하고 인간은 은하 근방에서 가장 협력적이고 이타적인 탄소 기반 생명체이다.

들끓는 아이디어

그들은 또한 가장 당혹스러운 생명체이기도 하다. 본 베텔게우스인이 말할 수 있는 한, 인간은 생존 또는 번식에 아무런 도움이 되지 않는 활동들에 어마어마한 양의 시간과 에너지를 쏟는다. 몇 가지 예를 들어보겠다. 먼저 인간은 얼굴에 난 구멍으로 서로를 향해 소음을 내는 데 매일 수많은 시간을 할애한다. 사실 잠잘 때를 제외하고는 절대 닥치지를 않는다! 그들의 우스꽝스러운 얼굴 소음이 어떤 기능을 수행하는지 파악하기까지 상당한 시간이—정확히는 1나노초가—걸렸다. 대부분의 경우 인간은 소음을 통해 그들의 조그만 두뇌에서 두뇌로 생각을 전달한다. 하지만 기이한 점은 이것이다. 이 생각들의 대부분은 생존 또는 번식의 문제와 전혀 관련이 없다. 때로 이 소음들은 인간이 종종 내뱉는 "하—하" 같이 이상한 소리나 내도록 고안된다. 그게 아니라면 날씨 또는 다른 사람의 결점에 대한 소리인 경우가 많다. 이상한 일이다.

둘째, 인간 대부분은 "유령" 또는 "영혼" 또는 "신"이라 불리는, 눈에 보이지 않는 존재를 믿는다. 막대한 시간을 들여 이 존재들을 생각하고, 텔레파시로 소통해보려 노력하는 한편, 다수가 정기적으로 한데 모여 값비싸고 정교한 의식을 행하면서 은혜를 베풀어 달라고 설득한다. 게다가 이 눈에 보이지 않는 존재를 다른 인간이 믿고 값비싼 의식에 동참하도록 설득하는 데 맹렬한 노력을 기울인다. 보이지 않는 존재들이 정말 존재하거나, 그들이 바치는 의식이 실질적으로 유효한지에 대한 상대적 증거가 부족함에도 인간들은 그 모두를 행한다.

마지막으로 모든 인간은 다양하고도 불가해한 방식으로 본인의 뇌를 자극하는 데 상당한 시간을 들인다. 예를 들어 인간 다수가 캔버스 또는 동굴벽에 색깔 얼룩—누드 인간, 혹은 다른 동물 세포 군집, 혹은 식물 생식기 등 세계의 사물들을 닮은 얼룩—들을 만들거나, 그것을 들여다보며 허송세월한다. 운율이 있게 구성된 소음—간단하고 반복적이며, 무슨 이상한 조화인지 모르겠으나 인간에게 강력한 감정적 반응을 야기하여 발 구르기, 고개 까닥거리기, 심지어는 온몸을 박자에 맞춰 경련하는 등의 괴상한 부작용을 낳는 소리—을 써서 의도적 최면을 자처한다. 또한 많은 인간들이 매시간, 매일을 기이한 무아지경의 상태로 앉아 평평한 화면에 스치는 이미지들—예를 들어 절대 일어나지 않을 일이라는 것을 그들 자신이 이미 잘 알고 있는 사건의 시뮬레이션, 또는 다른 인간이 짝짓기 하는 모습, 또는 무능하게 행동하는 아기 포유류들의 이미지—을 들여다본다.

이 모든 것이 얼마나 괴상한지 생각해보라. 만약 인간이 자신이 가진 시간의 20%를 재잘거림에, 그 믿음과 의식에, 또는 그 얼룩과 리드미컬한 소음에 쏟는다고 가정하면 이는 그들이 먹는 음식의 5분의 1이 곁으로 보기에는 무의미한 활동을 지원하는 데 사용됨을 뜻한다. 왜 그들은 이 시간과 에너지를 지구상 다른 종들이 그렇듯이 최대한 많은 아기와 손주들을 생산하는 데 쓰지 않는 것인가? 이 단계에 이르러 내가 확실히 얻은 결론은 이것뿐이다. 당황스럽다. 인간은 실로 괴상한 존재다.

게다가 진짜 괴상한 이야기는 아직 꺼내지도 않았다. 여러분이 이미 이해했을지도 모르지만, 인간은 지적으로 위대한 존재와는 거리가 멀다. 인간의 두뇌는 상대성 이론과 양자 전기역학처럼 간단한 아이디어조차 완전히 익히는 데 수년이 걸린다. 인간의 기억력은 줄줄 새기 마련이어서, 인간은 그들의 짧고도 뒤숭숭한 인생의 순간들 대부분을 빠르게 망각한다. 또한 베텔게우스인이라면 아무런 도움 없이 1조분의 1초 만에 풀어버릴 수학 문제를 푸는 데 계산기나 컴퓨터 같은 지적 보조물이 필요하다. 그러나 이 모든 지적 결함과 약점에도 불구하고 이 괴상한 바이오 로봇들은 어떤 이유에서인지 자신들의 능력을 훨씬 앞서는 지식을 소유하게 되었다. 물론, 그들의 지식은 우리 베텔게우스인의 영광에 비하면 원시적인 수준이다. 그러나 그들의 보잘것없는 지력을 훨씬 능가하는 것 또한 사실이다. 개중 가장 뛰어나다는 구성원이 미분조차 암산으로 하지 못하는 종이 어떻게 그토록 난해한 현실의 지식을 획득하게 되었을까? 어떻게 이 육류 로봇들이 전체 우주를 탄생시킨 빅뱅의 본질, 먼지로부터 그들 자신을 창조해 낸 진화의 과정, 모든 물질과 에너지를 관장하는 물리법칙들을 어렴풋하게나마 알게 되었을까? 여러분은 아마 이렇게 생각하고 있을 것이다. "그야 뻔하지! 이 하등한 생명체들이 3사분면 지역 로키족의 방문을 받은 게야. 은하법을 어기고 원시적 생명체들에게 신성한 지식을 가르친다고 오랜 기간 의심받아온 로키족 말이다." 그러나 로키족은 지난 3천 년 동안의 일에 대해서는 물 샐 틈 없는 알리바이를 가지고 있으니, 그들일 리 없다. 따라서 이 질문은 여전히 유효하다. 이 박복한 생명체들은 어쩌다 그토록 인상적인 지식을 소유하게 되었을까? 단순한 유인원이 어쩌다 그들의 조그맣고 찰나의 일부를 넘어선 거대한 우주를 이해하게 되었을까?

외계인의 도전과 만나다

보다시피 이 외계 과학자에게 인간이라는 종은 혼란 그 자체일 것이다. 이 보고서를 읽으며 여러분 또한 몇 가지에 대해 혼란스러웠기를 바란다. 물론 우리 인간이 자신에 대해 혼란스러워질 수 있다는 말이 이상하게 들릴지도 모르겠다. 결국 우리는 우리 자신이고, 그래서 만약 누군가 인간을 이해하게 되는 존재가 있다면 그건 바로 우리일 테니까. 그러나 잠시만 곰곰이 생각해보면 이는 사실일 수가 없다. 우리의 역사만 살펴보더라도 인간의 본성과 조건에 대해 서로 상충하는 아이디어들이 끝도 없이 존재한다. 예를 들어 전통적 기독교는 인간을 원죄에 더럽혀진 타락한 천사로서 천국 또는 지옥에 속박되어 있는 존재로 본다. 힌두교는 우리가 삶과 삶을 이어가며 업보를 수집하는 영혼이라고 한다. 데카르트에게 인간은 기계적이고 동물적인 육신을 조종하는 비물질적 정신이다. 유물론은 인간이 영혼 없는 물질의 조합이라고 하고, 홉스는 문명에 길들여진 폭력적이고 이기적인 존재라고 하며, 루소는 본디 친절하고 평화로운 생명체인 우리를 문명이 더럽혔다고 한다. 프로이트의 관점에 따르면 우리는 유년기의 트라우마와 강력한 무의식적 충동에 좌우되는 갈등적 존재이며, 스키너에 따르면 우리는 거의 전적으로 보상과 처벌에 의해 만들어지는 학습 기계다. 논리적으로 이 모든 아이디어들이 온전하고 유일무이한 진리일 수는 없다. 기껏해야 그중 하나 정도만 진리일 수 있을 것이다. 그러나 이 관점들 중 무엇도 전 세계 인구의 극히 일부를 넘어서는 수준의 지지를 얻지 못했다. 따라서 인간 역사 내내 대다수 인간들은 인간 본성의 본질과 그들 자신의 행위를 유발하는 원인에 대해 거짓된 믿음을 품어온 셈이다. 인간이라고 해서 인간을 이해하리라는 보장은 없다. 이 과학의 시대에마저 저 멀리 있는 고대 별들의 움직임을 이해하는 것보다 그것들을 관측하는 유기체, 즉 우리 자신을 이해하는 게 더 힘들다.

그럼에도 어쩌면 역사의 유일무이한 순간, 그러니까 인간 행위와 문화에 대해 일말이나마 정확한 것일 가능성이 있는 설명을 최초로, 대략적으로라도 그려 내는 순간이 찾아올지도 모른다. 바로 이것이 이 책의 목표다. 나보다 앞서 너무도 많은 이들—정확히 말해 인류의 대부분—이 실패했다는 사실로 미루어 볼 때 이 목표는 망상까지는 아니더라도 다소 과한 야욕처럼 보일 수 있다. 그러나 내가 제시할 답들은 나 홀로 도출한 것이 아니다. 수 세기에 걸쳐 수천의 철학자, 과학자, 심리학자들의 누적된 노력에 기초한 것이다. 이 사상가들과 그들 사상의 계승자들이 그저 헛수고만 한 것은 아니다. 일부 진전을 만들어 내기도 했다. 특히 20세기 중반 이래 과학은 인간 본성에 대한 우리의 가장 심오한 질문에 대한 답으로 가는 거대한 행보를—사람들 대부분이 이해하고 있는 것보다 훨씬 많이—이어 왔다. 내 임무는 그중 최고의 답들을 종합하여 저 외계인의 보고서에 언급된 미스터리를 해결해 보고자 시도하는 것이다.

이 책의 지침이 되는 가정은 저 외계인의 의문에 광범위한 이론적 틀 두 개를 사용해 답할 수 있다는 것인데, 두 가지 틀 모두 진화론의 후예들이다. 첫 번째 틀은 진화론으로 인간의 정신과 행위를 조명한다.[7] 두 번째는 진화의 원리로 인간의 문화를 조명한다.[8] 이 접근법들은 다양한 이름으로 불리지만 나는 이들을 각각 진화심리학evolutionary psychology과 문화진화론cultural evolutionary theory으로 부르겠다. 이들은 저 외계인의 질문에 답하는 데 도움이 될 아이디어와 가설들의 도구를 제공한다.

진화심리학은 인간이 곧 동물이고, 다른 모든 동물과 마찬가지로 자연 선택의 산물이라는 생각에서 출발한다. 이는 우리의 신체뿐 아니라 정신에도 적용되는 원칙이다. 그 의미를 이해하기 위해 먼저 우리의 반려동물, 즉 고양이와 강아지—더 나아가 뱀, 타란툴라 등을 생각해보자. 우리는 이 생명체들과 다르지만 그만큼 동일한 구석도 많다. 우리는 먹이를 먹고 위협으로부터 물러난다. 같은 종에 속하는 구성원과 짝짓기를 한다. 그러니까 이러한 행위들은 우리가 수행하도록 진화된 것이 분명하다. 그러나—적어도 인간과 고양이, 개, 뱀의 경우에는—이 행위들에 있어 의식과 정신의 상태가 중대한 역할을 수행하는 것 또한 분명하다. 허기가 먹는 행위를 유발한다. 두려움과 고통이 위협으로부터의 후퇴를 유발한다. 성욕이 짝짓기를 유발한다. 이렇듯 기본적인 감정, 욕구, 충동은 그것이 촉발하는 행위들과 마찬가지로 자연 선택의 산물이다. 우리 모두가 가지고 있고, 그것이 없이는 다른 어떤 행위도 존재할 수 없는 다목적의 심리적 능력들—예를 들어 우리의 기본적인 감각 능력, 학습과 기억 역량, 신체를 움직이는 역량—에도 동일한 원칙이 적용된다. 눈과 날개, 이빨과 발톱처럼 인간 심리의 요소들 또한 자연 선택이 빚어낸 적응adaptation에 해당한다.

이처럼 기초적인 수준에서는 정신이 바로 박힌 심리학자라면 누구나 인간 정신의 형성에 자연 선택이 기여한 바가 있다는 점을 부정하지 않을 것이다. 진화심리학자가 다른 심리학자와 구분되는 지점은 그들이 이러한 유형의 사고방식을 훨씬 멀리까지 확장한다는 사실이다. 진화심리학자가 보는 자연 선택은 인간의 가장 기초적인 충동과 능력, 또는 우리가 다른 동물들과 공통적으로 가지고 있음이 분명한 특징을 설명하는 것에만 그치지 않는다. 자연 선택은 심리학자들이 예로부터 학습, 사회화, 문화의 공으로만 돌려 왔던 많은 현상들을 설명하는 데도 도움이 된다. 여기에는 양성 사이에 존재하는 다양한 차이, 짝짓기 상대에 대한 여러 가지 선호, 사랑과 질투 같은 복잡한 감정, 비非친족보다 친족을 선호하는 경향 등이 포함된다. 20세기 대부분의 기간 동안 심리학자들은 이러한 현상의 진화적 기반을 짚어내는 데 실패했고, 거기에는 두 가지 주요한 이유가 있다. 첫째, 다른 동물들에 대한 지식이 충분하지 않았고, 그래서 인간과 유사한 특성 및 경향들이 다른 종에서도 발견된다는 사실을 깨닫지 못했다. 둘째, 진화에 대해 제대로 알지 못했다. 진화심리학자들은 우리 자신을 진정으로 이해하려면 우리를 만들어낸 그 과정부터 이해할 필요가 있다고 주장한다. 자연 선택은 우리가 무슨 일을 하도록 우리를 설계했나?

아주 긴 얘기를 짧게 줄여보면 자연 선택은 우리와 다른 모든 유기체들이 단 한 가지 임무를 수행하도록 설계했다. 바로 우리의 유전자를 미래 세대에 물려주는 것이다. 이 설계의 논리는 간단하다. 여러분이 유전자라고 가정해 보자. 여러분이 구성을 도운 유기체가 그 유전자를 다음 개체에 물려주지 않는다면, 또는 다른 이웃에 비해 유전자를 전달하는 능력이 떨어진다면, 여러분은 유전자 풀gene pool에서 재빠르게 사라지고 말 것이다. 소위 "유전자 기계 gene machines"—최대한 많은 새 유기체에게 자신의 유전적 자질을 물려주는 것이 인생의 진정한 목표인 듯 행동하는 유기체—의 구축에 기여한 유전자만이 잔존할 힘을 갖는다. 이를 달성할 세 가지 주요 방법은 '살아 있을 것', '많은 자손을 보유할 것', '친족 관계의 개체들 또한 생존하여 역시 많은 자손을 보유하도록 만들 것'이다. 물론 인간의 경우에는 상황이 훨씬 더 복잡하다. 그러나 상황이 복잡하다고 해서 유전자 기계 관점의 중요성이 퇴색하는 것은 아니다. 이는 진화론적 시각으로 심리학에 접근하는 기본 토대가 된다.

이후에 살펴보겠지만 진화심리학은 인간 본성과 행위를 둘러싸고 오랜 시간 제기되어 온 여러 질문들에 답을 내놓는다. 왜 남자가 액션영화, 포르노, 성매매의 주요 소비자인 반면 여자는 로맨스 소설과 건강 상담의 주요 소비자인가? 성관계 파트너를 고를 때 가까운 친지들은 왜 거의 언제나 옵션에서 제외되는가? 우리는 왜 사랑에 빠지고, 그 사랑은 왜 마음처럼 되지 않는가? 왜 여자들이 육아의 대부분을 담당하는가? 왜 남자들 또한 육아에 참여하는가(거의 대부분의 종에서 수컷들은 참여하지 않는다)? 왜 피는 물보다 진한가? 그리고 왜 인간은 지구상의 다른 어떤 동물보다도 협력적인가? 이 모든 경향들은 단순히 학습이나 문화의 산물이 아니다. 이들은 인간 본성의 일부로 엮여 있다.

진화심리학은 우리 자신과 우리 행동의 원천을 보는 관점에 일어난 중대한 변화를 대변한다. 진화심리학이 1950년대 인지혁명 이후 심리학계에서 벌어진 가장 대규모의 패러다임 변화라고 주장하는 이들도 많다. 생물학자 리처드 알렉산더Richard Alexander는 사회적 행동에 진화의 원리를 적용하는 것을 두고 상대성이론과 양자역학에 버금가는 "한 세기의 가장 위대한 지적 혁명"이라고까지 치켜세운 바 있다.[9]

하지만 그것만으로는 충분하지 않다!

염소, 해파리, 벌새라면 충분하겠지만 우리에게는 충분하지 않다. 이유는 간단하다. 문화 때문이다. 문화는 종으로서 우리가 가진 진짜 비책이다. 우리의 커다란 두뇌도, 마주보는 엄지opposable thumb도, 서로를 살상할 새롭고도 발전된 방식을 찾아내는 타고난 재능도 아니다. 중요한 것은 문화를 영위하는 우리의 능력이다. 인간은 산소에 의존하는 것처럼 문화에 의존한다. 문화가 없는 우리는 껍데기 없는 게처럼 발가벗겨지고 연약한 존재다. 맞다, 인간이 문화를 가진 유일한 동물은 아니다. 그러나 다른 어떤 동물도 우리와 같은 방식으로 문화를 영위하지 않는다. 1만 년 전, 침팬지들이 보유했던 문화의 절정은 흰개미굴에서 흰개미를 빼낼 때 나뭇가지를 사용하는 것이었다. 오늘날의 침팬지들이 보유한 문화의 절정은…… 흰개미굴에서 흰개미를 빼낼 때 나뭇가지를 사용하는 것이다. 반면 인간은 1만 년도 채 되지 않는 기간에 석기시대 기술에서 우주시대 기술로 옮겨갔다. 우리와 침팬지가 달성하는 문화적 성취 사이의 간극이 점차 벌어지고 있는 것은 우리가 침팬지보다 더 영리하다는 사실과 크게 관련이 있다. 하지만 인간의 문화가 누적된다는 사실 또한 그만큼 중요하다. 즉, 인간의 문화는 천 개의 조그마한 개선들이 쌓여 발전하고, 다시 천 개의 개선들이 더해진다. 우리가 문화를 누적하는 역량을 확보하는 쪽으로 진화함과 동시에—그 판도라의 상자를 열자마자—문화는 생물학과는 별개로 자체 진화를 시작했다.

이를 이해하기 위해 플라톤과 아리스토텔레스를 생각해보자. 플라톤과 아리스토텔레스는 분명 오늘날 대부분의 사람들보다는 더 지적이었을 것이다. 그러나 오늘날을 살아가는 대부분의 사람들은 고대 그리스의 철학자들보다 훨씬 정확한 우주관을 가지고 있다. 사실 미취학 아동 대부분도 그들보다는 정확한 관점을 지녔다고 할 수 있는데, 이 아이들은—물리학자 리처드 파인만Richard Feynman의 말을 빌리자면—이 세계가 거대하게 불타오르는 커다란 공의 궤도를 돌며 자체 회전 또한 계속하는 돌덩이라는 것 정도는 알기 때문이다. 그러니까 어떻게 보면 오늘날의 미취학 아동들이 고대 세계의 가장 위대한 현인들보다 똑똑하다. 이는 생물학적 진화와는 아무런 관계가 없고, 시간이 흐르는 동안 지식을 비축하고 공유 지식을 늘려가는 우리의 능력과 전적으로 관련이 있다. 물론 애초에 문화의 창조가 가능했던 것은 우리의 생물학적 측면 덕분이다. 개와 고양이는 인간의 지식이 위대한 팽창을 거듭하는 내내 우리 곁에 있었지만, 플라톤이나 아리스토텔레스 시절에 비해 조금도 나아지지 않았다. 이런 점에서 문화는 생물학적 현상이면서도, 생물학적 속박으로부터는 자유롭다. 문화는 아이디어를 재료로 만들어진 반자율 진화 시스템이다.

무엇이 문화의 진화를 견인하는가? 소규모 유목민 무리로 수렵과 채집을 하던 우리가 어떻게 초고층 빌딩을 짓고 우리 자신을 달로 발사하는 수준까지 발전했을까? 지성이 커다란 역할을 수행했음은 명백하다. 그러나 밝혀진 바에 따르면, 지성은 우리가 흔히 상정하는 것에 비해 그 중요성이 크게 덜하다. 문화는 또한 맹목적이고 무심한 자연 선택의 과정에서 만들어지기도 한다. 나중에 함께 살펴보겠지만 이는 언어에서 경제, 심지어는 테디베어에 이르기까지 모든 것에 적용된다.

한 가지 명확히 해둘 것이 있는데 이 주장에서 말하는 문화적 진화는 자연 선택이 유전자에 작용한 결과가 아니다. 이 주장에서의 문화적 진화는 진화생물학자 리처드 도킨스Richard Dawkins가 밈memes이라고 지칭한 것에 자연 선택이 작용한 결과다. 여기에서 밈은 아이디어, 믿음, 관행, 도구 등 사회적 상호작용을 통해 전수되는 모든 것을 의미한다.[10] 문화의 진화를 이해하려면 자연 선택이 선호하는 밈과 버리는 밈, 다시 말해 문화 속에서 생존하는 밈과 멸종하는 밈을 이해할 필요가 있다. 생존하는 밈은 대개 그 밈을 보유한 개인이나 그들이 속한 무리를 이롭게 하는 것들이다. 그러나 때로 개인이나 무리를 이롭게 하지 않는데도 그저 생존력이 뛰어나 살아남는 밈도 있다. 유행어와 한 번 들으면 귀에 박혀 짜증스러울 정도로 잊히지 않는 선율(귀벌레earworm라는 단어로도 알려져 있다)은 우리에게 이익이 되지 않음에도 생존하는, 무해한 밈의 예다. 다만 6장에서 논의하겠지만 그렇게 무해한 게 아닌 밈들도 있다.

생물학적 진화와 문화적 진화는 상당히 유사하다. 앞에서 나는 자연 선택이 유전자에 작용해 유전자 기계, 즉 자신의 유전자를 물려주도록 설계된 유기체를 만든다고 언급했다. 밈에 작용하는 자연 선택의 경우 딱히 "밈 기계"를 만든다고까지는 할 수 없지만, 그와 유사한 일을 하기는 한다. 아이디어와 이데올로기를 만들어내 인간 유전자 기계를 밈 기계로 변환하는 것이다. 다시 말해, 인간이라는 유전자 기계를 바꿔 가치, 종교, 현대예술에 대한 애정

등의 밈을 전수하는 데 시간과 에너지를 쏟게 만든다.[11] 여기에 작용하는 논리 또한 간단하다. 어떤 밈이든 그 보유자가 전수의 의지를 갖도록 동기를 부여하지 못하면 문화에서 재빨리 사라지고, 동기를 부여하는 밈만이 남는다.

그렇다면 우리는 유전자 기계인가 밈 기계인가? 이와 관련하여 가장 정확한 표현은 철학자 대니얼 데닛Daniel Dennett에게서 나왔다. 그의 주장에 따르면 인간은 유전자와 밈의 혼종gene—meme hybrids이다. 그리고 때로는 우리의 유전자와 밈의 의제가 서로 상충하는 변종이기도 하다. 바로 이것이 외계인의 질문에 답하기 위한 이 책의 여정에서 우리가 채택할 관점이다. 임무를 본격적으로 시작하기 위해 먼저, 진화심리학에서 가장 많은 사랑과 가장 많은 비방을 받는 분야부터 살펴보자.

2장
정신에 찾아온 다윈

초절정 괴물들

  인간이 흥미롭다는 말은 너무 절제된 표현이다. 우리는 자연의 괴물들이다! 우리는 물질 덩어리지만 서로 사랑에 빠진다. 포유류지만 조류의 양육 방식을 가졌다. 우리는 필멸의 존재들이지만—동물 중에서는 유일하게—우리가 언젠가는 죽는다는 걸 알고 공포에 질려 그 앎으로부터 도망친다. 우리는 털 없는 유인원이지만 서로에게 소리를 내는 것만으로 상대의 생각을 파악한다. 잔인하고 비도덕적인 과정에 따라 설계된 생명체지만 자체적 도덕 규범을 만들고 때로는 그에 맞춰 산다. 우리는 육식동물이지만 먹잇감을 측은히 여긴다. 유전자를 전수하도록 설계된 생물학적 메커니즘이지만 게임을 하고 주변에 환상의 거미줄을 짜며 시간을 허비한다. 화학적 반응의 집합체지만 현실의 본질에 대한 깊은 진리를 생각한다. 그리고 우리는 지구를 구성하는 작은 조각이지만 우리의 모성母星을 벗어나 다른 세계를 모험한다.

  이처럼 기괴한 생명체가 어떻게 존재하게 되었는지 설명할 수 있을까? 즉, 저 외계인의 보고서에 실린 수수께끼들을 어떻게 풀 수 있을까? 이는 복잡한 문제고, 복잡한 문제는 복잡한 해법을 요한다. 진정한 의미의 진전을 위해서는 다양한 원칙들로부터 다양한 도구들을 동원해야 할 것이다. 그러나 어디서든 시작은 해야 하는 법이니, 애초에 사랑과 지식과 문화를 가능하게 해준 것—즉, 인간의 정신을 조명하는 것으로 여정에 돌입하는 것이 타당하겠다. 정신이라는 이 이상한 장치는 어디에서 온 것일까? 이 질문에 답하기 전에 먼저 들러야 할 곳이 있다. 정신이라는 장치는 그 전문가인 심리학자들에게 남겨두고 생물학과를 먼저 방문해보자. 과학 전반을 통틀어 가장 중요한 것으로 손꼽히는 이론부터 정확히 파악할 필요가 있다. 바로, 진화론이다.

인간이 가진 가장 위대한 아이디어

지구라는 행성에서 1838년은 획기적인 해로 기록되어 있다. 바로 이 해에 지구의 작디작은 조각—찰스 다윈으로 알려진—이 오래도록 당혹스러운 질문에 답을 내놨기 때문이다. 그 질문이란 '우리는 왜 여기에 있나?'이다. 이에 대한 대답이 그의 젊은 정신에서 구체화되면서 다윈은 생명이 어떻게 존재하게 되었는지를 이해한 지구 역사상, 아니 어쩌면 우주 역사상 최초의 생명체가 되었다. 다윈은 그 답을 '진화'라고 봤다. 인간은 어느 지적 설계자의 변덕에 따라 덜컥 존재하게 된 것이 아니다. 우리가 존재하는 이유는 우리가 진화했기 때문이다.[1]

진화론의 기본 주장은 진술이 명료하고, 과학계의 다른 이론들만큼 확고히 정립되어 있다. 종은 정태적이지 않다. 종은 시간의 흐름에 따라 변화하고 진화한다. 지금 이 행성을 함께 나눠 쓰고 있는 모든 종은 보다 초기 형태의 종에서 진화한 것이고, 그 초기 형태의 종 또한 그보다 초기 형태의 종에서 진화되었으며, 이 역사는 너무 오래되어 기억조차 선명하지 않은 시기까지 거슬러 올라간다. 현존하는 종들의 족보를 거꾸로 올라가면 나무의 가지에서 몸통으로, 꼭대기에서 둥치로 수렴되기 시작한다. 100만 년 전으로 가면 침팬지와 난쟁이침팬지의 조상이 같다. 700만 년 전으로 가면 침팬지, 난쟁이침팬지, 인간의 조상이 같다. 그리고 이는 그저 빙산의 일각일 뿐이다! 두 개의 종은 무엇이든 충분히 거슬러 올라가면 공통의 조상이 나온다. 인간과 호랑이, 호랑이와 금붕어, 금붕어와 두꺼비 모두 마찬가지다. 궁극적으로 지구상 모든 생명은 40억 년 전 이 행성에 등장한 단순 자가복제분자 하나로 수렴된다.[2*]

생명을 보는 이러한 관점이 시사하는 바는 놀랍다. 그중 하나는 지구상 모든 생명이 커다란, 하지만 그렇게 행복하지는 않은 가족이라는 것이다. 동물원 방문은 말 그대로 가족들의 재회다. 사실 냉장고를 여는 것조차 일종의 가족 재회다. 또 다른 함의―내 생각에 이는 특히 놀랄 만하다―는 자녀를 갖지 않기로 결정하거나 본인의 선택과는 별개로 자녀가 없는 개인들은 장장 40억 년 전까지 거슬러 올라가는 불멸의 사슬을 끊는 것이나 다름없다는 사실이다.

그렇다고 그렇게 속상해해서는 안 될 일이다. 지구 역사를 통틀어 대다수의 유기체가 번식 없이 죽었고, 그에 따라 자신의 사적 사슬에 끝을 고했다. 그리고 이 냉혹한 진실은 진화적 변화의 과정을 이해하는 데 아주 중요한 것으로 드러났다. 다윈은 성년까지 살아남아 번식에 성공할 가능성에 비해 훨씬 많은 유기체들이 태어나거나, 부화하거나, 파종된다는 사실에 주목했다. 여기에서 다음과 같은 의문이 생긴다. 이 위대한 생명의 사슬에서 어떤 유기체가 다음 세대로의 연결점이 되고, 어떤 유기체가 종점이 되는가? 이는 부분적으로는 운의 문제다. 강아지 혹은 회색곰 한 마리가 번개에 맞는 사이 그 이웃들은 멀쩡히 탈출할 수 있으니까. 그러나 단순한 운의 문제만도 아니다. 일부

---

*진화론의 훌륭한 개관 정리와 그것이 참임을 입증하는 증거는 다음을 참고하라. Coyne(2009).

유기체들은 공교롭게도 생존과 번식의 확률을 높이는 특성들을 지니게 된다. 보다 날카로운 이빨을 가진 사자는 이빨이 뭉툭한 사자에 비해 더 많은 먹이를 얻고 더 오래 생존한다. 발이 보다 빠른 가젤은 움직임이 느린 가젤보다 날카로운 이빨을 소유한 사자들의 손아귀에서 더 안정적으로 도망친다. 두 경우 모두에서 성취도가 더 높은 존재들이 더 많은 자손을 갖고, 따라서 그들의 성취를 도왔던 그 특성들이 집단 내에서 보편화된다. 세대가 거듭될수록 사자의 송곳니는 더 날카로워지고 가젤의 발은 더 빨라진다. 사실 자연은 거대한 동물 육종가로 기능한다. 다시 말해 자연은 번식에 돌입할 개체와 그렇지 않은 개체를 "선택"하고, 장기간에 걸쳐 유기체를 환경에 적응시킨다. 물론 누군가가 실제로 뭔가를 선택하는 것은 아니다. 대신, 어쩌다 보니 일부 특성이 다른 특성보다 오래 유지되었고, 그 결과 지금 우리가 주변 세상에서 목격하는 특성들로 남게 되었다.

여러분도 익히 알고 있을 듯하지만 내가 묘사한 과정은 바로 다윈이 자연선택이라 일컫은 것이다. 언뜻 보면 그렇게 대단한 것 같지 않을 수 있다. 그리고 단기적 관점에서 보면 사실 그렇게 대단한 일이 아니기도 하다. 자연 선택에 따른 진화는 가능성과 가능성 사이의 공간을 가로지르는 대규모 도약보다는 감지가 불가능할 정도의 아장걸음으로 채워지게 마련이다. 그러나 이 아장걸음들이 이내 누적되기 시작하며, 여느 동물 사육사와 달리 자연 선택은 지구상의 모든 시간을 다 쓸 수 있다. 충분한 시간이 주어지기만 하면 미약한 물줄기 하나가 단단한 바위에 그랜드 캐니언을 조각할 수 있듯, 충분한 시간이 주어지기만 하면 자연 선택 또한 옛것으로부터 새로운 생물학적 구조를 만들어 낼 수 있다. 자연 선택은 이빨을 날카롭게 하고 발굽을 재촉할 뿐만 아니라, 한때는 아무것도 없었던 곳에서 복잡한 적응을 창조해내기도 한다.

사실 자연 선택은 이빨과 발굽이, 그리고 눈과 곤충의 고치와 10억 개는 되는 다른 미스터리들이 애초에 어디에서 왔는지를 설명해준다. 또한 자연 선택은 적응을 창조함과 더불어 풍부한 시간의 비호 아래 기존 종의 유전자 풀에서 새로운 종들을 조각해 낸다.

자연 선택이라는 개념은 우리가 가진 다윈주의 도구함에서 가장 중요한 도구다. 그리고 자연 선택에 대해 기억해야 할 가장 중요한 사항—이 지점을 우리는 반복적으로 살펴보게 될 것이다—은 자연 선택이 지적 설계, 다른 말로 리처드 도킨스가 설계자 없는 설계라 칭한 것에 대한 착각을 불러일으킨다는 점이다.[3] 다시 말해 어떤 의식적인 주체가 특정한 목적을 위해 적응을 발명한 것처럼 오해할 수 있다는 뜻인데, 예를 들면 손은 쥐기 위해서 그리고 눈은 보기 위해서 만들어졌다고 생각하는 식이다. 그러나 이는 사실이 아니다. 이 가설의 허를 찌른 것이 바로 다윈이다. 자연 속에 존재하는 현상들은 어떤 설계자의 작품이 아니라 유리함을 보장하는 우연들이 기나긴 세월에 걸쳐 의식없이 축적된 결과다. 생물학적 세계에서 발견되는 유일하고 진정한 지적 설계는 우리가 선발 육종을 통해 개와 소와 다른 유기체들을 의도적으로 변형시켜 온 게 전부다. 그걸 제외하면 자연 속에서 외견상 지적 설계로 보이는 것은 사실 자연 선택이 만들어낸 위작이다. 의식적 의도는 아무런 역할도 하지 않는다.

1748년에 철학자 쥘리앵 오프루아 드 라 메트리Julien Offray de La Mettrie가 『인간기계론Man a Machine』이라는 제목의 논쟁적인 책을 출간했다. 라 메트리의 논지는 인간이 다른 모든 유기체와 같이 영혼 없는 생물학적 기계라는 것이었다. 그리고 다윈과 그의 지적 후손들이 이 주장에 마무리 작업을 더했다. 우리는 자연 선택에 의해 설계된 영혼 없는 생물학적 기계다. 하지만 자연 선택은 우리가 무엇을 하도록 설계했을까? 우리는 무엇을 위해 고안되었는가? 우리 종의 영속, 아니면 생존, 아니면 번식…… 아니면 무엇? 이는 믿을 수 없이 어려운 질문인 것으로 밝혀졌다. 이에 답할 최선의 방법으로 나는 가설검정 접근법의 채택을 제안한다. 이것이 우리가 다음의 몇 섹션에 걸쳐 진행할 작업이다. 일련의 가설들을 세우고 차례로 비평하면서 제시된 것 중 가장 정확한 관점으로 한걸음씩 나아가도록 하겠다. 가장 밑바닥에서부터 시작해 보자.

인간은 무엇을 위한 것인가

우리의 첫 번째 가설은 자연 선택이 온전히 종의 영속을 위한 것이라는 진화의 광범위한 관점을 반영한다. 이 입장을 구구절절 논하는 이들은 좀처럼 없지만, 만약 있다면, 그 주장은 이런 식으로 흘러갈 것이다. 동물은 포식자로부터 도망치고 같은 종의 구성원과 짝짓기를 하며 자신의 후손들을 돌본다. 혹여 그들이 이런 일을 하지 않았다면—스스로를 사자의 먹이로 바치거나, 바위와 짝짓기를 하거나, 제 자손을 사격연습감으로 써먹었다면—멸종했을 것이다. 그러므로 동물의 정상적인 행동들은 자신의 종이 멸종되는 것을 방지한다. 간단히 말해 그들 종의 이익을 도모하는 것이다. 이에 따른 우리의 첫 번째 가설은 다음과 같다.

가설 1: 진화는 종의 생존에 관한 것이다. 유전자는 종의 생존에 기여할 때 선택된다. 예리한 눈에서 날카로운 이빨에 이르기까지 적응은 종의 보호와 번성을 위해 설계된다. 그리고 유기체는, 전체적 관점에서 보면, 종의 생존 기계다.

여러분을 굳이 마음 졸이게 하지 않겠다. 진화는 종의 생존에 관한 것이 아니다. 이것은 중요한 지점이므로 다시 반복하겠다. 진화가 종의 생존을 위한 것인가? 아니, 그렇지 않다. 진화에 목적이 있는 것은 사실이나 그 목적이 종의 생존은 아니다. 만약 여러분이 진화의 목적이 아닌 것들을 망라하는 목록을 만든다면 종의 생존 또한 거기 포함될 것이며, 그것도 상단에 위치할 것이다. 나는 매해 진화심리학을 강의하며 기말고사 전에 해당 과목에서 낙제하고 싶은 학생들을 위한 비법을 제공한다. 비법 1번이 무엇이냐고? 진화가 종의 생존을 위한 것이라고 말하라.

종—생존 가설의 무엇이 그토록 문제일까? 간단하다. 자연 선택은 거의 전적으로 종의 내부에서 행해진다. 보다 날카로운 이빨을 가진 사자는 그렇지 않은 사자보다 먹잇감을 잡는 데 뛰어나다. 발이 빠른 가젤은 다른 가젤보다 사자로부터 도망치는 데 뛰어나다. 날카로운 이빨과 빠른 발굽으로 진화한 이유는 그 소유자들에게 유익하기 때문이지 그 종에 유익하기 때문은 아니다. 물론 이러한 특성들이 종에 이익이 되는 것도 사실이다. 사자나 가젤이 사냥과 도망의 실력을 계속 발전시키지 못했다면 멸종의 길로 접어들기 십상이다. 그러나 위의 특성들이 종의 이익을 위해 선호되는 건 아니다. 그 근거를 우리는 이미 알고 있다. 경우에 따라서는 종 전체에 불리한데도 선호되는 특성들이 있기 때문이다. 1960년대에 침팬지 연구가 제인 구달Jane Goodall은 (그녀로서는 상당히 놀랍게도) 수컷 침팬지들이 서로 뭉쳐 무리의 다른 구성원들을 죽이기도 한다는 사실을 발견했다.[4] 이렇게 하면 살상을 범한 개체들이 자기 영역과 암컷들을 차지하는 데 유리해진다. 그러나 종의 입장에서는 이것이 유익한 행동이기 힘들다. 침팬지들은 멸종 위기에 처해 있고, 따라서 그들이 절대 하지 말아야 할 행동은 서로를 죽이며 돌아다니는 것이다. 그럼에도 킬러

침팬지들이 평화주의자 침팬지보다 우월한 고지를 점령하게 되는 이상, 폭력은 그것이 종 전체로서는 최적의 행위가 아닐지라도 표준적인 것으로 자리잡는다. 핵심은 이것이다. 진화는 종의 이익에 관한 것이 아니다.

하지만 지금 우리는 진화가 대체 무엇에 관한 것인지 파악하는 데 도움이 되어줄 몇 가지 단서를 갖게 되었다. 날카로운 이빨을 가진 사자와 빠른 발굽을 가진 가젤이 다른 사자나 가젤보다 우월한 점은 무엇인가? 일단, 더 잘 생존한다. 그렇다면 진화가 오직 생존에 관한 것일 수도 있다—다만, 종이 아니라 개별 유기체의 생존에 관한 것이라는 얘기다. 이 말이 그럴듯하게 들린다면, 여러분은 혼자가 아니다. 다윈은 후에 자연 선택을 "적자의 생존"으로 묘사하고는 했다—이는 그가 철학자 허버트 스펜서Herbert Spencer에게서 빌려온 표현이다. 소유자의 생존과 번영만을 위해 존재하는 적응들은 곳곳에서 발견된다. 선인장과 고슴도치는 방어를 위한 가시를 가지고 있다. 견과류와 거북이는 보호용 껍데기를 가지고 있다. 제왕나비와 방울양배추는 잠재적 포식자들을 밀어낼 유해물질을 품고 있다. 예시는 셀 수 없이 많다. 이제 우리의 두 번째 가설을 공개할 시간이다.

가설 2: 진화는 적자 생존에 관한 것이다. 유전자는 보유자의 생존에 기여할 때 선택된다. 적응은 때로 종 전체에 피해를 입히는 한이 있더라도 해당 유기체의 생존을 촉진하도록 설계된다. 그리고 유기체 자체가 곧 생존 기계다.

이 가설은 첫 번째 가설보다 백배 낫다. 그럼에도 여러분이 내 진화심리학 시험에서 이런 답안을 낸다면 여전히 낙제일 것이다. 생존은 중요하다. 그러나 그것만으로는 충분치 않다. 여러분이 천 년을 산다고 한들 그 기간에 자손을 갖지 못하면 여러분이 죽는 순간 여러분의 유전자는 유전자 풀에서 사라질 것이다. 유전자가 생존하기를 원한다면 여러분은 번식을 해야 한다. 바로 여기에서부터 상황이 재미있어지기 시작한다.

다윈의 섹시한 아이디어

진화가 한 편의 영화라면 어떤 장르의 영화일까? 여러분이 대다수의 사람들과 비슷하다면, 등장인물들이 피비린내 나는 투쟁에 발목 잡힌 잔혹하고도 폭력적인 액션영화가 될 거라고 생각할지도 모르겠다. 어느 정도까지는 옳은 생각이기도 하다. 그러나 여러분은 생존만큼 중요한, 어쩌면 그보다 더 중요한 또 다른 요소 하나를 간과했을 수 있다. 바로, 섹스다. 자연은 단순한 유혈극이 아니다. 자연은 대규모로 영원히 지속되는 난잡한 연회이기도 하다. 보다 평범한 언어로 표현하자면 번식은 진화에서 절대적으로 중요하다. 유기체는 생존과는 무관하고 오로지 새로운 유기체를 만드는 것에만 기여하는 다양한 적응을 가지고 있다. 가장 명백한 사례로 생식기를 들 수 있다. 고환과 난소는 포식자를 회피하거나 사막에서 물을 찾는 데 도움이 되지는 않지만 아기를 만드는 데 기여한다. 그들의 기능은 그게 전부다. 그것만이 그들의 역할이다. 암컷 포유류의 자궁, 수컷 해마의 알주머니, 꽃을 피우는 식물들의 꽃 또한 마찬가지다. 이처럼 다양한 장치의 개발에 기여하는 유전자들은 그 보유자가 후손들—해당 유전자를 물려받을 가능성이 높은 후손들—을 갖는 데 도움이 된다는 단순한 이유만으로 유전자 풀에서 버텨 낸다.

여기까지는 충분히 명확하다. 그러나 적응이 생존보다는 번식에 관련한 것일지도 모른다는 아이디어는 그것이 처음 등장했을 때보다 훨씬 더 중요한 것으로 밝혀진다. 다윈에게 이 아이디어는 그의 이론 전체를 조롱하는 듯 보이던 일부 생물학적 구조들을 설명하는 핵심 열쇠였다. 그 가장 고전적인 사례가 공작의 꼬리다. 이 지나치게 크고 화려한 군더더기는 오직 수컷에게서만 발견되며 생존에 특별히 기여하는 바가 없다. 공작의 생존 확률을 높이기는커녕 오히려 사망할 확률을 높인다. 공작의 꼬리는 마치 거대한 패스트푸드 광고판처럼 공작의 위치를 선전한다. 그걸 보고 몰려든 포식자들로부터 도망치려는 공작의 노력 또한 방해하는데, 도주 속도를 늦추기 때문이다. 건강과 안전의 관점에서 볼 때 이처럼 과시적 기관을 자랑스레 달고 다니는 것은 등 뒤에 다이너마이트를 매다는 것만큼이나 불합리하다. 게다가 자원의 엄청난 낭비이기도 하다. 매년 꽁무니에 새로운 세트의 깃털들을 기르는 데 소모되는 에너지는 아무리 생각해 봐도 정당화하기 힘들다. 왜 그 에너지를 먹이 탐색이나 짝짓기 상대 물색에 쏟지 않고 낭비하는가?

다윈의 영리한 해법은 공작의 꼬리가 생존 기관이 아니라 번식 기관이라는 것이었다.[5] 외견상으로는 아닌 것 같지만 실제로는 그렇다. 공작 꼬리의 기능은 암컷을 유인하는 것이다. 암컷 공작들은 평균보다 크고 다채롭고 화려한 무늬의 꼬리를 가진 수컷과의 짝짓기를 선호한다. 이 묘사에 적합한 수컷들은 그런 꼬리를 갖지 못한 수컷보다 암컷의 관심을 더 끌 수 있고, 그래서 더 많은 자손을 갖는다—그리고 이 자손들은 아버지의 꼬리를 물려받는 경향이 있다. 그 결과 새로운 세대마다 평균적인 공작의 꼬리가 더 크고 더 다채롭고 더 화려해진다. 물론 꼬리가 영원히 커지기만 할 수는 없다. 큰 꼬리를 가질 때의 생존 비용과, 숙녀들 사이에서의 인기에 따른 번식상 효용이 일치하는 바로 그 지점에서 상한선이 결정된다. 모든 특성들이 그렇듯 공작의 꼬리는 서로 상충하는 선택의 부담 사이에서 찾아낸 균형을 의미한다.

공작 꼬리의 진화적 설명에 함축된 한 가지 흥미로운 사실은 한 성별의 정신이 다른 성별의 신체 형성에 기여할 수 있다는 점이다. 공작의 꼬리는 말 그대로 암컷의 성적 선호에 의해 만들어졌다. 다원주의 정신이 물질을 압도하는 이상한 사례인 셈이다. 그러나 이것이 꼬리 문제는 설명할 수 있을지 몰라도 또 다른 질문을 불러일으킨다. 애초에 암컷 공작들이 이처럼 거추장스러운 군더더기를 선호하도록 진화한 이유는 무엇일까? 거기에는 몇 가지 이론이 있지만 그중 가장 유명한 것은, 꼬리가 위조하기 힘든 적자의 표식이라는 주장이다.[6] 그 의미를 이해하기 위해 인간이 부를 표현하는 다양한 방법들을 떠올려보자. 단순히 "나는 부자다—정말, 정말 부자다"라고 말하는 누군가가 있을 것이다. 그러나 이러한 표현은 꾸며내기 쉽다. 하다못해 노숙자조차 이 정도 말은 할 수 있다. 어떤 표식의 신뢰도가 높으려면 손쉽게 위조될 수 없는 것이어야 한다—예를 들어 저택을 소유하거나 쿠바산 시가에 100달러짜리 지폐로 불을 붙이는 것처럼 말이다. 이러한 일들은 진정으로 부유한 이들만이 할 수 있다. 다수의 생물학자에 따르면 공작의 꼬리가 곧 쿠바산 시가다. 수컷들은 그 자신이 진정 "부자"일 때에만—즉, 몸 상태가 좋고 돌연변이가 상대적으로 적으며 현지의 병균과 기생충에 상대적으로 강한 면역력을 가지고 있을 때—훌륭한 꼬리를 길러낼 수 있다. 실제로 가장 인상적인 꼬리를 가진 수컷들은 세상에 "나는 이 쓸모 없는 장식을 기를 여력이 있고, 이것을 이리저리 끌고 다녀야 함에도 생존을 유지할 수 있다. 그러므로 나는 특별한 적자이자 수컷다움의 고결한 견본이다"라고 선언하는 셈이다. 그리고 이것이야말로 암컷들이 가장 듣고 싶은 얘기일 것이 분명하다.

공작 꼬리의 진화는 다윈이 성 선택sexual selection이라 불렀던 과정의 사례다.[8]

성 선택은 어떤 특성이 유기체의 생존이 아니라 번식의 성공을 촉진한다는 이유로 선택될 때 일어난다. 다윈은 성 선택을 자연 선택과는 별개의 것으로 보았다. 그러나 오늘날 생물학자의 대부분은 성 선택을 자연 선택의 하위 유형으로 본다. 둘 중 어느 쪽이건 간에 성 선택은 진화를 추진하는 강력한 힘이다. 암컷들은 그들의 성적 선호를 무기로 수컷들이 춤을 추거나 노래를 하거나 거꾸로 매달려 날갯짓을 하도록 만든다. 자연 속에 존재하는 아름다움과 색채의 대부분이 성 선택에서 비롯된다. 꽃을 피우는 식물들의 향기와 외양, 많은 명금鳴禽들의 무지갯빛 깃털과 노랫소리, 그리고 호모 사피엔스의 예술과 음악과 유머 또한 마찬가지다.[9]

성 선택이 꼭 요란한 성적 장식만을 만들어내는 것은 아니다. 성 선택은 무기도 만들어낸다. 여기에는 사슴과 사슴벌레의 뿔에서부터 많은 수컷 영장류들의 무시무시한 송곳니, 일각고래의 유니콘 뿔 모양 엄니에 이르기까지 모든 것이 포함된다. 성적 장식이 그렇듯 성 선택이 만들어낸 무기들은 대개 수컷에서만 발견된다. 수컷들은 그 무기를 이용해 암컷을 쟁취하려, 또는 암컷의 애정을 얻는 데 필요한 영역과 자원을 확보하려 싸운다. 따라서 성적 장식은 짝짓기 상대를 선택(성간 선택이라고도 함)하는 행위의 산물인 반면 무기는 동성 경쟁(성내 선택이라고도 함)의 산물이다.

인간 또한 성 선택의 예외는 아니지만 상황이 다소 다르다. 대부분의 종에서 짝짓기를 위한 경쟁은 수컷이 하고 암컷은 경쟁하는 수컷들 사이에서 결정을 내린다. 그 결과 수컷들이 장식과 무기를 보유하는 반면 암컷들은 외양이 밋밋하고 무장 또한 잘 되어 있지 않는 경향을 보인다. 가끔 역할이 뒤바뀌기도 하지만 그렇게 흔한 일은 아니다. 그러나 인간이라는 종을 비롯한 극소수의 종들은 성별 비대칭이 그렇게까지 두드러지지 않는다. 양성 모두가 짝을 고르고 양성 모두가 최고의 상대를 얻기 위해 동성의 구성원들과 경쟁한다. 그 결과 인간은 특수한 사례가 되었다. 수컷과 암컷 모두가 공작의 꼬리와 사슴의 뿔에 대응되는 것들을 갖춘다.[10] 이에 대해서는 뒤에 더 자세히 살펴보도록 하겠다.

현재 가장 중요한 핵심은 이것이다. 공작의 꼬리와 사슴의 뿔은 그 소유자의 생존을 촉진하지는 않지만 그럼에도 불구하고 진화와 관련한 기능을 여전히 수행한다. 그들의 기능은 소유자의 번식 성공률을 높이는 것이다. 이를 염두에 두고 본래의 질문으로 돌아가보자. 유기체는 무엇을 하도록 설계되었는가? 일단 나오는 대답은 그들이 생존만을 위해서가 아니라, 생존과 번식 모두를 위해 설계되었다는 말일 것이다. 그러나 이 또한 딱히 옳지는 않다. 선택은 종종 유기체의 번식 성공률을 높이지만 생존 가능성은 낮추는 특성을 선호하기도 한다. 앞서 언급한 공작의 꼬리는 그저 하나의 사례에 지나지 않을 뿐이다. 이는 진화적 관점에서 보면 생존이라는 것 자체가 그렇게까지 가치 있는 문제는 아니고, 번식을 가능하게 하는 선까지만 가치 있는 것임을 시사한다. 진화의 진정한 가치는 바로 번식이라고 말할 수도 있겠다. 이로써 우리는 세 번째 가설을 세울 준비를 마쳤다.

가설 3: 자연 선택은 적자의 생존이 아니라 적자의 번식에 관한 것이다. 유전자는 보유자의 번식에 기여할 때에만 선택된다. 적응—가시, 껍데기, 다른 생존 장치—은 궁극적으로 번식을 촉진하도록 설계된다. 그리고 유기체들은 (그 핵심에 있어서는) 아기 생산 기계다.

이 답안이라면 여러분은 내 시험을 통과했을 것이다—그러나 이 가설은 수정이 필요하다. 자손을 갖는 것은 분명히 중요하다. 그러나 만약 여러분에게 천 명의 자손이 있는데 그중 누구도 자기 자신의 자손을 갖도록 생존하지 못한다면 여러분의 유전자는 자손이 없을 때와 마찬가지로 유전자 풀에서 도태될 것이다. 그러니까 엄밀히 말하자면 유기체들은 단순히 자손을 생산하기 위해 설계되는 것이 아니다. 유기체들은 그 자신도 번식이 가능한 자손을 생산하도록 설계된다. 이를 위해 대부분의 종들은 최대한 많은 자손의 생산이라는 단순한 방식을 채택한다. 결국 숫자 싸움인 셈이다. 이 자손들의 상당수가 번식 전에 비명횡사하겠지만 그중 극소수가 성년까지 살아남아 성공적으로 번식할 것이다. 그러나 일부 종의 경우 다른 방식을 써서 동일한 목표에 도달한다. 더 적은 수의 자손을 갖는 대신 각각에게 훨씬 많이 투자하는 것이다. 포유류는 이 전략의 달인들이다. 사실 대부분의 포유류는 자손에게 투자하기 위해 특화된 기관을 가지고 있다. 바로 유두다. 그러나 특정 종이 양적 접근을 취하느냐 아니면 질적 접근을 취하느냐와는 상관이 없이 진화적 성공을 평가하는 궁극적 기준은 특정 유기체가 보유한 아기들의 수가 아니라 손주들의 수다. 다음은 우리의 마지막 가설을 수정한 버전이다.

가설 4: 자연 선택은 손주들에 관한 것이다. 유전자는 보유자가 다수의 손주를 확보할 확률을 높일 때 선택된다. 적응—가시에서부터 생식기를 거쳐 유두에 이르기까지—은 궁극적으로 손주의 생산이라는 목적을 위한 수단이다. 그리고 유기체는 (최후의 분석을 내놓자면) 손주 생산 기계다.

이제야 뭐가 좀 돼 간다! 이 답안으로 여러분은 괜찮은 점수를 얻을 수 있을 게다. 하지만 우등생 대열에는 끼지 못할 테다. 이 분석을 몇 단계 진척시킬 여지가 아직 있다. 그 방법을 알기 위해서는 심연으로 뛰어들 필요가 있다.

포괄 적합도 진화

우리가 가장 마지막에 세운 가설에 따르면 자연 선택은 특정 유기체가 결과적으로 생산하게 되는 손주의 수를 극대화하는 특성을 선호한다. 아마 이 가설로 자연세계에 존재하는 적응 대부분을 설명할 수 있을 것이다. 그러나 전체에 대한 설명은 되지 못한다. 그 이유가 일명 진사회성 곤충eusocial insects이라 불리는 이상한 동물들의 무리 때문이라는 것을 우리는 익히 알고 있다. 개미, 벌, 말벌 등을 포함한 대부분의 진사회성 곤충들은 벌목Hymenoptera에 속한다. 이 조그마한 생명체들이 바글거리는 도시는 주로 일꾼과 1~2마리의 여왕으로 구성된다. 여왕은 본격적인 아기 생산 공장으로서의 준비를 갖춘다. 일생의 대부분을 알을 쏟아내는 데 바친다. 반면 일꾼들은 (특수한 상황을 제외하고는) 자기 자손을 갖지 않으며, 대신 여왕의 자손을 생산하는 것을 지원하는 데 모든 시간을 소비한다. 때에 따라서는 이 과정에서 생명을 포기하기도 한다. 예를 들어 꿀벌들 중 일벌은 벌집에 너무 가까이 다가오는 모든 생명체에 침을 쏘는데, 이것은 여왕벌을 보호하는 동시에 자신을 죽이는 행위다. 마찬가지로 병정 목수개미들은 자폭을 통해 목수개미의 군체를 보호하기도 한다. 침입을 꾀하는 존재에게 치명적인 접착 물질을 분사하는 방식이다. 두 경우 모두 이 조그마한 곤충 순교자들은 자기 자손이 없으므로 손주도 없다. 그렇다면 어떻게 자연 선택이 이들의 자기희생적 경향을 선호하게 되었을까?

이 질문—후에 이타성의 문제로 불리는 것의 사례가 된다—은 다윈을 미치게 만들었다. 공작의 꼬리처럼 진사회성 곤충 또한 이제 막 형태를 갖추기 시작한 그의 이론을 뒤집을지도 모르는 위협이었다. 이후 세기를 지나며 다른 몇몇 생물학자들이 그랬던 것처럼 다윈 또한 해법을 살짝 엿보기는 했다. 그러나 그 미스터리는 1960년대에 도달할 때까지 완전히 풀리지 않았다. 답은 영국의 위대한 생물학자 윌리엄 D. 해밀턴william D. Hamilton에게서 나왔다.[11] 그의 주장에 따르면 진사회성eusociality 진화의 핵심은 진사회성 곤충의 군체가 친족으로 이루어진 방대한 도시라는 점에 있다.

이것이 왜 중요한 문제인지 살피려면 포유류의 유두를 생각해보라. 유두는 그 소유자의 희생을 대가로 다른 유기체에게 이로움을 주도록 설계되었다. 유두는 말 그대로 이타성 기계다. 어떻게 자연 선택이 이처럼 자기희생적 장치를 선호할 수 있었을까? 정답은 포유류에 해당되는 어미들이 대개 제 자손에게 모유를 먹인다는 사실이다. 각각의 자손들은 부모가 가진 유전자의 절반씩을 물려받기 때문에, 그 자손들끼리는 어떤 유전자든—어미의 유두를 만드는 데 기여한 유전자 포함—서로 공유할 공산이 크다. 그러니까 유두를 만드는 유전자들은 다른 신체에 있는 자신의 복사본들을 확률상 이롭게 하는 것으로 유전자 풀에서 버텨내는 것이다. 그러므로 유두의 진화와 부모의 보편적 돌봄을 이해하는 열쇠는 공유된 유전자—아니 그보다는 우연보다 높은 확률로 공유된 유전자다.

그게 그렇게 중요하다면 자기 자손에게만 국한할 이유가 어디에 있겠는가? 다른 친척들 또한 남보다는 높은 확률로 유전자를 공유한다. 대부분의 종(개미, 벌, 말벌 등은 아니지만)에서 같은 부모를 둔 형제자매는 부모와 자녀만큼이나 밀접한 관계로 연결되어 있다. 앞서 등장한 외계인의 용어를 사용하자면, 형제자매 또한 반쪽짜리 복제품들이다(일란성 쌍둥이는 완전복제품이다. 새롭고 고유한 돌연변이를 제외하면 둘은 동일한 유전체를 가진다). 같은 부모에게서 태어난 형제자매는 매우 가깝게 연관되어 있으므로 무작위로 선택된 개인들에 비해 특정 유전자를 공유할 가능성이 훨씬 높다. 따라서 자연 선택은 자손을 이롭게 할 특성을 선호하는 것과 동일한 이유로 같은 부모를 둔 형제자매를 이롭게 하는 특성을 선호할 수 있는 것이다. 손주, 이부異父 또는 이복異母 형제자매, 조카들은 직계 자손과 동부모에게서 난 형제자매의 절반만큼만 가깝다—말하자면 이들은 4분의 1 복제품이다. 그렇다고는 해도 무작위로 선택된 개인에 비해서는 유전자를 공유할 확률이 여전히 높기 때문에 자연 선택 또한 이들을 이롭게 하는 경향을 선호할 수 있다. 동일한 기본 원칙이 친족 전체에 적용된다.

유전자가 다른 신체에 있는 그들 자신에게 손을 뻗어 돌봄으로써 증식하는 이 같은 형태의 선택은 친족 선택kin selection이라 불리는데 이는 우리의 다원주의 도구함이 제공하는 또 하나의 중요한 도구다. 내가 은근히 암시했듯 친족 선택은 진사회성이라는 퍼즐을 푸는 해법이기도 하다. 진사회적 동물인 개미, 벌, 말벌로 돌아가보자. 여러분이 기억하는 것처럼 여기 미스터리는 이러한 종의 일꾼들이 자기 자손은 생산하지 않고, 대신 여왕이 자기 자손을 생산하는 것을 돕는다는 사실이다. 어떻게 이러한 행위를 뒷받침하는 유전자들이 유전자 풀에서 버틸 수 있었을까? 이 질문에 대답하기 위해 여러분 자신이 일꾼이라고 상상해보라. 가장 먼저 주목해야 할 것은 여러분이 여왕을 도울 때 사실 완전한 타인을 돕는 건 아니라는 점이다. 알다시피 여왕은 여러분의 어머니다. 그 말인즉슨 그녀의 모든 자손이 여러분의 형제자매라는 뜻이다. 그들은 여러분의 형제자매이기 때문에 여러분의 이타적 성향을 뒷받침하는 특정 유전자를 공유할 가능성도 더 높다. 자, 여왕의 자손 대부분은 일꾼으로 구성되며, 따라서 궁극적으로는—여러분과 마찬가지로—진화상 막다른 골목에 해당한다. 그러나 가끔은 여왕의 자손이 생식력을 갖춘 개체—새로운 여왕 또는 생식력을 갖춘 수컷—로 발달해 새로운 군체를 건설하기도 한다. 이러한 개체들을 통해 이타성을 뒷받침하는 여러분의 유전자가 다음 세대로 이어지게 되는 것이다. 여러분과 여러분의 동료 일꾼들은 여왕의 번식 활동을 지원함으로써 해당 성향을 야기하는 유전자의 확산을 간접적으로 돕는 결과를 낳는다.

이 논리는 극단적인 경우에도 적용된다. 예를 들어 병정 목수개미가 자신의 군체를 보호하려 자폭할 때 실제로는 그 행동을 하게 만드는 유전자의 전파를 돕고 있는 것이다. 이 유전자의 복사본들은 여왕 내부에 봉인되어 있다. 여왕 자신의 유전체에 담겨 있을 수도 있고, 그 병정개미의 죽은 지 한참인 아버지에게서 받은 정자에 들어 있을 수도 있다. 어쨌든 이 유전자들이 여왕에게서 발현되는 일은 절대 없다. 여왕이 제 몸을 날려버리기라도 하면 큰일이니까. 그러나 그 유전자들은 미국의 금고 '포트 녹스'에 보관된 금처럼 여전히 여왕벌의 내부에 보존되어 있기 때문에, 병정개미가 최후의 희생을 할 때도 실은 그 희생을 하게 만드는 유전자를 보호하고 있는 셈이다. 사실상 여왕은 그 유전자들을 소모용 특전사들—병정개미들—에게 내보내고, 이 병정개미들이 그녀를 대신해 자폭한다.

폭발하는 병정개미, 보통의 비생식 일개미들이 우리에게 알려주는 한 가지 중요한 사실은 자연 선택이 꼭 손주라는 결과로 이어지는 특성만을 선호하는 것은 아니라는 점이다. 그렇다면 선택은 대체 무엇을 선호하는가? 오랜 기간에 걸쳐 여러 사상가들이 서로 다른 답을 내놓았지만, 가장 유력한 이론은 윌리엄 해밀턴에게서 나왔다. 그는 선택이 포괄 적합도inclusive fitness를 극대화하는 특성을 선호한다고 주장했다. 포괄 적합도는 두 가지로 구성된다. 직접 적합도와 간접 적합도다.[12] 직접 적합도는 개체의 번식 성공을 의미한다. 가설 4에 표현된 대로 이는 다윈주의에서 말하는 전형적인 적합도의 개념이다. 간접 적합도는 개체가 친족의 번식 성공에 기여하는 수준으로, 해당 개체와 친족 구성원 간 근연도coefficient of relatedness(혈연관계에 있는 두 사람이 1개의 유전자를 공유할 확률—역자주)에 따라 가중치를 매긴다(이 단계에서는 세세한 내용에 신경 쓰지 말자. 5장에서 다시 살펴볼 것이다). 포괄 적합도는 직접 적합도와 간접 적합도를 합한 것이다. 해밀턴에 따르면 선택은 직접 적합도를 통해서든, 간접 적합도를 통해서든, 아니면 둘의 조합을 통해서든 그 주인에게 가장 높은 포괄 적합도를 생산하는 특성을 선호한다. 이를 통해 우리는 다음과 같은 가설을 세워볼 수 있다.

가설 5: 자연 선택은 오로지 포괄 적합도에 관한 것이다. 유전자는 보유자의 포괄 적합도를 향상시킬 때 선택된다. 적응은 유기체의 포괄 적합도를 극대화하도록 설계되었다. 그리고 유기체는, 종합적으로 보면, 포괄 적합도 기계다.

이 답안이면 내 시험에서 좋은 점수를 받을 것이다. 포괄 적합도는 진화생물학에서 가장 중요한 아이디어이며, 우리가 전에는 알지 못했던 현실 세계의 많은 것들을 들춰냈다. 이는 또한 포괄 적합도가 다루기 까다로운 개념이라는 의미이기도 하다. 유기체 자신의 다윈주의적 적합도에 타인의 다윈주의적 적합도가 가미되어 만들어지는 이상하고도 추상적인 종류의 적합도가 있다고 상정하는 것 또한 그 까다로움에 일조한다. 이게 대체 무슨 일인지 보다 명확하고 덜 어색하게, 그리고—내 생각에는—더 정확하게 설명할 방법이 있다. 이를 위해서는 먼저 진화를 바라보는 우리의 관점부터 근본적으로 바꿀 필요가 있다.

유전자의 눈 관점

새뮤얼 버틀러Samuel Butler의 저 유명한 경구, '암탉은 달걀이 또 다른 달걀을 만드는 수단일 뿐이다' 가 현대화되었다. 유기체는 DNA가 더 많은 DNA를 만드는 수단일 뿐이다.
—E. O. 윌슨E. O. Wilson

개인 스스로는 섹슈얼리티를 자기 목적의 하나로 간주한다. 반면 인간을 연결고리로 보는 관점에서 그는 자기 생식세포의 부속물로서 자신의 에너지를 쓰고 보너스로 쾌락을 얻는다. 그는 불멸의 물질을 파괴할 열쇠다—한정 상속된 토지의 상속인처럼, 자신을 생존케 하는 재산의 일시적 소유자일 뿐이다.
—지그문트 프로이트Sigmund Freud

지금까지 우리는 "유기체 중심적" 진화의 관점이라 부를 만한 태도를 슬그머니 채택해 왔다. 우리는 이렇게 물었다. 자연 선택을 극대화하는 유기체의 성질은 무엇인가? 우리가 도출한 최선의 대답은 포괄 적합도였다. 그러나 이 해답을 탐구하는 과정에서 하나의 흥미로운 가능성에 봉착했다. 바로 유전자가 타인 속 자신에 손을 뻗어 스스로를 건사할 수 있다는 아이디어다. 이로부터 우리는 예의 질문에 완전히 새로운 방식으로 접근할 수 있게 된다. 자연 선택은 결국 유기체가 얼마나 잘해나가느냐에 관한 것이 아니다. 문제는 유전자가 얼마나 잘해 나가느냐이다. 해밀턴이 이 관점을 피력한 것은 1963년의 일이다. 포괄 적합도 이론의 틀을 소개하기 1년 전에 그는 특정 행위의 형성에 기여하는 G라는 유전자에 대해 설명하면서 "G의 전파 여부를 결정하는 궁극적인 기준은 그 행위가 행위자를 이롭게 할 것인가가 아니라, 유전자 G에게 이로울 것인가이다"라고 썼다.[13] 이는 오늘날 유전자 중심적 진화 또는 유전자의 눈 관점The Gene's—Eye View이라 불리는 주장을 최초로 명시한 것이었다. 그리고 나는 다윈 이후 진화를 바라보는 우리의 사고에 일어난 가장 중대한 진전으로 이 관점을 꼽는다.

대부분의 훌륭한 아이디어들이 그렇듯이 유전자의 눈 관점은 수많은 주체들이 수십 년에 걸쳐 고뇌한 결과물이다.[14] 그러나 생명을 바라보는 이 같은 관점과 그에 따른 논쟁을 가장 명쾌히 제시한 이는 리처드 도킨스였다.[15] 도킨스는 자연 선택이 복제자replicator에 작용한다고 주장했다. 복제자는 스스로를 복제하는 모든 개체를 뜻한다. 모든 복제자가 동일한 것은 아니며, 순전히 운에 따라, 남들보다 자기 복제에 뛰어난 일부가 존재하기도 한다. 남보다 더 신속하고 신뢰할 만하게 스스로를 복제하는 복제자들은 복제자 집단 내에서 빈도수를 늘려가고 궁극적으로는 집단을 압도하게 되는 경향이 있다—즉, 더 많이 선택되는 경향이 있다는 얘기다. 반면 자기 복제의 속도나 신뢰성이 떨어지는 개체들은 집단 내에서 빈도수가 줄어드는 경향이 있고 궁극적으로는 자취를 감추게 된다—선택을 받지 못하는 경향이 있다는 얘기다. 도킨스주의자의 관점에서 자연 선택은 (순전히 운이라기보다는) 스스로를 복제하는 본질적 기술의 결과로 특정 복제자의 빈도수가 증가 또는 감소할 때마다 발생한다. 보이지 않는 선택의 손이 복제자 집단을 가차없이 키질한 결과 복제자들은 시간의 흐름과 함께 자기 복사 능력을 더욱 강화하는 쪽으로 진화해 간다.

자연 선택을 이런 식으로 묘사하는 관점을 처음 접한 사람들은 대부분 여기에서 말하는 복제자가 유기체일 것이라고 추정한다. 유기체가 자신을 복사하고 그 임무를 더 훌륭히 수행하는 쪽으로 진화한다는 것이다. 그러나 도킨스는 그렇지 않다고 말한다. 유기체는 자신의 복사본을 만들지 않는다. 물론, 인간이 다른 인간을 만든다. 하지만 존이 존을 만들고 제인이 제인을 만드는 것은 아니다. 여러분이 모친과 똑같은 코를 가지고 있다면 그것은 모친의 코가 여러분의 얼굴로 직접 복제되었기 때문이 아니다. 여러분은 모친의 고유한 코를 생산했던 유전자를 물려받았고, 그 유전자들이 여러분을 위한 새롭고 고유한 코를 만든 것이다—혹여 여러분이 잉태되기 전에 모친이 어떤 이유로 코를 잃었다 하더라도 이 과정은 그대로 진행되었을 것이다. 유기체는 복사되는 것이 아니라 무無로부터 만들어지는 것이다. 여기에는 중요한 의미가 담겨 있다. 앞서 언급했듯 자연 선택은 특정 개체가 스스로를 복제할 수 있는 능력에 따라 빈도수의 증가 또는 감소를 경험할 때 발생한다. 그러나 조금 전 얘기했듯 유기체는 스스로를 복제하지 않는다. 각각의 유기체는 고유하다. 이는 개별 유기체의 빈도수가 증가 또는 감소할 수 없음을 의미한다(출생과 함께 0의 빈도가 1로 증가하고, 사망 시 1의 빈도가 0으로 감소하는 것 제외). 다시 말해 유기체는 자연 선택이 작용하는 개체, 즉 선택의 직접 표적이 될 수 없다. 집단, 종, 생태계, 모두 스스로를 복제할 수 없기는 마찬가지다.

유기체가 아니라면 무엇이 선택의 직접 표적일까? 그러니까, 지구의 진화에서 무엇이 복제자에 해당하는가? 정답은, 여러분도 짐작했겠지만, 유전자다. 모친의 코가 여러분의 얼굴에 복제되지는 않으나 모친의 유전자 절반이 여러분의 유전체에 복제되고 부친의 유전자 또한 절반이 복제된다. 유전자는 복제가 되기 때문에 유전자 풀 안에서 특정한 유전자 변종의 빈도수가 증가 또는 감소할 수 있다. 이는 곧 유기체나 집단, 종이 아니라 유전자가 자연 선택의 직접 표적임을 의미한다.

다음 질문은 이것이다. 자연 선택은 어떤 유전자를 선호하는가? 만약 우리가 유기체 중심적 관점을 취한다면 그 답은 (행복, 기쁨, 생존이 아니라 포괄적합도의 차원에서) 개체에게 유리한 유전자가 될 것이다. 반면 유전자 중심적 관점에서는 자연 선택이 유전자 자신에게 유익한 유전자를 고른다는 답이 나온다. 도킨스의 저 유명한 말처럼 자연 선택은 "이기적 유전자"를 선호한다. 이 유전자들은 평생의 목표가 유전자 풀 내에서 자신의 존재감을 증가시키는 것인 양 군다. 엄밀히 말하면 이 유전자들의 비유적 목표는 동일 유전자의 라이벌 버전(대립 유전자)보다 빠른 속도로 스스로를 복제하는 것이다.[16] 종종 유전자는 그 보유자의 생존 및 번식의 성공을 촉진하는 것—예를 들어 더 날카로운 이빨 또는 보다 매력적인 꼬리를 주는 방식—으로 이러한 목표를 달성한다. 그러나 때로는 다른 유기체의 생존과 번식 성공을 촉진하는 것으로 자신의 목표를 달성하기도 한다. 이때 대상이 되는 유기체들은 동일한 유전자의 복사본을 가지고 있을 확률이 평균보다 높다. 유전자가 그 보유자를 움직여 어린 개체를 위한 모유를 생산하도록 할 때, 또는 보금자리를 방어하기 위해 자폭하도록 만들 때가 모두 이 사례에 해당한다. 여기서 주목할 것은 마지막 두 사례 전부에서 유전자는 여전히 이기적으로 행동하고 있다는 점이다—이 유전자들은 유전자 풀에서 자신의 존재감을 늘리기 위해 행동하는 것뿐이다. 그러나 그에 따른 유기체의 행동은 이기적이지 않다. 이 유기체들은 다른 유기체를 돕기 위해 본인이 대가를 치른다. 이는 중요하지만 종종 간과되는 한 가지를 보여준다. 이기적 유전자가 때로 이타적 개체를 만들어내기도 한다는 사실이다.

지금까지 내 얘기를 들으면서 여러분은 포괄 적합도 이론과 유전자의 눈 관점이 포괄 적합도 극대화를 추구하는 존재가 유기체인가 혹은 유전자인가의 측면에서 해석의 방식이 다른 것뿐이라고 생각하게 되었을지도 모르겠다. 그러나 도킨스를 비롯한 여러 학자들이 주장하듯 현상을 개념화하는 보다 정확한 방식은 유전자 중심적 관점이다. 유전자 중심적 관점은 포괄 적합도로 설명이 가능한 모든 것들(보유자를 돕는 유전자, 보유자의 친족을 돕는 유전자)에 더해 포괄 적합도가 설명하지 못하는 것들까지 설명하기 때문이다. 그 대표적 사례로 분리비 왜곡 유전자segregation distorter genes가 있다. 유성 생식을 하는 동물 사이에서 유전자는 대개 각각의 정자 또는 난자에 복제될 확률이 50 대 50이고, 따라서 보유자가 생산하는 각각의 자손에 복제될 확률도 50 대 50이다. 분리 왜곡 유전자는 이 체계를 기만한다. 자신이 최종 관문을 통과할 확률을 50% 이상으로 높여버리는 것이다. 동전의 앞이냐 뒤냐 하는 이 확률을 한쪽으로 편중시킴으로써 이 무법 유전자들은 유기체의 포괄 적합도에 끼치는 뚜렷한 영향이 없는데도, 심지어는 포괄 적합도를 낮추는데도 대립유전자를 누르고 선택된다.[17] 이는 선택이 유기체의 포괄 적합도를 극대화하는 유전자를 선호한다는 가정으로는 설명되지 않는다. 그러나 선택이 유전자 자신의 적합도를 극대화하는 유전자를 선호한다는 가정에는 완벽히 부합한다. 따라서 유전자의 눈 관점은 포괄 적합도 이론을 넘어 이것이 설명할 수 없는 것들을 설명한다. 이는 유전자의 눈 관점이 진화 과정의 본질에 대해 보다 완벽하고 정확한 그림을 그리고 있음을 시사한다.

이 그림은 전통적인 유기체 중심적 관점에서 매우 큰 일탈이다. 먼저, 유전자의 눈 관점은 적응에 대한 우리의 이해를 다시 쓴다. 유기체 중심적 관점에서 적응은 유기체의 포괄 적합도를 향상시키기 위해 설계된다. 반면 유전자 중심적 관점에서 적응은 유기체가 가진 유전자를 전파하도록 설계된다. 보다 정확히 말해 적응은 해당 적응을 만들어내는 유전자의 전파를 위해 설계된다. 가시, 껍데기, 공작 꼬리, 유두는 각각 자신을 만드는 유전자를 전파하도록 설계된다. 물론 어느 개체에서든, 유용한 적응이라면 그 적응의 구축에 기여한 유전자뿐 아니라 유전체 안의 모든 유전자를 이롭게 하기 마련이다. 그러나 방대한 수의 개체들을 거치며 긴 세월을 보내는 동안 해당 적응을 책임지는 유전자들은 유전자 풀 내의 다른 유전자 모두와 유전체를 공유하는 처지다. 유전자들이 일관성과 신뢰성을 바탕으로 이롭게 하는 유전자는 그들 자신뿐이다. 그러므로 어떤 적응이든 궁극적으로는 해당 적응을 만들어내는 유전자만의 전파로 이어진다.

적응에 대한 우리의 이해를 다시 쓰는 것과 더불어 유전자의 눈 관점은 진화라는 드라마 안에서 유기체가 차지하는 위치에 대한 이해 또한 다시 쓰도록 한다. 전통적인 관점에서 개체들은 자신을 복제하고 그것을 위해 유전자를 사용한다. 하지만 유전자의 눈 관점에서는 유전자가 스스로를 복제하고 이를 위해 유기체를 사용한다. 도킨스가 말한 대로 "원숭이는 나무 위 유전자를 보존하기 위한 기계다. 물고기는 물속 유전자를 보존하기 위한 기계다."[18] 원숭이, 물고기, 그리고 모든 유기체들은 불멸할 유전자를 위한 일시적 생명유지장치다—즉 유전자가 스스로를 보존하고 전파하기 위해 "발명한" 수단이다. 그러므로 진화는 유기체가 스스로를 복제하는 능력이 얼마나 발전하는가에 관한 것이 아니다. 진화는 유전자가 자신을 복제하는 능력이 얼마나 발전하는가에 관한 것이다. 그것의 부수적 효과로 유기체들이 유전자를 복제하는 능력이 발전한다. 이로써 우리는 우리의 최종 가설에 도달했다.

가설 6: 진화는 가장 적합한 유전자의 생존에 관한 것이다. 유전자는 대립 유전자보다 스스로를 더 빨리 복제할 때 선택된다. 적응은 그 적응을 만들어내는 유전자를 물려주도록 설계된다. 그리고 유기체는 생존 기계도, 아기 생산 기계도, 손주 생산 기계도, 심지어는 포괄 적합도 기계도 아니다. 유기체는—연충류에서 마못(쥐목 다람쥐과의 포유류—역자주), 인간에 이르기까지—유전자 기계다. 유기체는 그들의 유전 물질을 전파하도록 설계된 생체 기계다.

오해를 피하는 차원에서 얘기하자면 나는 유전 물질을 전파하는 게 여러분이 반드시 해야 할 일이라고 말하는 게 아니다. 이 행성에서 보내는 짧은 세월 동안 무엇을 할지 여러분 나름의 다른 생각들이 있을 것이다. 하지만 토스터를 제 아무리 문버팀쇠로 사용한다 해도 그것이 빵을 굽기 위해 설계된 기계라는 사실에는 변함이 없듯 여러분이—살면서 무엇을 하겠다고 선택하든—유전자를 전파하도록 설계된 기계라는 사실에는 변함이 없다. 우리 모두가 그렇다. 바로 이것이 사제와 현자와 철학자들이 그토록 헛되이 찾았던 것, 바로 우리 존재의 궁극적 설명ultimate explanations이다.

집단의 이익을 위해서

마지막으로 살펴볼 문제가 하나 있다. 이 복잡한 문제는 집단 선택group selection이라 불린다. 이는 때로 어떤 특성들이 선택되는 이유가 그 특성을 소유한 개체가 아니라 집단에 유익해서라는 생각이다. 집단 선택은 진화생물학에서 유구한 역사를 가지고 있다. 다윈은 1871년작 『인간의 유래와 성 선택The Descent of Man』에서 인류 진화의 과정을 통틀어 자비롭고 충성스럽고 용맹한 개체들의 집단이 무정하고 불충하고 겁 많은 개체들의 집단보다 성공적이었기에, 전자의 덕목들이 후자의 악덕을 대신해 선택되었다고 주장했다. 다윈에 따르면 이 덕목들이 선택된 것은 이들을 소유한 개체가 아니라 그 집단이 성공적이었기 때문이다. 거의 한 세기가 지나 동물학자 V. C. 윈 에드워즈v. c.

Wynne—Edwards가 이 생각의 뼈대에 살을 붙였는데 동물은 집단의 이익을 위해 자신의 이기적인 이해를 내려놓기도 하며, 이러한 성향은 집단 차원의 선택이라는 개념이 있어야 설명이 가능하다고 주장했다.[19]

집단 선택은 얼핏 보면 꽤 그럴듯해 보인다. 그러나 전문가들 사이에서는 그 주제 전체가 논란의 수렁에 빠져 있다. 1960년대 중반에 조지 C. 윌리엄스George C. Williams가 이 개념에 융단 폭격을 개시한 이후, 생물학자 대부분은 집단 선택의 가능성을 딱 잘라 부인해 왔다.[20] 그들 논거의 핵심은 집단의 이익을 위해 자신의 적합도를 희생하는 유기체들은 자기 이익을 먼저 추구하는 이들에 비해 더 적은 후손을 남길 것이라는 점이었다. 그 대표적인 예가 레밍이라고 불리는 귀엽고 조그마한 설치류다. 때때로 레밍의 개체수는 통제할 수 없는 수준에 이른다. 이를 방치하면 레밍은 가진 자원들을 다 써버리고 서식지를 망가트리며 결국 자멸의 길을 걷게 될 것이다. 통념에 따르면 이러한 끔찍한 결과를 모면하기 위해 초과된 수의 레밍들은 근처 절벽에서 스스로를 내던져 자살하는 것으로 집단의 이익을 지킨다고 알려져 있다. 그런데 그와 같은 성향이 진화될 수가 있는가? 답은 '아니오'다. 자살하는 레밍은 동물학계의 도시괴담 같은 것이다—왜 그런지 이해하기는 쉽다.

먼저 자살할 생각이 없는 레밍의 무리에서부터 시작해보자. 어느 날, 개체수가 너무 많아지는 순간 절벽에서 몸을 던지는 내재적 성향을 가진 돌연변이가 태어난다. 이 성향이 과연 선택될까? 분명히 아닐 것이다. 이 죽음을 사랑하는 레밍들은 제 수명을 단축시킴으로써 공동체를 위하는 마음이 덜한 레밍들보다 적은 수의 자손을 남기게 될 것이다. 그 자기희생적 경향이 갸륵할 수는 있을지라도 유전자 풀에서는 곧바로 제거되고 말 것이다. 그리고 그러한 성향이 유전자 풀에서 어떻게든 버틸 방도를 마련한다고 하더라도—예를 들어 우리의 외계인 과학자가 유전자 공학을 써서 자살 충동 레밍의 개체수를 늘렸다고 해 보자—그리 오래가지 못할 것이다. 머지 않아 이기적인 돌연변이가 태어나거나 이기적인 이주민이 나타나 절벽에서 제 몸을 던지는 대신 옆으로 비켜서서 다른 레밍들이 그 희생을 감수하도록 할 것이다. 다른 모든 상황이 동일하다면 이 무임승차자는 나머지 레밍보다 더 많은 자손을 갖게 될 것이고, 궁극적으로는 이타주의자들을 몰아내고 집단을 장악하게 될 것이다. 결국 집단을 향한 이타심을 이기심이 이기게 되리라는 얘기다.

이 같은 주장을 바탕으로 집단 선택은 20세기 후반에 진화생물학에서 대대적으로 배척당하며 버려진 아이디어들의 유배지로 보내졌다. 그러나 1990년대 이후 생물학자들이 이 사안을 다시 들여다보기 시작했고, 일부는 집단 선택이 생존 가능한 명제일 수도 있겠다고 생각한다.[21] 오늘날 집단 선택과 관련해 가장 빈번히 거론되는 인물은 데이비드 슬로안 윌슨David Sloan Wilson이다. 그의 주장에 따르면 우리는 두 가지 유형의 선택을 구분할 필요가 있다. 한 집단 내 개체 사이에서 작용하는 선택과 집단 간 더 많은 개체 사이에서 작용하는 선택이다. 집단 내에서는 무임승차자 레밍이 그랬듯이 이기적 개체가 이타적 개체보다 더 성공적이다. 그러나 동시에 이타주의자들의 집단은 이기적 개체들의 집단보다 더 성공적인 경향이 있다. 그들은 보다 협력적이고, 내부 다툼 때문에 소모하는 자원도 적다. 따라서 집단 내 선택은 이기심을 선호하는 반면 집단 간 선택은 이타심을 선호한다. 보다 엄밀히(그리고 덜 유쾌하게) 말하면 집단 간 선택은 집단 내 이타심에 다른 집단을 향한 적개심이 더해지는 특성을 선호한다. 이 다윈주의적 줄다리기에서 어떤 선택의 압력이 승리할 것인가? 그룹 내 선택인가, 아니면 그룹 간 선택인가? 모든 것은 서로에게 대항하는 선택 압력의 상대적인 힘에 좌우된다. 종종 개체 선택이 승리한다. 그러나 상황에 따라서는 집단 선택이 우위를 점할 수도 있다. 윌슨은 이것으로 현재 우리 종이 경험하고 있는 현상들을 설명할 수 있다고 본다.

사람들은 대개 집단 선택이 이기적 유전자 접근법과 모순된다고 가정한다. 아마도 이는 리처드 도킨스("이기적 유전자"라는 표현을 만들어낸)가 집단 선택 이론을 주도적으로 비판하는 인물 중 하나이기 때문일 것이다. 그러나 그러한 가정은 옳지 않다. 집단 선택이 정말로 존재한다면, 보유자에게 영향을 미쳐 집단 전체를 이롭게 하는 유전자의 선택이 존재한다는 얘기가 된다. 이 유전자들이 대립유전자를 이기고 선택되었다면 원론적으로 그들은 이기적 유전자다―해당 유전자 풀에서 자신의 영속을 추구하는 유전자인 것이다. 여기에서 유일한 차이점은 이 유전자들이 보유자의 이해보다는 집단의 이해를 확대하는 방식으로 자신의 영속을 달성한다는 것뿐이다. 이처럼 집단 선택은, 원칙적으로는, 유전자 기계 접근법과 일치한다.

그런데 집단 선택이 실제로 벌어지는 일일까? 이 까다로운 문제는 5장에서 다시 살펴보도록 하겠다.[22] 지금은 일단 이렇게 생각해보자. 만일 집단 선택주의자들이 옳은 것으로 판명된다고 하면 집단 선택은 외계 과학자의 질문에 답할 또 하나의 도구가 되어준다. 가령 이렇게 주장해볼 수 있을 것이다―이타적이고 종교적이고 예술적이고 음악을 아는 개체들로 이루어진 집단이 이기적이고 무신론을 지지하고 심미적으로 문제가 있고 음악이라고는 모르는 이들의 집단에 비해 더 성공적이었으며, 이로 인해 전자의 특성들이 널리 확산되었다. 나는 이것이 사실이라는 생각은 들지 않는다. 실은, 5장에서 설명하겠지만, 아닐 것이라는 쪽에 더 가깝다. 다만 준비를 철저히 하는 차원에서 가설 6의 선택형 수정 버전을 만들어 집단 선택에의 문을 열어 두도록 하자.

가설 6.2: 유전자는 유전자 풀에서 스스로를 전파시키는 정도에 따라 선택된다. 이를 달성하는 방법은 보유자의 생존과 번식을 돕거나, 보유자의 친족이 생존과 번식에 성공하도록 돕는 것이다. 그러나 때로 유전자들은 보유자의 집단이 다른 집단보다 더 성공적일 수 있도록, 심지어는 보유자의 희생을 통해서라도 집단이 성공할 수 있게 돕는 것으로 자신의 목적을 달성하기도 한다. 어느 쪽이든 적응은 해당 적응을 만들어내는 유전자를 물려주기 위해 설계된다. 그리고 인간은, 다른 유기체와 마찬가지로, 유전자 기계다.

자, 이제 됐다. 유전자 기계 접근법이 현대 진화론, 또는 신다원주의적 종합이론neo—Darwinian synthesis이라고 불리는 것을 이해하는 데 유용한 도구가 되기를 바란다. 이 접근법이 여러 복잡한 문제들을 그냥 우회한다는 점을 나 또한 인정한다. 유기체가 유전자 기계일 수 있는 건 어디까지나 유전자가 유기체를 결정하고, 해당 유전자가 무작위적인 유전적 부동genetic drift 대신 자연 선택을 통해 현재의 위치에 왔을 때까지만이다. 어떤 유전자들은 유용해서가 아니라 유용한 다른 유전자에 우연히 연결되어 있다는 이유로 두각을 나타낸다.

또한 선택의 범위는 발달상 편향과 제약에 제한을 받는다. 그러나 전반적 차원에서 유전자 기계 접근법은 진화를 바라보는 신다원주의적 관점에 내포된 큰 그림을 이해하는 데 귀중한 방향을 제시한다. 이 신다원주의적 관점은, 간간이 등장하는 확신에 찬 반대 주장에도 불구하고, 여전히 진화생물학의 지배적 패러다임이다.[23]* 여기서 중요한 것은 유전자 기계 이론이 신체에만 적용되는 것이 아니라는 사실이다. 이는 정신에도 적용된다.

---

*신다원주의의 서거를 자신만만하게 선언한 최근 사례와 그에 대한 응수는 Laland et al.을 참고하라(2014).

진화하는 정신

자연스러운 것이 이상하게 보이도록 만드는 과정을 학습한 타락한 정신이 필요하다. 본능적인 인간 행위에 '왜?'라고 물을 수 있는 수준까지 가야 한다. 형이상학자들이나 할 수 있는 이런 질문들 말이다. 기쁠 때 우리는 왜 웃는가, 찡그리지 않고? 왜 우리는 친구 한 명에게 말할 때와 군중에게 말할 때가 같을 수 없는가? 왜 특정 여인이 우리의 지혜를 엉망진창으로 만들어버리는가? 보통의 사람이라면 이렇게 말하고 말 것이다. "물론 우리는 웃으니까, 물론 군중 앞에서는 우리 마음이 두근거리니까, 물론 우리가 그 여인을 사랑하니까, 그처럼 완벽한 형상을 띤 아름다운 영혼이란 영원히 사랑받도록 만들어진 것이 명백하고도 분명하니까!"

고로 각 동물이 특정 대상 앞에서 하고 싶어지는 특정 행위들이 있다면……사자가 사랑하도록 만들어진 것은 암사자이고, 곰이 사랑하도록 만들어진 것은 암컷 곰일 것이다.

—윌리엄 제임스William James

우리는 이제 막 진화생물학과 견학을 끝냈다. 거기서 습득한 지식을 가지고 심리학과로 가서 무엇을 할 수 있는지 살펴볼 때다. 간단히 말해, 이것은 진화심리학의 사명이다. 진화생물학의 이론들을 취해 인간의 정신과 행동에 대한 우리의 이해를 돕는 것이다. 아주 기본적인 수준에서는 꽤 쉬운 임무다. 진화론은 유기체가 그들의 유전자를 전파하도록 설계된 기계라고 말한다. 여기에 함축된 또 다른 의미는, 자연 선택이 정신을 형성하는 한, 정신 또한 그 보유자의 유전자를 전파하도록 설계된 기계라는 점이다. 정신이 유전자 전파 기계라는 생각은 정신을 바라보는 전통적이고 일상적인 관점으로부터의 극적인 탈피를 대변한다. 그러나 다소 모호한 측면이 있는 것도 사실이다. 심리학의 진화론적 접근을 진정으로 이해하기 위해서는 세부적인 내용들을 들여다볼 필요가 있다.

자연 선택이 지적 설계의 착각을 불러일으킨다는 사실을 되새겨보라. 자연 선택이 만들어내는 적응은 특정한 설계자가 없음에도 뭔가 특별한 기능을 수행하도록 설계된 것처럼 보인다는 착각이다. 이는 우리가 어떤 적응에 맞닥

트릴 때마다 기능적 분석functional analysis이라 불리는 것을 수행할 수 있음을 의미한다. 우리는 이렇게 물을 수 있다. "이 적응의 목적이 무엇인가? 무엇을 위한 것인가?" 다음은 우리가 이미 언급한 해부학적 특성들에 기능적 분석을 적용하는 방법이다.

질문: 가시와 껍데기의 기능은 무엇인가?

답: 유기체를 피해로부터 보호하기 위하여.

질문: 생식기의 기능은 무엇인가?

답: 번식을 가능하게 하기 위하여.

질문: 암컷이 가진 유두의 기능은 무엇인가?

답: 갓 태어난 자손에게 자양분을 제공하기 위하여.

여러분도 이제 이해했을 것이다. 진화심리학자들은 이 설명의 틀을 가져다 인간의 정신에 적용한다. 예를 들면……

질문: 허기의 기능은 무엇인가?

답: 허기는 우리가 신체를 만들고 운영하는 데 필요한 영양분을 획득하도록 동기를 부여한다. 허기는 자동차 연료 부족 경고등과 동일한 기능을 수행한다.

질문: 역겨움의 기능은 무엇인가?

답: 역겨움은 우리가 전염성 물질과 독소를 피하도록 동기를 부여한다. 역겨움 체계는 신체를 위한 출입국관리—또는, 심리학자 다비드 피사로David Pizarro로가 말한 대로 내장형 독소검출기다.

질문: 두려움의 기능은 무엇인가?

답: 두려움은 우리가 위험과 해악을 탈출하거나 모면하도록 동기를 부여한다. 사자로부터 도망치고 낭떠러지를 멀리하도록 유도한다.[24]

질문: 고통의 기능은 무엇인가?

답: 고통은 우리가 조직의 손상으로부터 스스로를 보호하도록 동기를 부여한다. 예를 들어 손가락에 끼인 쥐덫을 제거하거나 불에 집어넣은 손가락이 재로 변하기 전에 빼내도록 하는 것이다. 고통은 또한 우리가 상처를 치유하는 동안 그것을 보호하도록 동기를 부여한다.

질문: 욕망의 기능은 무엇인가?

답: 욕망은 우리가—믿을 만한 피임법이 도래하기 전까지는—아기의 생산으로 이어질 특정 행위들에 참여할 동기를 부여한다.

질문: 부성애(모성애)의 기능은 무엇인가?

답: 부성애(모성애)는 우리가 우리의 아기와 자녀들을 보살피도록 동기를 부여하여, 언젠가는 그들 또한 동일한 순환과정 전체를 다시 시작할 수 있도록 만든다.

기능적 분석은 신체적 특성과 심리적 특성 모두에 적용될 수 있을 뿐 아니라, 전자를 형성한 것과 동일한 선택의 압력이 후자 또한 형성할 수 있음을 보여 준다는 사실에 주목하라. 가시, 껍데기, 생식기, 유두를 만들도록 하는 것과 동일한 선택의 압력이 두려움과 고통, 욕망, 부성애(모성애)를 형성했다. 나중에 살펴보겠지만 인간은 공작의 꼬리, 목수개미의 자폭 성향에 대응되는 심리적 등가물을 소유할 수도 있다—다시 말해, 짝을 유인하고 자손 외의 친족들을 보살피도록 설계된 심리적 적응을 가질 수 있다. 요컨대 신체와 정신은 동일한 다윈주의적 힘에 의해 만들어졌다.

또 한 가지 주목할 점은 눈이 정교하게 설계되어 시력이 기능하는 것처럼 우리의 심리적 적응도 정교하게 설계되어 진화된 기능을 실행한다. 역겨움을 생각해보라. 사람들은 누구나 특정한 것에 역겨움을 느낀다. 여기에는 신체 분비물(토사물, 설사), 부패한 물질(썩는 사체, 상한 음식), 특정 동물(쥐, 파리, 구더기) 등이 포함된다. 중요한 것은 심리학자들이 꼽은 보편적 역겨움 유발자들의 목록과 전염병학자들이 독자적으로 열거한 질병 매개체의 목록이 사실상 일치한다는 점이다—이는 우리가 예상했던 대로 역겨움이라는 체계가 유해한 미생물로부터 인간이 거리를 유지할 수 있게 설계된 하나의 적응임을 의미한다.[25]

우리에게 이미 내재된 혐오와 마찬가지로 인간은 새로운 혐오를 배울 능력을 갖추고 있다. 새로운 음식 또는 음료를 섭취한 직후 급성 질병을 경험한 적이 있는 사람이라면 누구나 이후에 그 음식이나 음료를 다시 접했을 때 그 생각 자체를 견딜 수 없다는 사실을 발견할 것이다. 이들은 심리학자들이 조건 맛 혐오conditioned taste aversion라 부르는 증상을 갖게 된 것이다. 이러한 혐오를 가질 수 있는 능력은 다양한 음식을 먹는 동물 사이에서 흔히 발견되며 그 적응의 논리는 명확하다. 그 음식이 질병을 유발할 가능성이 있으므로 다시 먹지 않는 게 최선이라는 것이다. 인정하건대 음식과 질병이 유관하지 않은 경우도 종종 있고, 그래서 그 음식 자체는 완벽히 안전할 수 있다. 이것이 마치 시스템상의 어떤 오류처럼 보일 수 있겠지만 실제로는 설계에 따른 기능인 것이다. 상한 음식을 먹고 사망함으로써 감수하게 되는 적합도의 손실은 안전한 음식을 피하고 잠시 배고픔을 겪는 것에 수반되는 손실보다 훨씬 크다. 이처럼 해당 시스템은 지나치다 싶을 정도로 신중하게 설정되어 있다. 이를 비롯한 여러 방면에서 역겨움 체계는 그 진화적 기능을 수행할 수 있도록 훌륭히 설계되어 있다.

두려움의 체계 또한 마찬가지다.[26] 역겨움과 관련해서도 그렇듯이 인간은 특정한 것에 두려움을 느끼는 내재적 성향과 새로운 두려움을 배울 능력 모두를 갖추고 있다. 우리가 선천적으로 가진 것처럼 보이는 두려움 중에 뱀에 대한 공포가 있다. 영장류가 지구상에 발을 디딘 세월 내내 뱀은 골칫거리였다. 그러므로 우리가 뱀에 대한 두려움을 쉽게 발전시키는 것도 당연한 일이다.[27] 그리고 내가 말하는 "우리"가 다만 인간만을 의미하는 것은 아니다. 많은 영장류들이 뱀 공포증을 가지고 있다. 뱀 공포증은 영장류의 정신세계에서 공통적으로 발견되는 특징이다.[28]

인간이라는 종에서 전형적으로 나타나는 또 다른 두려움으로 높이에 대한 공포가 있다. 모든 동물들이 이 두려움으로 고통받는 것은 아니다. 고층 빌딩의 외벽을 헤집고 돌아다니는 거미를 본 적이 있다면 거미는 높이를 조금도 두려워하지 않는다는 사실을 알 것이다. 그들은 그럴 필요가 없다. 거미는 너무도 작아서 어떤 높이에서 추락하더라도 안전할 수 있다. 반면 인간의 경우 추락하게 되면 큰 충격을 받는다. 그러므로 높이에 대한 경계심은 우리 인간과 다른 대형 동물에게는 합당한 것이며, 그러한 이유로 우리가 두려움을 갖게 되었다고 추정할 수 있다. 두려움을 줄이는 방법을 배울 수는 있겠지만 기본적 수준의 불안은 우리 대부분이 처음부터 가지고 시작한다.

물론 공포의 대상을 대하는 데 있어 두려움이라는 감정이 실질적인 도움이 되지 않는다면, 쉽게 두려움을 느끼는 우리의 성향은 쓸모가 없을 것이다. 그래서 이 원초적인 감정은 당연히, 자신의 존재 목적을 달성하도록 해주는 다양한 기능들을 갖추고 있다. 일례로 두려움은 심리적 각성을 수반해 신체에 행위를 준비시킨다(투쟁—도피반응fight—or—flight response). 또한 주의력을 상황에 맞춰 분배한다. 사자에 쫓기는 상황에서 우리는 대개 정신을 분산하는 일 없이 지금 무엇을 하고 있는지에 대한 생각조차 잊는다. 인간이 진정한 의미에서 순간을 사는 유일한 때는 그들의 삶이 위험에 처했을 때다. 다시 말하지만, 이는 적응의 관점에서 상당히 타당하다. 위험에 처해 있을 때야말로 우리가 순간을 살아야 할 유일한 때다.

한 가지 더 짚고 넘어가자. 기능적 설명을 정신에 적용하기 시작하면서부터는 근시안적 설명proximate explanations과 궁극적 설명을 명확하고 세심하게 구분하는 것이 중요하다. 근시안적 설명은 행위의 직접적 원인에 초점을 맞춘다. 예를 들어 "사람들이 섹스를 하는 이유는 그것을 즐기기 때문이다."가 이에 해당할 것이다. 궁극적 설명은 행위의 진화적 기능, 즉 그 행위가 유발하도록 선택된 효과에 집중한다. 이에 해당하는 예는 "사람들이 섹스를 하는 이유는 그것이 자손의 생산으로 이어지기 때문이다."가 되겠다. 이러한 설명—즐거움과 재생산—이 서로 모순되는 것은 아니다. 사실 후자가 전자를 설명한다. 우리는 즐기기 위해 섹스를 하지만, 그것을 즐기도록 진화된 것은 섹스가 자손의 생산으로 이어지기 때문이다. 근시안적 설명과 궁극적 설명의 구분이 중요한 이유는 진화적 설명에 해당하는 것을 보통의 심리학적 설명과 혼돈하는 취미를 가진 이들이 있어서다. 진화심리학을 비판하는 이들은 그중에서도 최악이다. 가장 일반적인 비판은 이런 식으로 흘러간다. "진화심리학자들은 우리가 아이를 갖기 위해 섹스를 한다고 주장하지만, 그건 사실이 아니다—대부분의 경우 우리는 그냥 즐기기 위해 섹스를 한다. 사실상 때에 따라서는 섹스를 할 때 가장 원치 않는 것이 아이를 갖는 것이다!"[29] 이미 얘기했듯 이는 단순한 착오일 뿐이라는 점을 분명히 해야 한다. 진화심리학자들이 섹스가 아기를 만들기 위한 것이라고 말할 때는 그 행위의 진화적 기능에 대해 얘기하는 것이지, 그로부터 사람들이 무엇을 바라는가를 논하는 게 아니다. 비판론자들은 근시안적인 것과 궁극적인 것을, 진화 모드에서의 설명과 심리학 모드에서의 설명을 구분하는 데 실패한 셈이다.

진화심리학자들은 이러한 오류의 일반적 형태로 다음과 같은 생각을 예로 든다. 사람들은 자신의 유전자를 물려주겠다는 태생적 동기를 가지고 있고, 그래서 이 목표를 달성할 기회를 호시탐탐 노리고 있다는 아이디어다. 이에 대해 하버드대학교의 심리학자 스티븐 핑커는 이렇게 지적한다. "인간의 정신이 그런 식으로 작용한다면 남자들은 정자 은행 밖에 줄을 서고, 여자들은 돈을 들여 난자를 수확한 뒤 그것을 불임 커플에게 전달할 것이다."[30] 하지만 유전자를 퍼뜨린다는 아주 뭉뚱그려진 동기를 갖는 대신, 인간은 보다 구체적인 동기—먹고 마시고, 포식자로부터 도망치고, 섹스를 하고, 어린 것들을 돌보는 동기—들로 구성된 목록들을 가지고 있다. 이런 동기들이 모여 우리가 마치 유전자를 퍼뜨리려 애쓰는 듯 행동하게 유도하지만 정작 우리 입장에서 그것은 전략에 따른 행위가 아니고, 유전자 전파를 (문자 그대로의 실질적) 목표로 삼아서 하는 행위도 아니다. 보다 정확히 설명하자면 우리의 기본적 충동과 동기가 우리의 선조들을 이끌어 환경 속에 그들의 유전자를 전파하는 쪽으로 행동하게 했고, 그 환경으로부터 우리의 종이 진화한 것이다. 우리의 현재 환경에서 이러한 동기들은 유전자 전파라는 목표를 달성할 수도, 달성하지 못할 수도 있다. 이 문제는 곧 다시 다루게 될 것이다. 이 단계에서 기억해야 할 것은 우리가 유전자 기계라 할지라도 의식적인 수준에서든 무의식적인 수준에서든 우리의 유전자를 물려주겠다는 내재적 동기를 가지고 있는 것은 아니라는 사실이다.

익숙한 영역을 벗어나

지금까지 우리는 인간 정신의 몇몇 요소, 즉 허기와 역겨움, 두려움과 고통, 욕망과 부성애(모성애)를 진화적 설명의 관점에서 살펴보았다. 내 바람일지 모르겠지만 이런 사례들에는 논란의 여지가 없다. 그러나 진화심리학에는 논란의 여지가 있다. 진화심리학자들이 진화적 관점의 설명을 훨씬 멀리 확대하여 사회적 힘이나 학습의 결과로 돌려질 많은 현상에까지 적용하기 때문이다. 그 현상의 사례들은 다양하다. 평균적으로 남자가 여자에 비해 여러 파트너와 관계에 구속되지 않는 섹스를 하는 것에 더 관심이 있으며 여자는 잠자리 상대를 고르는 것에 더 까다롭다는 사실, 사람들은 건강한 피부와 대칭형 얼굴을 가진 섹스 파트너를 선호하고 남자는 여자에 비해 상대의 준수한 외모와 젊음에 더 가중치를 둔다는 사실, 사람들이 사랑에 빠지고 자신이 사랑하는 이가 다른 누군가와 이어지면 질투를 느낀다는 사실, 옆집에 사는 이웃의 자녀보다 자신의 아이를 더 사랑하는 것이 일반적이라는 사실, 사람들 대부분이 형제자매 또는 가까운 친족과 잠자리를 한다는 생각에 혐오를 느낀다는 사실 등이 이에 포함된다. 진화심리학자들에 따르면 이러한 성향은 단순한 문화적 발명품이 아니다. 이들은 인간 본성의 핵심적인 부분이다.

이게 당연한 상식처럼 들리는 이도 있을 것이다. 그러나 학계에서는, 적어도 최근까지는, 이 생각이 터무니없고 어쩌면 위험하기까지 한 아이디어로 간주되어 왔다. 20세기 대부분의 세월 동안 심리학자와 다른 사회과학자들은 기본적 감각 능력, 비학습적 반사, 소수의 단순한 감정들보다 복잡한 것들은 무엇이든 학습, 사회화, 문화의 소산으로 돌렸다. 남자가 여자에 비해 책임 없는 섹스에 관심이 더 많다면 그건 사회가 그들의 방탕함을 부추기고 여자의 성은 억압하기 때문이다. 사람들이 어떤 신체적 속성을 다른 것에 비해 성적으로 더 매력적이라 받아들인다면 그건 그들이 너무도 많은 속옷 광고 또는 저체중 모델들에 노출되어 왔기 때문이다. 사람들이 자신의 연인에게 소유욕을 느낀다면 그건 그들이 자본주의 사회에서 사회화되어 인간을 공평하게 나누기보다는 재산처럼 취급하기 때문이다. 사람들이 모든 아이들을 차별 없이 보살피는 대신 자신의 아이만을 보살핀다면 그건 그들이 부르주아적 가족 가치를 내면화했기 때문이다. 그리고 사람들이 가까운 친족과의 잠자리를 혐오하는 것은 그들을 둘러싼 문화가 어떤 방식으로든 이 혐오를 조장했기 때문이다. 그게 아니라면 다른 어떤 이유가 있을 수 있다는 말인가? 교양인이라면 누구나 알았다시피 저 밖 어딘가에는 완전히 다르고 더 나은 문화가 있다……. 물론 사람들 대부분은 그게 어딘지 콕 찍어 말하지 못하지만. 여기에서 암묵적인 가정은 인간이 빈 서판, 즉 근본적으로 무엇이든 학습할 능력을 가진, 본능 제로의 동물이라는 것이다. 이와 관련해 인류학자 애슐리 몬터규Ashley Montagu는 이렇게 말했다. "인간이 인간인 이유는 본능이 없어서다. 왜냐하면 인간의 현재와 그 현재를 만들어온 모든 것은 인간이 학습한 것이며 동시에 문화와, 인간이 만든 환경과, 다른 인간들로부터 습득한 것이기 때문이다."[31]

이러한 관점을 진화심리학자 존 투비John Tooby와 레다 코스미데스Leda Cosmides는 표준사회과학모델SSSM이라 부르는데, 이에 따르면 인간의 정신이나 행위를 이해하는 데 생물학이 기여할 수 있는 바가 전혀 없다. 그리고, 비트겐슈타인식으로 표현해보자면, 말할 수 없는 것에 대해서는 침묵해야 하는 법이다.[32]*

수십 년 세월 동안 학자들 대부분이 이 불문율을 따랐다. 그러나 후에 사회생물학과 진화심리학이 파티의 불청객처럼 등장해 오랜 질서에 도전하기 시작했다. 분명히 어느 정도까지는 인간은 빈 서판이다. 우리는 다른 어떤 생명체보다도 학습에 의존한다. 그러나 몇몇 반사작용과 기본 욕구를 제외한 모든 것이 순전히 학습의 산물이라고 생각하는 게 과연 현실적인가? 그렇다면 여자가 가벼운 섹스와 포르노를 남자보다 좋아하도록, 남자가 아이 갖기를 여자보다 좋아하도록 그렇게 쉽게 사회화할 수도 있는 것일까? 건강한 피부보다 건강하지 못한 피부를 선호하고, 대칭적 얼굴보다 비대칭적 얼굴을 선호하고, 젊은 짝보다 나이든 짝을 선호하는 법을 사람들이 그렇게 쉽게 배울 수 있을까? 바람을 피우는 파트너 때문에 가슴이 천 갈래로 찢기는 아픔 대신 그에 대해 크게 기뻐하는 법을 우리가 그렇게 쉽게 배울 수 있을까? 자기 자손을 우선적으로 돌보는 사회를 만드는 것만큼 쉽게 아이들을 공동으로 보살피는 사회를 건설할 수 있을까? 비친족 관계의 매력적인 이들에게 빠지는 것만큼 쉽게 형제자매와 사랑에 빠지는 법을 배울 수 있을까? 이러한 질문들에 대한 여러분의 대답이 '아니오'라면 여러분은 진화심리학자들의 관점에 동의하는 것이다. 이 현상들은 학습과 문화에 의해서만 만들어지는 게 아니다. 물론, 정도의 차이는 있겠으나, 학습과 문화가 영향을 미치는 것은 분명한 사실

---

*빈 서판과 표준사회과학모델이 허수아비 논증의 오류일 수 있다는 생각이 든다면 비슷한 사례를 다음에서 확인하라. Pinker(2002) and Tooby and Cosmides(1992).

이다. 하지만 어떤 것들은 다른 것들에 비해 자연스럽다. 그렇게 본다면 인간의 본성이라는 것은 존재하는 셈이다.

위의 주장들은 직관적인 호소에 지나지 않을 뿐이다. 이를 본격적으로 살펴보기 전에 먼저 해야 할 일들이 몇 가지 있다. 첫째, 이러한 특성이 왜 진화했을지 얘기해야 한다. 왜 우리는 사자 또는 쇠똥구리의 본성이 아닌 지금 이본성을 가지고 있을까? 두려움, 욕망, 역겨움의 진화적 기능을 이해하는 것은 충분히 쉽다. 그러나 배우자 선호, 성적 소유욕, 근친상간 혐오 등의 진화적 기능은 무엇일까? 바로 이 지점에서 유전자 기계론이 제 몫을 하기 시작한다. 여러분이 만약 어떤 도구나 기계를 이해하기 원한다면 그것이 무엇을 하도록 설계되었는지 파악하는 게 도움이 된다. 동일한 원리가 정신에도 적용된다. 핑커는 『마음은 어떻게 작동하는가How the Mind Works』에서 이 점을 잘 지적했다.

골동품 가게를 뒤지다가 대체 무엇을 하도록 설계된 것인지 파악하기 전까지는 그 용도를 도저히 헤아릴 수 없는 기계를 발견할지도 모른다. 그것이 올리브 씨를 제거하는 기구라는 것을 깨닫게 되면 금속 링은 올리브를 끼우도록 설계되었고, 손잡이를 당기면 한쪽 끝에서 X자 형태의 칼날이 내려와 다른 쪽 끝으로 씨를 밀어내는 방식이라는 것을 불현듯 이해하게 된다. 만족스러운 혜안이 힘을 발휘하며 스프링, 접철, 칼날, 손잡이, 고리들의 모양과 배열이 모두 이해되기 시작한다. 심지어 통조림 속 올리브의 한쪽 끝에 X자 절개선이 있는 이유까지 이해하게 된다.[33]

이와 마찬가지로 정신이 무엇을 하도록 설계된 것인지—즉 정신을 만들어내는 유전자를 물려주도록 설계된 것이라는 점을—알게 된다면 만족스러운 혜안이 힘을 발휘하며 정신과 행위의 다양한 양상들이 불현듯 이해되기 시작한다. 왜 남자는 여자에 비해 복수의 섹스 파트너를 갖는 데 관심이 많은가? 어쩌면 유전자를 전달하기 위한 최선의 전략에 남녀 간 차이가 있기 때문일 것이다. 예를 들어 1년에 5명의 파트너와 관계하는 남자는 잠재적으로 5명의 건강한 아이를 가질 수 있다. 반면 1년에 5명의 파트너와 관계하는 여자는 단 1명의 파트너와 관계할 때에 비해 가질 수 있는 아이의 수가 크게 늘지는 않을 것이다.[34] 왜 우리는 건강한 피부, 대칭형 얼굴, 젊은 외양에 끌리는가? 어쩌면 이 특성들은 건강 및 생식력과 밀접한 관계가 있고, 따라서 이런 외모를 선호하는 이들이 생식력도 없고 건강하지도 못한 짝에 페티시를 느끼는 이들보다 더 많은 후손을 남기기 때문일 것이다. 왜 사람들은 자신의 짝과 연인에게 소유욕을 갖는가? 어쩌면 질투가 그들을 움직여 짝꿍이 옆길로 새는 것을 방지하게 하고, 그래서 자신과 함께 자녀를 낳고 기를 확률을 높이기 때문일 것이다—그리고 남자의 경우에는 그렇게 함으로써 부지불식간에 다른 누군가의 자식을 대신 키우는 신세가 될 확률을 줄이기 때문일 수도 있다.[35] 왜 사람들은 이웃의 아이들보다 자신의 자녀를 더 보살피는가? 어쩌면 우리의 자녀가 이웃의 아이들보다 우리의 유전자를 더 많이 보유하고 있기 때문일 것이다(물론 이웃집과의 어떤 문란한 역사가 없었다는 전제하에…… 게다가 유전자 기계론은 이 부분에도 실마리를 제공해준다).[36] 왜 우리는 가까운 친족과 잠자리를 한다는 생각을 혐오하는가? 어쩌면 근친 간 결합에 따라 생산된 자손은 유전자적 결함을 가질 가능성이 높고, 따라서 근친 간 결합을 말리는 유전자가 끈질기게 저항할 확률이 매우 높기 때문일 것이다.[37]

이제 우리는 전에는 오직 사회문화적 용어로만 설명되던 특성들에 대해 그럴싸한 진화적 설명이 존재한다는 것을 알게 되었다. 다음 질문은 우리가 진화적 설명과 기존의 사회문화적 설명 사이에서 어떤 선택을 할 것인가의 문제다. 그 대답의 일환으로 인간의 조건과 관련하여 전 세계 가정에서 매일같이 확인하는 간단한 사실 하나를 생각해보자. 부모가 자녀에게 뇌물을 주는 상황에서 사탕은 뇌물이 될 수 있지만 브로콜리는 불가능하다. 왜일까? 아이들이 사탕을 선호하는 쪽으로 사회화되었기 때문일까? 그게 그렇게 쉬웠다면 브로콜리를 선호하는 쪽으로는 사회화될 수 없었을까? 아마 그럴 수 없었을 것이다. 자녀들이 브로콜리를 선호하도록 사회화하고자 부모들이 노력했다 한들, 그들의 당초 바람에 비해 아이들이 훨씬 순응적이지 않다는 사실만 발견하고 끝났을 것이다. 게다가 단 것을 좋아하는 우리의 경향은 단순히 서구 문화권에서만 나타나는 기이한 선호가 아니다. 세상 사람들은 누구나 과일, 꿀, 팝타르트처럼 당분이 풍부한 음식을 사랑한다. 그리고 이것은 다만 인간에만 국한되지 않는다! 영장류 대부분은 단 것을 좋아한다. 반면 고양이과 동물은 아니다. 사자는 제 새끼들에게 브로콜리 또는 사탕을 뇌물로 먹일 수 없다. 사자의 본성이 인간과 다르기 때문이다. 각 동물들은 서로 다른 삶의 방식에 적합하도록 본성을 진화시킨다.

이 예로 상황을 명쾌히 정리할 수 있으면 좋겠지만 안타깝게도 이와 유사한 다른 논쟁들이 인간 본성과 관련된, 보다 까다로운 주장에 의해 이어진다. 첫째, 브로콜리를 사랑하게 만들려는 부모들의 노력 앞에서도 단 것을 좋아하는 아이들의 성향이 살아남는 것과 마찬가지로 성 차이, 배우자 선호, 질투, 친족주의, 근친상간 혐오 또한 그것을 근절하려는 강력한 사회적 억압에도 불구하고 살아남을 수 있다. 일례로 지난 세기에 사람들은 성중립적인 양육, 자유연애 공동체, 공동 육아 제도들을 실험했다. 그러나 이 중 어떤 것도 제한적인 성공 이상은 거두지 못했고 대부분이 암울한 실패로 끝났다. 반면 누가 봐도 진화의 산물이 아닌 것들—예를 들어 머리와 의복의 패션—은 바람처럼 변한다.

둘째, 사회과학자들이 퍼트린 루머와는 대조적으로 우리가 지금 논의 중인 현상들은 문화적 경계를 초월한다. 한 세기가 넘는 기간에 걸친 끈질긴 노력에도 불구하고 인류학자들은 여자가 전쟁에 나가는 사이 남자가 아이들을 돌보는 문화를, 사람들이 인생의 절정기에 있는 상대만큼이나 나이든 상대에게 매료되는 문화를, 배우자의 "불륜"에 해당하는 성행위에 무관심한 문화를, 부모와 생물학적 자손 사이에 특별한 유대가 없는 문화를, 남매가 일상적으로 결혼하고 성공적인 생활을 이어나가는 문화를 아직 발굴해내지 못했다. 여러분이 혹시 그런 사례를 들어본 적이 있다면 안타깝게도 현혹된 것이다—이와 관련한 내용은 이후에 논하도록 하겠다.

셋째, —내가 가장 설득력 있다고 생각하는 논거이기도 하다—우리가 지금 논의하고 있는 특성의 다수는 우리와 닮은 점이 있는 다른 동물들에서도 발견된다. 예를 들어 수컷의 덩치가 암컷보다 큰 포유류 종에서는 수컷들이 성적 다양성에 더 관심이 많고 신체적 폭력성 또한 더 강하며 육아에 참여하는 정도는 더 낮다. 각 개체가 짝을 선택하는 종에서는 대개 건강하게 붉은 얼굴 또는 깃털, 대칭형 꼬리, 생식력의 상징 등 건강, 활력, 우수한 유전자를 의미하는 지표를 갖춘 성적 파트너를 선호하는 경향을 보인다. 개체가 친족 및 비친족과 일상적으로 교류하는 종에서는 친족 선호가 어디에나 존재하며, 이는 사실 식물과 점균류에서마저 발견된다. 암수 한 쌍 결합pair—bonding을 하는 커플은 인간의 질투와 유사한 특성을 보이는 것이 보통이다. 가령 긴팔원숭이들 사이에서 수컷은 경쟁자 수컷을 내쫓고 암컷은 경쟁자 암컷을 내쫓는다. 그리고 광범위한 종들 사이에서 각 개체는 가까운 친족과의 짝짓기를 피한다. 이러한 성향을 다른 동물들에게서 발견할 때면 우리는 자연 선택의 측면에서 설명하기를 주저하지 않는다. 그러나 이것과 정확히 일치하는 성향을 인간에게서 발견할 때면 우리는 가장 그럴싸한 설명임에도 불구하고 이것이 자연 선택의 산물이라고 말하는 것에 인색하다.

물론 우리가 똑같은 특성과 경향을 가지고 있더라도—우리 종만 독특하게—그것을 갖게 된 이유는 완전히 다를 가능성을 늘 열어두어야 한다. 우리에게는 학습, 사회화, 문화가 있기 때문이다. 그러나 생물학적으로 개연성이 낮은 이 시나리오를 받아들이기에 앞서 우리는 강력한 증거를 요구해야 한다. 그때가 오기 전까지는 자연 선택이 우리와 다른 동물들이 공유하는 특성들에 대한 가장 합리적인 설명이다.[38]*

짝짓기하는 정신

우리는 지금까지 자연 선택이 껍데기와 가시, 생식기와 유두의 심리적 등가물을 만들 수 있다는 사실을 확인했다. 그렇다면 자연 선택이 공작 꼬리의 심리적 등가물도 만들 수 있을까? 그러니까, 성적 파트너를 매료시킬 목적으로 설계된 심리적 특성 또한 만들어낼 수 있는 것일까? 진화심리학자 제프리 밀러Geoffrey Miller에 따르면, 그럴 수 있다. 밀러는 우리라는 종을 다른 동물과 가장 현저하게 구별하는 특성의 대부분은 생존 도구가 아니라 짝짓기용 장식이라고 본다. 공작의 꼬리, 맨드릴개코원숭이의 알록달록한 얼굴 색, 개코원숭이의 선홍색 혹에 비견될 짝짓기용 장식의 가장 명백한 예는 바로 예술, 음악, 유머 등의 특성들로, 밀러는 이들이 순전히 짝짓기를 위한 장식으로 진화했

---

*어떤 특성이 적응임을 시사하는 증거의 종류는 다음 논문을 확인하라. Schmitt and Pilcher(2004).

을 뿐 거기에 다른 진화적 기능은 없다고 주장한다. 그러나 언어, 지성, 도덕성 등의 다른 특성들 다수는 다중의 기능을 가진 적응으로 생존 도구인 동시에 짝짓기를 위한 장식이기도 하다. 밀러에 따르면 공작은 성 선택으로 만들어진 꼬리가 이례적이고, 인간은 성 선택으로 만들어진 정신이 이례적이다. 그는 이렇게 말한다. "성 선택은 조그맣고 효율적인 유인원 스타일의 두뇌를 거대하고 많은 에너지가 드는 악조건으로 바꿔 대화, 음악, 예술처럼 사치스러운 행위를 토해내게 만든다."[39] 이 관점에서 보면 우리의 정신은 생존 도구라기보다는 성 선택에 따른 오락 시스템이다. 우리가 우리의 가장 고상하고 숭고한 것으로 간주하는 특성들 중 다수가 실은 훨씬 더 현실적인 목표를 가지고 있는 셈이다. 최소한 부분적으로나마 그것들은 전도유망한 짝짓기 상대를 침대로 끌어들이기 위해 설계되었다는 얘기다.

적어도 이는 참신한 가설이기는 하다. 밀러는 진화론자들이 최근까지 예술, 음악, 유머 등의 현상에서 생존상의 이점이나 집단적 차원의 이점을 발견하려 애쓰며 스스로를 옥죄었다고 주장한다. 그 결과 극단적인 적응 가설을 내놓거나 해당 특성이 적응과는 전혀 관련이 없는 사회적 구성물이라고 결론짓게 되었다는 것이다. 밀러의 추정에 따르면 이는 20세기 진화생물학의 가장 커다란 실수다. 진화생물학은 적응이 효율적이고 합리적인 생존 도구임에 틀림없다는 가정에서 비롯되었지만, 사실 적응은 웃기고 방정맞은 성적 장식일 때가 많다는 것이다. 만약 이런 밀러의 생각이 옳다면 초기 진화론자들은 거추장스러운 꼬리가 부여하는 생존상 이점을 찾으려 애를 쓰다가—그 이점을 찾는 데 실패했을 때는—꼬리가 사회적 구성물이라고 결론지어 버린 공작들이나 다름없었다. 이것은 사소한 실수라고는 보기 힘들다.

밀러의 접근법에는 논란의 여지가 있다. 그러나 진지하게 고려해볼 가치 또한 충분하다. 공작의 꼬리에서 확인했듯 배우자 선호는 단순히 진화의 산물이 아니다. 그것은 또한 진화의 원인이기도 하다. 그리고 만약 배우자 선호가 우리의 신체를 형성할 수 있다면 우리의 정신 또한 형성할 수 있다고 생각하지 못할 이유가 없다—결국, 심리적 특성은 신체적 특성과 마찬가지로 십중팔구 부분 유전될 수 있기 때문이다.[40] 여기 그 작동 방식에 대한 예가 있다. 남녀는 지적이고 재미있는 짝을 선호한다. 이 선호가 우리 조상들의 시대에 더 강력한 지성과 유머감각에 대한 선택 압력을 만들어냈을 것이다. 이는 암컷 공작의 배우자 선호가 더 크고 화려한 꼬리에 대한 선택 압력을 만들어낸 것과 정확히 일치한다. 여러 세대를 거치는 동안 우리의 선호가 큰 두뇌와 유머감각의 진화를 추진한 것일지도 모른다. 간단하다! 당연히 이는 우리에게 새로운 질문을 남긴다. 그렇다면 사람들은 애초에 왜 그런 특정 선호를 갖게 되었을까? 한 가지 가능성은 선호가 임의적이라는 사실이다. 사실 무엇이든 선호될 수 있었다. 어쩌다보니 그게 지성과 유머였을 뿐이다. 그러나 밀러는 다른 가설을 지지한다. 그가 보는 지성과 유머—예술, 음악, 다양한 문화적 장식들과 더불어—는 쿠바산 시가, 즉 위조가 어려운 적합도의 표식이다. 공작이 매력적인 꼬리를 기르기 어려운 것과 마찬가지로 인간 또한 이처럼 경박한 위업을 이룩할 능력이 있는 두뇌를 기르기 힘들다. 이 과업을 달성할 수 있으려면 특별히 훌륭한 유전자를 보유해야 한다. 이러한 특성에의 성적 선호에 적응적 측면이 있다고 보는 것도 그 때문이다. 이를 통해 여러분의 자손에게 유전적으로 유리한 시작점을 만들어줄 수 있는 것이다.

많은 심리학자들—심지어 다수의 진화심리학자들 포함—이 밀러의 이론을 오해해 왔다. 남자가 여자를 침대로 꾀고, 여자는 단순히 그린라이트 또는 레드라이트를 준다는 의미로 치부한 것이다. 그러나 밀러가 주장하는 바는 그게 아니다. 그는 예술, 유머, 지성을 창조적으로 드러내는 행위들이 상호적 배우자 선택mutual mate choice의 맥락에서 진화했다고 주장한다. 남녀의 조상 모두가 이러한 재능으로 서로를 매료시키려 했고(남자가 보다 열렬하기는 하다) 장기적 배우자를 고르는 문제에 있어서는 양성 모두가 까다로웠다(여자가 보다 까다롭기는 하다)는 뜻이다. 3장에서 살펴보겠지만 이는 여자뿐 아니라 양성 모두가 어린 자녀의 양육에 기여하는 일반적 특성 때문이다.[41]

이쯤 되면 사람들은 진화심리학자들의 프로젝트에 여러 의혹을 갖게 된다. 대표적인 의혹은 대략 이런 순으로 전개된다.

진화심리학자들은 인간의 모든 행위가 유전자를 퍼트리는 것을 목적으로 한다고 주장한다. 하지만 그것이 사실이라면 우리는 왜 피임을 하는가? 왜 우리는 포르노 시청에 그토록 많은 시간을 쏟는가? 왜 우리는 전혀 상관없는 아이들을 입양하는가? 왜 우리는 우리를 뚱뚱하게 만들고 건강을 해치는 음식을 탐하는가? 왜 우리는 수명을 단축할 것들을 먹고 피우는가? 왜 우리는 정신을 교란하고 육신에 짐이 되는 약물을 복용하는가? 그리고 왜 정신질환이 그토록 흔한가? 이 모두가 진화심리학에 위배되는 것이 아닌가?

이 질문에 대한 답은 '아니오'이며, 그 이유는 간단하다. 진화심리학은 인간의 모든 행위가 유전자 전파를 목적으로 삼는다고 주장하지 않는다. 그렇다는 생각은 이 분야의 흔한 오해다. 유기체가 유전자 기계라는 아이디어를 감안하면 가능하지만 그렇다고 해도 오해는 오해다. 유기체가 제 유전자를 물려주도록 설계되었다는 주장(유전자 기계의 관점)과 유기체가 하는 모든 행위가 유전자를 물려주도록 설계되었다는 주장 사이의 구분을 명확히 할 필요가 있다. 후자는 모든 행동이 적응적이라는 의미일 것이다. 그러나 진화심리학자들은 이를 단순히 부정하는 것을 넘어 인간의 부적응적 행위를 설명할 도구들도 다수 확보해 놓고 있다. 이론의 여지없이 가장 중요한 예는 진화적 불일치evolutionary mismatch의 개념이다. 이제부터 이 문제를 살펴보도록 하겠다(진화심리학에 대한 다른 일반적 의혹에 관한 논의는 부록 A를 참조하라).

에덴으로부터의 망명

심리학자 대부분은 원시 인류가 수백만 년 동안 수렵과 채집을 하며 살았다는 사실을 어렴풋이 알고는 있었으나 이것이 그들의 연구에 갖는 이론적 의미는 알아채지 못했다.

—존 투비와 레다 코스미데스

여러분이 고슴도치라고 상상해 보자. 어느 밤 여러분은 채집을 나갔다가 도로에 다다른다. 길을 건너기 시작하는데, 느닷없이, 저 지평선에 허연 눈 두 개가 나타나 태양처럼 밝게 이글거린다. 그 눈은 시끄러운 금속 괴물의 것이며, 그 금속 괴물이 여러분에게 돌진하고 있다. 여러분은 어떻게 하겠는가? 절대 해서는 안 될 한 가지는 그 자리에 그대로 멈춰 뾰족한 가시 공으로 몸을 마는 일이다. 포식자가 여기저기 콕콕 쑤셔보며 여러분이 훌륭한 한 끼 식사가 될지 알아보는 경우라면 그것도 괜찮은 생각일 터다. 그러나 2톤짜리 금속에 팬케이크가 될 상황에서는 그렇게 괜찮은 생각이 아니다. 그나마 최선의 희망을 걸어볼 수 있는 건 계속 움직이는 것이다. 최대한 빨리, 저 금속 괴물이 도달하기 전에 도로에서 벗어나야 한다. 패러디 뉴스 사이트 〈데일리 매시〉의 헤드라인 "몸을 마느니 X빠지게 달리는 게 낫다—고슴도치 일동"처럼 말이다.

　이 비극적 이야기가 고슴도치의 행위에 대한 진화적 설명을 가로막는가? 그러기는커녕 오히려 진화적 설명을 합리화한다. 공으로 몸을 마는 식의 방어법이 진화하던 당시에는 그것이 대개 유용했다고 가정해도 무리가 없다. 대부분의 경우 지금도 여전히 유용할 것이다. 그러나 고슴도치들은 진화의 역사 대부분을 도로도, 고속도로도, 인간이 운전하는 고속금속껍데기도 없는 세상에서 보냈다. 자연 선택은 선견지명이 없으므로 도로에 특화된 방어 기제를 만들어 고슴도치들을 선제적으로 무장시킬 수 없다. 또한 인간이 도로와 자동차로 경관을 어지럽히기 시작한 이래 그에 대응할 기제를 진화시킬 수 있을 정도로 충분한 시간도 주어지지 않았다. 그러니 고슴도치가 도로 위에서 갈팡질팡할 때 고슴도치의 보호 반응이 환경과 늘 일치하는 것은 아니다. 이는 게놈 지연genome lag, 진화적 불균형evolutionary disequilibrium 또는 진화적 불일치로 알려진 현상의 사례다. 해당 상황에서의 불일치는 고슴도치의 현재 환경과 고슴도치가 진화해 온 환경의 불일치다.

　여러 면에서 인간은 고슴도치와 같은 신세다. 우리는 우리 손으로 창조한 이 이상하고 새로운 세계—자동차, 면도한 얼굴, 명품 청바지, 거울, 카메라, 개미 군체만큼 거대한 도시들이 만드는 직선, 직각, 엄격한 스케줄의 세상—에 적응하지 못하고 있다. 그렇다면 우리는 어떤 세상에 맞춰 적응되었을까? 전문 용어를 사용해본다는 차원에서 우리의 진화적 적응 환경, 즉 EEAEnvironment of Evolutionary Adaptedness는 무엇일까? 이는 까다로운 질문인 것으로 밝혀졌고 진화심리학 연구자료들에 몇 가지 답이 떠돌고 있다. 그러나 지금까지 가장 널리 알려진 생각은 인간이 본래 플라이스토세Pleistocene(기원전 258만 년부터 기원전 9700년까지 약 257만 년의 시대—역자주) 시기 아프리카 사바나와

삼림지대에서 수렵채집인으로 살도록 적응되었다는 것이다. 바로 이 세계가 인간이 진화 역사의 대부분을 보낸 곳이고, 그래서 우리가 거주하도록 설계된 세상—고슴도치의 도로 없는 숲에 대응되는 인간의 공간—이라는 주장이다. 곧 살펴보게 되겠지만 이 주장에는 상당한 수정이 필요하다(그러나 충분히 합리적인 출발점이기도 하다).

중요한 것부터 살펴보자. 인간이 기본적으로 수렵채집인의 삶에 맞춰 설계되었다면 우리의 수렵채집인 조상들은 어떻게 살았을까? 우리로서는 절대 알수 없다고 반대론자들은 말하지만 사실 우리에게는 상당히 명확한 그림이 있다. 고인류학계(고대의 "인골과 석기"에 관한 연구)의 방대한 연구와 세계에 잔존하는 수렵채집인에 대한 두 세기 분량의 민속학 연구 덕분이다. 이 연구에서 우리가 얻을 수 있는 첫 번째 교훈은 우리 조상들의 삶의 방식이 오늘날의 인간만큼이나 각양각색이었으며, 따라서 우리는 어떤 것이든 고정불변의 성급한 결론을 도출하려는 행위를 경계할 필요가 있다는 점이다. 그러나 동시에 합당한 일반화도 존재하는 것이 사실이다. 우리 조상들은 진화 역사의 대부분을 상대적으로 작고, 평등한 무리 속에서 친족, 비친족과 섞여 보냈다. 그들은 유목민이었고, 그들의 소유라고 할 만한 것이 거의 없었다. 그들은 도구를 만들고 불을 사용하고 음식을 조리했다. 양성 모두가 집 밖에 "일"을 가지고 있었다. 남자들이 대부분의 사냥을 담당했고 여자들이 대부분의 채집을 담당했다. 육아 관련 실무의 상당 부분이 어머니의 몫이었으나 할머니, 아버지, 친족을 포함한 다른 성인들도 종종 동참했다. 유아와 아동의 사망률은 높았고, 모든 연령대의 사람들이 포식자와 질병에 취약했다. 폭력적인 다툼이 흔해서 경쟁 집단 사이에 주기적으로 싸움이 벌어지기도 했다. 말하는 언어는 있었지만 기록하는 언어는 없었다. 농사를 짓거나 목축을 하지는 않았다. 피임, 분유, 현대의학, 저장식품, 경찰, 변호사, 정부도 없었다. 요컨대 투비와 코스미데스의 저 유명한 말처럼, 우리 조상들의 인생은 평생 계속되는 캠핑 여행과 같았다.[42]

진화심리학자들에 따르면 수렵채집인의 캠핑 여행은 그저 고대의 역사가 아니다. 이는 오늘날 우리라는 동물의 이해에 있어서도 핵심적인 요소다. 여기에는 세 가지 주요한 이유가 있다. 첫째, 수십만 년 전에 아프리카에서 최초로 진화하던 당시 우리는 수렵과 채집을 하고 있었다. 따라서 종으로서 우리의 최초 출현은 수렵채집의 생활방식과 관련이 있는 선택 압력에 의해 이루어졌다. 둘째, 우리의 종은 우리가 무대에 등장하기 수백만 년 전부터 수렵과 채집을 해온 초기 인간 종으로부터 진화되었다. 따라서 수렵과 채집은 우리 혈통의 지극히 깊은 곳을 흐르는 성향이다. 셋째, 우리의 전근대적인 조상들로부터 수렵채집의 배턴을 넘겨받은 후 인간은 역사 대부분의 세월 동안 아프리카에서 수렵채집인으로 살았다. 소수의 현대적 인간이 아프리카를 벗어나 지구 전체로 퍼져나가기 시작한 것은 겨우 7만 년 전의 일이다. 그리고 사람들 일부가 수렵채집의 생활방식을 포기하고 농경을 받아들인 것은 겨우 1만 년 전의 일이다. 진화심리학자들이 즐겨 말하듯 진화의 측면에서 1만 년은 눈 깜짝할 새다. 게다가 농업은 최소 5천 년 전까지는 그리 흔한 일도 아니었으니 그 눈깜짝할 새의 그나마도 절반이다. 그 이후로 우리가 부분적 진화를 거치기는 했으나 그렇게 상당한 수준으로까지는 하지 않았다. 그렇다면 과거의 수렵채집인을 데려와 현대 세계에 이식하면 무엇을 얻게 될까? 진화심리학자들에 따르면 그렇게 탄생할 인간은, 더도 덜도 말고, 여러분과 나다.

이는 우리를 궁지로 몰아넣는다. 우리는 플라이스토세의 사바나를 돌아다니던 동물, 무리 지어 사냥하던 아프리카 유인원과 생물학적으로는 대부분이 동일하다. 그러나 문화적으로는 동일한 종이라는 것을 알아보기 힘들 정도도다. 우리의 외계 과학자가 1만 년 전 인간이 남긴 유적층과 오늘날의 유적층을 동시에 관찰하고 있다면 서로 다른 두 종의 피조물을 보고 있다고 생각할 것이다. 그러나 우리는 동일한 종이고, 우리의 주변이 달라졌을지언정 핵심 본성은 대체로 동일하다. 결과적으로 우리는 현재 환경과 맞지 않는다. 로버트 라이트Robert Wright가 저서 『도덕적 동물The Moral Animal』에서 설명했듯 "우리는 도시와 교외에 살며 TV를 보고 맥주를 마신다. 그러는 내내 소규모 수렵채집인 집단 내에서 자신의 유전자를 전파하도록 설계된 감정들에 흔들린다." 또는 S. 보이드 이튼S. Boyd Eaton이 말한 대로 현대인은 "고속도로 추월 차선의 석기시대인"이다.[43]

진화심리학 비판론자들은 농경이 시작되거나 인간들이 아프리카 밖으로 이주하면서 인간의 진화가 그저 정지해버린 것은 아니라고 지적하길 즐긴다. 그러나 그 어떤 진화심리학자도 그렇게 주장하지 않는다(또는 반드시 그렇게 주장해야 하는 것은 아니다). 호모 사피엔스는 하디―바인베르크 평형Hardy―Weinberg equilibrium 상태에 있지 않다(관심이 있다면 구글에서 검색하라. 집단유전학에서 중요한 개념이다). 진화심리학자들은 농경의 여명 또는 아프리카 대탈출 이래 진화상 변화가 전무했다고 말하는 게 아니다. 그러한 변화를 위한 시간이 그렇게 많지 않았다고 주장하는 것이다. 중요한 점은 어떤 복잡하고 새로운 적응을 진화시킬 시간이 충분히 주어지지 않았다는 것이다. 지난 1만 년 사이에 새롭게 진화된 신체 기관(예를 들면, 여분의 손 한 쌍)이 없는 것과 같이 심리적으로 새롭게 진화된 적응, 예를 들어 새로운 감정 또는 새로운 인지적 능력 또한 없다. 즉, 우리가 농경에 특화된 심리적 적응을 진화시켰을 가능성은 희박하다. 산업사회 또는 후기 산업사회에 특화된 심리적 적

응들, 가령 도시생활과 자본주의, 과학, 테크놀로지에 맞춰 적응하도록 진화시켰을 가능성도 희박하다.[44]

그러나 수렵채집의 생활방식을 포기한 이래 우리가 일부 진화한 측면이 있다는 점을 진화심리학자들이 부정하지는 않을지라도 그 정도를 과소평가할 때가 있는 것은 사실이다. 1980년대에 진화론과 생물학이 최초로 결합한 이후 생물학자들은 진화적 변화가 때로는 극히 빠른 속도로 진행될 수 있음을 깨달았다. 급격한 진화는 다양한 종에서 관찰되어 왔으며 인간도 예외는 아니다. 사실 지난 수십 년 사이 인간의 진화 연구에서 가장 커다란 발견의 하나는 우리 종이 과거 4만 년 동안 진화를 계속해 왔을 뿐 아니라 진화의 속도 또한 빨라졌다는 사실이다.[45] 인간의 진화는 농경의 시작 이후 특히 빨라졌다. 그레고리 코크란Gregory Cochran과 헨리 하펜딩Henry Harpending은 농경 시대 이후 우리 진화의 궤적이 가속을 거듭하는 1만 년짜리 폭발이었다고 묘사한다.[46] 다른 무엇보다도 질병 저항성, 식이, 신경계 기능과 관련한 유전자들이 강력히 선택되어 왔다.

무엇이 진화 속도의 폭발적 가속을 야기했을까? 주범은 문화인 것처럼 보인다. 최근까지 스티븐 제이 굴드Stephen Jay Gould 등의 저명한 진화생물학자들은 인간의 문화가 충분히 정교해짐에 따라 인간이 자연 선택의 지배로부터 스스로를 해방시켜 왔다고 주장했다. 우리는 의복과 주거를 개발해 폭풍우를 탈출하고, 무기를 만들어 포식자를 막고, 식량 추출 기법을 사용해 기아를 예방한다. 그 결과, 굴드에 따르면, 우리 종 내 진화가 서서히 중단되기에 이르렀다.[47] 그러나 보다 최근의 연구는 굴드의 주장이 앞뒤가 바뀐 것임을 시사한다. 코크란과 하펜딩이 주장한 대로 종이 진화를 멈출 때는 주변의 환경이 정태적일 때뿐이다. 그러나 인간의 문화적 능력을 보면 우리의 환경이 끝없는 변화의 상태에 있었음을 알 수 있다. 이처럼 인간은 새롭고 강력한 선택의 압력에 끝없이 노출되어 있었다. 게다가 농경에 대한 숙달은 인구를 급증시켰다. 더 많은 인구는 더 많은 돌연변이를 의미했고, 이는 새롭고 유용한 유전자 변이들을 골라내 유전자 풀에 넣을 기회가 증가한다는 의미이기도 했다. 이 두 가지 이유로—새로운 선택의 압력과 새로운 돌연변이—문화는 인간의 진화에 끝을 고한 게 아니다. 정확히 그 반대의 일을 했다. 오히려 진화를 과열시켰다. 그 결과, 우리가 어떤 복잡하고도 새로운 정신적 적응을 이룩하지는 않았을지라도 플라이스토세 조상들과는 중요한 측면들에서 상이할 수 있다.

진화의 급속화에 대한 이해가 늘어나면서 우리 종에 대한 기존 주장들 다수가 뒤집혔다. 인간이 아프리카 유인원이라는 아이디어를 생각해보라(우리 일부는 그렇다, 분명하다. 현재 아프리카에 살고 있거나 가까운 조상들이 아프리카에 살았던 경우는 그렇다. 우리 모두도 어느 정도까지는 그렇다). 우리가 더 추운 지역에서 생존할 수는 있지만, 모조 털로 몸을 감싸고 주변을 보호용 방울로 둘러야만 가능할 것이다(지금 여러분 또한 그 방울 안에 있을 터다). 그럼에도 일부 인간들은 부분적으로, 생물학적으로, 아프리카가 아닌 환경에 적응하고 있다. 유럽인과 동아시아인은 밝은 색 피부를 통해 비타민D의 합성에 필요한 자외선을 흡수한다—이는 햇빛이 적은 지역의 농경인들에게 아주 중요한 적응이다.[48] 이들은, 어느 정도는, 유럽인 또는 동아시아 유인원이다. 이누이트들의 키가 작고 사지가 짧은 것은 이러한 체형이 열의 보존에 더 유리하기 때문이다—이는 얼음으로 뒤덮인 북극이라는 환경에 아주 중요한 적응이다(이들은 어느 정도는 북극 유인원이다). 모든 인간이 아프리카 유인원이라는 생각은 최초의 추정으로는 훌륭하지만 딱 거기까지다. 인간이 현대의 의복으로 치장한 수렵채집인이라는 생각도 마찬가지다. 다시 말지만,

우리 일부는 그렇겠으나 다른 일부는 농경과 낙농에 부분 적응했다. 일례로 젖을 뗀 후에도 우유를 소화시키거나 탄수화물이 많은 음식을 보다 효과적으로 소화시킬 수 있게 진화하는 방식이다. 이들은 수렵채집인과는 맞지 않는다. 어느 정도는 농경의 동물이기도 한 것이다. 이에 대해서는 6장에서 더 자세히 살펴보도록 하겠다.

이로부터 우리는 무엇을 알 수 있는가? 먼저 EEA의 원개념이 하나의 장소(사바나), 하나의 시대(플라이스토세), 하나의 생활방식(수렵채집)에 과도하게 집중한다고 말할 수 있겠다. 그러나 앞서 언급했듯, 원개념만이 전부가 아니다. 이 개념에 따른 많은 문제들을 해결할 수 있는 또 다른 중요 개념이 있다. 이를 제시한 것이 진화심리학의 두 창시자인 존 투비와 레다 코스미데스다. 그들이 보는 EEA는 "특정 장소나 시대가 아니다. EEA는 어떤 적응의 설계를 야기하는 선택 압력을 통계적으로 합성해 놓은 것"이다.[49] 이 접근법을 취하면 우리 종의 EEA가 단 하나만 있는 게 아니다. 대신 모든 적응에는 나름의 EEA가 있으며, 특정 적응이 일어난 EEA가 플라이스토세 사바나라는 경계 안에 깔끔히 부합할 것이라고 추정할 이유가 없다. 일례로 시각계의 EEA—빛을 방출 또는 반사하는 물체들의 세계—는 플라이스토세 훨씬 전부터 시작해 오늘날까지 존재한다. 반면 고위도 지역 인구의 밝은 색 피부와 관련한 EEA는 아프리카 대탈출 이후에 생겼고, 우유의 평생 섭취와 관련한 EEA는 해당 인구가 낙농을 시작한 이후에 생겼다. 이 모든 사례에서 적응을 만드는 선택의 압력은 플라이스토세, 사바나, 수렵채집 생활방식에 국한되지 않았다. 각 적응마다 나름의 EEA가 있다고 보면 이 현상을 무리 없이 설명할 수 있다. EEA의 원개념만으로는 힘들다.

그렇지만 원개념이 완전히 엉뚱한 것은 아니라는 사실을 강조할 필요가 있겠다. 인간은 진화 역사의 상당 부분을 수렵채집인으로 살았고, 따라서 이 시절과 관련한 선택의 압력이 우리 종에게 중대한 문제일 가능성이 높다. 다만, 중요한 것은 사실이나 그렇다고 얘기의 전부는 아니다.

이 새로운 발견들과 진화적 불일치 개념이 어떤 관계에 놓이는가에 대해서는 여전히 논쟁이 진행 중이다. 진화생물학자 말린 적Marlene Zuk 등의 평론가들은 인간의 행위를 불일치의 관점에서 설명하는 데 진화의 급속화 개념이 주된 걸림돌로 작용한다고 주장한다.[50] 그러나 이는 사실을 과장하는 것이다. 경우에 따라 진화가 급격해질 수 있는 만큼, 불일치의 분명한 예시 또한 쉽게 찾을 수 있다. 한 가지만 예로 들어보자면 네덜란드인의 후예들은 햇빛이 풍부한 남아프리카 공화국에서 수 세기 동안 살고 있지만 지금도 창백한 피부를 가지고 있다. 그러니까 그들의 피부색은 그토록 오랜 시간이 흐른 뒤에도 환경의 자외선 수준에 불일치하는 것이다. 우리 종에서 불일치는 흔하게 목격되고, 이것이 신체에만 적용될 뿐 정신에는 적용되지 않는다고 생각할 이유가 없다. 다음 섹션에서 살펴보겠지만 심리적 적응 다수가 현대의 환경과는 맞지 않는다.

이 모두에 유념하면서 이 섹션의 도입부를 열었던 질문으로 돌아가보자. 첫째, 사람들이 흡연을 한다는 사실이 진화심리학의 허위를 드러내는가? 아니다! 오히려 진화심리학은 담배의 유해성에도 불구하고 흡연을 하는 행위에 대한 설득력 있는 설명이 되어준다. 담배는 진화적으로 새로운 것이고, 그 것에 대한 혐오를 진화시킬 시간이 아직 없었다. 둘째, 사람들이 피임을 한다는 사실이 진화심리학의 허위를 드러내는가? 이번에도 아니다! 핑커의 지적대로 전근대적인 환경에 "피임약이 열리는 나무가 포함되어 있었다면 우리는 그들을 독거미만큼이나 두려워하게 진화했을지도 모른다."[51] 그러나 그렇지 않았고, 그래서 우리는 피임을 전혀 두려워하지 않는다. 동일한 주장이 포르노, 기분전환용 약물, 비친족의 제도적 입양 등에도 적용된다. 자연 선택은 이처럼 새로운 자극과 상황을 예측할 수 없었고, 그래서 이에 대처할 새로운 적응을 만들어낼 시간이 없었다. 그러므로 이 모든 당혹스러운 행위의 근본 원인은 동일하다. 현대인이 물 밖으로 나온 물고기이기 때문이다. 우리는 살아 움직이는 시대착오적 존재들이다. 이런 이유로 우리가 하는 행위들의 다수가 적응적 관점에서는 자동차 앞에서 몸을 마는 고슴도치의 선택과 별반 다르지 않은 것이다.

물 밖으로 나온 물고기

외계인 과학자에게 너무도 큰 당혹스러움을 안겼던 미친 행동들의 일부는 진화적 불일치로 직접 설명이 가능하다. 이 미친 행동에는 우리가 식도로 들이붓는 음식의 상당수가 우리에게 해롭다는 사실도 포함된다. 우리의 식단은 비만유발자다. 또한 암, 당뇨, 심혈관계 질병의 유발자이기도 하다. 왜 우리는 인간이 소비하기에 정녕 부적합한 음식들에 그토록 깊이 끌리는 것일까?

답은 우리의 식욕이 오늘날 우리가 살고 있는 시대의 식품 지형과는 상당히 다른 지형에서 진화했다는 데 있다. 마이클 파워Michael Power와 제이 슐킨Jay Schulkin이 말한 대로 "우리는 아프리카의 사바나에서 진화했다. 지금 우리가 살고 있는 곳은 캔디랜드Candyland다."[52] 캔디랜드 이전의 환경에서는 당분, 탄수화물, 염분이 풍부한 식품을 다량으로 공급받을 수 없었다. 당시 우리의 최선책은 이런 음식들을 접하는 드문 기회들이 올 때 최대한 많이 먹어두는 것이었다. 이를 위해 자연 선택은 우리에게 당분, 탄수화물, 소금을 향한 강력한 식욕을 탑재시켰다. 그러나 한때는 희귀했던 이 식품군에 건강을 해칠 정도로 쉽게 접근할 수 있게 된 지금은 식욕이 더 이상 성공을 위한 레시피가 아니게 되었다. 우리의 선호는 우리의 환경과 일치하지 않는다. 게다가 현재 우리의 음식 다수가 부자연스러운 방식으로 식욕을 돋운다는 사실 때문에 문제가 더 복잡해진다. 우리 식단의 상당 부분이 초정상 자극supernormal stimuli, 즉 자연 상태에서의 자극으로는 절대 달성할 수 없는 강력함으로 우리의 감각을 활성화하는 인공의 산물로 구성되어 있다. 예를 들어 당류와 사탕은 인간이 만들어낸 초특급 과일이다. 우리에게 있어 과일이 누르는 것과 동일한 버튼을 누르지만, 누르는 정도가 훨씬 강력하다. 재미있게도, 우리가 슈퍼마켓 진열대에서 마주하는 진짜 과일들 또한 초정상 자극에 해당한다. 딸기, 망고 등 대부분의 과일이 선발 육종을 통해 탄생하여 자연 상태의 과일보다 크고 달콤하고 과즙도 더 풍부하다. 요즘에는 부자연스럽게 맛있는 음식을 피하는 게 불가능할 정도다.

현대 식단과 관련한 다양한 건강상 위험들 중에 비만은 인간이 현재의 식품 환경에서 진화하지 않았음을 보여주는 가장 두드러지는 지표다. 지구 생명체의 역사 대부분에서 대다수 동물이 직면하는 가장 커다란 위협은 너무 적게 먹는 것이었다. 오늘날 인류에게는 너무 많이 먹는 것이 큰 위협이 되었다. 이 비만의 팬데믹은 그것을 막으려는 강력한 사회적 압력에도 불구하고 전 대륙으로 퍼져나갔다. 지구상 모든 성인 인구의 체중은 도합 2억 8700만 톤이다. 어느 추산에 따르면 이 중 1500만 톤이 과체중분에 해당한다고 한다. 일부 지역의 경우 다른 곳보다 사태가 심각하다(예를 들어 아시아에서는 17명가량이 1톤이지만 북아메리카에서는 12명이 1톤이다).[53] 게다가 세계의 일부 지역에서는 비만 팬데믹이 반려동물로까지 확산됐다. 미국에는 이제 "반려동물 비만 예방 협회"까지 있다.

물론 비만의 원인은 여러가지다. 그러나 진화적 불일치 또한 그 원인 중의 하나임이 분명하다. 피자, 초콜릿, 탄산음료가 넘쳐나고 대형 광고판과 배너 광고가 우리에게 피자, 초콜릿, 탄산음료를 상기시키는 세상에서 체중을 불리는 것은 너무 쉬운 일이다. 자연 선택은 이처럼 매혹적인 독극물에 저항하는 방어 수단을 우리에게 제공할 시간이 없었다. 대신 이 문제를 해결하기 위한 다양한 문화적 대응책—체중 감량을 약속하는 다이어트와 위절제술에서부터 "그 초콜릿 케이크 너무 많이 먹지 마. 몸에 좋지도 않고 살만 쪄."라는 부모의 경고에 이르기까지—들이 나왔다. 의사들은 우리에게 운동량을 늘리고 맛이 좋지 않은 음식으로 바꾸라는 처방을 내린다. 놀라울 것도 없이, 사람들 대부분은 이 조언을 따르기 힘겨워한다. 비만 팬데믹에의 또 다른 문화적 반응으로 비만 받아들이기 운동Fat Acceptance Movement도 있다. 비만과 마찬가지로 이 또한 진화적 불일치의 산물이다.

우리의 외계인 친구를 당혹스럽게 만든 또 다른 경향도 진화적 불일치 개념으로 설명할 수 있다. 왜 우리의 두려움은 환경상의 여러 위협들에 적절히 비례해 배분되지 않는가? 왜 우리는 할로윈을 맞이해 집을 꾸밀 때 플라스틱 뱀이나 거미를 선택하는가? 현재 우리의 삶과 생명, 인류 번성에 훨씬 커다란 위협이 되고 있는 담배나 콘돔 대신 말이다. 그리고 아이들에게 차도와 전기 콘센트가 얼마나 위험한지 열심히 가르침에도 불구하고 아이들은 왜 뱀과 괴물들을 훨씬 더 두려워할까? 미리 말해두지만 우리가 어떤 대상을 필요 이상으로 두려워한다는게 미스터리한 것이 아니다. 다소 과한 공포는 진화 원칙에서 정확히 명시된 사례다. 랜디 네스Randy Nesse와 조지 윌리엄스George Williams가 표현한 대로 "단 한 번의 죽음이 야기하는 손실은 백 번의 오경보에 대응하는 손실보다 훨씬 크다."[54] 바로 이것이 대부분의 동물이 신경과민인 이유, 드라마 〈스타트렉〉의 스폭 소령처럼 과학적이고 합리적으로 증거를 분석해 나올 반응보다 더 불안해하고 쉽게 겁을 먹는 이유다. 따라서 문제는 걱정을 많이 하는 것이 아니라 걱정의 순위가 뒤죽박죽인 것이다. 사람들은 총기 범죄, 과속 사고, 해수면 상승처럼 더 큰 피해를 끼치는 문제보다 뱀과 호랑이 같은 포식자에게 더 큰 공포를 느낀다.

이유는 명백하다. 우리가 위험도에 비해 지나치게 두려워하는 대상들—뱀, 큰 육식동물 등—은 우리 진화의 역사 내내 생존과 번식의 성공을 위협했던 것들인 반면, 우리가 충분한 정도의 두려움을 느끼지 않다시피 하는 문제들—자동차와 기후온난화—은 최근에 등장했다. 이는 우연의 일치가 아니다. 진화심리학자들은 인간이 반복되는 위협에 대해 경계심을 진화시켜왔다고 주장해왔고, 이는 어느 정도 설득력이 있었다.[55] 뱀 외에도 거미, 아찔하게 높은 곳, 한 치 앞이 안 보이는 어둠, 무서운 얼굴, 낯선 사람 등도 적절한 예이다. 물론 우리가 고대로부터 이어진 위협만을 두려워하는 것은 아니지만, 새로운 대상에 비해 더 쉬이 두려워하는 듯 보인다. 빅맥과 흡연과 기후변화에 대해 충분한 정도의 두려움을 갖게 유도하는 데는 강력한 문화적 개입이 필요하다. 뱀이나 거미의 경우에는 그렇지 않다. 경우에 따라서는 이런 존재들을 너무 심하게 두려워하지 않는 법을 배워야 할 때도 있다.

우리가 고대로부터 이어진 위험에 대해 과도한 공포를 가진 것에 반해, 몸에 안 좋은 패스트푸드는 쉽게 과식하는 것은 진화적 불일치의 대표적 사례라 할 수 있다. 그러나 이들은 빙산의 일각에 지나지 않는다. 그보다 덜 유명하지만 유사한 사례는 교실에서 쉽게 찾아볼 수 있다. 놀이는 포유류와 다른 지적 동물들 사이에서 흔한 일이며 우리는 그것의 용도가 무엇인지 꽤 잘 알고 있다. 간단히 말해 놀이는 어린 동물이 어른이 되어 다루게 될 과업들의 예행 연습이다.[56] 이는 또한 인간의 학교가 담당하는 기능이기도 하다. 학교 는 아이들이 이후 삶에서 수행하게 될 역할들을 준비시킨다. 그렇다면 왜 아 이들은 학교를 더 즐기지 않을까? 왜 아이들은 숙제를, 어른들이 세금 정산을 싫어하는 것만큼이나 싫어할까? 왜 아이들은 놀고 싶어할까? 왜 학교 공부는 놀이로 간주되지 않는 걸까?

여러분은 그 답을 이미 알고 있다. 우리는 우리가 지금 살고 있는 이런 종류 의 세계에 맞춰 진화하지 않았고, 그래서 우리가 교실에서 배우는 기술들— 수학, 작문 등등—은 우리가 숙달하도록 진화된 종류의 기술들이 아니다.[57] 여기에서도, 다른 것들과 마찬가지로, 문화는 인간 본성의 결에 반한다. 그걸 어떻게 아느냐고? 왜냐하면 아이들이 학교를 좋아하지 않으니까!

불일치 개념이 실력 발휘를 하고 있는 또 다른 분야는 진화의학evolutionary medicine이다.[58] 이 분야의 실무자들은 진화론이라는 도구, 그중에서도 불일치 개념을 동원하여 건강과 질병 문제를 조명한다. 진화의학의 성공 스토리 중 하나가 유방암을 설명해냈다는 사실이다. 우리 역사의 기나긴 세월 동안 여 성은 가임기의 대부분을 임신해 있거나 모유를 수유하며 보냈다. 여성은 임신 중에는 생리를 하지 않고, 모유 수유 중에도 생리를 잘 하지 않는다, 최소한 수렵채집인의 조건에서는 그렇다. 현대 이전까지 대부분 여성의 월경주기는 100여 회에 불과했다. 그러나 오늘날은 상황이 매우 다르다. 여성들의 사춘 기 시작이 빨라졌고 임신 횟수는 줄었으며 아이를 돌보며 지내는 시간도 적어 졌고 월경주기는 최대 400회에 이르게 되었다.[59] 이는 여성의 생식계통이 감 당하도록 설계된 수준보다 많으며, 이로 인해 그들은 부자연스러울 정도로 과 도한 난소호르몬 분비와 빈번한 호르몬의 부침을 경험한다. 이것이 유방암의 위험을 높이는 결과로 이어진다—빈혈과 자궁내막증 또한 마찬가지다. 이러한 중병은 최근까지 듣도 보도 못한 일이었다. 이들은 본질적으로 비만과 더불어 현대의 질병이며 종종 불일치 질환mismatch diseases으로 불리기도 한다. 다니엘 리버만Daniel Lieberman이 저서 『인체 이야기The story of the Human Body』에서 지적했듯 여드름, 알레르기, 천식, 충치, 평발, 심장병, 치질, 고혈압, 매복 사랑니, 하부요통, 골다공증, 근시, 제2형 당뇨 등이 불일치 질환일 가능성이 있다.[60]

불일치 질환의 목록에는 심리적 질환들도 일부 포함된다. 여러 면에서 오늘날의 세계는 영장류의 천국이다. 인류 역사의 모든 시절을 통틀어 현재의 유아 사망률이 가장 낮고, 인간의 수명은 더 길며, 폭력은 더 적고, 부는 더 많고, 우리에게 맞는 목표와 생활방식을 추구할 기회도 더 많다.[61] 우리는 하늘을 둥둥 떠다니는 기분이어야 마땅하겠지만…… 실은 그렇지 않다. 우리 대부분은 그냥저냥 행복하다. 하지만 우리가 커다란 행복을 느끼는 일은 좀처럼 없고, 우리 중 일부는 그저 비참하기만 하다. 제프리 밀러의 관찰대로 세상은 더할 나위 없이 나아졌는데 그럼에도 많은 사람들이 자살 충동을 부르는 절망을 모면하려 특정 약물을 복용한다.[62] 당연한 말이지만, 인생이 소풍이었던 적은 없다. 그러나 현대 세계의 어떤 측면들은 인간 본성과 어긋나 있어 새로운 심리 문제들을 양산한다—이 문제들은 유방암이나 자궁내막증이 그렇듯이 대체적으로는 현대성 질환이다.

한 가지 유력한 후보가 바로 산후우울증이다. 생명을 좀먹는 이 질병은 현대 산업사회에서 무시할 수 없는 수의 여성들을 괴롭히지만 수렵채집인 사이에서는 드물었거나 아예 존재하지 않았다. 그들은 제대로 했고 우리는 제대로 하지 못한 게 무엇이기에 이런 결과가 생겼을까? 제니퍼 한—홀브룩Jennifer Hahn—Holbrook과 마티 해즐턴Martie Haselton에 따르면 그 목록은 몹시 길다. 수렵채집사회의 여성은 현대 여성보다 친족 근처에 살았을 확률이 높으며, 그래서 다수의 사회적 지원을 받았다. 출산 사이의 간격이 오늘날 우리보다 길었고, 이는 그들이 전적으로 돌보아야 할 아이를 한 번에 한 명 넘게는 갖지 않았음을 의미한다. 당시의 여자들은 늘 모유 수유를 했고, 모유는 스트레스로부터 사람을 보호하는 호르몬의 분비와 연관된다. 그들의 식단은 우리에 비해 오메가3 지방산이 풍부했고 당분과 탄수화물은 적었다. 또한 그들은 우리보다 신체적으로 훨씬 활동적이었고 충분한 햇빛을 받았다. 이 모든 것들이 더해진 결과 수렵채집인 어머니들은 현대 사회의 어머니들에 비해 산후우울증에 시달릴 확률이 적었다. 사실 현대사회는 새내기 어머니들이 우울증에 빠질 확률을 극대화하는 쪽으로 설계된 것처럼 보일 지경이다.[63]

현대성 질환일 가능성이 있는 또 다른 문제로 ADHD, 즉 주의력결핍 과잉행동장애를 들 수 있다. 개발심리학자 개브리엘 프린시피Gabrielle Principe는 『리탈린을 투약하는 오랑우탄Orangutans on Ritalin』이라는 제목의 에세이에서 이렇게 말했다.

우리 현대인 이외의 어떤 동물—우리의 수렵채집인 조상 포함—도 ADHD에 시달리지 않는다. 그러나 하루에 8시간씩을 비좁은 교실에서 보내는 오늘날의 초등학생 상당수가 ADHD로 고통받는다. 미국정신의학회는 ADHD를 정신장애로 간주한다. 그러나 이것은 또한 유년의 존재(여기에 여러분이 원하는 종을 넣어 보라)들을 책상 앞에 붙여놓고, 앉아서 공부하게 하고, 집중하라 말하고, 놀이를 허가하지 않을 때 일어날 그런 종류의 일이기도 하다.[64]

ADHD와 같은 정신과적 진단은 문제 행동에 주목하고, 그것의 원인을 환경보다는 개인에게서 찾아낸다. 치매나 정신분열증 같은 일부 진단에 있어서는 전적으로 적합한 접근법이다. 이 경우 환자의 환경을 바꿔 건설적인 결과를 내는 것이 가능은 하지만 문제의 핵심은 그들의 두개골 속에 있다. 그러나 ADHD와 관련해서는 상황이 그렇게 명쾌하지 않다. ADHD는 통상적으로 주의력을 통제하는 두뇌 기제상의 문제로 간주된다. 그렇다고는 하지만 ADHD를 가진 아동 다수가 본인이 흥미를 느끼는 일에는 수 시간 동안 집중한다. 이는 문제가 그들의 주의력에 있는 것이 아니라, 그들이 관심을 가져야 한다고 세상이 요구하는 것—즉 학교에서 하는 것들—에 본인은 관심을 갖지 못한다는 사실에 있음을 시사한다.[65] 아이들은 그저 따분한 것이다! 이것이 사실이라면 ADHD를 이해하는 최선의 방법은 무엇일까? 아이들의 두뇌에 이상이 생긴 결과인가? 아니면 뛰어다니고 떠들고 다투도록 설계된 이 조그마한 영장류들을 닭장 속의 닭처럼 가둬두었기 때문인가? 특히 남아들이 장시간 동안 얌전히 앉아 집중하는 데 어려움을 느끼는 것은 어떤 결함이 있어서가 아니라 이들이 수컷 영장류이기 때문이다.[66] 아이들 다수에게 학교는 분명 괜찮은 곳이다. 하지만 무시할 수 없는 소수에게 학교는 적응이 너무도 힘든 환경이다. ADHD 진단을 받은 아이들 다수는 어쩌면 조상들이 살았던 유형의 환경, 그들이 원하는 만큼 달리고 놀 수 있는 환경에는 완벽히 들어맞을 것이다. 이는 ADHD가 두뇌 문제이기보다는 불일치 문제에 더 가까움을 의미한다. 물론 이것이 문제가 아니라는 뜻은 아니다. 학교를 없애버리거나 아이들이 멋대로 뛰어다니게 내버려둘 수는 없는 노릇이다. 그러나 우리는 미국의 페미니스트 글로리아 스타이넘Gloria Steinem의 질문을 생각해 볼 필요가 있다. "신발이 발에 맞지 않는다고 우리의 발을 바꿔야 하나요?"

우발적 부산물

외계 과학자라면 소를 가지고 무엇을 할까? 외계 과학자는 이 생명체들이 무엇을 하도록 설계되었다고 생각할까? 외계인의 첫인상은 소가 풀을 빨아들여 우유와 메탄으로 변환하도록 설계된 기계일지도 모른다. 한쪽으로 풀이 들어가면 다른 쪽에서 우유와 메탄이 나오는 식이다. 소에 더 익숙한 존재인 우리는 우유와 메탄이 차지하는 지위가 동일하지 않다는 사실을 안다. 소는 궁극적으로 풀을 더 많은 소로 바꾸도록 설계된 기계이고, 이 과정에서 우유는 중요한 역할을 수행한다. 어미는 풀을 우유로 바꾸고, 그들의 송아지는 그 우유를 더 많은 (자신의) 살로 바꾼다. 반면 메탄은 소화 과정의 부산물일 뿐이다. 소는 적응과 관련한 어떤 목적으로 메탄을 생산하는 것이 아니다. 메탄은 그저 부수 작용에 지나지 않는다.

여기에 한 가지 중요한 교훈이 담겨 있다. 지금까지 우리는 인간의 정신과 행동을 설명하려는 노력의 일환으로 적응에 대해 많은 얘기를 나눴다. 하지만 모든 것이 적응은 아니다. 여러 특성들—피의 붉은색부터 턱의 모양에 이르기까지—이 적응의 우발적인 부산물이다. 고생물학자 스티븐 제이 굴드와 유전학자 리처드 르원틴Richard Lewontin은 우발적 부산물들에게 "스팬드럴spandrels"이라는 별명을 붙여주었다. 건축 용어인 스팬드럴은 사각형 틀과 아치형 대들보가 만나면서 만들어지는 삼각형의 공간을 뜻한다(여러분의 머릿속 눈으로 사각형과 아치형이 만난 구조물의 상부 모서리들을 보라).[67] 굴드와 르원틴에 따르면 이 공간들에는 아무런 용도가 없다. 대들보와 틀을 함께 놓다가 우연히 발생한 것일 뿐이다. 인간과 다른 동물들에서 발견되는 다수의 특성들이 이와 같다. 자연 선택이 특별히 선호한 것은 아니나, 선호하는 다른 것들에 함께 어울려 선택된 특성인 셈이다.

여기 한 가지 예가 있다. 세계 어디에서나 아이들은 자기 위로의 의미로 엄지손가락을 빤다. 이와 유사하게 아기 코끼리도 제 코를 빨고는 하는데 아마도 인간의 아이와 같은 이유에서일 것이다. 엄지손가락 빨기와 코 빨기는 그 자체로는 적응이 아니다. 두 활동 모두 행위를 하는 주체 또는 그 친족의 생존이나 생식 성공률을 높이기 위한 것이라고는 상상하기 힘들다. 그보다는 다른 어떤 것의 부산물일 가능성이 더 높겠다. 그 어떤 것이 무엇인가는 찾기 어렵지 않다. 본능적인 빨기 행동은 모든 포유류에서 발견된다. 이것은 생후 첫날부터 나타나기 시작하며, 분명한 진화적 이유를 가지고 있다. 어미로부터 모유를 획득하려는 것이다. 이처럼 적합도를 증진시키는 행위에 대한 보상으로 자연 선택은 유아들이 빠는 행위에 기쁨을 느끼도록 만들어뒀다. 실제로 엄지손가락을 빠는 아기들(그리고 코를 빠는 코끼리들)은 자신의 시스템을 속이는 방법을 발견해낸 것이다─즉, 그 쾌락을 보상으로 제공하도록 설계된 행위를 실제로 하지 않고도 쾌락을 즐기는 방법을 발견한 것이라는 얘기다. 그러므로 엄지손가락 빨기는 자연 선택이 특별히 우리의 행위 목록에 넣어둔 것이 아니다. 그것은 그저 엄지를 가진 생명체와, 빨고자 하는 본능적 성향과, 새로운 속임수를 학습할 능력이 한데 모여 우발적으로 만들어진 것일 뿐이다.

물론 모든 부산물이 이 틀에 합치하는 것은 아니다. 종류가 아주 다른 부산물이 바로 수컷의 유두다. 암컷의 유두는 명백한 진화적 기능을 가지고 있다. 자손이 엄지손가락이나 코를 빨고 있지 않을 때 수유하기 위한 용도다. 그러나 다약과일박쥐 등의 예외적 경우를 제외하면 수컷 포유류들이 젖을 물리는 일은 없다. 그렇다면 왜 굳이 유두를 갖게 된 것일까? 밝혀진 바에 따르면 수컷의 유두는 애초에 수컷과 암컷을 있게 한 발달 과정의 부산물이다. 포유류의 배아는 수컷 또는 암컷으로 발달할 가능성을 가진 작은 원형질 덩어리로 성중립적인 상태에서 삶을 시작한다. 약 6주 후에 이 초기 상태에서 분열하기 시작하고 그들의 유전적 성별에 따라 표준적인 수컷 또는 암컷의 형태로 발달을 진행한다.[68]* 포유류의 배아는 어느 쪽 성으로든 갈 수 있기 때문에 각각의 성별을 가진 아기를 만들기 위해서는 관련 장비가 모두 필요하다. 바로 이것이 수컷에게 유두가 있는—유일한—이유다. 암컷의 유두는 적응이고 수컷의 유두는 그 적응의 부산물이다.

암컷의 오르가즘에 대해서도 비슷한 이야기가 떠돌았다. 암컷의 유두와 마찬가지로 수컷의 오르가즘에는 명백한 진화적 근거가 존재한다. 여러분이 잉태되던 밤에 여러분의 부친이 오르가즘을 느꼈다고 사실상 확신해도 좋다. 그러나 여러분의 모친도 그랬을까? 꼭 그렇지는 않다(여러분의 머릿속에 이런 생각을 심다니, 미안하다!). 암컷의 오르가즘에 진화적 기능이 있을까? 얄궂게도 과학자들은 이 문제에 있어 아직 만족할 만한 결론에 도달하지 못했다. 다수는 진화적 기능이 있다고 생각하지만 회의적인 사람도 있다. 후자의 진영에 진화심리학의 선구자인 도널드 시먼스Donald Symons가 속해 있다. 시먼스는 수컷의 유두가 기능은 없지만 암컷 유두의 부산물인 것처럼, 암컷의 오르가즘 또한 기능은 없지만 수컷 오르가즘의 부산물이라고 주장한다.[69] 여자들, 그리고 적어도 일부 다른 암컷 영장류들이 오르가즘을 가능케 하는 시스템을 가지고 있는 건 사실이지만, 그 시스템은 그저 수컷의 적응을 위한 것일 뿐이다. 앞서 말했듯 암컷의 오르가즘에 대해 나름 그럴듯한 적응주의적 가설도 존재한다. 일각에서는 오르가즘이 잉태의 가능성을 높인다고 하고, 또 다른 이들은 암컷이 배우자를 선택하는 데 있어 지침이 되어준다고도 한다.[70] 그러나 만약 부산물 이론이 옳다면 암컷의 오르가즘은 물구나무서기와 비슷한 측

---

*포유류의 기본 성별은 암컷이라고 생각하던 시절이 있었다. 그러나 양성의 발달은 유전자가 관장하는 능동적 과정임이 밝혀졌고, 따라서 기본 성별은 없다. Jordan et al.(2001).

면이 있다. 구체적으로 그것을 하라고 설계된 것은 아니지만, 인체의 기본적인 구성을 고려할 때 우리가 할 수는 있는 어떤 것인 셈이다. 실제로 암컷 오르가즘은 여성 생식생리라는 운 좋은 우연 위에 만들어진 문화적 발명품이다.

(그건 그렇고, 혹자는 암컷 오르가즘을 부산물로 설명하는 것에 불쾌감을 표한다. 그들의 관점에 따르면 암컷의 오르가즘을 독립적 적응이 아닌 단순한 부산물로 보는 시각은 그것의 가치를 폄하하는 것이다.[71] 이에 대해 얘기할 첫 번째는 그들의 주장이 사실이라 한들 부산물 설명의 정확성 여부를 묻는 질문과는 상관이 없다는 점이다. 암컷의 오르가즘은 부산물이거나 아니거나, 둘 중 하나이며 이는 우리가 어느 쪽을 선호하는가와는 별개의 문제다. 두 번째로 말하고 싶은 부분은, 그러고 보면, 부산물이라는 관점에 기반한 설명이 암컷 오르가즘의 가치를 평가절하한다고 생각할 충분한 근거가 없다는 사실이다. 가치를 떨어트린다고 생각할 이유는 하나뿐이다. 어떤 특성이 적응이면 가치가 있고, 적응이 아니면 가치가 없다고 암묵적으로 추정하는 것이다. 하지만 그렇게 추정할 이유가 어디에 있는가? 도덕적 인간이라면 가치를 두지 않을 적응들도 많고, 우리가 소중히 여기는 많은 것들은 적응이 아니기도 하다. 그러니까, 부산물 가설에 반대하는 이들은 이상한 행동을 하고 있다. 그들은 암컷의 오르가즘이 구토, 코브라의 독, 전갈의 침과 같은 적응에 해당한다고, 다시 말해 과학, 의학, 세계인권선언처럼 "단순한" 문화적 발명품이 아니라고 밝혀지는 것에 대단한 중요성을 부여한다. 이는 우리가 진지하게 받아들여야 할 입장은 아니다. 우리가 오르가즘에 가치를 부여하는 것은 그것이 즐거움과 정서적 만족감을 주기 때문이지, 문화가 아니라 진화를 통해 만들어져서가 아니다. 이 문제에 대한 더 자세한 내용은 부록 A를 참고하라.)

외계 과학자가 제기한 호모 사피엔스 미스터리의 일부 또한 부산물 설명으로 풀어볼 수 있을 것이다. 가령 왜 그토록 많은 사람들이 많은 시간을 포르노에 바치는가? X등급 포르노 취향을 가진 선조들이 본인의 생존과 번식, 또는 친족의 생존과 번식 성공률을 높였을 공산이 더 컸기 때문이라고 주장할 사람은 없을 것이다. 포르노 애호가 적응이 아닌 것은 분명하다. 대신 그 자체가 적응에 해당하는 다른 심리적 특성들의 부산물이다. 그 특성 목록의 최상위에는 시각적으로 제시되는 성적 자극에 흥분하는 성향이 자리한다. 다음 장에서 살펴보겠지만 이 성향은 여성보다 남성에게서 강력하게 나타나며, 이로써 포르노물의 소비에서 꽤 명백히 드러나는 성 차이가 즉각 설명되기 시작한다.[72] 하지만 지금 단계에서는 포르노 습관이 포르노에 특화된 적응의 결과물이 아니라고만 해두자. 적응이 아니라 부산물Spandrel에 해당한다.

진화적으로 당혹스러운 온라인 행위에 포르노만 있는 것은 아니다. 귀여운 아기 동물들의 사진과 영상에 대한 우리의 중독도 마찬가지다. 인터넷은 아기 고양이들, 강아지들, 손수레 속 아기 오랑우탄들로 넘쳐난다. 왜 그토록 많은 사람들이 다른 종의 유아 구성원들을 보는 것에서 큰 즐거움을 느낄까? 고슴도치는 병아리들을 지켜보는 것에서 그렇게 큰 즐거움을 느끼지 않는 것 같은데 말이다. 인간 아닌 동물들을 향한 우리의 애정은 포르노 애호와 마찬가지로 적응은 아닐 것이다. 보다 인간 중심적인 목적으로 설계된 심리적 기제의 파급효과일 가능성이 더 높다. 모든 사람들이 거부할 수 없이 귀엽다고 생각하는 특성들이 있다. 얼굴 중앙의 크고 동그란 눈, 조그마한 코, 통통하고 짧은 사지 등이 그에 해당한다. 이러한 특징들을 가진 생명체에게 우리가 느끼는 애정은 우리의 아기와 유아들을 보살필 동기를 부여하기 위해 진화되었을 수 있다. 그런데 동일한 특징들이 다른 아기 포유류들, 심지어는 인간 아닌 종의 성체들에게서도 발견되는 것이다. 그 결과 우리는 이 개체들에게도 애정과 보호의식을 느끼게 된다―이는 그 애정이 적응적이기 때문이 아니라, 적응이 완벽하지 않기 때문에 발생하는 현상이다. 파급효과 가설은 귀여운 동물 영상에 대한 선호만을 설명해주는 게 아니다. 이는 보다 유구하고 만연한 현상, 즉 반려동물을 키우는 우리의 습성을 어떻게 설명할지에 대한 실마리가 된다.

부산물 가설에서 가져올 또 다른 가설이 있는데 이 또한 외계인의 딜레마를 해결하는 데 유용하다. 바로 스티븐 핑커의 딸기 치즈케이크 가설strawberry cheesecake hypothesis이다.[74] 치즈케이크는 세계에서 가장 인기 있는 디저트의 하나다. 본인의 체중을 예의주시하지 않는 한 우리 대부분은 과일 대신 치즈케이크를 선택할 것이다. 그런데 왜인지 궁금하기는 하다. 우리 소화기관은 치즈케이크보단 과일에 맞게 진화되었기 때문이다. 이는 치즈케이크가 초정상자극이라는 것으로 설명할 수 있다. 즉 자연 상태의 다른 어떤 물질보다도 강하게 우리의 진화된 버튼을 눌러 강렬한 효과를 내는 인공혼합물이다. 핑커에 따르면 딸기 치즈케이크에 예술, 음악, 소설을 그대로 대입할 수 있다. 이들은 적응이 아닌, 우리 뇌를 인공적으로 자극해 즐거움을 유발할 수 있도록 개발된 테크놀로지다. 말하자면 해킹 같은 것이다! 예를 들어 예술의 힘은 균형, 특정 색채, 특정 유형의 경관처럼 우리 종에 전형적으로 존재하는 심미적 선호를 다루는 것에서 나온다. 이와 같은 선호는 우리가 적합한 짝, 음식, 주거지를 고르는 데 도움이 되도록 진화했다고 보는 것이 합리적이다. 성공적인 예술은 이러한 선호를 자연의 영역 밖에서 만족시킴으로써 우리에게 쾌락을 안긴다. 심미적 선호가 진화되어 있지 않았다면 인간은 예술을 발명하지 않았을 것이다. 이러한 관점에서 예술은 부산물이다.

이와 동일한 맥락에서 다른 문화 현상들 또한 부산물일 수 있다. 도덕성은 우리의 공감 능력, 공평의 개념과 더불어 죄책감, 수치심, 분노, 역겨움과 같은 감정의 부산물일 가능성이 있다. 종교는 여러 혼란스러운 사건들을 인간과 유사한 주체의 행위, 죽음 및 재앙에 대한 두려움으로 설명하려는 성향 또는 "세계는 어떻게 시작되었나?", "왜 무無 대신 무언가가 존재하는가?" 등의 질문을 통해 이해하려는 성향의 부산물일 수 있다. 음악은 사람들의 말에 담긴 정서적 함의를 분석하는 데 개입하는 두뇌 기제의 부산물일지도 모르고, 과학은 우리의 지성, 호기심, 아이디어를 공유하고 우리보다 앞선 타인이 구축해 놓은 것들에 생각을 더할 수 있는 역량의 부산물일지도 모른다. 나중에 살펴보게 되겠지만, 문화적 진화는 이러한 부산물들이 지금과 같은 특정 형태를 띠게 된 이유를 설명하는 데 중요한 역할을 담당한다. 어쨌든 예술, 도덕성, 종교, 음악, 과학에 대한 부산물 이론이 정확하다면 인간사의 가장 중요한 현상들 일부가 엄지손가락 빨기(코끼리라면 코 빨기)와 진화적으로 같은 가치의 결과물이라는 것이다.[75]

진화론은 인간 정신과 관련한 가장 위대한 미스터리 중 하나를 해결한다—이러한 미스터리를 고민하는 정신은 대체 어디에서 오는가? 짧게 대답하면 정신은 자연 선택의 산물로, 정신을 만들어내는 유전자를 전파하기 위해 설계되었다. 진화론은 물질이 의식으로 변화하는 기능이 존재하는 이유, 즉 '맥박치는 잿빛 죽과 같은 우리 두뇌가 총천연색의 의식적 경험을 만들어내는 이유는 무엇인가'라는 더 깊은 질문에는 대답하지 않는다. 그럼에도 어쨌든 물질이 정신으로 변화한다는 사실을 감안하고 보면 진화론은 적어도 이 작은 행성에서 그 물질의 일부가 어쩌다 독특한 상태에 있게 되는지 설명해준다. 따라서 자연 선택의 한 가지 별난 점은 그것이 완벽히 무심하게 진행되는 과정—선견지명이나 이해가 없이 진행되는 과정—인데도 불구하고 정신, 선견지명과 자신이 속해 있는 우주에 대해 (일부나마) 기초적 이해를 갖춘 생명 체들을 만들어냈다는 사실이다.

3장

SeXX/XY의 동물*

학계의 문화전쟁

"남자와 여자가 다르다는 건 누구나 안다……. 사회과학자들만 빼고."

내가 이 재치 넘치는 말을 처음 들은 것은 심리학과 대학원생 시절이었고, 듣는 순간 정말 딱 맞는 말이라고 생각했다. 일상 속에서 사람들 대부분은 남녀가 다르다는 것을 인식하며 산다. 학교에서도, 직장에서도, 우리 아이들과 자신에게서도 그 차이를 발견한다. 먼저, 우리는 남녀의 신체와 생식기관이 다르다는 것을, 대개 남자들이 더 크고 강하며 여자들이 더 장수한다는 것을 안다. 그러나 우리는 또한 이 차이들이 단지 신체에만 국한되지 않는다는 것도 안다. 남자가 스포츠와 포르노를 더 많이 보는 반면, 여자는 로맨틱 코미디를 더 많이 본다. 남자가 폭력을 휘둘러 범죄자가 될 가능성이 더 높은 반면, 여자는 현명하게 조심할 확률이 더 높다. 남자는 사물과 기계에 관심이 더 많은 반면, 여자는 사람에 더 관심을 둔다. 더불어 남자가 수학이나 엔지니어링처럼 "머리는 많이 쓰지만 세상 물정 모르는" 직업을 가질 확률이 더 높은 반

---

*이번 장의 제목을 제안해 준 다윈 스튜어트-윌리엄스와 제인 스튜어트-윌리엄스에게 감사한다.

면, 여자는 타인을 보살피는 직종에 종사하고 아이들을 돌보는 데 더 많은 시간을 할애할 가능성이 높다.[1]

물론 단신의 남자와 여자 스포츠광, 폭력적 여자와 육아형 아빠가 있다는 사실을 부인할 사람은 없다. 그리고 누구나 알다시피 양성 사이에는 겹치는 부분이 상당히 많다―일례로 우리가 모두를 신장에 따라 일렬로 줄 세운다면 여자가 단신이 많고 남자는 장신이 많겠지만 그 사이에는 양성 모두가 섞여 있을 것이다.[2] 그럼에도 양성 사이에 평균적 차이가 있다는 생각은 대부분의 사람들이 명백한 사실로 받아들이는 듯하다. 이와 동일하게 명백한 또 하나의 생각은 이러한 차이가 그저 문화적 관습에만 해당하진 않는다는 것이다. 이 차이들은 인간 본성의 일부로 새겨져 있다.

우리의 외계 과학자에게 이 같은 관측은 논란의 여지가 없게, 심지어는 진부하게 보일 것이다. 그러나 20세기 후반 이래 대학 캠퍼스에서 그런 생각을 내세우는 것은 정치적 지뢰밭으로 들어가는 일이었다. 인류 역사 대부분의 시간 동안 사람들이 상식으로 여겼던 것이 상아탑의 문턱을 넘는 순간 이단으로 변모한다. 이 힘든 주제를 꺼낸 사람은 누구나 다음의 세 가지 반응 중하나와 만나게 될 것이다.

첫째는 단호한 부정이다. 우리가 존재한다고 생각하는 성 차이가 실은 존재하지 않는다는 것이다. 우리는 아이가 전염병에 걸리듯 근거 없는 고정관념에 걸려버린 것뿐이다. 이 논리는 대개 심리적 성 차이를 주장하는 이들에 대한 대응으로 사용된다. 성 차이를 가장 열렬히 부정하는 이들조차 남녀의 신장 차이를 부정하기는 어렵기 때문이다. 대신 두 눈으로 직접 확인할 수 없는 성 차이는 종류를 불문하고 그것이 그저 고정관념일 뿐이라고 주장할 사람들이 있다.

둘째는 성 차이가 존재함을 인정하지만 그것이 순전히 차별의 산물이라고 주장하는 것이다. 남녀는 마음속 깊은 곳에 동일한 욕구와 충동을 가지고 있다. 다만 여자의 경우 자신의 욕구와 충동에 따라 행동하는 것을 금지당했을 뿐이다. 남자들 못지않게 여자들도 CEO와 수학자가 되고 싶어하지만, 그들 대다수는 직장 내의 성차별적 기대 또는 무의식적 편견으로 인해 포기하고 만다. 보다 극단적인 주장은 우리가 가부장제 사회에 살고 있다는 생각이다. 이 사회에서는 남자들이 특권과 권력을 갖는 반면 여자들은 2등시민으로 남아 꿈을 포기하고 보조적인 직업만 갖게 된다.

셋째는 남녀가 때때로 서로 다른 욕구와 충동을 갖는 것을 당연히 인정하지만 이는 전적으로 남녀별 사회화 방식에서 기인한다는 주장이다. 세상에 태어나 맞는 첫날부터 사회는 젠더를 들이민다. 아기가 세상에 처음 발을 내딛을 때 우리가 가장 먼저 하는 말은 이것이다. "아들이야!" 또는 "딸이야!" 우리는 아기에게 색별 표식을 붙이고, 젠더 무리에 어울리기 위한 방법을 가르친다. 남아에게는 장난감 총과 레고를, 여아에게는 프릴 달린 원피스와 인형을 쥐어 준다. 남아에게는 터프하고 강해지라고, 여아에게는 친절하고 가정적이 되라고 가르친다. 남아는 엔지니어나 의사가, 여아는 교사나 간호사가 되라고 압박한다. 이런 행동들이 어떤 효과도 내지 않으리라는 건 순진한 발상이다. 효과가 없다면 뭐하러 아이들을 사회화하겠다고 그 고생을 하겠는가?

요컨대 사회과학계의 전통적 시각에 따르면 성 고정관념은 절대적으로 진실이 아니다—혹여 진실이라고 해도 그것은 편견, 젠더 꼬리표 붙이기, 젠더가 구분된 장난감, 문화적 통념, 미디어에 등장하는 롤 모델을 비롯한 기타 치명적 영향들의 사회적 압력 때문이다. 무엇보다 중요한 것은 이러한 차이들은 선천적이지 않다. 이 차이들이 선천적일지도 모른다는 생각은 사실 관계에 오류가 있는 것을 넘어 위험하기까지 하다. 선천성에 관한 주장은 그것이 사회 속 여성의 진보를 지연 또는 역전시키리라는 점에서 위험하다.[3] 실제로 일부 사회과학자들은 성 차이의 선천성 주장 뒤에 이 같은 의제가 도사리고 있다고 암시하기도 한다. 예를 들어 성과학자 존 머니John Money는 선천성 이론 이 "성 차이의 현상유지에 헌신하는 이들의 정치적 전략"이라 말했다. 비슷한 맥락에서 사회학자 제시 버나드Jessie Bernard는 성 차이 연구를 두고 "여자에 맞 서는 전투 무기"라고 일축하기도 했다.[4]

혹자는 머니와 버나드가 어떤 근거로 이처럼 다소 심각한 비난을 한 것인 지 궁금할 수도 있겠다. 그러나 솔직히 말해 이들이 예민하게 반응하는 이유 를 찾는 것은 쉽다. 선천적 성 차이와 관련하여 성차별적이고 근거가 빈약한 주장을 펴는 과학자들을 찾는 것은 매우 쉽기 때문이다. 그중에서 특히 거슬 리는 사례는 사회심리학자 귀스타브 르 봉Gustave Le Bon이 1879년에 쓴 글이다.

파리의 시민과 같이 가장 지적인 인종 중에서도 여자들 다수의 두뇌 크기 는 대다수 성인 남자의 두뇌가 아닌 고릴라 두뇌에 더 가깝다…….일부 탁 월한 여자들, 평균적인 남자보다 아주 우수한 여자들이 존재하는 것은 사 실이나 그것은, 예를 들면, 머리 두 개 달린 고릴라처럼 흉물스러운 것의 탄생에 필적할 정도로 예외적인 일이다.[5]

이렇듯 감추고 싶은 과거가 있는 상황에서 사람들이 선천적 성 차이라는 개념을 경계하는 것도 그렇게 놀라운 일은 아니다. 차이란 존재하지 않는다, 혹은 모든 차이는 후천적으로 만들어진다고 주장하는 편이 더 안전하고 희 망차 보인다.

그러나 설득력 측면에서는 어떠한가? 일자무식의 대중이 그 오랜 세월 내내 성 차이라는 환각 속에 살고 있었다는 말이 정말로 믿어지는가? 아닐 것이다. 사회과학자를 제외한 모두의 눈에는 똑똑히 보이듯 남녀 사이에는 진짜 차이가 존재한다.[6] 게다가 이 차이들의 최소한 일부나마 문화가 아닌 유전자에 뿌리를 두고 있다고 믿는 것이 그렇게까지 미친 생각일까? 유전자가 기여하는 바가 있을지도 모르겠다고 생각하는 이들은 정말로 여자를 깎아내리려는 것이거나, 그럴 목적을 가진 이들에게 이용당하고 있는 것인가?

재미있게도, 성 차이가 '오직 후천적Nurture Only'이라는 이론이 사회과학계에서 요지부동의 것으로 자리잡기 시작하던 시기에 그와는 아주 다른 이론이 학계의 어딘가, 즉 진화심리학과에서 점차 형태를 갖춰가고 있었다. 사회과학자들이 인간의 성 차이에만 초점을 맞추던 것과 달리 진화생물학자들은 인간 외 동물들 사이의 성적 이형태성dimorphism에 집중했다(성적 이형태성은 성 차이를 보다 고급스럽게 부르는 이름이다. di—는 '2'를, morph—는 '형태'를 의미한다). 또한 사회과학자들이 성 차이를 거의 전적으로 학습과 문화의 측면에서 설명하는 반면, 진화생물학자들은 그 형성 과정에서 자연 선택이 수행한 역할에 집중했다. 그들의 견해에 따르면 동물의 수컷과 암컷이 상이한 이유는 수컷의 적합도를 높이는 조건과 암컷의 적합도를 높이는 조건이 언제나 일치하는 것은 아니기 때문이다. 이 사례에 해당하는 종들에서는 자연 선택이 암수에 따라 서로 다른 특성을 선호할 수 있다. 초창기에는 이 설명의 틀이 인간 외 동물들에게만 확대되었다. 그러나 오래 지나지 않아 소수의 이단아들이 어떤 진화적 설명이든 우리에게도 적용할 수 있지 않을까 궁금해하기 시작했다. 그들은 어쩌면 우리 종에서 목격되는 성 차이가 학습과 문화의 산물인 것만은 아닐 수도 있다고 제안했다. 다른 동물들 다수에서도 그렇듯

이 성 차이가 우리의 기본 바탕으로 내재되어 있을지도 모른다는 얘기였다.[7]

당시의 정치 풍토를 생각해 보면, 이런 생각들이 반향을 불러일으키기 시작하면서 이에 대한 시선이 그렇게 곱지 않았던 것도 그리 놀라운 일은 아니다. 사회과학계의 보수적 원로들 다수가 이 새로운 생각들에 논쟁과 증거 대신 분노와 인신공격으로 맞섰다. 그들이 보기에 이런 생물학 이론을 홍보하는 사람들—사회생물학자와 이후의 진화심리학자—은 단순히 중립적 과학을 실천하지 않는 수준이 아니었다. 그들은 지긋지긋하고 성차별적인 고정관념, 즉 남자를 떠받들고 여자를 불리하게 만드는 고정관념을 위해 인과관계의 오류에 기반한 설명을 만들어내고 있었다. 그보다 더 안 좋은 것은 여자를 다시 부엌으로 밀어 넣어 공적 영역에서 배제할 목적을 가진 퇴행적 정치 의제에 이 이론가들이 유사과학적 정당성을 부여해준다는 사실이었다[8]*(이러한 종류의 비판에 대한 일반적 논의와 관련해서는 부록 A를 참고하라).

후세에 평가한다는 이점을 이용해 말하자면 진화적 접근에 대한 이 같은 반응은 과잉반응이었고, 그런 면에서 부당했다. 사회생물학자와 진화심리학자들은 탁월한 여성이 머리 두 개 달린 고릴라만큼 드물다거나, 일말이나마 그런 측면이 있다고 주장하는 게 아니었다. 혹여 이 새로운 이론들이 양성 중에 호의적이지 않게 그린 쪽이 있다 한들, 그게 여자는 아니었다. 이제 곧 살펴보게 되겠지만 진화심리학자들은 여성에 비해 남성이 태생적으로 더 폭력적이고, 부정不貞에 취약하며, 생명을 위협할 정도의 위험을 어리석게 무릅쓸 공산이 더 크다고 주장한다. 이런 발견이 여자들과 전쟁을 치를 전투 무기라고 한다면 진화심리학자들은 이상한 전쟁의 방식을 택한 셈이다(물론, 여자들과 전쟁을 한다는 것 자체도 다소 이상하다. 진화심리학자의 다수—학계의 창시

---

*Chasin(1977). 사회생물학 논쟁의 역사를 잘 설명해 놓은 글을 다음에서 찾을 수 있다.Segerstråle(2000).

자들 포함—가 여자다). 그러나 뭐가 어쨌든, 결국 제일 중요한 것은 진화심리학의 주장이 유쾌한가 또는 불쾌한가, 환영받는가 또는 경멸당하는가의 여부가 아니다. 중요한 것은 그 주장이 참인지 여부다. 이를 기억하며 지뢰밭으로 한번 들어가보자. 우리의 성 차이는 어디에서 기인하는가?

성 차이의 진화

1장에서 나는 나와 내 심리학자 동료들을 곤경에 빠트릴지도 모를 발언을 했다. 심리학자들이 다른 동물을 너무도 몰랐던 나머지 심리학의 진보가 본래의 가능성에 훨씬 못 미치는 수준에 그쳤다고 말했던 것이다. 그런데 이것은 성 차이 연구에서도 마찬가지다. 이것을 바로잡기 위해 나는 언뜻 보면 납득이 잘 되지 않는 방법을 활용해 성 차이에 대한 우리의 탐구를 시작하려고 한다. 인간이라는 존재는 깨끗이 잊어버리고 대신 우리의 비인간 사촌들에게 집중하자. 인간을 제외한 동물의 세계에서는 어떤 종류의 성 차이들이 발견되는가? 그에 대한 답은 이렇다. 종들은 서로 어마어마하게 다르고, 그래서 무엇이건 성 차이 하나를 논하려고 하면 거기에 늘 12개의 예외가 따라오고—거기에 또 12개의 예외가 붙는다. 그렇지만 일단 일반 법칙을 세우지 못하면 예외라는 것도 있을 수 없고, 일반 법칙은 세계를 이해하려는 우리의 여정에서 최적의 출발점이 되어주는 경우가 많다. 더 이상의 논쟁은 생략하기로 하고, 지금부터 동물의 왕국에서 가장 흔히 발견되는 성 차이 열 가지를 소개하겠다.[9]*

---

*개관은 다음을 참고하라. Andersson(1994); Janicke et al.(2016).

1. 다수의 종에서 수컷과 암컷은 크기가 다르다. 대부분은 암컷이 더 크다. 거미의 경우 거대한 암컷에 비하면 수컷들은 현미경으로 봐야할 정도로 조그맣다. 반면 덩치가 큰 척추동물 사이에서는 크기의 차이가 역전될 때가 많아서 수컷의 체구가 더 크다. 수컷 고릴라는 암컷의 2배, 수컷 코끼리물범은 암컷의 3~4배 가량이다.

2. 많은 종에서 수컷은 암컷보다 성욕이 강하고, 새롭고 많은 성적 파트너를 향한 욕구도 크다. 이는 여러 예상치 못한 방식으로 그 모습을 드러낸다. 수컷 털가죽해표가 황제펭귄과, 수컷 일본원숭이가 사슴과 짝짓기를 시도하는 모습이 관찰된 바 있다. 또한 수컷 비단벌레가 암컷 비단벌레와 희미하게 닮은 맥주병에 교미를 시도하는 모습도 목격되었다. 더욱 경악스럽게는 수컷 청둥오리가 창문에 부딪혀 그 충격으로 죽어가는 동료 수컷 청둥오리를 강간하는 장면이 관찰되기도 했다.[10] 이 모든 사례는 수컷의 성적 반응이 무분별할 수 있음을 보여 준다.

3. 2번을 반대로 뒤집으면 성적 파트너를 고르는 데는 암컷이 수컷보다 까다롭다는 의미가 된다. 자연에서 흔히 보는 광경은 불운한 수컷이 암컷에게 좋은 인상을 주려고 필사적으로 노력하고, 암컷은 무심히 외면해버리는 장면이다. 흔하기는 하지만 유쾌하지는 않은 또 다른 광경은 수컷이 강제로 짝짓기를 하려 폭력적으로 굴고 암컷은 필사적으로 벗어나려는 장면이다. 두 사례 모두 암컷이 성적 선택에 있어 수컷보다 까다로움을 보여 준다.

4. 수컷이 암컷보다 화려한 경우가 많다. 대표적으로 언급되는 공작의 꼬리는 여러 사례 중 하나일 뿐이다. 조류에서 파충류, 곤충에 이르기까지 많은 종의 수컷들은 머리 볏, 목주머니, 밝은 빛깔의 무늬가 있는

깃털로 장식하거나 암컷을 매료시키기 위해 설계된 노래, 춤, 파티의 비법들을 갖추고 있다.

5. 여러 수컷은 섹스에 "대가"를 지불한다. 예를 들어 각다귀붙이_{blacktipped hanging flies}의 한 종은 성관계를 원하는 수컷이 암컷에게 근사하고 육즙 많은 곤충을 선사하고, 암컷이 식사에 열중하는 사이 교미한다. 일을 마치기 전에 암컷의 식사가 끝나면, 암컷은 그냥 가버린다—게임 오버. 반면 수컷이 먼저 끝나면 녀석은 선물했던 곤충을 빼앗아 그중 남은 것을 가지고 다른 암컷에게 구애하려 할 것이다.[11] 다른 종들에게서 "지불"은 보다 간접적이다. 여러 조류, 어류, 개구리 종에서 암컷이 알을 낳고 수컷은 새끼를 키울 영역을 지킨다. 그 대가로 자신의 자손을 갖게 된다.

6. 일반적으로 수컷은 암컷보다 공격적이며, 서로를 구타하는 데 들이는 시간도 더 많다. 천 편은 되는 자연 다큐멘터리에서 지금껏 봐온 전형적인 예는 전투 중에 서로 뿔을 부딪고 있는 수컷 사슴들과 가슴을 맞대고 겨루는 수컷 코끼리물범들이다. 게다가 대륙 구석구석에서 천 가지가 넘는 다른 사례들이 발견된다. 수컷 캥거루들은 암컷을 차지하기 위해 주기적으로 싸운다. 싸움은 우리의 복싱 경기와 상당히 유사한데, 인간 복서와는 달리 캥거루들은 꼬리로 버텨선 뒤 양 발로 상대방을 공격하는 모습을 자주 보인다. 수컷 알락꼬리여우원숭이는 일명 "악취 전쟁"을 한다. 꼬리에 자신의 냄새를 절여 상대에게 풍긴다. 이렇게 신사적인(?) 방식으로 해결이 되지 않으면 뒤이어 격렬한 다툼이 시작된다. 이를 비롯한 여러 사례에서 수컷들은 암컷을 놓고 싸우거나, 암컷의 관심을 끄는 데 필요한 자원, 영역, 지위를 놓고 싸운다.

7. 수컷은 종종 무시무시한 내장형 무기들을 보유하고 있다. 여기에는 뿔과 가시부터 초대형 송곳니까지 포함된다. 수컷은 질긴 피부나 강화된 두개골처럼 내장형 방어체계들을 갖고 있는 경우도 많다. 이와는 대조적으로 암컷은 수컷에 비해 무기나 방어구를 잘 보유하고 있지 않다.

8. 많은 종들에서 암컷이 수컷에 비해 성장 속도가 빠른데 이는 성적 성장 격차sexual bimaturism로 알려진 현상이다. 가령 고릴라와 코끼리물범에서 암컷은 수컷보다 7년 앞서 번식 성숙도를 달성한다. 이와 유사하게 비단정원사새의 경우 암컷은 생후 2년쯤 번식 성숙도에 도달하는 반면 수컷은 생후 11살이 지나도록 번식이 가능한 정도의 성숙을 달성하지 못한다.

9. 암컷은 수컷보다 장수하는 경향이 있다.[12] 인상적인 사례로 도슨의 벌이 있다. 이 호주산 벌의 암컷들이 알을 낳아 품을 때쯤 모든 수컷들은 이미 죽어 있다—가능한 한 많은 암컷들을 수정하려는 포악한 투쟁 끝에 목숨을 잃은 것이다. 그 결과는 오직 암컷들로만 구성된 사회다.

10. 마지막으로 부모가 새끼를 돌보는 종에서는 암컷이 육아의 대부분을 담당한다. 예를 들어 호랑이의 암컷은 새끼들의 주요 보호자인 반면 수컷은 게으름뱅이 아빠다. 이는 포유류에서, 그리고 '부모동물' 일반에서 꽤 전형적인 현상이다.[13]

자, 지금까지 동물의 세계에서 발견되는 가장 흔한 성 차이 열 가지를 살펴봤다. 까다로운 부분은 지금부터다. 이 차이들은 어디에서 기인하는가? 다윈은 이것을 생물학의 주요 미스터리로 봤고, 그 해결로 가는 커다란 발걸음을 전형적인 다윈의 방식을 써서 내디뎠다. 2장에서 설명했던 대로 그의 성 선택

이론은 암컷의 배우자 선택에 따라 공작의 꼬리와 같은 장식이 진화한 방식, 수컷 대 수컷의 경쟁 속에서 사슴의 뿔과 같은 무기가 진화한 방식을 설명한다. 그러나 다윈은 성적 장식과 무기를 뽐내는 것이 왜 대개 수컷인지, 그리고 배우자 선택에 있어서 초특급으로 까다롭게 구는 쪽이 왜 대체적으로 암컷인지 설명하지 않았다. 이 질문들은 20세기 후반에 진화생물학자 로버트 트리버스Robert Trivers—사회생물학계의 알버트 아인슈타인으로 묘사되는 다채로운 인물—의 연구를 통해 상당 부분 해결되었다. 트리버스의 중대한 공헌 중에 부모 투자 이론parental investment theory이 있다.[14] 이 이론의 논리를 풀어놓는 작업을 퀴즈로 시작해 보자.

질문 1: 기록에 따르면 역사상 남성 한 명당 최대 자녀의 수는 몇 명일까?

답을 보기 앞서, 스스로 추측해보길 바란다.

(이것은 여러분이 추측을 마치기 전에 무심코 다음 문단을 읽는 것을 방지하기 위한 문장이다.)

정답은…… 마음의 결정은 했는가, 여러분? 정답은 888명이다. 이 위풍당당한 아버지는 1672년부터 1727년까지 모로코를 통치한 '피에 굶주린 이스마일Ismail the Bloodthirsty' 황제다. 당연한 말이지만, 피에 굶주린 이스마일의 부인이 딱 한 명이었던 건 아니다. 이스마일은 젊은 가임기 여성 수백 명으로 구성된 하렘harem을 거느렸다. 일부 학자들은 이 피에 굶주린 아이들 모두가 이스마일의 자식이지는 않았을 가능성, 그의 아내 또는 후궁들이 뭔가 단정치 못한 일을 했을 가능성을 주장한다. 그러나 수학적인 시뮬레이션에 따르면 이 정도의 자손을 갖는 것은 완벽히 가능하다. 이스마일 황제는 그저 하루에 1~2회씩, 매일, 섹스를 하고 그것을 대략 30년 동안 계속하기만 하면 되었다.[15] 이스마일의 자손들이 친자든 아니든, 남성이 충분한 수의 협력자를 확보할 수 있는 한 거대한 자손 군단의 아버지가 될 가능성이 있음은 쉽게 확인할 수 있다.

그러면 다음 질문으로 넘어가 보자.

질문 2: 기록에 따르면 역사상 여성 한 명당 최대 자녀의 수는 몇 명일까?

다시, 계속 읽어나가기 전에 여러분 나름의 추측을 하라.

(이것도 다음 문단으로 넘어가는 것을 방지하기 위한 문장이다. 여러분의 추측은 몇 명인가?)

답은 20명이 아니다. 40명도 아니다. 정답은 69명이다. 이 어머니는 발렌티나 바실리예프라는 이름의 19세기 러시아 농민이다. 바실리예프는 자신의 번식 경력을 일찍 시작해서 늦게 마쳤고 쌍둥이, 세쌍둥이, 네쌍둥이 같은 다태아를 많이 낳았다. 바실리예프나 피에 굶주린 이스마일이나 둘 다, 가능은 하다고 하지만 평범함과는 너무도 거리가 멀다. 887명은 고사하고 68명의 형제자매가 있는 사람조차 만나 보기 힘들다. 그럼에도 둘의 기록을 비교하는 것은 중요한 점을 시사한다. 남성이 생산할 수 있는 최대 자손 수가 여성이 생산할 수 있는 최대 자손 수보다 훨씬 많을 수 있다는 사실이다. 우주의 기운이 완벽히 따라주기만 하면 남자는 수십 또는 수백의 자손을 가질 수 있다. 그러나 여자는 생식력 강한 젊은 청년 수백으로 구성된 하렘을 거느리고 30년 동안 1일 2회씩 섹스를 해도 20명의 자식을 갖는 것조차 힘든 일일 터다. 우리도 익히 알고 있는 사실이다. 이스마일의 기록도 물론 놀랍지만, 그보다 훨씬 낮은 발렌티나 바실리예프의 기록에 여러분이 더 놀랐을 이유도 여기에 있다.

인간만이 최대 자손 수에 있어 성별 간 차이가 있는 건 아니다. 많은 종에서—사실 대다수의 종에서—수컷의 최대 자손 수가 암컷보다 많다. 가장 중요한 이유는 부모의 투자다.[16] 이것이 트리버스의 위대한 통찰이었다. 대부분의 종에서 암컷은 수컷보다 자식에게 더 많은 시간, 에너지, 자원을 투자한다. 포유류를 보더라도 임신을 하는 쪽은 암컷이고, 모유를 수유하는 쪽도 암컷이며, 육아의 대부분을 담당하는 쪽도 암컷이다. 대하소설 전문 작가의 작품 수가 단편소설을 찍어내는 작가보다 더 적은 것처럼, 투자의 수준이 높은 암컷은 투자를 적게 하고 번식을 늘리는 수컷에 비해 가질 수 있는 자손의 수가 더 적을 것이다. 이 단순한 사실은 상당히 많은 것들을 시사한다.

본격적인 탐구를 시작하기에 앞서 극단적인 상황 하나를 가정해보자. 수컷은 자손에게 전혀 투자하지 않는 대신 암컷이 투자의 대부분을 담당하는 가상의 종이 있다[17](덧붙이자면 인간이 그렇다는 게 아니다. 우리 종에서의 성차이는 훨씬 무난하다). 어쨌든, 우리가 설정한 가상의 종을 통해 트리버스 이론의 기본 논리를 보다 쉽게 파악하고, 인간이라는 종에서 나타나는 복합성을 이해할 확고한 토대를 마련할 수 있을 것이다. 가장 먼저 눈에 띄는 것은 우리가 설정한 가상의 종에서 수컷은 자식에게 무無에 가까운 투자를 하기 때문에 어마어마하게 많은 수의 자식을 생산할 가능성이 있다는 점이다. 그들이 해야 할 일이라고는 어마어마하게 많은 수의 암컷과 교미하는 게 전부다. 물론 말이 쉽지 실천은 어렵다. 그럼에도 분명한 것은 수컷의 교미 확률을 높이는 특성이라면 무엇이든 선택될 가능성이 아주 높으리라는 사실이다.

그렇다면 어떤 특성들이 그에 해당할까? 강력하고 무차별적인 성욕, 최대한 많은 암컷과 짝짓기를 하려는 욕망 정도면 좋은 출발이겠다. 이러한 욕구와 욕망을 가진 수컷들은 마치 유도미사일이라도 되는 것처럼, 가능한 모든 성적 기회를 찾아낼 것이다. 동물들은 피임을 하지 않고, 따라서 이 유도미사일 수컷들은 성욕이 낮은 수컷, 무모하게 높은 기준을 가진 수컷, 단 한 마리의 암컷만을 바라보는 수컷보다 더 많은 자손을 남긴다. 다음으로 그들의 자손이 아비의 성적 성향을 물려받는다. 그 결과 수컷의 유도미사일 성향은 전 세대에 비해 다음 세대에서 보다 흔한 것으로 자리잡는다. 섹스에 열성적인 수컷들은 여러 세대를 거듭하면서 섹스에 열성적인 수컷들을 더 많이 만들어 내고 마침내 언젠가는 섹스에 열성적인 수컷이 곧 표준이 된다.

이 가상의 종에 속하는 암컷의 경우 상황이 아주 다르다. 암컷들은 자손에게 어마어마한 투자를 하기 때문에 수많은 수컷과 짝짓기를 해서 자손의 수를 마냥 늘리는 것은 불가능하다. 대신 그들이 할 수 있는 일은 최상의 수컷을 찾는 것이다. 가장 건강하고, 최고의 유전자를 보유하고, 필요한 자원을 아낌없이 퍼부어줄 수컷을 선호하면서 그렇지 못한 표본들은 싫어하는 암컷은 더 건강하고 유전적으로 우월한 자손들을 갖게 될 것이다. 이 자손들은 번식 가능 연령까지 생존할 확률이 평균 이상이고, 배우자 선택에 있어 까다로운 어미의 성향을 물려받으며, 그러므로 세대를 거듭하는 동안 이 까다로움은 보다 일반적인 특성으로 자리잡게 된다. 따라서 이 극단적인 사례에서(다시 말하지만 인간은 이 극단적 사례와는 거리가 멀다) 수컷은 짝짓기 상대의 수를 우선시하도록 진화하는 반면 암컷은 질을 우선시하는 방향으로 진화할 것이다.

여기서 끝이 아니다. 암컷이 진화시킨 이 꼼꼼한 기준들은 이내 수컷들에게 새로운 선택의 압력으로 작용한다. 이 기준에 부합하는 수컷은 더 많은 자손을 갖게 될 것이고, 따라서 암컷이 선호하는 특성들이 수컷 사이에서 보다 일반적인 것으로 자리매김한다. 가령 암컷들이 큰 코를 가진 수컷을 선호한다면 코가 큰 수컷들이 더 많은 자손을 갖게 될 것이고, 수컷 코의 평균 크기는 점차 커질 것이다. 말하자면 다세대에 걸친 피노키오 효과라고 할 수 있겠다. 마찬가지로 암컷이 섹스의 대가로 "혼인" 선물을 바치거나, 자식을 기를 영역을 확보해올 것을 고집한다면 수컷은 그를 달성할 수 있는 쪽으로 진화한다. 이것이 일반 법칙이다. 암컷이 원하는 것이 무엇이든, 수컷은 그것을 제공할 수 있도록 진화한다.

수컷으로서는 그렇게 하는 것이 번식 성공으로 가는 하나의 길이다. 또 다른 길은 짝짓기를 해달라고 암컷을 설득하는 대신 경쟁자를 제거하는 데 집중하는 것이다. 이 맥락에서는 일촉즉발의 성격과 경쟁자를 처리하려는 의욕을 가진 수컷이 평화주의자 수컷보다 유리한 위치를 점한다. 모두가 평화주의자인 게 아닌 이상 수컷은 자신을 보다 위협적으로 해줄 뭔가가 필요하다. 몸집을 키우기로 했다면 방향을 제대로 잡은 것이다. 결국 싸움에서는 크기가 중요하다. 복싱에 체급이 정해져 있는 것도 그 때문이다. 그리고 수컷의 커다란 덩치에 아놀드 슈워제네거 같은 거대한 근육, 또는 뿔이나 가시, 송곳니를 장착한다면 이 또한 승리의 쟁취에 도움이 될 것이다. 이러한 특성의 개발에 기여하는 유전자들은 새로운 개체 다수에 복제될 확률이 높다. 시간이 지남에 따라 이 유전자들—그리고 이 유전자들이 발현을 돕는 특성들—은 종 내에서 보다 견고히 자리잡는다. 다시 말해 수컷들은 더 크고, 더 불량한 싸움 기계들로 진화한다.

우리 가상의 종에서 덩치와 불량함으로 가는 진화적 왈츠는 다양한 파급효과들을 만들어낸다. 첫째, 수컷은 암컷에 비해 완전한 성년에 도달하기까지 더 긴 시간이 필요하다. 체격을 키우고, 경쟁적인 사회 환경에서 나름의 위치를 고수할 기술을 개발하는 데 더 오랜 시간이 걸리기 때문이다. 둘째, 대개는 암컷들이 더 오래 산다. 여기에는 몇 가지 이유가 있다. 경쟁자와 위험한 갈등 상황에 놓이는 수컷들은 지치고 죽을 확률이 높다. 또한 자식의 일차적 보호자인 암컷의 적합도는 번식 능력뿐 아니라 자식과 함께 머물며 보호하는 능력에 좌우된다. 반대로 투자의 정도가 낮은 수컷들의 경우 자식의 곁에 머무는 것이 평생의 번식 성공에 별다른 도움이 되지 않는다. 수컷은 번식 성공으로 가는 횡재의 순간을 낚아챌 단 한 번의 기회에 자신이 가진 전부를 걸 가치가 있다.[18]

이 가상의 종은 우리에게 중요한 점을 말해준다. 우리가 동물의 세계에서 반복적으로 목격하는 성 차이의 대부분은 또 다른, 보다 근본적인 차이에 토대를 두고 있다는 사실이다. 그 차이란 바로 수컷과 암컷이 생산할 수 있는 최대 자손의 수다. 그러나 지금까지 우리가 살펴본 것은 다양한 성 차이 중 하나일 뿐으로, 나와 내 동료 앤드류 토마스Andrew Thomas는 이 패턴을 수컷—경쟁/암컷—선택males—compete/females—choose, 또는 MCFC이라 부른다.[19] 이는 동물들 사이에서 흔하기는 하나 유일한 패턴은 아니다. 그렇지만 중요한 것은 MCFC를 설명하는 동일한 변수—최대 자손의 수—로 다른 패턴들 또한 설명할 수 있다는 사실이다.

먼저, 최대 자손의 수 개념을 활용하면 트리버스 법칙의 예외처럼 보이던 성 역할이 역전된 종을 설명할 수 있다.[20] 이 종들은 일반적인 MCFC 패턴이 반대로 뒤집힌 경우다. 가장 대표적인 예가 자카나Jacana다. 이 열대 섭금류는 물 위를 걷는 것처럼 보이는 능력 때문에 예수새Jesus bird로 불리며, 수련 잎 및 다른 부유식물 위를 실제로 걸을 수 있는 능력 때문에 릴리 트로터lily trotter로 알려져 있기도 하다.[21] 자카나에 속하는 여러 종에서 암컷은 수컷보다 더 크고, 서로 싸우는 데 더 많은 시간을 들이며—충분한 지배력을 확보했다면—

수컷들의 하렘을 거느린다. 반면 수컷들은 암컷보다 체구가 작고 덜 공격적이며 짝짓기 상대 모으기에도 관심이 덜하다. 자카나의 역할 역전은 너무도 완벽해서 처음에는 과학자들이 암컷을 수컷으로, 수컷을 암컷으로 혼동할 정도였다. 성 역할이 바뀐 종의 또 다른 예는 걸프 파이프피시Gulf pipefish다. 해마를 고데기로 펴 놓은 것처럼 보이는 이 작은 물고기는 실제로도 해마의 가까운 사촌이다. 자카나처럼 걸프 파이프피시도 MCFC 패턴을 거스른다. 암컷 파이프피시는 은빛 줄로 장식이 되어 있고, 수컷 파이프피시는 짝짓기 상대 고르기에 매우 까다로우며 나이가 더 많고 몸집이 더 큰 암컷을 선호한다.[22]*

언뜻 보면 성 역할 역전 종은 트리버스 이론의 허점을 드러내는 사례처럼 보인다. 그러나 자세히 살펴보면 이들은 트리버스가 핵심을 정확히 찔렀음을 보여주는 가장 강력한 근거다. 젠더가 뒤바뀐 이 모든 종에서 암컷보다 수컷이 자손에 더 많은 투자를 하기 때문이다. 예를 들어 자카나의 경우 수컷이 둥지를 만들고 알을 돌보고 새끼들을 보살핀다. 이와 유사하게 걸프 파이프피시에서도 수컷이 특수 육아낭에 담긴 알을 품는다. 그 결과 이 종들의 암컷은 더 많은 자손을 생산할 가능성을 확보한다. 이 같은 사실은 마치 반反중력 기계장치처럼 보통의 선택 압력을 완전히 반대로 뒤집어 수컷 같은 암컷, 암컷 같은 수컷을 만들어낸다. 이는 부모 투자 이론이 예측한 그대로다.

지금까지 우리는 성적 이형성을 '모 아니면 도'의 문제처럼 취급해 왔다. 두말할 것도 없이 이는 사실이 아니다. 성적 이형성에도 정도의 차이가 있다. 스펙트럼의 한쪽 끝에 있는 일부 거미들은 이형성이 너무도 심해서 수컷과 암컷이 교미하는 모습을 목격하지 않는 한 과학자들조차 둘이 동일한 종이라고

---

*Paczolt and Jones(2010). 해마는 성 역전 종의 대표적 사례로 자주 언급된다. 수컷이 부화 전의 알을 특수낭에 담아 가지고 다니기 때문이다. 그러나 전체적으로는 암수가 자녀에게 동등하게 투자하며, 따라서 해마는 부분 성 역전 종에 해당한다. (Eens&Pinxten, 2000).

자신하지 못하는 경우가 있다. 반면 러브버드lovebird는 수컷과 암컷이 너무도 비슷한 나머지 둘을 구분하려면 사실상 혈액 검사가 필요할 정도다(어떻게든 그들 나름으로는 이 사태를 잘 감당하는 듯 보인다. 그렇지 않다면 번식에 어려움을 겪을 것이다). 여기에서도 최대 자손 수의 성 차이를 활용하면 종간 차이를 이해할 수 있다. 우리의 유인원 사촌 둘, 고릴라와 긴팔원숭이를 생각해 보자. 고릴라는 일부다처제polygynous다. 성공적인 수컷이 암컷들의 하렘을 거느린다. 그 결과 수컷이 생산할 수 있는 최대 자손 수는 암컷에 비해 훨씬 많고, 수컷들은 하렘을 거느리는 소수에 들기 위해 투쟁한다. 따라서 고릴라는 성적 이형성이 아주 심하다. 수컷의 크기가 암컷을 압도한다. 반면 긴팔원숭이는 사회적으로 일부일처제socially monogamous다. 성인 수컷 하나와 암컷 하나가 독립된 가족을 구성해 생활하며, 수컷은 자신의 씨를 퍼트릴 범위가 극히 제한적이다. 그 결과 수컷이 생산할 수 있는 최대 자손 수는 암컷에 비해 그렇게 많지 않고, 그래서 긴팔원숭이들은 성적으로 단형적sexually monomorphic이다. 즉, 수컷과 암컷이 체구 면에서 거의 동일하다.

성적 단형성은 포유류에서 드물지만 조류 사이에서는 흔하다. 조류의 약 90%가 암수 한 쌍 결합에 기초하고 함께 힘을 합쳐 새끼를 돌본다.[23] 때때로 수컷이 짝을 배신하고 번식을 늘릴 수야 있겠지만, 암수 한 쌍 결합과 공동 육아는 최대 자손 수에 있어 암수 사이의 격차를 극적으로 줄인다. 따라서 조류는 성적으로 가장 단형적인 동물군에 속한다(성적 이형성의 대표주자인 공작은 사실 우리의 깃털 달린 친구들 사이에서는 상당히 이례적인 존재다). 암수 한 쌍 결합 조류는 크기와 육아 성향만 비슷한 게 아니다. 짝짓기에 대한 접근 방식 또한 유사하다. 우리가 살펴본 대로 대부분의 종에서는 짝짓기 게임에 뚜렷한 분업이 존재한다. 수컷이 짝을 위해 경쟁하고 암컷이 주어진 수컷 중에서 선택한다. 반면 암수 한 쌍 결합 조류 다수에서는 양성 모두가 짝을 위해 경쟁하고 양성 모두가 성적 파트너를 까다롭게 고른다. 전문 용어로 이러한 종들은 상호적 배우자 선택의 시스템을 가지고 있다고 말한다.[24]

이번 섹션의 도입부에서 나는 인간이라는 존재는 일단 제쳐 두자고 말했었다. 이제 우리가 자초한 기억상실증으로부터 회복해 우리 종과 정면으로 마주할 때다. 우리는 이러한 구조들에 얼마나 부합하는가?

인간은 공작인가 펭귄인가

인간은 공작과 고릴라처럼 고도로 이형적인, 즉 수컷 일부만이 암컷 다수와 짝짓기하고 나머지는 아무와도 교미하지 못하는 종인가? 아니면 긴팔원숭이와 러브버드처럼 암수가 한 쌍 결합을 하고 그에 따라 양성이 유사한 종에 더 가까운가?

짧게 대답하면 이렇다. 복잡하다. 일단 인간은 우리가 앞서 말한 성 차이 상위 10개 목록에 포함된 특성 대부분을 가진다. 첫째, 남자가 여자보다 크다. 남자가 여자에 비해 약 10%, 약 20% 무겁다. 남자는 또한 여자보다 현저히 강하며 상반신의 힘이 특히 두드러진다.[25] 둘째, 여자가 사춘기에 더 빨리 도달한다. 유년기에는 여아와 남아가 우스꽝스럽게 짝짝이다. 여아의 키가 불쑥, 남아들을 압도한다. 여아의 발달 궤적이 더 빠르다는 사실은 그들의 학업 성취도가 남아에 비해 월등한 현상을 설명하는 한 가지 단서일 수 있다. 동일한 연령일 때조차 사실 여아들이 더 성숙하다. 셋째, 성숙이 더 빠른데도 불구하고 여자가 남자보다 장수하는 것이 일반적이다.[26] 관광버스에 가득한 노인 대부분이 여자인 것도 이런 이유에서다. 여자의 수명이 더 긴 현상은 거의 모든 국가에서 발견되는데, 출산 중 산모사망률이 여전히 높은 국가에서도 마찬가지다. 예수부터 짐 모리슨에 이르기까지 남자는 여자보다 먼저 죽는다.

신체적, 발달상 차이에 더해 상위 10개 목록에 포함된 행동 및 심리적 차이 또한 대부분 인간 종에서 발견된다. 곧 살펴보겠지만 평균적으로 남자는 많은 파트너와 섹스를 하고픈 욕망과 폭력적 성향이 더 강한 반면 여자는 배우자 선택에 더 까다롭고 상대가 가진 자원에 집중하는 성향이 더 강하다. 게다가 양성 모두 섹스를 여자가 소유하고 남자가 좇는 자원으로 취급하는 암묵적 경향이 있다.

이러한 차이는 평균적으로 남자에 비해 여자가 자손에 더 많이 투자한다는 부모 투자 이론의 관점에서 보면 상당히 합리적이다. 우선, 한 아이의 생산에 있어 여자의 최소 기여도는 9개월의 임신기와 그 뒤를 잇는(적어도 최근까지는) 수년간의 수유 기간이다. 남자의 최소 기여도는 잠깐 동안의 매끄러운 입담, 몇 분간의 섹스, 한 덩어리의 원형질이다. 최소 기여도의 차이에 더해 여자는 육아를 더 많이 담당하는 경향이 있으며 이는 서구 사회뿐 아니라 관련 자료가 확보된 모든 문화권에서 동일하다.[27] 남자도 종종 육아에 참여하지만, 여자만큼 많이 담당하는 경우는 드물다. 따라서 생리적, 행동적 측면에서 남자는 자손에게 투자하는 정도가 더 낮다. 그 결과 남자가 가질 수 있는 최대 자손 수는 여자에 비해 훨씬 많다. 따라서 인간은 우리의 상위 10개 목록에 포함된 대부분의 현상들을 충족한다.

처음에는 이것이 상당히 단순 명쾌한 문제처럼 보인다. 인간은 포유류에서 발견되는 전형적인 성 차이 패턴을 보이는 종이다. 그러나 좀 더 깊이 들여다보면 상황이 복잡해지기 시작한다. 인간은 세 가지 중요한 지점에서 포유류의 원형을 벗어난다. 첫째, 남자와 여자가 똑같지 않은 것은 분명하나 우리 종에서의 성 차이는 다른 동물에 비해 약소하다. 예를 들어 남자가 여자보다 크기는 하지만 그 차이는 고릴라, 오랑우탄, 코끼리물범 등의 동물들과 나란히 놓고 보면 미미한 수준이다. 심리적 차이도 대부분 마찬가지다. 사실 심리적 차이는 신장의 차이보다도 대부분 미미하다. 가령 가벼운 섹스casual sex를 향한 관심은 우리 종에서 가장 커다란 심리적 성 차이의 하나지만 그 규모로 보면 신장 차이의 절반 수준밖에 되지 않는다. 그러므로 남녀가 신장 면에서 서로 겹치는 부분이 있다면, 가벼운 섹스를 향한 욕구 면에서는 겹치는 부분이 더욱 많다. 요점을 정리해보자면 인간은 이형적이지만 인간이 가진 대부분의 특성에서 그 이형성의 정도는 상대적으로 무난하다.[28]*

둘째, 인간은 짝짓기 경쟁에 수컷만 참여하거나, 짝짓기 상대를 고를 때 암컷만 까다롭게 구는 종이 아니다. 우리가 만약 그런 종이었다면, 남자들에게는 배우자 선호가 전혀 없을 것이고 여자들은 본인이 고른 남자의 선택을 받지 못했다고 해서 상처받는 일도 없을 것이다. 마찬가지로, 남자가 짝을 고를 때 까다롭게 굴지 않는다면—그들이 배우자의 질보다는 양에만 관심이 있다면—여자는 데이트에서 좋은 인상을 남기려 고민할 필요도, 술집이나 나이트클럽에 가기 전에 단장을 하느라 법석을 떨 필요도, 그 밤에 했던 어색한 농담 또는 실책을 오목조목 따지며 민망해할 필요도 없다. 대신 가장 편한 신발과 낡은 점퍼 차림으로 나가 본인이 남자에게 평가받으리라는 생각은 일절 없이, 남자의 외양과 구애 행위를 평가하며 밤을 보낼 것이다. 이것이 지구라는 행성에서의 여느 데이트 장면처럼 보이는가? 아니다. 이 행성에서는 양성

---

*Stewart-Williams(in press-b); Stewart-Williams and Thomas(2013a, 2013b). 인간이 상대적으로 낮은 수준의 이형성을 가지고 있다는 주장에 대한 가장 강력한 답변은 Marco Del Giudice와 연구진으로부터 나왔다(2012). 이들은 특정 특성에서의 성 차이는 무난할 수 있으나 관련 특성들 다수를 동시에 비교하면 다요인에 따른 결과는 상당하다고 주장한다. 이에 대한 응답은 다음을 참고하라. Stewart-Williams and Thomas(2013b), pp. 167-168. 이 응답에 대한 응답은 다음을 참고하라. Del Giudice(2013). 때에 따라서는 Del Giudice의 다요인 접근법이 유용할 수 있으나 우리의 직계 조상을 포함해 대부분의 동물보다 우리가 덜 이형적이라는 사실은 여전히 남는다.

모두가 상대의 눈길을 끌기 위해 경쟁하고 양성 모두가 짝을 고르는 데 까다롭다.[29] 허버트 프로흐노Herbert Prochnow는 연애를 "여자가 더 나은 가능성을 탐구하는 데이트 기간"으로 묘사한 바 있다. 그러나 우리 종에서 연애가 수행하는 이 같은 기능은 사실 양성 모두에게 적용되며, 특히 진지하고 장기적인 관계에서는 더욱 그렇다.

마지막으로 인간은 수컷이 화려하고 암컷이 칙칙한 종이 아니다. 양성 모두가 성적 장식을 보유하고 있다. 여자의 확대된 젖가슴, 남자의 V자형 상반신 등의 특성들은 사춘기에 발현되며 서로에게 매력적인 것으로 인식되는 것이 보통이다.[30] 사실 신체적 외양에 있어서는 여자가 남자보다 장식성이 높다고 주장할 수도 있을 것이다. 나중에 살펴보겠지만 짝짓기 게임에서 여자의 외모는 남자의 외모보다 중요하다—이는 공작을 비롯해 다른 대다수 동물에서 발견되는 현상과 정확히 반대된다. 이 성 차이를 통해 예측할 수 있듯 남자와 여자 모두는 심미적 측면에서 보다 매력적인 성별로 여성을 꼽는다.[31]

그러니까 여러 면에서 인간은 포유류 대부분과 크게 다르다. 어떻게 보면 우리는 평균적인 포유류보다 평균적인 조류와 더 닮아있기도 하다. 이건 또 무슨 일인가? 이에 답하려면 여러분 자신의 연애생활을 전형적인 공작과 비교해보라. 공작의 경우 속전속결이다. 수컷과 암컷이 만나고 짝짓기하고 그게 끝이 나면 야간에 서로를 스치는 형형색색의 선박 두 척처럼 제 갈 길을 간다. 그들은 사랑에 빠지지 않고 함께 정착하지 않으며 육아의 의무는 전적으로 암컷의 어깨에 놓인다. 암컷 공작이 짝짓기 상대를 까다롭게 고르고 수컷은 그러지 않는 이유도 여기에 있다. 이는 또한 오직 수컷만이 화려한 꼬리를 내보이며 구애를 해야 하는 이유이기도 하다.

인간에게도 다양한 면면은 있지만 우리가 공작은 아니다. 인간도 때로 속전속결의 관계를 갖는 것으로 알려져 있다, 그러나 공작과 달리 우리는 사랑에 빠지는 것으로도 알려져 있다. 지금 이 순간에도 전 세계에서 수천의 사람들이 기꺼이, 때로는 본인의 판단에 의해 사랑에 빠지고 있다. 그리고 그들 눈속에서 반짝이던 빛이 그들 품속의 아기가 되었을 때, 남자는 이 작고 새로운 개체의 양육을 돕고는 한다. 남자가 여자만큼 육아에 많은 시간을 쏟는 일은 드물고, 남자에 따라서는 정말 하찮은 수준의 부성을 발휘하기도 한다. 그러나 알려진 모든 문화권에서 남자들은 그 어떤 공작보다도, 다른 어떤 수컷 포유류보다도 훨씬 많은 시간을 육아에 할애한다.[32] 예를 들어 수컷 북극곰 전부가 게으름뱅이 아빠들이지만 수컷 인간 대부분은 그렇지 않다. 우리 종에서 "부재중인 아버지absentee father"라는 표현은 학대의 용어다. 대부분의 포유류에서는 이 말이 "수유하지 않는 수컷"이라는 표현과 마찬가지로 학대와는 무관할 것이다. 아버지로서 수컷의 돌봄은 메뉴 자체에 없는 얘기다.

그렇다면 왜 인간의 메뉴에는 올라와 있는 것일까? 궁극적으로 이는 새로운 인간을 만든다는 것이 극도로 값비싼 사업이라는 사실에서 기인한다. 인간의 자손은 출생 시에 전적으로 무력하며, 다른 종의 새끼들에 비해 성장까지 훨씬 긴 시간이 소요된다. 어느 추산에 따르면 전통적인 비국가 사회에서 인간의 아이를 출생에서부터 영양적으로 독립이 가능한 수준까지 키우는 데 1000만~1300만 칼로리가 필요하다[33](내 동료이자 전 박사과정 학생인 앤드류 토머스는 이 수치가 빅맥 18,000~23,000개에 해당한다고 말한다). 우리의 자손이 이렇게 고가인 이유는 과도하게 큰 두뇌 때문인 측면이 크다. 이 탐욕스러운 장기로 인해 인간 아이들은 어머니 혼자 제공할 수 있는 것보다 더 많은 돌봄을 요한다. 대부분의 암컷 유인원과 달리 인간 어머니들에게는 도움이 필요하다. 사회생물학자 사라 허디Sarah Hrdy가 지적한 대로, 이 도움은 조부모(특히 조모), 손위의 형제자매(특히 언니), 이모, 이모할머니, 외삼촌, 어머니의 친구들, 기타 측근 등 다양한 출처에서 나온다. 하지만 종종 아이의 아버지 또한 그 도움을 제공한다.[35]

그리고 자녀를 갖는 대가를 남자들이 나누어 부담하기 시작하면서 순식간에 세 가지 일이 벌어졌다. 첫째, 장기적 배우자를 고르는 일에서 남자도 여자만큼이나 까다롭도록—다시 말해 자신에게 바람직한 상황을 고려하여 훌륭히 처신할 수 있는 정도로는 깐깐함을 발휘하도록 진화했다. 이는 여성의 까다로움과 동일한 논리를 따른다. 더 많이 투자해야 한다면, 보다 지혜롭게 투자할 필요가 있다. 둘째, 여자는 최고의 투자자를 놓고 경쟁하도록 진화되었다. 자손의 생산에 남자가 기여하는 게 오직 정자뿐이라면, 여자들은 남자의 투자를 놓고 경쟁할 필요가 없다. 툭 까놓고 말해서 주변에 정자는 차고 넘치기 때문이다. 그러나 남자 또한 자손에게 시간, 에너지, 자원을 투자한다고 생각하면 남자의 투자도 희소하고 귀중한 상품이 되고, 여자들은 그를 놓고 경쟁하도록 진화한다. 남자를 감명시키려 노력하고 다른 여자보다 뛰어나고자 애쓰게 되는 것이다. 셋째, 양성 모두가 배우자에 대해 까다롭기 때문에 양성 모두가 공작 꼬리의 등가물을 진화시켰다. 예를 들어 남자의 배우자 선호는 여자의 가슴과 모래시계형 몸매의 형성에 기여했을 것이고, 여자의 배우자 선호는 남자의 V자형 상반신 형성에 기여했을 것이다.[36] 남자 단독이 아닌 양성 모두가 이러한 이차성징을 가지고 있다는 것은 여자 단독이 아니라 양성 모두가 배우자 선택에 까다롭도록 진화했음을 보여주는 증거다. 만약 그 일이 없었다면—남자가 까다롭지 않았다면—여자는 암컷 공작만큼이나 밋밋했을 것이다.[37]

요약해보면, 암수 한 쌍 결합과 부모로서의 돌봄은 제 아무리 성공적인 남자라 해도 가질 수 있는 최대 자손의 수를 줄였다(피에 굶주린 이스마일은 열외로 하고). 그 결과 인간은 대부분의 조류에서 발견되는 것과 비슷한 배우자선택 시스템을 진화시켰다. 상위 10개 목록에 포함된 성 차이의 대부분이 인간에게서 발견되는 것은 사실이다. 이는 충분히 말이 되는 얘기이기도 하다. 암수 한 쌍 결합과 부모의 돌봄에도 불구하고 여자에 비해 어떻게든 더 많은 자식을 가진 남자들이 늘 있어 왔으니까.[38] 그러나 다른 종의 수컷들에 비해 인간의 남자들은 자손 수를 늘릴 수 있는 범위가 제한적이고, 따라서 우리 종에서 발견되는 성 차이는 확연한 것과는 거리가 멀다. 인간은 공작처럼 고도로 이형적인 동물과 긴팔원숭이처럼 고도로 단형적인 동물 사이의 줄에 매달린 중간자다.

이렇게 정리를 마친 다음의 과업은 인간에게서 나타나는 중요한 성 차이를 조사하고 그 기원에 대한 진화론적 설명의 논거와 증거를 평가하는 일이다. 누군가는 끝없이 매료되고 누군가는 덮어놓고 혐오하는 주제를 살피는 것으로 시작해 보자. 바로 가벼운 섹스에 있어서의 성 차이다.

그냥 가볍게

파티를 시작하기 전에 다음의 농담을 보자—진화심리학자 도널드 시먼스가 가장 사랑하는 농담이다.

아일랜드, 이탈리아, 미국 아이오와 주 출신 남자가 세계 최고의 술집을 놓고 설전을 벌인다.

"세계 최고의 술집은 코크 주에 있는 패디스 퍼브야." 아일랜드인이 말한다. "패디스에서는 두 잔을 마시면 세 잔째가 공짜야."

"거 괜찮은 술집이네." 이탈리아인이 말한다. "하지만 올드 나폴리의 안토니오스가 더 좋아. 안토니오스에서는 술을 한 잔 살 때마다 바텐더가 다음 잔을 사 줘."

"오, 엄청 좋은 술집들이네." 아이오와 출신이 말한다. "하지만 세계 최고의 술집은 디모인에 있는 밥스 바 앤드 그릴이야. 밥스에 가면 술 세 잔이 공짜에다 다음으로 뒷방에 가서 그 짓을 할 수 있지."

아일랜드인과 이탈리아인은 이 얘기를 듣고 깜짝 놀란다. 하지만 밥스 바 앤드 그릴이 세계 최고의 술집이라는 사실을 인정하지 않을 수 없다. 그런데 문득 이탈리아인이 미심쩍어 한다.

"잠깐만," 그가 아이오와인에게 말한다. "그게 네가 실제로 겪은 일이라고?"

"어, 아니, 나는 아니야." 아이오와인이 인정한다. "근데 내 여동생이 실제로 겪은 일이지."

나름 직설적인 농담이지만 성중립적인 외계 과학자라면 이해하는 데 어려움을 겪을 것이다. 우리가 이 농담을 이해하는 것은 남녀에 대한 특정 고정관념에 익숙하기 때문이다. 이 고정관념에는 의무가 수반되지 않는 섹스에 얼마나 가치를 두는지, 원한다면 그것을 얼마나 쉽게 얻을 수 있는지, 또한 그런 성행위를 할 때 자신이 호의를 베푸는 것으로 보는가 받는 것으로 보는가에 대한 인식 등이 포함된다. 따라서 위의 농담은 두 가지 질문을 제기한다. 첫째, 저런 고정관념 중에 진실에 해당하는 게 있는가? 둘째, 있다면 그 이유는 무엇인가? 이와 같은 성 차이는 남자와 여자의 생식기처럼 우리의 DNA에 새겨져 있는 것인가? 아니면 드레스와 수트를 입는 것처럼 임의적인 문화적 관습인가?

중요한 점부터 짚고 넘어가자. 어떤 '차이'라는 게 정말로 존재하는가? 가볍게만 살펴보더라도 그 정도는 확실히 알 수 있다. 몇 년 전에 나는 어느 중국 심령술사에 관한 기사를 접했다. 젊은 여자를 설득해 그녀의 질이 악령에 씌었고, 그 안에 살고 있는 사악한 영혼을 쫓아내기 위해서는 자신과 섹스를 해야 한다고 믿게 만들려던 남자의 얘기였다. 그는 심지어 서비스 비용으로 3,000달러를 청구하기까지 했다. 다음날 여자가 경찰서에 갔고 이 "섹스엑소시스트"는 검거되었다. 이 이야기의 구체적 내용은 놀랍지만 그 기저의 동기는 놀랍지 않다 —만약, 남자를 설득해 그의 페니스가 악령에 씌었다고 믿게 만들고 자신과 섹스를 하도록 꼬드긴 여자에 관한 기사였다면 훨씬 더 놀라웠을 것이다. 마찬가지로 부모가 아들에게 "여자는 한 번에 한 가지밖에 신경을 못 써"라고 경고하거나, 남자들이 서로에게 "그 여자한테 저녁을 얻어먹는다고 네가 섹스를 빚진 건 아냐!"라고 조언하는 소리를 듣는다면 그 역시 놀라울 것이다. 여러분이 외계인이 아닌 이상, 그런 진술들은 확실히 이상하게 들릴 터다.

그러니까 가볍게만 살펴봐도 차이라는 게 존재한다. 물론 문제는 이런 가벼운 수준의 관찰은 그 신뢰도가 끔찍할 정도로 낮다는 것이다. 이런 종류의 사안에 사람들이 너무도 가볍게 반대를 던지고 마는 것도 가벼운 수준으로만 관찰하기 때문이다. 우리의 관점을 형성하는 이상적 방법은 보다 철저하고 과학적인 근거를 먼저 살피는 일이다. 여기에서 한 가지 기쁜 소식은 이 문제를 해결할 증거를 다양한 각도에서 얻는 방법이 산처럼 쌓여 있다는 사실이다. 한 가지 방법은 사람들에게 자신의 성적 성향에 대해 물어보는 것이다—대신 직접 질문이 아닌 익명의 설문을 활용한다. 설문을 반복하면 동일한 그림이 그려진다. 먼저, 평균적으로, 남자는 여자에 비해 성욕이 강하다. 이와 관련해 미뇽 맥롤린Mignon McLaughlin은 이렇게 말했다. "님포매니악nymphomaniac은 그저 보통 남자만큼 섹스에 집착하는 여자일 뿐이다." 남자는 여자보다 성적인 꿈을 더 많이 꾸고, 섹스에 대한 백일몽을 꾸는 데도 더 많은 시간을 할애한다. 자위의 횟수도 더 많다. 오랜 농담에 따르면 조사에 참여하는 남자의 98%가 자위를 한다고 응답했고, 나머지 2%는 거짓을 말했다. 남자는 가벼운 섹스의 기회를 놓친 것에 후회할 가능성이 더 높다. 자신의 순결을 창피함의 근원으로 보고, 인간적으로 가능하기만 하다면 그 마음의 짐을 빨리 덜어버리려 할 공산이 크다. 사회적 범주인 "내키지 않는 순결reluctant virgin"은 남자들이 독차지하다시피 하고, 다른 범주인 "본의 아닌 순결 유지involuntary celibate(또는 성관계를 원하지만 해보지 못한 사람을 의미하는 "incel")" 역시 마찬가지다.[39]

이 조사 데이터는 다른 흥미로운 경향도 보여준다. 평균적으로 남자는 가까운 관계가 동반되지 않는 섹스를 향한 의지가 더 강하다. 거의 모르다시피 하는 누군가와 침대에 뛰어들 의지도 더 강하다. 그들은 다음 달, 이듬해, 이후 10년, 남은 일생 내내 더 많은 성적 파트너를 원한다고 보고한다. 더 많은 성적 환상, 그러니까 로맨스 없는 섹스와 파트너를 끝없이 갈아치우는 섹스에 대한 환상을 더 많이 보고한다. 그들은 또한 파트너를 두고, 둘의 관계가 좋을 때조차, 외도할 확률이 더 높다.[40] 이러한 유형의 성 차이를 보여주는 연구들은 서구 국가들에만 국한되지 않는다. 동일한 결과가 아프리카, 아메리카, 아시아, 유럽, 중동, 태평양 등 세계의 주요 지역 모두에서 도출되어 왔다. 심지어는 노르웨이처럼 젠더 평등과 성적 자유가 보장되는 국가에서도 나타난다.[41] 물론 가벼운 섹스를 즐기는 여자도 있고 그렇지 않은 남자도 있다. 우리가 지금 얘기하고 있는 것은 평균적인 남성 집단 대 여성 집단에서의 성 차이다. 이 평균적 차이는 심리학계에서 가장 확고한 발견의 하나다.

자가보고를 통한 연구는 좋은 출발점이기는 하지만 완벽하게 신뢰하긴 어렵다. 코미디언 레니 브루스Lenny Bruce는 공연 중에 종종 관객석의 남자들에게 구강성교를 해본 사람은 손들어보라고 했다(이 시기는 구강성교가 여전히 진기한 것으로 느껴지던 예의 바른 시대였다). 남자들 대부분이 손을 들었다. 다음으로 그는 여자들에게 남자들에게 했던 것과 같은 질문을 했다. 아무도 손을 들지 않았다. "누군가는 거짓말을 하고 있구먼." 그는 결론지었다. 바로 이것이 자가보고에 기반한 연구의 문제점이다. 사람들은 종종 예민한 사안에 대해 거짓말을 한다―자신이 보는 진실을 말할 때조차 그들의 지각은 어느 정도 혼란을 겪거나 현혹된다. 우리의 논지를 충분히 입증하려면 사람들의 실제 행동을 "라이브로" 관찰한 결과를 통해 자가보고에 기반한 연구를 확증할 필요가 있다.

이런 연구들은 다양하게 존재한다. 그중 하나를 소개해 보겠다. 연구자들은 젊은 남자와 여자로 구성된 팀을 만든 후, 붐비는 대학 캠퍼스에서 반대의 성을 가진 이들에게 접근해 이렇게 말하도록 했다. "안녕하세요, 당신은 나를 모르겠지만, 나는 오랫동안 당신을 지켜봐 왔고, 당신이 아주 매력적이라고 생각해요."[42] 다소 스토커처럼 들리기는 하는데, 이 실험이 진행되던 때는 휴대전화 등장 전이었고 누구도 경찰을 부르지 않았다. 그러고 나서 이 실험 조수들은 다음의 세 가지 중 하나를 질문했다. (1) "오늘 밤 나와 데이트하겠어요?" (2) "오늘 밤 내 아파트로 오겠어요?" (3) "오늘 밤 나랑 잘래요?" (분명히 해두겠는데 질문은 삼지선다형이 아니었다. 만약 그랬다면 그렇지 않아도 이상한 상황을 더 이상하게 만들었을 것이다. 실험 대상자에게는 세 질문 중 하나만을 골라 물었다).

결과는 놀라운 동시에 예상했던 것과 정확히 일치했다. 첫 번째 질문("오늘 밤 나와 데이트하겠어요?")에 대한 답에서는 성 차이가 없었다. 남녀의 절반이 동의했고 절반은 거절했다. 두 번째 질문("오늘 밤 내 아파트로 오겠어요?")에서부터 성 차이가 크게 벌어진다. 69%의 남자가 동의했고, 여자는 오직 6%만이 동의했다. 마지막 질문("오늘 밤 나랑 잘래요?")에서의 성 차이는 어마어마하다. 남자의 75%가 '네'를……. 반면 '네'라고 대답한 여자는 0%였다.

이 친절한 섹스 제안을 여자가 더 많이 거절했을 뿐 아니라, 거절하는 이들 사이에서도 그 거절의 방식에 커다란 성 차이가 있었다. 남자들 대부분은 기혼이라거나 선약이 있다고 설명하며 미안해했고, 일부는 나중을 기약할 수 있는지 묻기도 했다. 반대로 여자들은 미안해하지 않았다. 전형적 반응으로 "지금 장난하냐?"와 "어디 아픈 거 아니에요?" 등이 있었다. 남자들 누구도 섹스를 제안하는 여자에게 어디 아픈 거 아니냐고 묻지 않았다. 여담이지만, 이것이 실험이라는 것을 알게 된 후 대상자들이 어떻게 반응했는지는 역사에 기록되어 있지 않다. 하지만 이 연구 결과만 놓고 본다면, 그날 하루의 끝에는 실망한 남자 한 무더기와 안도한 여자 한 무더기가 있었을 것이다.

이 '나랑 잘래요' 실험은 1970년대 후반, 성 혁명이 한창이었고 에이즈 사태는 아직 터지기 전의 미국에서 진행되었다. 그럼에도 성 차이는 확연하다. 이 같은 결과가 미국에서만 나온 것도 아니었다. 국가와 시대를 초월해 동일한 연구들이 진행되어 왔고 모두가 동일한 결론을 얻었다. 지구상에서 성적으로 가장 자유분방한 국가에서조차 섹스를 제안하는 낯선 자에게 '예스'라고 말하는 확률은 남성이—훨씬—높았다.[43] 이것이 물론 가벼운 섹스에 관심이 있는 여성이 전무함을 의미하지는 않는다. 일부는 관심이 있다. 실행으로 옮기는 경우가 상대적으로 적을지언정, 완전히 낯선 이와의 섹스에 대한 환상을 가지고 있는 이들도 있다.[44] 그러나 그들의 환상에는 대개, 남자가 느닷없이 다가와 그간 당신을 지켜봐왔다고 말한 뒤 노골적으로 섹스를 요구하는 시나리오가 포함되지는 않는다. 만약 그 요구를 한 사람이 스타 배우였다면, 상황은 다르게 흘러갈 수도 있을 것이다.[45] 하지만 평범한 상황에서라면 이 문제를 둘러싼 성 차이는 코끼리만큼이나 거대하다.[46]

저 코끼리의 크기가 어느 정도인지 측정하는 다양한 방법들이 있다. 그중 하나는 자신이 원하는 유형의 성적 관계를 얻어냄에 있어, 어떤 이유에서든, 상대적으로 제약이 적은 이들의 행위를 관찰하는 것이다. 게이와 레즈비언들이 그런 집단에 해당한다. 관계의 영역에서 게이는 여자와 타협할 필요가 없고, 레즈비언은 남자와 타협할 필요가 없다. 그래서 이들의 성적 행위는 남자와 여자 일반의 성적 성향을 명확히 들여다볼 수 있는 비범한 창문이 되어준다. 남자들이 가벼운 섹스에 관심이 더 많다는 추정에 기반하여 우리가 예상할 수 있듯, 게이는 이성애자 남성보다 더 많은 성적 파트너를 갖는 반면 레즈비언은 이성애자 여자보다 더 적은 파트너를 갖는다. 일례로 1970년대 샌프란시스코(다시, 에이즈 사태 전이다)에서 진행한 연구에 따르면 게이의 75%가 100명 이상의 성적 파트너를 가진 바 있다고 보고했고, 28%는 1,000명 이상이었다. 반면 오직 2%의 레즈비언만이 100명 이상의 파트너와 관계했으며, 1,000명 이상을 보고한 이는 없었다.[47] 이는 가벼운 섹스를 향한 게이 남성의 욕구가 이성애자 남성(또는 게이 공동체에서 부르는 이름으로 "육종가breeder")보다 강하다는 게 아니다. 이에 대해 도널드 시먼스는 이렇게 쓰고 있다.

이성애자 남자도 동성애자 남자와 똑같이 종종 낯선 자와 섹스를 하고, 공공 사우나에서 익명의 상대와의 주지육림에 참여하고, 퇴근길 공중화장실에 들러 5분간의 구강성교를 할 것이다. 만약 여자가 이런 행위들에 관심이 있기만 하다면.[48]

이성애자 남자의 관점에서 문제는 여자들 대부분이 거기에 관심이 없다는 것이다.

자신이 원하는 종류의 성적 관계를 어렵지 않게 얻을 수 있는 이들이 게이와 레즈비언만 있는 것은 아니다. 극단적으로 보면, 현실성이 없을 정도로 매력적인 이들 또한 충분히 그럴 수 있다. 이 짜증나는 개인들은, 비록 이성애자라 해도, 파트너가 될 가능성이 있는 사람과 굳이 타협할 필요가 없는 경우가 많다. 그들 자신이 이미 소중한 상품이기 때문이다. 이들의 낭만의 역사는 남자가 여자에 비해 가벼운 섹스에 더 열성이라는 주장을 뒷받침한다. 몇몇 연구에 따르면 터무니없이 잘생긴 남자는 지극히 평범한 남자에 비해 다수의 성적 파트너를 확보할 가능성이 더 높다. 이는 후자가 파트너를 유혹하는 데 곤란을 겪기 때문이 아니다. 대신 그들이 더 적은 수의 파트너와 장기간 지속되는 관계를 선택하는 경우가 더 많기 때문이다.[49] 예외야 얼마든지 생각할 수 있다, 당연하다. 그러나 일반 법칙은 확고하다.

물론 원하는 것을 얻기 위해 반드시 아름다워야 할 필요는 없다. 뭔가 다른 것을 갖고 있기만 하다면. 무소불위의 정치 권력을 휘두르는 이들—군벌의 지도자, 왕, 황제 등—은 버스 꽁무니 같은 외모를 가졌을지언정 짝짓기 게임에서 자신의 뜻을 관철시킬 수 있는 게 보통이다. 따라서 이러한 개인들은 평범한 조 또는 조세핀의 진정한 욕망을 들여다보는 또 다른 창문이 되어준다. 아닌 게 아니라, 어처구니없이 강한 권력을 가진 이들의 성적 익살들에서는 일반적인 성 차이가 확연히 드러난다. 피에 굶주린 이스마일은 훨씬 일반적인 경향의 한 사례였을 뿐이다. 인류학자 로라 벳직Laura Betzig에 따르면 세계의 모든 고대 문명—아즈텍, 바빌로니아, 중국, 이집트, 잉카, 인도 아대륙, 줄루—에서 권력을 가진 남자는 성적 매력이 있는 젊은 여자로 구성된 대규모 하렘을 구축했다. 그와 동일하게 권력이 있었던 여자—클레오파트라 등—들은 성적 매력이 있는 젊은 남자로 구성된 대규모 하렘을 축적하지 않았다.[50] 할 수 있었으나 하지 않았다. 물론 이스마일과 그 부류들은 전형적 남자와는 거리가 멀다. 그럼에도 그들은 일반인 사이에서 보다 무난한 수준으로 발현되는 성 차이의 극단적 형태를 보여준다.[51] 벳직의 연구에 담겨 있는 또 다른 의미에도 주목하자. 복수의 파트너를 향한 욕망에서의 성 차이는 현대 시대 또는 서구 문화에만 국한되지 않는다.

마지막으로, 성 차이를 시험하는 아주 다른 방식으로 소비자 선호 조사가 있다. 여기에는 특히 사람들이 선호하는 오락물의 종류를 들여다보는 방안이 포함된다. 먼저 외계인이 아니라면 누구나 알고 있듯이 남자는 여자에 비해 포르노를 더 많이—훨씬 많이—소비한다. 포르노는 젊은 남자, 중년 남자, 그보다 나이든 남자들에게 특히 인기있다. 일부 여자들도 포르노를 좋아하지만 남자들에 비해서는 훨씬 미약한 수준이고, 좋아한다고 해봤자 그렇게까지 자주 접하지는 않는 경향이 있다. 남자들의 성적 환상이 으레 그렇듯이 포르노에는 다양한, 익명의 파트너들이 등장하고 사랑과 헌신이 제거된 섹스가 그려진다. 브루스 엘리스Bruce Ellis와 도널드 시먼스는 포르노에 묘사되는 환상의 세계를 포르노토피아pornotopia로 일컬으며 다음과 같이 설명했다.

남성 중심적 포르노의 가장 주목할 만한 특징은 섹스가 순수한 욕망이자 육체적 만족으로 표현되며 거추장스러운 관계, 감정적 고양, 복잡한 스토리라인, 추파를 던지는 단계, 연애, 기나긴 전희 등이 동반되지 않는다는 것이다. 포르노토피아에서 여자는 남자와 마찬가지로 쉽게 흥분하며 적극적이다.[52]

남자들이 포르노의 주요 소비자인 반면 여자들은 로맨스 소설과 로맨틱 코미디 영화의 주요 소비자다.[53] 보통 말하는 "로맨스 포르노"를 모든 여자들이 즐기는 것은 아니지만 그래도 남자보다는 많다. 로맨스 소설은 포르노토피아의 세계와는 아주 다른 환상의 세계를 제공한다. 거기에도 보통 섹스가 포함되지만 배우자 선택과 감정적 유대의 구축에 더 집중한다. 전형적인 로맨스 소설에서는 여자가 남자를 만난다. 남자는 얼간이 같은 구석이 있다. 여자는 못마땅하게도 남자에게 끌리는 자신을 발견한다. 결국 여자는 남자를 길들이고 커플은 오래오래 행복하게 산다(또는 가까운 미래까지는 행복하게 산다). 로맨소토피아romanceotopia와 포르노토피아pornotopia 사이의 간극은 남녀의 성심리에 대해 많은 것을 말해준다. 또한 양성의 견해가 늘 일치하지만은 않는 이유도 설명해준다. 결혼생활과 관련한 충고를 늘어놓는 사람들은 남녀에게 서로의 성적 환상을 탐색해볼 것을 권한다. 그러나 코미디언 빌 마Bill Maher의 말대로, "상호적인 환상 같은 것은 없다! 당신들의 환상은 우리를 따분하게 한다. 우리의 환상은 당신들을 열 받게 한다."

오케이, 맞다. 이는 성 차이를 과장하고 있다. 남자의 포르노 중독을 그렇게 깊이 들여다볼 필요는 없다. 어차피 포르노는 남자의 모든 욕구를 만족시킬 의도로 만들어지는 게 아니다. 그저 자위를 돕기 위한 도구일 뿐이다. 그러니까 포르노가 추파, 연애, 로맨스를 많이 보여주지 않는다는 사실이 곧 남자들이 다른 맥락—즉, 그들이 자위를 하고 있지 않을 때—에서도 이런 것들에 무관심함을 의미하지는 않는다. 많은 남자들이 간간이 로맨틱 코미디를 보기 위해 그들의 규칙적인 포르노 식사를 중단한다. 파트너 때문에 억지로 봐야하는 경우가 아닐 때도 그렇다. 또한 양질의 로맨틱 코미디를 사랑하는 여자들 다수도 포르노와의 산발적인 조우를 즐긴다. 그럼에도 포르노 격차와 로맨틱 코미디 격차는 결코 사소하지 않다—그리고 우리가 살펴본 모든 증거들과 마찬가지로 이 격차들 또한 남녀의 성적 본성에 있어 아주 실질적인 차이가 존재함을 가리킨다.

이 차이는 이성간 관계의 역학에 지대한 영향을 미친다. 남자가 섹스, 특히 아무런 의무가 수반되지 않는 유형의 섹스에 더 강렬한 욕구를 느끼기 때문에 성관계는 종종 여성이 소유하고 남성이 좇는 자원으로 취급된다.[54] 여자가 남자만큼이나 섹스를 즐길 때조차 섹스는 암묵적으로 여자가 남자에게 베푸는 호의로 비춰진다(그러니까, 남자가 스타 배우가 아닌 이상). 섹스를 여자가 제공하는 서비스로 보는 관점은 다양한 방식으로 모습을 드러낸다. 진화심리학자 데이비드 버스David Buss가 지적하는 대로, 여성은 대개 책임 없는 섹스를 제공할 때 더 매력적인 파트너를 얻을 수 있는 반면, 남자는 섹스에 책임을 함께 묶어 제공할 때 보다 매력적인 파트너를 얻을 수 있다.[55] 여자에 비해 남자는 잠재적 성 파트너에게 꽃이나 사치스러운 식사 같은 선물을 제공할 공산이 더 크다.[56] 남자는 사실상 성매매의 유일한 소비자들이며, 성매매 종사자는 여자가 압도적으로 많다. 사회학자 피에르 반덴 베르헤Pierre van den Berghe의 관찰에 따르면 "남성 성매매 종사자는, 그가 동성애자의 필요에 부응하지 않는 한, 경제적 잉여물에 지나지 않는다. 이들은 열성적인 아마추어 경쟁자들 때문에 늘 저가로 넘겨진다."[57] 또한 여자 포르노 스타들은 남자보다 더 많은 돈을 받는다—이것이야말로 진정한 젠더 간 임금 격차인 셈이다.[58] 급진적 페미니스트 안드레아 드워킨Andrea Dworkin이 이를 잘 정리한 바 있다.

> 남자는 여자가 가진 것, 즉 섹스를 원한다. 남자는 그것을 훔칠 수도(강간), 달라고 설득할 수도(유혹), 대여할 수도(성매매), 장기 임대를 할 수도(미국에서의 결혼), 전면적 소유권을 확보할 수도(대부분의 사회에서의 결혼) 있다.[59]

이 결론을 외면하기는 힘들다. 평균적으로 남자는 여자에 비해 가벼운 섹스와 성적 새로움에 관심이 많다. 이제 남은 유일한 질문은 '왜'다.

가벼운 섹스를 바라보는 성 차이를 설명하기

이 사안의 명백함으로 미루어 볼 때 어느 비평가가 이 이론을 "남자는 문란하고 여자는 한 명의 상대에게만 집중한다"라는 의미로 해석한다면 혹자는 이 사람의 전공이나 학력, 시력을 의심하게 될 수밖에 없다.

—데이비드 버스

"왜 여자는 좀 더 남자 같을 수 없는 거지?" 〈마이 페어 레이디My Fair Lady〉의 헨리 히긴스는 이렇게 물었다. 가벼운 섹스와 관련한 주제에 적용하면 이 질문은 심리학계에서 가장 뜨거운 논쟁의 하나를 뒷받침한다. 남자는 왜 여자에 비해 책임 없는 섹스와 성적 다채로움에 관심이 많을까? 이 논쟁의 한쪽에는 이것이 모두 사회적 압력, 사회화, 문화의 탓이라고 주장하는 이들이 있다. 그 반대쪽에 있는 이들은 이러한 요인들이 상황을 약간, 또는 상당히 부추길 수는 있으나 남녀 격차의 근원적인 뿌리는 우리의 과거 진화에 있다고 주장한다.

이에 대한 진화적 설명의 기초는 앞에서 이미 확인했다. 진화적 설명의 논리를 명명백백하게 만들 수 있는 좋은 방법은 여러분이 전근대사회—인류 진화의 대부분이 일어난 사회—에 살고 있으며, 여러분 인생의 유일무이한 목표는 다음 세대에 최대한 많은 유전자를 물려주는 일이라고 상상해보는 것이다. 이 목표를 달성하는 최고의 방법은 무엇일까? 밝혀진 바에 따르면 여러분이 남자인가 또는 여자인가 여부에 많은 것들이 달려 있다. 여러분이 남자라면 여러분의 생각은 이렇게 전개될지도 모른다.

좋아, 내 유전자를 퍼트리는 최고의 방법은 최대한 많은 아이를 갖는 것일 테다. 아이들은 부모의 보살핌이 굉장히 많이 필요하지. 그러니까 한 가지 선택지는 생식력이 있는 여자를 만나 임신을 시키고 아이들을 키우는 일을 돕는 것이다. 그렇지만 내가 여자들에게 특히 매력적이거나 다른 어떤 이유로 성적 기회를 많이 확보할 수 있는 편이라면 다른 접근법을 취해볼 수도 있지. 최대한 많은 여자와 잠자리를 갖는 것. 예를 들어 내가 1년에 5명의 여자와 관계한다면 5명의 아이를 갖게 될 가능성이 생긴다. 그 아이들의 양육을 전부 돕지는 못할 테니 그들 중 일부는 성년까지 살아남을 수 없을지도 모른다. 하지만 몇몇은 분명히 살아남을 테니까, 나를 한 여자에게만 한정시킬 때보다 더 많은 아이를 갖게 될 확률이 높다. 물론 두 가지 다 할 수 있는 길은 언제나 열려 있지. 약간의 아버지 노릇과 약간의 바람. 뭐가 어쨌든 나는 가볍게 잠자리를 하는 파트너에게 너무 까다롭게 굴어서는 안 된다. 혹여 부적합한 파트너와 엮인다고 해도 별 문제가 되지 않으니까—그로 인해 내가 치를 비용은 적은 편이고 나는 시장에 다시 나갈 수 있다. 참 좋은 세상이야!

물론 어떻게 하면 자신의 유전자를 최대한 많이 퍼트릴 수 있을까 알아내려 애쓰는 사람은 없다(환자 남편의 정액 대신 자신의 정액으로 그녀를 몰래 임신시킨 미친 불임치료사는 제외—실화다). 하지만 남자의 선호, 동기, 감정을 밀어붙여 그가 유전자 전파를 위해 애쓰는 것인 양 행동하게 만드는 유전자의 존재를 상상하는 것은 쉽다. 성욕을 높이거나 낮추는 유전자, 유대의 성향을 높이거나 낮추는 유전자 등을 예로 들 수 있는데, 이런 유전자들은 선택될 확률이 확실히 높다.

단, 이는 남성에게 해당하는 등식이다. 여러분이 만약 최대한 많은 유전자를 물려주고 싶은 여성이라면 어떨까? 그렇다면 여러분의 생각은 이렇게 전개될지도 모른다.

남자와 마찬가지로, 내 유전자를 퍼트리는 최고의 방법은 최대한 많은 아이를 갖는 것일 테다. 하지만 어쨌든 나는 가장 성공적인 남자만큼 많은 아이를 가질 수는 없겠지. 1년에 5명의 여자와 자는 남자는 5명의 아이를 가질 가능성이 있지만, 내 경우에는 1년에 5명의 남자와 자든 1명과 자든 내가 가질 아이의 수는 별반 다르지 않을 거야. 물론, 파트너를 여러 명 가지면 좋은 점도 있기는 하겠지. 그렇지만 십중팔구, 내게 초특급 자식을 줄 초특급 남자, 아니면 아이의 양육을 도울 훌륭한 지원자를 고집하는 편이 더 나을 것이다. 그리고 가능하다면 두 가지 모두를 갖춘 남자도 좋겠지. 뭐가 어쨌건 나는 이 조건에 분명히 부합하지 않는 남자와는 거리를 유지해야 한다. 남자들이야 부적합한 파트너와 엮여도 짝짓기 게임에 바로 복귀할 수 있다지만, 만약 내가 부적합한 파트너와 엮이기라도 하면 내 생식 자원이 최소 9달 동안 묶여 있게 될 수도 있으니까—그리고 그 아이를 기르기로 결심이라도 하면 이후 몇 년은 더 묶여 있어야 하겠지.

다시 말하지만 제정신인 사람이라면 이런 식의 생각을 하지 않을 것이다. 그리고 굳이 생각하지 않아도 이 이론은 자연스럽게 행동으로 옮겨진다. 내가 위의 내용을 서술하면서 흔히들 하는 오해를 피하고자 노력했다는 사실에 주목하라. 이 오해란, 진화심리학자들에 따르면, 남자는 오로지 침대 기둥에 새길 섹스 파트너의 수를 늘리는 것에만 관심이 있고, 여자는 평생을 함께할 짝을 먼저 낚아채는 것에만 관심이 있다는 생각이다. 이러한 관점은 그릇된 생각이 또 다른 그릇된 생각으로 이어진 경우다. 첫째, 남자가 가벼운 섹스에 더 관심이 있다고 해서 그들이 장기적이고 헌신적인 관계에 관심이 적다는 의미는 아니다. 나는 앞에서 암수 한 쌍 결합과 공동육아가 인간의 번식 레퍼토리에서 커다란 부분을 차지한다고 이미 언급했으며, 이에 대해서는 4장에서 보다 심도 있게 살펴볼 것이다. 지금 중요한 것은 양성 모두가 사랑에 빠지고 장기적 관계를 형성할 능력을 갖추고 있으며, 따라서 장기적 관계는 남녀 모두 서로에게 적응한다는 사실이다. 가벼운 섹스를 향한 욕구는 남자의 짝짓기 심리를 구성하는 한 가지 요소일 뿐이다.[60]

둘째, 남자가 여자보다 가벼운 섹스에 더 관심이 많다고 해서 여자는 아예 관심이 없다는 의미도 아니다. 관심이 있는 여자들도 많고, 진화심리학자 대부분은 우리의 여성 조상들에게 때로는 가벼운 섹스가 적합하기도 했다고 주장한다. 가벼운 섹스 상대가 고기 등 다른 자원을 제공했을 수도 있고, 아이의 양육을 도왔을 수도 있고, 혹은 진지한 관계를 원하는 남자보다 우월한 유전자를 가지고 있었을 수도 있다.[61] 그러나 성적 정복이 여자의 적합도를 남자만큼 즉각적이고 강력한 방식으로 증진시키지는 않는다. 그러니 오늘날 여성들이 성적 정복의 달성에 남성보다 적은 관심을 보이는 것이 그렇게 놀라운 일은 아니다. 게다가 누군가와 한 번 뒹구는 것이 여자에게 9개월간의 임신과 수년에 걸친 양육의 의무라는 부담을 지울 수 있음을 감안하면 가벼운 섹스 상대를 고르는 문제에 있어 여자가 남자보다 높은 기준을 갖는 것 역시 이상한 일은 아니다. 마돈나Madonna는 언젠가 스스로를 "선택적으로 문란하다."고 묘사한 적이 있다. 이는 여성 대부분이 가벼운 섹스에 접근하는 태도를 훌륭히 표현한 말일 것이다(때때로 취중에 저지르는 경우는 논외로 하고).[62]

어쨌든 이는 진화심리학자들의 얘기다. 이에 필적하는 서사도 존재하는데, 성 차이는 진화가 아니라 문화에서 온다는 생각이다. 이들 시점에서의 이야기는 이렇게 전개될 것이다. 가벼운 섹스에 있어서는 남녀가 공평한 장에 있지 않다. 물론 아기를 갖는 것이 남자보다 여자에게 더 큰 생물학적 대가를 수반하는 것이 사실이다. 여자가 임신을 하고 여자가 출산을 하고 여자가 수유를 하니까. 하지만 다른 동물과 달리 여자들은 이 사실을 이미 알고 있다. 그들은 재미만을 위한 섹스가 원치 않은 임신을 걸고 하는 러시안 룰렛이나 다름없다는 사실을 안다. 아무리 남녀의 성욕이 동일하다 한들, 원치 않는 임신이 여자의 욕구를 떨어뜨릴 것이 분명하다. 신뢰할 만한 피임법의 등장 이전에 임신은 지금보다 큰 걱정거리였다. 그리고 임신은 지금도 여전히 남자에 비해 여자에게 더 큰 마음의 부담이다.

임신만이 걱정인 것도 아니다. 남자는 여자보다 크고 강인하며 폭력적 성향

153

도 더 강하다. 남자가 모르는 여자와 있을 때보다 여자가 모르는 남자와 있을 때 더 큰 신체적 위험에 스스로를 노출시키는 것일 수 있다는 얘기다. 그뿐만 아니라 더 큰 사회적 위험을 초래하는 것이기도 하다. 오늘날의 서구 사회에서조차 성에 대해서는 이중잣대가 존재한다. 여기저기 자고 돌아다니는 남자는 영웅 아니면 사랑스러운 불량배로 간주되는 반면, 여자는 걸레slut 또는 "결혼감이 아닌" 존재로 간주된다. 코미디언 조앤 리버스Joan Rivers의 말대로 "남자는 자고 돌아다닐 수 있다. 그에 대해서는 그 누가 묻지도 따지지도 않는다. 하지만 19번 또는 20번의 실수를 하는 여자는 곧바로 부랑아 취급이다." 이런 위험들이 여자의 성적 행위에 영향을 미칠 것이 분명하다. 이것은 진화가 아니다. 그저 인간의 기초적인 합리성일 뿐이다. 사람들은 가벼운 섹스가 안기는 비용과 이익을 저울질하고 그에 따라 행동한다.[63]

게다가 남자와 여자가 정말로 다른 성욕을 지니고 있다고 해도 그것들이 진화로부터 기인한다고 추정할 이유는 무엇인가? 우리의 욕구는 우리 주변의 문화에 강력한 영향을 받는다. 어떤 문화의 사람들은 곤충을 먹는 것이야말로 인간이 할 수 있는 일 중 가장 역겨운 짓이라고 생각하는 반면, 다른 문화의 사람들은 베이컨 또는 치즈를 먹는 것이 그 영예를 얻어 마땅한 일이라고 생각하는 것도 그런 이유에서다. 서구 문화는 남자에게는 가벼운 섹스가 베이컨이라고 끝없이 가르치면서 여자에게는 그것이 튀긴 메뚜기(혹시 여러분이 메뚜기를 더 좋아한다면 그 반대)라고 가르친다. 여아들은 다리를 오므리고 있으라고 배운다. 남아들은 난봉을 피우고 다니라고 격려 받는다. 여아들은 사랑 없는 섹스가 무의미한 경험이라고 배우는 반면 남아들은 그것이 무의미하기는 할지라도 끝내주는 경험이라고 배운다. 성적인 이중잣대가 최초로 등장한 것은 어쩌면 부모들 때문일 수 있다. 딸이 혼외 임신을 하고 아기와 둘이—아니면 부모 자신들과 함께—남겨질까 걱정한 결과일지도 모른다. 그러나 그 시작이 어찌되었든 간에 그것은 곧 비합리적인 사회 규범으로 자리 잡았고, 자신을 둘러싼 문화에 흠뻑 젖은 사람들이 가벼운 섹스의 대가나 이점을 자체적으로 따져보지도 않은 채 무조건 받아들이는 도덕 신념이 되었다.

물론 확실히 시대가 바뀌기는 했다. 1960년대 피임약의 도래는 여성의 입장에서 가벼운 섹스가 초래하는 위험을 크게 줄였다. 또한 여성들이 직장을 갖기 시작하면서 그들의 순결과 성적 호의를 남자들의 급여 한 조각과 물물교환할 필요가 더는 없어졌다. 그리고 우리가 예상하듯 그 이후로 혼전의, 그리고 여흥을 위한 섹스는 점점 흔하고 보다 수용가능한 것으로 자리매김하고 있다. 그러나 문화는 변화가 무척 더디고 기존의 태도가 어느 정도는 남아 있기 마련이다. 딱 이 정도가 가벼운 섹스에서의 성 차이를 견인할 뿐, 진화도 합리적 사고도 그 원인이 될 수 없다. 그저 문화적 습성의 하나일 뿐이다.

자, 지금까지 우리는 성 차이를 설명하는 두 가지 방식, 진화적 설명과 사회문화적 설명을 살펴봤다. 이제 허구에서 사실을, 쭉정이에서 알갱이를, 남아에서 남자를, 여아에서 여자를 가려내야 할 때다. 문화적 변화에 대한 질문으로 시작해보자. 피임약이 등장하고 여자들이 스스로 돈을 벌기 시작하면서 그들의 가벼운 섹스가 보다 흔하고 수용가능한 것으로 자리잡은 건 분명한 사실이다. 많은 이들은 이것이 가벼운 섹스에 대한 성 차이가 진화에서 기인하는 것이 아님을 확증하는 근거로 생각한다. 그러나 결론이 틀렸다. 이러한 변화는 가벼운 섹스에 대한 성 차이가 오직 진화에서만 기인하는 것이 아닐 수 있음을 보여주는 것이지, 그 유일한 원인이 문화임을 의미하는 것은 아니다. 그리고 분명히 해두자면, 그 어떤 진화심리학자도 피임약을 비롯한 다른 환경적 요인들이 가벼운 섹스를 향한 인간의 의지에 영향을 미친다는 사실을 부정하지 않는다. 당연히 영향을 미친다! 영향을 미치지 않는다는 말은 사람들이 자신의 환경 속에서 서로 다른 행동을 취할 때의 비용과 이익에는 전혀 아랑곳하지 않고 움직인다는 의미밖에 되지 않는다. 그러나 그 어떤 진화심리학자도 그렇게 터무니없는 주장을 하지는 않을 것이다. 그들이 주장하는 바는 비용과 이익만이 이야기의 전부가 아니라는 사실이다. 환경상 변수들은 빈 서판에 작용하는 게 아니다. 이 변수들은 성에 따라 어느 정도 차별화가 되어 있는 정신에 작용한다. 남녀의 행동을 이해하려면 환경뿐 아니라 이미 진화되어 있는 성 차이 또한 고려해야 한다.

이를 염두에 두고 보면 1960년대 이후 남녀의 성적 행동에는 사실 사회문화적 설명보다 진화적 설명이 더 적합하다. 피임약은 가벼운 섹스에 대해 여성이 갖는 주요한 위험, 임신을 하고 계획에 없던 아이를 아버지의 도움 없이 키워야 하는 위험을 제거한다. 그럼에도 피임약이 최초로 등장하고 반세기가 넘게 흐른 지금까지 여성들은 여전히 남성에 비해 가벼운 섹스를 향한 의지가 적다. 물론 이것이 꼭 '오직 후천적' 이론이 허위임을 입증하는 것은 아니다. 성 차이의 완강한 지속력에 대해 비진화적 설명을 들고 나오는 것은 얼마든지 가능하다. 그러나 성 차이의 완강한 지속력은 '오직 후천적' 이론에 기초하여 예측했을 법한 현상은 아니다. 따라서 우리는 가벼운 섹스에 대한 성 차이의 지속성에 대해 인과설정의 오류를 범하는 것을 경계해야 한다.

다른 증거 또한 '오직 후천적' 관점에 유사한 도전장을 내민다. 일례로 레즈비언의 성 행동을 생각해보라. 이성애자 여성과 달리 레즈비언은 임신 또는 신체적으로 보다 강인한 파트너와 단 둘이 있을 걱정을 하지 않아도 된다. 만약 이런 걱정들이 여자가 잘생긴 낯선 남자 모두와 침대로 뛰어드는 것을 막는 이유의 전부였다면 레즈비언은 이성애자 여성에 비해 더 많은 성적 파트너를 가질 것이다. 그러나 우리가 이미 살펴본 바와 같이 그들은 그렇지 않다. 오히려 더 적은 수의 파트너를 갖는다. 이것이 '오직 후천적' 이론으로 쌓아 올린 젠가의 탑에서 또 다른 블록 하나를 제거한다. 이는 가벼운 섹스에서의 성 차이가 그저 임신의 위험 또는 개인의 안전과 관련한 비용—이익 분석의 산물일 수만은 없음을 시사한다.

그렇지만 이 사실만으로 가벼운 섹스를 향한 남녀 차이가 선천적인 것이라고 단정할 수도 없다. 피임약 복용자와 레즈비언들이 가벼운 섹스에 대한 사회의 젠더 규범, 또는 어린 시절에 사회화된 젠더 역할의 명령을 그대로 따르는 것일 수도 있다. 불합리한 가설은 아니나 두 가정 모두 만만치 않은—나는 치명적이라고 말하겠다—난관에 직면해 있다. 먼저 '오직 후천적' 이론이 상정한 방향과 사회적 압력이 일치하지 않는 경우가 존재한다. 연구자들은 현대 서구 세계에서 지속적이거나 만연한 성적 이중잣대를 입증하는 데 전반적으로 실패했다. 성적 이중잣대가 존재한다는 믿음은 여전히 만연해 있지만, 정작 그 이중잣대 자체는 그렇게까지 퍼져 있지 않다. 사실 요즘에는 역전된 이중잣대를 가진 사람들도 존재해서, 여기저기 자고 돌아다니는 여자보다 남자를 보다 가혹하게 평가하기도 한다.[64] "걸레"가 모욕적인 표현인 것은 분명하다. 하지만 "내숭" 또한 마찬가지고, 가벼운 섹스에 뛰어들지 않는 여자의 경우—그들과 자고 싶은 남자들로부터—덮어놓고 그런 표현으로 불릴 수 있다. 게다가 "걸레"가 주로 여자들에게 붙는 표현인 것과 마찬가지로, 여기저기 자고 돌아다니는 남자들을 경멸하는 표현도 다수 존재한다(바람둥이 womanizer, 색골dirty old man, 호색한letch, 추잡한 놈sleaze, "가치 없고 게을러 빠지고 아무짝에도 쓸모가 없는 바람둥이 새끼" 등등).[65] 적어도 가벼운 섹스를 바라보는 사회적 태도는 상당히 뒤죽박죽이다. 그럼에도 가벼운 섹스를 향한 성 차이는 완강히 지속된다.

　게다가 사회가 공격을 감행할 때조차 성 차이는 완강히 버틴다. 도널드 시먼스가 지적한 대로 가벼운 섹스와 새로운 상대를 향한 남자들의 더 강한 관심은 그것을 근절하려 사회가 기울인 최선의 노력들에도 불구하고 살아남았다. 부모, 파트너, 일부일처제에 대한 건전한 존중심을 심어주려는 도덕주의자들의 노력을 이겨냈고, 기독교의 도덕적 가르침과 영원한 지옥살이의 위협도 이겨냈다. 평생에 걸친 일부일처제식 결혼을 지지하고 장려하는 문화적, 법적 제도들을 이겨냈고, 언젠가는 탄로날 불륜으로 결혼생활을, 자녀를, 심지어는 생계를 잃게 될지도 모른다는 걱정도 이겨냈다. 또한 가벼운 섹스를 향한 남자의 욕망을 심리적 미성숙함, 심리적 부조화, 억압된 동성애적 성향, 낮은 자존감, 책임에 대한 두려움, 피터팬 증후군, 여성 혐오, 남성 특권의식, 해로운 남성성, 강간 문화 등으로 비난하며 낙인 찍으려는 대중심리학적 시도마저 이겨냈다. 한편 가벼운 섹스에 대한 여자들의 과묵함은 가부장제의 족쇄를 벗어던지고 가벼운 섹스의 영역에서 남자들에 대적하라고 설득하려는 일부 페미니스트와 이론가들의 노력 속에서도 살아남았다. ‘오직 후천적’ 이론에게는 이 모든 사실이 다소 민망할 것이다. 이는 가벼운 섹스를 대하는 양성의 입장 차이가 문화의 산물이라기보다는 문화에도 불구하고 종종 발현되는 것임을 시사한다.

　그러나 ‘오직 후천적’ 이론에 반하는 가장 설득력 있는 주장은 성적 성향과 배우자 선택 시의 까다로움을 둘러싼 성 차이가 젠더 규범도, 사회화도, 딱히 문화라고 할 만한 것도 거의 없는 여러 개체들 사이에서조차 발견된다는 사실이다. 상당한 규모의 집단이지만 심리학자들이 너무도 자주 간과하고 마는 이 존재는 바로 다른 동물들이다. 성 차이가 다른 모든 종에서 발견되는 것은 아니지만 조류, 포유류, 파충류 대부분을 포함한 다수에게서 발견된다.[66] 그리고 우리가 다른 동물 사이에서 발견하는 성 차이의 경우 오직 진화만이 합리적인 설명이다. 인간이라고 왜 달라야 하는가? 물론 다람쥐, 칠면조, 개구리의 성 차이는 진화의 산물이고 호모 사피엔스의 성 차이는 학습과 문화의 산물이라는 주장이 논리적으로는 가능하다. 하지만 그것이 사실일 가능성은 낮아 보인다. 다른 종에서 성 차이는 수컷이 가질 수 있는 최대 자손 수가 암컷보다 많을 때 발생한다. 인간 또한 이 조건을 충족하며, 추정컨대 우리 종은 이처럼 평범한 성 차이를 보였던 초기 종으로부터 진화했을 것이다. 이런 상황에서 '오직 후천적' 이론은 애초에 평범한 성 차이를 만들어낸 선택 압력이 여전히 작동 중임에도 불구하고 오직 우리의 종에서만 자연 선택이 그 평범한 성 차이를 제거했다고 믿으라 한다.[67] 자연 선택이 그럴 이유가 무엇인가? 자연 선택이 제거했다고 하는 그 성 차이들이 우리 주변 세계에서 여전히 발견된다는 점에서 이 주장은 특히 당혹스럽다. 즉, '오직 후천적' 이론은 자연 선택이 어떤 알려지지 않은 이유로 평범한 성 차이를 제거했고, 기록이 존재하는 모든 문화권에서 학습과 문화가 제거된 성 차이와 똑같은 차이를 공교롭게도 재생산했다는 사실을 믿으라 하는 것이다. 이 논지에는 설득력이 없다. 물론 가벼운 섹스에 대한 사람들의 의지에 문화적 힘이 영향을 미치고, 그렇게 하고자 하는 그들의 욕망에도 어느 정도까지는 영향을 미치는 게 분명하다. 그러나 문화가 전적으로 무無의 상태에서 성 차이를 만들어 냈다는 생각은 확보 가능한 증거들과 충돌할 뿐 아니라 진화의 작동 방식에 대한 우리의 모든 앎과도 충돌한다.

준수한 외모

거미가 됐든 거미원숭이가 됐든, 동물 암컷의 인생에서 짝을 고르는 것만큼 중요한 과업도 없다. 그리고 두 암컷이 정확히 똑같지는 않더라도 마치 눈밭의 석탄처럼 특별히 도드라지는 일반적 경향이 존재한다. 광범위한 종들에서 암컷은 직접적으로든(보호 또는 자원의 제공) 간접적으로든(좋은 유전자의 제공) 자손에게 인생의 훌륭한 시작점을 만들어줄 수 있는 수컷을 선호하는 경향이 뚜렷하다. 반면 동물의 수컷은 그렇게까지 까다롭지 않은 게 보통이다. 대부분의 종에서 수컷에 대해 확실히 말할 수 있는 것은 그들이 같은 종의 성체 암컷과 짝짓기를 선호한다는 정도이며, 그나마도 절대적인 기준이 아닐 수 있다는 것을 우리는 이번 장 도입부에서 원숭이, 물개, 비단벌레의 사례들을 통해 불편할 정도로 명확히 확인했다. 요컨대 아주 다양한 종에서 암컷은 짝의 선택에 까다롭지만 기본적으로 수컷은 그렇지 않다.

하지만 우리가 이미 살펴보았듯, 그리고 일부의 견해와는 대조적으로, 인간은 그런 종류의 종이 아니다. 짧은 관계 혹은 헌신의 정도가 낮은 관계에서라면 남자가 여자에 비해 본인의 기준을 낮출 의지가 더 강한 것은 분명하다. 그러나 장기적이고 헌신의 정도가 높은 관계에서는 선택의 까다로움에 있어서의 성 차이가 크게 사라진다.[68] 이 사실은 일상적으로 접하는 민중의 지혜에도 그대로 반영되어 있다. 흔한 고정관념 중 하나는 남자들이 움직이는 모든 여자와 자겠지만 움직이는 모든 여자와 결혼하거나 아이를 갖지는 않으리라는 믿음이다.[69] 장기적 관계, 남녀의 연애 인생 대부분을 지배하는 관계들에 있어서는 양성 모두가 까다롭다.

그렇다면 그들이 까다롭게 고려하는 부분도 일치할까? 아니면 남자와 여자가 상대에게서 찾는 자질에 차이가 있을까? 경우에 따라 다르다. 여러 면에서 양성은 동일한 것들을 원한다. 양성 모두 자신을 사랑해주고, 외모가 준수하고, 멍청하거나 잔인하거나 불안정하지 않은 상대를 원한다.[70] 그러나 해당 특성들에 대해 갖는 욕구의 강도는 남녀가 상이하다. 그중 두 가지가 진화심리학계의 엄청난 관심을 끌었다. 첫째는 평균적으로 남자가 여자보다 상대의 외모와 젊음에 더 큰 중요성을 부여한다는 사실이다. 둘째는—이 또한 평균적으로—여자가 상대의 부와 사회적 지위에 더 큰 중요성을 부여한다는 점이다. 워렌 패럴Warren Farrell이 말했듯 남자는 여자를 섹스의 대상으로 보는 반면 여자는 남자를 성공의 대상으로 본다. 진화심리학자들에 따르면 이러한 경향은 자연 선택에 그 기원을 두고 있다.

(참고로 여기에서 나는 이성애자 남녀의 배우자 선호에 집중하도록 하겠다. 이는 이성애자가 아닌 이들의 선호가 중요하지 않기 때문이 아니라 자연 선택에 의해 가장 개연성 있게 만들어지고 연마된 선호가 바로 이성애자의 선호이기 때문이다. 이 선호들도 궁극적으로는 자손이라는 결과를 가장 안정적으로 도출해 내기 위한 것이다.)

먼저 일반적으로 남자가 여자에 비해 상대의 외모와 젊음에 더 많은 가중치를 둔다는 사실에서부터 시작해보자. 이 성 차이의 증거들은 여러 형태의 연구에서 발견할 수 있다. 일단, 자가보고 연구들이 있다. 자가보고 연구의 표준 원칙은 특성들의 목록을 대상자에게 제공하고 짝을 고를 때 각각의 특성이 얼마나 중요한지 평가하도록 요청하는 것이다. 이 기법을 사용한 연구 대다수에서 남자는 여자에 비해 상대의 준수한 외모와 젊음에 더 큰 중요성을 뒀다.[71] 심지어는 성차별일 가능성이 있는 구식 선호를 못마땅해하는 경향이 일반 대중보다 높은 서구권 대학의 학생들 사이에서도 동일한 결과가 나왔다. 자신이 진정 원하는 것에 대해 사람들이 거짓말을 하거나 혹은 헷갈려하는 것일까? 그건 아닌 듯하다. 이 연구들에서 나타난 선호는 현실 세계에서도 뚜렷이 드러난다. 데이트 관련 광고를 분석한 결과 젊은 여성이 나이든 여성에 비해 더 많은 반응을 얻고, 남자의 경우 연령이 인기에 미치는 영향은 그보다 덜하다.[72] 남성은 재혼 시 연하의 여성을 선택하는 경향이 있다. 여성은 재혼 시 연하의 남성을 선택할 가능성이 특별히 높지 않다.[73] 짝짓기 시장에서 자신이 원하는 것을 얻기에 최고의 위치에 있는 남자들—예를 들어 부유하거나 타국에서 소위 '우편주문 신부'('우편주문'을 통해 생면부지의 상대와 결혼한 노총각과 외국인 아내 이야기—역자주)를 구입하는 경우—은 대개 더 어린 여자를 선택한다.[74] 그리고 성매매 종사자들은 나이가 어릴수록 더 높은 금액을 받는데, 이는 다른 거의 모든 직종에서 발견되는 현상과 정확히 반대된다.[75]

게다가 남자들은 심리학자들이 시각을 통한 성적 자극visual sexual stimuli이라 부르는 것에도 관심이 많다.[76] 이는 남자가 포르노를 더 많이 소비하는 이유의 큰 부분을 차지한다. 여자들이 성적 여흥을 즐기지 않는다는 말이 아니다. 여자의 경우 시각적 형태보다 글의 형태를 선호하는 것이 일반적이라는 얘기다.[77] 그 결과 대부분의 시각적 포르노는 남자들을 겨냥한다. 포르노 작가들이 여성용 포르노를 만들려는 시도도 해봤지만 그런 시장은 별로 크지 않다는 것만 확인했을 뿐이었다. 〈플레이걸Playgirl〉 등의 잡지가 예외처럼 보였으나 아니었다. 이 잡지들의 압도적 구매자는 이성애자 여성이 아니라 게이 남성이기 때문이다. 물론 시각을 통한 성적 자극에 있어 남성 대비 여성의 관심이 낮다고 해서 대다수 사람들의 세계관이 대대적으로 바뀔 것 같지는 않다. 하지만 여자의 관심이 덜하지 않았다면 우리는 지금과는 무척 다른 세상에서 살고 있을 것이다—그 세상에서는 남자들이 여자의 가슴골에 반응하는 것과 똑같이 여자들이 남자의 엉덩이 골에 반응하고, 남자 노출광들은 여자의 환상 속 스타들이며, 공원에 도사린 바바리맨들은 성공 신화의 주인공이 될 것이다. 나는 뇌 수술이 아닌 이상 이런 세상을 만들어낼 방법은 없을 거라고 생각한다.

다윈주의의 렌즈를 통해서 보면, 남자들이 파트너의 외모를 더 중시한다는 사실이 처음에는 상당히 불가사의하다. 대부분의 종에서 외모에 더 관심을 갖는 쪽은 암컷들이다. 일례로 공작 사이에서 암컷은 가장 섹시한 꼬리를 가진 수컷과만 교미할 것이다. 반면 수컷은 상대의 외모에 덜 집중하며, 자신을 선택해주는 암컷과 교미할 것이다. 공작들의 세계에도 포르노가 있다면 상대 성별을 가진 이의 이미지를 응시하며 시간을 보내는 쪽은 수컷이 아니라 암컷일 것이고, 수컷들은 성적 대상으로 취급받는다며 불평을 늘어놓을 것이다. 공작들에게서 발견되는 현상은 다른 동물 대부분에서도 발견된다. 그러나 인간은 정반대다. 왜일까?

이 수수께끼를 풀려면 누군가가 왜 타인에게 매료되는 것인지부터 이해할 필요가 있다. 이와 관련한 보다 자세한 내용은 다음 장에서 다루겠지만, 그 기본 아이디어는 다음과 같다. 우리가 어떤 특성에 매력을 느끼도록 진화한 것은 진화의 역사를 거치는 동안 그 특성들이 소유자의 적합도를 보여주는 통계적 지표였기 때문이다. 여기에는 배우자 후보가 건강하다는 지표, 생식력이 있다는 지표, 훌륭한 유전자를 가지고 있다는 지표 등이 포함된다. 여러분의 인생 목표가 건강한 자손을 최대한 많이 갖는 것이라면 여러분이 할 수 있는 최선의 선택은 이러한 특성을 소유한 사람과 자손을 갖는 것이다(그들이 여러분을 선택한다는 전제하에). 물론 실제 삶에서 상대를 고를 때 사람들은 건강, 생식력, 유전에 대한 생각을 거의 하지 않는다. 하지만 그건 자연 선택이 우리를 대신해 그 생각을 해줬기 때문이다. 자연 선택은 진화적으로 중요한 특성을 지닌 상대를 보면 자동으로 다리에 힘이 풀리는 성향을 우리에게 장착해주었다. 대칭적 얼굴과 신체, 윤기 흐르는 머리카락, 건강하고 탱탱한 피부 등이 이 특성에 해당한다.

간단히 말해 사람들이 파트너의 외모에 신경을 쓰는 것도 이런 이유에서다. 그렇다면 왜 남자들이 더 신경을 쓸까? 간단하다. 사람들이 준수하다고 생각하는 특성들은 종종 젊음과 연관되며, 남자에 비해 여자의 생식력은 젊음과 더 밀접한 관계가 있기 때문이다. 최고령에 아이를 낳은 것으로 세계 신기록을 보유한 남녀를 생각해보라. 남자의 기록은 96세. 여자의 기록은 66세로 남자보다 33살이나 어리고, 그나마도 체외 수정 덕분이었다. 여성 대부분은 45세에서 55세 사이에 폐경을 겪고, 이후에는 아기를 만들 수 있는 시절이 끝난다. 반면 남자는 이론상 생명이 다하는 날까지 아기를 만들 수 있다.[78] 쉽게 말하면 여자의 경우 남자보다 생식력의 창문이 좁다. 그리고 바로 이것이 남자가 여자에 비해 파트너의 젊음을 더 중시하도록 진화한 이유다. 젊음은 여성에게 더 중요한 생식력의 지표다. 대부분의 동물은 폐경을 겪지 않기에, 수컷들은 젊은 암컷에 대한 성적 선호를 가지고 있지 않다는 사실에 주목하라. 사실 수컷 침팬지들은 더 나이든 배우자를 선호한다. 즉, 젊음 선호가 인간 고유의 것이 아니나 드문 현상에 해당하며 특히 영장류 사이에서는 더욱 희귀하다.

그렇다고 여성이 상대의 외모에 관심을 두지 않는다는 의미는 아니다. 여자도 분명히 외모에 관심을 갖는다. 그렇기 때문에 준수한 외모를 가진 남자가 그렇지 않은 남자에 비해 더 많은 성적 파트너를 갖는 것이다.[80] 또한 남자의 나이가 여자에게 항상 문제가 안되는 것도 아니다. 모든 조건이 동일하다면 여자는 나이가 더 많고 적합도가 떨어지는 남자—매력적인 여자가 걸어갈 때 숨을 들이마셔 뱃살을 집어넣는 게 운동의 전부인 남자—보다 더 젊고 신체적으로 매력적인 남자를 찾는다. 여기서 핵심은 여자들이 외모에 덜 엄격한 것이 일반적이라는 사실이다. 다른 조건을 만족한다면 인생의 절정을 지난 남자에게도 여자는 쉽게 매료될 수 있다.

지금까지 우리는 준수한 외모를 향한 성 차이를 진화적 관점에서 설명해 봤다. 이제부터는 그에 반해 제기되는 몇몇 비판들을 살펴보자. 비판론자들의 공격 체계는 크게 두 가지다. 첫째는 성 차이가 존재하지 않는다고 주장하는 것이며, 둘째는 성 차이가 존재한다고 하더라도 진화가 아닌 문화의 산물이라고 주장하는 것이다. 첫 번째 주장과 관련해 비판론자들은 남자가 젊은 여자를 선호한다는 진화심리학자들의 주장에 모순되는 다양한 증거들이 존재한다고 말한다. 일례로 온라인 포르노의 인기 분야에 "MILF(Mother(or mom) I'd Like to Fuck)"라는 것이 있는데, 이 포르노에는 나이가 있는 여자들이 주연으로 등장한다.[81] 또한 주류 미디어에서조차 나이 든 여자들이 섹스 심벌로 간주되는 경우가 많으며, 그들 다수는 더 젊은 남자(일명 '토이 보이toy boy', 즉 연하 애인)들과 데이트한다. 비판론자들은 이 사실이 젊은 여성을 향한 남자들의 선천적이고 극복 불가능한 선호를 주장하는 견해의 허위를 드러낸다고 말한다.

이 경우에 사례는 제대로 제시했으나 결론이 틀렸다. 일단 포르노계에서 MILF가 인기있는 것은 사실이지만 젊은 여자가 출연하는 쪽의 인기가 더 높다(이는 진화심리학자들이 예측하고 설명하는 패턴과 정확히 일치한다). 게다가 MILF 등장인물들 또한 상당히 젊은 게 보통이다. 대부분이 20대 아니면 30대다. 이 연령대를 넘어선 여자들이 등장하는 포르노는 인기와는 거리가 멀다.[82] 둘째, 나이가 있는 여자들이 때로 섹스 심벌로 간주될 수 있는 것도 사실이다. 그러나 이례적으로 매력적인 여자는 40대 또는 50대에도 여전히 매력적이기 때문에, 이를 근거로 삼아 생식력의 절정에 있는 여자가(남자와 마찬가지로) 보다 매력적이라는 주장의 신빙성을 떨어트릴 수는 없다. 참 불공평한 현상이라는 생각이 든다면 그건……실제로 불공평하기 때문이다! 그러나 안타깝게도, 불공평하다고 해서 사실이 아니라고 할 수 없다.

'남자가 나이 많은 여자를 좋아하는가' 논쟁에는 또 다른 문제가 있다. 진화적 관점에서 볼 때 배우자 선택 시에 중요한 것은 사실 연령 그 자체가 아니다. 중요한 것은 겉으로 드러나는 시각적 특성들로, 우리 조상들의 과거에 이는 젊음 및 생식력과 상호 연관되었다. 만약 여자의 노화가 22세에서 멈춘다면, 남자들은 그녀가 101세가 되었을 때도 여전히 매력적이라고 생각할 것이다. 그리고 어떻게 보면 오늘날의 여성들은 노화를 멈추거나, 최소한 그 속도를 늦추고 있다. 현시대는 우리 조상들이 헤쳐 나가야 했던 환경에 비해 육체적 가혹함이 덜하다. 게다가 우리는 젊음의 표식들을 위조할 수 있는 다양한 방법들 또한 갖추고 있으니, 그 대표적인 것이 화장품과 성형수술이다. 이를 염두에 두고, 여러분이 폐경기 여성의 사진을 찍은 다음 그녀가 25세처럼 보이게 에어브러시로 수정했다고 상상해보라. 그 수정한 사진을 한 무리의 남자들에게 보여줬고, 그들 모두가 사진 속 여자가 아주 매력적이라는 사실에 동의했다고 하자. 이것이 진화심리학자의 주장—남자들이 폐경 전의, 보다 젊은 여자를 선호한다는 사실—에의 반증일 수 있는가? 물론 아니다(터무니없는 주장이다). 원래의 주장—현대 남성들이 때로는 나이든 여성에게 매력을 느끼고 이것이 진화심리학자들의 견해에 대한 반증이라는 주장—은 그렇게까지 터무니없지는 않다. 그러나 터무니없다는 연장선상 어디쯤에는 해당된다. 선진국의 여자들은 사실상 에어브러시로 수정되는 것이나 다름없다. 상대적으로 안락한 생활과 손쉽게 구할 수 있는 화장품 덕분에 오늘날의 폐경기 여성 일부는 우리 조상들의 폐경기 전 여성 다수만큼이나 젊어 보인다. 따라서 남자들이 더 나이든 여자를 매력적으로 볼 때가 있다는 사실이 진화심리학적 설명을 훼손하는 게 아니다. 오히려 그 모든 에어브러시 작업에도 불구하고, 더 젊은 여자들이 보다 매력적으로 보이는 현상이 지배적이라는 사실은 젊음을 향한 진화적 선호가 얼마나 강력한지 보여주는 증거다.

이처럼 성 차이를 없는 얘기로 만드는 것은 힘든 일일 듯하다. 그렇다면 비판론자들의 다음 수순은 그 성 차이가 오직 문화의 산물이라고 주장하는 것일 테다. 그들의 주장에 따르면 문화는 우리를 학습시켜 여자의 외모가 남자보다 중요하다고, 남자의 신체는 행동을 위한 것이고 여자의 신체는 근사해 보이기 위한 것이라고 믿게 만든다. 문화는 "근사한" 것이 무엇인지에 대한 임의적 이상향 또한 학습시킨다. 여성에게는 젊음이 매력의 핵심이나, 남자들은 그 정도가 덜하다고 학습시킨다. 이 같은 믿을 영속화하는 존재는 부모와 동료뿐만이 아니다. 거의 헐벗다시피 한 젊은 여자의 이미지를 24시간 내내 폭격기처럼 퍼붓는 매스미디어, 주름을 가리고 흰 머리를 없애도록 고안된 제품들을 내놓아 여자들이 보편적으로 더 어려 보이게 만드는 미용산업도 그에 일조한다. 상황이 이렇다보니 우리가 남자보다 여자의 외모를 더 평가하는 것도 당연한 일이다.

언뜻 보면 이 '오직 후천적' 관점은 꽤 설득력이 있다. 하지만 생각을 거듭할수록 그 설득력의 아우라는 사라져간다. 먼저 젊은 여자를 향한 선호가 단순히 학습의 산물이라면, 젊은 여자가 더 매력적이라고 학습시킨 것만큼이나 손쉽게 나이든 여자가 더 매력적이라고도 학습시킬 수 있다는 얘기가 된다. 미용산업 또한 주름개선 크림 대신 주름증진 크림을 사도록, 금발이나 빨강 머리 대신 흰머리로 염색하도록 여성을 손쉽게 세뇌할 수 있다는 얘기가 된다. 하지만 그렇게 될 가능성은 없어 보인다. 미디어와 미용산업이 세상에 없던 취향을 새롭게 만들어낸다기보다는 기존에 있던 취향을 활용한다는 쪽이 훨씬 더 설득력 있다. 둘째, 지금 우리는 여성의 매력으로 간주되는 특성들이 생식력과 밀접히 관련되어 있음을 보여주는 증거를 상당수 가지고 있다.[83] 이 증거들이 등장하기 전에 '오직 후천적' 이론은 우리에게 한 가지 주장만을 했다. '여성의 젊음을 향한 선호는 임의적으로 만들어진 문화적 관습이다.' 그러나 이제는 두 가지 주장을 한다. '여성의 젊음을 향한 선호는 임의적으로 만들어진 문화적 관습이다. 그리고 여성의 젊음이 생식력과 밀접히 관련되어 있다는 사실은 단순한 우연의 일치에 지나지 않는다.' 두 번째 주장이 더해지는 바람에 '오직 후천적' 이론의 설득력은 전보다 더 떨어지고 만다—특히 배우자 선택에서 생식력이 갖는 진화적 의미가 얼마나 중대한지를 감안하면 더욱 그렇다.

이 이론상 문제와 더불어 일부 증거들도 '오직 후천적' 관점에 완전히 모순된다. 첫째, 준수한 외모를 선호하는 성 차이는 어느 한 지역에 국한되지 않고 문화권 전반에서 나타나는 현상이다. 진화심리학의 토대를 닦은 데이비드 버스는 이 분야 최초의 주요 연구 중 하나로 손꼽히는 조사에서 33개국에 걸친 1만 명 이상의 대상자들에게 장기적 배우자를 선택할 때 중요시하는 것을 물었다. 예측한 대로, 버스의 37개 샘플 거의 모두에서 남자가 상대의 외모를 더 중요시했다. 게다가 모든 표본에서 예외 없이 남자는 자신보다 몇 살 연하의 여자를, 여자는 자신보다 몇 살 연상의 남자를 원한다고 답했다(응답자 대부분은 20대였다).[84] 이후의 연구들에 따르면 남자의 선호는 연하의 여자 그 자체가 아니라, 생식력이 절정에 달했거나 그 근처에 있는 여자에 대한 선호였다.[85]* 따라서 10대 소년들은 자신보다 다소 나이가 있는 여자에게서 육체

---

*정확히 말하자면 이는 신체적 외양과 관련한 남성의 선호다. 그러나 중요한 것은 배우자 선택에서 신체적 외양만 중요한 것이 아니라는 사실이다. 사람들은 또한 자신과 유사하고 통할 수 있는 사람을 원한다. 따라서 남성의 이상형의 나이는 생식력 최대 연령과 해당 남성의 연령 사이에 위치하는 경향이 있다(Kenrick & Keefe, 1992).

적 매력을 느끼고는 한다. 이 여자들의 경우 10대 소년 대부분에게 일절 관심이 없고, 남자는 더 어린 여자와 데이트해야 한다는 사회 통념에도 불구하고 이러한 현상은 두드러진다.[86]

버스가 심리학계 대부분의 연구보다 훨씬 광범위한 조사를 진행했음에도 혹자는 그의 샘플 모두가 현대 산업국가에서 추출된 것이라고 반박할지도 모른다. 그러나 인류학적 기록을 활용해 우리의 시각을 소규모의 전통사회로까지 넓혀봐도 대체적으로 동일한 그림이 그려진다. 예를 들어 인류학자 나폴리언 섀그넌Napoleon Chagnon의 보고에 따르면 아마존 분지의 야노마뫼족Yąnomamö 남성들은 모코 두드moko dude에 해당하는 여성을 향한 그들의 욕망을 얘기한다. 이 여자들은 성적으로 성숙하지만 임신 경험이 없는 이들이다. 모코 두드라는 표현을 문자 그대로 옮기면 '수확이 가능한' 또는 '농익은'이 된다.[87] 특수 사례 아니냐고? 아닌 듯하다. 산업화 이전 국가, 부족, 무리의 민담들을 체계적으로 분석한 결과 세계의 모든 지역에서 남자는 여자에 비해 상대의 외모에 더 신경을 쓰는 것으로 그려지고 있었다. 문화권을 초월해 하나로 수렴되는 이 현상에 대한 설득력 있는 설명은 예술이 삶을 모방하는 것이지 삶이 예술을 모방하는 것이 아니며, 상대의 외모에 대한 성 차이 자체는 세계의 모든 지역에서 발견되는 특성이라는 것이 유일하다.[88] 이 같은 명백한 보편성은 성 차이가 우측 주행 대신 좌측 주행이 선택된 것에 비견될 정도로 임의적인 문화적 발명품에 지나지 않는다는 주장에 강력히 도전한다. 성 차이가 정말로 문화적 산물일 뿐이라면, 여자가 남자보다 외모를 중시하거나 남자가 연상의 여자를 좋아하는 문화는 대체 어디에 있는가?

'오직 후천적' 가설에 반하는 논거 중에 내가 특히 설득력 있다고 생각하는 것이 있다. 어리고 예쁠수록 최고의 여성이라는 생각을 미디어와 문화가 부추긴다는 주장이 있는데, 이로부터 우리는 레즈비언과 게이의 배우자 선호와 관련해 검증이 가능한 몇 가지 예측을 이끌어낼 수 있다. 첫째, 그 주장이 사실이라면 레즈비언이 상대의 외모와 젊음에 이성애자 남성과 맞먹는 수준의 중요성을 부과할 것이라고 예측할 수 있다. 어쨌든 레즈비언은 다른 여자에게 매료되고, 여성을 매력적으로 만드는 것이 무엇인가에 대해 다른 모두와 동일한 문화적 프로파간다에 노출되었기 때문이다. 둘째, 게이는 상대의 외모와 젊음에 이성애자 여성 수준밖에 되지 않는 중요성을 부과할 것이라고 예측할 수 있다. 어쨌든 게이는 다른 남자에게 매료되고, 남성을 매력적으로 만드는 것이 무엇인가에 대해 다른 모두와 동일한 문화적 프로파간다에 노출되었기 때문이다. 이는 모두 예측이다. 그러나 현실도 그러한가? 아니다. 더글라스 켄릭Douglas Kenrick과 동료 연구자들이 보여준 대로, 게이 남성은 이성애자 남성만큼이나 외모를 중시하고, 레즈비언 여성은 이성애자 여성만큼 외모를 중시한다.[89] 이는 준수한 외모와 젊음을 향한 선호에서의 성 차이가 주로 미디어나 다른 사회적 영향에서 온다는 주장을 의심할 강력한 근거가 되어준다. 유전자와 태아기 호르몬이 주범일 가능성이 훨씬 높다.

부와 지위를 향한 욕망

이제 파트너의 부와 지위에 부여하는 중요성에서의 성 차이를 살펴보자. 그 차이가 어떤 양상으로 나타날지 여러분에게 굳이 되새길 필요는 없을 듯하지만, 여러분이 일평생 잠만 자온 사람일 것에 대비해 설명하자면, 평균적으로 여자가 남자에 비해 부와 재력에 더 강한 선호를 보인다. 외모의 중요성에 있어서의 성 차이와 마찬가지로 부와 지위에서의 성 차이를 보여주는 다양한 유형의 자료들이 존재한다. 자가보고 연구에서 여자는 남자에 비해 일관되게 상대방의 부와 지위에 더 높은 점수를 주었다.[90] 그리고 이들이 보고한 선호도 또한 실제 행동에서 그대로 나타난다. 데이트 광고에서 좋은 직업을 가지고 있다고 언급한 남자들이 아무 짝에도 쓸모 없는 남자들보다 더 좋은 반응을 얻는다.[91] 마찬가지로, 관계가 생명을 다할 때 여자들은 실직했거나 야망이 없거나 게으른 파트너를 차버릴 확률이 남자보다 높다.[92] 이 세트 메뉴에는 권력도 포함되어 있다. 헨리 키신저Henry Kissinger는 권력이 최고의 최음제라고 묘사한 바 있으나, 사실 이것은 전체 인구의 절반에게만 해당되는 말이다. 미국 국회의원 패트리샤 슈로더Patricia Schroeder가 관찰한 대로, 중년의 남성 정치인이 고위직을 차지하는 순간 성적 관심을 끌어들이는 자석으로 변신한다. 반면 중년 여성의 경우 같은 자리에 오르더라도 웨이트리스로 일하며 받을 정도의 관심밖에 끌지 못한다. 여자는 부와 지위에 더 높은 중요성을 부여하고 남자는 외모와 젊음에 더 높은 중요성을 부여하므로 부와 높은 지위를 가진 남자는 종종 젊고 매력적인 여자와 파트너가 된다.[93] 반대의 관계도 존재는 하나 훨씬 드물다.

물론 남녀는 그들이 유의미한 부나 지위를 축적할 나이가 되기 전부터 짝짓기를 시작한다. 그러나 그때조차 여자들은 남자들에 비해 부와 지위를 예견하는 특성들에 매력을 느낀다. 여기에는 자신감, 능력, 그리고 억제되지 않는 날것의 야망 등이 포함된다. 이와 관련해 프랭크 해리스Frank Harris는 아주 약간의 과장을 섞어 "야망이 없는 남자는 미모가 없는 여자와 같다"고 말하기도 했다.[94]

남자가 준수한 외모를 선호하는 경우는 언뜻 보면 다원주의적 관점에서 벗어나는 듯 하지만, 부와 지위의 중요성에 대한 성 차이는 다른 동물들 사이에서도 손쉽게 찾아낼 수 있다. 황소개구리에서 천인조, 각다귀붙이에 이르기까지 많은 종에서 암컷들은 먹이, 자원, 생활영역을 제공할 수 있는 수컷을 선호한다. 인간 또한 이와 마찬가지인 듯 보이는 이유에 대해 진화심리학자들은 두 가지 주요 이론을 들고 나왔다. 첫 번째 이론은 암수 한 쌍 유대와 공동 육아의 경향과 관련이 있다. 남자도 자식에게 투자하는 것이 보통이기 때문에 여자는 건강이나 훌륭한 유전자만을 기초로 상대를 선택하지 않는다. 남자가 자신과 자녀에게 투자할 의지와 능력이 얼마나 되는지 또한 고려한다. 더 강한 의지와 능력을 가진 남자를 선호한 선조 여성들이 생존에 성공하는 자손들을 더 많이 남겼기 때문에 이 선호는 불가피하게 확산된다.

두 번째 이론은 자원 독점에 성공하고 사회 위계의 꼭대기까지 악착같이 올라간 선조 남성들이 곧 유전적으로 더 적합한 이들이었고, 그러한 이유로 여성이 그들을 향한 성적 페티시를 갖도록 진화되었다고 설명한다. 이 관점에서 부와 지위는 소유자의 우수한 유전적 자질을 만천하에 광고하는, 위조가 힘든 표식이다. 이러한 특성을 보이는 남자를 선호하도록 여자가 진화한 이유는 그가 자녀에게 투자할 것이기 때문이 아니라, 그의 우월한 유전자를 물려줄 것이기 때문이다. 유전자 설명과 수컷 투자 설명이 꼭 양립 불가한 것은 아니라는 사실에 주목하라. 두 요인 모두 부와 지위 선호의 진화에 기여했을 가능성이 있다. 서로 다른 선택 압력이 동일한 특성을 동시에 선호할 수 있다.

다른 성 차이에 대한 진화적 설명에서도 그랬듯 상대의 부와 지위에 추가 점수를 주는 게 서구 여자들만은 아니다. 인간의 배우자 선호와 관련한 비교문화조사를 위해 데이비드 버스가 확보한 37개 샘플 모두에서 여자가 남자에 비해 상대의 재정적 전망에 훨씬 높은 가치—평균적으로 2배—를 부여했다. 이 차이는 일부일처제 사회, 일부다처제 사회, 자본주의 사회, 공산주의 사회 모두에서 발견되었으며, 연구에 포함된 모든 인종 집단과 종교 집단에서도 나타났다.[95] 이 발견을 기존 연구와 비교한 결과 버스와 그의 팀은 미국 여성의 재정적 전망을 향한 더 강한 선호가 20세기 내내 끈질기게 유지되었으며, 1960~1970년대의 성 혁명과 2차 페미니스트 운동마저 이겨냈다는 사실을 발견했다.[96] 한편 인류학적 연구는 성 차이가 비단 현대 산업국가에만 국한되지 않음을 보여준다. 조너선 갓셜Jonathan Gottschall과 동료 연구자들이 무리, 부족, 산업화 이전 사회의 민담을 분석한 연구에 따르면 세계의 모든 지역에서 예외 없이 여자는 남자에 비해 배우자 후보의 부와 지위에 더 신경을 쓰는 것으로 그려졌다—아마도 이는 세계의 모든 지역에서 예외 없이, 실제로도 여자가 남자에 비해 상대방의 이러한 특성들에 더 신경을 쓰기 때문일 것이다.[97]

부와 지위에 있어서의 성 차이를 보여주는 증거들은 강력하다. 그렇다면 이들에 대한 진화적 설명은 얼마나 강력할까? 의심의 여지없이 여자들은 종종 재력을 가진 남자를 원한다. 그러나 그 이유가 날렵한 턱선 또는 V자형 상반신과 동일한 방식으로 재력이 섹시해서인가? 아니면 여자들—일부 여자들—이 부유한 남편을 차지하는 것의 명백한 이익을 실용적으로 판단한 결과일 뿐인가? 후자의 경우도 분명 가능성은 있다. 매력적인 젊은 여성이 나이든 백만장자와 결혼할 때 우리는 "여자가 남자에게 성적으로 이끌린 것이 그의 돈 때문이다"라고 생각하지 않는다. 대신 "여자는 남자에게 성적으로 이끌리지 않았다. 여자는 외모와 성적 호의를 활용해 그의 현금에 접근할 수 있게 된 것이다. 최소한 그 남자를 좋아하는 마음이라도 있기를 바란다."고 생각한다. 그리고 이 모든 것이 실용적 계산에 관한 것이라면, 진화적 접근은 그릇된 길일 수 있다. 진화론은 우리의 냉정하고 실용적인 계산보다는 날것의 욕망을 설명하는 데 더 유용하기 때문이다.

어쨌든 그렇다면 우리는 왜 이 특정 계산을 남자보다 여자가 더 많이 하는지 그 이유를 물을 필요가 있다. 심리학자 앨리스 이글리Alice Eagly와 웬디 우드Wendy Wood는 자신들이 이에 대한 답을 가지고 있다고 생각하는데, 이 답은 진화를 직접적으로 언급하지는 않는다.[98] 최근까지 여자는 가정 밖에서 일을 하거나 스스로 돈을 벌 여지가 많지 않았다. 이는 그들이 가질 경력의 선택지가 자신을 지원해줄 남편을 찾는 것밖에 없었음을 의미한다. 그런 상황에서 여자는 상대의 부와 지위에 남자보다 더 많은 가중치를 둬야 했다. 이를 설명하는 데 특별한 진화적 선호를 동원할 필요는 없다. 그저 여자들이 스스로에게 좋은 것이 무엇인지 알았다는 가정만 하면 된다. 이 경향이 오늘날까지, 여성의 경제적 독립이 늘고 있는 상황에서도 지속되는 것은 오랜 습관을 고치기 힘들어서일 뿐이다. 이글리와 우드의 이론이 가지고 있는 중요한 장점은 재력 선호에의 성 차이가 왜 모든 문화권에서 발견되는지를 설명하려는 그 취지에 있다. 그들의 이론에 따르면 이 성 차이는 모든 문화에서 남자가 부를 통제한다는 사실의 부작용이다. 그러면 왜 남자들이 부를 통제할까? 남자가 여자보다 발달한 근육을 가지고 있고, 그래서 자원을 둘러싼 실랑이에서 승리할 확률이 더 높다는 것 이외의 다른 이유는 없을 것이다. 만약 이것이 사실이라면 진화에 따른 심리학상의 성 차이를 전혀 동원하지 않고도 모든 현상을 설명할 수 있다.

자신들의 이론을 검증하기 위해 이글리와 우드는 버스의 비교문화연구 자료를 재분석했다. 역시 예상했던 대로, 남녀가 보다 평등하고, 그래서 남자에 대한 여자의 의존도가 낮은 문화권에서는 배우자의 재정적 전망에 대한 성 차이가 감소한다는 증거를 일부 발견할 수 있었다.[99] 그렇지만 이는 그들이 젠더 평등을 측정하기 위해 설정한 네 가지 척도 중 오직 하나에서만 확인되었다. 그럼에도 여성이 경제적 독립을 달성할 때 해당 성 차이가 정말로 좁혀지는 것이라면, 이는 그 성 차이가 최소한 부분적으로나마 그들이 몸담은 사회의 독특하고 변화가능한 경제제도에 의해 형성됨을 시사한다.

그렇지만 문제는 경제제도가 유일한 원인인지 여부다. 그리고 답은 그럴 리가 없다는 것이다. 첫째, 이 성 차이는 젠더 평등이 보다 굳건한 사회에서도 사라지지 않으며, 무시할 만한 규모로 줄지도 않는다. 재정적 선호를 둘러싼 성 차이는 여전히 건재하며, 온건한 수준의 격차를 유지한다. 둘째, 다른 연구들에 따르면 서구 국가에서 부유한 여성이라고 해서 상대의 자원에 더 적은 중요성을 부여하는 것은 아니다. 오히려 더 많은 중요성을 부여하는 경우가 종종 있다. 반면 가난한 남자는 자신보다 형편이 나은 남자와 마찬가지로 부유한 상대를 찾는 것에 별 관심이 없다.[100] 이 중 어떤 것도 사람들이 파트너를 통해서가 아니면 획득하지 못할 재력을 먼저 파악하는 것으로 파트너의 재력에 가치를 매긴다는 생각에 잘 부합하지 않는다. 경제적 걱정이 그림에서 제거되면 성 차이가 어느 정도는 줄어들 수 있다. 그럼에도 잔존하는 차이는 자연 선택의 결과로 보는 것이 합리적이다. 앞서 살펴본 사례들과 마찬가지로 우리 종에서 나타나는 성 차이의 패턴은 진화와 문화를 함께 고려하지 않고는 설명이 힘들다.

물질을 만드는 정신

이제 이 얘기를 정리할 준비가 된 것 같다. 짝짓기 상대의 준수한 외모, 부와 지위를 향한 욕망에서의 성 차이는 자연 선택에 의해 만들어졌다. 문화적 힘의 영향이 없는 것은 아니다. 어떤 것도 그렇지 않다. 하지만 문화가 이 차이들을 무의 상태에서 뚝딱 만들어낸 것은 아니다. 이 차이는 우리 본성의 일부이며, 어쩌면 아주 오랜 시간 동안 그래왔을 것이다. 이것이 사실이라면 거기 담긴 의미는 우리가 애초에 추측했던 것보다 훨씬 멀리로까지 확장된다. 앞에서 나는 배우자 선호가 단순히 진화의 산물만은 아니라는 점을 언급했다. 배우자 선호는 또한 진화의 원인이기도 하다. 암컷 공작은 휘황찬란한 꼬리를 가진 수컷을 선호하며, 그 결과 세대를 거듭하면서 수컷의 꼬리는 점점 더 휘황찬란하게 진화한다. 그렇다면 여자에 비해 남자가 준수한 외모의 상대를 더 선호할 때 어떤 일이 벌어질까? 그리고 남자에 비해 여자가 부와 지위를 소유한 상대를 더 선호할 때 어떤 일이 벌어질까? 그 답은 남녀가 자신이 가장 원하는 특성을 상대방이 가질 수 있도록 서로를 선발 육종한다는 것이다.

이를 활용하면 우리 종에 존재하는 독특하고도, 다른 방식으로는 설명이 불가한 사실들—우리 외계 과학자의 정신을 쏙 빼놓을 사실들—다수를 설명할 수 있다. 새, 도마뱀, 곤충을 포함한 여러 종에서 수컷은 화려하고 장식적인 반면 암컷은 칙칙하고 실용적으로 "차려 입는다." 그들은 눈에 띄는 모습으로 지나가는 포식자의 무시무시한 관심을 끄는 위험을 감수하기보다는 주위 환경에 섞여든다. 우리 종의 경우에는, 혹시 그런 부분이 존재한다면, 상황이 정반대다. 이게 무슨 말인지 이해하려면 현대 서구의 결혼식을 살펴보라. 가장 값비싸고 화려한 옷을 입는 건 여성이고, 남성은 표준 규격의 펭귄수트(야회복)를 입는다. 다시 말해 신부가 공작이고 신랑은 그녀의 칙칙한 들러리다.

176

이는 자연에 보편화되어 있는 패턴의 혼란스러운 역전이다. 인간은 공작 수 컷이 암컷에 비해 심미적으로 더 매력적이라고 보는 반면, 심미안이 있는 공 작(또는 외계 과학자)은 여자가 남자에 비해 심미적으로 더 매력적이라고 볼 것이다. 우리는 확실히 그래 보인다. 미인대회가 대개 여자들 사이의 경쟁인 것도 그런 이유다.[101] 남자가 상대의 외모에 더 많은 가중치를 부여한다는 사 실은 이 매력의 차이가 근본적으로 어디에서 기인하는 것인지 설명해준다. 인 간이 선발 육종을 통해 과일을 더 달콤하게, 개를 더 친근하게 만들 듯 남자는 선발 육종을 통해 여자를 보다 준수한 외모의 성별로 만들었다.

그러나 여성 또한 상당한 몫의 선발 육종을 해냈다. 여러분은 부와 지위에 집착하는 사람을 만나본 적이 있는가? 있다면 그 사람이 남자일 확률이 상당 히 높을 것이다. 부와 지위에 집착하는 여자도 있고, 그렇지 않은 남자도 많 다. 하지만 여자보다 많은 남자가 이에 집착하고, 부와 지위에 대한 평균적 관 심도는 남자들 사이에서 더 높다.[102] 왜 그렇겠는가? 부와 높은 지위를 가진 상대에 대한 여자의 선호를 그 원인의 일부로 들 수 있다. 남자들이 더 준수한 외모의 여자들을 육종하느라 바쁜 사이 여자들은 지위와 자원에 목마른 남자 들을 육종하고 있었다.[103] 이는 결과적으로 남성이 사회의 고위층, 그러니까 CEO들, 정치인들, 주당 80시간을 근무하고 엄청나게 많은 급여를 긁어모으 는 이들 사이에 더 많이 자리하는 이유일 수 있다. 직업 지형의 형성에는 당연 히 다른 요인들도 기여한다. 그러나 지위를 위한 동기는 직업 지형 퍼즐의 중 요한 조각에 해당하며, 우리 선조 여인들의 성적 선택이 이 영역에서의 성 차 이를 설명하는 데 도움이 될지도 모른다.

폭력의 역사

내가 이 섹션을 쓰기 시작한 날 오전 뉴스는 다소 끔찍한 소식으로 도배되었다. 미수로 끝난 무장강도 사건에서 한 젊은 은행원이 총에 맞아 숨졌다. 훔친 밴을 타고 도주한 살인범과 경찰차의 고속도로 위 추격전이 한창이었다. 헬기 영상으로 촬영된 추격 장면이 전 세계의 TV와 컴퓨터 화면으로 송출되었다. 병적인 매혹 속에서 시청자들이 지켜보는 사이 이 흉악범은 차로를 질주하였고, 그 과정에서 여러 대의 차량이 길 밖으로 내쳐졌다. 결국 고속도로에 차를 댄 흉악범이 언덕으로 탈출을 시도했고, 그 뒤를 경찰이 맹렬히 쫓았다. 팽팽한 긴장의 몇 분이 흐른 후 흉악범이 경찰을 향해 총을 겨눴고—다행스럽게도 이 부분은 방송되지 않았다—쏟아지는 총탄에 즉사했다. 후에 알려진 바에 따르면 상습 전과자였던 이 흉악범의 폭력적 범죄의 역사는 고교 시절로까지 거슬러 올라갔다.

자, 이제 말해보라. 여러분은 이 흉악범의 성별을 무엇으로 생각했나? 위의 단락으로 다시 돌아가보면 내가 흉악범의 성별을 특정하지 않았다는 사실을 알 수 있을 것이다. 그럼에도 장담하건대, 여러분은 그 흉악범을 남자로 그리고 있었을 터다. 걱정하지 말라—여러분이 성차별을 하고 있었던 게 아니다. 여러분은 그저 확률에 기반해 생각하고 있었을 뿐이다. 대부분의 남자가 특별히 폭력적인 것은 아니지만, 특별히 폭력적인 사람 대부분은 남자가 맞다 (공평을 기하기 위해 첨언하자면, 철학자 크리스티나 호프 소머스Christina Hoff Sommers의 말대로, 폭력적 소수로부터 우리를 보호하는 이들 역시 남자다.[104] 그러니까 남자들은 양날의 검이라고 할 수 있겠다). 우리의 흉악범(여러분도 이미 눈치 챘겠으나 그는 내 상상의 산물이다) 같은 남자들이 드물기는 하지만, 이 극단의 사례 속에서 보다 일반적인 경향을 읽어낼 수 있다. 남자는 여

자에 비해 더 폭력적이고, 더 대담하게 공격적이며, 위험을 무릅쓰기도 더 쉽다는 점이다.[105]

이러한 성 차이의 증거들은 쉽게 찾아볼 수 있다. 남자는 여자보다 주먹다짐을 많이 한다. 폭력적인 게임을 더 많이 하고 폭력적인 영화도 더 많이 본다. 주먹으로 벽을 쳤다가 입원할 확률이 더 높다. 다른 사람을 죽이는 공상을 할 확률도 더 높다. 다른 사람을 실제로 죽일 확률도 더 높다. 게다가 스스로를 죽일 확률도 더 높다.[106] 낮은 수준의 폭력—때리기나 밀치기—에서의 성차이는 놀라울 정도로 미미하다.[107] 그러나 사소한 폭력에서 보다 극단적인 형태의 폭력으로 규모를 넓혀가면 단계가 높아질 때마다 격차가 크게 벌어진다. 일대일 폭력의 가장 극단적 형태—살인—에 도달할 때쯤에는 사실상 거의 대부분의 가해자가 남자다. 세계적으로 살인의 90% 이상이 남자들에 의해 저질러진다. 대부분의 희생자 또한 남자들로, 전체의 70%를 차지한다.[108] 흥미롭게도 침팬지 사이에서도 거의 동일한 수치가 나온다. 어느 침팬지 강력반의 연구에 따르면 킬러의 92%, 희생자의 73%가 수컷이었다.[109]

왜 남자는 대다수 여자에 비해 더 폭력적이기 쉬운가? 진화심리학자들에 따르면 우리의 여자 조상에 비해 남자 조상들이 폭력의 대가를 보다 후하게 누렸기 때문이다. 그리고 그 이유란 바로—여러분도 내가 이 말을 하는 것이 슬슬 지겨워지고 있을 것이다—남자들이 더 많은 자손을 생산할 수 있었기 때문이다. 이 주장의 이면에 있는 진화적 논리를 설명하기 위해 다시 극단적 사례를 살펴보기로 하자. 바로 코끼리물범이다.[110] 코끼리물범은 고도의 일부다처제다. 번식기 동안 성공적인 수컷들이 암컷들로 구성된 거대한 하렘을 거느리는 사이 다수의 수컷들은 금욕하는 신세가 된다. 수컷이 하렘의 지배권을 확보하고 도전자들을 모두 이겨낼 수 있다면 엄청난 수의 자손들을, 그 어떤 암컷보다도 훨씬 많이 갖게 될 것이다. 물론 싸움은 위험천만한 게임이고, 수컷은 결국 하렘도 자손도 없는 신세가 될지도 모른다. 죽는 지경에 처할수도 있다. 그러나 그가 싸우지 않는다면, 자손이 없는 처지가 될 것이 분명하다. 이처럼 투사들이 더 많은 자손을 갖게 됨에 따라 폭력의 순환은 계속된다. 그리고 이는 다만 투사 수컷과 투사가 아닌 수컷 간 대립만을 의미하지도않는다. 더 출중한 투사일수록 빈약한 전투력을 타고난 적수에 비해 더 많은자손을 갖는다. 그 결과 코끼리물범 진화의 역사 동안 수컷들은 피비린내 나는 과정에 과정을 거듭하며 암컷에 비해 더 커지고 더 강해지고 더 탁월한 전투력을 갖도록 진화했다. 오늘날의 수컷 코끼리물범은 진정한 전투 기계다.

반면 암컷 코끼리물범은 그럴 일이 전혀 없다. 만약 암컷이 하렘의 주인과교미하는 첫 번째가 되려고 다른 암컷들을 때려눕힌다 해도 자신이 가질 자손의 수가 늘어나지는 않는다. 어차피 종래에는 모든 암컷이 그와 교미하게될 것이므로 줄의 맨 앞에 선다고 해서 특별히 얻을 이익이란 게 거의 없다. 사실 줄의 맨 앞에 서기 위해 부상을 감수해야 한다면 첫 번째가 된다는 건 오히려 무익한 일이다. 그런 이유로 암컷은 수컷처럼 서둘러 전투에 뛰어들지않는다. 그들은 가능한 저항이 가장 적은 길을 택한다.

이미 말했듯 코끼리물범은 극단적 사례이며 모든 종이 이 길을 걸어온 것은 아니다. 첫째, 많은 종에서 수컷은 다른 수컷들을 두들겨 패기보다는 암컷에게 자신을 과시하는 쪽으로 진화했다. 사슴의 뿔보다는 공작의 꼬리를 생각하면 되겠다. 둘째, 자기 과시를 통해서든 또는 싸움을 통해서든 수컷들이어느 정도의 경쟁을 하느냐는 종별로 상이하다. 셋째, 여러 종에서 수컷뿐 아니라 양성 모두가 짝짓기를 위해 경쟁한다. 종간 차이를 이해하는 최고의 방법은 각 종이 한 쌍의 조절기라고 생각하는 것이다. 여러분이 보유한 사운드

시스템에 있는 음향조절기의 한쪽은 수컷이고 한쪽은 암컷이다. 조절기의 설정은 각 성별 내부에서의 번식 경쟁의 정도를 나타낸다. 가장 저점으로 설정하면 무리 내의 모든 수컷(또는 모든 암컷)이 똑같은 수의 자손을 갖는다. 가장 고점으로 설정하면 수컷(또는 암컷) 한 마리가 모든 자손을 가지며 다른 구성원은 자손을 전혀 갖지 못한다. 따라서 조절기의 설정 범위는 한쪽 극단의 '번식 경쟁 전무'와 다른 쪽 극단의 '번식 경쟁 최대' 사이에서 결정된다. 그렇게 놓고 보면 지구상 어떤 종이든 양성의 조절기가 양 극단에 맞춰져 있는 경우는 없는 게 분명하다. 여기에서 일반 법칙은 조절기가 번식 경쟁 최대 쪽으로 이동할수록 해당 성별의 구성원 사이에서는 번식 복권에 당첨되는 운 좋은 소수에 들어야 한다는 선택 압력도 커진다는 것이다. 그 결과 구성원들은 당첨금을 두고 서로 더 격렬히 경쟁하도록 진화한다.

코끼리물범의 경우 수컷 조절기는 번식 경쟁의 고점에 맞춰져 있는 반면 암컷 조절기는 저점에 맞춰져 있다. 그 결과 번식기에 수컷은 쉴 새 없이 다투지만 암컷은 상대적으로 평화롭다. 공작의 경우에도 동일한데 수컷 대 수컷의 경쟁이 싸움보다는 과시에 더 치중한다는 사실만 다르다. 종에 따라 조절기의 설정은 매우 상이하다. 일부일처의 일부 종에서는 암컷 조절기와 수컷 조절기 모두가 번식 경쟁의 저점에 맞춰져 있고, 그래서 각 성별 내부에서 다툼이나 과시가 그렇게 많지 않다. 또한 성 역할이 역전된 일부 종에서 암컷 조절기는 수컷에 비해 번식 경쟁의 고점에 맞춰져 있고, 따라서 암컷 사이에서 싸움과 과시가 더 빈번하다. 설정값이야 얼마든지 다를 수 있지만 그 사이에도 보다 보편적인 것이 존재하기 마련이다. 대부분의 종에서 암컷의 최대 자손 수가 수컷보다 적기 때문에 암컷 조절기는 번식 중간값에서 크게 벗어나지 않는다. 반면 수컷 조절기는 설정 가능 범위가 더 넓다. 우리가 어떤 성 차이를 발견할 때 수컷이 더 경쟁적인 이유이다. 그렇다고는 해도 만약 암컷 조절기가 번식 중간값에서 먼 쪽으로 설정되어 있다면 해당 종의 암컷들 역시 최고의 짝을 위해 더 치열히 경쟁할 것이다.

인간의 조절기는 어떻게 설정되어 있는가? 여러분이 인간 종의 일원인 이상 우리의 설정이 코끼리물범과 아주 다르다는 사실이 그렇게 놀랍지는 않을 것이다. 이쯤 되면 그 이유에도 익숙해져 있어야 한다. 사람들은 보통 지속적이고 배타적인 암수 한 쌍 결합을 하고, 남자들이 육아에 기여하는 게 일반적이다. 이것이 남자의 최대 자손 수를 줄이고 수컷 조절기를 번식 중간값 근처로 이동시킨다. 우리 종에서 수컷 대 수컷의 갈등이 상당히 흔하다고는 하지만—암컷 대 암컷 경쟁에 비해—인간의 수컷은 코끼리물범의 수컷과 비교하면 평화를 사랑하는 히피에 해당한다. 게다가 남자가 자녀에게 투자하는 경우가 많기 때문에, 훌륭한 장기적 상대를 매료시키는 데 성공한 여자는 그렇지 못한 여자에 비해 다윈주의적 관점에서 커다란 이익을 누린다. 그들은 생존력이 더 강한 자손을 가질(또는, 어쨌든, 우리 진화의 역사 대부분에서 생존력 강한 자손을 가졌을) 확률이 더 높다.[111] 이러한 사실은 우리의 암컷 조절기를 번식 중간값에서 멀리 이동시킨다. 그 결과 여자들은 코끼리물범의 평범한 암컷들이라면 이해하지 못할 방식으로 짝짓기 상대를 위해 경쟁한다. 이 성별 선택 압력은 전반적으로 우리 종 내의 경쟁, 공격성, 폭력성의 성 차이가 다른 종들에 비해 적어지게 만든다.[112] 그러나 "적어지다"가 "부재하다"를 의미하지는 않으며, 남자가 여자보다 번식상 가변성이 더 크다는 것을 감안하면 남자가 더 경쟁적이고, 공격적이고, 폭력적이라는 사실도 그다지 놀랍지 않다. 오히려 그렇지 않다고 하면 그게 더 놀라울 것이다.

남자 대 남자의 폭력은 그들의 정신에만 흔적을 남긴 것이 아니다. 그들의 신체에도 흔적을 남겼다. 남자는 여자보다 더 크고 더 근육질이며 보다 중무장을 하고 있다. 가령 남자는 눈 위의 뼈가 더 높이 융기해 있고 턱도 더 강인하다. 추정컨대 이는 우리의 남자 조상들이 서로를 구타하고 겁을 주어 쫓아버리는 데 상당한 시간을 소모했기 때문이며 그렇게 하는 남자가 보다 성공적으로 더 높은 지위와 더 많은 자원, 궁극적으로는 더 많은 배우자와 자손을 얻었기 때문이다. 진화심리학자 데이비드 퍼츠David Puts는 여성의 신체가 주로 남성 배우자 선호의 산물인 반면, 남성의 신체는 주로 남성 대 남성 경쟁의 산물이라고까지 주장했다. 다시 말해, 여자의 신체가 곧 공작의 꼬리이고, 남자의 신체는 곧 한 쌍의 큰 뿔이라는 얘기다. 이 분석과 동일한 선상에서 보면 남자 고유의 특성들, 예를 들어 커다란 근육, 무성한 수염, 그리고 깊게 울리는 목소리 등은 여자에게 매력적이라기보다 다른 남자에게 위협적이다.[114] 이는 해당 특성들이 진화한 주된 이유가 위협일 수 있음을 암시한다.

폭력적 성향의 남녀 차이를 진화론에 입각해 설명하는 것의 커다란 장점은 인간과 동물을 동일한 이론적 틀 안에 놓고 서로의 유사점을 살펴볼 수 있다는 점이다. 하지만 언제나 그렇듯 인간은 평범한 동물이 아니고, 따라서 대안적 설명을 고려할 필요가 있다. 분명한 대안은 성 차이가 학습된다는 사실이다. 흔히 얘기되는 것처럼 남아는 폭력의 분출에 보상을 받는 반면 여아는 얌전하고 조용하며 조신할 때 보상을 받는다. 남아는 제멋대로 구는 게 용납되지만 여아는 이 자유를 결코 누릴 수 없다. 우리는 여성스러운 남아를 "계집애 같다sissies"고 일컫고 자신감 있는 여아를 "으스댄다bossy"고 말한다. 이러한 이중잣대는 성인기까지 계속된다. 남자가 책임을 맡거나 자신의 생각을 말할 때 우리는 이를 적극적인 것으로 생각한다. 여자가 동일한 일을 할 때는 공격적이라고 생각한다. 사회문화 이론가들에 따르면 공격성에서의 성 차이를 설명하려 굳이 과거의 선택 압력까지 들먹일 필요가 없다. 보다 타당한 설명들이 우리 눈 앞에 펼쳐져 있다.

이쯤 되면 여러분은 내가—내 짧은 소견으로—이 주장에 심각한 결함이 있다고 생각한다 한들 그렇게 놀라지 않을 것이다. 일차적인 결함은 우리가 관련 성 차이를 오직 서구 세계에서만 발견하는 게 아니라는 점에서 나온다. 남자 대 남자의 경쟁은 어디에나 존재한다. 가령 태평양 트로브리안드섬의 남자들은 가장 크고 가장 기다란 얌yam을 재배하고자 서로 경쟁한다(프로이트였다면 이에 신바람이 났을 것이다). 기록이 존재하는 모든 문화에서 경쟁적 스포츠는 남성이 지배한다.[115] 그리고 기록이 존재하는 모든 문화에서 남자가 여자보다 더 폭력적이고 공격적이며, 특히 다른 수컷을 대할 때 더 심하다.[116] 공격성에서의 성 차이가 단순히 임의적 문화의 산물일 뿐이라면 왜 모든 인간 집단에서 그 흉한 모습을 드러내는 것인가?

사실 몇몇 사회문화 이론가들이 이 질문에 대답하고자 애써 왔다. 앨리스 이글리와 웬디 우드는 남자들이 폭력을 저지르는 비율이 높기는 하지만, 이것이 남녀의 정신이 다르게 진화한 결과는 아니라고 주장한다. 그들의 추정에 따르면 이는 남녀 신체의 특정 부분들이 다르게 진화하면서 발생한 간접 효과다. 이 두 사람이 염두에 두고 있는 신체적 차이는 남자가 여자보다 더 크고 강하고 빠르며 여자는 임신을 하고 모유를 생산한다는 점이다. 이처럼 협상의 여지가 없는 신체적 차이 때문에 모든 문화의 남자는 공격성 및 신체적 힘과 관련된 사회적 역할로 유입되는 반면 여자는 양육과 관련된 역할로 유입된다. 퇴역 군인이 남은 생 내내 매일같이 군화를 닦듯, 우리가 세상 속에서 수행하는 역할은 우리의 행위와 성격에 지속적인 영향을 미친다. 그래서 시간이 흐르면서 남자들의 공격적 성향과 여자들의 돌보는 성향은 더욱 강해진다. 요컨대 이글리와 우드는 문화 간 경향에 대한 비진화적이고 비심리적인 설명을 제공한다. 심리적 성 차이가 모든 문화에서 발견되는 이유는 신체적 성 차이가 모든 문화에 끼친 결과에 따른 것이다. 이 신체적 차이는 진화의 직접적 산물이나 심리적 차이는 그렇지 않다. 만약 우리가 사회적 역할을 재구성한다면 심리적 차이는 재빨리 사라져갈 것이라는 얘기다.

영리한 주장이고, 진지하게 고민할 가치도 충분한 주장이다. 그러나 모든 것을 감안하면 설득력이 있다고는 생각되지 않는다.[117] 먼저 이글리와 우드의 이론은 몇몇 곤란한 질문을 제기한다. 자연 선택이 신체적 성 차이를 만들어낸 것과 마찬가지로 심리적 성 차이 또한 만들어내지 않았을 이유가 무엇인가? 신체적 차이가 존재한다는 사실만 보더라도 우리는 인간의 수컷이 공격성과 폭력성에 있어 더 강력한 선택의 대상이 되었음을 알 수 있다. 우리의 근육과 골격과 전체적 체격을 만든 이 자연 선택이 유독 우리의 뇌에만 선을 그었을 이유는 무엇인가? 자연 선택이 폭력에 필요한 신체적 장비는 남자에게 부여했으면서 그것을 작동하는 데 필요한 심리적 장치는 주지 않았을 이유가 무엇인가? 이는 치아와 소화기 계통을 주면서 식욕은 주지 않는 것이나 다름없다. 게다가 우리는 인간에게서 발견되는 것과 동일한 심리적 성 차이가 다른 종들, 문화로 다듬어진 사회적 역할이 없는 종에서도 발견된다는 사실을 알고 있다. 왜 다른 종에서는 진화에 기원을 둔 것이 분명한 성 차이가 우리 종에서만큼은 전적으로 다른 기원에서 나와야 하는 것인가?

'오직 후천적' 관점의 더 큰 구멍은 앞에서 든 사례들에서 보듯 사회문화 이론가들이 언급하는 '사회적 힘'이 (안타깝게도) 실재하지 않는 경우가 종종 있다는 점이다. 사회가 남자들의 공격성을 조장한다는 주장에 대해 생각해보자. 어떻게 보면 사실일 것이다. 우리는 때로 남아들에게 강인해져야 하고 울면 안 된다는 메시지를 준다. 그러나 전체적으로는 여자보다 남자를 대상으로 공격성을 줄이도록 장려하는 데 훨씬 많은 시간을 쓴다. 왜 그럴까? 남자들이 더 공격적이기 때문이다! 아니면 우리가 여아들에게는 조용하고 얌전한 사람이 되라고 말한다는 주장을 생각해보자. 역시, 우리는 때때로 정말 그럴지도 모른다. 그러나 그보다 빈번히 우리는 남아들에게 조용히, 얌전히 있으라고 말한다. 왜 그럴까? 같은 이유다. 그들이 더 시끄럽고 말썽을 일으키기 때문이다! 대학원생으로 진행했던 최초의 연구에서 나는 남자의 공격적 행위가 여자의 공격적 행위보다 더 용납할 수 없는 것으로 받아들여진다는 사실을 발견했다. 알고 보니 그 이유는 사람들이 여성의 행위를 보다 덜 해로운 것으로 인식하기 때문이었다.[118] 이 같은 인식은 현실 세계에서의 행동으로 이어진다. 남아들은 유년기에 그들의 공격성으로 인해 더 빈번히, 더 엄격히 벌을 받는다.[119] 이와 유사하게 성인기에 남성 피고들은 동일한 범죄에 대해 더 가혹한 형량을 받으며 범죄 역사를 장악한다.[120] 남자들은 문화 때문에 더 공격적인 것이 아니라 문화에도 불구하고 더 공격적인 듯하다. 그리고 이는 그저 서구에만 해당되는 얘기가 아니다. 모든 문화권에서 남아들은 공격적으로 굴어서는 안 된다고 학습하지만 어쨌든 남아와 남자들이 보다 공격적이다.[121] 일각에서는 공격성의 성 차이에 있어 문화가 무에서 유를 창조하는 것까지는 아니더라도 상대적으로 미미한 천성적 차이를 증폭하는 역할을 한다고 주장한다. 그러나 문화는 그 반대의 역할을 하기도 한다. 남성의 공격성을 문화적으로 보다 엄중히 다스림으로써 공격성에 있어서의 성 차이를 본래보다 적게 만들 수도 있다.

다른 증거들도 우리를 동일한 결론으로 이끈다. 진화심리학자 존 아처John Archer는 만약 공격성에서의 성 차이가 오직 사회화의 산물이라면 아주 어린 시절에 격차가 가장 작았다가 나이가 듦에 따라 지속적으로 커질 것이라 지적했다. 살아갈수록 사회화의 힘이 우리의 정신과 행위를 더 단단히 지배하게 되고, 따라서 어떤 성 차이든 더 커질 수밖에 없다는 뜻이다. 그러나 이는 그저 이론일 뿐, 현실은 사뭇 다르다. 첫째, 공격성에서의 성 차이는 상당히 일찍 발현한다―아이가 인생 첫 번째 생일케이크를 최초로 맛보기 전에 나타나는 것이 보통이다. 스스로 돌아다닐 수 있게 되는 순간부터 남아들은 여아에 비해 보다 저돌적인 놀이에 빠져든다.[122] 동일한 성 차이가 청소년기의 다른 영장류 사이에서도 발견되며 이는 태아기의 테스토스테론과 관련이 있는 듯 보인다.[123] 인간의 경우 이 성 차이는 아이들이 스스로를 남아 또는 여아로 이해하기 훨씬 전부터 나타나기 때문에 그들이 남아와 여아에 대한 사회적 기대에 부응하고자 행동하는 것일 수는 없다.[124] 어쨌든 아이들은 사회적 기대에 부응하는 데 소질이 없으며, 식당에서 자녀들에게 착하고 얌전히 앉아 있으라고 설득하느라 애를 먹은 부모라면 누구나 이를 쉽사리 납득할 것이다. 또한 공격성에서의 성 차이는 일찍 발현될 뿐 아니라, 사춘기 전까지는 정태적인 상태로 남아 있다. 공격성의 절대적 정도는 양성 모두에서 낮아지는 추세다. 그러나 성 간 차이는 꿈쩍도 하지 않는다. 사회화가 성 차이를 만드는 것이라면, 사춘기 전에도 사회화는 계속되는데 왜 성 차이는 더 벌어지지 않는가?[125]

둘째, 다른 여러 성 차이와 마찬가지로 공격성의 성 차이는 사춘기에 급격해지며 다른 연령대에 비해 청소년과 20대 초반 사이에서 더 크게 두드러진다. 발정으로 광폭해진 수컷 코끼리처럼 남자 또한 이 단계에서 약간 미쳐가는 경우가 종종 있다. 마고 윌슨Margo Wilson과 마틴 데일리Martin Daly는 이를 젊은 남자 증후군young male syndrome으로 칭했다.[126] 이 증후군을 가진 남자는 다른 인구 집단에 비해 수감되거나, 누군가를 살해하거나, 다른 누군가―또 다른 젊은 남자—에 의해 살해당할 확률이 더 높다. 행동유전학자 데이비드 리켄David Lykken은 이 또래 남자들 전부를 극저온으로 냉동해버리면 인간 사회를 괴롭히는 범죄와 폭력의 거의 대부분을 즉시 제거할 수 있으리라 말한 바 있다.[127] 사회화 이론은 이와 같이 사춘기에 벌어지는 폭력성의 격차를 어떻게 설명할 것인가? 모든 문화의 인간과 여러 이형적 종들이 동일한 발달 단계에서 미지의 이유로 경험하는 성 차이의 급격화가 있지 않는가? 이 급격화가 수컷의 사춘기에 나타나는 테스토스테론의 분비량 급증과 동시에 일어난다는 것은 단순한 우연의 일치일 뿐인가?

셋째, 이른 성년기의 폭력과 아수라장 이후 남성의 공격성은 남은 수명 내내 지속적으로 감소한다. 사회화 가설에 따르면 이 현상을 예측할 특별한 근거를 찾아낼 수 없다. 그러나 폭력성의 감소는 성년기 내내 남성들 사이에서 목격되는 테스토스테론의 감소와 정확히 일치하며 다른 종에게서 발견되는 감소와도 유사하다. 다시 말하지만 이러한 현상은 사회문화적 관점보다 진화적 관점으로 설명하는 것이 훨씬 쉽다. 모든 증거들을 종합해보면 인간 종에서의 공격성에 대한 성 차이는 자연 선택의 산물이라는 생각에 강한 힘이 실린다.

어머니와 어머니가 아닌 자

마지막으로 고려할, 그리고 가장 중요한 성 차이가 있다. 이 차이는 우리 종과 다른 대부분의 종에서 모든 차이의 기초가 된다. 바로 부모 투자와 관련한 성 차이다. 앞에서 살펴봤듯 성 차이는 하나의 성이 다른 성에 비해 더 많은 자손을 가질 가능성이 있을 때 나타나며, 발현의 주요 이유는 자손에 덜 투자하는 성별이 존재하기 때문이다. 일반적으로는 수컷의 투자도가 낮으므로 수컷들이 더 많은 자손을 갖는 것이 보통이다. 기본이 되는 모든 성 차이—체구, 성적 행동, 배우자 선택 시의 까다로움과 공격성—는 이 태고의 차이에서 비롯된다. 다시 말해 부모 투자는 전체 이론 체계를 하나로 아우르는 핵심이다.[128]

그렇다면 왜 일반적으로 암컷은 수컷에 비해 자손에게 더 많은 투자를 할까? 왜 그 반대일 수는 없는가? 이 문제를 해결하기 위해 한 걸음 뒤로 물러나서 다른 질문을 해보자. 애초에 한 개체를 암컷 또는 수컷으로 나누는 요소는 무엇인가? 일상 속에서 우리는 사람의 성을 그들의 외양, 목소리, 머리카락, 복장을 통해 파악한다. 그러나 이것이 수컷과 암컷을 규정하는 기준이 될 수는 없는데, 대부분의 종은 암수로 구분되면서도 성별에 특화된 헤어스타일이나 패션이 없기 때문이다. 이 지점에 이르면 많은 이들은 남녀를 그들의 생식기, 즉 페니스와 질로 규정할 수 있다고 생각할 것이다. 그러나 그 또한 옳은 대답일 수는 없다. 모든 동물이 그런 생식기를 가지고 있는 것은 아니기 때문이다. 예를 들어 97%의 조류 수컷은 페니스가 없다. 게다가 일부 비인간 종에서 암컷은 산란관ovipositors이라 불리는 페니스 모양의 기관을 가지고 있으며 이를 활용해 알을 낳는다. 또한 다른 종에서도 암컷들이 가짜 음경pseudo—penises을 가지고 있어 서로를 위협하는 데 사용한다. 이를 보여주는 가장 유명한 사례가 하이에나다.

그렇다면 암컷과 수컷을 보편적으로 구분하는 요소가 있기는 하나? 있다. 수컷이 생산하는 성 세포는 암컷이 생산하는 성 세포보다 작다. 즉, 동물의 정자가 난자보다 작다는 얘기다. 생물학에서 예외가 없는 일반화란 거의 존재하지 않지만, 성 세포의 차이는 예외 없는 일반화의 소수 사례에 해당한다.

매번 100%의 확률로 사실인 셈이다……. 그러나 정의상으로만 그렇다. 생물학자들은 더 작은 성 세포를 생산하는 개체를 수컷으로, 더 큰 성 세포를 생산하는 개체를 암컷으로 정의한다. 페니스, 가짜 음경, 헤어스타일은 기준에 해당하지 않는다.

세포 크기의 성 차이는 최초의 성 차이였다. 근본적인 성불평등인 셈이다. 임신, 수유, 아이의 통학 담당이 있기 전에 각 성이 자손에게 하는 최초의 투자는 성 세포를 만드는 것이다. 여성이 더 큰 성 세포를 만들기 때문에 여성의 투자가 더 높았다. 후에 더 정교하게 진화된 형태의 부모 투자는 종종 여성에게서 나타났는데, 이는 여성이 처음부터 높은 투자를 하는 종으로서의 길을 걷기 시작했다는 이유밖에 없었다.[129] 이는 결국 다양한 종에서 난자와 정자의 차이들이 암수의 신체와 행위에 그대로 반영되는 결과로 이어진다. 예를 들어 조그만 정자가 크고 움직이지 않는 난자를 찾아 우왕좌왕 이동하는 것처럼, 몸집이 작은 수컷 거미 대부분도 자신보다 크고 움직이지 않는 암컷을 찾아 우왕좌왕 이동한다. 마찬가지로 난자는 성장 중인 배아에게 영양분을 공급하도록 설계되었다. 암컷 포유류들은 임신 및 수유기에 자식에게 영양분을 제공하도록 고안되었다. 이를 비롯한 다양한 방식으로 많은 종의 수컷들은 정자처럼 행동하고 암컷들은 난자처럼 행동한다(이렇게 정형화한다는 것에 대해 정자와 난자에게 미안함을 전한다).

물론 이것이 언제나 사실은 아니다. 개별 성 세포에 수컷의 투자가 암컷에 비해 부족하다고 해도 부모 투자에서의 성 차이는 감소 또는 제거, 더 나아가 행위에서 역전될 수 있다. 우리는 우리의 종에서도 이런 징후들을 발견한다. 이미 알다시피 남자들은 자녀의 양육을 돕는다. 그러나 그 기여가 어느 정도인지를 과대평가해서는 안 된다. 어느 정도까지는 남자들이 난자처럼 행동하는 경향이 있지만, 그들이 여자에 견줄 만큼 난자 같은 행동을 하는 경우는 드물다. 믿을 만한 자료가 존재하는 모든 문화에서 여자는 남자에 비해 자녀를 돌보는 데 더 많은 시간을 쏟는다.[130] 부모 돌봄의 정도가 아주 높기로 유명한 사회에서조차 성 차이는 절대 사소하지 않다. 예를 들어 아카 피그미족의 남자들은 하루에 아기를 안고 있는 평균 시간이 57분이다. 이는 대부분의 전통사회에서 남자가 투자하는 시간보다 훨씬 길다. 그러나 여자는 일일 평균 490분 동안 아기를 안고 있다.[131] 따라서 우리가 해야 할 질문은 다음과 같다. 자연 선택이 우리 종에서의 성 간 양육 격차를 줄이기 시작했는데도 불구하고 왜 그 격차가 완전히 사라지지는 않는 것일까?

진화심리학자들은 두 가지를 주요 요인으로 지목한다.[132] 첫째는 부성 불확실성paternity uncertainty이다. 이는 체내수정을 하는 종에 존재하는 근본적인 성적 비대칭성을 일컫는 말이다. 즉, 암컷의 경우 수컷에 비해 자기 자신의 자손을 구분해내는 것이 더 쉽다. 이 아기가 여러분의 몸에서 나왔다면, 그건 이 아기가 자신의 아기라는 훌륭한 단서가 된다. 데이비드 버스가 즐겨 말하는 것처럼, 우리가 아는 한, 종의 역사 속 어떤 여자도 자신이 낳은 애를 두고 "잠깐만! 얘가 다른 여자의 아기가 아니라 내 아기라는 것을 어떻게 알지?"라고 생각한 적은 없을 것이다. 반면 어떤 남성이 9개월 전에 잠자리를 함께한 여자의 몸에서 나온 아기는 신뢰할 만한 증거가 될 수 없다. 옛말에도 있듯이 모성은 사실의 영역이고 부성은 견해의 영역이다. 아내 또는 파트너의 자손에게 투자하는 남자는 아마도 그 자신의 자손에게 투자하고 있는 것이겠으나, 다른 남자의 자손에게 투자하는 것일 수도 있다. 다음 장에서 살펴보겠지만 이것이 인간에게만 일어나는 것은 아니지만 없다고 할 수도 없다. 그리고 그런 일이 일어날 가능성이 있는 한, 남자의 육아 기여도 보상 평균은 낮아진다. 그에 따른 결과는? 남자는 여자에 비해 육아의 성향이 덜한 쪽으로 진화했다(물론 평균적으로. 언제나 그런 것은 아니다). 동물 연구는 이 주장의 개요를 뒷받침한다. 부성의 확실성이 높게 보장되는 종에서 수컷들은 자손에게 더 많이 투자한다. 확실성이 낮은 종에서는 수컷들의 투자도 적다.[133] 이를 우리의 종에 적용시켜 보면 부성 불확실성이 수컷의 육아 성향을 억제하는 하나의 요인이었을 수 있다는 얘기가 된다.

두 번째 요인은—나는 이것이 보다 중요하다고 생각한다—짝짓기의 기회비용mating opportunity cost이다. 기회비용은 경제학에서 유래된 개념이다. 이를 이해하기 위해 엉터리 요법을 쓰는 사람들이 내세우는 주장을 생각해보라. "이 새로운 고대의 천연 영적 약물을 사용해보는 게 좋겠어. 효과가 있다면, 있는 것이겠지—그리고 만약 효과가 없다고 해도, 나한테 해를 끼치지는 않을 거야!" 이 주장의 문제는, 혹여 그 약물이 직접적 해를 끼치지는 않을지라도, 다른 방식으로 해로울 가능성이 여전히 존재한다는 것이다. 구체적으로 보면 여러분이 효과를 기약할 수 없는 치료법에 쏟은 시간과 돈은 이제 다른 곳—실질적으로 효과가 있었을지도 모를 치료법—에는 쏟을 수가 없게 되었다. 이것이 기회비용이다. 이 개념을 생물학에 적용하면 짝짓기의 기회비용이란 아이를 돌보는 데 쏟은 시간과 에너지는 곧 새로운 짝을 좇는 데 쏟지 못한 시간과 에너지라는 의미가 된다. 이는 양성 모두에게 그렇지만 기회비용이 남자의 경우에 특히 더 큰 이유는……이제는 여러분도 그 이유를 알 것이다. 여기에는 자신의 자손임이 100% 확실하더라도 남자가 육아에 쏟는 시간을 줄이고 다른 상대를 찾는 데 더 많은 시간을 들이는 것이 다윈주의적 사고로 보면 보다 합리적일 수 있다는 의미가 함축되어 있다. 진화심리학자들은 이것이 남자가 여자보다 육아에 참여하는 정도가 낮은 주요 이유의 하나라고 주장한다.

여러분이 학계에 대해 조금이나마 알고 있다면, 이러한 아이디어들이 언제나 열린 마음으로 환영받는 것은 아니라는 얘기를 들어도 놀랍지 않을 것이다. 많은 사회과학자들은 여성이 모성 본능을 가지고 있다거나, 아이를 돌보고자 하는 그들의 성향이 남자보다 강한 것은 당연한 일이라는 사실을 부인한다. 혹자는 이 생각이 여자를 다시 암흑시대로 밀어 넣고 여성 운동의 진보를 무효화하려는 목적의 퇴행적 시도를 과학이라는 이름으로 위장하는 것이라 본다.[134] 이 사회과학자들에 따르면 과거에 여자가 육아의 대부분을 담당한 것은 사실이다. 그러나 그 이유는 사람들이 특정 음식에 허기를 느끼도록 진화했듯, 여자들이 이 역할에 허기를 느끼도록 진화해서가 아니다. 절대 그렇지 않다. 그것은 모성으로서의 역할이 전통사회가 여자에게 부여한 유일한 역할이기 때문이다. 심지어는 오늘날에도 여성들이 그 역할에 스스로를 끼워 넣을 수밖에 없도록 만드는 수많은 압력들이 존재한다. 여자들은 아이들과 보내는 시간보다 사무실에서 보내는 시간이 더 길면 공격 받고, 아이를 갖지 않기로 결정이라도 하면 더 심한 공격을 받는다. 아이를 돌보고자 하는 여성의 욕구가 본능적이고 절대적이라면 이런 사회적 압력이 왜 필요하겠는가?

물론 합리적인 사회문화 이론가라면 누구나 여성을 양육의 역할로 밀어 넣는 것이 사회적 압력만은 아니라는 점을 인정할 것이다. 여성 스스로가 아이를 원할 때도 많고 그 바람이 남자보다 강할 때도 많다. 그러나 이 책임을 진화에 떠넘길 이유가 무엇인가? 사회문화 이론가들에 따르면 책임을 진화에 돌리는 것은 여아에게 경력보다 가족을 우선시하라고 가르치는 반면 남아에게 가족보다 경력을 우선시하라고 가르치는 수많은 압력들을 무시하는 셈이 된다. 부모가, 더 큰 공동체가, 책과 광고와 TV 프로그램이 내놓는 이 메시지들이 아이들의 연약한 정신을 가정주부 엄마와 생계를 책임지는 아빠 같은 대표적인 성 역할 모델로 채운다. 물론, 과거에 비해 오늘날의 아이들은 이런 식의 주입에 훨씬 적게 노출되는 것이 사실이다. 그러나 육아에 개입하는 정도에 있어서 성 차이 또한 과거에 비해 훨씬 줄었다. 이는 이 차이가 문화의 산물이라고 봤을 때 정확히 예측 가능한 일이다.

우리는 이 주장을 어떻게 받아들여야 할까? 먼저, 문화와 사회적 역할이 우리의 양육 방식에 영향을 미친다는 사실을 진화심리학자들이 부정하지 않는다는 점부터 강조해야겠다. 그러지 않고서야 어떻게 이전 세대 서구의 어머니들이 대개 가정주부였던 반면 오늘날은 아니라는 사실, 또는 서구의 아버지들이 과거에 비해 아이들과 보내는 시간이 훨씬 많아졌다는 사실을 설명할 수 있겠는가? 앞에서도 언급했듯 진화심리학자들의 주장은 사회적 역할이 끼치는 영향이 없다는 것이 아니라 사회적 역할만이 얘기의 전부는 아니라는 점이다. 게다가 얘기의 반대편에 해당하는 존재, 즉 선천적 기여가 사회적 역할의 형성에 어느 정도는 일조할 가능성도 있다. 원칙적으로 우리는 우리가 원하는 사회적 역할들은 무엇이든 만들어낼 수 있다. 그러나 또한 엄격한 사회의 개입이 부재한 상황에서는 우리의 진화된 본성과 더 잘 어울리는 역할들이 진화된 본성과 충돌하는 역할들보다 오래 지속될 가능성이 높다.[135]

그렇다면 선천적 기여가 존재한다고 추정해야 할 이유는 무엇인가? 일차적인 대답은 이렇다. 육아에서의 성 차이는 모든 문화에서 발견되며, 따라서 이것이 그저 임의적인 사회의 발명품일 뿐이라면 오히려 그게 더 이상하다. 이 주장에 대해 사회문화 이론가들은 이렇게 답한다. 사회적 관습인 것은 맞지만 임의적인 것은 아니다. 우리는 이 주장을 이미 만나봤다. 이글리와 우드에 따르면 모든 문화권에서 여성이 육아의 부담을 지는 것은 모든 문화에서 임신을 하고 수유를 책임질 장비를 가진 게 여성이기 때문이다.[136] 또한 이렇게도 덧붙일 수 있다. 일단 사회에 견고하게 뿌리내린 모성의 역할은 자체 작동을 시작한다. 여아들은 그 역할을 수행하는 여자들을 보며 자연스럽게 그들을 본받는다. 성인들 또한 여아들이 그 역할을 수행하기를 기대하기 때문에 그들을 그렇게 사회화한다. 결론적으로, 여자가 육아의 상당 부분을 담당하는 것은 선천적인 심리 차이 때문이 아니라 임신과 수유와 관련한 선천적이고 신체적인 차이의 간접 효과 때문이다.

다시 말하지만 이는 완벽히 합리적인 가설이다. 그리고 또 다시 말하지만 이는 상당히 강력한 반론에 부딪친다. 왜 자연 선택은 여자에게 양육을 위한 신체적 장치들을 주었으면서 그것을 작동하는 데 필요한 심리적 동기는 주지 않았다는 것일까? 자연 선택이 다른 온갖 부분에는 성 차이를 만들면서 왜 두뇌만 빼놨다는 것일까? 그리고 왜 자연 선택은 유독 우리 종에만 이 같은 접근법을 취했다는 것일까? 이미 살펴봤듯 자손을 양육하는 대부분의 종에서 거의 모든 부분을 담당하는 것은 암컷이다.[137] 다른 동물에서는 사회적 역할에 근거한 설명이 타당성을 획득하지 못하며, 그 성 차이가 선천적이라는 사실을 부정할 사람은 없을 것이다. 의문점은 다른 동물과 동일한 성 차이가 왜 인간에게서만 완전히 다른 원인에 의해 만들어졌다고 봐야 하는가이다.

정답은 그럴 리 없다는 것이다. 이러한 판단의 연장선상에서 육아 관련 성 차이가 오직 문화에서만 기인하는 것은 아님을 보여주는 다양한 증거들이 존재한다. 첫째, 문화가 정반대의 방향으로 밀어붙일 때조차 여성은 남성에 비해 육아에 더 신경을 쓴다. 이 극단적 사례를 키부츠로 알려진 이스라엘 공동체에서 찾을 수 있다. 키부츠는 급진적 사회주의 원칙에 기초해 만들어졌고, 그 창설자들은 여성이 자녀 양육을 주로 책임지거나 부모들이 자신만의 자녀를 배타적으로 돌보는 등의 부르주아적 전통을 제거하고자 했다. 이 목표의 달성을 위해 키부츠kibbutz 아이들은 부모와 함께 사는 대신 대규모 공동 숙소에서 생활했다. 이론상으로는 괜찮아 보였을지 모르나 이 제도는 현실 속에서 급속도로 와해되었다. 부모들—특히 어머니들—이 반발했고, 이내 자신의 아이들과 함께 살겠다고 고집하기 시작했다. 키부츠의 남자들 일부가 한동안 저항도 해봤지만, 결국 굴복하고 말았다. 이 경우 여자들이 남자들의 강요로 어머니의 역할을 맡아야 했던 게 아니라, 오히려 자기 자신의 역할을 되찾기 위해 남자들과 맞서야 했던 셈이다.[138]

이와 유사한 현상을 현대 서구 사회에서도 찾아볼 수 있다. 사회문화 이론가들의 공통된 주장은 여자가 경력보다 아이를 우선시하도록 만드는 압력이 존재한다는 것이다. 그러나 오늘날에는 그 압력이 정반대로 작용하는 경우도 많다. 여아들은 직장의 유익함에 대해 배우며, 여자들은 직장에 집중하고 승진하도록 격려 받는다. 한편 "전업 주부"들은 암묵적으로 블랙리스트에 오르고, 이는 중산층과 중상층 여자들 사이에서 특히 두드러진다. 그러나 이 모든 것에도 불구하고 여자는 집에 머물며 아이들을 돌보고 싶어하거나, 아이들과 더 많은 시간을 보낼 수 있도록 시간제 직장을 원할 가능성이 여전히 더 높다. 여자들 스스로가 이런 바람을 가져서는 안 된다고, 이런 행동이 여성공동체를 실망시키는 것이라고 생각할 때조차 그렇다.[139] 이 여성들은 키부츠 여성들과 마찬가지로 압력에 의해 이런 선택을 하는 것이 아니다. 오히려 그들은 종종 사회의 지배적 압력에 반하면서까지 이런 선택을 한다. 여러 사회과학자들은 육아에 있어서의 성 차이를 서구 규범과 가치의 "탓"으로 돌린다. 그러나 이 주장을 거꾸로 뒤집어 볼 수도 있다. 그토록 많은 사람들이 젠더 평등과 공정한 분업을 칭송한다는 사실에도 불구하고, 또한 젖병과 분유 덕분에 남자도 여자만큼이나 능숙하게 유아를 돌볼 수 있다는 사실에도 불구하고 이성 차이는 서구 사회에 여전히 존재한다.[140]

이 지점에 이르면 잔존하는 성 차이는 진화가 아니라 문화적 관성을 반영하는 것이라고 사회문화 이론가들은 주장할지도 모른다. 우리의 육아 전통이 현재의 이상과 테크놀로지를 아직 따라잡지 못한 것이라는 얘기다. 그러나 다른 증거들에 따르면 원인은 그보다 깊은 곳에 있다. 첫째, 육아 성향에 있어서의 성 차이는 인생 초기에 발현된다. 남아들이 여아에 비해 더 저돌적인 놀이를 하듯 여아들은 육아를 흉내내는 놀이를 더 많이 한다. 이는 참으로 흥미로운 한 쌍의 발견인데, 종을 불문하고 어린 개체들의 놀이가 성년기에 자연스럽게 전담하게 되는 행위들의 예행연습이라는 측면에서 그렇다.[141] 물론 이차이들의 조기 발현이 선천적 기여의 절대적 증거는 아니다. 원칙상 여전히, 사회화의 독자적 작용에 의한 산물일 가능성이 존재한다. 하지만 그럴 확률은 낮아 보인다. 자궁에서 높은 수준의 테스토스테론에 노출된 여아들은 다른 여아들에 비해 육아놀이 대신 야단법석 놀이를 할 확률이 더 높다. 그렇다면 부모들이 태아기에 정상적인 수준의 호르몬에 노출된 딸들에게만 육아의 중요성을 사회화하는 것일까? 그렇지 않다. 대신, 높은 수준의 남성 호르몬에 노출된 여아들은 부모가 보다 여성스럽게 행동하라고 격려할 때조차—다시말해, 사회화 때문이 아니라 사회화에도 불구하고—남성적 행동 패턴을 개발한다.[142] 이를 현실적으로 설명할 수 있는 유일한 방법은 태아기의 호르몬이 태아의 성향을 결정하고, 일이 정상적으로 진행된다면, 해당 영역에서의 평균적인 성 차이 형성에 기여한다는 것밖에 없다.

육아놀이의 성 차이가 오직 사회화의 산물이라고만 보기 힘든 또 다른 이유는 동일한 차이가 다른 영장류에서도 발견된다는 점이다.[143] 일례로 침팬지의 어린 암컷들은 종종 통나무나 막대기를 주워 부드럽게 안아 주거나 돌보고는 한다. 때로는 자신의 둥지에 눕혀 재우기도 한다(맞다. 침팬지들은 둥지에서 잔다. 비인간의 고등 유인원 모두가 그렇다). 실제로 어린 암컷 침팬지들은 인형도 가지고 논다. 수컷 침팬지들도 가끔 그럴 때가 있지만, 이는 드문 경우다.[144] 우리와 밀접한 관련이 있으나 문화가 없는 종에서 육아놀이의 성 차이가 발견되지 않았다면 이것이 순전히 문화의 산물이라는 생각에 더 설득력이 실렸을 것이다. 게다가 인간의 육아놀이에서의 성 차이가 진화에 기원을 두고 있다면서 실제 육아에서의 성 차이는 진화가 기원이 아니라고 한다면 그게 더 이상한 일일 것이다.

다만, 선천적으로 육아에 더 신경을 쓴다는 말이 곧 모든 여자가 어머니가 되어야 한다거나, 남자가 일차적 양육의 역할을 맡는 것을 금해야 한다는 뜻은 아님에 주목하라. 사람은 자신이 원하는 것을 해야 한다. 여기에서의 핵심은 그것이 마음에 들건 들지 않건 남녀가 원하는 것에는 평균적인 차이가 존재하며, 이것이 오직 사회적 영향의 산물인 것만은 아니라는 점이다. 그 차이는 우리의 생물학에 확고히 뿌리내리고 있다.

진실의 적들

이번 장을 마무리하기 위해 우리가 처음에 던졌던 질문으로 돌아가자. 외계 과학자는 인간의 성 차이를 어떻게 받아들일까? 이제 우리는 외계인의 눈으로 우리를 바라볼 수 있는 지점에 도달했다. 외계 과학자가 먼저 주목할 것은 특정한 심리의 성 차이가 모든 문화에서 발견된다는 사실이다. 그 차이의 정도는 지역별로, 또 시대별로 어느 정도 상이한 측면이 있다.[145] 그러나 이 차이들이 단순히 사회적 발명품에 지나지 않을 뿐이라면 왜, 여자가 남자에 비해 가벼운 섹스에 더 관심이 많은 문화, 여자가 전쟁에 나가는 사이 남자가 집에 머무는 문화, 남자가 육아의 대부분을 담당하는 문화는 없는 것일까? 이런 현상들이 그저 진화로 만들어진 신체적 차이의 간접적 효과일 뿐이라면, 문화가 공격을 퍼부을 때조차 이 심리적 차이들이 끈질기게 유지되는 이유는 무엇인가?

다음으로 외계 과학자는 인간의 심리에서 발견되는 표준적인 성 차이가 특정 호르몬과 관련이 있다는 사실에 주목할 것이다. 가령 테스토스테론은 높은 성욕, 공격성, 경쟁심, 지배성, 충동성, 위험 감수, 지위 추구 등 여자보다 남자에게서 흔히 발견되는 특성 다수와 관련이 있다.[146] 남성에게 전형적으로 나타나는 행동들과 관련이 있는 이 호르몬이 성중립적인 배아를 남아로, 나아가 남성으로 바꾸는 바로 그 호르몬이라는 것은 그저 우연의 일치일까?

마지막으로 외계 과학자는 인간에게서 발견되는 것과 동일한 성 차이가 비인간 포유류 다수에서도 발견된다는 사실에 주목할 것이다. 자손에게 투자하는 시간과 에너지가 적은 종의 수컷은 덩치가 더 크고, 성적 파트너에 대해 덜 까다롭고, 보다 공격적인 반면 암컷은 사춘기에 더 빨리 도달하고, 상대를 더 까다롭게 고르고, 더 장수하는 경향이 있다. 이러한 차이들을 발견할 때 우리는 그 원인을 사회적 힘에서 찾으려는 생각 같은 건 하지 않는다. 예를 들어, 수컷 캥거루가 암컷 캥거루에 비해 더 많이 싸우는 현상을 두고 이는 부모 캥거루가 소년 캥거루에게는 총을 쥐어 주고 소녀 캥거루에게는 인형을 쥐어 줬기 때문이라고 주장할 이는 없을 것이다. 또한 암컷 고릴라가 육아에 더 신경 쓰는 이유가 가부장적인 고릴라 젠더 규범의 결과라고 주장할 이도 없을 것이다. 합리적인 사람이라면 누구나 동물의 성 차이가 진화에 기원을 두고 있다는 것과 인간의 신체적 차이가 진화에 기원을 두고 있다는 사실을 받아들인다. 그렇다면 우리 종에서의 심리적 차이가—우리와 동일한 신체적 차이를 가진 다른 종에서도 똑같이 발견되는데도—그 원인만큼은 전적으로 다르다고(학습 또는 문화), 동물과 정확히 같은 종류의 차이들을 갖게 된 것은 그저 우연일 뿐이라고 말하는 것이 과연 합리적인가?

외계 과학자는 슈퍼컴퓨터와도 같은 자신의 두뇌로 자료를 돌려본 후 인간 심리에서 발견되는 성 차이가 자연 선택에 기원을 두고 있다고 결론지을 것이다. 만약 이 과학자에게 인간 중에는 동물의 진화를 관장하는 사회생물학적 법칙에서 인류는 예외라고 믿는 사람들, 인류가 언어와 문화의 힘으로 진화 과정을 초월했다고 믿는 사람들이 많다는 사실을 알려주면 어떤 반응을 보일까? 외계 과학자는 아마도 코웃음을 치며, 그런데 당신들은 최근까지도 자신이 우주의 중심이자 존재의 목적이라고 믿었던 바로 그 종이 아니냐고 지적할 것이다. 성 차이의 진화적 기원과 같은 사안들에 있어서는 많은 이들이 여전히 지구 평면설을 주장하는 사람처럼 구는 것이다. 그들은 다윈이 그 부재를 이미 증명했던 것, 즉 인간과 다른 동물 사이의 커다란 간극을 상정한다. 일부 진화생물학자조차 인간과 비인간 사촌 사이의 차별대우를 존중하며, 다른 종에는 분명히 적용되는 사회생물학 이론에서 인간은 별개의 문제라고 말한다. 그렇지만 박테리아에서 벌레, 난쟁이침팬지에 이르기까지 동물의 왕국 전반에 정확히 적용되는 그 사회생물학 이론들이 직립보행을 하고 강한 자의식을 가진 영장류 딱 한 종에만 적용되지 않는다는 말이 믿어지는가? 참으로 급진적 주장이다. 이것을 뒷받침할 급진적 증거는 어디에 있는가?

심리학계를 통틀어 성 차이의 진화는 가장 강력한 사실의 하나다. 그런데도 다수의 심리학자와 사회과학자들은 진화의 역할에 대한 생각 자체를 무시하거나 경시한다. 그보다 최악은 학계 내부 일각에서 성 차이의 진화론을 너무도 혐오스러운 것으로 간주하는 나머지 그것을 입에 올리는 일조차 신성모독에 준하는 행위로 취급한다는 사실이다. 사람들은 무의미한 지적 물구나무를 서고 전체주의적 이중사고라는 초인적 개가를 달성해 가며 우리 종에 대한 진실을 외면하도록 강요받는다. 거기에 기꺼이 협조하지 않는 이들—성 차이는 실재하며 진화에 기원을 둔 것이 거의 확실하다고 주장하는 사람들—은 성차별주의자, 뇌 성차별주의자neurosexist, 아니면 열 개도 넘는 다른 모욕적 이름으로 불리고 낙인 찍힐 위험을 감수한다.[147] 자유로운 연구와 진리의 추구를 중시해야 할 공동체에서 학자들이 왜, 명백한 사실을 말한다는 이유로 비난과 인신공격을 무릅써야 하는가?

비단 학계에만 국한된 문제가 아니다. 다수의 성 차이가 진화에서 비롯되었다는 사실은 사회가 이 차이들을 대하는 방식에도 영향을 미친다.[148] 옳지 못했던 지난 시절에 사람들은 온갖 괴상한 개입을 통해 왼손잡이와 동성애를 "치료"하려고 했다. 그때보단 깨어 있는 시대를 사는 우리는 이 치료들을 잔인하고 무의미한 것으로 본다. 그러나 미래의 사람들은 성 차이를 "치료"하려는 우리의 노력들을 똑같이 잔인하고 똑같이 무의미한 것으로—왼손잡이에게 오른손으로 글쓰기를 강요하거나, 인형을 가지고 놀면 게이가 될까 봐 인형놀이를 금지하는 행위의 현대식 버전으로—볼지도 모른다. 크리스티나 호프 소머스 등의 "자유 여성주의자freedom feminists"들이 주장해온 바와 같이 기초적 성 차이가 오른손·왼손잡이의 문제나 성적 지향처럼 뿌리 깊은 것이라면, 남녀를 같은 틀 안에 밀어 넣을 목적으로 고안된 개입들에 대해 재고해야 한다. 예를 들어 남아와 여아가 동일한 장난감을 가지고 놀게 구슬릴 목적으로 설계된 개입, 현재 남성이 압도하고 있는 인기 직업군 모두에서 성비를 50대

50으로 맞추고자 설계된 개입 등에 대해 한 번 더 생각해야 한다. 성 차이가 곧 여성에 대한 차별을 의미한다는 자동적 가정에는 의문을 제기해야 한다. 또한 우리가 무슨 권리로 인생과 경력에 대한 각 개인의 선호를 짓밟고 성중립적 세상을 위한 우리의 선호를 관철시키려는 것인지 물어야 한다.[149]

물론 특정 성에 전형적으로 나타나는 성향들이 해악을 유발한다면 모든 권리와 근거를 동원해 근절해야 한다. 가령 남성이 선천적으로 폭력적 성향을 가지고 있다면 이 남성 전형적 행위의 억제를 추구해야 하고, 그럼으로써 폭력을 둘러싼 성 차이의 간극을 줄여야 한다. 그러나 이 조치가 정당한 것은 폭력이 유해하기 때문이지, 성 차이가 본질적으로 나쁘기 때문이 아니다. 그리고 다른 성 차이들에 있어서는—그 누구에게 어떤 위해도 가하지 않는 차이들의 경우에는—뭐가 문제라는 말인가? 사람들이 그들 자신일 수 있게 그냥 내버려 둘 수는 없나?

4장

데이트하고 짝짓기하고 아기를 만드는 동물

외계 인류학자가 지구에 내려와 하루나 이틀 정도 대중음악을 듣고 자기계발서, 영화, 소설을 훑는다면 인간이 사랑, 섹스, 친밀한 관계에 사로잡혀 있다는 결론에 쉽사리 도달하게 될 것이다.

—가스 플레처 외 다수Garth Fletcher et al.

인간 생명의 컨베이어 벨트

우리의 외계 과학자가 숙취에 시달리며 지구라는 행성에 도착했고, 보통 때 같으면 훌륭하고 통찰력 넘칠 그 지성이 당시에는 다소 둔한 상태였다고 상상해 보라. 거기에 더해, 좋지 못한 상태 때문에 보는 눈이 흐려진 이 외계인이 인간이라는 존재가 자연 발생하는 유기체임을 깨닫지 못하고 대신 공장에서 만들어지는 기계로 오인했다고도 상상해 보자. 외계인은 이 "기계들"이 어떤 목적으로 설계되었다고 생각하겠는가? 숙취가 서서히 사라지는 중에 하게 될 최초의 추측은 인간이 동종의 새로운 기계들—다시 말해 새로운 인간들—을 만들어내도록, 그리고 그 새로운 인간들이 더 많은 새로운 인간들을 만들어내는 과정을 반복하도록 설계되었다는 것일지도 모른다. 외계 과학자는 대체 누가 이처럼 이상하고 겉보기에는 무의미한 과업을 수행하도록 기계를 설계한 것인지 궁금할 것이다. 그러나 여행 경험이 많은 외계인으로서 그간 이상한 존재들을 한두 번 본 것도 아니고, 그 설계자의 동기를 제대로 헤아린다는 게 어려운 일이기는 하지만, 어쨌든 인간은 동종의 복제라는 유일한 목적 아래 설계된 기계라는 인상을 떨치기 힘들어할 것이다. 우리는 생식기, 자궁, 수유를 위한 장치 등 동종 복제의 과업을 수행하는 데 필요한 온갖 해부학적 장비를 갖추고 있다. 그리고 이 장비들을 작동하는 데 필요한 모든 충동과 욕구, 즉 성욕과 부성애(모성애) 등도 가지고 있다.

물론 아이를 갖는 것이 모든 인생의 명시적 목표는 아니다. 그러나 이는 우리의 신체와 기본 욕구의 설계에 내재된 목표다. 또한 인간의 수정란을 제대로 기능하는 인간 성체로 바꾸는 발달 프로그램에 내재된 목표이기도 하다. 유년기는 성적 성숙으로 막을 내린다. 성적 성숙은 사실상 발달 과정이 달성하고자 하는 목표다. 그리고 일단 아이를 낳고 기를 연령을 넘기고 나면 우리의 몸은 고장나고 허물어지기 시작해 종국에는 기능을 일제히 멈춘다. 인간은 영원히 지속되도록 설계된 기계가 아니다. 인간은 번식에 충분한 만큼 살도록 설계된 기계다.

숙취에 시달리는 외계인은 그렇게 추측할 수도 있으리라는 얘기다. 물론 우리는 인간이 실제로는 기계가 아니라는 사실을—보다 정확히는, 공장에서 만들어진 게 아니라 자연 선택에 의해 설계된 기계라는 사실을 안다. 그리고 자연 선택은 번식뿐 아니라 보다 폭넓은 과업, 즉 유전자 전달이라는 과업을 달성하도록 우리를 설계했다는 사실 또한 안다. 그렇지만 알코올 중독자 외계인이 제대로 추측한 구석도 있기는 하다. 비록 인간이 여러 가지 다양한 방법으로 자신의 유전자를 물려주도록 설계되기는 했지만, 단연코 가장 중요한 것은 아기를 만드는 일이다. 바로 이것이 이 장에서 다루려는 주제다. 인간 생명의 컨베이어 벨트. 이제부터 우리는 짝을 고르고, 사랑에 빠지고, 경쟁자와 다투고, 아이를 만들어내고, 이 아이를 성년으로 인도해 전체 과정이 다시 시작될 수 있도록 돕는 인생의 주요 이정표들을 살펴볼 것이다. 사전 경고—이 작업이 끝날 때쯤 여러분은 섹스와 관계를 영원히 유보하게 될지도 모른다…….

가장 아름다운 '적자생존'

1838년, 29세의 젊은 나이에 찰스 다윈의 생각은 결혼을 향하기 시작했다. 그 때 이미 그는 많은 것을 이룬 청년이었다. 영국 함선 HMS 비글호에 박물학자로 승선해 5년 동안 세계를 일주했고, 이후에는 과학자이자 영국 사회의 존경할 만한 구성원으로 확고한 명성을 쌓았다. 그는 이제 결혼을 생각해볼 때라고 판단했다. 누가 다윈 아니랄까 봐, 그는 이 과제에 체계적이고 논리적으로 접근했다. 결혼의 장단점을 목록으로 정리한 것이다. 이 위대한 박물학자의 생각은 이랬다.

결혼을 한다

자녀 — (신께서 괜찮으시다면) — 같은 것에 흥미를 느낄, 변함없는 동반자(그리고 말년에는 친구), — 대단히 사랑하고 함께 놀 대상. — 어떻게 보면 개보다 나음. — 가정, 그리고 집을 돌봐줄 누군가 — 음악과 여자의 재잘거림이 주는 매력. — 이런 것들은 건강에 좋다. — 그러나 끔찍한 시간의 낭비임. —

맙소사, 평생을 한 마리 일벌처럼 일하고, 일하고, 다른 아무것도 없다는 것은 (그런 생각을 하는 것조차) 견딜 수 없다. — 아니, 아니, 그렇게 하지 않을 것이다. — 연기 자욱하고 지저분한 런던하우스에서 온종일 홀로 지낸다고 상상해보라. — 상냥하고 나긋한 아내와 훌륭한 벽난로 옆 소파에 앉은 네 모습. 책과, 어쩌면 음악도 함께. — 이 그림을 런던 그레이트 말보로 스트리트의 우중충한 현실과 비교해보라.

결혼을 하지 않는다

원하는 어디든 갈 수 있는 자유 — 어울릴 사람들을 선택할 수 있지만 그럴 일이 거의 없음. — 사교모임에서 영리한 남자들과 나누는 대화 — 친지를 억지로 방문할 일, 온갖 사사로운 일에 신경 쓸 필요가 없음. — 아이들에게 들어갈 비용과 걱정이 없고 — 어쩌면 싸움도 없음. — 시간의 낭비에 있어서는 — 저녁에 책을 읽을 수 없음. — 살찌고 나태해짐. — 만약 아이들이 많아서 생활비를 벌어야만 한다면 — 불안 그리고 책임감 — 책을 살 돈이 줄어듦. — (하지만 일을 너무 많이 하면 건강에 아주 해로움). 어쩌면 아내가 런던을 좋아하지 않을지도 모른다. 그렇다면 유배나 다름없는, 무기력하게 빈둥거리는 멍청이로의 쇠락을 선고받게 되겠지. —

결국 다윈은 나긋한 아내가 주는 기쁨이 유형의 위험을 능가한다고 판단했고 결혼을 하는 쪽에 서게 되었다. 그는 1838년 11월에 사촌 엠마 웨지우드Emma Wedgwood에게 청혼했고, 둘은 이듬해 1월에 결혼했다. 다윈이 청혼의 결정에 사용한 이 방법을 부인에게 털어놓은 적이 있는지는 알려지지 않았다—털어놓지 않았기를 바란다. 하지만 어느 쪽이든 그들의 결혼생활은 길고 행복했으며—내 생각에는—그가 옳은 결정을 했음을 믿어 의심치 않았다. 그의 아내 또한 마찬가지였다.

이 일화는 흥미로운 질문을 제기한다. 다윈에게는 정말 미안한 말이지만,

짝짓기 게임을 하는 사람들 대부분이 다윈과 같은 접근법을 취하지는 않으리라 자신해도 무리가 없을 것이다. 그리고 인간이 그런 접근법을 취하지 않는 이상 지구상 다른 모든 동물들 또한 마찬가지일 것임이 더욱 확실하다. 인간처럼 짝의 장단점을 신중하게 저울질하는 것 자체가 동물들의 선택지에는 없기 때문이다. 그러나 대부분의 동물—인간과 비인간 모두—이 짝짓기를 무작위로 하지 않는 것도 사실이다. 다윈주의적 관점에서는 짝을 무작위로 고르는 게 오히려 더 이상할 것이다. 짝의 선택은 정말 너무나도 중요해서다. 심술궂기로 유명한 철학자 아르투르 쇼펜하우어Arthur Schopenhauer는 이렇게 말했다.

> 모든 연애의 궁극적 목표는……사실 인생의 다른 어떤 목표보다도 중요하다. 그것을 좇는 모두가 진지할 가치가 있다. 연애에 의해 결정되는 것은 다름 아닌 다음 세대이다.[1]

그러나 장단점의 목록을 정리하지 않는다면, 그렇다고 무작위로 선택하는 것도 아니라면, 우리는 이 가장 중요한 결정을 어떻게 내리는 것일까? 간단하다. 대부분의 경우, 먹거리를 선택하는 것과 같은 방식으로 짝을 결정한다. 내재적 선호, 즉 자연 선택이 마련해 둔 선호에 따라 움직이는 것이다.

우리는 3장에서 배우자 선택의 문제를 간단히 다뤘다. 지금부터는 우리가 진화시켜 온 배우자 선택의 논리를 보다 상세히 살펴보자. 이 과업의 기초를 닦는 차원에서 먼저 널리 퍼져있기는 하나 문제의 소지가 있는 직관 두 가지를 제거할 필요가 있다. 첫째는 아름다움이 크기나 모양처럼 우주의 객관적 속성이며, 우리가 특정 개인을 매력적이라고 느끼는 것은 그 개인이 정말로 매력적이기 때문이라는 생각이다. 이 같은 직관은 우리 안에 아주 단단히 뿌리내리고 있다. 우리 모두는 완벽한 미소와 광나는 피부를 가진 특별한 누군가가 천부적이고 객관적으로 매력적이라고 생각하며, 그들의 그런 면에 매력을 느끼는 것은 우리가 그렇게 설계되었기 때문이라는 사실을 믿기 어려워한다. 그러나 추정컨대, 철학적 성향을 가진 침팬지 또한 자신의 연애 상대에 대해 직관적으로 동일하게 느낄 것이다. 예를 들어 수컷 침팬지는 털이 북실북실한 몸과 팽창한 성기를 가진 번식력 있는 암컷이—우리가 서로를 볼 때와 마찬가지로—천부적이고 객관적으로 매력적이라고 볼 것이다. 그리고 암컷의 그런 면에 매력을 느끼는 것은 자연 선택이 그를 그렇게 만들어놨기 때문이라는 사실을 믿기 어려워할 터다. 한편 무성의 외계 과학자는 침팬지와 인간 때문에, 사실상 유성 생식을 하는 모든 종 때문에 당혹감을 느낄 것이다. 우리 중 가장 매력적인 이조차 외계 과학자의 눈에는 "내용물 대부분이 물로 구성된 추하고 거대한 포대자루(〈스타 트렉Star Trek〉의 대사를 빌리자면)"로 보일 테니까. 모든 종은 아름다움과 매력에 대한 나름의 기준을 가지고 있고, 머리가 거대한 한 영장류—즉, 우리—가 가진 미의 기준이 아름다움에 대한 객관적 진리와 우연히도 일치하게 되었다고 생각할 이유가 없다. 사실 아름다움에 객관적 진리가 존재한다고 생각할 이유 자체가 없다.

따라서 이것이 우리가 제거해야 할 첫 번째 직관이다. 두 번째는 첫 번째의 반사상反射像이다. 아름다움에 대한 인식이 인간 본성이라는 기반암에 새겨져 있는 게 아니라, 실은 고도로 가변적인 문화의 산물이라고 보는 아이디어다. 이 관점에서 보면 사람들이 보편적인 것이라고 천진난만하게 가정하는 매력의 기준이 실은 서구 사회, 광고주, 여성을 지속적으로 통제하려는 가부장적 권력 구조의 발명품이다.[2] 이러한 주장(경우에 따라서는 음모론)을 뒷받침하기 위해 사람들은 매력으로 간주되는 것들 사이에 현저한 시대적, 지역적 차이가 존재한다고 지적한다. 마릴린 먼로Marilyn Monroe는 그녀가 한창 활동하던 시절에 세계에서 가장 매력적인 여성으로 손꼽혔다. 하지만 요즘이라면 그녀는 과체중으로 여겨질 것이다. 마찬가지로 수 세기 전에 루벤스 같은 예술가들이 그린 누드화에 등장하는 여자들은 오늘날의 기준으로 보자면 체중을 몇 킬로그램 정도는 더 빼야 했을 것이다. 이러한 시대적 차이가 상당하다고는 해도 문화적 차이에 비하면 시시한 수준이다. 다윈은 1871년작 『인간의 유래 The Descent of Man』에서 이 문제를 거론하며 다음과 같이 쓰고 있다.

> 라투카Latooka 부족장의 아내는 S. 베이커 경에게 베이커 부인이 "아래쪽 앞니 네 개를 뽑고 아랫입술에 길고 뾰족하게 연마한 크리스털을 끼우면 외모가 훨씬 나아질 것"이라고 말했다.

동일한 책의 뒷부분에서는 이렇게 얘기한다.

> 윈우드 리드 씨(영국인 탐험가)는……이렇게 인정한다. 흑인들은 "우리의 피부색을 좋아하지 않는다. 그들은 우리의 파란 눈을 혐오하고 우리의 코가 너무 길며 입술은 너무 얇다고 생각한다."[3]

이 같은 사실에 근거해 다윈은 "신체에 대한 보편적인 미의 기준 같은 게 인간의 마음속에 있다는 것은 사실이 아니다"라고 결론지었다.[4] 이후 수 세기를 거치는 동안 사회과학자들 대다수가 동일한 평결을 내렸다. 그러나 내 생각에 다윈과 이 사회과학자들은 의심의 여지없이, 틀렸다. 미의 기준이 문화와 시대에 따라 다소 다르다는 사실을 부정하는 것은 아니다. 그러나 이는 미의 기준이 생물학에 100% 기인하고 거기에 문화가 기여하는 바는 전혀 없다는 아이디어—누구도 가질 리 없는 극단적 견해—만 배제해줄 뿐이다. 이는 또한 정반대의 극단적 견해, 즉 미의 기준이 문화에 100% 기인하며 생물학이 기여하는 바는 전혀 없다는 시각의 유효성을 입증하지도 못한다. 후자의 견해와 달리 생물학이 기여하는 바가 있다고 믿을 충분한 근거들이 존재한다(더 나아가 생물학이 기여하는 바가 상당하다고 믿을 근거들도 있다).

우선 미의 기준에 문화적·시대적 차이가 있음을 보여준다는 통상적 사례들은 깊이 들여다볼수록 설득력이 떨어진다. 전성기의 마릴린 먼로는 현대의 평균적인 패션 모델보다는 다소 볼륨감이 있었지만, 오늘날의 기준으로 봐도 과체중은 아니었다. 게다가 먼로의 옛 사진을 보며 "역겨워라! 이 여자가 섹시하다고 생각했던 사람이 있었다는 게 믿어지지를 않네."라고 말할 사람은 없다. 시간 여행을 하는 외계인이 먼로를 이 시대에 데려다 놓는다고 해서 그녀가 데이트에 궁한 신세가 될 것이라고는 생각하기 힘들다. 루벤스의 경우 그의 그림에 등장하는 여자들 다수가 오늘날에도 여전히 매력적으로 보이는 범주에 속한다. 덩치가 더 큰 이들도 분명 있긴 하다. 그러나 이 그림들이 화가 자신의 성적 선호가 아니라 그 시대의 주류적 선호를 대표하는 것임을 설득력 있게 입증한—혹은 그러려고 시도라도 해본—이는 아직 없었다. 이 작품들은 그 시대에조차 위대한 예술이었으나 틈새를 공략하는 포르노였을지도 모른다. 이 가능성의 연장선상에 있는 최근의 분석에 따르면 루벤스는 실제로도 특이한 사람이었다. 그 시대 예술가의 대부분은 더 마른 여성들을 그렸다.[5]

게다가 일부 증거들은 미적 기준에 있어서의 문화적 차이가 상대적으로 피상적임을 시사한다. 어느 연구에서 실험 참가자들은 여자의 사진을 보고 그들의 매력도를 평가하도록 요청받았다. 참가자들은 다양한 인종 집단에 속해 있었으며 사진 속 여자들도 마찬가지였다. 그러나 그 다양성에도 불구하고 가장 매력적인 이와 그렇지 않은 이, 그리고 그 사이에 속하는 이들에 대한 강력한 합의가 존재했다.[6] 아주 다양한 문화적 배경을 가진 이들의 평가가 그토록 강력하게 수렴된다는 점은 여기에 생물학적 기여가 존재함을 암시한다. 사실, 그 이상을 의미한다. 생물학적 기여가 문화의 효과를 크게 능가한다는 얘기다. 일부 사회에서는 아랫입술에 꽂는 크리스털을 높이 살 수 있지만, 그렇다고 그것이 미운 오리를 백조로 바꿔주는 것은 아니다. 혹시 이 문화를 초월하는 수렴 현상이 서구 미디어의 영향 때문일 수 있는지 궁금해하는 이들을 위해 말하겠는데, 증거에 따르면 그렇지 않다. 첫째, 미디어에의 노출 여부를 측정한 연구자들은 참가자가 사진을 평가하는 방식에 미디어가 아무런 차이를 만들지 못한다는 사실을 발견했다. 둘째, 다른 연구들에 따르면 신생아조차 성인들이 매력적이라고 평가한 얼굴을 쳐다보는 것을 선호한다.[7] 아기들이 태어난 지 며칠 만에 광고, 광고판, 할리우드 영화를 통해 이 선호를 습득했을 가능성은 낮다.

이 모든 것들을 감안할 때 우리가 매력적이라고 생각하는 것의 핵심은 장소를 불문하고 모든 이들에게 동일한 것처럼 보인다. 아름다움은 보는 이의 눈 속에 있지만 보는 이의 그 눈은 자연 선택에 의해 형성되었으며 따라서 시대별로 또는 문화별로 그렇게 크게 상이하지 않다. 다음 질문은 이것이다. 왜 그런가? 왜 자연 선택은 우리가 매력적이라고 생각하는 것에 "관심을 두는가?" 이에 대답하기 위해 다시 한번 여러분이 가상의 고대 인간이라고 생각해보자. 이 사람의 유일무이한 인생 목표는 생존에 성공하는 자손을 최대한 많이 갖는 것이다. 이 목표를 위해 여러분은 어떤 배우자를 선택할 것인가? 여러분의 생각은 이렇게 흘러갈지도 모른다.

오케이, 일단 나는 내가 속한 종, 나와는 다른 성별, 성인 구성원을 좇아야 해.[8][*] 이건 상당히 중요한 문제야. 하지만 이 정도면 상당히 낮은 기준이지. 희망 사항들의 목록에 추가할 수 있는 건 훨씬 많아. 첫째, 나는 생식력이 있는 상대를 추구해야 해. 임신을 할 능력이 있는 사람(내가 남자인 경우) 또는 나를 임신시킬 수 있는 사람(내가 여자인 경우)이 필요하지. 둘째, 건강이 완벽하게 보증된 사람을 추구해야 해. 튼튼한 체질을 가지고 있어서 나 또는 우리 자손에게 어떤 질병도 물려주지 않을 사람, 그 자손들의 돌봄에 충분히 기여할 수 있을 정도로 오랜 기간 곁에 머물러 줄 사람이 필요해. 그리고 셋째, 좋은 유전자를 가진 사람을 찾아야 해. 돌연변이가 상대적으로 적고 현지의 기생충에 저항력을 가진 강인하고 건강한 아이를 만들 확률이 높은 유전자 말이야. 이 특성들은 어느 정도는 상호 연관되어 있어. 생식력은 건강에 좌우되는 측면이 있고, 건강은 좋은 유전자에 좌우되는 측면이 있지. 그러나 이 특성들이 중첩되는 것만으로는 완벽하지 않기 때문에 세 가지 표식 모두를 가지고 있는지 주시해야 해.

심리적으로 건강한 남녀가 잠재적인 짝을 평가할 때 실제로 이렇게 생각하지는 않는다고 말해둬야겠다. 그리고 최근까지는, 그런 생각을 한다 한들 크게 좋을 것이 없었다. 전근대적 인류의 경우 훌륭한 유전자를 가지고 있음을 입증할 유전자 검사는 고사하고, 생식력이나 건강을 입증할 의사의 증명서조차 잠재적 짝에게 요구할 수 없었다. 그렇다면 우리는 어떻게 잠재적 짝과 연인의 생식력을 평가할까? 음, 엄밀히 말해, 평가하지 않는다. 대신 우리

---

*여기에서 배타적인 동성 성적 지향을 유지하는 이들에 대한 난감한 질문이 제기된다. 지면의 제약이 있으나 두 가지만 짚고 넘어가겠다. 첫째는 성적 지향과 관련한 단순한 진화적 예측이다. 사람들은 주로 이성에게 끌린다-95%이상 맞을 확률이 있으며 이는 심리학의 모든 이론보다도 훨씬 높은 성공률이다. 둘째, 동성 성적 지향에 대한 설명이 무엇이든 간에 이는 적응이 아니다(Bobrow&Bailey, 2001; Camperio-Ciani, Corna, & Capiluppi, 2004; LeVay, 2011; see also Appendix A).

는 특정한 신체적 속성에 매력을 느끼는 자동적이고 비학습적인 성향을 가지고 있다. 우리의 진화 역사에서 이 속성들은 생식력, 건강, 유전자의 질과 신뢰할 만한 연관성을 가지고 있었다. 인간은 이런 속성을 가진 이들을 "외모가 준수하다"고 보도록, 이런 속성을 가지지 못한 이들을 "외모가 그다지 준수하지 않다"고 보도록 진화했다. 우리가 은연중에 이 특성들에 기반해 상대를 평가할 때 사실 우리는 이들을 잠재적인 정자 또는 난자 기증자로 평가하는 것이다. 다윈주의의 관점에서 아름다움은 건강을 보증하는 증명서이고, 구애는 우리의 미래 자손을 위해 최고의 유전자를 찾아 다니는 쇼핑의 과정인 셈이다. 어떻게 보면 배우자 선택은 일종의 우생학이며, 언제나 그래왔다.

본론으로 들어가보자. 인간은 어떤 특성을 매력적인 것으로 생각하게 진화했을까? 현재 진화심리학자들이 확보하고 있는 기나긴 목록에는 건강한 피부와 윤기 나는 머리카락에서부터 남자의 묵직한 목소리, 여자의 젊은 가슴에 이르기까지 모든 것이 포함된다. 그중 아주 자세한 탐구가 진행된 특성으로 '대칭'이 있다. 인간들, 그리고 우리와 친숙한 동물들 대다수가 양면 대칭이다. 그러니까 우리 신체의 오른쪽 절반이 왼쪽의 대략적 거울상이라는 얘기다. 여기에서는 "대략적"이라는 수식어가 중요하다. 유기체들이 대칭이라는 이상향을 달성하는 정도는 다양하다. 여러분 자신의 인물 사진을 찍어 중앙을 자른 다음 각 절반과 그것의 대칭을 이어 붙여 새로운 얼굴을 만들어보면 여러분의 얼굴이 얼마나 대칭적인지 합리적으로 파악할 수 있다. 여러분이 완벽하게 대칭이라면 두 얼굴은 똑같을 것이다. 물론 누구도 완벽하지는 않으므로 여러분은 사실 다소 다른 두 개의 얼굴, 복제품보다는 형제에 가까운 얼굴을 얻게 될 것이다. 중요한 핵심은 두 얼굴이 유사할수록 여러분이 더 대칭적이라는 사실이다.

이 사실이 중요한 것은 대칭성이 매력의 핵심 요소라는 강력한 증거가 있기 때문이다.[9] 얼굴을 잘라 붙인 사진을 활용한 연구들은 피부색, 건강 등 다른 모든 요소들을 고정한 상황에서 대칭성이 높을수록 보다 매력적으로 평가받는다는 사실을 거듭해서 보여 준다. 한편 실제 세계에서의 행위를 관찰하는 연구를 보더라도—평균적으로—대칭성이 높은 남자는 더 이른 나이에 섹스를 시작하고, 성적 파트너를 더 많이 축적하며, 궁극적으로 더 많은 아이를 갖는다.[10] 대칭성 취향을 가진 종이 인간만은 아니다. 과학자들은 붉은털원숭이, 제비, 금화조, 이베리아바위도마뱀을 포함한 비인간 동물 다수에서도 대칭성 선호를 발견했다.[11]

대칭성이 왜 그토록 중요할까? 짧게 답하면 대칭형 얼굴과 신체를 기르는 것은 비대칭형 얼굴과 신체를 기르는 것보다 어렵기 때문이다. 비대칭형 얼굴과 신체보다 대칭형 얼굴과 신체를 그리는 일이 더 어려운 것과 동일한 이유다. 제대로 그릴 확률보다 제대로 못 그릴 확률이 더 높아서다. 가장 적합한 표본들—훌륭한 유전자와 좋은 건강을 가진 개체들—만이 성공하고 고도로 대칭적인 형태를 달성할 수 있다. 적합도가 떨어지는 표본들은 기생충, 독극물, 기타 환경적 스트레스 요인들로 인해 경로를 이탈하기가 더 쉽다. 그 결과 우리 종에서 대칭적 얼굴과 신체가 공작의 화려한 깃털과 동일한 역할을 수행하게 되었다. 적합도의 정직한 표식으로 읽히는 것이다. 어떤 의미에서 우리 모두는 걸어 다니는 광고판으로, 우리 신체의 품질과 유전자의 품질을 눈 달린 모두가 볼 수 있게 선전한다.

이는 자료가 부재한 단순한 추측이 아니다. 대칭적 개체가 보다 매력적으로 인식될 뿐 아니라 더 건강하고 생식력도 훌륭하며 장수의 경향도 더 강함을 보여주는 연구 결과들을 다수 찾아볼 수 있다.[12] 인정하건대, 모든 증거들이 완벽히 일치하는 것은 아니다.[13] 현 단계에서는 아직 결론이 분명하지 않다. 하지만 혹시 내기를 해야 한다면 나는 대칭성과 건강의 연관성이 실재한다는 데 걸겠다. 일단 이 연관성은 상당히 합리적이다. 이를 뒷받침하는 이론도 강력하다. 또한 대칭성과 건강의 연관성은 다른 동물들에서도 발견된다.[14] 인간은 훨씬 더 일반적인 경향성의 그럴싸한 한 가지 사례일 뿐이다.

이제는 익숙해졌을 얘기를 수고롭게 또 하는 위험을 무릅쓰고 말해보면, 이 주장은 사람들이 "와우—이 사람은 평균보다 대칭적이군. 이로써 나는 그에게 매료되기로 결심한다."라는 생각을 한다고 말하는 게 아니다. 사람들은 그저 자기 마음에 드는 것을 좋아할 뿐이다. 그러나 그들이 마음에 드는 그것을 좋아하는 이유는 진화의 역사를 거치는 동안 대칭성이 훌륭한 유전자와 좋은 건강, 생식력을 보여주는 신뢰할 만한 표식이었기 때문이다. 대칭적 짝을 선호하는 개체들은 더 건강하고 매력적인 자손을 갖는 경향이 있었고, 궁극적으로는 이들이 더 많은 손주를 확보했다. 그 결과, 낮이 밤으로 이어지듯 당연하게, 시간의 흐름에 따라 대칭성 선호가 더 일반적인 것으로 자리잡았고 결국 표준이 되었다.

대칭성은 남녀 모두의 매력도를 결정하는 중요한 요소다. 반면 다른 특성들의 경우 한 성별에서 중요한 것이 다른 성별에서는 중요하지 않다. 여성의 매력과 강한 연관성을 가진 특성으로 '여성스러운 얼굴'이 있다. 여자의 얼굴은 남자와 다른 다수의 특징을 가지고 있다. 더 큰 눈, 더 아치형의 눈썹, 더 작은 코, 더 두드러지는 광대뼈, 더 도톰한 입술, 더 짧은 턱, 더 부드럽고 말랑한 피부 등이 이에 해당한다. 이런 특징들이 많을수록—눈이 더 크고 광대뼈가 더 도드라질수록—얼굴은 더욱 여성스러워진다. 남성 대부분이 여성스러운 얼굴에 매력을 느끼며, 이는 상당히 타당한 현상이다. 여성스러운 얼굴은 젊음과 연결된다. 더 어린 여자가 나이든 여자에 비해 보다 여성스러운 얼굴을 가지고 있으며, 3장에서 살펴본 바와 같이 우리 종의 남자들은 젊음과 연결되는 특성들에 특히 끌린다. 게다가 더 젊은 여자들 사이에서도 보다 여성스러운 얼굴을 가진 이들의 생식력이 더 강한 경향이 있다.[15] 따라서 여성스러운 얼굴의 선호는 그저 시시한 것이 아니라 특정한 기능을 가진 것이다. 이 선호는 남자들의 방랑하는 눈길을 사로잡아 자손을 안겨줄 확률이 가장 높은 여자에게 고정시키는 역할을 한다.

남성이 매력적으로 느끼는 또 다른 특성으로 전형적인 "모래시계형" 몸매가 있다. 이는 큰 가슴, 가는 허리, 상대적으로 큰 둔부를 의미한다. 과학자들이 이 선호—더 정확히는 하반신의 선호—를 실험하는 한 가지 방법은 허리 대 엉덩이 비율WHR이라 불리는 수치를 살펴보는 것이다. 여러분 자신의 WHR을 측정해 보려면 허리둘레의 치수를 잰 후 그것을 엉덩이 둘레로 나누면 된다. 허리와 엉덩이 둘레가 정확히 똑같다면 WHR은 1이 되고, 여러분의 체형은 대롱처럼 보일 것이다. 그러나 사람들 대부분의 허리는 엉덩이보다 가늘기 때문에 WHR은 대부분이 1 미만이다. 유년기 소년소녀들의 WHR은 유사하며 0.85에서 0.95 사이에 위치한다. 그러나 사춘기에 접어들면서부터 소녀들은 골반, 허벅지, 엉덩이에 지방을 축적하기 시작한다. 둔부가 팽창됨에 따라 그들의 WHR 수치가 하락한다. 반면 소년들의 WHR은 성년으로 이어지는 동안 거의 동일하게 유지된다.

사춘기에 나타나며 하나의 성별에서만 발견되는 여러 특성들과 마찬가지로 낮은 WHR 수치는 여성의 매력으로 간주된다. 진화심리학자 데벤드라 싱Devendra Singh은 여성의 체중에 있어서는 역사와 문화에 따른 차이가 존재할지언정 선호되는 WHR 수치는 대략 0.7 전후로 거의 늘 동일하다고 주장했다.[16]

이 또한 상당히 타당하다. 낮은 WHR은 여자와 남자를 구분할 뿐 아니라 젊음과 생식력의 강력한 지표이기도 하다. 나이든 여자들—가임기를 지난 여자들—의 WHR은 더 높고 남자와 유사하다. 이에 더해 가임기 여성 중 WHR이 더 높은 이들은 건강과 생식력이 떨어지는 경향이 있어 임신에 어려움을 겪는다. 마지막으로 이미 임신 중이고 따라서 생식이 불가능한 상황에 있는 여성 또한 WHR이 더 높다. 요컨대 짝짓기 후보가 적합한 성별, 적합한 연령, 임신 가능성을 가진 사람인지 판단할 신뢰성 있는 단서를 찾고 있는 남자에게 WHR만큼 훌륭한 척도도 없다. 그렇다면 다양한 문화와 국가—카메룬, 인도, 인도네시아, 뉴질랜드, 파푸아뉴기니, 사모아, 미국, 심지어는 빙하기 유럽—의 남자들이 평균 이하의 WHR을 가진 여자가 평균 이상으로 매력적이라고 느끼는 것도 놀랍지 않다.[17]

지금까지 남자가 보는 여자의 매력과 관련한 몇 가지 특성들을 살펴봤다. 그 반대의 상황은 어떨까? 여러분에게 곧바로 떠오르는 생각은 만약 남자가 여자의 여성스러운 특성들을 좋아한다면, 여자는 남자의 남성스러운 특성을 좋아할 것이라는 추정일 테다. 하지만 여기에서 상황이 모호해진다. 한편으로는 남성성에 대한 여성의 선호가 타당해 보인다. 남성적 특성의 다수—두드러지는 이마, 사각의 턱, 거대한 상체, 깊고 울리는 목소리—가 테스토스테론의 영향하에 만들어진다. 아직 완전히 알려지지 않은 이유들로 인해 테스토스테론에 의존하는 특성들은 성공적으로 길러내기 어렵다. 이에 따라 적자에 해당하는 남자만이 초절정으로 남성적인 얼굴과 신체의 위풍당당한 소유자가 될 수 있다. 이 말인즉슨 초절정으로 남성적인 얼굴과 신체가 남성의 적합도를 보여주는 값비싼 장식으로 기능할 가능성이 있다는 의미다.[18] 그러므로 여자들이 이처럼 남성적인 특성들을 좋아하리라 생각하는 것도 합당하다.

아니나 다를까, 이성애자 남성이 모래시계형 몸매를 가진 여성을 선호하는 것과 마찬가지로 이성애자 여성은 V자형 상반신, 탄탄한 체격, 낮게 우르릉거리는 듯한 목소리를 가진 남자를 선호한다고 주장하는 연구들이 다수 존재한다. 이러한 속성을 가진 남자들은 순결을 보다 일찍 잃고, 더 많은 성적 파트너를 만들고, 성관계의 횟수도 더 많은 경향이 있다. 반대로 조롱박 모양 신체에 고음으로 끽끽거리는, 미키 마우스 스타일의 목소리를 가진 남자는 성적 흥미를 끄는 정도가 낮으며, 성 경험 또한 적다.[19]

지금까지는 괜찮다. 그러나 내가 말했듯 여기에서 그림이 순식간에 복잡해지기 시작한다. 테스토스테론에 의존하는 특성들 다수에 대한 여성의 선호는 크게 상이하다. 수염이 그 훌륭한 사례. 일부 여자들은 수염을 좋아하지만 그렇지 않은 이들도 있으며, 여자의 가슴 및 젊은 외모와 달리 수염의 인기는 시대별로 부침을 겪는다. 게다가 여성의 상당수가 초절정으로 남성적인 특성들을 분명하게 싫어한다. 일례로 다수의 연구에 따르면 많은 여성이 약간은 여성화된 남자의 얼굴을 좋아하며, 이는 특히 단순히 즐기는 관계가 아닌 장기적 관계에서 두드러진다.[20] 즉, 여자의 여성성에 있어서는 늘 다다익선이다. 남자의 남성성에 있어서는 과유불급이기 십상이다. 이 패턴은 어떻게 설명할 수 있을까?

두 가지 가능성이 떠오른다. 첫 번째는 초절정 남성성에 대한 혐오가 암수 한 쌍 결합과 공동육아의 진화가 남긴 부작용일 가능성이다. 앞에서 설명한 바와 같이—그리고 이번 장의 후반부에서 보다 깊이 들여다보겠지만—암수 한 쌍 결합이 우리 종에 자연적으로 주어진 유일한 짝짓기 패턴인 것은 아니며 공동육아 또한 유일한 양육 방식인 것은 아니다. 그렇기는 하지만 여전히 이 둘은 인간의 번식 레퍼토리의 핵심 요소인 듯하다. 또한 암수 한 쌍 결합과 공동육아의 맥락에서 남성성이 언제나 축복인 것만도 아니다. 초절정 남성성을 확보한 남자들이 좋은 파트너이자 남편, 아빠가 될 수도 있지만 이들은 늘 예측불허의 카드인 측면이 있다. 이들의 일부는 지위의 추구에 더 관심이 있고, 정착해서 아이를 돌보는 대신 새로운 짝을 찾는 데 집중하며, 일부는 폭력적으로 흐르기도 쉽다. 만약 그렇다면 인류 진화의 역사에서 자연 선택이 남성성을 향한 여성의 선호 강도를 축소했을 가능성이 있다.

두 번째 가능성은 3장에서 이미 살펴본 바 있는데, 수염과 깊은 목소리 등의 남성적 특성들이 여자를 매료시키기보다 다른 남자를 위협하기 위한 용도에 더 가까울 수 있다는 사실이다.[21] 다시 말해 이러한 특성들은 공작의 꼬리이기보다 사슴의 뿔일 가능성이 있다. 이것이 참이라면 여자가 이 특성들을 매력으로 보지 않을 때도 있다는 사실은 요점을 벗어난 얘기가 된다. 어차피 이 특성들이 진화한 목적은 다른 데 있기 때문이다. 다만, 앞서 살펴본 사례들과 마찬가지로 이 두 가지 설명—암수 한 쌍 결합과 남성 간 경쟁—은 상호 배타적이지 않다는 사실에 주목하라. 초절정 남성성을 가진 남자에 대한 여자들의 엇갈린 반응을 설명하는 데 두 가지 모두가 도움이 될 수 있다.

물론 이 문제—남성성 선호뿐 아니라 인간의 모든 배우자 선호—를 진화적으로 설명해야 하는 이유 자체에 의구심을 품는 이들도 있을 수 있다. 이 모든 것들이 학습과 문화의 산물일 수도 있지 않나? 언제나 그렇듯, 이 주장은 언뜻 보면 진실인 것 같기도 하다. 인간은 모든 종류의 것들을 학습하는데, 이것이라고 안 될 이유가 뭐 있겠는가? 그러나 진화심리학적 관점이라는 빨간색 알약을 삼키는 순간 '오직 후천적' 관점을 삼키기는 더욱 어려워진다. 느닷없이 우리는 인간의 미적 기준이 학습되는 것일 뿐 아니라 그것이 건강과 생식력처럼 진화적으로 유관한 변수들과 연결되는 게 순전히 우연이라고 믿어야 한다. 느닷없이 우리는 일견 임의적으로 보이는 이 기준들이 왜 연구가 진행된 모든 문화에서 나타나는지 설명해야 한다. 느닷없이 우리는 동물의 왕국 전반에 곧장 적용되는 원칙들—동물이 건강과 생식력을 갖춘 짝을 선호하도록 진화한다는 원칙—이 왜 우리 종에만 적용되지 않는 것인지 밝혀야 한다. 느닷없이 우리는 이 원칙들이 우리에게 적용되지 않는다면, 왜 꼭 적용되는 것처럼 보이는 것인지 설명해야 한다. 외계 과학자라면 인간의 배우자 선호를 '오직 후천적'으로 바라보는 이론을 일순간도 진지하게 고려하지 않을 것이다. 우리라고 그래야 할 타당한 이유가 있는가?

금단의 영역

가수 엘튼 존Elton John은 어느 인터뷰에서 "자신과 같은 성별을 가진 누군가와 잠자리하는 것에는 아무런 문제가 없다. 사람들은 아주 자유롭게 섹스할 수 있어야 한다."고 말했다. 그리고 잠시 생각해보더니 이렇게 덧붙였다. "염소랑 하는 것에는 선을 그어야겠지만."[22] 그의 마지막 말에 반대하는 이는 거의 없을 것이고, 실제로 사람들 대부분이 염소에게는 기나긴 선을 그을 것이다. 우리 대부분은 환경 속의 수천 수만 가지 존재—인간, 반려동물, 화분, 펜—중에서 극소수와만 짝짓기를 하려 한다. 그런 면에서는 인간은 성적 파트너에 대해 극도로 까다롭다고 볼 수 있고, 대부분의 동물 또한 마찬가지다. 우리가 이미 살펴보기 시작한 바와 같이 이런 깐깐함은 일부나마 자연 선택이 우리에게 베푼 호의의 결과다. 그러나 자연 선택이 우리에게 성적 선호만 장착해준 건 아니다. 자연 선택은 다수의 성적 혐오 또한 장착해줬다. 이번 섹션에서 우리는 가장 중요한 내용의 하나를 논의하게 될 것이다. 소개 차원에서 간단한 사고 실험을 하나 진행해보자—지금부터 여러분에게 요청할 사항에 대해 미리 사과하겠다. 부디, 다음의 상황을 각각 상상해 달라…….

- 1번: 여러분의 연인과 섹스한다.
- 2번: 여러분의 모친이 여러분의 남자 형제와 섹스한다.
- 3번: 여러분의 형제자매와 혀를 써 가며 키스한다.[23]

나도 안다, 잘 알고 있다—유쾌한 경험은 아니라는 것을. 2번과 3번 시나리오에 대한 사람들의 격렬한 반응은 예상이 가능하다. 하지만 사회심리학 교과서만으로 무장한 외계 인류학자라면 이 같은 반응이 전혀 예상 밖의 일일 것이다. 관련 주제에 대한 표준적 접근에 따르면 대인 간 매력은 근접성, 친숙성, 유사성과 같은 변수들에 의해 결정된다. 우리는 우리 가까이에 살고, 우리와 자주 만나며, 우리 자신과 비슷한 이들과 어울리고 사랑에 빠진다. 겉으로 보기에도 이것은 얄팍하기 그지없는 설명이다. 우리와 사회적으로 관계를 맺는 이들 대부분이 이 세 가지 조건에 부합하지만, 우리는 그들 중 누구와도 좀처럼 사랑에 빠지지 않는다.[24] 그러나 사회심리학이 표준으로 삼고 있는 설명에는 또 다른, 보다 심각한 문제가 있다. 근접성, 친숙성, 유사성 등의 변수들이 교과서에서 설명하는 것만큼 중요하다면 사람들은 사방을 둘러싼 가까운 친지들과 사랑에 빠질 것이다. 당연한 이치다. 우리는 가까운 친지들과 함께 자라고, 많은 시간을 함께 보내며, 세상의 다른 누구보다 그들과 더 유사한 게 보통이다. 그러나 가까운 친지들이 우리가 가장 매력적이라고 생각하는 사람들인가? 분명히 아니다. 성적 매력에 있어서 친족 관계는 궁극의 걸림돌이다. 그 사람이 얼마나 대칭적인지, 그 사람의 상반신이 얼마나 V자형인지, 그 사람의 WHR 수치가 얼마나 낮은지는 문제가 되지 않는다. 가까운 친지는 금단의 영역이다.

물론 여러분이 한평생을 동굴 속에서 산 사람이 아닌 이상 이는 전혀 새로울 바 없는 얘기일 것이다. 하지만 성이 없는 우리의 외계 과학자에게는 극도로 이상해 보일 것이다. 이 외계인이 독서의 지평을 넓히고 진화심리학을 공부하기 시작한들 그 미스터리가 즉시 사라지지는 않을 테다. 적어도 언뜻 보기에는 친족 선택(우리가 2장에서 만난 자폭 목수개미들을 만들어낸 과정)에 의해 근친 간 짝짓기가 선호될 것처럼 보이기 때문이다.[25] 만약 A라는 개체가, 말하자면, 형제자매와 아이를 갖는다면 자신의 유전자 일부를 물려줌과 동시에 가까운 친지가 그 자신의 유전자를 물려주는 일까지도 도울 수 있다. 그렇게 함으로써 얻게 될 포괄 적합도의 이익은 자신의 자손 한 명에 더해 조카 한 명을 갖는 것의 이익과 동일하다. 즉, 1개의 비용으로 1.5개를 얻는 셈이다. 자, 형제자매 모두가 다른 사람과 아이를 갖는 경우 A의 포괄 적합도 역시 동일하다. 자신의 자손 한 명에 더해 조카 한 명을 갖게 되는 것이다.[26] 그러나 형제자매와 아이를 갖되 그것이 상대가 추가적 아이를 갖는다는 의미일 경우—다른 사람과는 갖지 못했을 아이라는 의미—에 A의 입장에서는 비친족과 아이를 가질 때보다 형제자매와 아이를 가질 때의 적합도가 더 크게 증가한다. 그러한 성향을 촉진하는 유전자는 무엇이든 선택될 확률이 아주 높다. 여기에 숨어 있는 애로점은 뭘까?

애로점은 근교약세inbreeding depression다. 이는 가까운 친지와의 짝짓기가 자손의 유전적 결함 가능성을 극적으로 높이는—오랜 기간 동안 추정되었고 이제는 충분히 입증된—현상을 일컫는 말이다.[27] 문제의 핵심은 해로운 열성deleterious recessives이다. 이들은 발현되면 적합도에 크게 해로운 열성 유전자다.

이 유전자들은 보유자를 죽이거나 그들의 건강과 안녕에 심각한 해를 끼친다. 사람들 대부분이 해로운 열성의 일부를 가지고 있지만, 대부분의 경우 발현되지 않는다. 그 정의상 열성 유전자가 두 개 있을 때, 다시 말해 각각의 부모로부터 하나씩 물려받은 경우에만 발현되기 때문이다. 상황이 정상적으로 진행된다면 그럴 확률은 극도로 낮다. 해로운 열성은 종류를 불문하고 극히 드물기 때문이다. 따라서 대부분의 사람들이 해로운 열성을 일부 가지고 있다고 하더라도 성적 파트너가 동일한 유전자를 가지고 있을 확률은 아주 낮다……. 만약, 그러니까, 두 사람이 친족이 아니라면. 반면 두 사람이 친족 관계라면 해당 확률이 급격히 높아진다. 친족은 최근 조상들을 공유한 결과로 그들 유전자의 많은 부분 또한 공유한다. 그리고 거의 모두가 해로운 열성의 일부를 가지고 있기 때문에 친족 둘이 함께 아이를 갖는다면 그 아이는 적합도에 유해한 이 유전자들의 일부를 최소한이나마 두 개씩 갖게 될 것이 거의 확실하며, 이는 해로운 열성이 일반 인구 집단에서 희귀하더라도 마찬가지다. 최종적으로는 친족 간 결합으로 태어난 자손의 적합도가 비친족 간 결합으로 나온 자손에 비해 떨어진다는 결론이 나온다.

자, 이제 우리는 명백한 증거를 확보했다. 선택 압력이 근친 간 교미의 확률을 줄이는 유전자를 선호하리라는 사실이다. 그리고 우리가 예상하듯 동물의 왕국 전체를 살펴봐도 근친상간으로부터 벗어나는 다양한 방식이 눈에 띈다. 이 방식은 크게 두 가지 범주로 나뉜다. 바로 분산과 혐오다. 근친상간에 반하는 적응에서 분산은 보다 흔한 방식이다. 여러 종에서 어린 개체가 사춘기에 도달하고 성욕이 작동을 시작하면 그들은 가족 집단을 떠나도록 동기를 부여하는 강렬한 방랑벽을 경험한다. 이는 그들이 친족과 조우하고 짝짓기를 하게 될 가능성을 자동적으로 줄인다. 경우에 따라서는 양성이 분산되나, 대개는 한 가지 성별만이 분산된다. 예를 들어 대부분의 원숭이에서 수컷이 분산된다. 대부분의 유인원에서는 암컷이 분산되는 경우가 보통이다.

분산은 근친상간을 막는 적응의 흔한 형태지만 유일무이한 것은 아니다. 여러 종(분산하는 종 다수 포함)에서 개체들은 성년기 내내 다른 성별의 친족과 일부나마 상호작용을 계속한다. 이 경우 두 번째 근친상간 기피 적응이 공통적으로 발견된다. 동물들은 친지의 가능성이 있는 개체에 대한 성적 혐오를 개발한다. 이는 어렸을 때 함께 자랐거나 보살핌을 담당했던 개체들을 의미할 수 있다. 또한 체취를 비롯하여 친족 간에 보다 비슷하게 나타나는 특성과 유사한 특성을 예기치 못하게 보유한 개체들을 의미할 수도 있다. 따라서 침팬지와 난쟁이침팬지는 어미 또는 자손과의 짝짓기를 피하고, 여우원숭이는 자신과 체취가 너무 유사한 개체와의 짝짓기를 피한다.[28] 요약하자면 동물들 다수는 양육 과정에서의 유대와 유사성을 친족의 단서로 사용하도록 진화되었다. 썩은 고기가 식욕을 줄이듯 이러한 친족의 단서들은 성욕을 줄인다.

근친상간에 대한 혐오는 광범위하게 퍼져 있지만 결코 보편적이지는 않다는 사실에 주목하라. 사실 일부 종에서는 근친상간이 흔히 발생한다. 흰개미와 벌거숭이두더지쥐는 가장 잘 연구된 사례에 속한다. 그러나 근친상간이 발생한다고는 하더라도 체구가 크고 장수하는 동물들 사이에서는 드문 일이다. 근친상간 기피는 법칙에 해당한다.

이 법칙이 우리에게도 적용될까? 다른 말로 인간은 근친상간의 확률을 줄이도록 설계되고 진화된 심리적 기제들을 가지고 있는가? 인간 대부분이 친족과의 성교라는 생각만으로도 즉시 혐오감을 느끼는 것을 감안하면 가능한 일처럼 보인다. 그러나 이 기제가 무엇인지 정확히 지목하는 것은 그렇게 쉬운 일이 아니다. 누군가의 유전자가 얼마나 훌륭한지 직접적으로 인지할 수 없는 것처럼 상대가 친족인지 아닌지 여부를 직접적으로 인지할 수는 없다. 그러니까 엄밀히 말하면 근친상간을 기피하기 위해 진화된 경향은 우리에게 있을 수 없다. 하지만 진화의 과정을 거치는 동안 통계적으로 친족과 연결되는 표식들이 있었고, 그를 보유한 개체와의 짝짓기를 기피하는 경향이 진화되었을 수는 있다. 그 표식으로 제안되어 온 몇 가지는 다른 종에서 관찰된 바와 매우 흡사하다.

첫째는 인생 초기의 동거다. 종으로서 우리 역사의 대부분 기간 동안 아이들은 대개 부모와 형제자매, 여러 친지들과 함께 자랐다. 그런 상황에서 근친상간을 막는 훌륭한 경험 법칙은 다음과 같을 것이다. "어린 시절 긴 시간을 함께 보낸 이와는 성관계를 삼가라." 인간이 이러한 법칙을 따르도록 진화했다고 주장한 최초의 인물은 핀란드 출신 사회학자 에드워드 웨스터마크Edvard Westermarck였다. 1891년작 『인류혼인사The History of Human Marriage』에서 웨스터마크는 성장기를 함께한 사람들은 서로에게 성적 매력을 느끼지 않는 경향이 있으며, 이러한 성향은 자연 선택에 의해 만들어진 적응의 하나라고 제안했다. 함께 성장하는 것—특히 생후 5~6년 사이에 함께 많은 시간을 보낸 경우—은 과학계 용어로 성적으로 부정적인 각인negative sexual imprinting으로 이어진다. 일상적 용어로 말하자면 함께 자란 사람들은 서로를 영구적인 친구의 영역에 놓는다. 이 현상은 이제 웨스터마크 효과Westermarck effect로 불린다.

웨스터마크 효과를 보여주는 최고의 증거는 함께 자랐으나 사실 친족은 아닌 사람들을 관찰하는 연구에서 나온다. 여기에는 이스라엘 키부츠를 대상으로 한 연구가 포함된다. 3장에서 언급했던 대로 다수의 키부츠에서 아이들은 형제자매로 이루어진 거대한 군체처럼 함께 생활하고 함께 자란다. 전통적인 사회심리학 원칙에 근거한다면 이 개인들이 사랑에 빠지고 결혼하는 경우가 다반사일 것으로 예상할 수 있다. 결국 그들은 함께 오랜 시간을 보내고, 유사한 배경을 가지고 있으며, 친족 관계도 아니므로 누구든 그들 간의 결합에 반대할 이유가 전혀 없다. 그러나 현실에서는 그러한 결혼이 사실상 존재하지 않았다. 한 연구에 따르면 키부츠의 일원이 포함된 결혼 3,000여 건에서 오직 14건만이 같은 키부츠에서 함께 자란 이들 사이의 결혼이었다. 게다가 이 14쌍 중 오직 5쌍만이 6세 이전에 함께 살았고, 이 5쌍 중에서도 생후 6년 이내에 2년 이상 함께 산 사례는 전무했다. 키부츠에서 함께 자란 이들은 정서적으로 가까운 경우가 많다. 단지 서로에게서 성적 매력을 느끼지 않을 뿐이다. 그들은 서로를 사랑하지만 그런 방식으로는 사랑하지 않으며, 이는 웨스터마크 가설과도 일치한다.[29]

키부츠의 사례 연구는 설득력 있는 자연 실험natural experiment이다. 그러나 모든 자연 실험이 그렇듯이 키부츠의 연구 또한 통제되지 않은 실험이고, 따라서 이 사례 하나에만 매달려서는 안 될 일이다. 다행스럽게도 다른 경우들이 존재한다. 두 번째 사례는 타이완과 중국 일부 지역의 전통적 정략혼과 관련이 있다. 1900년대 중반에 법으로 금지되기 전까지 정략혼은 흔한 것이었고 몇 가지 형태를 띠었다. 여기에는 성인들 간의 혼인과 조혼sim—pua이 포함되었다. 성인 결혼에서는 약혼자들이 완전한 성인이 되고 나서야 서로를 만난다. 반면 조혼에서는 여아가 남아의 집으로 입양되고 둘은 남매처럼 함께 자란다. 이론적으로는 일리가 있는 체제였으며, 특히 빈곤한 가정의 경우에는 더욱 그랬다. 여아네 가족의 입장에서는 딸을 키워줄 누군가가 생기는 것이고, 남아네 가족의 입장에서는 며느리인 동시에 가사를 거들 추가적 노동력을 확보하는 것이다. 그러나 이 조혼은 웨스터마크가 예측했을 방식 그대로 나쁜 아이디어임이 밝혀졌다. 조혼의 경우 결혼생활에서의 문제와 외도가 더 많고, 자녀의 수는 더 적으며, 다른 형태의 결혼에 비해 이혼율도 더 높다. 가령 한 연구에 따르면 중국식 조혼 커플 19쌍 중 17쌍은 부모로부터의 상당한 압력에도 불구하고 합방을 일언지하에 거절했다.[30] 다시 말해 인간사의 너무도 많은 것들이 그렇듯 이러한 패턴은 사회적 압력 때문이 아니라 사회적 압력에도 불구하고 나타났다.

이 조혼의 형식과 관련해 잘 알려지지 않은 사실 한 가지는 이후에 자신의 생물학적 가족들과 재회한 신부들이 남자 형제 또는 다른 가족 구성원에게 성적으로 이끌리는 경우가 종종 있었다는 점이다. 이들은 함께 성장하지 않았으므로 대부분의 사람들이 친족에 대해 갖게 되는 보통의 성적 혐오를 경험하지 않았다. 서로가 친족이라는 것을 머리로는 이해했지만 마음은 그렇지 못했다. 동일한 현상이 서구에서도 보고되어 왔다. 출생시에 헤어졌다가 성인이 되어 다시 만난 형제자매들은 때로 그들 사이에 성적인 불꽃이 존재함을—보통은 공포 속에—발견한다. 이들은 친족 관계인데도 사랑에 빠지고 가정을 꾸리기도 한다.[31] 이러한 사례들은 보통의 상황에서 웨스터마크 효과가 얼마나 강력한 힘을 발휘하는지 보여준다.

그러나 힘을 발휘하는 게 웨스터마크 효과만은 아니다. 친족은 유전적으로 아주 유사하기 때문에 외모(와 행위와 체취) 또한 유사하다. 그러므로 유사성 그 자체가 친족을 의미하는 추가적 단서에 해당한다. 다음 장에서 살펴보겠지만 인간은 자신과 유사한 개인을 선호하는 진화적 경향을 가지고 있는 듯하고 추정컨대 이는—최소한 부분적으로나마—친족 선택에 의해 형성되었을 수 있다. 그러나 밝혀지는 바에 따르면 인간이 언제나 자신과 유사한 타인을 선호하는 것은 아니다. 심리학자 리사 드브륀Lisa DeBruine이 보여 준 대로, 자신과 닮은 개인은 보다 신뢰할 만하지만 "욕망의 대상이 될 만"하지는 않은 것으로 간주된다.[32] 이를 일반화해 생각하면 친족임을 보여주는 단서는 친밀감과 이타성을 늘리는 대신 성적 매력은 줄이는 듯하다.[33] 이는 중대한 발견이다. 진화적 관점의 안내가 없이는 이러한 현상을 예측할 특별한 이유가 없다. 사회심리학의 표준 원칙에 따른다면 우리는 유사성이 오히려 긍정적인 사회적 감정 일체의 양을 증대시킬 것이라고 예측하게 된다. 즉, 오직 진화적 관점만이 반응들의 미세한 패턴들을 예측할 수 있다. 유사성이 신뢰와 호감의 양은 증가시키지만 성적 흥미의 양은 감소시킨다는 것이다.

예측상의 성공에도 불구하고 근친상간 혐오에 대한 진화적 설명을 모두가 납득하는 것은 아니다. 이들이 대신 내세울 명백한 주장은, 당연히, 우리가 친족에 대한 성적 혐오를 학습한다는 것이 되겠다. 또한 근친상간을 금하는 규범이 유전자 선택이 아닌 문화적 선택에 의해 만들어졌을 가능성에 대한 '그냥 얘기들just—so stories(검증 없이 그럴듯한 이야기만 만들어 내는 태도를 비판하는 말—역자주)'을 만들어내는 건 충분히 쉬운 일이다. 일례로 근친상간을 금하는 규범을 고수한 이들이 생존에 성공하는 자손을 더 많이 가졌고, 그 자손들이 부모로부터 해당 규범을 학습했다는 주장이 가능하다. 이런 방식을 통해 근친상간을 금하는 규범은 유전자에 암호화되어 있지 않음에도 각 개인의 적합도를 높인다는 이유로 확산된다. 아니면 구성원들에게 근친상간 기피를 교육한 집단일수록 유전병에 시달리는 정도가 낮았고, 따라서 구성원들이 보다 훌륭히 생존하고 번성했다는 주장도 가능하다. 결과적으로 이 집단들은 근친상간을 금하는 규범을 교육하지 않은 집단에 비해 보다 신속히 성장하고 확산된다. 둘 중 어떤 이유에서든, 혹은 어쩌면 두 가지 이유 모두로, 반反근친상간 밈이 인구 집단에 들불처럼 퍼져나간다. 그 정도의 주장이 가능할 것이다.

그러나 우리의 근친상간 혐오가 순전히 부모들의 위협과 문화적 압력의 산물이라고 생각하는 것에 정녕 설득력이 있는가? 스티븐 핑커는 이에 의구심을 표한다. 그는 이렇게 묻는다. "형제자매가 성교를 피하는 이유가 그들의 부모가 반대해서인가?"

> 그렇지 않을 확률이 높다. 부모는 자녀들이 서로에게 애정을 더 많이 갖도록 사회화하려고 애를 쓰는 게 보통이다("어서—누나한테 뽀뽀해!"). 부모가 자녀들 간의 섹스를 막은 게 사실이라면, 이는 인간의 모든 경험을 통틀어 섹스 금지령이 먹힌 유일한 사례가 될 것이다.[34]

근친상간과 혼전·혼외 성교를 비교해보라. 부모와 도덕주의자들은 그들이 존재해 온 만큼 오랜 기간을 후자의 활동을 단념시키는 데 할애했다. 때로는 효과를 보았고, 때로는 보지 못했다. 그러나 효과를 볼 때는 사람들이 혼외 성관계에 대한 성적 혐오를 갖게 되었기 때문이 아니라, 그 유혹에 어떻게든 저항해내기 때문이다. 이와는 대조적으로 대부분의 사람들은 친족간 성관계에 몸담을 유혹을 조금도 느끼지 않는다. 그 생각 자체만으로도 즉시 혐오감을 느낀다. 부모와 도덕주의자들이 친족 간 섹스의 사악함을 설파하는 수고로움을 좀처럼 감수하지 않는 상황에서도 마찬가지다. 부모들은 10대 자녀가 서로 섹스를 하는 문제가 아니라 비친족과 섹스하는 문제를 걱정한다—이는 자녀의 섹스 상대가 비친족일 가능성이 가장 높기 때문이다.[35]

이 논거에 대한 한 가지 반응은 '맞아, 우리의 시선을 서구에만 한정하면 그럴듯하게 들리는 말이지.'라고 인정하는 것이다. 하지만 그건 자민족중심적 생각에 불과하다. 서구에 해당하지 않는 다수의 문화권에서는 근친상간이 서구 세계에서 그러는 것만큼 오명에 해당하지 않는다. 예를 들어 고대의 이집트, 하와이, 잉카 문명을 생각해보라. 역사적 기록에 따르면 이러한 문화권에서 남매 간 결혼은 금기시되거나 악마화되지 않았으며 실제로는 상당히 흔했고 특히 왕족들 사이에서는 더욱 그랬다. 이것이 좋은 관행이었다고 말하는 게 아니다. 사람들이 몰랐거나 걱정하지 않았다고 해서 근교약세가 마법처럼 사라지는 것은 아니다. 그러나 고대의 이 같은 혼인 관행들은, 최소한 일부 문화권에서는, 근친상간이 오늘날만큼 극심하게 불쾌한 문제는 아니었음을 보여준다. 그리고 이러한 문화가 실제로 존재한다고 한다면, 근친상간 기피 적응이 진화했다는 개념 자체에 심각한 의구심이 들 수밖에 없다.

그러나 문제는 이것이 사실이 아니라는 데 있다—혹은 어쨌든, 반적응주의자들이 의미하는 방식으로는 사실이 아니다. 남매 간 결혼은 위에서 예로 든 고대 문명 어느 곳에서도 광범위하게 나타나는 문화 현상이 아니었고, 대개는 사회의 상류층에 국한되었을 뿐이다.[36] 그리고 거기에는 이유가 있다. 이들의 결혼은 일차적으로 사랑을 기반으로 한 결합이 아니라 정치적 동맹이었다. 결혼의 기능은 가족 집단의 손에 집중되어 있는 부와 권력을 지키는 것이었다.[37] 근친 결혼에 포함된 형제자매가 서로에게 끌렸다는 증거는 없으며, 일부의 경우에는 오히려 그 반대로 나타났다. 가령 클레오파트라는 남자 형제 두 명과 결혼했지만 그들과는 자녀를 갖지 않았고, 그녀가 함께 자녀를 가진 남자들—율리우스 카이사르와 마크 안토니—은 그녀와 비친족 관계였다. 분명히 말해두지만 결혼한 남매들도 때로는 자녀를 낳았다. 그 유명한 사례의 하나인 이집트 파라오 투탄카멘은 남매 간 성교의 산물이었고, 그 자신 또한 의붓누이와의 사이에서 두 명의 자녀(모두 사산되었다)를 낳았다. 그러나 이러한 종류의 관행은 결코 확산되지 않았고, 이는 남매 간 결혼이 근친상간 기피 적응의 부재를 보여 주는 증거가 아니라, 그 적응을 능가하는 사회적 압력의 산물임을 시사한다.

근친상간 기피에서 '오직 후천적' 이론을 배제해야 할 마지막 이유는 우리가 이미 확인했듯 비인간 동물 다수도 우리만큼이나 근친교배에 알레르기 반응을 보이기 때문이다. 여기에는 꼬리감기원숭이, 코끼리, 물개, 바퀴벌레 등 다양한 종이 포함된다.[38] 그뿐만 아니라 일부 동물들은 웨스터마크 효과와 아주 흡사한 모습들을 보이기도 한다. 일례로 쥐들은 함께 자란 개체와 짝짓기를 기피하며, 과학자들이 새끼를 슬쩍 바꿔치기하는 바람에 중국의 조혼 신부처럼 함께 자랐으나 사실상 비친족에 해당하는 개체들 또한 기피한다.[39] 근친상간 기피는 심지어 식물에서도 보고되어 왔다. 식물의 대부분은(대다수 동물과 달리) 암수 한 몸이다. 수컷과 암컷의 생식기관을 모두 가지고 있기 때문에 이론상 자가수분이 가능하다. 어떻게 보면 자가수분은 가장 극단적 형태의 근친교배로, 자신의 복제품과 함께 자녀를 생산하는 것에 맞먹는다. 실제로 자가수분을 하는 식물들도 있다. 그러나 다수는 그렇지 않다. 그들은 자기 자신의 꽃가루를, 그리고 때로는 친족의 꽃가루까지 거부하도록 고안된 내재적 기제들을 가지고 있다.[40] 이처럼 식물과 비인간 동물의 근친교배 기피가 학습 또는 문화의 산물이 아님은 분명하다. 이는 자연 선택의 산물이다. 동일한 것이 우리 종에서도 발견될 때 기본 가정은 그 또한 자연 선택의 산물이라는 것이어야 한다.

근친상간 혐오에 대한 진화적 해석은 훌륭한 과학 이론이 보유한 심도 깊은 설명의 힘을 보여주는 사례다. 비인간 종 다수에서 한 성별의 구성원이 사춘기에 가족 집단을 버리도록 만드는 선택 압력은 우리 종에서 근친상간의 가능성을 불쾌한(순화된 표현으로) 것으로 여기도록 만드는 선택 압력과 동일한 것으로 드러나고 있다. 진화에 대한 유전자의 눈 관점이 없었다면 이러한 현상들이 서로 연결되어 있음을 어떻게 추측할 수 있었겠는가? 뉴턴의 중력이론이 사과의 추락을 달의 궤도와 연결하듯, 진화에 대한 유전자의 눈 관점은 공통의 기원을 가졌으리라고는 상상조차 하지 않았던 세상의 현상들을 서로 연결한다. 과학계 최고의 이론들이 언제나 그렇듯 유전자의 눈 이론 또한 설명적으로 만족스럽다.

사랑과 그 불만

지금까지 여러분은 스스로를 비생식 일개미, 고슴도치, 유전자를 퍼트리기로 작정한 신다윈주의적 악마 등으로 상상해봤다. 이제는 여러분이 10대 소년 또는 소녀의 부모라고 상상해보자. 거기에다 여러분은 이제 막, 동네의 젊은이들이 즐긴다는 강력한 신종 마약에 대한 글을 읽었다. 이 마약은 시도하는 즉시 중독될 수 있다. 아이들이 파티에서 한 번 맛보는 것만으로도—두둥!—깊이 빠지고 만다. 얼마나 깊이 빠지는지 그 약의 공급이 끊긴다는 생각만으로 자살을 시도할 정도다—어쩌면 독극물을 마시거나, 단검으로 제 몸을 찌를지도 모른다.

당연히 이런 마약은 여러분에게 크나큰 걱정을 안길 것이다. 뭐, 여러분을 놀라게 하고 싶지는 않지만 실제로 이런 마약이 존재한다. 이 마약이 늘 그토록 비극적인 효과를 내는 것은 아니나 로미오와 줄리엣의 경우에는 확실히 그랬다. 셰익스피어의 이 불운한 연인들은 파티에서 만났고, 이 마약을 함께 맛봤고, 그것을 빼앗기는 듯한 순간이 오자 빼앗긴 채 살아가는 대신 자살했다. 물론 이 마약은 사랑이다. 로미오와 줄리엣은 허구의 인물이라지만 실제 인물 여럿도 이 합법적 마약이 주는 황홀경에 자신의 삶을 엉망으로 만들었다. 사랑은 집중력 감소에서부터 편집증적 사고에 이르기까지 다양한 부작용을 가지고 있다. 남편 또는 아내가 다른 이와 사랑에 빠지는 경우에는 이혼의 주원인이기도 하다. 사랑은 또한 스토킹, 자살, 살인 등 광범위한 병적 행위를 유발할 수 있다. 임상심리학자 프랭크 탤리스Frank Tallis에 따르면 사랑은 대부분의 사람들이 걸리는 정신 질환이나 마찬가지다.[41] 가장 속수무책의 낭만파조차 탤리스의 말이 무슨 뜻인지는 안다고 인정할 수밖에 없을 것이다.

물론 이 속수무책의 낭만파는 즉시, 사랑이 주는 긍정적 효과 또한 많다는 사실을 지적하고 싶을 터다. 사랑은 평범한 사람을 영웅으로 만들고, 비생식 일개미에 맞먹는 자기희생적 가치를 고양시키고, 민망한 10대의 시부터 장엄한 타지마할에 이르기까지 창조적 업적들에 연료를 공급한다. 사랑은 양날의 검이다. 그리고 모든 것을 감안할 때 이 검이 세상에 더 많은 기쁨을 주었는지 혹은 더 많은 고통을 주었는지는 전적으로 불분명하다. 닐 게이먼Neil Gaiman은 만화 시리즈 『샌드맨Sandman』에서 사랑의 엇갈리는 속성을 아름답게 포착했는데, 그의 캐릭터 로즈 워커가 이렇게 말한다.

사랑에 빠져 본 적 있어? 끔찍하지, 그렇지 않아? 사랑은 사람을 너무 연약하게 만들어. 네 가슴을 열고 심장을 열어젖히는데, 무슨 말이냐 하면 누군가가 네 안에 들어와서 널 엉망으로 만든다는 얘기야. 너야 이 모든 방어 태세를 갖추지. 수년의 세월 동안 전신갑옷을 만들어. 아무것도 널 다치게 할 수 없게. 그런데 어떤 멍청한 인간이, 다른 멍청한 인간과 전혀 다를 바 없는 인간이, 네 멍청한 삶 속으로 굴러들어오는 거야……. 넌 그들에게 네 일부를 떼어주지. 그들은 그래달라고 부탁한 적 없어. 그들이 어느 날 뭔가 바보 같은 행동을 하고, 그러니까 키스를 하거나 네게 미소를 짓거나 하면 그때부터 네 삶은 더 이상 네 것이 아닌 거야. 사랑은 널 인질로 잡아. 사랑은 네 안으로 들어가. 널 먹어치우고 네가 어둠 속에서 울게 내버려둬. 그래서 "어쩌면 우리 그냥 친구로 지내야 할까 봐." 아니면 "너 잘났다, 정말." 같은 단순한 말들이 유리 조각이 되어 심장까지 뚫고 들어오지. 그게 참 아파. 상상 속에서만 그런 게 아냐. 마음만 그런 게 아냐. 영혼이 아프고, 몸이 아프고, 그건 네 안으로 파고 들어와 안에서부터 널 갈갈이 찢어버리는 고통이야. 그런 짓을 할 수 있는 존재가 있어서는 안 돼. 특히 사랑은 안 돼. 나는 사랑이 싫어.[42]

강렬하다! 그렇다면 얘기를 계속 진행하기 전에, 우리의 주제부터 확실히 하고 가야겠다. 사랑은 그저 단어 하나일 뿐이지만 단 하나의 종류만 있는 것은 아니다. 가족애부터 우정, 왕과 국가에 대한 사랑까지 사랑에는 다양한 유형이 있다. 우리가 지금 세세히 들여다보고 있는 유형—로미오와 줄리엣을 죽인 유형—은 낭만적 사랑romantic love 혹은 열정적 사랑passionate love으로 불린다. 다음은 이 유형에 속하는 사랑의 전형적 특징(또는 증상)의 목록이다. 이 목록은 인류학자 헬렌 피셔Helen Fisher와 심리학자 도로시 테노브Dorothy Tennov의 연구에 주로 기반하여 만들어졌다.[43]

- **침습적 사고.** 사랑에 빠지면 상대에 대한 생각을 멈출 수 없다. 피셔가 관찰한 바에 따르면 사랑을 한다는 것은 누군가가 여러분의 머릿속에서 영원히 캠핑을 하고 있는 것과 같다. 어떻게 보면 이는 임상에서 말하는 집착과 흡사하다.
- **상대를 과장하기.** 사랑에 빠지면 우리는 상대를 우상화하고 그들의 결

함을 보지 못한다—설령 본다고 하더라도 신경 쓰지 않는다. 피셔가 지적한 대로, 타인보다 백 배나 뛰어난 사람은 없다고 생각하는 우리도 사랑하는 이만큼은 백 배나 뛰어난 사람인 듯 대한다. 조지 버나드 쇼George Bernard Shaw가 이를 잘 표현했다. "사랑은 한 여성과 다른 여성의 차이를 과대평가하는 데 있다."(물론 동일한 내용이 남성에게도 적용된다).

- **단서 찾기.** 낭만적 사랑의 초창기에 사람들은 자신을 향한 상대의 감정을 보여 주는 증거일지도 모를 것들에 극심한 주의를 기울인다. 모든 상호작용과 은밀한 시선을 반복적으로 떠올리며 분석한다. "그녀도 나와 같은 감정일까?" 5분 뒤에 이렇게 묻는다. "그녀는 아직도 나와 같은 감정일까?"

- **격렬한 에너지.** 피셔는 사랑에 빠진 사람들은 밤새 걸을 수 있고 동이 틀 때까지 얘기를 나눌 수 있다고 말한다. 그들은 때론 잠을 이루지 못하기도 하고 식사를 잊기도 한다. 사랑에는 코카인 같은 측면이 있다(엄밀히 말해 코카인은 사랑에 빠지는 것 또는 기분 좋은 심리적 상태와 유관한 두뇌 영역 일부를 활성화한다).

- **감정 기복.** 사랑은 아찔한 기쁨에서 영혼이 부서지는 절망에 이르기까지 감정의 롤러코스터에 여러분을 태운다. 관계가 원활히 지속될 때 여러분은 자신이 세상에서 최고의 행운아라고 느낀다. 관계가 어려움에 처하거나 산산조각날 때는 그것이 여러분 일생일대의, 아니 세계 역사상 모든 인생에 벌어진 최악의 사건인 듯 느낀다.

- **성욕.** 성욕은 낭만적 사랑의 핵심 요소이며, 다른 유형의 사랑과 낭만적 사랑을 가장 명확히 구분해주는 요소이기도 하다. 나중에 살펴보겠지만 성욕은 대개 성적 독점과 밀접한 관련이 있고, 사람들은 자신이 독점되

기를 바라지 않더라도 최소한 상대를 독점할 수 있기를 바란다.

- **통제 불가.** 사랑은 우리의 통제 밖에 있다. 사람들은 제대로 된 판단과 최선의 의도를 거스르면서까지 사랑에 빠진다. 그래서 "빠진다"라고 표현하는 것이다. 스탕달Stendhal이 훌륭히 포착한 대로 "사랑은 열병과 같다. 우리의 의지와 상관없이 뜨겁게 타오르다가 갑자기 식는다."[44] 사랑을 해본 사람이라면 누구나, 특히 원치 않았던 사랑을 해본 사람이라면 누구나 우리가 우리의 정신을 온전히 통제하지 못한다는 사실(즉, 우리의 정신이 제 자신을 온전히 통제하지 못한다는 사실)을 알 것이다.

낭만적 사랑의 또 다른 공통적 특징—사람들이 흔히 경험하는 것인데도 매번 놀라는 사실—은 그것의 찰나적인 속성이다. 사람들은 이를 두고 빨리 끓는 것이 빨리 식는다고들 한다. 빨리 끓고 빨리 식는 것은 서구에만 국한되는 것이 아니다. 칼라하리 사막에 거주하는 쿵Kung족의 한 여성은 이렇게 말했다. "두 사람이 처음 함께하게 되면 그들의 심장이 불타오르고 열정 또한 대단하다. 얼마 후 불길이 식고 그 상태가 유지된다."[45] 참으로 익숙한 말이다.

그러나 그 광기, 서로의 손을 잡지 않고는 못 배길 단계의 끝이 반드시 사랑의 종말을 알리는 것은 아니다. 때로 낭만적 사랑이 성숙하여 다른 형태의 사랑으로 이어지기도 하는데, 심리학자들은 이를 동반자적 사랑companionate love이라 부른다. 사실 낭만적 사랑과 동반자적 사랑이 서로 다른 단계라고 말하는 것은 옳지 않다. 둘 사이에 분명한 경계는 없다. 주요한 차이는 수반되는 감정의 유형이 다른 게 아니라 상대적으로 도드라지는 감정이 다르다는 데 있다. 성욕은 두 가지 유형의 사랑 모두에서 중요하지만 동반자적 사랑에서의 경우 아주 핵심이라고 할 수는 없다. 대신 친밀감이나 헌신 같은 다른 요소들은 낭

만적 사랑보다 동반자적 사랑에서 더 중요한 위치를 차지한다.[46]

동반자적 사랑의 경우 낭만적 사랑에 비해 짜릿함이 덜하지만 여러 측면에서 보다 현실적이다. 낭만적 사랑에서, 혹은 낭만적 사랑의 초창기에, 우리는 상대에 대해 잘 모르는 경우가 많다. 이유야 어떻든 간에 이 생물학적 기제는 마치 개가 뼈다귀에 매달리듯 특정한 어떤 사람에게 매달리고, 우리는 그들을 향한 예의 그 예측가능한 감정들 속을 맴돈다. 오비디우스의 『변신 이야기 Metamorphoses』에서 상아로 여인을 조각한 피그말리온은 그 상아상과 금방 사랑에 빠진다. 어떻게 보면 이는 우리 모두가 사랑에 빠질 때마다 하는 일이다. 그러니까 우리는 머릿속에 다른 사람에 대한 어떤 이미지를 갖고 있고, 우리의 호르몬을 요동치게 하고 접근이 가능한(이상적으로는) 누군가에게 그 이미지를 투영한 다음, 우리 자신이 창조한 이 이미지와 사랑에 빠지는 것이다. 우리는 사실상 우리가 특별히 잘 안다고는 할 수 없는 누군가, 즉 절반은 이방인이나 다름없는 사람과 사랑에 빠진다. 그리고 이 사람을 아는 것은 다소 힘든 일이다. 그들과 함께 있을 때마다 우리는 환각—모든 말과 행동이 초자연적으로 완벽한 사람이 내 앞에 있다는—을 보기 시작하기 때문이다.

그러나 이 환각은 영원히 지속되지 않는다. 때가 오면 우리는 머릿속 이미지 아래 숨겨진 실제 인간을 알아가고—때로는, 운이 좋다면, 그렇게 알게 된 사람 또한 사랑한다. 이 단계에 도달한 사랑은 보다 진실하고 덜 망상적인 형태의 사랑인 경우가 많다. 내가 아는 한 이를 가장 강력하게 묘사한 것은 루이 드 베르니에르Louis de Bernières의 소설 『코렐리의 만돌린Captain Corelli's Mandolin』이다.

사랑은 일시적 광기다. 지진처럼 덮쳐오고 이내 잠잠해진다. 잠잠해지는 바로 그 순간이 네가 결정을 해야 할 때다. 둘의 뿌리가 너무도 공고히 뒤

엉켜 서로 떨어진다는 것을 상상이나 할 수 있는지 파악해야 한다. 사랑이 란 게 원래 그렇기 때문이다. 사랑은 숨 막힘이 아니고, 흥분도 아니고, 영원한 열정을 약속하는 선언도 아니다. 우리가 우리에 대해 확신할 수 있는 것은 그냥 "사랑을" 하고 있다는 사실이다. 사랑이 다 타고 없어지며 남은 것이 사랑 그 자체이니, 이건 하나의 예술이자 행운의 변고다. 네 어머니 와 나는 그것을 경험했다. 우리의 땅속 뿌리가 서로를 향해 자랐고, 우리 의 가지에서 그 모든 어여쁜 꽃들이 떨어졌을 때 우리는 둘이 아닌 하나 의 나무라는 걸 알았다.[47]

사랑은 복잡하고 다면적인 현상이다. 그렇다면 사랑은 어디에서 유래했 는가? 우리가 살펴봤던 몇몇 주제들과는 달리 낭만적 사랑과 번식의 연관성 은 이해하기 쉽고, 따라서 애초에 사랑이 진화한 이유에 대해 생각하는 것 또 한 쉽다. 그러나 그 세세한 내용들을 제대로 알기는 그렇게 쉽지 않다. 소설 가 서머싯 몸Somerset Maugham은 사랑이 "종의 영속을 달성하기 위해 자연이 우 리에게 쓰는 더러운 술수일 뿐"이라고 말했다.[48] 몸은 내 진화심리학 수업에 서 낙제했을 것이다(2장을 참고하라). 더러운 술수라는 표현은 옳을지도 모 르지만, 사랑은 종의 이익을 위해 진화한 것이 아니다. 사랑은 사랑을 만들 어내는 유전자의 이익을 위해 진화되었다. 몸이 했어야 했던 말은 이것—인 정한다. 말의 멋은 좀 떨어진다—이었다. "사랑은 사랑에 빠질 능력의 발현 에 기여하는 유전자의 영속을 달성하기 위해 자연이 우리에게 쓰는 더러운 술수일 뿐이다."

사랑은 어떻게 이 고결한 목표를 달성할까? 한 가지 면에서는 분명하다. 앞에서 얘기했듯 낭만적 사랑의 핵심 요소 중 하나가 바로 성욕이다. 새로운 연인들은 서로에게서 잠시도 손을 떼지 못한다. 성관계는 임신의 달성이 사랑의 주요 기능에 포함됨을 보여주는 꽤 확실한 표시다. 사랑에 빠질 때 우리의 목표가 임신이 아닌 경우가 많지만, 어쨌든 임신의 달성은 낭만적 사랑이 진화한 주된 이유의 하나다.

하지만 그게 다라면 사랑이 길어야 몇 개월 이상 지속될 이유가 없고 여성이 임신을 하는 시점을 넘어서까지 지속될 이유는 더더욱 없다. 그렇다면 인간의 연애는 침팬지의 "컨소트십consortships"과도 같을 것이다. 이는 높은 지위의 수컷과 가임기 암컷이 며칠간 단둘이 무리를 떠나 머리가 깨져라 짝짓기를 한 뒤에 일상생활로 돌아와 무리에 합류하는 것을 의미한다. 그들 사이에는 유대감도, 부모 투자의 기대감도 없다. 인간의 관계 일부도 이 궤적을 따르지만 대체적으로는 그렇지 않고, 그 이유는 이해하기 어렵지 않다. 침팬지와 달리 인간의 자손은 심각하게 의존적이기 때문이다. 우리의 아이들은 너무도 많은 돌봄과 관심을 요하기 때문에 인간은 암수 한 쌍 결합의 능력을 갖도록 진화했다. 암수 한 쌍 결합은 임신의 확률을 높일 뿐 아니라(피임법이 존재하지 않던 자연적인 환경에서는 그랬다.) 자녀의 공동육아를 위한 배경이 되어준다.[49] 사랑은 육아를 위한 동반자 관계를 유지해주는 접착제다. 사랑이 진화된 고대의 환경에서 사랑은 커플이 서로의 궤도 내에 충분히 오래 머물며 임신기에 필요한 자원과 보호를 남자가 제공하고, 아이의 생후 몇 개월에서 몇 년에 이르는 힘든 시기 동안 필요한 자원과 보호 또한 제공하도록 유지하는 역할을 했다.[50] 사랑이 그보다 오래 지속될 때도 있었고, 그렇지 않을 때도 있었다. 헬렌 피셔가 정리한 바와 같이 사랑은 아이 한둘을 생산할 정도로 오래 다른 인간 존재를 감내할 수 있도록 해주지만, 그렇다고 그 사람을 영원히 감내할 필요는 없는 것이다.[51]

이 정도까지는 논란의 여지가 없어 보인다. 그러나 이 지점을 넘어가면 미스터리들이 페트리 접시의 곰팡이처럼 자라고 증식하기 시작한다. 왜 우리는 사랑을 시작할 때 그토록 강력하게 빠져드는가? 이게 어떻게 우리에게 제일 득이 된다는 것인지 대번에 알아채기는 힘들다. 다른 무엇보다도, 사랑의 이런 속성 때문에 우리는 애정을 미끼로 돈을 뜯어내는 이들과 바람둥이의 착취에 취약해진다. 이처럼 사랑이 정말로 우리에게 제일 득이 되는 것이라면 우리의 간절한 바람에도 불구하고 왜 그토록 쉽게 사라지는가? 반대로 관계가 망했거나, 죽어가고 있거나, 이미 죽은 후에도 사랑은 왜 도저히 사라지지 않는가? 외계 과학자는 당연히, 훌륭하게 설계된 다원주의적 기계들이 한 차례 연애를 마치고 나면 적합한 짝을 찾는 여정을 곧바로 재개할 것이라 예측할 테다. 이 "기계"가 놓쳐버린 사랑에 집착하고 헛된 자기 연민에 빠져 있느라 몇 달, 때로는 몇 년을 허비하리라고는 예측하지 않을 것이다—결국, 인생은 짧고 바다에는 널린 게 물고기니까. 잃어버린 사랑에 따른 방황은 적응적인 것으로는 보이지는 않는다. 게다가 로미오와 줄리엣의 사례에서 보듯 사람들은 때로 실패한 관계 때문에 자살을 감행하기도 하니, 이런 점에서는 오히려 부적응적인 것에 가깝다. 이를 어떻게 이해해야 할까?

사랑이 늘 지속되지는 않는다는 문제에서부터 시작해보자.[52] 사랑의 이 서글픈 단계를 조명하는 한 가지 방법은 사랑에서 빠져나오는 과정을 배우자 선택의 말기 형태로 보는 것이다. 이 방법을 통해서 보면 배우자 선택은 개인이 관계에 진입하는 순간 끝나는 한시적 사건이 아니다. 대신, 개인이 관계 속에 머무는 모든 순간들이 실은 배우자 선택의 연장에 해당한다. 이 같은 관점을 취하면 사랑의 죽음을 둘러싼 다양한 사실들이 몰고 오는 혼란이 줄기 시작한다. 첫째, 법이 허용하는 한 남자에 비해 여자가 이혼 또는 이별을 개시할 확률이 높다.[53] 사랑의 종말을 배우자 선택의 한 형태로 볼 때, 여자가 이별을 고할 확률이 더 높다는 것은 이들이 배우자 선택에 더 까다롭다는 사실을 보여주는 또 다른 예가 된다. 그리고 이는 상당히 타당하다. 여자는 개별 자손에 보다 많이 투자할 뿐 아니라 가임기가 더 짧기 때문에 번식시계의 분초가 중요하다. 둘째, 평균적으로, 관계를 끝내는 이유에 남녀 간 차이가 있다. 여러 문화권에서 여자는 파트너가 실직할 경우 결혼관계를 끝낼 확률이 남자에 비해 높다.[54] 이는 여성이 상대의 자원과 지위에 더 많은 가중치를 부여한다는 발견과도 부합한다.[55] 반면 남성은 여성이 나이가 들기 시작하면 관계를 끝낼 확률이 더 높다. 이는 남자가 상대의 외모와 젊음에 더 많은 가중치를 부여한다는 발견과도 부합한다.

그러니까, 사랑이 늘 지속되지는 않는다는 사실을 진화적 관점에서 헤아리기는 그렇게 어렵지 않다. 하지만 때로는 사랑이 그 사용 기한을 훨씬 넘어서까지 지속되고, 사람들이 관계의 죽음을 불합리할 정도로 오래 애도하며, 실패로 막을 내린 연애로 자살까지 감행한다는 사실은 어떻게 이해해야 하는가? 놀라울 수도 있으나 이 수수께끼에서 가장 풀기 쉬운 것은 마지막, 즉 사랑으로 인한 자살이다. 사람들 대부분은 놓쳐버린 사랑 때문에 자살하지 않는다. 자살하는 이들이 있다고는 해도 인간이 웃고 울고, 싸우거나 아니면 도망치도록 진화한 것과 달리 사랑으로 인한 자살은 우리가 특별히 수행하도록 진화된 것은 아니라는 얘기다. 이는 그저 가끔 발생하는, 낭만적 관계의 끝이나 파탄 이후에 경험하는 부정적 감정들의 비극적 부산물이다. 진화심리학자들이 던지는 진짜 질문은 우리가 애초에 이 감정들을 가지게 된 이유, 그리고 때에 따라서는 적응적이라고 봐줄 수준보다 훨씬 오래 지속되는 이유다. 여기에는 몇 가지 가능성이 있지만 그중 하나는 이 감정이 초창기에는 그렇게 부적응적이지 않았으리라는 예상이다. 사람들은 서로에게 "바다에 널린 게 물고기"라고들 말하고, 이는 우리가 때로 바다에 더 이상 물고기가 없는 양 행동한다는 의미를 함축하는 듯하다. 하지만 어쩌면 우리가 그렇게 행동하는 이유는 사랑이 최초로 진화되던 당시의 바다에 정말로 다른 물고기들이 많지 않아서였을 수 있다. 진화의 역사 대부분의 시기에 우리는 잠재적 파트너들의 풀이 제한적인 소규모 집단에서 나이트클럽도, 인터넷 데이팅 사이트도 없이 살았다. 이러한 세계에서 자연 선택은 보다 적합한 다른 선택지가 등장하기 전까지는 기존의 짝짓기 상대 또는 후보를 마치 바이스로 죄듯 꼭 붙드는 경향을 선호했을 수 있다. 우리의 감정은 우리가 지금 살고 있는 이 세계가 아니라 고대의 저 잃어버린 세계에 맞춰져 있다. 그러니까 사랑의 과도한 집요함은 어쩌면 진화적 불일치의 결과일 수 있다.

물론 이 모든 주장은 낭만적 사랑이 애초부터 진화의 산물이라고 가정하고 있지만, 누구나 이를 받아들이는 것은 아니다. 일각에서는 사랑이 서구 문명의 산물이고, 이를 인류 보편의 것으로 보는 관점은 그저 서구 자민족중심주의의 표출이라고 주장한다. 그들의 시각에 따르면 사랑은 셰익스피어, 중세 기사도, 또는 개인주의 사회의 발명품이었고 동화, 할리우드 영화, 민망하기 그지없는 발렌타인 데이 카드로 오늘날까지 성장 및 유지되고 있다. 혹자는 거기서 더 나아가 사랑이 가부장적이고 자본주의적인 음모라고 주장한다. 예를 들어 개념주의 화가 제니 홀저Jenny Holzer는 낭만적 사랑이 "여자를 조종하기 위해 발명되었다."고 말한 바 있다. 마찬가지로 앤지 번즈Angie Burns도 "페미니스트의 관점에서 낭만적 사랑은 과거에도 그렇고 지금도 그렇고 이성애자들의 사적 관계에 존재하는 젠더 불평등과 여성 억압을 가리거나 위장하기 위한 것으로 여겨진다."고 말했다.[56]

그러나 이 모든 아이디어들은, 정중한 표현을 써서 말하자면, 신뢰성에 한계가 있다. 최초로 사랑에 빠지는 경험은 종종 예상과는 아주 다르게 전개된다. 누군가는 사랑이 자신을 그토록 연약하고 소유욕 강한 사람으로 만든다는 사실에, 다른 누군가는 사랑이 자신의 계획과 우선 순위를 완전히 뒤집어 놓는다는 사실에, 또 다른 누군가는 사랑의 과정이 평탄함과는 너무도 거리가 멀다는 사실에 놀란다. 사랑이 그저 문화적 대본에 쓰여진 바를, 동화와 로맨틱 코미디가 우리 머릿속에 각인한 바를 그대로 행동화하는 것뿐이라면 우리가 경험하는 사랑이 우리가 예상하는 사랑과 그토록 심각하게 어긋날 이유가 무엇이겠는가?

또한 낭만적 사랑이 우리가 아는 모든 문화에서 발견되는 이유는 무엇이겠는가? 맞다. 완고하고 근거 없는 인류학적 믿음과는 반대로 전 세계의 모든 이들이 사랑에 빠진다. 이 주장을 뒷받침하는 일련의 증거를 제시한 인물은 인류학자 윌리엄 얀코비악William Jankowiak과 에드워드 피셔Edward Fischer였다. 이들은 역사적으로 독립된 166개 문화를 대상으로 진행된 인류학 연구들을 샅샅이 뒤져 나온 낭만적 사랑의 증거들을 일일이 기록했다. 여기에는 낭만적인 시, 애인과의 도피 등 모든 보편적 징후들이 포함되었다. 그들의 결론은 어땠을까? 낭만적 사랑은 거의 대다수에 해당하는 89%의 문화에서 뚜렷이 나타났다. 나머지 11%에도 사랑이 반드시 부재한 것은 아니라는 사실을 기억하라. 다만 존재 혹은 부재 여부가 불분명했을 뿐이다. 존재 여부가 불분명한 문화들 모두가 특정 지역에 모여 있는 양상을 보였다면 사랑이 다른 세계에는 퍼졌지만 이 지역에는 아직 도달하지 못한 전염성 밈이라는 주장이 가능할지도 모른다. 하지만 이 문화들은 각지에 무작위로 흩어져 있었고 낭만적 사랑은 세계의 거의 모든 지역, 즉 아프리카, 유럽, 아시아, 아메리카, 폴

리네시아 등의 대부분 문화에 명백히 존재했다. 이는 사랑이 사실상 보편적이고, 우리가 조금만 더 열심히 살펴본다면 모든 문화에서 발견해낼 수 있는 것임을 의미한다.[57]

이 주장을 뒷받침하는 또 다른 연구는 아주 다른 기법을 활용해 훨씬 더 많은 문화에서 낭만적 사랑의 증거들을 찾아냈다. 조너선 갓셜과 마커스 노드런드Marcus Nordlund는 전 세계 문화의 민담 수천 개를 분석하며 낭만적 사랑의 징후를 찾았다. 이들은 조사 범위를 서구와의 접촉 이전—즉 서구 개인주의 또는 셰익스피어의 소네트에 "오염되었을" 리 없는—이야기들로 한정했다. 그 결과들은 다시 한번, 낭만적 사랑이 인류 보편의 것이라는 사실을 강력하게 시사했다. 연구 샘플의 79개 문화 중 78개에서 사랑이 분명한 형태로 존재했다. 여기에서 주목할 것은 이 78개 문화가 사하라 이남 아프리카인, 호주 원주민, 남아시아인, 동아시아인, 아메리카 원주민을 포함한 주요 인구 집단 일체를 망라하고 있다는 점이다.[58]

이 모든 발견이 제기하는 질문은 단순명료하다. 낭만적 사랑이 서구 문화의 발명품이라면 지역, 역사적 시대, 인종 집단을 불문하고 발견되는 이유는 무엇인가? 가장 간단하고 합리적인 대답은 낭만적 사랑이 서구 문화의 발명품은 아니라는 것이다. 오히려 낭만적 사랑이 서구 문화의 발명품이라는 생각 자체가 서구 문화의 발명품이며, 그런 점에서 설득력이 다소 떨어진다. 할리우드 블록버스터나 빛나는 갑옷의 중세기사들이 등장하기 수십만 년 전에도 사람들은 사랑에 빠지고, 사랑에서 빠져나왔다. 그저 우리는 그런 종류의 동물, 때때로 사랑에 빠지는 동물일 뿐이다.

질투

신혼여행을 즐기는 최고의 방법, 그러니까 목적지와 기간, 도착해서 할 일 등에 대한 생각은 사람마다 다르다. 그러나 거의 모두가 동의할 한 가지는 신랑신부가 여정을 함께하고, 철창에 갇히는 신세가 되지 않는 게 최고라는 생각일 것이다. 하지만 안타깝게도 이는 2010년에 매사추세츠 주에서 결혼한 어느 신혼부부가 곧 겪게 될 일이었다. 결혼식을 마치고 여기저기 운전해 다니던 이 커플은 신랑의 옛 애인이 아들을 데리고 퇴근하는 모습을 보게 되었다. 운전대를 잡은 신부는 창문을 내리고 신랑의 옛 애인에게 성적인 욕설을 퍼붓다가 그녀를 차로 쳐버리기로 마음먹었다. 다행스럽게도 옛 애인과 아들은 충돌 직전에 몸을 피했고, 신부는 울타리를 대신 들이받았다. 신혼부부는 현장에서 체포되었고, 남편과 아내가 각기 다른 유치장에 갇혀 신혼 첫날밤을 보냈으며, 이 소식은 널리 퍼져나가 세계적인 웃음거리가 되었다.

3장에 등장했던 섹스엑소시즘 사례처럼 이 얘기의 구체적인 내용은 놀랍지만—그래서 널리 퍼진 것이겠지만—그 기저에 있는 감정들은 거울에 비친 자기 얼굴만큼이나 익숙하다. 대부분의 사람들에게는 질투심이 '있다'. 우리는 질투를 직접 경험해보기 전에도 여자친구 혹은 남자친구, 남편 혹은 아내가 다른 누군가와 엮인다는 게 얼마나 불쾌한 일일지 이해한다. 그렇지만 무성의 외계 과학자에게 질투는 관계의 또 다른 미스터리, 사랑만큼이나 혼란스러운 존재일 것이다. 우리는 친구가 다른 친구를 갖는 것에는 대개 마음을 쓰지 않는다. 그러면서 성적 파트너가 다른 성적 파트너를 갖는 상황은 왜 그토록 우려하는 것일까? 우리는 우리의 성적 파트너가 우리 없이 맛있는 식사를 하는 것에는 대개 마음을 쓰지 않는다. 그러면서 성적 파트너가 우리 없이 근사한 성적 만남을 갖는 상황은 왜 그토록 우려하는 것일까? 그런 우려가 없다면 모든 게 훨씬 순조로울 것이다. 그렇다면 그냥 우려를 하지 않을 수는 없나?

혹자에 따르면 우려하지 않을 수 있고, 또 그래야 한다. 『왜 결혼과 섹스는 충돌할까?Sex at Dawn Sex at Dawn』와 『도덕적 다자간 연애자The Ethical Slut』 등의 인기 서적들은 질투가 인간 본성의 일부라기보다 문화적 발명품이라고 말한다.[59] 질투는 우리의 가장 가까운 친척인 침팬지나 난쟁이침팬지 사이에서는 발견되지 않으며, 돌고래처럼 큰 두뇌를 가진 다른 사회적 동물들 사이에서도 발견되지 않는다. 인간 세계에도 질투가 낯선 문화들이 상당수 존재한다.[60] 여기에는 북극권의 이누이트들도 포함되는데, 일부 부족의 족장들은 손님에게 자신의 아내 중 한 명을 하룻밤 동안 내어주기도 한다. 마찬가지로 중국 무수오Musuo, 남아메리카 시리오노Siriono, 남태평양 사모아Samoa 등의 전통 사회에서도 성적 독점을 향한 욕구는 우리의 외계 과학자가 느낄 것만큼이나 이질적이다. 성적 독점은 서구의 페티시고 질투는 서구의 신경증이다. 사실 서구 세계 내부에도 질투의 노선을 따르기를 거부하는 이들이 많다. 일례로 배우 셜리 맥클레인Shirley MacLaine은 어느 인터뷰에서 "나는 성적 질투를 느껴 본 적이 정말로 없다."고 말한 적이 있다. 우리가 하루라도 빨리 맥클레인의 대열에 합류해 성적 소유욕의 족쇄를 벗어던진다면 모두에게 이로운 일이 될 것이라고 말하는 이들도 있다. 과연 얼마나 설득력 있는 얘기일까? 질투가 정말로 화폐나 주7일처럼 사회적 발명품이기만 할까? 처음 질투를 경험하는 사람들은 그 격렬함에 매우 당황하고는 한다. 그들이 그저 현지의 문화가 선택한 대본을 따르고 있을 뿐이라면, 그렇게 당황할 이유가 무엇이겠는가? 게다가 사람들이 질투의 고통에 면역력을 가진 문화가 정말로 존재하기는 하는가? 이는 극도로 의심스러운 생각이다.[61] 맞다, 인류학자들은 그간 다수의 비서구권 사회에 질투가 부재한다는 대담한 주장을 해 왔다. 그러나 이 주장들은 하나같이 면밀한 검토 앞에서 무너진다. 예를 들어 1960년대에 윌리엄 스티븐스William Stephens는 폴리네시아의 마르키즈 제도 주민들 사이에서 간통은 완벽히 용인가능한 것으로 간주된다고 주장했다. 그가 제시한 증거는 마르키즈에 간통을 처벌하는 사회적 제재가 없다는 사실이었다. 그러나 그가 간과한 것은 공식적 제재가 부재함에도 이 사회적 남성들이 아내의 부정을 의심해 구타하거나 심지어는 살해하는 일이 종종 벌어진다는 사실이었다.[62] 이와 유사한 맥락에서 마거릿 미드Margaret Mead는 소수의 인터뷰에 기초하여 사모아의 전통 사회가 질투의 고통으로부터 전적으로 자유로운 곳이라고 주장하기도 했다. 그러나 이후에 진행된 심층 연구에 따르면 사모아에서 자행되는 폭력의 주요인이 바로 질투였다.[63]

이누이트의 아내 공유 관습은 또 어떤가? 이는 성적 소유욕이 인간 보편의 것이라는 생각에 반하는 사례처럼 보인다……. 그러나 아내를 공유하는 것이 이누이트에게 별일이 아니라고 가정할 때만 그렇다. 하지만 이는 아내 공유 관습을 오인하는 것이다. 여기에서 핵심은 이 관습이 고도로 관대한 행위였다는 데 있다. 그리고 이 행위가 관대한 것으로 여겨지는 이유는 다른 모든 곳의 인간과 마찬가지로 이누이트 또한 아내와 연인에게 소유욕을 느끼기 때문이다. 이를 어떻게 알 수 있느냐고? 다른 모든 이들과 마찬가지로 이누이트 사이에서도 남성의 성적 질투가 배우자 살해의 주원인이다.[64]

예외적 개인들이야 당연히 있다. 그러나 흔치 않다. 그렇기 때문에 셜리 맥클레인이 성적인 질투를 정말로 느껴 본 적이 없다고 선언할 때 그 말이 전 세계 헤드라인을 장식하는 것이다. 사람들 대부분은 성적 질투를 느낀다. 좋든 싫든 질투는 사랑의 신실한 벗이다. 질투는 식사 자리에 나타난 환영받지 못하는 손님이자, 우리 중 몇이 쫓아내려 시도는 해볼지 몰라도 절대 몰아낼 수 없는 손님이다. 이는 질투가 단순한 사회적 발명품일 뿐이라면 예측이 불가능한 현상이다.

질투가 단순한 사회의 발명품이 아니라면 어디에서 유래하는 것일까? 여기에 진화론이 명쾌하고도 실로 유일하게 유력한 대답을 제시한다. 2장에서 살펴봤듯 모든 감정의 기능은 행위에 동기를 부여하는 것이다. 질투는 어떤 종류의 행위에 동기를 부여하는가? 당연한 대답—동물의 행위에 익숙한 이에게는 당연한—은 질투가 짝 보호mate guarding의 동기로 작용한다는 점이다. 짝 보호는 동물의 세계에서는 흔한 행동이다. 그리고 반복적으로 나타나는 행위들이 늘 그렇듯이 이는 적응의 특정 문제들을 해결하도록 고안되었다.

짝 보호는 기본적으로 수컷들의 전유물로 인식되는 적응상 문제를 해결한다. 자신이 짝짓기한 상대가 낳은 아이가 다른 누구의 아이도 아닌 자신의 아이임을 확신하는 문제다. 이것이 앞에서 언급한 침팬지 협동의 주된 목표다. 침팬지 사이의 이 짧은 관계는 암컷이 아니라 수컷이 시작한다. 수컷은 암컷을 무리에서 떨어트려 놓고 가임기 동안 다른 수컷들로부터 고립시켜 이 암컷을 임신시킬 유일한 존재가 자신일 확률을 높인다. 이렇듯 분명한 이유로 협동 성향을 유발하는 유전자들은 선택될 확률이 높다. 동일하게 분명한 이유하에 협동과 유사한 수컷의 행위들이 동물의 왕국 전반에서 관찰된다. 소금쟁이에서 휘파람새, 왈라비에 이르기까지 광범위한 종의 수컷들은 가임기 암컷들의 곁에 바짝 붙어서 경쟁자들의 접근을 막으려 싸운다.

자손 번식에 있어 수컷이 암컷을 수정시키는 것 이상의 기여를 하는 종에서는 적응상의 새로운 문제가 대두된다. 그중 첫 번째 역시 수컷들의 전유물이다. 수컷이 자손에게 투자하는 정도가 높을수록 그 자손이 자신의 아이라는 보장이 중요해진다. 수컷 침팬지에게 최악의 시나리오는 다른 수컷이 이미 임신시킨 암컷과 짝짓기를 하느라 시간을 낭비하는 것이다. 그러나 부계 투자의 정도가 높은 종에 속하는 수컷에게 최악의 시나리오는 다른 수컷의 자손—따라서 다른 수컷의 유전자—을 돌보는 데 수개월 혹은 수년의 시간을 들이는 것이다. 이는 최악의 시나리오 중에서도 최악이며, 바로 이 부분에서 짝 보호의 적응상 효용이 크게 높아진다.

부계의 투자는 암컷에게도 적응상의 새로운 문제들을 만들어낸다. 자손의 생산에 있어 수컷의 기여가 정자제공자에 국한되는 종에서는 수컷을 두고 다툴 이유가 적다—수컷 한 마리만 있어도 틈틈이, 무리 내 모든 암컷을 쉽게 임신시킬 수 있기 때문이다. 따라서 침팬지, 코끼리물범, 그리고 사실상 대부분의 포유류에서 수컷은 암컷을 지키지만 암컷은 수컷을 지키지 않는다. 반면 수컷이 자손의 돌봄에 기여하는 종에서는 수컷 투자가 희소한 자원이 되고, 희소한 자원은 쟁취하기 위해 싸울 가치가 있다. 암컷은 짝이 자신보다 나은 선택지를 찾기를 바라지 않고, 훌륭한 수컷을 다른 암컷에게 빼앗기고 싶어 하지도 않는다. 따라서 암수 한 쌍 결합의 종에서는 종종 상호적 짝 보호mutual mate guarding가 목격된다. 긴팔원숭이가 그 좋은 예다. 이 기민하고 조그마한 유인원은 암수 한 쌍 결합을 하고 이 결합이 평생 동안 계속되는 것이 보통이다. 이들은 육신이 유혹에 약한 존재일 수 있음을 알고, 따라서 동성혐오same—sex repulsion를 수행한다. 수컷들은 다른 수컷들을 쫓아내고 암컷들은 다른 암컷들을 쫓아낸다. 즉, 긴팔원숭이는 대체로 일부일처인 것이 맞지만, 이들이 배타적 일부일처의 성향을 가지고 있기 때문은 아니다. 긴팔원숭이의 일부일처는 강제에 따른 것처럼 보인다.[65]

암수 한 쌍 결합을 하는 종 대부분은 유사한 지형을 가지고 있다. 조류를 예로 들어보자. 3장에서 본 것처럼 암수 한 쌍 결합은 조류에서 가장 흔히 발견되며, 오랫동안 사람들은 조류가 배우자에게 전적으로 충실한 종이라고 생각해 왔다. 1986년작 영화 〈제2의 연인Heartburn〉에서 메릴 스트립이 분한 캐릭터는 부친에게 자신의 새 남편이 외도를 하고 있다고 불평한다. 부친은 야속하게도 이렇게 말한다. "일부일처제를 원해? 백조랑 결혼해라." 그러나 비슷한 시기에 과학자들이 DNA 친부확인법을 들고 나왔고, 조류가 그런 식의 경건함과는 한참 거리가 있다는 사실이 이내 밝혀졌다. 조류의 90%가량이 사회적으로 일부일처지만(즉, 암수 한 쌍 결합을 해서 생활하지만) 성적으로 또는 유전적으로 일부일처인 비율은 겨우 10%가량이었다. 나머지 90%에서—백조 포함—새끼들의 일부는 사회적 아버지가 아닌 수컷들에 의해 만들어진다.[66] 인정하건대, 예리한 눈을 가진 도덕주의자들은 조류들이 그간 세상을 상대로 쌓아온 이미지만큼 순결한 존재는 아닐 것이라고 오랜 세월 의심해 왔다. 가령 3세기에 성 코르넬리우스는 "조류의 습성은 여러 면에서 교회의 명령에 반한다"라고 말한 바 있다. 그러나 DNA 증거가 등장하고서야 많은 이들이 현실을 깨달았다. 순식간에 우리는 우리의 깃털 달린 친구들을 향한 순수함을 상실하고 말았다. 사람들이 거리에서 흐느꼈다.

그후 상황은 계속 내리막길을 걸을 뿐이었다. 성적 순결의 보루로 추정되었던 다른 동물들도 이내 성 추문에 휘말리기 시작했다. 긴팔원숭이, 대초원들쥐, 솔방울도마뱀—모두가 간헐적인(또는 그렇게 간헐적이지 않은) "혼외의" 쾌락에 취약한 것으로 밝혀졌다.[67] 사회적 일부일처는 많으나 유전자적 일부일처가 엄격히 지켜지는 경우는 훨씬 드문 것처럼 보인다. 이 말을 오해하지 말라. 일부 종들은 유전자적으로도 일부일처다. 아자라올빼미원숭이가 그에 해당한다. 암수 한 쌍 결합을 하는 이 남아메리카 영장류에 대한 18년간의 연구는 암컷이 파트너가 아닌 수컷과 관계하여 잉태한 자손의 사례를 단 한 건도 발견하지 못했다. 그러므로 여러분이 혹시 일부일처를 원한다면 백조, 긴 팔원숭이, 솔방울도마뱀과 결혼할 일이 아니다. 확실한 선택은 올빼미원숭이 일 것이다. 그러나 다른 대부분의 종에서는 일부일처의 보장이 없다—이는 짝 보호가 그토록 다양한 동물 종에서 발견되는 이유다.

그렇다면 우리의 가장 큰 관심사, 인간이라는 동물은 어떨까? 여기에서 일단 짚고 넘어가야 할 것은 다른 종에서의 짝 보호를 설명하는 진화적 논리 와 동일한 논리가 우리 종에도 적용된다는 사실이다. 남자의 경우 핵심 사안 은 부계의 보증이다. 아버지로 훌륭하게 설계된 수컷이라면 준수한 외모를 가진 옆집 남자의 자손이 아니라 자기 자손에게 투자할 것이다. 이를 확실히 보장할 수 있는 한 가지 방법은 쉽게 질투를 느끼는 것이다—질투는 여러분 의 파트너와 준수한 외모의 이웃에게 경계의 눈초리를 던지고, 둘을 떼어놓 고, 상대가 옆길로 새면 헤어지거나 혹은 다시는 그런 일을 벌이기 싫을 정 도로 삶을 불쾌하게 만들도록 유도한다(이 중 어떤 것이든 내가 용납한다는 뜻이 아니다. 설명을 하자면 그렇다는 얘기다). 질투가 이런 역할을 수행하 도록 하기 위해 여러분이 질투의 진화적 논리를 이해하고 있을 필요는 없다. 그냥 질투를 느끼기만 하면 된다. 질투 성향을 유발하는 유전자는 "이봐, 나 는 깨어 있는 남자라고. 나는 내 파트너가 다른 남자와 자는 걸 신경 쓰지 않 아."라는 성향을 유발하는 대립유전자보다 더 많은 개체에 스스로를 복사하 는 방법을 알아서 찾아낼 것이다. 선택 압력이 질투를 느끼는 쪽으로 기울었 다는 사실에 대해 마고 윌슨Margo Wilson과 마틴 데일리는 이렇게 말했다. "남 자가 특정 여자에 대한 권리를 주장하는 것은 명금이 영역의 권리를 주장하 고, 사자가 살상의 권리를 주장하고, 인간의 양성 모두가 귀중품의 권리를 주 장하는 것과 같다."[68]

그러나 짝에 대한 권리를 꼭 남자들만 주장하는 것은 아니다. 여자에게도 성적 소유욕이 있다. 이들이 때로 파트너의 전 연인을 차로 치려는 것도 그 때문이다. 호모 사피엔스에서 발견되는 양방향 질투는 인간이 암수 한 쌍 결합과 공동육아의 종이라는 점에서 상당히 타당하다. 사실 이는 우리가 암수 한 쌍 결합과 공동육아의 종임을 다시금 입증해준다. 그렇지 않았다면 여자는 평균적인 암컷 침팬지와 마찬가지로 질투를 느끼지 않을 것이다. 그러나 한 가지 기억할 사실은 남녀 모두가 질투라는 괴물의 지배를 받지만, 이 괴물이 수행하는 진화적 기능은 남녀 사이에서 다소 다르다는 점이다. 앞에서 살펴본 바와 같이 남성의 경우 질투의 주기능은 짝이 외도로 낳은 남의 자식을 키우는 상황을 피하는 것이다. 이는 여성에게는 일어날 수 없는 일이다. 대신 여성의 문제 상황은 짝이 곁에 머물며 둘 사이에 낳은 자녀의 양육을 돕지 못하게 되는 사태다. 그리고 이런 일이 일어날 가능성의 하나가 바로 짝이 다른 누군가와 사랑에 빠지는 경우다. 우리 진화의 역사에서 남자가 제 아이를 안고 있는 파트너를 버리고 다른 여자와 도망쳤다면, 이 아이가 생존과 번영을 이룰 확률은 낮아진다.[69] 이는 남녀 모두의 적합도에 유해하다. 하지만 이 남자가 다른 여자와의 사이에서도 아이를 가질 수 있다면 위험을 감수할 가치는 충분하다. 결과적으로는 아이 하나가 아니라 둘을 갖게 되는 셈이기 때문이다. 반면 그의 원래 파트너에게는 밝은 미래는커녕 우중충한 현실만이 남을 것이다. 그러므로 암수 한 쌍 결합을 위해 훌륭하게 설계된 암컷이라면 무슨 수를 써서라도 이런 결과는 피하려 할 것이다. 이 목표의 달성 방안 중 하나가 바로 남자만큼 쉽게 질투를 느끼는 것이다.

그러니까 남녀의 질투를 형성한 선택 압력은 다소 달랐을 가능성이 있다. 하지만 그게 양성이 느끼는 질투 자체도 다르다는 의미일까? 진화심리학자

다수가 그렇다고 주장한다. 그들의 논지는 이런 식으로 전개된다. 어떤 남자의 아내가 다른 남자와 섹스를 한다면 그 남자의 아이를 임신할 가능성이 생기고, 따라서 그녀의 남편이 다른 남자의 아이를 키우는 지경에 처할 수 있다. 남편의 입장에서 이는 적합도의 엄청난 손실을 의미한다. 그러나 어떤 여자의 남편이 다른 여자와 섹스를 할 경우 아내의 입장에서 절대 유쾌한 상황은 아니겠으나—단지 섹스일 뿐인 경우에 한해—진화적으로 그렇게까지 큰 문제는 아니다. 남편이 외도로 가진 아이를 부지불식간에 기르는 지경에 처할 일은 없기 때문이다. 따라서 남자는 성적 부정을 특히 언짢아해야 한다—여자보다 더 그래야 한다. 다만 감정적 부정의 경우에는 얘기가 다르다. 어떤 여자의 남편이 다른 여자와 감정적으로 엮인다면 그는 아내를 버리고 그녀의 아이에 대한 투자도 멈출 것이다. 이는 아이의 생존 확률을, 적어도 전근대적 조건에서는, 낮출 수 있다. 이미 설명한 대로 이는 부모 모두의 적합도에 손실을 가져오되 여자 쪽의 손실이 더 크다. 게다가 아이가 생존한다고 하면 여자의 육아 부담이 늘고, 가까운 시일 내에 다른 아이를 가질 가능성은 줄어든다. 이상의 두 가지 이유로 여자는 감정적 부정에 특히 언짢아해야 한다—남자보다 더 그래야 한다.[70]

수십 년간의 연구 또한 이를 뒷받침한다. 질투에 대한 평균적 성 차이는 위에서 예측한 방향과 일치한다. 남자는 여자의 성적 부정을 더 언짢아하는 반면 여자는 남자의 감정적 부정을 더 언짢아하는 경향이 있다. 이러한 차이들은 최소 1개 이상의 수렵채집 부족을 포함한 다양한 문화 전반에서 여러 기법을 통해 확인되었다.[71] 하지만 이 같은 성 차이가 실재한다는 사실을 부정하는 것은 아니나, 내 생각에 그 중요도는 다소 과장된 측면이 있다.[72] 자가 보고 연구에서 성 차이의 정도는 질문의 방식에 따라 달라진다. 양자택일의 형식—그러니까, 성적 부정과 감정적 부정 중 무엇에 더 분노를 느끼는지 선택하도록 하는 경우—에서는 성 차이가 크게 나타난다. 남자는 보통 양쪽이 꽤 유사하게 나뉘지만 여자의 상당수는 정서적 부정 항목을 선택한다.[73] 그러나 자유 응답 형식을 사용하면—그러니까, 성적 부정에 대해 분노하는 정도에 점수를 매기고, 이와 별개로 감정적 부정에 대해 분노하는 정도에 점수를 매기는 방식—성 차이는 현저히 줄어든다.[74] 즉, 사실 가장 눈에 띄게 두드러지는 현상은 성 차이가 아니라 양성 모두가 성적 부정과 감정적 부정 모두에 극도로 분노하는 경향이 있다는 사실이다.[75] 평균적인 차이는 있지만 이를 공통점이 압도한다. 따라서 남녀의 질투를 형성한 선택 압력은 달랐을지라도, 질투라는 감정 자체—선택 압력이 만들어낸 근접 기제proximate mechanism—는 양성 모두에게 대체적으로 동일하다.[76]

이 논의는 또 다른, 다소 불편한 문제를 제기한다. 우리 종에서 부정은 얼마나 흔한가? 간단히 대답하면 아침드라마에 나오는 것보다는 덜하나 사소하다고 할 수는 없는 비율로 발생한다. 구체적 수치를 얻는 옛날 방식은 우리 종의 비非부계 비율을 보는 것이다. 출생증명서에 이름을 올린 아버지와 현재의 아버지가 일치하지 않는 사람은 얼마나 되는가? 가장 유력한 추정치는 10%이며 대개는 최대 30% 이하에 속한다. 사람들 대부분은 이 수치가 놀랍다고 여기는데, 그럴 만도 하다. 사실 극도로 과장된 추정치일 가능성이 높기 때문이다. 이 연구들은 일반 인구 집단에 비해 비부계 비율이 훨씬 높을 가능성이 있는 집단을 대상으로 진행되는 경우가 많다. 일례로 이들 연구 다수가 친자확인 전문기관이 발행한 데이터에 기초한다. 문제는 이러한 서비스를 이용하는 남성들은 대개가 자녀의 생부에 대한 의심을 이미 품고 있는 이들이라는 것이다. 이를 감안하면 인간의 비부계 비율이 예기치 못하게 낮다고 주장하고 싶을 수도 있다. 자신의 친자가 아니라고 가장 강력하게 의심하는 남자들 사이에서도 그들이 옳을 확률은 기껏해야 3분의 1 수준이다.

보다 대표성이 있는 샘플로 구성된 연구로 제한해서 보면, 우리의 비부계 비율은 10%나 30%보다는 1%에 가깝다. 게다가 적어도 서구에서는 지난 수 세기 동안 이 수치가 유지된 것으로 보아, 낮은 비부계 비율이 그저 현대적 산아 제한의 산물인 것만은 아닌 셈이다.[77] 그러나 안타깝게도 이 1%라는 수치는 파티나 술집에서 꺼내들기에는 흥미가 떨어진다. 이보다 높은 추정치들이 더 만연한 것도 어쩌면 그래서일 것이다. 높은 추정치들은 안 좋은 소식이되 훌륭한 가십거리인 셈이다. 하지만 인간은 올빼미원숭이가 아닌 것은 분명하나 상대적으로는 신의를 지키는 편에 속한다. 그렇기에 따지고 보면 이것이 그렇게까지 예상밖의 일일 수는 없다. 비부계 비율이 일부 비평가들의 주장만큼 높다면 남자의 육아 참여는 필패의 전략이다. 그리고 이게 사실이라면 남자는 육아에 기여하도록 진화하지 않았을 것이다.

부정이 그처럼 드물다면 사람들은 왜 질투에 그토록 취약한가? 우리 모두는 필요 이상으로 질투하고 의심하지 않는가? 답은 아마 '예'일 것이다. 그러나 여기에서 아이러니는 사람들이 필요 이상으로 질투를 느끼지 않는다면 짝 보호의 정도가 줄고 파트너가 한눈을 팔 확률이 약간은 높아질 것이므로, 질투는 과도할 필요가 있다는 사실이다. 짝의 충실함에 대한 가벼운 수준의 편집증은 나름의 위험 상황을 상정하는 데 기여하면서 자기충족적 예언과 반대의 기능을 한다. 따라서 우리 종에서 부정이 상대적으로 드물다는 사실이 곧 질투의 불필요성을 의미하지는 않는다. 오히려 우리 종의 부정이 상대적으로 드문 것은 이 질투라는 이름의 고통에 쉽게 빠져드는 우리 본연의 성향 덕분이다.

그리고 아기가 태어나 셋이 되었네

내가 가장 좋아하는 아동 도서는 캐나다 출신 소설가 로버트 먼치Robert Munsch가 쓴 『언제까지나 너를 사랑해Love You Forever』라는 제목의 짧은 동화다. 혹여 여러분에게 자녀가 없더라도 이 책을 추천한다. 별난 책이지만 감동적이다. 사실 너무도 감동적이어서 나는 내 아이들에게 이 책을 딱 한 번밖에 읽어 주지 못했다. 눈이 빠져라 울어버린 아이들은 이 책의 낭독을 다시 듣기 거부했다. 이 책은 한 어머니와 아들의 관계에 대한 이야기다. 내용은 이렇다. 옛날 옛적에 어머니와 조그마한 아기가 살았다. 아기가 잠들어 있을 때면 그녀는 살금살금 아기의 방으로 들어가 그를 품에 안고 노래를 불러 주었다.

너를 사랑해 언제까지나, 너를 사랑해 어떤 일이 닥쳐도
내가 살아있는 한, 너는 늘 나의 아기

아기가 자라 유아가 되고, 유아가 자라 소년이 되고, 그는 때때로 말썽에 휘말린다, 사춘기 영장류들이 종종 그렇듯이. 그러나 어머니는 그에게 화가 났을 때조차 소년이 잠들면 그를 안고 노래를 부른다.

너를 사랑해 언제까지나, 너를 사랑해 어떤 일이 닥쳐도
내가 살아있는 한, 너는 늘 나의 아기

마침내 장성한 아들은 분가를 했고, 어머니는 늙고 쇠약해졌다. 그러나 때때로 아들은 마을을 가로질러 운전해 와 잠든 어머니를 품에 안고 노래를 부른다.

당신을 사랑해요 언제까지나, 당신을 사랑해요 어떤 일이 닥쳐도
내가 살아 있는 한, 당신은 늘 나의 엄마

이때쯤 아들에게는 자신의 아이가 있었다. 귀여운 꼬마 아가씨였다. 그는 어머니를 방문하고 집에 돌아오자마자 살금살금 아이의 방으로 들어가 그녀를 품에 안고 노래를 부른다.

너를 사랑해 언제까지나, 너를 사랑해 어떤 일이 닥쳐도
내가 살아있는 한, 너는 늘 나의 아기

이게 이야기의 전부다! 이 간단한 이야기의 특별함이 무엇인지 모르겠으나 많은 이의 마음을 강력하게 건드리는 듯하다. 어쩌면 단순한 우연이 아닐 테지만, 이 이야기는 우리 인생의 몇몇 핵심 주제들을 포착하고 있다. 가족 관계의 지속력, 늙어간다는 것의 불가피성, 덧없음이라는 인간 존재의 본성, 그리고 가장 중요하게는, 부모와 자녀의 깊은 유대 등이다.

이것이 우리를 다음 주제로 이끈다. 우디 앨런Woody Allen이 이런 말을 한 적이 있다. "인생에서 중요한 것은 오직 두 가지다. 하나는 섹스, 다른 하나는 섹스를 제외한 어떤 것도 그만큼 중요하지 않다는 사실이다." 많은 이들이 이것을 진화심리학의 핵심 메시지로 생각하는 듯하다. "모두가 섹스에 관한 것이야!" 그러나 이러한 평가가 과연 타당한가? 답은 "네"가 될지도 모른다—대부분의 물고기, 곤충, 조그맣고 단명하는 동물들에 한해서는. 반면 인간이라는 존재에 있어서는 명백히 "아니오"다. 섹스는 우리의 시작점일 뿐이다. 인간은—다른 모든 포유류 및 조류와 마찬가지로—자식에게 어마어마한 관심

을 아낌없이 퍼붓는다. 그리고 이는 우리가 짝을 찾고 사랑에 빠지고 경쟁자를 물리치는 것만큼이나 번식의 성공에 중요한 문제다. 게다가 간헐적으로 등장하는 영원한 독신남들을 제외하면 우리 종의 암컷뿐 아니라 수컷에게도 자녀의 돌봄은 중요한 문제다. 인간이 이런 성향을 갖게 된 이유는 명확하다. 우리의 자손들은 출생 시에 전적으로 무력하고 다른 동물에 비해 성숙에 이르기까지 훨씬 긴 시간이 소요된다. 그 결과 여자와 남자는 아기를 만드는 것에 더해 그들을 돌보고 사랑하도록 진화되었다. 인간의 정신은 짝짓기만을 추구하는 게 아니다. 인간의 정신은 자녀의 돌봄 또한 추구한다.[78]

그렇다면 자연 선택은 우리 두뇌에 어떤 심리적 기제를 탑재해 우리를 육아의 틈새로 밀어 넣는 것일까? 다양한 후보 중 가장 중요한 것을 소개하기 위해 간단한 질문 하나를 살펴보자. 우리는 왜 아기들이 귀여워 보일까? 처음에는 이것이 전에 언급한 윌리엄 제임스의 "우리는 즐거울 때 왜 찡그리는 대신 미소를 지을까?"나 제러드 다이아몬드Jared Diamond의 "왜 섹스는 즐거운가?"처럼 엉뚱한 질문으로 들린다.[79] 자연스러운 반응은 이렇다. "당연히 우리는 아기들이 귀여워 보이지. 아기들은 실제로 귀여우니까. 너 무슨 로봇이라도 돼?" 그러나 외계 과학자의 눈에 성체 인간이든 가임기의 침팬지든 매력적이지 않은 것과 마찬가지로, 인간의 아기 또한 성체 인간이나 다른 동물에 비해 딱히 귀여워 보이지는 않을 것이다. 심리적으로 건강한 외계인에게 우리는 아마 상당히 혐오스럽게 보일 것이다. 침팬지들 역시 인간의 아기는 쭈글쭈글하고 비대하고 못생겼으며 머리가 너무 둥글납작하고 기묘하게 털이 없다고 생각할 수도 있다. 침팬지의 눈에 보이는 아기의 모습은 우리 눈에 보이는 털 없는 고양이와 벌거숭이 두더지의 모습처럼 매력적인 구석이라고는 없을 것이다.

이 사실은 우리에게 무엇을 말해주는가? "가시 광선"이라는 개념을 생각해

보라. 우리가 광선이 가시적이라고 묘사할 때 실은 광선의 속성에 대해 말하는 게 아니다. 이때 우리는 우리가 가진 시각 기관의 속성에 대해 말하는 것이다. 즉, 우리의 시각 기관이 전자기파의 특정 주파수에만 민감하게 반응함을 의미한다. 이와 마찬가지로 아기들이 귀엽다고 묘사할 때 우리는 아기의 어떤 속성에 대해 말하는 게 아니다. 우리 자신의 어떤 속성에 대해 말하는 것이다. 우리에게 아기가 귀여운 이유는 우리가 그렇게 느끼도록 설계되었기 때문이다. 우리 아기들이 지금 기준으로 기괴하고 조그마한 괴물들처럼 생겼다면 우리는 그것 또한 귀여움으로 받아들였을 것이고 우리 아이들은 실제로도 기괴하고 조그마한 괴물로 진화해 있을 것이다.

그러니까 자연 선택이 우리를 부모답게 만들기 위해 심어둔 기제의 하나는 아이들이 귀엽다고 생각하는 성향이다. 더 정확하게는 자연 선택은 특정한 특징을 귀엽다고 느끼는 경향을 심어두었다. 여기에는 얼굴 중앙의 커다란 눈, 크고 동그란 머리, 토실토실한 뺨, 작고 둥근 코 등이 포함된다. 이 특징들의 집합을 킨첸스키마Kindchenschema 또는 베이비 스키마baby schema라 부른다. 우리는 아기가 킨첸스키마에 근접할수록 더 귀엽다고 생각하고, 이 작고 무력한 생명체에게 아낌없는 보호와 돌봄을 퍼붓고 싶어진다. 다시 말하지만, 이는 우리 종의 암컷뿐 아니라 양성 모두에게 해당된다. 전에 일본에서 열린 진화 심리학 학회에 참석한 적이 있는데, 논의가 진행되던 중에 발표자가 아기 침팬지의 슬라이드 한 장을 보여 주며 이 아기의 양육 과정에서 성체 수컷 침팬지가 기여하는 바는 거의 없다고 설명했다. 그가 말을 이어가는 동안 나는 이런 생각이 들었다. 지금 내 자신과 관객석의 남자들이 저 조그맣고 귀여운 침팬지 얼굴에 느끼는 부모로서의 감정은 정작 같은 종인 수컷 침팬지들이 느끼는 것보다도 더 강렬할 터였다. 물론 평균적으로는 남자에 비해 여자가 귀여운 아기 얼굴에 더 강하게 반응하며, 이 현상은 아직 아이가 없는 이들 사이에서 특히 두드러질 수 있다. 그러나 대부분의 남성 또한 킨첸스키마에 대한 면역력이 대단히 약하다.[80]

아기의 얼굴에 대한 우리의 사랑은 여러 흥미로운 부대 효과를 낳는다. 첫째, 2장에서 살펴본 대로 우리는 인간의 아기들만 귀엽다고 생각하는 게 아니다. 다른 종의 아기들 또한 귀엽다고 생각한다. 크게 보면 다른 동물의 귀여움은 인간 자손과의 유사성에 비례한다. 사람들이 "와아, 정말 귀여운 아기 지렁이구나." 또는 "지금껏 본 것 중에 가장 사랑스러운 아기 전갈이야."라고 말하는 소리는 좀처럼 듣기 힘들다.[81] 대신 아기 포유류에는 사족을 못 쓰는 경우가 많은데, 이들은 우리와 훨씬 밀접히 연관되어 있고 따라서 훨씬 친숙하다. 그뿐만이 아니다. 우리는 아기 같은 얼굴을 가진 포유류의 성체에도 사족을 못 쓴다. 뾰족한 얼굴의 주머니쥐 대신 평평한 얼굴의 고양이를 좋아하는 식이다. 이 털 많은 비인간들을 향한 우리의 사랑 자체는 적응이 아닐 것이다. 그보다는 킨첸스키마의 여파일 확률이 더 높다. 이는 또한 인간의 이상한 습성 중 하나인, 동물을 기르는 현상도 설명할 수 있다. 인간은 동물과 다양한 형태의 관계를 맺는다. 동물은 친구 또는 보호자, 하인 또는 도구가 된다. 그러나 동물은 때로 자녀를 대신하는 역할도 수행한다. 이 경우 동물을 기르는 습성은 우리가 지닌 부모 본능의 독특한 부산물이다.[82]

아기가 귀엽다고 생각하는 경향은 부모 심리의 기계를 구성하는 중요한 톱니바퀴다. 그러나 아기들이 귀엽다고 생각하는 것 자체만으로는 충분하지 않다. 토대가 전무한 상황에서 '부모 동물'을 설계하려면 귀엽다는 생각만으로는 불충분하다. 귀엽다는 인식과 사랑의 감정이 구체적 형태의 돌봄으로 확실히 이어질 수 있게 해야 한다. 이를 어떻게 달성할 수 있을까? 이 질문에 대해 사람들 대부분이 가장 먼저 하는 생각은 동물에게 섹스와 음식을 즐기는 성향을 부여한 것처럼 아이 돌보기를 즐기는 성향을 부여하는 방법이다. 그러나 놀랍게도 이는 자연 선택이 택한 길은 아닌 듯하다. 자연 선택이 이 방법을 택했다면 아이가 있는 사람은 없는 사람보다 더 행복할 것이고, 아이의 수가 많을수록 기쁨도 커질 것이다. 그러나 실제로 그러한지 여부는 분명치 않다. 사실 다수의 연구가 반대의 방향을 가리킨다. 경제학자 팀 하포드Tim Harford가 요약한 대로, 여러분이 개인적 행복의 최대화를 원할 때 가질 수 있는 아이의 가장 바람직한 수는 '0'이다⋯⋯. 그리고 출산에 반드시 발을 담가야만 하는 상황에서 손실을 그나마 최소화할 수 있는 아이의 수는 2명이다.[83] 이 숫자를 너무 심각하게 받아들이지는 말라. 구체적 추정치는 연구마다 다르고, 개인에 따라서도 늘 상당한 차이가 존재한다. 하지만 여기에서 안정적으로 도출할 수 있는 결론은 아이를 갖는 것이 인간의 행복을 확실히 드높이는 방법은 아니며, 상당수의 사람들에게는 오히려 행복의 급감으로 이어지기도 한다는 사실이다. 부모들은 자녀가 있어 행복하고 그들과 함께 시간을 보내는 것이 좋다고 단언한다. 그러나 보수적으로 진행된 연구들에 따르면 부모가 자녀와 시간을 보내며 느끼는 즐거움은 쓰레기 배출 혹은 출퇴근 시에 느끼는 즐거움을 미세하게 웃돌 뿐이며, 이들은 대개 TV를 보는 쪽을 더 선호한다.[84]

일부 심리학자들은 이를 육아의 역설parenting paradox이라 부른다. 우리는 아이를 갖는 게 우리를 행복하게 하리라 확신하지만, 상황은 종종 반대로 흘러간다. 어떻게 보면 이는 그렇게 대단한 미스터리는 아니다. 결국, 코미디언 스티븐 콜베어Stephen Colbert가 지적한 대로 "아이들은 눈엣가시들"이니까. 그럼에도 진화적 관점에서 보면 이는 다소 당혹스럽다. 자연 선택은 아이를 많이 갖는 유기체를 선호한다. 그렇다면 왜 많은 자녀를 가진 사람들은 하늘을 둥둥 떠다니듯 행복하지 않은 걸까?

　여기에는 몇 가지 가능성이 있다. 첫째, 육아가 부모의 행복에 입히는 타격에도 불구하고 사람들은 여전히 아이를 갖고 아이를 돌본다. TV 보는 시간을 더 벌리고 제 자식을 버리거나 숲에 내버려두지 않는다. 우리 조상들은 생명의 컨베이어 벨트를 계속 가동하기 위해 아이 갖기를 즐길 필요가 없었다. 애초에 아이 갖기를 원할 필요조차 없었다. 필요했던 것은 섹스를 하고 싶다는 마음이 전부였고, 그 섹스의 여파로 9개월 후에 등장해 울고 옹알이하는 이 존재를 보살피고 싶다는 마음이 전부였다. 이것이 때로는 인간의 행복에 치명타를 날릴 수 있다. 그러나 자연 선택은 우리의 행복을 "신경 쓰지" 않는다. 자연 선택이 신경 쓰는 것은 우리의 유전자를 물려줄 수 있는지 여부다.

　둘째, 불행 그 자체가 적응적인 것일 수 있다. 어떤 범주의 인간도 부모만큼 비이성적인 두려움과 불안에 시달리지 않는다. 어떤 부모인들 자녀가 죽는다는 생각—아이와 다시는 대화할 수 없다는, 혹은 아이를 다시는 품에 안을 수 없으리라는 생각—에 밤새도록 자리에 누워 고통받은 경험이 없겠는가? 아이를 갖는다는 것은 사람을 신경증에 걸린 만신창이로 바꿔놓을 수 있는 일이다. 확실히 이는 불쾌한 일이기도 하다. 그러나 두려움이 우리를 낭떠러지에 다가가지 않게 만들 듯이, 부모로서 우리가 느끼는 불안은 아이를 돌보고 보호할 동기를 부여하며 더 나아가 우리의 유전적 유산을 보호하도록 만든다. 긍정적 감정만큼이나 부정적 감정도 육아에 대한 노력에 동기를 부여한다—당근만큼이나 채찍도 효과를 발휘하는 셈이다. 이것을 가능하게 해준 것이 바로 자연 선택이다.

신데렐라 이야기

　외계인의 보고서에서 우리의 외계 조사관은 인간이 자신의 자손만을 선택적으로 돌보는 경향에 크나큰 당혹감을 표했다. 특정 시기에 도움을 가장 필요로 하는 아이들 누구나 그냥 함께 돌보는 편이 종의 입장에서 더 낫지 않겠는가? 뭐, 어쩌면 그럴지도 모른다. 그러나 우리가 유전자의 눈 관점을 이해하는 순간, 이런 방식의 작동이 불가한 이유가 분명해진다. 유기체는 자신의 유전자를 물려주도록 진화한다. 유전자 전달이라는 일반 법칙에 의거하면 아이의 돌봄은 그 아이가 자신의 생물학적 자손일 때만 의미가 있는 것이다. 이는 한 가지 예측으로 이어진다. 부모 종의 경우, 자연 선택은 대개 안목이 있는 투자자―다른 자식보다 자신의 자손을 우선시하는―를 선호할 것이다.

　이는 대다수의 비인간 동물에서 사실로 드러났다. 그러나 우리에게도 사실일까? 이 질문은 진화심리학 초창기에 시작되어 가장 오래 지속된 연구의 핵심이기도 했다―진화심리학의 개척자인 마틴 데일리와 마고 윌슨이 진행한 연구가 대표적이다(솔직히 말해서 약간 자랑이지만―나는 캐나다 맥마스터대학교에서 마틴, 마고와 박사 후 과정 연구를 함께했다). 데일리와 윌슨의 연구에 도화선이 된 것은 당시 에드워드 윌슨E. O. Wilson이 출간한 책 『사회생물학: 새로운 종합Sociobiology: The New Synthesis』을 탐구하는 일련의 토론회였다. 어느 날, 그중 한 토론회에서 누군가가 진화를 보는 유전자의 눈 관점에 의거해 부모들이 의붓자식보다 친자식에 더 강한 애착을 느끼는 게 일반적일 것이라고 예측했다. 정말 그러한가?

　그럴 가능성이 확실이 있어 보이기는 했다. 사악한 부모는 전 세계 동화들의 단골 캐릭터다. 이들은 야박하고 학대를 일삼으며 때로는 사람을 죽이려 드는 대리 부모다. 『헨젤과 그레텔』, 『백설공주』, 『신데렐라』 등이 서구 작품들 중에서 가장 유명하지만, 이와 흡사한 이야기들도 세계 곳곳에서 발견된다. 물론 사실적인 얘기들은 아니나 그럼에도 이토록 널리 퍼져 있는 것은 이들이 현실의 무언가—부모와 의붓자식 간 관계에 존재하는—를 포착하여 그려낸다는 이유도 있을 것이다. 데일리와 윌슨은 이 부분에 궁금증을 느끼기 시작했다. 당시의 통념은 이런 동화들에 진실은 없고, 양부모와 관련한 악의적이고 근거 없는 고정관념만 반영되어 있을 뿐이라는 것이었다. 이는 민감한 주제다. 현실 세계의 양부모 대부분은 학대를 일삼지 않는다. 대부분의 사람들과 마찬가지로 자신이 가진 최선을 다하려 애쓰는 반듯한 개인들이다. 그러나 진화 원칙에 따르면 통상적으로는, 부모와 의붓자녀보다 부모와 친자녀 간 유대감이 더 강하리라 추론할 강력한 이유가 존재한다. 그렇지 않다고 주장하는 전문가들이 있다면 그건 그들이 잘못된 것이라는 게 당시 데일리와 윌슨의 생각이었다.

그래서 두 사람은 이 문제를 들여다보기 시작했다. 그들로서는 놀랍게도, 그리고 전문가들의 확신에 찬 주장이 무색하게, 해당 주제에 관련된 연구가 사실상 전무한 상황임이 곧 드러났다. 답을 원한다면 연구를 직접 진행해야 했다. 하지만 어떻게? 설문지 조사로는 감당이 되지 않을 것이었다. 양부모가 친자식에 비해 의붓자식을 덜 소중히 여긴다는 사실을 인정하기 꺼릴 수도 있고, 경우에 따라서는 그 사실을 인지조차 못하는 상황도 가능했다. 데일리와 윌슨에게 필요했던 것은 부모와 친자식 또는 의붓자식 간 유대의 강도를 보여주는 믿을 수 있고 속임수 없는 지표였다. 바로 그때, 묘안이 떠올랐다. 아동 학대, 아동 방임, 아동 살해와 관련한 공공 기록을 활용하는 방법이었다. 이 기록들은 대개 신뢰도가 높고, 특히 거의 모든 경우가 문서화되는 살인의 경우 특히 신뢰할 만하다. 또한 데일리와 윌슨이 찾고 있었던 관계 지표로도 삼을 수 있을 것이었다. 그 근거는 다음과 같다. 정서적 친밀감은 공격성의 브레이크로 작동한다. 두 사람이 가까울수록 서로에게 해를 가하거나 서로를 죽일 가능성은 낮아진다. 이러한 이유로 학대, 방임, 살해의 기록을 역으로 뒤집어 보면 서로 다른 범주에 속하는 관계들 속의 친밀감을 측정할 수 있다. 현재 보호 중인 아이를 학대, 방임, 살해하는 소수의 인구 중 양부모의 비중이 높게 나타난다면 이는 양부모와 의붓자녀 간 친밀감이 평균적으로 더 낮다는 의미이며, 이를 학대자뿐 아니라 일반 대중에게도 확장할 수 있을 터였다.

데일리와 윌슨은 연구를 거듭하며 동일한 결과를 반복적으로 얻었다.[85] 이 현상은 이제 신데렐라 효과Cinderella effect로 알려져 있고 경우에 따라서는 충격적일 정도로 현저히 두드러진다. 일례로 데일리와 윌슨은 일부 국가에서 아이들이 생물학적 부모 대비 양부모의 손에 죽임을 당할 확률이 100배나 높다는 사실을 발견했다. 확률이 100% 더 높다는 말(즉, 2배 높다는 말)이 아니다. 100배가 높다는 말이다. 이는 어마어마한 차이다. 물론 절대적 수치는 여전히 미미하다. 다행히도 아동 살해는 드물고, 보호자 대부분은 자신의 피보호자에게 해를 끼치지 않는다. 그럼에도 드물게나마 해를 끼치는 사례들이 발생하며, 이 경우 양부모가 가해자일 확률이 훨씬 높다.

분명히 해두자면 데일리와 윌슨은 혈육이 아닌 아이를 살해하는 것이 고릴라, 랑구르원숭이, 사자 등의 몇몇 종에서와 마찬가지로 우리 종에서도 적응에 해당한다고 말하는 게 아니었다.[86] 이들이 의미한 바는 인간 종에서의 아동 살해가 부적응적 행위이며, 원래는 친자를 가장 중히 여기게 만드는 심리적 기제의 간헐적 부산물이라는 점이었다. 이러한 해석을 뒷받침하듯 신데렐라 효과는 살해 통계뿐 아니라 보다 덜 극단적인 형태의 행위에서도 목격된다. 예를 들어 양부모는 평균적으로 의붓자식의 먹거리에 더 적은 돈을 쓰고,

숙제를 돕는 데 더 적은 시간을 할애하며, 병원이나 치과에 데려가는 횟수도 더 적다.[87] 이처럼 미묘한 차별의 사례들이 의붓자식 살해보다 훨씬 흔한 마당에 굳이 관련 적응으로 의붓자녀 살해를 꼽는다는 건 이상한 일일 터다. 게다가 상상이 가능한 어떤 사회에서든 의붓자식 살해가 개인의 번식 전망을 높일 것 같지도 않다. 가해자가 어찌어찌해서 처벌이나 추방을 모면했다 한들, 누가 아동살해범의 파트너가 되고 싶겠는가? 가장 설득력 있는 해석은 신데렐라 효과가 의붓자녀 살해 그 자체에 관한 것이 아니라 생물학적 친자 선호라는 진화된 경향을 반영하고 있다는 사실이다.

여러 해 동안 데일리와 윌슨은 신데렐라 효과를 온전히 설명하기 위한, 또는 이를 비진화적 관점에서 설명하려는 다양한 시도들을 해 왔다. 신데렐라 효과는 서구만의 현상인가? 아니다. 연구를 진행한 모든 사회에서 유전적 자손의 편애가 발견되었고, 여기에는 남아메리카 아체Aché족, 탄자니아의 하드자Hadza족 등 소규모의 비서구권 사회들도 포함되었다.[88] 양부모들이 젊거나 가난하거나 결혼을 하지 않을 확률이 더 높아서, 혹은 의붓가정의 규모가 더 크고 따라서 스트레스가 심할 확률이 더 높아서 신데렐라 효과가 나타나는 것인가? 아니다. 이런 측면에서 의붓가정은 생물학적 가족과 별반 다르지 않다. 그리고 어쨌든 이 같은 요인들을 통제하더라도 신데렐라 효과는 남는다. 양부모가 대개 더 폭력적이거나 아이를 학대하는 사람들인 것인가? 그렇지 않다. 한 가정에 의붓자식과 친자식이 함께 살고 있을 때에도 부모들은 의붓자녀에게 더 해를 입히기 쉽다. 양부모들은 가정에 뒤늦게 합류하는 것이 보통이라서 의붓자녀와 유대감을 쌓을 시간이 적어서인가? 아니다. 신데렐라 효과는 양부모와 자녀가 오랜 세월을 알고 지내온 경우, 심지어는 출생 시부터 함께한 경우에도 나타난다. 아니면 그저 사람들이 양부모의 학대를 보고하는 확률이 더 높기 때문인가? 아니다. 가장 극단적인 형태의 학대—살인—는 거의 대부분의 경우 보고 또는 감지되지만, 살인에서의 신데렐라 효과는 다른 형태의 학대보다 결코 덜하지 않다. 오히려 훨씬 크다.[90]

요약하자면 데일리와 윌슨은 누구든 타인의 아이보다 자신의 아이를 편애한다는, 반박할 수 없는 증거를 제시했다. 그렇다면 이 편애는 얼마나 강력할까? 우리가 아동 살해 통계를 액면 그대로 받아들인다면 답은 "매우 강력하다."가 될 것이다. 앞에서 언급한 대로 사람들은 친자에 비해 의붓자녀를 살해할 확률이 100배는 높다. 그러나 이것이 인간 종에서 친자 편애의 전형적인 수준을 보여주는 좋은 지표일까? 아마 아닐 것이다. 우리의 외계 과학자가 인간의 육아 습성을 면밀히 연구하면서 가장 먼저 주목할 점은 양부모가 친자에 비해 의붓자녀를 과격할 정도로 구박한다는 사실이 아닐 것이다. 외계 과학자의 눈에 가장 먼저 띌 특징은 인간이 다른 동물들 다수와 달리 자신과 전혀 관련이 없는 아이도 돌보는 게 보통이라는 점일 것이다. 인간의 역사를 조금만 뒤적여본다면, 이것이 우리 종에게서 늘 있어 왔던 일이라는 사실을 외계 과학자 또한 이내 납득할 터다.[91] 확실히 의붓가정은 생물학적으로 동일한 가정만큼 조화롭지는 못한 경향이 있다. 그러나 생물학적 가정 또한 완벽하게 조화롭지는 않으며, 외계 관찰자의 눈에 가장 특징적으로 보일 현상은 의붓자녀를 향한 인간의 반감이 아니라 인간이 이토록 높은 수준의 의붓자녀 육아를 수행한다는 사실일 것이다. 외계 과학자의 이 같은 관찰을 살해 및 학대에서 부정할 수 없이 나타나는 신데렐라 효과의 극악무도함과 어떻게 조화시킬 수 있을까?

내가 생각하기에 이 질문의 답은 살해와 학대가 드물고 극단적인 행위이면서, 관련자 간 유대의 총체적인 붕괴를 나타낸다는 것이 되어야겠다. 극단적 행위의 경우 정상적 범주의 행위에 비해 집단 간 차이가 훨씬 큰 것이 일반적이다. 따라서 사람들이 친자녀보다 의붓자녀를 죽이거나 학대할 확률이 훨씬 높기는 하지만 친자 편애라는 보다 덜 극단적이고 보편적인 형태의 문제로 넘어오면 신데렐라 효과는 상당히 줄어든다. 부모와 친자녀의 유대가 부모와 의붓자녀의 유대보다 더 강한 경향이 있기는 하다. 그러나 대부분의 경우 인구 집단에서 둘의 차이는 살해와 학대 통계에 드러나는 것과는 비교도 되지 않을 정도로 적다.

그렇다면 질문의 방향을 바꿔야 할지도 모르겠다. "우리는 왜 친자식을 편애하는가?"가 아니라 "우리는 왜 친자식을 더 과도하게 편애하지 않는가?"가 되어야 할 수도 있다. 데일리와 윌슨의 연구가 시사하는 한 가지는 진화 역사에서 의붓자녀를 돌보는 것이 때로는 우리 조상의 번식 성공을 촉진하기도 했다는 점이다.[92] 이는 친자를 돌보는 것처럼 직접적이지는 않지만 간접적으로 번식 성공을 달성하는 방법이었을 수 있다. 보다 구체적으로는 이것이 성적 파트너를 확보하는 하나의 방법으로 기능했을 수 있다. 여기에서 말하는 성적 파트너가 물론 의붓자녀를 의미하지는 않는다. 그 의붓자녀의 모친 또는 부친을 의미한다. 우리 종의 역사 대부분의 기간 동안은 신뢰할 만한 피임법이 존재하지 않았고, 낭만적 관계가 "죽음이 우리를 갈라놓을 때까지" 부류가 되는 일은 매우 드물었다. 이러한 상황에서 우리 조상들의 사교계에 존재하는 잠재적 짝의 대부분은 이전 관계에서 얻은 자녀를 가지고 있었다.[93] 특히 여성의 경우 이 아이들은 삶의 중심이었다. 따라서 여자들은—그리고 남자들도 어느 정도까지는—기존 자녀의 육아를 도울 구혼자를 선호했을 수 있다. 그 결과 이 도움 제공자들이 더 많은 자손을 얻는 데 성공했다면, 그들이 가진 도움 제공의 성향이 선택되었을 것이다. 이는 다수의 조류를 비롯한 비인간 종에도 일어난 일이기에, 우리 종에서는 일어날 수 없는 일이라고 볼 명확한 근거가 없다. 사람들이 친자식보다 의붓자식에게 투자할 의지가 적은 것은 사실이지만 평균적인 고릴라, 랑구르원숭이, 사자에 비해서는 그 의지가 훨씬 큰 셈이다. 신데렐라 효과는 실재하나, 그럼에도 인간은 놀라울 정도로 의붓자녀를 잘 돌보는 종이다.

부모 투자 수익의 극대화

부모로서의 행위를 뒷받침하는 심리적 기제가 유전적 관련성에 민감하다는 결론은 타당해 보인다. 우리는 타인보다 우리의 자녀를 더 소중히 여기는 경향이 있다. 그러나 인류가 진화시켜 온 부모로서의 심리가 오직 유전적 관련성에만 민감한 것은 아니다. 여기에 작동하는 다른 요인들도 있다. 그중 가장 중요한 것은 번식 능력(또는 번식값, 즉 RV로도 알려져 있다)일 것이다. 번식 능력은 한 개인이 남은 생애 동안 가질 수 있는 자녀의 수를 말한다.[94] 번식 능력이 높은 개인은 많은 아이를 가질 공산이 크다. 번식 능력이 낮은 개인은 가질 수 있는 아이의 수가 적거나 아예 없을 공산이 크다. 이미 살펴봤듯 번식 능력은 배우자 선택에서 중요한 역할을 수행한다. 특히 남성이 매력을 느끼는 특성들은 번식 능력과 생식력의 통계적 지표인 경우가 많다. 또한 번식 능력은 우리가 아기와 아이들—그리고 사실상 친족들—에게서 발견하는 "매력"을 결정하는 데도 기여한다. 이 변수가 유전적 관련성과 더해지면서 개인을 소중히 여기는 정도와 이들을 위해 기꺼이 희생을 감수하려는 정도를 조율한다.

다양한 요인이 번식 능력을 형성하지만, 가장 중요한 것은 연령이다. 번식 능력은 성적 성숙과 함께 절정에 달하고 성년기 내내 지속적으로 감소한다.

이제 막 사춘기에 도달한 사람은 마흔 살 생일을 맞은 이보다 번식 능력이 높으며, 이는 나이가 어릴수록 아이를 낳을 시간이 더 많이 남아 있다는 단순한 이유에 기인한다. 전통적인 채집 사회에서 평범한 열여섯 살은 미래에 4명의 아이를 갖게 될지도 모른다. 평범한 마흔 살은 1명이라도 갖는다면 운이 좋은 축에 낄 것이다. 즉, 연령이 높아질수록 번식 능력은 떨어진다.

어쨌든 이는 성적 성숙에 도달하여 아이를 가질 능력이 생긴 후의 일이다. 그 전에는 어떨까? 혹자는 번식 능력이 유년기에 균등하게 높은 수준을 유지하다가 사춘기에 돌입해 번식 시계가 째깍거리기 시작하면 그때부터는 감소 일로를 걸을 뿐이라고 추측할지도 모른다. 그러나 그렇지는 않을 것이다. 번식 능력은 출생 시 낮은 수준에서 시작해 생후 1년간 급격히 높아지고, 이후에는 보다 차분한 속도로 상승을 계속하다 번식 성숙에 도달한다고 보는 것이 옳다. 다시 말해 유년기의 번식 능력은 나이와 함께 증가한다. 이는 나이가 어릴수록 번식 성숙도의 달성 시기까지 생존할 가능성이 낮기 때문이다. 그때까지 살아남지 못하는 이들은 자손을 갖지 못할 것이 뻔하고, 이에 따라 해당 연령대의 아이들이 가질 미래의 평균 자손 수가 줄어든다. 그러므로 전통 사회의 평범한 열여섯 살이 가질 것으로 기대되는 자손의 수가 4명이라면 평범한 신생아가 가질 것으로 기대되는 자손의 수는 겨우 2명일 수 있다. 이 신생아가 성적 성숙을 달성하면 번식 능력은 4명이 되겠지만, 이렇게 될 수 있는 확률은 겨우 50%다. 이런 이유로—통계적으로 봤을 때—이 신생아의 예상 자손 수는 2명이 된다.

어릴수록 성적 성숙까지 생존할 가능성이 낮아지는 이유는 무엇일까? 어린 아이들이 보다 취약하고 연약하고 무능하다는 게 일부 원인이다. 자궁 밖에서 첫해를 맞는 아이들이 특히 그러하므로—적어도 전근대적 조건에서는—생후 1년을 생존할 경우 번식 능력이 급격하게 높아지는 것이다. 그러나 어린 아이들이 성인까지 생존할 확률을 낮추는 요인에 그들의 취약성만 있는 것은 아니다. 성적 성숙에 도달하기까지 더 오랜 시간이 남아 있기 때문에 그 사이 낭떠러지에서 떨어지거나, 번개에 맞거나, 악어에 잡아먹힐 기회 또한 더 많다. 결국 어린 아이가 나이든 이들에 비해 특별히 취약하지 않다 해도 그들의 번식 가능성은 여전히 더 낮을 것이다.

그렇다면 이 중 어떤 것이 부모의 돌봄과 관계가 있을까? 생물학의 다른 문제들과 마찬가지로 이 질문에의 답 또한 경제학 용어로 가장 쉽게 표현할 수 있다. 부모 개체가 취할 최적의 투자 전략은 본인의 투자를 적합도라는 이익으로 최대한 바꿔줄 수 있는 자손에게 우선적으로 투자하는 것이다. 다수의 경우에서 이 과업을 가장 잘 수행할 자손은 번식 능력이 높은 자손이다. 그 이유를 살펴보기 위해 사고 실험을 하나 더 해보자.[95] 이번 장 초반에서 나는 여러분에게 여러분의 인생 목표가 최대한 많은 자손의 확보라고 상상해 볼 것을 요청했다. 이는 자연 선택이 선호할 가능성이 높은 특성을 파악하는 데 유용한 출발점이다. 그러나 2장에서 살펴본 바와 같이 자연 선택은 자손에 관한 것이 아니다. 궁극적으로 자연 선택은 유전자에 관한 것이며, 유전자가 생존하기를 원한다면 여러분의 자녀가 그들 자신의 자녀를 갖도록 해야 한다. 한마디로, 여러분에게는 손주가 필요하다—그리고 손주는 많으면 많을수록 좋다. 그러니까 여러분의 최우선 목표는 최대한 많은 자녀가 아니라 최대한 많은 손주를 갖는 것이라고 가정하자. 이를 염두에 두고, 여러분이 자녀 둘과 함께 살고 있다고 상상해보라. 한 명은 열여섯 살, 다른 한 명은 마흔 살이다(그렇다면 여러분은 상당히 나이가 있겠다). 어느 밤, 잠에서 깨어 보니 집이 불타고 있다. 여러분의 아이들은 집의 양쪽 끝 방에서 각각 잠들어 있다. 엄청난 당혹감 속에 여러분은 두 아이 중 한 명을 살릴 시간밖에 없다는 사실을 깨닫는다. 일생일대의 목표가 손주 수의 극대화라는 점을 기억한다면 여러분은 두 아이 중 누구를 살리겠는가?

끔찍한 질문이지만 답은 분명하다. 열여섯 살인 아이를 구해야 한다. 그렇게 하는 쪽이 더 많은 손주의 확보를 의미할 것이 분명하다. 열여섯 살 자녀는 아직 자손의 생산을 시작하지 않은 반면 마흔 살 자녀는 자손의 생산이 끝났을 가능성이 있다. 다시 말해 열여섯 살 아이의 번식 능력이 더 높고, 따라서 여러분이 살려야 할 사람은 그 아이다.

이제 두 번째 시나리오를 생각해보자. 아이 둘이 자고 있는 사이 집에 불이 났고, 여러분이 살릴 수 있는 건 단 한 명이다. 그런데 이번에는 열 살짜리 아이와 신생아 둘이다. 이들 중 여러분은 누구를 구해야 하는가? 첫 번째 시나리오에서는 나이가 더 어린 쪽을 구했다. 더 어린 아이의 번식시계에 더 많은 마일리지가 남아 있었기 때문이다. 그러나 두 번째 시나리오에서는 나이가 더 많은 아이, 즉 열 살 아이를 구해야 한다. 왜일까? 열 살 아이가 성적 성숙에 도달할 확률이 더 높고, 따라서 여러분에게 손주를 안겨줄 확률도 더 높기 때문이다. 물론 확실한 건 아무것도 없다. 결과적으로는 그 신생아가 여러분에게 더 많은 손주를 안겨줄 수도 있다. 그러나 이는 누구도 확신할 수 없는 일이고, 따라서 별다른 이유가 없는 한 열 살 아이를 구하는 것이 여러분으로서는 최선일 것이다. 다시 말하지만 열 살 아이의 번식 능력이 더 높기 때문이다.

물론 부모가 언제나 더 높은 번식 능력을 가진 아이를 선호해야 한다는 의미는 아니다. 아이가 필요로 하는 바 또한 고려해야 하는데, 신생아는 열 살 아이보다 훨씬 많은 것들을 요한다. 부모의 투자가 없는 상황에서 열 살 아이는 최소한으로나마 생존할 가능성이 있다. 반면 신생아는 생존 가능성이 전혀 없다. 그렇기 때문에 일반적으로는 신생아를 도울 때 부모의 평생 적합도가 더 크게 증가하며, 정상적인 상황에 놓인 적합한 부모 투자자라면 신생아를 우선시할 것이다. 하지만 어떤 끔찍한 이유로 두 자녀 중 한 명을 선택해야 한다면, 또는 둘 중 하나에게 집중적으로 투자해야 한다면, 엄격한 진화적 관점에서는 열 살 아이가 더 나은 선택이 된다. 번식 능력이 승자를 결정하는 셈이다.[96]

이론적으로는 그렇다. 이 이론은 현실과 얼마나 부합할까? 이에 답하는 한 가지 방법은 아동 살해 기록으로 다시 돌아가 이를 애착과 관계 평가의 지표로 역이용하는 것이다. 부모가 번식 능력이 더 높은 아이에게 더 많은 가치를 부여하는 것이 사실이라면, 나이가 많은 아이보다 아기와 유아를 살해하는 확률이 더 높으리라는 예측이 가능하다. 아니나 다를까, 해당 기록을 검토한 데일리와 윌슨은 이에 정확히 일치하는 경향을 발견했다. 이와 관련해 나이가 많은 아이일수록 체구가 더 크고 더 강인하며 움직임 또한 자유롭기 때문에 살해가 힘들다는 반론이 제시될 수 있다. 그러나 이 반론은 유효하지 않다. 부모는 더 높은 연령의 아이를 죽일 확률이 낮지만, 비친족의 경우에는 상황이 다르다. 비친족은 연령이 높은 아이를 죽일 공산이 더 크다. 사회생물학적 측면에서 타당성이 있는 현상이다. 아이의 번식 능력은 비친족의 적합도와 직접적 관련이 없고, 따라서 비친족이 더 나이든 아이를 보다 소중히 여길 이유도 없다. 이는 '연령이 더 높은 아이들은 살해하기 힘들다'라는 측면에서는 설명이 되지 않으며, 오히려 그에 반하는 증거다.[97]

연령이 번식 능력의 유일한 지표는 아니다. 건강 또한 번식 능력의 지표에 해당한다. 불타고 있는 집으로 다시 돌아가보자. 이번에는 자녀 둘이 동일한 연령이나, 한 명은 건강하고 다른 한 명은 심각한 건강상 문제를 가지고 있는 상황에서 누구를 살릴지 결정해야 한다. 어떤 선택이 여러분 평생의 손주 수를 더 크게 증가시킬 것인가? 서글프지만 답은 분명하다. 건강한 아이를 살리는 쪽이 더 유리할 확률이 높다. 건강한 아이가 살아남아 성년이 되고, 짝을 매료시키고, 건강한 자손을 가질 확률이 더 높기 때문이다. 적은 비용이 드는 기여의 경우라면 사람들은 아픈 아이를 더 도울지도 모른다. 아픈 아이가 더 많은 도움을 요한다는 단순한 이유에서다. 그러나 더 큰 비용을 수반하는 기여, 진화적으로 더 중요한 기여의 경우에서는 부모는 건강하지 못한 아이보다 건강한 아이를 우선시하는 경향을 보일 수 있다. 중차대한 상황에 직면하면 건강한 아이를 더 중히 여길지도 모른다.[98]

이 또한 이론상의 얘기다. 그러나 슬프게도 다시 한번, 현실과 이론이 꽤 일치하는 듯 보인다. 평균적으로 부모는 건강하지 못한 자녀보다 건강한 자녀에게 더 호의적으로 반응한다.[99] 장애나 선천성 기형을 가진 아이에 비해 건강한 아이를 학대 또는 방임할 확률이 낮다.[100] 이러한 편애는 용서받지 못할 행위라고 생각하는 이들이 대다수임에도 부모는 건강하지 못한 아이의 죽음보다 건강한 아이의 죽음을 더 격렬히 슬퍼하는 경향이 있다.[101] 이처럼 다양한 증거들은 모두 한 가지 방향을 가리킨다. 부모는 암묵적으로, 건강하지 못한(번식 능력이 낮은) 아이의 삶보다 건강한(번식 능력이 높은) 아이의 삶에 더 많은 가치를 부여한다.

재고의 여지없이 마음 아픈 일이다. 그러나 자연 선택에게는 마음이 없다. 자연 선택이 선호한 특성이니 반드시 좋고, 옳고, 적절할 것이라고 가정하는 태도(놀라울 정도로 많은 이들이 이렇게 생각한다)가 실수일 수밖에 없는 것도 이런 이유에서다. 자연이 선택한 바의 정반대가 오히려 참인 경우도 종종 있다. '옳은 일을 하다.'가 자연 선택을 거스른다는, 자연의 잘못을 바로잡는다는 의미일 때가 있는 것이다. 진화론은 세상의 나쁜 점들을 참 많이도 설명한다. 그렇다고 그 나쁜 점이 실은 좋은 점이라고 말하는 것이 아니며, 우리가 인생을 어떻게 꾸려가야 할 것인가에 대한 어떤 견본을 제시하는 것도 아니다[102](이 문제에 관한 더 자세한 내용은 부록 A를 참고하라).

속단은 금물!

일부일처제는 아내 한 명에 정부情婦가 거의 없는 서구의 관습이다.

—H. H. 몬로H. H. Monro

지금까지 우리는 남자와 여자, 암수 한 쌍 결합, 공동육아 등 인간의 번식 주기와 관련한 그림을 대략적으로 그려 봤다. 의심의 여지를 없애기 위해 말하자면 나는 상황이 늘 이런 식으로만 전개된다고 주장하는 게 아니다. 인간은 융통성을 빼면 시체나 다름없으니까. 내가 제안하는 바는 암수 한 쌍 결합과 공동육아를 뒷받침하는 심리적 기질, 즉 배우자 선호, 낭만적 사랑, 부모의 애정 등이 자연 선택에 뿌리를 두고 있으며 이것들이 인간을 일차적 아기 생산 시스템으로 규정한다는 사실이다. 논의를 마무리하는 차원에서, 이 관점에 쏟아지는 비난들을 살펴보자.[103]

1. "당신들은 일부일처가 인간 본연의 것이라고 말하는 듯하나 이는 사실이 아니다. 낭만적 관계는 평생 지속되는 일이 드물고 부정은 어디에나 존재한다. 평생에 걸친 배타적 관계를 유지하려 노력하는 것은 네모난 못을 둥근 구멍에 맞추려 애쓰는 것만큼 부질없는 일이다."

이 비판은 오해에서 비롯된다. 반대론자들은 진화심리학자들이 이렇게 주장한다고 생각하는 듯하다—인간 본연의 짝짓기 체계는 성적 독점에 기반하며, '죽음이 우리를 갈라놓을 때까지' 식의 일부일처제에다, 1950년대 스타일의 핵가족에 뿌리를 두고 있다. 이런 생각이 대체 어디에서 나오는 것인지 잘 모르겠는데, 이는 진화심리학자들이 주장하는 바가 아니다. 오히려 그들 대부분은 이하의 각 진술에 동의할 것이다.

- 암수 한 쌍 결합은 평생 지속되기도 하지만 대부분은 그렇지 않다. 우리가 이 사실을 익히 알고 있는 것은 인간 대부분이 일생 동안 한 번 이상 사랑에 빠지기 때문이다.
- 부정父情이 꼭 모든 곳에서 발생하는 것은 아니지만 그렇다고 아주 드문 일도 아니다. 하나의 종으로서 우리는 사회적으로 일부일처인 것이지 성적 혹은 유전적으로 일부일처인 것은 아니다(그러나 개별적 관계 대부분은 사실 성적, 유전적으로 일부일처임에 주목하라).[104]
- 곧 살펴보게 되겠지만 인간은 때로 일부다처와 가벼운 섹스를 포함하여 암수 한 쌍 결합 이외의 짝짓기 형식을 받아들이기도 한다. 그리고 이러한 형식들은 우리에게 암수 한 쌍 결합만큼이나 자연스럽다.

이 모든 사실과 발견은 인간이 배타적으로 평생 유지되는 일부일처제만을 위해 설계되었으며, 그 경로를 이탈하는 것은 무엇이든 일종의 진화적 실수라는 주장에 모순된다. 그러나 내가 말했듯 이는 진화심리학자들이 주장해 온 바가 아니다. 내가 주장하는 바도 확실히 아니다. 내 견해는 배타적으로 평생 유지되는 일부일처제가 우리의 유일하고 진정한 짝짓기 체계라는 것이 아니라, 우리의 번식 레퍼토리에서 암수 한 쌍 결합이 중요한 부분을 차지한다는 것이다. 암수 한 쌍 결합이 평생 지속되지 않을 수도 있다는 사실이, 또한 이 결합이 늘 배타적이지는 않다는 사실이 내가 가진 견해를 훼손하는 것은 아니다. 오히려 이 사실들은 진화적 모델에 깔끔히 부합한다. 암수 한 쌍 결합을 하는 대부분의 종에서 결합은 일시적이고 부정은 삶의 간헐적 일부다. 그러므로 이와 동일한 현상을 우리 종에서 발견하는 것도 놀라운 일은 아니다. 진화론자의 입장에서는 암수 한 쌍 결합이 늘 지속되고 아무도 외도를 하지 않는다면 그것이 더 놀라운 일일 것이다.

2. "그래, 괜찮은 시도였다. 그러나 그런 단서들에도 불구하고 당신들은 우리라는 종을 여전히 오해하고 있다. 인간은 일부다처의 동물이지 암수 한 쌍 결합의 종이 아니다. 우리 마음대로 하도록 내버려두면 남성 일부는 여러 명의 짝을 갖는 반면 누군가는 독신으로 밀려날 것이다. 우리 본연의 짝짓기 패턴은 하렘식 일부다처harem polygyny다."

인간이 천성적으로 일부다처라는 생각은 흔하다. 일례로 생물학자 데이비드 바라시David Barash는 이렇게 썼다. "화성인 동물학자는 호모 사피엔스라는 종에 대해 보고하면서 의심의 여지없이 이렇게 말할 것이다—인간은 천성적으로 약간은 일부다처. 다른 일부다처 포유류들과 마찬가지로 인간 또한 일부다처의 특징을 보여준다."[105] 내 생각에 이 특징은 세 가지다. 첫째, 평균적으로, 남자가 여자보다 크다. 이는 대부분의 일부다처 동물에서도 마찬가지다. 3장에서 살펴봤듯 수컷 고릴라와 코끼리물범은 크기 면에서 암컷들을 압도한다. 일부일처의 동물은 상황이 다르다. 수컷과 암컷의 크기가 훨씬 유

사하다.[106]

둘째, 일부다처제는 세계 문화 전반에서 흔히 나타난다. 조지 머독George Murdock의 권위 있는 저서 『민족지학지도Ethnographic Atlas』에 따르면 무려 83%의 인간 사회가 일부다처제라고 한다.[107] 일부다처혼을 불법으로 규정하는 서구 문화조차 그 배경에는 일부다처제가 있다. 구약성서에서 솔로몬왕은 700명의 아내와 300명의 후궁을 거느렸다. 솔로몬왕 정도의 규모까지는 아니었지만 성서의 다른 인물들 또한 일부다처에 해당하는 혼인을 했다.

셋째, 서구에서 일부다처혼을 법으로 금할 필요가 있다는 사실이 시사하는 바가 있다. 사람들이 자연스레 일부다처에 치우치는 경향을 보이지 않았다면 불법화는 필요치 않았을 것이다. 게다가 불법이라는 사실에도 불구하고 사람들은 여전히 사실상 일부다처에 발을 담근다. 부와 지위를 갖춘 남자들은 때로 공식적 아내에 더해 한 명 혹은 그 이상의 정부를 가진다. 이는 일부다처제가 문화의 산물이라기보다는 그것을 근절하려는 문화의 노력에도 불구하고 살아남은, 인간 본연의 무언가를 반영하고 있는 것임을 다시 한 번 보여 준다 (서구의 일부일처 규범에 대한 질문은 6장에서 다시 살펴보겠다).

그렇다면 우리는 이 모두를 어떻게 이해해야 하나? 내가 주저없이 인정할 사항은 이것이다. 하렘식 일부다처는 우리 종에서 지속적으로 발견되는 경향이며, 우리 본연의 것인 듯 보이기는 한다. 그렇지만 인간을 일부다처의 종으로 분류하는 데는 문제의 여지가 있다. 첫째, 성별 체격 차이는 현상의 설명에 별 도움이 되지 않는다는 사실을 강조할 필요가 있겠다. 인간 성별 체격 차이는 고릴라나 코끼리물범처럼 고도의 일부다처 종에서 발견되는 차이에 크게 못 미친다. 대신 간헐적으로 발생하는 하렘식 일부다처, 연속적 일부일처, 전반적 난혼亂婚, 혹은 이 모두가 약간씩 조합된 형태의 성 차이 어딘가에 어정쩡하게 위치한다. 체격의 성 차이가 우리의 일부다처 성향을 축소한다는 주장도 가능하다. 예를 들어 과거의 일부다처 경향을 보여주는 데는 상반신의 근육량이 더 훌륭한 지표이며, 이는 전체적 체격의 차이보다 훨씬 크다고 주장하는 식이다.[108] 하지만 문제는 체격의 성 차이가 우리의 일부다처 성향을 과장한다는 주장도 가능하다는 것이다. 예를 들어 체격의 성 차이(그리고 상반신 근육량의 차이)가 생겨난 주 원인이 남자가 사냥에 적응했기 때문이라고 주장하는 식이다.[109] 체격 차이에 대한 내 판단은? 아직 결론에 이르지 못했다.

둘째, 대부분의 사회가 일부다처제로 분류되는 것은 사실이지만, 그렇다고 일부다처제가 공통적이라는 의미는 아니다. 엄밀하게는 다음 두 가지 경우 중 하나만 해당해도 일부다처제로 분류되기 때문이다. 하나는 사회적으로 일부다처제가 허용되는 경우이고, 다른 하나는 일부다처 관계가 적어도 하나는 있을 경우이다. 소위 일부다처제 사회로 불리는 곳에서도 관계의 다수—대개는 대다수—는 일부다처가 아니다. 대부분은 암수 한 쌍 결합이다.[110] 이것이 우리를 고릴라 등의 동물과 크게 구분하는 특징이다. 대부분의 수컷 고릴라는 하렘을 거느리거나 짝이 아예 없거나 둘 중 하나다. 반면 인간 종의 남성에게 짝이 있다면 보통 1명을 의미한다. 이러한 이유로 암수 한 쌍 결합은 우리의 진화된 본성에 깊이 새겨져 있을 확률이 높다.[111] 확실히 인간에게는 일부다처를 추구하는 경향이 있기는 하다. 그러나 우리가 암수 한 쌍 결합이 아닌 일부다처의 종이라는 생각은 우리 종 내에서 일부다처 짝짓기가 차지하는 위치를 과도하게 부풀리는 것이다. 일부일처와 마찬가지로 일부다처 또한 인간의 유일하고도 진정한 짝짓기 체계는 아니다.

3. "둘 다 틀렸어! 인간은 일부일처도 일부다처도 아니다. 자연 상태에서

우리는 난혼의 동물이다. 우리의 선사시대 조상들은 성적으로 개방되어 있었다. 장기적이고 배타적인 관계가 시작된 것은 농경의 출현 이후다. 그러나 그러한 관계들은 우리 본연의 것이 아니다. 이들은 억압적인 문화 규범과 강요의 산물일 뿐이다."

침팬지에서 돌고래, 토끼에 이르기까지 많은 동물들은 난혼 체계를 가지고 있다. 그중에서 특히 사람들의 관심이 집중되는 게 바로 난쟁이침팬지다.[112] 난쟁이침팬지는 수많은 파트너와 수많은 교미를 하는 것으로 유명하다(가운데 가르마의 헤어스타일에도 불구하고 그렇다—가히 자연의 기적이라 할 만하다). 사실, 이성을 꽤나 밝히는 이 유인원들의 이상야릇한 행위들에 비하면 플레이보이 맨션(성인잡지 〈플레이보이〉의 창업주 휴 해프너의 저택—역자주)은 건전해 보일 정도다. 수컷 대 암컷의 행위만 있는 게 아니다. 수컷 대 수컷, 암컷 대 암컷…… 심지어는 가족 구성원끼리의 행위도 목격된다. 지금까지 확인된 바 없는 유일한 조합은 어머니 대 아들이다. 그러나 희롱만이 전부는 아니다. 섹스는 난쟁이침팬지의 사회의 삶에서, 특히 암컷들 사이에서 중요한 역할을 수행한다. 이들은 교미를 통해 무리 내 유대를 형성하고 사회적 긴장을 완화한다. 솔직한 말로, 섹스광이라는 난쟁이침팬지의 명성은 다소 과장된 측면이 있다.[113] 이 정감 넘치는 동물들은 자연 서식지에 있을 때보다 포획 상태일 때 성에 훨씬 광적으로 굴며, 그들의 성적인 열렬함 대부분은 전면적 성관계보다 짧막한 "교미의 몸짓"으로 구성된다. 하지만 어쨌든 난쟁이침팬지가 다중의 성적 파트너를 갖고, 일부일처든 일부다처든 배타적인 성적 유대를 형성하지 않는다는 사실에는 의심의 여지가 없다. 다시 말해 난쟁이침팬지는 난혼의 종이다. 일부 비평가에 따르면 우리 역시 그렇다. 우리를 부패시키는 문명이 부재한 상황이라면 인간은 기본적으로 털 없는 난쟁이 침팬지이며, 성적 장애물과 소유욕으로부터 해방된 자유연애 히피들이다.[114]

많은 이들에게 이는—내 생각에 여자보다 남자에게 더—매력적인 아이디어다. 그러나 현실성 측면에서는 어떤가? 호모 사피엔스 본연의 성 레퍼토리에 가벼운 짝짓기가 포함되어 있는 것 같기는 하다. 인간은 사랑하지 않거나 관계 맺기를 원하지 않는 상대에게도 성적으로 끌릴 수 있고, 가벼운 섹스는 기록이 존재하는 모든 문화에서 발견된다.[115] 하지만 가벼운 섹스가 성 레퍼토리의 일부라고 말하는 것과, 우리의 진화된 짝짓기 체계는 가벼운 섹스가 유일하고 그 외 모든 건 억압적 문화의 산물에 불과하다고 말하는 것은 차원이 다르다(차원이 다를 뿐 아니라 후자는 거의 분명히 거짓이다). 이 아이디어는 언뜻 봐도 말이 되지 않는다. 우리의 암수 한 쌍 결합이 전적으로 문화의 소산이라고—그러니까 우리는 스스로를 암수 한 쌍 결합의 종으로 혼동하고 오해하는 난쟁이침팬지일 뿐이라고—생각하는 것이 정말로 타당한가? 암수 한 쌍 결합의 종에서 발견되는 상호적 배우자 선택, 상호적 질투, 공동육아 등의 특성 일체가 인간의 문화에도 똑같이 복제되어 있다는 사실이 그저 하나의 거대한 우연일 뿐일까? 그럴 확률은 낮아 보인다. 난쟁이침팬지(그리고 침팬지)는 진화시키지 않은 이런 특성들이 인간을 진화시킨 데는 명백한 이유가 있다는 사실을 감안하면 특히 그렇다. 그 이유란 그들에 비해 우리의 자손이 훨씬 더 의존적이고 더 오랜 기간에 걸쳐 더 많은 투자를 요한다는 사실이다. 이 차이를 고려할 때 인간이 난쟁이침팬지 또는 침팬지와 동일한 짝짓기 체계를 가지고 있다면 그게 오히려 이상할 것이다.

이론적 문제는 차치하더라도 다양한 증거들이 순수 난혼 가설에 반한다. 가장 중요한 문제는 정자경쟁sperm competition으로 알려진 독특한 현상이다.[116] 난혼을 하는 종의 암컷은 단일 번식 주기 내에 한 마리 이상의 수컷과 관계를 맺는 경우가 종종 있다. 체내 수정을 하는 동물 사이에서 이는 암컷의 생식관 내부에 여러 수컷의 정자가 동시 존재하는 상황으로 이어질 수 있다. 이 맥락에서 보면 남보다 더 많은 정자를 생산하는 수컷은 해당 암컷을 임신시킬 확률이 높아진다. 원리는 간단하다. 복권을 많이 살수록 당첨 확률이 높아지는 것과 같다. 정자를 더 많이 생산하는 수컷은 더 많은 자손을 갖고, 세대를 거듭하면서 정자를 대량으로 생산하도록 진화한다. 재계의 거물들이라면 이렇게 말할 것이다. 무언가를 대량 생산하려면 대형 "공장"이 필요한 법이다. 따라서 난혼을 하는 종의 수컷은 몸집에 비해 고환이 상대적으로 크다. 일례로 수컷 침팬지들은 두뇌에 거의 맞먹는 크기의 고환을 가지고 있다. 반면 일부일처 종의 수컷은 정자를 대량으로 생산할 필요가 없다. 같은 종의 암컷이 단일 생식 주기 내에 한 마리 이상의 수컷과 짝짓기를 하는 상황이 아주 드물기 때문이다. 그러므로 일부일처 수컷의 고환 크기는 훨씬 무난하다. 고릴라 등 일부다처 종의 수컷들도 마찬가지다. 하렘을 거느리는 수컷이야 한 마리 이상의 암컷과 짝짓기를 하지만 각 암컷의 짝짓기 상대는 오직 하나, 하렘을 보유한 그 수컷뿐이다. 그 결과, 무시무시한 근육에다 순종적 암컷들의 하렘을 보유한 권능자 실버백고릴라조차 고환은 자그맣다.

인간은 어떠한가? 우리는 고환 서열의 어디쯤에 위치하는가? 이 분야 관련 글을 읽은 적이 있는 여러분이라면 인간이 일부다처의 고릴라와 난혼의 침팬지 사이 어딘가에 위치한다는 소리를 들어본 적이 있을지도 모르겠다. 많은 이들이 이를 우리 종이 그간 침팬지의 난혼으로 향하는 길을 걸어왔다는 의미로 이해한다. 완전히 틀린 말은 아니지만 다소 오해의 소지가 있다. 인간의 고환이 일부다처 고릴라의 고환보다 크다고는 해도 암수 한 쌍 결합을 하는 긴팔원숭이의 고환 크기에 아주 가깝고, 침팬지 또는 난쟁이침팬지의 크기에는 한참 못 미친다.[117] 영장류학자 프란스 드 발Frans de Waal이 언급한 대로 "침팬지와 난쟁이침팬지 둘 다 인간보다는 훨씬 난혼의 종이다. 이 사실이 우리의 고환에 반영되어 있다. 우리 친척 유인원들의 고환이 코코넛이라면 인간의 고환은 땅콩에 지나지 않는다."[118] 인간이 딱히 도덕군자처럼 행동하는 게 아닌데도—특히 성년기 초반에는—이 코코넛을 휘두르는 사촌들의 성적 위업은 우리와는 그냥 차원이 다르다. 제인 구달은 하루에 50마리 이상의 수컷과 짝짓기를 한 암컷 침팬지에 대한 글을 쓴 적이 있다. 인간들 사이에서는, 심지어 LA에서조차, 흔치 않은 일이다. 인간의 고환 크기는 우리 종에서 정자 경쟁이 상대적으로 무난함을 의미한다. 그리고 이는 우리가 전적으로 난혼을 하는 종이라는 아이디어에 강력하게 도전한다.[119]

(여담: 예로부터 학자들은 선사시대의 사회를 오직 고고학과 고인류학을 통해서만 배웠다. 새로운 다윈주의적 시각으로 삶을 보는 작업의 매력은 고환 크기와 같은 해부학적 특징들을 통해 우리 조상들의 생활방식을, 대개는 비밀로 부쳐지는 곳들까지 들여다볼 수 있다는 점이다.)

4. "당신들은 인간이 공동육아의 종으로 양성 모두가 자연스럽게 자녀의 돌봄에 기여한다고 주장한다. 그러나 남성의 경우 자녀 투자의 정도에 상당한 격차가 존재하고 일부 문화에서는 남성의 투자가 거의 전무하다. 이는 부모로서 남성의 돌봄이 진화된 성향이라기보다는 사회적 발명품임을 시사하며, 호랑이에게 채식주의자가 되라고 강요하는 것과도 다소 유사하다."

여성에 비해 남성의 육아 참여가 더 가변적인 것은 사실이다. 그러나 채식주의자 호랑이 시나리오는 몇 가지 이유에서 성공을 거두기 힘들다. 가장 중요하게는 남성이 암수 한 쌍 결합과 육아 참여를 촉진하도록 설계된 호르몬 기제를 가지고 있는 듯하며, 다른 공동육아의 종에서도 유사한 기제가 발견된다는 점이다. 예를 들어 조류의 다수 종에서 성체 수컷은 크게 두 가지 행위 모드를 가지고 있다. 짝짓기 모드와 암수 한 쌍 결합 모드다. 짝짓기 모드일 때 이들은 상대를 찾고 다른 수컷과 싸움을 하면서 시간을 보낸다. 암수 한 쌍 결합 모드에서는 암수 결합을 하고, 정착하고, 한배의 아이들을 돌보는 데 기여한다. 각 모드의 활성화와 비활성화는 주로 테스토스테론이 담당한다. 짝짓기 모드에서는 테스토스테론 수치가 높게 나타난다. 암수 한 쌍 결합 모드에서는 해당 수치가 급감한다.[120] 물론 단순화한 설명이지만 그 경향성은 뚜렷이 목격된다.

이 경향은 조류뿐 아니라 인간에서도 찾아볼 수 있다. 평균적인 독신남은 진지한 관계를 맺고 있거나 육아를 돕고 있는 평균적인 남자에 비해 테스토스테론 분비가 많다.[121] 이는 테스토스테론 수치가 높은 남자일수록 장기적 관계를 멀리하고 아이들과 함께하기를 원할 가능성이 낮기 때문일 수 있다. 그러나 그게 전부는 아니다. 동일 대상에 대한 장기적 추적조사를 진행한 연구들에 따르면 남성 대부분의 테스토스테론 수치는 암수 한 쌍 결합을 형성할 때 감소하고, 아버지가 될 때는 더더욱 감소한다.[122] 이러한 상황에서는 테스토스테론 분비를 낮추도록 남성들이 사회화된 것인가? 아닐 것이다. 이 경향은 우리의 기본적이고 진화적인 본성에 해당할 가능성이 높다. 수컷 조류처럼 남자의 암수 한 쌍 결합과 육아 경향은 자연 선택이 사전 프로그래밍해 놓은 방식대로 호르몬에 의해 조절된다.[123]

게다가 남성의 육아 참여도는 특히 여러 문화를 비교하면 상당한 차이를 보인다. 그러나 이와 관련해 몇 가지 짚고 넘어갈 사항이 있다. 첫째, 모든 문화권에서 남성의 육아 참여도는 수컷 포유류 대부분에 비해 월등히 높다. 직접적 육아에다 간접적 육아—말하자면 생계를 책임지는 등—까지 포함하면 더욱 높아진다.[124] 둘째, 남성 간 육아 참여도의 차이는 진화적 관점으로 부분 설명이 가능할지도 모른다. 3장에서 부성 불확실성과 짝짓기 기회비용 등의 변수들을 활용하면 우리 종 내 남성 육아의 평균적인 수준을 설명할 수 있다고 언급한 바 있다. 이 변수들을 활용해 남성이 육아에 쏟는 시간과 노력의 개인차 역시 설명할 수 있을지도 모른다. 남성은 대개가 친자일 가능성이 낮은 아이—예를 들어 자신보다 우체부를 더 닮은 아이—를 돌보는 것을 내키지 않아 한다.[125] 또한 육아로 인해 발생하는 짝짓기의 기회비용이 높을 때—예를 들어 여성에게 특히 매력적인 남성일 때—아이 돌보기를 내키지 않아 한다.[126] 이를 설명하는 한 가지 방법은 인간 수컷의 경우 부성 확실성이 낮고 짝짓기의 기회비용이 높을 때는 짝짓기 모드로 기울어지고, 그 반대의 상황에서는 암수 한 쌍 결합 모드로 기울어지도록 진화된 경향을 가지고 있다고 보는 것이다.[127]

정말로 이와 같다면, 특정 문화 내 남성의 육아 참여도 차이뿐 아니라 문화 간 육아 참여도의 평균적 차이도 설명되기 시작한다. 난혼이 흔해서 부성 확실성이 낮은 문화에서는 그렇지 않은 문화에 비해 남성의 육아 참여도가 더 낮다.[128] 또한 여성의 수가 남성을 압도하고, 따라서 남성의 성적 기회가 보다 많은 사회에서도 남성이 자녀에게 투자하는 정도가 낮다.[129] 비판론자들은 남성의 육아 참여에 존재하는 개별적이고 문화적인 차이가 진화적 관점의 기반을 악화시킨다고 주장한다. 그러나 진화적 관점이 오히려 그 차이들의 설명에 기여하는 것으로 밝혀질지도 모를 일이다.

우리 본연의 짝짓기 체계는 무엇인가

그렇다면 인간은 대체 자연적으로 일부일처인가, 일부다처인가, 난혼인가? 앞서 논의한 바에 비추어 볼 때 이것이 잘못된 질문이라는 의견에 여러분도 뜻을 같이하기 바란다. 어떻게 보면 우리는 세 가지 모두에 해당한다. 달리 보면 어떤 것에도 해당하지 않는다. 여기에서 전체 사안의 틀을 잡는 훌륭한 방법이 있다. 우선 인간의 짝짓기 체계와 육아 제도는 자연 선택이 직접적으로 좌우하는 것은 아니다. 대신 자연 선택은 우리에게 진화된 욕망과 충동들로 구성된 다채로운 팔레트를 물려주었고, 이들은 사회적으로 확립된 다양한 짝짓기 체계와 호환된다. 예를 들어 인간은 남녀 모두가 자연스럽게 사랑에 빠지고, 상대에게 소유욕을 느끼며, 자녀를 사랑한다. 그 결과 우리 종에서 흔히 발견되는 번식 체계는 배타적인 암수 한 쌍 결합과 공동육아를 주로 포함한다. 그러나 우리에게는 다른 욕망과 충동도 있고, 따라서 다른 형식의 체계 또한 성립이 가능하다. 인간은 성적 새로움에 대한 욕구를 가지고 있고, 남자는 친자가 아닐 확률이 있는 아이를 돌보려는 경향이 적다. 따라서 우리 종에서 흔히 발견되는 또 다른 체계는 가벼운 섹스에 기초한 관계와 상대적으로 낮은 수준의 부모 투자를 포함한다. 이와 유사하게 많은 남자들이 다중의 상대를 원하고 많은 여자들이 부와 지위를 가진 상대를 원한다. 따라서 흔하게 나타나는 체계에는 재력 또는 높은 지위를 확보한 남자가 한 명 이상의 여자—즉 일부다처—와 관계하는 상황이 포함되기도 한다.[130] 분명 암수 한 쌍 결합은 우리의 주된 짝짓기 체계다. 가장 공통적으로 발견되는 현상이라는 점에서 그렇다. 그러나 일부다처와 가벼운 짝짓기가 일탈은 아니다. 이들 또한 인간의 번식 레퍼토리를 구성하는 핵심 요소다.

한 가지 분명히 할 점은 암수 한 쌍 결합, 일부다처제, 가벼운 짝짓기 모두가 원론적으로 근심 '제로'의 사항은 아니라는 것이다. 오히려 그들 모두가 근심을 동반한다. 이는 관계에서 한 사람에게 최선이 늘 상대에게도 최선은 아니라는 사실에 일부 기인하며, 따라서 관계에는 거의 언제나 당사자들의 줄다리기가 수반되기 마련이다.[131] 그러나 설령 당사자의 이해가 완벽히 일치한다 해도 완벽하게 만족스러운 짝짓기 체계란 있을 수 없을 것이다. 이유는 간단하다. 인간에게는 다중의, 양립 불가능한 욕망들이 있기 때문이다. 암수 한 쌍 결합은 친밀한 장기적 관계에의 욕망을 충족하지만 성적 다양성을 원하는 누군가의 욕망은 충족하지 못한다(어쩌면 여자보다 남자에게 더). 가벼운 짝짓기는 성적 다양성에의 욕망을 충족시킬 수는 있겠지만 친밀한 장기적 관계를 원하는 누군가의 갈망은 충족하지 못한다(어쩌면 남자보다 여자에게 더). 개방적 관계 또는 복혼複婚은 두 가지 욕망을 모두 충족하는 방법일 수 있겠지만, 가장 대표적으로는 질투 같은 새로운 근심을 야기할 수 있다. 요약하자면, 문제는 인간 본연의 이상적인 짝짓기 패턴, 함께 오래오래 행복하게 사는 결말로 우리를 이끌어줄 짝짓기 패턴이 무엇인지 파악하는 게 아니다. 문제는 자연적으로 발생하는 관계들이 인간 본성의 어떤 측면을 만족하는지 살피고, 우리가 어떤 것을 더 선호하는지 선택하는 것이다. 이는 인간이 처해 있는 짜증스러운 현실이기도 하다. 우리가 무엇을 하든, 충족되지 못한 욕망은 남는다. 인간은 고질적으로 갈등을 겪는 동물이다. 자연 선택이 우리를 그렇게 만들었기 때문이다.

5장
이타적 동물

이타성의 난감함[1]

2011년 호주 퀸즐랜드는 극심한 수해를 입었다. 자연재해가 늘 그렇듯 이 수해는 많은 영웅담을 남겼다. 그중 가장 가슴 저미는 것은 13세 소년 조던 라이스의 얘기였다. 조던은 어머니 도나, 남동생 블레이크와 함께 쇼핑을 하러 간 참이었다. 집으로 향하는 차 안에서 순간 정신을 차려보니 느닷없이 불어난 물의 한복판이었다. 운전이 불가능했고 뭍에도 도저히 닿을 수 없었던 세 사람은 자동차 위로 기어 올라갔다. 격렬한 급류의 한중간에서 오도 가도 못하는 신세였다. 다행히도 몇몇 행인이 상황을 파악했다. 그중 한 명—워렌 맥얼린—이 로프의 한쪽 끝을 기둥에 묶고 다른 한쪽을 자신의 허리에 묶은 뒤 급격히 불어나는 물을 헤치고 차로 다가갔다. 그가 조던에게 손을 뻗었지만 조던은 뿌리치며 남동생을 먼저 구해 달라고 애원했다. 맥얼린은 아이의 간청을 들어줬다. 블레이크를 안아 들고 재빨리 안전한 곳으로 옮겼다. 그러나 그가 다른 이들을 구조할 차례가 되기 전, 급격히 불어난 물이 차량을 덮쳤다. 조던과 엄마는 급류에 휩쓸려 사망했다.

자신보다 동생을 앞세운 결과 조던은 생명을 잃었다. 윤리적 관점에서 이는 도덕적 행위의 극치다. 반면 다원주의의 관점에서 이는 (처음에는) 상당히 혼란스럽다. 진화론에 따르면 존재를 향한 이 가혹한 다원주의적 투쟁에서는 오직 최고가 될 생각만을 하는 유기체들이 승리하며, 따라서 세계 전체는 이기적이고 자신의 잇속만 챙기는 유기체로 채워질 것이다. 그러나 조던은 그런 유기체가 아니었다. 그는 타인을 살리기 위해 자신의 생명을 걸었고 그 과정에서 사망했다. 극단적이고도 예외적인 사례에 속하기는 하지만 조던이 자연의 괴물, 머리 두 개 달린 고릴라의 도덕적 등가물인 것은 아니다. 이런저런 종류의 자기희생은 숨 쉬는 것만큼이나 흔하다.

이는 우리 종에서만 흔한 것도 아니다. 자기희생은 동물의 왕국 구석구석에서도 발견된다. 몇 가지 예를 들어보자. 특히 인상적인 사례는 조류 다수에서 목격되는 의상행동broken—wing display이다. 둥지에 새끼들이 한가득 있는데 포식자가 불안할 정도로 가까이 다가오기 시작하면 새는 지극히 위험한 방식으로 포식자를 유인한다. 포식자의 눈에 잘 띄는 허공으로 날아올라 불규칙하게 날개를 퍼덕인다. 날개가 부러진 양 보이려는 것이다. 쉬운 사냥감이 여기에 있다! 포식자가 꾀병을 부리는 새에게로 향하느라 둥지와 새끼로부터 멀어진다. 마지막 순간에 꾀병쟁이 새는 기적적으로 치유되어 잽싸게 탈출한다…….그럴 수 있을 정도로 운이 좋다면. 그러나 때로는, 조던처럼, 탈출에 성공하지 못하기도 한다. 새는 다른 새들을 구하려다 제 생명을 잃는다.

의상행동은 당연히 부모 돌봄의 명확한 사례이며, 부모 돌봄은 진화적으로 설명하기에 특별히 까다로운 현상은 아니다. 그러나 동물들이 보여주는 다른 형태의 자기희생은 그렇게 쉽게 정리되지 않는다. 그 한 가지 예 또한 조류에서 발견되는데, 이는 둥지에서 돕기helping at the nest라 불린다. 생식력이 있는 성체—자기 자신의 자손을 가질 능력이 충분한 성체—가 기존의 가족에 대신 합류해 다른 커플이 그들의 자손을 기르는 일을 돕게 한다. 이 기여자들도 자기 자손을 생산하기는 한다. 하지만 다른 개체를 잠시도 돕지 않는 커플에 비해서는 전체적으로 적은 수의 자손을 갖게 될 것이다. 그렇다면 둥지에서 돕기는 어떻게 유지될 수 있는 것일까?

부모가 아닌 상황에서 발휘되는 이타성의 또 다른 사례는 경고성 울부짖음 alarm calling으로, 꽤 광범위하게 목격되는 현상이다. 벨딩땅다람쥐, 프레리독, 버빗원숭이 등 무리를 지어 사는 다양한 종에서 포식자—매 또는 어슬렁거리는 코요테—를 발견한 구성원은 즉시 요란한 경고음을 낸다.[2] 포식자의 존재를 아직 눈치채지 못한 구성원에게는 좋은 일이다. 너무 늦기 전에 도망칠 기회를 주기 때문이다. 그러나 경고음을 낸 당사자에게는 그렇게 좋지 못하다. 최상의 시나리오라고 해봤자 개인적 이익은 전혀 없이 시간과 에너지만 소모하게 만들 뿐이다. 최악의 시나리오에서는 포식자의 주의를 끌어 잡아먹힐 가능성이 높아진다. 이 비용을 고려할 때 경고음을 내는 개체가 평균적으로는 보다 적은 수의 자손을 갖고, 따라서 경고성 울부짖음을 수행하는 성향이 집단 내에서 서서히 사라질 것이라는 추정이 타당해 보인다. 그러나 실제로는 사라지지 않고 계속 존재한다. 어떻게 그럴 수 있을까? 그리고 그런 성향이 애초에 어떻게 선택될 수 있었을까?

둥지에서 도움을 제공하고 경고음을 내는 것은 훌륭한 행동이다. 그러나 어떤 동물들은 이러한 유형의 훌륭함을 전혀 새로운 차원으로 가져간다. 벌들이 좋은 예다. 포식자가 벌집에 접근하면 일벌 부대가 쏟아져 나와 침을 쏘기 시작한다. 벌 대부분의 종에서 침은 낚싯바늘처럼 표적에 박힌다. 벌들로서는 안된 일이지만 이 바늘은 사용 후에 빼낼 수 있도록 설계되지 않았다. 침뿐 아니라 몸 전체가 침입자에 박혀 떨어지지 않는다는 의미다. 스스로 벗어나려고 하거나 침입자가 털어낼 때면 박혀 있는 침에 몸이 뜯겨 나오고, 그 결과 벌은 이내 죽게 되는 것이 보통이다. 침입자에게 침을 꽂는 것은 사실상 자살 행위이며, 이를 자연 선택이 선호하리라는 생각은 들지 않는다.

의상행동을 수행하는 새처럼 벌 또한 둥지의 제 자손을 보호하는 것인가? 아니다. 대부분의 벌 종—그리고 말벌, 개미, 흰개미 대부분—은 진사회성 동물이다. 이들은 자신의 자손을 낳지 않고, 대신에 많은 수의 개체가 왕성한 번식력의 소수파가 자손을 낳도록 도울 뿐이다. 일벌도 그 계급에 속한다. 그리고 이것이야말로 진정한 미스터리다. 일꾼은 어쨌든 번식을 하지 않는다는 사실을 감안하면, 둥지를 지킬 목적의 자살 행위는 그들이 평생 이룩할 번식 성공에 일말의 차이도 만들어내지 않는다. 지금 죽으나 나중에 죽으나 그들이 자손에게 자신의 유전자를 물려줄 일은 없다. 보유자를 움직여 다른 개체의 생존과 번식을 돕게 만들면서 정작 보유자 자신의 생존과 번식은 막는 유전자의 존재를 상상해보라. 그런 유전자를 누가 물려받겠는가? 꿍꿍이가 있는 질문이 아니다. 아무도 없으리라는 게 정답이다. 그렇다면 그런 유전자가 어떻게 유전자 풀에서 버티고 있는 것일까?

이 모든 사례들은 동일한 질문을 제기한다. 자연 선택이 무자비한 자기 이익을 선호한다면 세상에는 친절이 왜 그토록 많은가? 인간과 다른 동물들은 왜 제 목숨을 걸고 자신이 아닌 개체들을 돕는가? 진화심리학자들은 이를 이타성의 문제라 부른다. 일상 속에서 이타성이라는 단어는 행위자 자신을 위하는 숨은 동기가 전혀 없이 타인의 안녕을 증진시키려는 행위를 뜻한다. 내가 여러분을 돕는 이유가 여러분의 형편이 더 나아지기 바라서라면 그것이 이타성이다. 내가 여러분을 돕는데 그게 어떻게든 나를 이롭게 하기를 바라서 하는 행위라면 이타성이 아니다. 그러나 생물학자들이 마음에 두는 정의는 이와 다르다. 그들이 생각하는 이타적 행위는 행위자가 비용을 부담하는 대가로 상대를 이롭게 하는 것을 뜻한다. 이때 비용을 판단하는 척도는 기쁨이나 행복, 또는 다른 주관적 요소가 아니라 번식의 성공이다.[3] 의도는 이 등식에 포함되지 않는다. 이타적 동물이 도움을 제공하려는 의도를 가지고 있을 수도 있지만, 그렇지 않을 가능성도 있다. 이타성의 문제는 생물학자들의 정의에 따른 이타성이 어떻게 진화할 수 있었는지를 설명하는 문제다.

인간 본성을 빈 서판으로 보는 관점을 지지하는 이들에게 이는—인간이라는 종에만 국한한다면—별 문제가 아닌 듯 보일 수 있다. 빈 서판 지지자들에 따르면 인간은 천성적으로 이기적이거나, 천성적으로 이타적이거나, 천성적으로 그 사이 어딘가에 위치하는 게 아니다. 문화적 동물인 우리는 학습을 통해 이 중 무엇이든 될 수 있고, 전혀 다른 것이 될 수도 있다. 앞서 언급했듯 이 관점은 겉으로는 그럴싸해 보인다. 인간은 능숙한 학습자이며, 다른 어떤 동물보다도 문화에 강하게 의지한다. 그러나 직관적으로 느껴지는 이 모든 설득력에도 불구하고 빈 서판 관점은 심각한 이의에 직면한다. 첫째, 우리가 정말로 빈 서판이라면 자신과 일가친척을 우선시하는 것만큼 쉽게 무차별적 이타성을 갖도록 가르칠 수 있을 것이다. 그러나 그렇지 않다. 그렇지 않다는 것을 우리도 익히 알고 있다. 서로를 보다 이타적 존재로 만들기 위한 설득(얄궂게도 이것이 설득하는 자 자신의 사리사욕을 위한 것일 때도 있었다)에 공을 들인 세월만 천 년은 된다. 그럼에도 효과가 없었다! 우리는 여전히 부분적으로만 이타주의자일 뿐이다.

둘째, 학습을 통해 온전히 이타적 존재가 되거나 자기 이익을 챙기는 존재가 될 능력을 동시에 갖춘 동물을 자연 선택이 만들어낼 수 있다는 생각은 설득력이 크게 떨어진다. 이는 학습을 통해 늑대의 공격을 좋아하거나 싫어할 존재가 될 능력을 동시에 갖춘 동물을 자연 선택이 만들어낼 수 있다는 생각만큼이나 설득력이 부족하다. 자기 이익을 추구하는 성향이 없는 유기체들은 착취에 너무도 취약하다. 자신들보다 양심적이지 않은 다른 개체의 자발적 노예가 되기 십상이다. 문화를 영위하는 능력이 우리를 그렇게 취약하게 만든다면, 자연 선택은 그 능력을 재빨리 제거했을 것이다. 위의 두 가지 이유로 우리는 빈 서판 가설을 무리 없이 배제할 수 있다. 그렇다면 우리의 이 부정할 수 없는 이타적 구석은 어떻게 설명할 수 있을까?

물보다 진하다

우리의 외계 과학자가 다소 게으르다고 잠시 가정해 보자. 이 과학자는 인간 종을 직접 관찰하는 대신 사회심리학 교과서 한 권을 훔쳐 그것으로 우리에 대해 연구해 보기로 했다. 그렇게 탄생한 보고서가 '대 은하 위원회'에 호모 사피엔스의 사회적 삶을 정확히 설명해 줄 수 있을까? 안타깝게도 그럴 수 없다. 참으로 불행한 사실이지만 사회심리학 교과서 대부분은 여러 면에서 우리 종에 대한 왜곡된 시각을 담고 있다. 가장 눈에 띄는 것은 이들이 낯선 자들 사이의 상호작용에 거의 전적으로 치중되어 있어, 개인의 삶에서 친족이 차지하는 핵심적 위치를 대개 간과한다는 점이다.[4] 이는 가볍게 넘길 실수가 아니다. 친족은 서구 사회, 더 나아가 우리 종에서만 중요한 게 아니다. 생명체들의 세계 전반에서 중요하다. 친족과 비친족으로 구성된 무리에서 생활하는 개체들은 일반적으로 친족을 더 선호한다. 이는 다른 동물들이 그렇듯 우리 종에서도 진실에 해당하나 다수의 심리학자와 심리학 교과서는 지금까지도 이를 외면하고 있다.[5] 그 결과 게으름뱅이 외계 과학자는 우리 사회의 본성에 대해 그릇된 인식을 갖게 되고, 대 은하 위원회에 낼 보고서를 망칠 것이며, 어쩌면 처형당할지도 모른다.

심리학자들의 친족 연구를 외면하는 것—너무도 심각해서 게으름뱅이 외계 과학자가 교과서로만 공부하면 개념을 통째로 놓치고 증발형에 처하고 말지도 모른다—은 어떻게 설명해야 하나? 앞서 언급한 바와 같이 심리학자 다수의 머릿속에 진화에 대한 지식이 필요한 만큼 채워져 있지 않다는 것이 일부 원인이다. 심리학자들은 다른 동물과 진화 과정의 본질에 대해 아는 바가 거의 없다. 이것이 인간이라는 하나의 종에 대한 그들의 이해를 훼손한다. 이제 심리학계에서도 친족의 중요성이 부상하고 있는 건 사실이다. 그러나 이러한 깨달음의 자극제는 심리학계 내부가 아니라 다른 분야, 즉 진화생물학에서 나왔다. 느릿느릿 진행되는 이 혁명의 시초는 위대한 영국인 천재, 윌리엄 D. 해밀턴이었다. 해밀턴이 이룩한 크나큰 혁신은 친족 선택 이론이다.

이 이론을 확실히 이해하려면 창의적 사고가 필요하다. 앞에서 여러분은 여러분 일생일대의 목표가 자녀 또는 손주의 수 극대화라고 가정했을 때 이를 위해 할 일은 무엇인지 고민해본 바 있다. 이미 설명했듯이 이는 자연 선택이 어떤 특성과 성향을 선호할지 살펴보는 유용한 출발점이다. 그러나 보다 정확한 그림을 그릴 수 있도록 해주는 또 다른 접근법도 있다. 동료 인간의 입장에서 생각해보는 대신 유전자의 입장에서 접근하는 것이다. 자신이 살고 있는 유기체의 형태를 만드는 이 나선 모양의 조그마한 DNA 조각은 유전자 풀에서 자신의 수를 늘리는 것이 일생일대의 목표다. 여러분이 이 작은 조각이라면, 저 팽창주의적 목표의 달성에 어떻게 착수하겠는가? 사람들이 유전자 전달 전략을 실질적으로 수립하는 것은 아니듯 유전자 또한 자신을 전달할 전략을 실질적으로 수립하는 것은 아니다. 그럼에도 이 사고 연습이 유용한 이유는 자신을 전달할 전략이 있는 것처럼 행동하는 유전자, 다시 말해 전수의 기회를 늘릴 효과들을 보유한 유전자는 무엇이든 선택될 확률이 높기 때문이다. 따라서 이 사고 실험은 진화될 가능성이 큰 특성을 규명하는 데 유용한 기법이다.[6]

자, 여러분이 유전자고 여러분은 유전자 풀에서 자신의 수를 늘리기 원한다. 여러분은 무엇을 할 것인가? 가장 확실한 방법은 여러분이 몸담고 있는 유기체—리처드 도킨스의 표현을 빌리자면 여러분의 "운반자vehicle"—의 생존과 번식 성공 확률을 높이는 것이다.[7] 이 경우 다른 유전자와 단결하여 여러분의 운반자 내부에 뱀을 향한 공포 또는 생식력 있는 짝을 향한 욕망, 성적 질투에 취약한 성향 등을 마련해 놓을 수 있다. 또는, 대신 고려해 볼 또 다른 선택지도 있다. 상황에 따라서는 여러분 자신의 운반자가 아니라 다른 운반자의 생존과 번식 성공을 높이는 것으로 유전자 풀 내에서 여러분의 수를 늘릴 수도 있다. 그러니까 여러분의 운반자를 이타적으로 만들어 여러분 자신의 최종 목표를 달성할 수도 있다는 얘기다.

이 방법이 어떻게 실행 가능한지 보기 위해 먼저 다음의 상황을 그려보라. 여러분은 아주 간단하고 실패란 없는 방법을 통해 현지 환경에서 여러분의 복사본을 가지고 있는 다른 유기체를 정확히 구분해낼 수 있다. 이러한 슈퍼파워로 무장하고 있을 때 유전자를 다음 세대에 전달하는 방법은 여러분의 복사본을 가진 다른 개체의 번식을 돕도록 운반자를 설득하는 것이다. 여러분처럼 젊고 야심만만한 유전자의 관점에서는 여러분의 운반자가 자손을 갖든, 여러분의 복사본을 가진 다른 운반자가 자손을 갖든 별다를 바가 없을 것이다. 두 운반자 모두 여러분의 복사본을 갖고 있으므로, 둘 중 어느 쪽이든 유전자 풀에서 여러분의 수를 동일한 수준으로 늘리는 결과를 낸다. 다만 한

가지 복잡한 문제가 있기는 하다. 여러분이 만약 여러분의 운반자와 다른 운반자가 공유하는 유일한 유전자라면, 여러분의 운반자가 하는 이타적 행동이 여러분 운반자의 유전체 속 다른 유전자들에게는 전혀 보탬이 되지 않을 것이다. 그들 입장에서 이는 그저 헛된 수고일 뿐이다. 그렇다면 다른 유전자들 일부는 어쩌면, 여러분 운반자의 이타적 행위를 막으려 할 것이다(직접적으로 표현하자면, 여러분의 행위를 저지했던 유전자가 선택을 받게 될 것이다).[8] 하지만 이 문제는 잠시 미뤄두자. 현 단계에서 중요한 것은 다른 개체가 여러분의 복사본을 가지고 있다고 확신할 수 있는 한, 그 개체의 생존과 번식을 도울 가치가 충분하다는 점이다.

그러나 확신이 힘들다면 어떻게 해야 할까? 다른 개체가 여러분의 복사본을 가지고 있는지 미심쩍으며 최소한의 확률로나마 여러분이 틀렸을 가능성도 존재한다면? 이 경우, 도움을 준다는 계획에 반대해야 한다는 생각이 가장 먼저 들지도 모르겠다. 여러분의 복사본을 가지고 있지 않은 누군가를 돕는다는 것은 결국, 경쟁 중인 대립유전자를 돕는 것이나 마찬가지일 테니까. 하지만 너무 성급하게 굴지 말라. 특정 상황에서는, 상대가 여러분의 복사본을 가지고 있는지 의심스러울 때조차, 이타성의 도움을 받아 유전자 풀에서 앞서나갈 수 있다. 이를 위해서는 이타성의 수혜자가 여러분의 복사본을 보유할 확률이 우연보다 높기만 하면, 즉 무작위로 선택된 개인보다 높기만 하면 된다.

그 이유를 이해하려면 먼저 여러분이 자신의 운반자를 무차별적으로 이타적인 존재로 만들겠다고 마음먹은 유전자라고 생각해보라. 그래서 운반자 두뇌의 손잡이와 다이얼을 조정해, 운반자가 다른 그 어떤 개체를 마주치든 돕도록 설정해 두었다고 치자. 여러분 운반자의 이타적 조력을 받는 개체가 여러분의 복사본을 보유하고 있을 확률은 얼마나 될까? 당연하게도 여러분이 전체 집단에서 차지하는 빈도에 좌우될 것이다. 예를 들어 전체 집단의 50%가 여러분의 복사본을 가지고 있는 상황에서 여러분의 운반자가 완전히 무작위로 고른 개체를 도울 때 그 수혜자가 여러분의 복사본을 가질 확률은, 당연히, 50%다. 따라서 운반자를 무차별적으로 이타적으로 만드는 경우 여러분의 운반자가 여러분에게 도움이 될 확률은 50%다. 이 정도면 상당히 괜찮은 듯 보인다—여러분의 운반자가 나머지 50%의 확률로 (여러분의) 대립유전자도 돕는 셈이 된다는 사실을 깨닫기 전까지는. 여러분과 경쟁하는 대립유전자가 딱 하나라고 가정해보라. 이 말인즉슨 여러분 운반자의 행위가 여러분에게 도움이 되는 경우가 절반, 대립유전자에게 도움이 되는 경우가 절반이라는 얘기다. 그러니 여러분 운반자가 기울이는 노력이 결과적으로는 여러분이나 대립유전자의 상대적 빈도에 아무런 영향을 미치지 못하는 셈이 된다. 모집단 빈도가 얼마든, 60:40이든 40:30:30이든 결과는 동일하다. 무차별적 이타성은 사실상 여러분에게 도움이 되지 않을 것이라는 얘기다. 오히려 해로울 것이다. 이 행위에 쏟은 시간과 에너지를 다른 일—여러분에게 도움이 될 것이 분명하고 여러분 운반자의 적합도를 높이는 일—에 쓸 수도 있었을 텐데 그러지 못했기 때문이다.

그러나 여러분의 복사본을 보유할 확률이 우연보다 높은 개체에게 운반자가 이타성을 발휘하게 만들 모종의 방법이 있다면 어떨까? 그렇다면 모든 것이 달라진다. 이제 여러분의 운반자는 갑자기 여러분의 모집단 빈도보다 높은 확률로 여러분을 돕게 된다. 위의 사례를 그대로 들자면 50% 이상의 확률로 돕게 되는 것이다. 간단한 논리로 이를 뒤집어보면 여러분의 운반자가 대립유전자를 도울 확률은 대립유전자의 집단 내 빈도보다 낮아진다는 말이 된다. 사용 가능한 대립유전자들의 모집단 빈도는 더 이상 당신의 행동에 영향을 받지 않는다. 여러분의 모집단 빈도는 증가할 것이다. 반대로 대립유전자의 빈도는 감소할 것이다. 이로써 우리는 첫 번째 주요 결론에 도달한다.

- 이타성을 촉진하는 유전자는, 해당 유전자의 복사본을 보유했을 확률이 높은 개체를 운반자가 우선적으로 돕는다면, 선택될 가능성이 있다.

시작부터 조짐이 좋다. 그렇다면 여러분의 운반자가 그러한 개체를 신뢰할 만한 수준으로 골라낼 수 있게 만드는 방법은 무엇일까? 몇 가지 방법이 있지만 가장 중요한 건 운반자가 자신의 유전적 친지들을 돕도록 만드는 것이다. 친족 말이다! 운반자의 친족은 근래에 공통의 조상을 공유한 결과로 여러분의 복사본을 가지고 있을 확률이 세상 그 누구보다도 높다. 따라서 여러분의 운반자가 친지에게 친절하도록 프로그래밍하면 유전자 풀에서 여러분의 수를 잠재적으로 늘릴 수 있다. 친족의 경우 운반자의 유전체 안에 있는 다른 모든 유전자들의 복사본을 보유할 확률 또한 세상 그 누구보다 높다는 점도 중요하다. 이러한 이유로 여러분의 친족주의적 종합계획에 다른 유전자들도 이의를 제기하지 않을 것이고, 그중 일부는 시류에 편승하여 여러분의 목표 달성을 도울지도 모른다.

이를 정리한 개념이 해밀턴 이론의 가장 중요한 요소로 꼽히는 근연도다. 일명 r로 불리는 이 개념은 두 유기체의 계통상 관련도를 표현하는 척도다. r에는 몇 가지 정의가 있으나 '두 유기체가 근래에 조상을 공유한 결과로 특정 유전자 또한 공유할 가능성'이 현재 논의에서 가장 유용한 정의가 되겠다. 한입에 넣기에는 상당히 버거운 개념이니 먹기 좋은 크기로 잘라보자. 근연도의 가장 간단한 사례는 부모와 자식이다. 부모는 자녀 각각에게 유전자의 절반씩을 물려준다. 이는 부 또는 모의 유전체 내에 있는 특정 유전자가 특정 자손에게 복사될 확률이 50%라는 의미다. 이를 기술적으로 표현하면 $r = 0.5$가 된다. 조부모와 손주의 r을 도출하려면 이 과정을 두 번 반복한다. 조부 또는 조모가 특정 유전자를 부 또는 모(조부모에게는 자녀에 해당)에게 물려줄 확률이 50%고, 그 부 또는 모가 동일한 유전자를 그들의 자녀(조부모에게는 손주에 해당)에게 물려줄 확률이 다시 50%다. 따라서 조부모와 손주의 근연도는 50%의 50%, 즉 25%다($r = 0.25$).

비속이 아닌 친족 사이에서는 상황이 더 복잡하다. 이부 또는 이복 형제자매(부모 중 한쪽만을 공유)의 경우에는 서로 공유하는 부 또는 모가 특정 유전자를 자녀 1명에게 물려줄 확률이 50%고, 동일한 유전자를 다른 1명에게 물려줄 확률이 50%다. 그러므로 두 아이 모두가 공유 부모에게서 특정 유전자를 물려받을 확률은 25%이며, 따라서 이부 또는 이복 형제자매의 근연도는 0.25다. 완전 형제자매(부모 모두를 공유)의 경우 공유 부모 1명으로부터 두 아이 모두가 특정 유전자를 물려받을 확률은 25%, 다른 공유 부모 1명으로부터 두 아이 모두가 해당 유전자를 물려받을 확률이 다시 25%다. 이 둘을 더하면 공유 부모 각각으로부터 두 아이 모두가 해당 유전자를 물려받을 확률은 50%가 된다. 따라서 완전 형제자매의 근연도는 0.5다.

이렇게 하면 세부 사항을 일일이 따지는 일이 없이도, 여러분의 머릿속에 떠오르는 모든 가족 구성원의 근연도를 도출할 수 있다. 호모 사피엔스의 세계에서 가장 중요한 범주들의 근연도는 다음과 같다.

- 1촌 (자녀, 부모, 완전 형제자매): $r = 0.5$.
- 2촌 (조부모, 손주, 이부 또는 이복 형제자매, 조카, 이모, 삼촌): $r = 0.25$.

• 3촌 (예: 사촌): r = 0.125.

• 비친족 (예: 배우자, 사돈, 의붓가정, 친구, 지인, 낯선 자), r ≈ 0.

근연도의 개념은 충분히 간단해 보이지만 오해하기도 쉽다.[9] 가장 흔한 오해는 다음과 같다.

잠깐만. 당신은 지금 부모와 자녀가 유전자의 50%를 공유하고 비친족 간에는 전혀 공유하지 않는다고 말하고 있다. 그러나 내가 듣기로는 모든 인간이 그들 유전자의 98% 이상을 공유하고, 침팬지와는 94% 이상의 유전자를 공유한다고 했다. 젠장—우리가 바나나랑 공유하는 유전자만도 50%다! 이건 모순이 아닌가? [10]

답은 '아니오'다. 모순이 아니다. 근연도는 공유 유전자의 척도가 아니다. 근연도는 두 개인이 혈통에 의해 특정 유전자를 공유할 가능성의 척도다. 그러니까 개인이 다른 개인으로부터 유전자를 물려받았거나(자녀가 부모의 유전자를 물려받은 경우) 두 개인 모두가 가장 근래의 공통 조상 중 1명으로부터 유전자를 물려받은(형제자매가 공유 부모 1명으로부터 또는 사촌이 공유 조부모 1명으로부터 물려받는 경우) 상황, 둘 중 하나를 의미한다. 단순화해서 보면 혈통이 아닌 경로로 유전자를 공유할 확률—즉, A라는 개인의 유전체 속 유전자가 개인 B의 유전체에도 있을 확률—은 그 유전자의 집단 내 빈도와 동일하다. 이는 근연도가 해당 유전자의 집단 내 빈도보다 높게 두 개인 사이에서 공유될 확률의 척도임을 의미한다. 즉, 근연도는 두 개인이 특정 유전자를 우연보다 높은 확률로 공유할 가능성이다.

이는 중요한 부분이다. 우리가 앞서 내린 결론, 즉 이타성이 선택될 수 있으려면 이타적 성향을 만드는 유전자의 보유 확률이 우연보다 높은 개체를 수혜자로 삼아야 한다는 결론과 근연도라는 개념이 서로 연결되기 때문이다. 어떻게 보면 근연도는 이타성을 만들어내는 유전자에게 이타성이 보답할 확률을 보여주는 지표다. 또한 여러분이 유전자 풀에서 수를 늘리려 애쓰는 유전자라면 여러분의 운반자가 유전적 친지, 특히 유전적으로 가까운 친지에게 이타성을 발휘하게 하는 것으로 자신의 목적을 달성할 수 있다는 의미이기도 하다.

그러나 분별이 있는 유전자라면 이 전략에 안주하지 않을 것이다. 밝혀진 바에 따르면 관계변인relevant variable에 근연도만 있는 게 아니다. 우리는 이타성이 그 수혜자에게 주는 이익과 행위자에게 야기하는 비용 또한 고려해야 한다. 그 이유를 이해하기 위해 일란성 쌍둥이의 사례를 살펴보자. 일란성 쌍둥이는 1촌이 0.5의 근연도로 연결되어 있다는 법칙의 예외다. 이 선천적 복제품들은 유전자 일체를 공유하기 때문에 일란성 쌍둥이의 r은 1이다. 즉, 다음 세대로 이어질 안전통행증을 찾고 있는 유전자인 여러분에게는 여러분의 운반자가 아이를 갖든 운반자의 일란성 쌍둥이가 아이를 갖든 달라질 것이 전혀 없다는 뜻이다. 둘 중 어느 쪽이든 여러분은 해당 아이의 유전체에 복사될 확률이 50%다. 그렇다면 여러분의 운반자는 누구를 도와야 하는가—쌍둥이 형제자매인가 아니면 그 자신인가? 이는 그 도움이 얼마나 이로울 것인지 여부에 좌우된다. 여러분의 운반자가 자신의 자손 셋을 더 갖거나, 혹은 쌍둥이 형제자매가 자손 둘을 더 갖도록 돕는 경우를 생각해보라. 이때는 여러분의 운반자가 자기 자손 셋을 갖고, 쌍둥이는 도와주지 않는 편이 더 낫다. 결국 자기 이익의 추구가 승리할 것이다. 그러나 그 반대의 경우라면 어떨까? 여러분의 운반자가 자신의 자손 둘을 더 갖거나, 일란성 쌍둥이가 자손 셋을 더 갖도록 도울 수 있는 경우라면? 그런 상황이라면 여러분의 운반자가 쌍둥이를 돕는 편이 더 낫다. 이타성이 우위를 점하는 셈이다.

여기까지는 충분히 명확하다. 이번에는 여러분 운반자가 관대한 행위를 쏟아부을 잠재적 대상이 일란성 쌍둥이가 아니라 지극히 평범한 1촌 또는 2촌 또는 3촌이라고 생각해 보자. 여러분의 운반자가 그 개인을 돕고 싶어질 때는 언제일까? 언뜻 보기에 정답은 "없음"일 것도 같다. 맞다, 무작위로 선택한 개인보다 운반자의 친지가 여러분의 복사본을 가지고 있을 확률이 높은 것은 사실이다. 그러나 여러분의 운반자는 그 복사본을 이미, 확실히 가지고 있다. 그렇다면 여러분의 운반자가 그냥 스스로를 도우면 될 일이 아닌가? 문제는 이타성이 수혜자에게 선사할 이익이 충분히 크다면 그가 혈통에 따른 복사본을 가지고 있지 않을 가능성을 감안하더라도 그의 이익이 여러분의 운반자가 감수하는 비용을 능가할 수 있다는 점이다. 이는 해밀턴이 가졌던 혜안의 핵심으로, 해밀턴의 법칙Hamilton's rule이라 불리는 간단한 공식에 잘 나타나 있다. 진화심리학자 올리버 커리Oliver Curry는 이를 진화심리학계의 $E = mc^2$(아인슈타인의 이론—역자주)로 칭하기도 했다.[11] 해밀턴의 법칙은 이타성이 다음의 경우에 선택될 수 있다고 말한다.

$$br > c$$

이는 무엇을 뜻하는가? r의 의미는 우리도 알고 있다. r은 이타적 행위자와 수혜자의 근연도를 의미한다. 한편 b는 이타성이 수혜자에게 주는 이익이고 c는 이타성이 행위자에게 초래하는 비용이다. 이익과 비용은 다윈주의적 적합도의 측면에서 측정된다. 따라서 b는 이타성의 수혜자가 도움을 받은 결과로 추가 생산하게 되는 자손의 수이며 c는 이타적 행위자가 도움을 베푼 결과로 갖지 못하게 되는 자손의 수다. 이를 모두 종합하여 해밀턴의 법칙을 해석해보면 이타성이 행위자에게 초래하는 번식상 비용이 수혜자에게 선사하는 번식상 이익보다 적을 때 이타성 촉진 유전자가 선택되지만, 이때 수혜자가 얻는 이익은 수혜자와 행위자의 근연도, 즉 혈통으로 해당 유전자를 공유할 가능성에 비례해 축소된다.

좋다. 여러분이 유전자고, 이제 해밀턴의 법칙을 이해하고 있다고 치자. 이 새롭게 알게 된 지식을 어떻게 활용해 유전자들의 무한 경쟁에서 앞서나갈 것인가? 일란성 쌍둥이 시나리오에서 여러분은 쌍둥이가 자손 셋을 갖도록 돕기 위해 여러분 운반자의 자손 둘을 포기하기로 결정한 적이 있다. 그러나 여러분의 운반자가 이타성을 발휘할 잠재적 수혜자가 근연도 0.5짜리의 평범한 형제자매라면 어떨까? 그렇다면 그림이 완전히 달라진다. 이 형제자매가 혈통에 의해 여러분의 복사본을 보유할 확률은 50%다. 그러므로 운반자가 이 형제자매를 도와 얻을 것으로 기대되는 추가 자손은 평균 3명이 아니다. 1.5명의 추가 자손이다. 이는 여러분 운반자가 치를 비용(타인을 돕지 않았을 때 본인이 얻었을 추가 자손 2명)보다 적다. 따라서 이 경우에는 여러분의 운반자가 이타성을 발휘하지 않는 편이 더 나을 것이다. 여러분은 운반자에게 스스로를 챙기라고, 형제자매는 혼자 힘으로 꾸려나가게 내버려두라고 조언해야 할 것이다.

그러나 운반자의 추가 자손 2명을 포기하고 형제자매가 추가 자손 5명을 얻도록 지원할 수 있는 경우라면 어떤가? 이러면 얘기가 또 달라진다. 여러분이 얻을 이익의 기대치는 절반, 즉 5명의 절반인 2.5명이다. 그러나 이는 도움을 제공하지 않았을 경우 여러분의 운반자가 가질 추가 자손 2명보다는 여전히 많다. 따라서 이 같은 상황에서 여러분은 운반자가 형제자매를 돕도록 촉구해야 할 것이다.

물론 이런 식으로 우리가 순간순간 내리는 결정을 유전자가 일일이 관리할 수는 없다. 그 대신 유전자들이 할 수 있는 일—또는 유전자가 그럴 것이라고 친족 선택 이론이 예측하는 바—은 이런 종류의 결정을 스스로 내릴 수 있는 두뇌의 구축을 돕는 것이다. 해밀턴식으로 최적화된 두뇌는 해밀턴의 법칙에 등장하는 세 가지 정보—근연도, 이익, 비용—에 민감하게 반응할 것이며, 이 정보를 활용해 이타적 행위를 조정할 것이다. 여러분이 이 글자들을 읽는 데 사용하는 종류의 의식적이고 의도적인 추론은 이 과정에 포함되지 않는다. 그 대신, 시각적 인식을 뒷받침하는 종류의 비의식적이고 자동적인 처리가 수반된다. 다르게 표현하자면 해밀턴식 이타주의자들은 펜과 종이를 가지고 앉아 해밀턴의 법칙이 어떻게 적용될지 계산하지 않는다. 그저 근연도가 높고, 이익이 상당하고, 비용이 낮을 때 다른 개인을 도울 강력한 의지를 느끼고, 이 가치들이 반대로 뒤집힐 때는 도울 의지가 약해지는 것뿐이다. 물론 단 하나의 유전자로 이토록 복잡한 심리적 성향을 만들어낼 수는 없다. 그러나 해밀턴의 법칙에 따라 운전자를 유도하는 유전자는 무엇이든 선택될 가능성이 있고, 이들의 협력으로 구성되는 대규모 유전자 팀이라면 이타적 성향을 만들어낼 능력이 충분하다.[12] 해밀턴의 계산법은 유전자 풀이라는 경쟁적 세계에서 이타적 성향을 만들어내는 유전자들이 생존할 수 있는 다양한 상황들을 보여준다. 다음 섹션에서 살펴보겠지만, 현실에서도 정확히 같은 일이 벌어지는 듯하다.

패밀리 맨

해밀턴의 이론은 진화생물학의 혁명이었다. 이번 장의 도입부에 묘사했던 내용 대부분을 포함해 동물의 세계에서 목격되는 이타적 행위의 대다수를 단칼에 설명해낸 것이다. 조류들이 보여주는 '둥지에서 돕기'를 생각해보라. 생식력이 있는 성체가 자기 자손이 아닌 아기새들의 돌봄에 기여하는 이유가 무엇이겠는가? 친족 선택이 답을 제시한다. 도움 제공자가 아기새들의 직접적 부모는 아니더라도 다른 어떤 방식으로든 연관이 있을지도 모른다. 그리고 이는 사실로 밝혀졌다. 도움 제공자 대개가 그들의 삼촌이다.[13] 벨딩땅다람쥐의 '경고성 울부짖음' 사례를 보자. 경고음을 내는 개체는 왜 다른 개체에게 위험을 알리는 데 자신의 목숨을 거는가? 다시, 친족 선택이 해답을 제시한다. 어쩌면 경고자의 친족을 이롭게 하는 일이기 때문인지도 모른다. 그리고 다시, 이는 사실로 밝혀졌다. 벨딩땅다람쥐는 친척이 근방에 있을 때 경고음을 낼 확률이 훨씬 높고, 그들이 가까운 친척일 때는 그 확률이 훨씬, 훨씬 높아진다.[14] 마지막으로 꿀벌의 자살 행위에 가까운 둥지 방어와 진사회성 동물 일반이 번식에서 발휘하는 이타성을 살펴보자. 처음에는 혼란스럽기만 하던 이 현상을 역시나, 친족 선택이 완전히 정리한다. 2장에서 설명했듯 진사회성 군체는 수천 혹은 수백만 형제자매로 구성된 방대한 가족이며, 이들의 일부가 후에 새로운 군체를 건설한다. 따라서 둥지를 보호하는 행위는 이 보호 행위를 유발하는 유전자를 간접적으로, 자신의 자손이 없는 상황에서도 보호하는 수단인 셈이다.

친족 선택이라는 안경을 쓰고 보면 일반적 경향이 확연히 모습을 드러낸다. 현실 세계 전반에서 유기체들은 비친족보다 친족에게 더 이타적이며, 먼 친척보다 가까운 친척에게 더 이타적이다. 더 이타적일 뿐 아니라 해를 가할 확률도 더 낮다. 가령 벨딩땅다람쥐의 경우 가까운 친척들이 먼 친척들보다 덜 다툰다. 마찬가지로 늑대거미의 어미는 자신과 관련이 없는 새끼들을 잡아먹을 확률보다 제 새끼를 잡아먹을 확률이 더 낮다.[15]

그러나 여기, 여러분이 의아해할 문제가 있다. 거미와 다람쥐처럼 언어가 없는 동물들은 누가 친척인지 어떻게 알까? 자연 선택이 친족을 향한 이타성을 선호하는 이유를 파악하는 문제는 자연 선택이 이를 실제로 구현하는 방법을 파악하는 문제에 비하면 어려운 축에 끼지도 못한다. 하지만 짐작되는 바가 있기는 하다. 간략히 설명하자면 동물들은 종의 과거 역사 속에서 경험을 통해 얻은 간단한 법칙들, 대부분의 경우 비친족보다 친족을 편애하게 유도하는 법칙들을 준수하도록 진화한다. 한 가지 공통 법칙은 "유년기에 함께 살았던 누구에게나 친절히 행동하라."다. 이는 어린 개체들이 친족과 함께 길러지는 모든 종에서 유효하다. 가령 벨딩땅다람쥐는 어린 시절에 함께 자란 개체들에게 더 친절한 경향이 있다. 사악한 과학자들이 새끼를 슬쩍 바꿔치기해서 친형제자매 대신 비친족과 함께 성장하게 할 때도 마찬가지인데, 이는 근접성 측면에서의 관계변수는 근연도 자체가 아니라 어린 시절의 동거임을 강력하게 시사하는 증거이다.[16]

그러나 어린 시절의 동거가 전부는 아니다. 벨딩땅다람쥐의 암컷은 단일 생식주기 내에 여러 수컷과 짝짓기를 하는 것이 보통이다. 그 결과 한배에서 난 새끼들은 대개 아버지가 서로 다르고, 친 형제자매와 이부 형제자매가 섞여 있다. 그럼에도 새끼들은 이부 형제자매보다 친 형제자매에게 보다 협력적이고 덜 공격적이다.[17] 어린 시절의 동거로는 이 현상을 설명할 수 없다. 이들은 두 유형 모두의 형제자매들과 함께 살았기 때문이다. 그러나 벨딩땅다람쥐들은 두 번째 법칙 또한 준수하는 듯 보인다. "너와 유사한 개체에게 친절히 행동하라." 이 전략은 표현형 일치phenotype matching로 알려져 있다(표현형은 유기체의 유전자와 현지 환경의 상호작용으로 만들어지는 관찰 가능한 특징들의 집합이다). 표현형 일치가 작동하는 것은 특정 개체가 자신과 더 유사할수록 그 개체가 친척에 해당할 개연성이 더 높기 때문이다.

(눈썰미 있는 독자라면 어린 시절의 동거와 표현형의 유사성이 다른 맥락에서도 친족을 의미하는 단서로 사용될 수 있음을 눈치챌 것이다. 그 다른 맥락이란 바로 근친상간 기피다. 다양한 종에서 근연도의 통계적 지표들은 이타성을 상향조절하지만, 성적 매력은 하향조절하는 듯 보인다. 4장에서 언급했듯 이처럼 미세한 반응 패턴은 진화에 대한 유전자의 눈 관점이 아니면 설명이 힘들다.)

친족 선택이 비인간 동물 세계에 중차대한 영향을 끼쳐온 것은 이제 부인할 수 없는 사실이다.[18] 그렇다면 인간의 경우에는 어떤가? 친족 선택이 인간 본성이라는 점토의 조형에 기여한 바가 있는가? 언뜻 보면 가능은 할 것 같다. 일례로 친족 선택은 우리가 이번 장의 시작을 열었던 사례, 조던 라이스의 영웅적 행위를 설명해준다. 조던은 형제를 위해 자신의 생명을 걸었고, 형제들은 부모와 자식만큼이나 가깝게 연결되어 있다. 친족 선택은 일상 속에서 우리가 비친족보다 친족에게 더 많이 베푸는 수백만 가지 사소한 친절들 또한 설명해준다. 자식에게 매년 수천, 수만 달러를 쓰는 부모들이 자선단체에 수백 달러를 기부하면 이는 흔치 않게 관대한 행위로 여겨진다.[19] 조부모들은 손주를 돌보면서 대가를 고집하는 일이 좀처럼 없다. 반면 비친족들은 대개가 대가를 요구한다. 사람들은 종종 "서로를 자매처럼 여기는 절친한 친구"라는 표현을 쓰지만 "서로를 친구처럼 여기는 절친한 자매"라는 말은 잘 쓰지 않는다. 핵가족에서 부모가 결별하는 경우, 부모는 한 방에 있는 것마저 더 이상 견딜 수 없을 때조차도, 가족 구성원들은 집단 내의 다른 유대 관계—자녀와 어머니, 자녀와 아버지, 자녀와 자녀 간 관계—를 모두 유지하는 게 일반적이다. 이처럼 어색한 상황에서도 친족 유대가 끈질기게 유지된다는 사실은 그 강력한 내구성을 보여주는 증거다. 비친족 간 유대가 그토록 강건하기는 힘들다.

이러한 관찰이 많은 점을 시사하기는 하지만, 일화를 늘어놓는 것만으로는 친족 선택의 승리를 견인할 수 없다. 다행스럽게도, 해밀턴이 그의 이론을 최초로 내놓은 이래 수십 년에 걸쳐 과학자들은 이 이론의 예측과 실제 인간 행위가 일치함을 보여주는 철저하고 다양한 증거들을 축적했다. 그중 일부는 대상자에게 자신의 사교 집단 내 구성원과의 관계, 이 개인과 도움을 주고받는 정도에 대해 묻는 익명의 조사를 통해 얻었다. 이 조사에서 사람들이 내놓는 응답은 다른 동물들이 설문지를 작성할 능력이 있다면 내놓을 법한 대답과 거의 정확히 일치한다. 일반적으로 응답자들은 비친족보다 친족과 더 밀접하고, 비친족보다 친족을 더 많이 도우며, 미래에도 비친족보다 친족을 도울 의지가 더 강하다고 보고한다. 그뿐만 아니라 친족 사이에서는 먼 친척보다 가까운 친척과 더 밀접하고 그들을 도울 의지 또한 더 강하다.[20]

중요한 것은 큰 대가가 따르고 진화적으로 중대한 도움의 경우에 친족 우선 경향이 가장 확연히 드러난다는 점이다. 예를 들어 신장 기증은 우울에 빠진 누군가를 위로하고 마는 것과는 차원이 다른 문제다.[21] 나 또한 이 사안과 관련한 연구를 진행해 왔다. 그중 일부에서는 캐나다 학생들을 대상으로 지난 2개월 사이 친족과 비친족에게 제공한 다양한 범주의 도움을 비용에 따라 저, 중, 고로 평가해 답하도록 했다. 연구 결과에 따르면 고비용의 도움일수록 친족에게 제공하는 비중이 높고, 비친족에게 제공하는 비중은 급감했다.[22] 다시 말해, 도움이 중요한 상황일수록 친족 위주로 생각하는 경향이 더 강했다. 미국의 캐리 피츠제럴드Carey Fitzgerald와 티벳의 쉐밍Ming Xue 등 세계 여러 지역의 다른 연구자들도 동일한 결론을 얻었다. 티벳의 연구 결과는 특히 주목할 만하다. '도움의 비용 효과'가 서구 세계에서만 나타나는 현상이 아니라 인간 본성 깊은 곳의 무언가를 반영한다는 사실을 보여주기 때문이다.[23]

늘 그렇듯 자가보고 연구는 훌륭한 첫걸음이지만 응답의 정확도가 떨어질 수 있다는 만성적 우려가 늘 존재한다. 논증을 마치기에 앞서 다른 출처의 자료들을 살펴볼 필요가 있다. 공공 기록은 특히 유용하다. 신뢰성이 높고 현실 세계의 행위들을 제대로 포착하는 경우가 많다. 이 기록들은 진화론에 입각한 예측을 검증하겠다는 특수 목적으로 수집된 것이 아니므로 실험자의 편견이 작용할 우려도 적다. 이런 맥락에서 진행한 일련의 연구들은 상속 기록에 집중했다. 인간이 유언을 통해 자산을 배분하는 방식에서 친족 선택의 흔적을 찾는 것이다. 외계인이 아닌 바에야 누구나 알 수 있는 것처럼, 사람들은 부와 자산을 비친족보다는 친족, 먼 친척보다는 가까운 친척에게 더 많이 물려주는 경향이 있다. 어느 연구에 따르면 전체 유산의 거의 절반이 자손과 형제자매($r = 0.5$)에게, 10%가 조카와 손주($r = 0.25$)에게, 1% 미만이 사촌($r = 0.125$)에게 상속되었다.[24] 사람들이 돈 또는 소유물을 친구들에게 물려주는 경우는 흔치 않다. 친척만큼이나 가까운 친구들의 경우에도 대개 그렇다.[25] 일생일대의 결정들에 있어서는 유전적 친밀성이 정서적 친밀성을 압도하는 듯하다.

친족주의 법칙에 한 가지 예외가 있다면, 바로 배우자다. 아내와 남편은 (대개) 비친족에 해당한다는 사실에도 불구하고 사람들은 거의 언제나 아내 또는 남편에게 자산의 큰 부분을 남긴다.[26] 물론 이는 보다 넓은 경향, 즉 장기적 배우자와 지극히 가까운 유대를 맺고 그들에게 중요한 도움을 제공할 의지가 보통 이상으로 강력하다는 경향의 일례에 해당한다. 장기적 배우자 간 깊은 유대의 경우, 근연도로는 직접 설명이 불가능하지만 진화적 측면의 설명은 여전히 가능하다. 배우자들은 유전적으로 연결되어 있지 않은 게 보통이나 그들이 함께 생산하는 자녀에게는 둘 다 연결되어 있다. 이는 서로 공유하는 자손—이미 생산했거나 미래에 생산할 자녀—의 형성에 있어 배우자들의 적합도상 이익이 서로 겹치는 부분이 있음을 의미한다. 배우자의 적합도를 높일 수 있는 것은 무엇이든—그러니까 배우자가 아이를 낳고 기를 확률을 높일 수 있는 무엇이든—당사자의 적합도 또한 높일 공산이 크다. 그들의 자녀가 여러분의 자녀이고 여러분의 자녀가 그들의 자녀라는 단순한 이유 때문이다. 그렇기에 장기적 배우자가 서로를 사실상 '명예 친족'으로 대하는 것도 놀랍지 않다.[27]

공공 기록을 활용한 또 다른 연구들은 폭력 범죄, 학대, 살해의 경찰 통계를 살펴봤다. 4장에서 언급한 대로 마틴 데일리와 마고 윌슨은 이 분야 연구의 개척자들이며, 친밀성과 이타성을 "역으로" 보여주는 자료로 경찰 통계를 활용한다. 특정 형태의 관계 내에서 더 빈번히 발견되는 폭력이 있다면 그 관계는 대개 친밀도가 덜하며 그 안에 이타성이 존재할 확률 또한 낮아진다. 데일리와 윌슨이 이룩한 발견의 핵심은 어머니 거미와 벨딩땅다람쥐처럼 인간 또한 친족에 비해 비친족을 해하거나 살해할 확률이 더 높다는 사실이다. 이는 친족과 비친족이 한 공간에 살고, 서로 간의 접촉도와 상호의존성이 유사한 경우에도 마찬가지다. 일례로 데일리와 윌슨이 발견한 바에 따르면 사람들은 동거 중인 아이, 부모, 다른 친족 관계의 개인을 살해할 확률보다 동거 중인 배우자와 비친족을 살해할 확률이 더 높다.[28] 이 발견은 친족 선택 이론의 예측을 뒷받침함과 더불어 장기적 배우자 관계의 본질을 이해하는 데 도움이 된다. 친족보다 배우자를 살해할 확률이 높다는 사실은 배우자와 유전적 친척만큼 가까워지는 것이 가능은 하나, 이 관계에서는 사랑이 증오로 보다 쉽게 바뀔 수 있음을 시사한다. 다시 말해 명예 친족으로서 배우자의 지위는 신속한 박탈이 가능하다는 얘기다. 이는 친족 선택 이론의 측면에서 상당히 타당하다. 결국 배우자는 친족이 아니고, 따라서 배우자와의 진화적 연관성은 두 사람 간 관계의 품질만큼이나 쉽게 돌변한다.

물론 우리는 서로의 유전체를 자세히 들여다볼 수 없고, 비인간 동물이 그렇듯 인간 또한 누가 친족인지 직접적으로 인지할 수 없다. 그러니까 엄밀히 말하자면 인간은 친족을 편애하도록 진화될 수 없었다. 그러나 역사를 거듭하는 동안 십중팔구 친족 편애로 이어질 어떤 암묵적 규칙들을 따르도록 진화하는 것은 가능했다. 무엇이 이 규칙들에 해당할까? 첫째, 다른 동물 다수와 마찬가지로 인간은 함께 자란 개인, 또는 그들이 양육을 도왔던 개인에게 도움을 제공하려는 특별한 의지가 있는 듯 보인다. 둘째, 역시 다른 동물 다수와 마찬가지로 인간은 사회라는 환경 속의 평균적인 인간보다 자기 자신과 보다 닮은 개인에게 도움을 제공하려는 특별한 의지가 있는 듯 보인다. 학계의 용어를 쓰자면 어린 시절의 동거와 표현형의 유사성이 다른 종에서와 마찬가지로 인간 종에서도 친족의 단서로 기능하는 것 같다. 이러한 자극에 대한 반응성이 우리 종의 정신적 구조에 포함되어 있다고 보는 것이 타당하다.[29]

친족 관련 연구들이 내놓은 결과의 상당수가 실은 전혀 놀랍지 않은 것들이기는 하다. 예를 들어 유언장을 작성하는 이가 비친족보다 친족에게 더 많은 자산을 남기리라는 사실을 알고 놀랄 사람은 없다. 우리 대부분은 "뛰어난 직관의 진화심리학자들"이다(진화심리학을 두고 벌어진 수년간의 논쟁을 생각하면 모순적이기는 하다). 우리는 비친족을 향한 이타적 행위를 지극히 고결한 것으로 보지만 그와 동일한 행위를 친족에게 하면 당연한 것으로 여긴 다. 한 가지 예를 들어보자. 타인을 구하려 희생을 무릅쓴 이들을 기리는 카네 기 영웅 기금위원회Carnegie Hero Fund Commission의 경우, 희생의 결과가 죽음 또는 중상일 때를 제외하고는 친척을 위해 희생한 사례들은 고려 대상에 포함조차 하지 않는다.[30] 그리고 우리 대부분은 이를 보고도 전혀 놀라지 않는다. 이는 마치 친족 간에는 유전적 이해관계가 겹치는 부분이 있음을 우리가 암묵적으 로 인정하고, 따라서 친족을 구하는 행위가 영웅적이라고 하기에는 자기 자 신을 구하는 행위와 별반 다르지 않다고 간주하는 듯한 인상을 준다. 친족을 구하려고 죽는 것은 의무의 범위를 넘어서는 것일지 몰라도, 이에 못 미치는 행위는 자기 이익과 거의 구분되지 않는다. 이렇게 생각하면 우리의 혈연 편 향을 보여주는 증거들에 우리가 별로 놀라지 않는 것도 자연스러운 일이다. 하지만 놀랍지 않은 증거라고 해서 친족 선택에 반하는 근거가 되는 것은 아 니다. 우리 눈에 가장 명백해 보이는 것들이 오히려 가장 많은 설명을 요하는 법이다. 그토록 맹목적으로 명백해 보인다는 말은 우리의 정신과 사회에 그 정도로 깊숙이 뿌리내리고 있다는 의미이기도 하기 때문이다. 우리가 설명의 필요성을 느끼지 못하는 것들은 역설적으로 가장 설명이 필요한 것들이다.

그러나 겉보기에는 꽤 확실한 것처럼 보이는 라이벌, 즉 우리의 친족 편애 경향이 학습의 결과일 뿐이라는 아이디어보다 친족 선택에 근거했다는 설명 을 우선시해야 하는 이유는 무엇인가? 몇 가지 예를 들어보겠다. 첫째, 친족 의 중요성은 인간 보편의 것이다. 세계 어디를 보더라도 사람들이 친족을 향 해 느끼는 친밀감은 현저히 두드러진다. 아니, 보다 구체적으로는 인간의 마 주보는 엄지만큼이나 독보적이다. 명백한 진화적 이유를 가진 종 전반의 속 성이라는 얘기다.[31] 그뿐만 아니라 우리가 친족에게 느끼는 친밀감은 그것을 제거하려는 노력이 있을 때조차 끈질기게 살아남는다. 3장에서 논의한 이스라엘 키부츠의 사례를 떠올려 보라. 여러 키부츠의 실세들이 친자를 향한 공동체 구성원들의 특별한 애정을 근절하려 했으나 이 애정은 오뚝이처럼 다시 일어나고 또 일어났다. 다른 사례도 찾을 수 있다. 윌리엄 얀코비악William Jankowiak과 모니크 디더릭Monique Diderich이 연구한 일부다처의 모르몬 공동체에서는 남성이 복수의 아내를 취하고, 따라서 친 형제자매와 이복 형제자매가 마치 벨딩땅다람쥐의 형제자매처럼 한집에 사는 경우가 종종 발생한다. 그러나 함께 성장했음에도, 또한 형제자매 간 근연도의 차이를 대단치 않게 생각하는 공동체의 기풍에도 사람들은 여전히 이복 형제자매보다 친형제자매와 더 가까웠다.[32] 근연도에 따른 편견은 뿌리가 깊다—비진화적 이론이 선뜻 설명할 수 있는 수준보다 깊다.

물론 어떤 특성이 보편적이라고 해서 반드시 진화적 기원을 가지고 있다는 의미는 아니다. 만약 그렇다면 코카콜라를 마시는 일이나 휴대전화에 대고 수다를 떠는 일도 자연 선택의 산물이라는 결론으로 이어지고 말 것이다. 그러나 문화를 초월한 보편성은 '오직 후천적' 이론보다 진화적 설명과 훨씬 쉽게 어우러진다. 우리는 콜라와 휴대전화가 천성적인 것이 아님에도 보편적인 것으로 자리잡은 이유를 훌륭히 이해하고 있다. 친족 편향의 보편성에 있어서도 마찬가지다. '오직 후천적' 관점의 지지자들이 진화적 설명에 맞먹을 정도로 훌륭한 설명을 따로 내놓지 않는 한, '오직 후천적' 관점이 친족 선택 이론과 관련해 제시할 수 있는 기본 예측은 친족과 비친족을 향한 인간의 행위가 문화별로 상이하게 나타나리라는 것뿐이다. 그러니까 어떤 문화에서는 사람들이 친족을 선호하고, 다른 문화에서는 비친족을 선호하며, 양쪽 모두에 특별한 편향을 보이지 않는 문화도 있으리라 보는 것이다. 그러나 우리가 실제로 목격하는 바는 그렇지 않다. 모두가 친족을 선호한다. 이는 '오직 후천적' 관점의 주요한 예측 실패에 해당한다.

'오직 후천적' 관점의 관뚜껑에 추가로 못을 박는 또 하나의 사실은 친족을 향한 이타성이 우리 종에만 국한되지 않는다는 점이다. 이미 살펴봤듯 이 현상은 다른 포유류, 조류, 더불어 꿀벌과 목수개미처럼 우리와 관련성이 먼 종에서도 발견된다. 게다가 이는 전체 사례의 극히 일부일 뿐이다. 친족 이타성은 식물에서도 발견된다. 예를 들어 서양갯냉이는 형제자매와 토양을 공유할 때보다 비친족과 토양을 공유할 때 더 공격적이고 더 경쟁적으로 뿌리를 내린다. 그러니까 벨딩땅다람쥐와 인간이 친족에게 덜 공격적인 것처럼 서양갯냉이도 덜 공격적이다.[33] 이 또한 전체 사례의 극히 일부일 뿐이다. 친족 이타성은 박테리아에서도 발견된다.[34] 이는 친족 이타성의 다수—사실상 이 행성에서 나타나는 모든—가 우리의 눈에는 보이지 않는다는 의미이기도 하다. 그렇지만 여전히 존재하는 것은 사실이고, 친족 선택이 우리와 식물처럼 복잡한 다세포 유기체뿐 아니라 생명체들의 세계 전반에서 상당히 중요한 것임을 보여준다. 친족 이타성이 어디에나—콜라나 휴대전화보다도 훨씬 더 광범위하게—존재한다는 사실은 시사하는 바가 크다. 친족 선택 이론을 통해 윌리엄 해밀턴은 자연 속에 아주 깊숙이 뿌리내리고 있는 원칙, 즉 물리학의 열역학 법칙에 필적하는 생물학적 원칙을 규명해 낸 것이다.

친족 이타성의 보편성은 인간의 친족주의적 성향의 기원에 관해서도 시사하는 바가 있다. 벨딩땅다람쥐, 서양갯냉이, 박테리아성 곰팡이에서 나타나는 친족 이타성을 사회화 또는 문화 규범의 측면에서 설명하려 마음먹는 이는 없다. 우리는 일말의 주저함도 없이 이를 진화적 측면에서 설명한다. 그렇다면 우리 종에서 동일한 경향을 발견할 때 그것을 완전히 다른 측면, 온전히 학습 또는 문화의 산물로만 설명하는 것이 타당한가? 짧게 대답하면 "아니오"다. 타당하지 않다. 가능은 할 것도 같다. 그러나 그게 사실이라는 강력한 증거가 부재한 상황에서의 기본 추정은 인간 또한 나머지 자연과 동일한 연장선상에 있으며, 따라서 우리의 친족주의적 경향 역시 다른 모든 유기체와 마찬가지로 진화적 기원을 가지고 있다는 것이 되어야 한다. 입증의 책임은 전적으로 '오직 후천적' 이론가들의 어깨에 놓여 있다.

이는 상당한 부담이리라! 친족을 편애하는 인간의 행위가 친족 선택과 관련이 있음을 부정하고자 하는 사람들은 고된 과업을 목전에 두고 있다. 그들은 동물의 왕국 전반에서부터 식물과 박테리아에 이르기까지, 도저히 끊어지지 않는 실처럼 흐르는 선택의 압력에서 왜 인간만이 불가사의하게 예외적 존재인지 설명해야 한다. 친족 이타성이 왜 우리 종의 역사 어느 시점부터 적응적 성향이기를 멈췄는지, 따라서 고대 인간에게는 존재했을 것으로 추정되는 친족주의적 성향을 자연 선택이 지워버린 이유는 무엇인지 설명해야 한다. 또한 이러한 상황에도 불구하고 왜 모든 문화의 사람들이 지금도 친족 선택 이론과 일치하는 방식으로 행동하는 것인지 설명해야 한다. 우리의 혈통에서 적응적 성향이기를 멈춘 친족 이타성이 문화 속에서 똑같이 반복될 이유가 어디에 있겠는가?

친족 선택은 과학의 역사에서 가장 위대한 이론의 하나다. 친족 선택 이론은 생물의 세계 전체를 아우르는 설명의 틀 속에 인간을 위치시킨다. 이 진화적 틀은 둥지를 지키기 위한 꿀벌의 자살 행위와 애정 어린 유대에 기반한 식물의 뿌리 성장 패턴, 그리고 인간 가족에서 발견되는 조용한 자기희생을 연결한다. 나는 감히 이렇게 말하고 싶다. 친족 선택 이론을 자세히 이해하지 못하고 현실 세계 전반에서 발견되는 근연도의 중요성을 인식하지 못하면서 행동전문가임을 자처하는 심리학자나 사회과학자는 있을 수 없다. 게다가 해밀턴의 아이디어를 심도 있게 배우지 못하는 심리학과 또는 사회과학 분야 학생들은 그간 부당한 대우를 받아온 것이나 다름없으니, 즉시 등록금 환불을 요구해야 할 일이다.

그렇지만 심리학자들이 친족 선택에만 매몰되어 다른 진화적 아이디어에 노출될 기회를 놓쳐서도 안 된다. 해밀턴의 이론이 다른 동물 사이에서의 이타성 대부분을 설명한다 해도, 우리 종에서 목격되는 이타성은 아주 일부만을 설명할 뿐이다. 전에 논의했던 내용을 확장해 보면 외계 과학자의 눈에 가장 두드러져 보였을 우리 종의 특징은 우리가 비친족보다 친족을 더 돕는다는 점은 아니었을 것이다. 대부분의 사회적 동물도 그 정도는 한다. 외계 과학자가 더 놀랐을 지점은 우리가 비친족 또한 그만큼 돕는다는 사실이다. 다른 여러 특징들이 그렇듯 이 부분에서도 인간은 자연의 괴물들이다. 우리는 비친족에게 괴상할 정도로 친절하다.

우리 모두는 인간의 비범한 친절에 대한 얘기들을 들으며 산다. 내가 가장 좋아하는 이야기는 록스타 엘비스 프레슬리Elvis Preseley에 관한 것이다. 소년 시절에 엘비스는 가난해서 자전거를 가질 수 없는 이웃집 꼬마에게 자신의 자전거를 주기로 결정했다. 이는 어떤 기준으로 보더라도 놀라울 정도로 관대한 행위다. 꼬마의 부모는 그처럼 값비싼 선물을 받아서는 안 된다고 생각했고 돌려주기를 고집했다……. 그러자 엘비스는 즉시 그들을 다시 찾아가 꼬마에게 자전거를 주었다. 다른 얘기도 있다. 2012년에 뉴욕시 경찰 한 명은 한파가 몰아치는 뉴욕의 밤거리에 맨발로 앉아 있는 노숙자를 보았다. 경찰은 그냥 지나치지도, 노숙자에게 자리를 떠나라고 하지도 않았다. 대신 그는 근처 상점에 가서 부츠 한 켤레를 사다 주었다. 노숙자가 신발을 신도록 돕는 경찰의 모습을 몇몇 관광객이 사진으로 찍었고, 이 사진은 이내 소셜미디어를 타고 퍼졌다. 좀 더 가볍게 분위기를 바꿔, 이런 사례도 있다. 어느 미국인 커플은 국제구호기구 옥스팜Oxfam을 위한 모금액이 1백만 달러에 도달하면 자신들의 성을 '반 스퀴글바틈즈(애니메이션의 캐릭터 이름—역자주)'로 바꾸겠다는 공약을 내놨다. 다윈주의적 명령과는 달리 이 모든 기금은 비친족들에게 기부될 것이었다. 이와 유사한 행위 중 어떤 것도 다른 종에서는 생각하기 힘들다. 그렇지만 우리 종에서는 흔한 일이다. 우리가 서로에게 하는 그 모든 끔찍한 짓들과 마찬가지로 인간은 놀라울 정도의 친절—눈에 눈물이 그렁그렁하게 만들 수 있는 정도의 친절—또한 베풀 줄 안다.

가슴 따뜻한 일화도 일화지만, 인간이 타인을 도울 때면 상대가 비록 혈연관계가 아닐지라도 쾌감, 일명 만족효과warm glow를 느낀다는 과학적 증거들이 속속 발견되고 있다. 심리학자 엘리자베스 던Elizabeth Dunn은 이 분야의 거물 중 한 명이다. 던은 영리하게 고안한 한 실험에서 참가자들에게 소액의 현금을 나눠주었다. 절반은 나가서 그 돈을 자신에게 쓰도록 했다. 나머지 절반은 타인, 완전히 낯선 이에게 쓰도록 했다. 사람들 대부분은 전자의 사람들이 더 큰 행복감을 느꼈으리라 추정한다. 그리고 그들의 추정은 틀린 것으로 드러난다. 돈을 타인에게 썼던 참가자들의 행복감이 가장 컸다.[35] 돈이 행복을 살 수도 있는 듯 보인다. 여러분이 그 돈을 타인에게 쓸 수 있다면 말이다. 냉소적인 누군가는 이것이 이기적 이유로 이기적이지 않은 행동을 하는 사례일 뿐이라고 말한다. 하지만 무자비한 다윈주의적 관점에서 분리해서 보더라도, 우리가 이런 식으로 설정되어 있다는 사실은 여전히 혼란스럽다. 자신의 유전자를 공유할 확률이 그저 우연에 지나지 않을 이들을 인간이 돕기 좋아한다는 사실을 우리는 어떻게 설명할 수 있을까?

상부상조의 진화

이에 대한 중요한 답의 하나는 진화생물학자 로버트 트리버스가 들고 나왔다. 성 차이의 미스터리를 깬 인물로 3장에 소개된 그 로버트 트리버스와 동일인이 맞다. 트리버스는 해밀턴과 유사한 입지를 가진 인물이다. 그의 이론을 상세히 배우지 못하는 심리학과 학생 또한 환불을 요구해야 한다. 스티븐 핑커는 트리버스를 서구의 지적 전통에 있어 가장 위대한 사상가의 하나로까지 묘사하면서 플라톤, 아리스토텔레스, 데카르트, 울스턴크래프트, 밀, 다윈 등의 기라성 같은 인물들과 나란히 놓기도 했다. 트리버스가 해낸 획기적 기여의 하나는 비친족 사이에서 이타성이 어떻게 진화할 수 있었는지에 대한 이론이다. 이를 호혜적 이타성 이론reciprocal altruism theory이라 부른다.[36]

이 이론의 작동 방식을 이해하기 위해서는 먼저 이타성과 협력을 구분할 필요가 있다. 앞서 살펴본 바와 같이 이타적 행위는 수혜자에게 이익을 선사하지만 행위자에게는 비용을 야기하는 행동을 의미한다. 반면 협력적 행위는 양쪽 당사자 모두에게 이익이 되는 행동이다. 진화를 보는 통상적 시각의 하나는 진화가 협력의 조그마한 두둑에 대비되는 경쟁의 거대한 산이라는 것이다. 하지만 이는 얼토당토않은 생각이다. 친족 이타성과 마찬가지로 협력은 생명체들의 세계 도처에 존재하며, 여러분이 어떤 배율로 보든 눈으로 확인이 가능하다. 사자, 범고래, 병정개미는 먹이 사냥을 위해 협력한다. 세포는 다세포의 유기체를 형성하기 위해 협력한다. 세포 기관은 세포를 만들기 위해 협력한다. 유전자는 유전체를 형성하기 위해 협력한다—이들이 세포 소기관, 세포, 다세포 유기체를 만들고 다시 이들이 협력하여 그 유전자들을 전달한다. 오해하지 말라. 자연 세계에도 수많은 경쟁이 존재한다. 사실 협력은 경쟁을 통해 진화되었다. 오늘날 협력적 개체들이 존재하는 것은 그들의 조상이 비협력적인 상대들을 경쟁에서 이긴 덕분이다. 그럼에도 삶을 만인에 대한 만인의 투쟁으로 보는 홉스식 개념에는 문제의 소지가 있다. 삶에는 투쟁과 협력, 고약함과 근사함이 어지럽게 혼재한다.[37]

이타성과는 달리 협력이 비친족 사이에서조차 적응적일 수 있는 이유는 쉽게 찾아볼 수 있다. 팀워크에 뛰어난 사람(또는 사자나 병정개미)들은 홀로 일했을 때보다 훨씬 나은 기량을 발휘하는 경우가 많다. 사냥꾼 다섯 명이 기린 한 마리를 포획하는 데 성공한다면 그들 각각이, 예를 들어, 거북이 한 마리를 잡았을 때보다 더 많은 고기로 배를 불릴 수 있다. 이처럼 협력을 하는 이들은 협력을 하지 않는 이들보다 더 나은 기량을 발휘하고 더 많은 자손을 갖는다. 협력은 진화한다. 그러나 이타성의 경우는 어떠한가? 예를 들어 인간 사냥꾼이 자신의 포상을 사냥에 참여하지 않은 이들과 공유하는 상황을 어떻게 설명할 수 있을까? 그처럼 관대한 정신이 어떻게 발휘될 수 있는 것일까?

여기에서 호혜적 이타성이 등장한다. 트리버스의 주장에 따르면 이타성으로 여겨지는 것들의 상당수는 시간의 흐름에 얼룩진 협력이다. 단일한 개별 상황에서 A라는 개체가 B라는 개체를 돕는 모습을 보면 우리는 이처럼 고결한 자기희생이 어떻게 진화할 수 있었는지 궁금해진다. 그러나 한 발 뒤로 물러서서 보다 넓은 연대표를 들여다보면 A와 B가 인지를 하든 못하든 실은 호의를 교환하는 것임을 깨닫게 된다. 이번에는 A가 B를 돕지만 다음에는 역할이 뒤바뀌며 B가 A를 돕는 식이다. 사냥꾼들이 힘을 모아 기린을 잡는 것처럼, A와 B도 함께 동일한 노력을 순전히 자기 본위의 목적에 쏟는다면 혼자일 때보다 더 나은 결과를 낼 수 있다.

그러나 그 이유는 기린 사냥의 경우와는 약간 다르다. 내게 2인분의 고기가 있고 여러분은 전혀 없다고 상상해 보라. 내가 이 고기의 첫 1인분을 먹으면

2단위의 적합도가 발생하고, 나머지 1인분을 마저 먹으면 1단위의 적합도가 발생한다고 가정하자. 어차피 나는 배가 부를 것이고, 그 이상의 고기를 입에 밀어 넣어 얻는 이익은 전보다 줄어들 것이기 때문이다. 반면 여러분은 아무것도 먹지 못했으므로 내가 남은 1인분을 여러분에게 넘기면 여러분 또한 2단위의 적합도를 얻는다. 총 3단위의 적합도 대신 2단위만을 얻게 된 나로서는 약간 손해지만 그래도 나누는 편이 여러분에게도, 총적합도 측면에서도 더 낫다. 내 배를 불리고 여러분은 굶주리게 해서 얻을 3단위의 적합도 대신 우리 전체는 4단위의 적합도를 얻게 될 것이기 때문이다.

다음으로 이런 상황을 그려보라. 후일에 여러분이 고기 2인분을 가지고 있고 나는 갖고 있지 않다고 해보자. 이제 여러분이 1인분을 먹고 나머지를 내게 준다면 여러분이 3단위, 내가 0단위의 적합도를 발생시키는 대신 우리 각각이 2단위씩의 적합도를 얻는다. 여러분으로서는 약간 손해지만 내게는 더 낫고, 총 적합도 측면에서도 더 낫다. 고기에서 3단위 대신 4단위의 적합도를 짜내게 되는 것이다. 그러나 여기에서 주목해야 할 또 다른 지점이 있다. 공유를 하는 사람의 입장에서는 나눔이 당장의 불이익을 초래할지라도, 공유의 의무를 번갈아 수행한 결과 서로 아무것도 나누지 않을 때보다 더 나은 상황을 만들게 된다는 사실이다. 보다 구체적으로 보면 호의를 교환할 때 우리는 총 4단위의 적합도를 얻지만, 이 횡재를 개인적으로 비축해서 얻을 적합도는 3단위에 불과하다. 다시 말해, 돌아가며 관대함을 베푼 결과 우리 둘 모두의 상황이 더 나아진다. 물론 이것이 고기에만 적용되는 문제는 아니다. 호혜성은 두 가지 조건이 충족되기만 하면 마법을 발휘한다. 그 조건은 다음과 같다.

첫째, 도움이 수혜자에게 주는 이익이 행위자에게 야기하는 비용보다 클 것.

둘째, 수혜자와 행위자가 때때로 역할을 바꿀 것.[38]

이는 실패할 리가 없는 계획인 듯 보인다. 호혜적 개체는 그렇지 않은 개체보다 더 잘해나가기 때문에 호혜적 개체들이 이 세계를 호혜성으로 가득 채워야 마땅할 것이다. 그러나 협력과 달리 호혜성은 동물들 사이에서 한여름의 눈덩이만큼이나 드물다. 만약 호혜성이 그렇게 위대한 아이디어라면 왜 북극곰, 메뚜기, 무당벌레들은 일상적으로 호의를 교환하지 않는 걸까? 호혜성의 진화에는 생물학자들이 기만의 문제problem of cheating라 부르는 주된 장애물이 있기 때문이다. 위에서 언급한 사례에서 여러분과 내가 고기를 번갈아 공유하면 전혀 공유하지 않을 때보다 두 사람 모두 이익을 본다. 3단위의 적합도 대신 4단위의 적합도를 얻게 되는 것이다. 그러나 우리 중 하나가 더 큰 이익을 얻는 방법도 있다. 상대를 벗겨먹으면 된다. 가령 내가 고기를 갖고 있지 않을 때는 여러분이 제공하는 고기를 받고, 여러분이 빈손으로 돌아왔을 때는 내 몫의 고기를 내가 모두 먹는 것이다. 물론, 두 번째 1인분이 내게 주는 적합도는 그것을 여러분에게 넘길 때의 적합도보다 적다. 그렇지만 어쨌든 내게는 어느 정도 이익이다. 나는 내 몫을 모두 먹어 3단위의 적합도를 얻었고, 여러분이 친절히 내어준 고기까지 먹어 추가로 2단위를 확보했다. 여러분의 관대함에 멍청이처럼 보답해서 얻을 4단위의 적합도 대신 나는 총 5단위의 적합도를 얻게 될 것이다. 반면 여러분은 오직 2단위의 적합도를 얻게 되며, 이는 여러분이 자기 몫의 고기를 나누는 위험을 감수하지 않고 혼자 모두 먹었을 때 얻을 3단위보다도 적다. 그 결과 타인의 관대함을 착취하는 개체—무임승차자—들이 호혜적 개체 지망생보다 더 잘해나가게 된다. 호혜적 개체들로 구성된 집단이 있다면 그들은 무임승차자들의 침입에 취약할 것이다. 자살 성향의 레밍들처럼 호혜적 개체들은 계속 줄어들다가 결국 언젠가는 무임승차자들이 지구를 장악할 것이다.

이것이 호혜성의 끝이라면 아무도 호혜적 행위를 하지 않을 것이다. 그러나 사람들은 호혜적 행위를 하고, 이는—호혜성이 진화적 기원을 가지고 있다면—자연 선택이 기만을 피해갈 일종의 방어 수단들을 우리에게 장착해 놓은 것이 분명하다는 의미가 된다. 트리버스에 따르면, 정확히 그렇다.[39] 그는 인간이 가진 일련의 감정과 선호들이 우리를 이끌어 서로에게 이익이 되는 호혜적 관계를 확립하게 하면서도, 그 과정에서 세계의 무임승차자들에게 너무도 심각하게 부당한 대접을 받는 상황은 모면하게 유도한다고 주장한다. 다른 무엇보다도 우리는 사람들이 내놓는 것보다 더 많이 가져가는 상황을 싫어한다. 우리는 그들에게 분노한다. 이는 단순한 학습의 산물은 아닐 것이다. 기만당하는 상황을 싫어하는 것만큼 쉽게 기만당하는 상황을 좋아하는 방법을 배울 수 있을 것 같지는 않기 때문이다. 트리버스는 기만에 대한 반응이 학습에 의한 것이 아니라 인간 본성의 일부라고 주장한다. 역겨움이 상한 음식을 피할 동기를 제공해 주듯, 우리를 기만한 인간에 대한 분노는 다시 속는 상황을 피할 동기를 제공해 준다. 우리는 이 기만행위자에게 도움을 제공하기를 다음번에는 거절할 수 있다. 그들과의 사회적 연을 끊을 수도 있다. 미래의 기만 행위를 단념시키는 차원에서 그들을 벌할 수도 있다. 이런 조치들을 통해 무임승차자와 기만행위자가 초래하는 손실을 제한한다.

또 다른 익숙한 감정도 우리를 타고난 호혜적 개체로 만든다. 누군가가 우리에게 좋은 일을 해줄 때 우리는 감사함을 느낀다. 이는 후에 그 호의에 보답할 동기를 부여하고 덕분에 호혜적 교환이라는, 서로에게 유익한 순환이 계속된다. 어떤 이유로든 호의에 보답하지 못할 때면 우리는 죄책감이나 수치심을 느낀다. 죄책감과 수치심은 타인이 무임승차자에 반하는 적응을 활성화시키기 전에—즉, 우리에게 열 받기 전에—나서서 상황을 정리할 동기를 부여한다. 혹은 그들이 이미 우리에게 화가 난 상황이라면 이를 바로잡을 동기를 부여한다. 이와 동일한 맥락에서 우리는 나쁜 짓을 하다 들켰을 때, 혹은 그렇게 될 확률이 높을 때 특히 죄책감을 느끼는 것 같기도 하다(헨리 루이스 멩켄H. L. Mencken의 말대로 "양심은 누군가 우리를 지켜보고 있다고 경고하는 내면의 목소리다.").[40] 마지막으로 우리는 어려움에 처한 사람을 만나면 동정을 느낀다—그리고 그 어려움이 클수록 우리가 느끼는 동정도 커진다. 이는 우리의 도움으로 가장 큰 이익을 얻을 이들, 그래서 최소한의 노력이라는 비용으로 최대의 감사를 얻을 수 있는 이들에게 도움을 제공할 동기를 부여한다. 로버트 라이트Robert Wright가 잘 표현해 준 대로, 동정심이 곧 투자 자문이다.[41]

언뜻 보기에 이런 주장들은 사람들이 타인에게 제공하는 도움의 보상을 끝없이 계획하고 모색한다는 소리처럼 들린다. 그러나 이는 사실이 아니다. 우리가 어려운 사람을 돕는 것은 가장 큰 감사를 가장 값싸게 얻을 수 있는 방법을 의식적으로 찾고 있기 때문이 아니다. 글쎄, 때로는 그럴지도 모르겠지만 대부분의 경우에 우리가 어려운 이를 돕는 것은 마음을 쓰기 때문이다. 그렇다면 우리는 왜 마음을 쓰는가? 호혜적 이타성 이론에 따르면 이렇게 마음을 쓰는 것이 호혜적 교환으로 이익이 되는 관계를 성립하는 데 도움이 되었기 때문이다. 우리 조상들은 향후의 계획이 없이도, 심지어는 자신의 행동을 인식조차 못하는 상황에서도 마음을 쓰는 것만으로 호혜적 관계를 만들 수 있었다. 호혜성에 수반되는 다른 감정에도 같은 원리가 적용된다. 사랑과 질투가 우리를 이끌어 낭만적 관계를 구축하도록 하는 것처럼 분노, 감사, 죄책감, 동정과 같은 감정들은 우리를 이끌어 호혜적 연대(단순한 용어로 표현하면

"우정")를 구축하도록, 우리 자신을 기만행위자와 무임승차자(단순한 용어로 "나쁜 놈들")로부터 방어하도록 만든다. 이것이 사실이라면 가장 기본적인 인간의 감정들 일부, 그리고 우리의 가장 값진 도덕적 충동들 일부는 상호 이익이 되는 교환이라는 경제적 논리에 그 기원을 두고 있는 셈이다.

교환의 동물

트리버스의 이론이 충분히 합리적인 것처럼 들리기는 하지만, 그저 듣기에만 번지르르할 뿐 근거는 없는 얘기가 아니라고 어떻게 확신할 수 있을까? 나는 현재 단계에서 우리가 이 이론을 친족 선택이나 부모 투자 이론처럼 확신할 수 있다고는 생각하지 않는다. 그럼에도 호혜적 이타성 이론은 다양한 방식의 검증과 비판, 탐색과 확인을 거쳤으며 지금까지는 이 모두를 우수한 성적으로 통과해 왔다. 진지하게 받아들일 필요가 있는 이론이라는 얘기다.

먼저, 호혜적 이타성 이론의 기본 논리를 컴퓨터 시뮬레이션으로 검증해 봤다. 이 연구의 기본 아이디어는 가상 세계 안에 호혜적으로 행위하는 개체와 그렇지 않은 개체로 구성된 군체를 건설하고 '시작' 단추를 누른 후 특정 상황에서 각 전략이 어떤 성과를 거두는지 보는 것이다. 이 유형의 연구는 정치학자 로버트 액설로드Robert Axelrod가 시작했다.[42] 액설로드는 세계 각국의 학자들을 초대해 리그전에서 다른 컴퓨터 프로그램과 겨룰 프로그램들을 제출하도록 했다. 그는 이 프로그램들이 서로 반복적으로 조우할 것이며, 조우할 때마다 '협력' 또는 '이탈' 사이에서 선택을 해야 할 것이라고 설명했다. 협력(또는 도움)은 여러분이 고기를 공유하는 행위와 동일하다. 이탈은 그것을 독차지하는 행위와 동일하다. 일단 양쪽 프로그램 모두가 선택을 하고 나면 다음과 같이 점수가 매겨진다.

- 도움을 받았으나 그 대가로 도움을 제공하지 않음(즉, 무임승차): 5점.
- 상호 간 도움: 3점.
- 상호 간 이탈: 1점.
- 도움을 제공했으나 그 대가로 도움을 받지 않음(일명 '머저리의 빈손 sucker's payoff'): 0점.

액설로드는 리그전 마지막까지 누적 점수가 가장 높은 프로그램이 승리할 것이라고 말했다. 이런 상황에서 가상의 동물은 어떻게 해야 할까? 상호작용이 단 한 번만 진행된다면 답은 분명하다. 이탈이다. 공유하지 말라. 이탈은 다른 참가자의 행위에 관계없이 최선의 선택지다. 다른 참가자 역시 이탈한다면 여러분은 0점 대신 1점을 얻는다. 다른 참가자가 협력한다면 여러분은 3점 대신 5점을 얻는다. 따라서 "단발성 게임"에서 양쪽 참가자 모두에게 최선의 선택은 언제나 이탈이며, 협력은 명함조차 제대로 내밀어 보지 못할 것이다. 여기서 비극은 두 참가자 모두 협력하면 더 나은 결과가 나온다는 사실이다. 양쪽 모두 이탈해서 얻을 1점 대신 각자가 3점을 획득할 수 있어서다. 그러니까 아이러니하게도 단발성 게임에서는 합리적으로 자기 이익을 좇는 행위가 양쪽 모두를 망치는 셈이다. 이는 실제 세계에서 나타나는 현상에 대한 가설에 기반을 둔 사례로, 생태학자 개릿 하딘Garrett Hardin은 이를 공유지의 비극tragedy of the commons이라 불렀다.[43]

그러나 실제 동물들이 종종 그렇듯, 이 가상의 동물들 또한 반복적으로 조우한다면 어떨까? 이 경우에 최선의 행동 방침은 더 이상 그렇게 명확하지 않다. 그래서 컴퓨터 시뮬레이션이 필요한 것이다. 실험 얘기로 다시 돌아가서, 리그전 초청장을 보낸 후 얼마 지나지 않아 다양한 참가자들이 모여들었다. 각 프로그램들은 개발자가 생각하기에 가장 높은 점수를 누적할 최상의 전략을 반영했다. 몇몇은 매우 단순했고, 몇몇은 아주 복잡했다. 단순한 프로그램 중에 '언제나 협력Always Cooperate'이 있었다. 이 프로그램은 흔히들 말하는 '호인'이었다. 지난번 조우에서 상대 참가자가 무슨 선택을 했든, '언제나 협력'이라는 이름답게 언제나 협력을 선택했다. 일각에서는 이 전략을 '호구Doormat'라 불렀다. 또 다른 단순 프로그램은 '언제나 이탈Always Defect'로 불렸다. 이는 호구의 사악한 쌍둥이였다. 지난번 조우에서 상대 참가자가 무슨 선택을 했든 상관없이 언제나 이탈을 선택했다. 이 단순한 프로그램들에 더해 복잡한 프로그램도 많았다—이들은 자신의 과거 행위에 기반해 상대가 어떤 선택을 할지 예측하고, 그 정보에 의거하여 각각의 조우에서 가장 유리한 행동 방안을 계산하고자 했다.

그리고 개중에 '팃포탯Tit-for-Tat(눈에는 눈, 이에는 이—역자주)'이라 불리는 프로그램이 있었다. '팃포탯'은 단순한 전략에 속한다. 어떤 상대든 최초의 조우에서는 협력하고, 그 다음부터는 상대가 지난 조우 때 했던 선택을 그대로 따르는 것이다. 상대 참가자가 직전의 조우에서 협력했다면 이번에 '팃포탯'도 협력한다. 상대 참가자가 이탈했다면 이번에는 '팃포탯'도 이탈로 응수한다. 트리버스의 관찰과 마찬가지로 팃포탯은 다음의 황금률에 따라 행동한다. "먼저, 타인이 행동해 주기 바라는 대로 행동하라. 그러나 다음으로는 타인이 행동한 그대로를 돌려주라."[44] '팃포탯'은 트리버스가 주장한 인간의 진화 행동을 대략적으로 동일하게 수행했다. 가능할 때는 호혜적 이타성에 기반한 파트너십을 구축했으나, 기만행위자와의 향후 협력은 거부하는 것으로 스스로를 기만으로부터 보호했다.

액설로드는 컴퓨터 리그를 다양한 형태로 진행했다. 각각에서 '팃포탯'은 모두가 인정하는 승자로 떠올랐다. '팃포탯'은 '언제나 협력'을 이겼다. '언제나 이탈'도 이겼다. 복잡한 예측 전략들마저 이겨냈다. 이는 트리버스의 이론에 주요한 도움이 되었다. 호혜적 이타성이 정말로 작동가능한 것임을 철저히 증명한 것이다. 인정하건대, 이후의 시뮬레이션에서 '팃포탯'이 언제나 최선의 선택지는 아님이 드러났다. 모든 것은 경쟁 상대가 누구인가의 문제에 좌우된다.[45] 그러나 해당 주제와 관련해 현존하는 다수의 연구에서 분명히 확인할 수 있는 바는 다양한 상황에서 호혜성이 순수한 이기심을 이길 수 있다는 사실이다.

이 컴퓨터 시뮬레이션은 '방법'의 문제 또한 조명했다. '팃포탯'을 무시할 수 없는 존재로 만든 특징은 크게 세 가지였다.[46] 첫째는 '팃포탯'의 선함이었다. '팃포탯'은 1위를 목표로 하지 않았다. 다른 프로그램의 호의를 받고 되돌려주지 않는 법이 없었다. 그럼에도 '언제나 이탈'처럼 돌려주지 않기를 일삼는 고약한 프로그램들을 이겼다. 이 승리가 가능했던 이유는 착한 전략의 경우 또 다른 착한 전략들이 많을 때 번성한다는 것이다. 그들은 호의를 기쁘게 주고받는다. 반면 고약한 전략의 경우 희소할 때, 그러니까 이용해 먹을 착한 전략들이 주변에 다수 포진해 있을 때만 번성한다. 일단 나쁜 녀석들이 너무 많아지고 나면 서로를 들이받고 이탈하는 데 대부분의 시간을 보내고 결국 부진한 결과를 낸다.

'팃포탯'의 성공 스토리를 창조한 두 번째 특징은 이 전략이 착하기는 하지만 너무 착하지는 않았다는 점이다. '언제나 협력'과 달리 '팃포탯'은 기만으로 입을 손실을 제한하는 방안을 갖고 있었다. 그 방안이란 바로 기만행위자들과는 협력을 중단하는 것이다. '언제나 이탈'처럼 고약한 프로그램들은 '팃포탯'을 상대로 한 번의 이익은 크게 봤지만 이후에는 외면당했다. 그리고 '팃포탯'은 이들로부터 한 번의 타격을 받았을지언정, 상호 협력에 주어지는 보다 낮은 점수를 끈기 있게 누적함으로써 고약한 프로그램들보다 더 많은 점수를 빠르게 쌓아나갔다. 단기적으로는 '언제나 이탈'이 더 나았다. 장기적으로는 '팃포탯'이 우세했다.

'팃포탯'의 마지막 성공 비법은 용서에 있었다. 이전의 기만행위자가 새사람이 되어 협력을 시작할 경우 '팃포탯'은 뒤끝을 부리지 않았다. 그 역시 다시 협력하기 시작했고, 그렇게 상호 간 도움에 주어지는 점수를 확보할 수 있었다. 반면 뒤끝이 있었던 프로그램들은 그 보상을 스스로 포기해 버렸고 그런 이유로 결과가 더 부진했다. 요약하면 '팃포탯'은 착했고, 기만으로부터 스스로를 보호했으며, 갱생한 기만행위자를 용서할 의지를 언제나 가지고 있었기 때문에 승리했다.

액셀로드의 시뮬레이션은 호혜적 이타성이 실행가능한 명제임을 보여준다. 그렇다면 '팃포탯' 전략과 같은 것이 우리 종에서 실제로 진화되었을까? 대충만 살펴보더라도 비슷한 사례들이 눈에 띈다. 우리가 누군가에게 생일 선물을 줄 때 대가로 받을 선물을 반드시 기대하고 주는 것은 아니다. 그러나 그 호의를 결코 되돌려주지 않는 상대에게 얼마나 오래 선물을 계속할 수 있을까? 그렇게 길지는 않을 것이며, 특히 그 배은망덕한 상대가 비친족일 때는 더욱 그럴 것이다. 우리는 공짜만 좋아하는 사람에게 분노하고, 제 몫을 다하지 않는 이들을 "기생충"으로 낙인 찍으며, 남에게 편승하는 이들을 멸시한다. 과학 작가 매트 리들리Matt Ridley가 이를 잘 정리한 바 있다.

호혜성은 모든 인간의 머리 위에 다모클레스의 검처럼 매달려 있다. 그가 나를 파티에 초대해 주니 나는 그의 책 평론을 잘 써주겠다. 그들에게 식사 대접을 두 번이나 했는데 그들은 한 번도 돌려주지 않는다. 내가 자기한테 어떻게 했는데 나한테 이럴 수 있지? 이번에 이것만 해주면 나중에 신세는 꼭 갚을게. 내가 뭘 잘못했다고 내게 이러는 거지? 너 나한테 빚진 것 있잖아. 의무, 빚, 호의, 흥정, 계약, 교환, 거래…… 우리의 언어와 삶은 호혜성이라는 아이디어로 차고 넘친다.[47]

호혜성의 중요함은 특정 문화에만 국한되지 않는다. 인간이 있는 곳 어디나 호혜적 지원의 네트워크가 뒤덮고 있다.[48] 혹자는 이것이 보편적 규범으로서 호혜성의 영향력을 반영하는 것이라고 말한다. 그러나 사회적 규범이 우리의 호혜적 성향을 확대할 수는 있을지라도, 호혜성 전체를 설명할 수는 없을 듯하다. 일상생활에서 호혜성을 지탱하는 것은 추상적이고 규범적인 원칙이 아니라 감사함, 죄책감, 동정, 분노와 같은 감정들이다. 신경학적으로 정상적인 인간이라면 누구나 이런 감정을 소유하고 있으며, 이 감정들이 문화의 발명품일 가능성—니체의 말을 빌리자면 문화가 이들의 머리채를 붙들고 무無의 늪지에서 꺼내와 존재하도록 만들었을 가능성—은 매우 희박해 보인다.[49] 그보다 설득력 있는 설명은 호혜성을 뒷받침하는 감정들이 인간이라는 동물의 생득권(사람이면 누구나 태어날 때부터 가지고 있는 권리—역자주)에 해당하며, 따라서 이런 감정들이 불러일으키는 호혜적이고 이타적인 행위 또한 생득권에 해당한다는 것이다.

게다가 각지의 사람들이 호의를 교환한다는 사실보다도 더 뿌리 깊게 발견되는 문화 간 공통점들이 있다. 받았던 호의를 되돌려주는 문제에 있어 모든 문화의 사람들이 친족보다 비친족에게 더 민감한 듯하다.[50] 예를 들어 진화인류학자 레이먼드 헤임즈Raymond Hames는 베네수엘라 아마존의 열대우림에 거주하는 예콰나Ye'kwana 부족민들의 경우 친족 및 비친족 모두와 도움을 교환하지만, 비친족과의 교환이 보다 균형적이고 공정하다는 사실을 발견했다.[51] 이는 친척과의 관계에서는 엄격한 의미의 호혜성이 부족하더라도 감내할 의지가 더 강함을 시사한다. 이후에 벨리즈의 마야인을 대상으로 진행한 연구에서도 동일한 경향이 발견되었다.[52] 진화적 관점이 없이는 이 경향을 설명하기 힘들다. 진화적 관점만 있으면, 식은 죽 먹기다. 친족은 유전자를 공유할 확률이 우연보다 높기 때문에 그들에게 제공하는 이타적 행위의 뚜렷한 이익이 없더라도 행위자의 포괄 적합도 증진으로 이어질 수 있다. 반면 비친족에게 발휘하는 이타성은 돌아오는 이익이 있을 때에만 적합도를 증진시킨다. 진화적 관점에서는 친족보다 비친족과 거래할 때 호혜성이 더 중요하다.[53]

다른 동물 사이에서 호혜적 교환이 친족 이타성만큼 널리 퍼져 있는 것은 아니지만, 그렇다고 인간의 전유물인 것도 아니다. 비인간 종에서의 호혜성과 관련한 가장 설득력 있는 연구는 흡혈박쥐를 대상으로 한 것이다. 이 으스스한 비행 포유동물은 야간에 밖으로 나가 다른 동물(때로는 인간 포함)의 피를 빨아 생명을 유지한다. 경우에 따라서는 성공한다. 그렇지 못할 때도 있다. 어쨌든 피를 얻지 못하면 아사할 위험이 있다. 여기에서부터 상황이 재미있어진다. 흡혈 "부자들"—해당일에 피를 찾는 데 성공한 개체들—은 종종 자신이 얻어낸 것의 일부를 되새김질해 흡혈 "빈자들"의 입에 넣어준다. 이는 흡혈 빈자들이 친족이 아닐 때도 마찬가지다. 생물학자 제럴드 윌킨슨Gerald Wilkinson과 제럴드 카터Gerald Carter가 입증한 바에 따르면, 흡혈박쥐들은 과거에 자신과 피를 공유한 적이 있는 개체에게 피를 나눠줄 공산이 가장 크다. 한편, 무임승차자 박쥐들—호혜적으로 행동하지 않는 박쥐들—은 게임에서 외면당한다. 기이해 보일지도 모르나 사실 흡혈박쥐들은 '팃포탯' 전략의 현실 세계 버전을 자체 운영하고 있는 듯하다.[54]

다른 동물들도 유사한 행동을 하는 듯 보인다. 일례로 짧은꼬리원숭이, 개코원숭이, 침팬지 등 다양한 비인간 영장류도 호혜적 교환을 한다는 증거가 존재한다.[55] 또한 쥐처럼 작은 동물, 조류처럼 우리와 연관성이 낮은 동물, 어쩌면 물고기와 같은 동물들도 호혜적 교환을 한다는 증거들이 있다.[56] 동물들도 호혜적 행동을 한다는 사실과 더불어 호혜성 관련 적응의 대략적인 윤곽 역시 인간과 유사하다. 첫째, 호혜성이 발견되는 곳에서는 기만에 대한 방어도 발견된다. 예를 들어 큰까마귀는 과거에 자신과 협력을 하지 않은 상대와는 협력을 거부한다.[57] 둘째, 적어도 일부 종에서 호혜성은 친족과의 거래보다 비친족과의 거래에서 보다 중요하다. 따라서 버빗원숭이는 비친족과 교류할 때 근래에 자신의 털을 골라준 적이 있는 개체를 도울 확률이 더 높다. 반면 친척과 교류할 때는 근래에 털을 골라줬는지 여부와 도움을 제공할 확률이 무관하다.[58] 이는 우리가 인간에게서 목격하는 바와 놀라울 정도로 흡사하다.

앞에서 나는 호혜적 이타성이 친족 이타성만큼 확고히 정립되어 있지는 않다고 언급했다. 그럼에도 현재 확인가능한 여러 증거를 감안할 때 인간과 비인간 모두가 비친족에게 보이는 이타성의 상당 부분, 즉 친족 선택으로는 설명되지 않는 이타성의 상당 부분을 호혜성이 설명해 준다고 봐도 그렇게 비합리적이지는 않다. 그러나 호혜성이 모든 것을 설명하는가? 그렇다고 생각하는 이들도 있다. 이 분야 연구의 초창기에는 흔히들 이런 입장을 취했다. "우리에게는 친족 선택이 있다. 호혜적 교환도 있다. 이것으로 이타성의 문제는 끝!" 하지만 안타깝게도 이는 시기상조의 추정일지도 모른다. 친족과 호혜성이 중요한 것은 사실이나, 이타성의 설명에 있어 본질이자 궁극이라고는 할 수 없다. 이 문제는 아직 좀 더 파고들 필요가 있다.

공작 꼬리로서의 이타성

성 선택 이론을 활용하면 이타성의 문제에 아주 다른 방식으로 접근할 수 있다. 2장에서 살펴본 것과 같이 성 선택은 자연에 존재하는 사치스러운 기관에 대한 다윈의 설명이었고, 가장 잘 알려진 사례가 바로 공작의 꼬리다. 다윈에 따르면 이 예쁘지만 난감한 부속물은 본질적으로 "암컷을 매료시키는 물건"이다. 수컷 공작은 자신의 꼬리로 세상에 이렇게 선언한다. "나는 매우 적합한 남성의 표본이다—얼마나 적합한지 사실상 이토록 무용한 꼬리를 기를 능력이 된다. 나와 짝짓기하라. 그러면 너는 나만큼 적합하고 훌륭한 자손을 갖게 될 것이며, 네 아들들은 숙녀들 사이에서 큰 인기를 누릴 것이다." 이타성과 일반적 의미의 도덕성도 기본적으로는 이와 동일한 메시지를 보내는 것이라는 주장이 있다. 이러한 특성들은 공작 꼬리의 등가물이다. 남녀가 뽐내서 짝을 매료시키는 장식이라는 뜻이다. 아름다운 꼬리가 건강하고 탁월한 유전자의 값비싼 표식인 것처럼 훌륭한 행동과 관대한 정신 또한 마찬가지다.

제프리 밀러는 이 아이디어의 핵심 지지자다.[59] 저서 『연애The Mating Mind』에서 그는 도덕 덕목과 성적 성공 사이의 관계를 고찰했다.

살인, 몰인정, 강간, 무례함, 상처 입은 자를 돕지 않는 것, 사기, 인종차별, 전쟁 범죄, 도로 역주행, 식당에서 팁을 남기지 않는 것, 스포츠에서의 부정. 이들의 공통점은 무엇인가? 윤리학자라면 이것들이 비도덕적 행위의 사례라고 말할지도 모른다. 그러나 이들은 또한 우리가 첫 번째 데이트에서 대개는 떠벌리지 않을 것들이기도 하다.[60]

그럴 만한 이유가 있다. 찰스 디킨스Charles Dickens의 『크리스마스 캐롤A Christmas Carol』에서 무자비할 정도로 자기 이익만 생각하는 인물 에비니저 스크루지를 떠올려 보라. 혹자에게 스크루지는 궁극의 다원주의적 기계다. 그는 인정사정없는 사회적 다원주의자로 타협 따위 없는 승자 독식의 인생관을 가지고 있다. 그러나 스크루지는—기억하라—독신이었다. 반면 찰스 다윈은 아니었다. 그는 길고 행복한 결혼생활을 영위했고, 모두가 입을 모은 바에 따르면 친절하고 아주 도덕적인 남성이었다. 곧 그의 아내가 될 엠마가 1838년에 이모에게 보낸 편지에서 그를 묘사하는 부분을 소개한다. 그녀와 다윈이 결혼을 앞둔 시점이었다.

그처럼 열려 있고 투명한 남자는 본 적이 없어요. 그가 하는 모든 말에 그의 진심이 담겨 있답니다. 그는 특히나 다정다감하고 부친과 누이들에게 정말 친절해요. 성격이 완벽하게 좋고, 누군가의 행복을 더해주는 소소한 자질들도 가지고 있어요. 까다롭게 굴지 않고, 동물을 인간적으로 대하는 것처럼 말예요.[61]

이 글을 써내려가던 당시 미래의 다윈 부인은 낭만적 열병에 사로잡혀 있었을 것이다. 그러나 다윈의 기나긴 인생 전반의 친구와 지인들의 증언 또한 그가 정말로 스크루지에 반대되는 인물이었음을 확인해 준다. 특히 중요하게도 다윈은 스크루지보다 생식적으로 왕성했다. 그와 엠마는 10명의 자녀를 낳았고 그중 7명이 성인기까지 생존했다. 스크루지는 자녀가 없었다.

자, 이 논거에는 조그만 약점이 있다. 스크루지가 실존 인물이 아니라는 사실이다. 그러나 실제 세계의 증거들도 스크루지 이야기에 수렴되고, 섹시한—이타성 가설을 잠정적으로나마 뒷받침한다. 인간의 배우자 선호에 대한 방대한 비교문화연구에서 데이비드 버스는 전 세계 남녀 모두가 장기적 관계에서 가장 바라는 특성의 하나가 친절이라는 사실을 발견했다.[62] 보다 최근에 팻 바클리Pat Barclay와 그의 연구진이 내놓은 결과에 따르면 고질적으로 자기 이익을 추구하는 이들에 비해 이타주의자들이 더 많은 성적 파트너를 갖는 경향이 있고, 남자의 성적 성공을 촉진하는 데는 이타성이 특히 효과적이다.[63] 어쩌면 현대 사회에서는 '얼마나 좋은 사람인가'와 '몇 명의 아이를 갖게 되는가' 사이에 더 이상 연관이 없을 수도 있다. 그러나 신뢰할 만한 피임법의 등장 이전에는 이타주의자들이 더 많은 성적 파트너뿐 아니라 더 많은 자손을 가졌을 수 있다. 이것이 사실이라면 흥미로운 가능성 하나가 떠오른다. 이타성 선호가 최초로 진화한 이래 인간이 스스로를 본래보다 더 착하고, 과도하게 관대한 종으로 선발 육종했을 가능성이다.

값비싼 표식 이론이 오늘날까지 거둔 가장 커다란 승리는 수렵채집인 사이에서 뚜렷이 발견되는 이타성의 형태를 설명해 냈다는 점이다. 대부분의 수렵채집인 집단에서는 맹수 사냥에 남성이 참여한다. 기린, 얼룩말, 어쩌면 임팔라 등 큰 전리품을 구해 복귀할 희망 속에 조그마한 무리를 지어 출격한다. 흡혈박쥐와 마찬가지로 사냥꾼들은 성공하기도, 실패하기도 한다—사실 실패가 대부분이다. 그들이 성공을 거두는 드문 경우에는 사냥의 전리품들이 집단 내에서 폭넓게 공유된다. 모든 노력을 쏟고 모든 위험을 감수하는 건 사냥꾼이지만, 그들 노동의 결실은 무리 내 모두가 즐긴다. 다른 말로, 맹수 사냥은 일종의 이타성이다. 사실 사냥꾼들은 고기의 분배에 대해 발언권이 거의 없다시피 한데, 덕분에 일부 인류학자들은 고기 공유가 자발적인 선물보다는 묵인되는 절취라고 주장하기도 한다.[64] 그러나 이 주장의 문제는 불만이 있는 사냥꾼은 애초에 사냥에 나가지 않으면 그만이라는 사실이다. 그들은 고기를 강제로 공유해야 할 것을 알면서도 여전히 사냥에 나선다. 이를 어떻게 설명할 수 있을까?

기본적인 진화심리학 이론들을 살피며 도움이 될 만한 게 있는지 보자. 친족 선택? 아니다. 사냥꾼이 대형 사냥감을 자신의 자녀 또는 친척에게만 몰아줄 수 있는 경우는 흔치 않다. 채집한 음식, 예를 들어 작은 사냥감이나 꿀 등은 친족과 짝에게 실제로 몰아주기도 한다. 그러나 대형 사냥감은 대개 공공의 재화다. 파이의 조각이 모두에게 돌아간다. 그럼, 호혜적 이타성 이론? 아니다. 사냥과 관련한 일을 하지 않는 남자들, 혹은 해당 사냥에 기여한 바가 거의 없는 이들도 최고의 사냥꾼만큼 많은 고기를 얻는다. 이는 그들이 자신의 '빚'을 (고기라는 동일한 단위로는) 절대 되갚을 수 없음을 의미한다. 그렇다면, 집단의 이익? 아니다. 사냥꾼은 보다 작고 쉽게 잡을 수 있는 먹잇감을 노릴 때 그들이 흘리는 땀방울 대비 더 많은 칼로리를 확보할 수 있다. 다람쥐를 꾸준히 공급하는 편이 기린이나 임팔라를 간헐적으로 제공하는 것보다 집단의 자원을 더 경제적으로 사용하는 방법일 터다. 또한 대형 사냥에는 위험이 따른다. 작은 다람쥐를 손쉽게 다량으로 확보할 수 있는 상황에서 크고 위험한 전리품을 노릴 이유가 어디 있겠는가?[65]

기본적인 이론들로는 충분히 설명되지 않는다. 그렇다면 대형 사냥을 어떻게 설명할 수 있을까? 인류학자 크리스틴 호크스Kristen Hawkes에 따르면 정답은 성 선택이다. 대형 사냥은 원칙적으로 열량의 확보가 아니라 과시에 관한 것이다. 우리를 쉽사리 밟아 뭉개 죽일 수 있는 동물을 격파하는 것은 힘, 기술, 용맹함을 보여주는 꽤나 확실한 수단이다. 이는 문화적 공작 꼬리—훌륭한 조건과 유전자의 위조하기 힘든 표식인 셈이다. 남자는 아내나 자녀를 부양하기 위해서가 아니라 짝과 동맹을 매료시키는 수단으로 대형 사냥에 나선다. 이것이 대형 사냥의 주된 기능이며 특히 젊은 남자 사이에서 중요하다.[66] 호크스의 추측대로, 뛰어난 사냥꾼일수록 더 많은 존경을 받고 더 어린 아내, 더 많은 성적 파트너, 그리고 궁극적으로 더 많은 자손을 갖게 된다. 이는 동아프리카의 하드자Hadza족, 남아메리카의 아체Aché족, 호주 토레스 해협의 메리엄Meriam인을 포함한 다수의 소규모 사회에서 보고되는 현상이다.[67]

늘 그렇듯, 남자가 사냥을 할 때—혹은 사람들이 자선 단체에 기부를 하거나 양로원에 도움을 줄 때—잠자리의 기회만을 노리고 행동하는 것이라고 주장하는 게 아니다. 수컷 코주부원숭이는 "그거 알아? 나는 거대한 코를 기를 생각이야. 암컷들이 좋아할 것이거든."이라고 생각하지 않는다. 코가 그냥 자랄 뿐이다. 마찬가지로 남녀는 "그거 알아? 나는 이타적 성향과 도덕 감각을 기를 생각이야. 내가 좋아하는 성별에 속하는 이들이 그걸 거역할 수 없을 것이거든."이라고 생각하지 않는다. 코주부원숭이의 코처럼 이타적 성향과 도덕 감각은 그냥 자랄 뿐이며, 이러한 성향이 짝을 매료시키기 위해 진화했다고 해서 그것이 언제나 이타적 행위의 비밀 목표라는 얘기는 아니다. 밀러가 관찰한 바와 같이 "성 선택으로 형성된 특성이라고 해서 본래의 기능을 의식적 혹은 무의식적 성적 동기의 형태로 늘 품고 있어야 하는 것은 아니다."[68] 따라서 이타성이 성 선택의 산물이라고 해서 반드시 성욕이라는 동기에 따라 발휘되는 것은 아니다. 대부분의 경우에 그렇지 않다. 사람들은 그저 착하게 행동할 뿐이다. 그러나 우리가 착하게 행동하는 이유 중 하나는 진화의 역사를 거치는 동안 친절하고 충직하고 관대한 사람이 잔인하고 배반을 일삼거나 이기적인 동료에 비해 더 많은 낭만적 관심을 끌었고, 따라서 번식 경쟁에서도 더 성공적인 경향을 보였기 때문이다.

친족 이타성 및 호혜성과 마찬가지로, 성 선택에 의한 이타성의 전례들 또한 다른 동물들 사이에서 찾아볼 수 있다. 가장 대표적 사례가 중동의 건조지대에서 거대한 집단을 형성하여 서식하는 조그마한 갈색 새, 아라비아 노래꼬리치레다. 이스라엘 생물학자 아모츠 자하비Amotz Zahavi에 따르면 수컷 노래꼬리치레는 비친족 개체를 돕는 것을 넘어 그 도움을 제공하는 특권을 차지하기 위해 서로 경쟁한다. 예를 들어 수컷들은 매와 다른 포식자들을 감시하는 데 생명을 걸고, 무리를 위해 감시자의 역할을 도맡고자 경쟁한다. 이와 유사하게 수컷들은 먹이를 제공하기 위해, 수혜자가 받고 싶은 의지가 없을 때조차 반강제로 제공하려고 서로 경쟁한다. 무엇이 이처럼 터무니없는 행위를 추동하는가? 자하비는 이 과도한 도움의 제공이 "나는 굉장해. 사실 나는 너무도 굉장해서 내 스스로를 먹이고 보호할 뿐 아니라 너 또한 먹이고 보호할 수 있단다, 이 열등한 생명체야"라고 말하는 하나의 방식이라고 주장한다. 이 도움 제공자들의 경우 본질적으로는 집단의 나머지 개체들에게 자신의 적합도를 과시하고 있는 셈이다. 그들의 노력에 대한 보상은 짝을 매혹하고 동성 경쟁자를 물리치는 것이다.[69] 자하비의 주장에 모두가 동의하는 것은 아니지만 이 이론은 확실히 설득력이 있으며, 아라비아 노래꼬리치레뿐 아니라 우리에게도 적용된다.

물론 인간의 모든 이타성이 성 선택의 산물인 것은 아니다. 일단 부모의 자식 돌봄은 구경꾼에게 좋은 인상을 주기 위한, 혹은 동성 경쟁자들을 앞지르기 위한 행위가 아니다. 그러나 전문가들은 성 선택이 친족 선택 및 호혜성과 더해져 우리의 이타적 성향을 형성하는 선택 압력으로 작용한다고 말한다. 그렇다면 다음 질문은 이것이다. 그 목록에 집단 선택도 추가해야 할까?

집단의 동물

지금까지 우리가 논의해 온 이론, 특히 친족 선택과 호혜적 이타성의 경우 진화심리학계에서 상당한 영향력을 발휘해 왔다. 그러나 모두가 이에 만족하는 것은 아니다. 일각에서는 아직 나아갈 길이 더 남았다고 주장한다. 이 이론들이 다른 동물의 세계에서 발견되는 친절과 협력 대부분을 설명하기는 하지만, 인간의 친절과 협력이라는 문제로 넘어오면 수박의 겉을 핥는 수준에 불과하다는 것이다. 우리는 친족 선택, 호혜적 이타성, 성 선택, 또는 값비싼 표식과 같은 가장 기본적인 사회생물학 이론들에 부담이 될 정도의 착한 행위를 서로에게, 일상적으로 행한다.

그 세 가지 예를 들어 보도록 하겠다. 첫째는 우리가 극단적 이타성extreme altruism이라 부를 만한 것이다. 극단적 이타성의 전형적인 예는 전선의 형제들을 구하려 수류탄을 몸으로 덮고 자신의 생명을 포기하는 군인이다. 대부분의 경우 이 '형제'들은 진짜 형제가 아니다. 그들은 비친족이다. 이것이 친족 이타성일 수 없다는 얘기다. 게다가 일단 수류탄으로 뛰어들고 나면 그 행위의 수혜자들에게 보답을 받을 가능성, 또는 잠재적 성 파트너들을 매료시킬 가능성의 급증을 기대할 수 없다. 이것으로 호혜적 이타성과 성 선택이 각각 배제된다. 이 미스터리를 더욱 복잡하게 만드는 것은 비친족 사이에서의 극단적 이타성이 사실상 다른 동물들에게는 전례가 없는 일이라는 점이다. 이는 거의 인간의 전유물에 해당하는 행위다. 무엇이 우리를 그토록 다르게 만들까?

극단적 이타성에 세간의 이목이 집중되기는 하지만 다른, 보다 흔한 형태의 이타성 또한 친족이나 호혜성, 값비싼 표식의 측면으로 설명이 어렵기는 매한가지다. 대도시의 사람들은 일상적으로 타인에게 길을 가르쳐 주거나 잔돈을 건넨다. 이때의 개인은 상대와 전혀 관련이 없으며(그러므로 친족 선택 이론은 배제된다) 다시 볼 일도 거의 없다(따라서 호혜적 이타성이나 값비싼 표식 이론도 배제된다). 마찬가지로, 실험실에서 진행한 집단 연구에서 사람들은 공공선에 기여하지 않은 개인을 벌하기 위해 상금을 포기하기도 한다. 이 선택이 개인 아닌 집단의 이익만을 위한 것일 때도 마찬가지다.[70] 혹자는 이러한 모드의 도움을 강력한 호혜성strong reciprocity이라 부른다.[71] 도움을 제공한 개인이 이익을 돌려받는 일이 전혀 없다는 원래 정의를 생각하면 이는 다소 유감스러운 이름이다. 그뿐만 아니라 이론상 난제이기도 하다. 우리는 왜 그런 행위를 하는가?

마지막으로 인간은 비정상적으로 협력적이고 "집단적"이다.[72] 우리는 수백, 수천, 더 나아가 수백만 명으로 구성된 집단 내에서 상대적으로 평화롭게 공존한다. 서로를 살해하는 일을 대개는 피할 뿐 아니라 수없이 다양한 방식으로 협력하고 공조한다. 우리는 피라미드와 고층 건물을 짓는다. 재활용을 하고 세금을 낸다. 구입하고 판매하고 가르치고 배운다. 게다가 우리는 우리의 아이들에게 "피는 물보다 진하다." 또는 "가는 정이 있으면 오는 정이 있다."라고만 가르치는 게 아니다. 대가를 바라지 말고 베풀라고, 자기 이익보다는 집단의 이익을 우선시하라고 가르치기도 한다. 이러한 가르침들은 그냥 무시되지 않으며, 그 교훈들은 종종 실행으로 옮겨진다. 역사를 통틀어 수백만이 종교, 국가, 다른 숭고한 명분을 위해 싸우고 죽었다. 기본적 사회생물학 이론들로는 이를 설명하기 힘들다. 왜 인간은 현존하는 이론들의 조합이 예측하는 것보다 훨씬 더 협력적이고 집단 지향적인가?

어떤 이들에게 그 답은 명백해 보인다. 극단적 이타성, 강력한 호혜성, 초협력성은 당사자에게 유익해서 선택된 것이 아니다. 이들이 선택된 것은 그 당사자들이 속해 있는 집단에 유익하기 때문이다. 기술적 용어로 개체 선택이 아니라 집단 선택의 산물이라는 얘기다.[73] 2장에서 언급했듯 진화생물학에서 집단 선택은 논쟁적 주제—그러니까 정치 또는 종교처럼, 예의 바른 사람이라면 파티 자리에서 꺼내기를 기피하는 주제다. 이 아이디어의 발목을 잡는 것은 집단 간 선택이 개체 간 선택에 우선할 수 있는지의 문제다. 생물학자 대부분은 적당한 조건이 주어지기만 하면 원칙적으로는 가능하다고 인정하나, 그 조건들이 현실에서 충족된 적이 있는지에 대해서는 회의적이다. 그럼에도 일각에서는 그 조건들이 충족된 바 있고, 집단 선택이 인간의 조형에 강력한 영향을 미쳤다고 주장한다(여기에서의 논의는 유전적 집단 선택으로 국한하겠다. 문화적 집단 선택은 얘기가 다르다. 이 문제는 6장에서 다룬다).

집단 선택의 작동에 필요한 조건은 무엇일까? 수년에 걸쳐 다양한 사안들이 논의되었으나 특히 두 가지가 두드러진다. 첫째, 집단 내 개체들의 적합도 차이가 근소해야 한다. 예를 들어 집단 구성원 대부분의 자녀수가 셋에 맞춰져 있고 그보다 많거나 적은 수의 자녀를 갖는 개체는 소수에 해당하는 식이다. 둘째, 집단 사이에서는 적합도의 평균 차가 커야 한다. 예를 들어 한 집단의 개체들은 자녀 평균이 셋, 이웃 집단의 개체들은 자녀 평균이 여섯인 식이다. 이 두 가지 조건이 충족될 때—집단 내에서의 적합도 차이는 적고 집단 사이에서의 적합도 차이는 클 때—자연 선택은 집단 차원에서 집중적으로 이뤄진다. 집단을 이롭게 하는 특성들의 경우 그것을 보유한 개인에게 언제나 이로운 것은 아닐지라도 선택될 수 있다.[74]

집단 선택 지지자들에 따르면 인간의 가문에서도 똑같은 일이 벌어졌다. 집단 간 선택이 집단 내 선택의 우위를 점하면서 초협력적 본성의 진화로 이어진 것이다. 이것이 우리라는 종을 과도하게 낙관하는 것처럼 들린다면 이 사실을 기억하라. 지지자들은 집단 선택이 마냥 희소식인 것만은 아니라고 말한다. 집단 선택은 집단 내에서의 형제애와 자매애를 선호하지만, 다른 집단을 향한 적대감을 선호하기도 한다. 여러 학자들의 주장처럼, 우리 종에서의 집단 선택이 곧 이웃 간 전쟁을 의미하는 맥락이라고 보면 이러한 경향은 특히 두드러진다.[75] 그렇다면 현대의 집단 선택은 흔히들 생각하는 것처럼 사랑과 이해를 주장하는 낙관론이 아니다. 도덕심리학자 조너선 하이트Jonathan Haidt가 언급했듯 집단 선택이 우리를 성인聖人으로 만들지는 않는다. 집단 선택은 우리를 팀 플레이어로 만들었으며, 팀 플레이어들이 늘 성인군자처럼 행동하는 것은 아니다.[76] 피에 물든 역사의 각 장들이 너무도 명확히 보여주듯, 인간은 사실 성인군자가 아닐 때가 많다. 그럼에도 우리가 여전히 가지고 있는 초협력성, 자기 이익보다 집단의 이익을 우선하려는 의지를 설명하고 싶다면 집단 이론을 동원해야 한다.

이것이 집단 선택 지지자들의 주장이다. 그러나 그들이 옳은가? 여러 이유로 나는 그렇지 않다고 생각한다. 먼저, 우리의 강력한 친사회적 성향은 다른 방식들로도 설명이 가능한데, 나는 이들이 더 그럴듯하다고 생각한다. 극단적 이타성, 즉 사람들이 수류탄 위로 제 몸을 날리거나 그에 필적하는 영웅적 희생 정신을 발휘해 친족 관계가 없는 전우를 돕는다는 사실부터 시작해 보자. 앞에서 언급했듯 이러한 유형의 행위가 다른 동물들에게서 발견되지 않는 것은 사실이다. 그러나 이는 우리 종에서도 찾아보기 드문 사례에 속한다. 아니, 극도로 드문 현상이다. 그렇기 때문에 일단 벌어지면 우리의 관심을 그토록 강렬히 끌어당기는 것이다. 우리는 이렇게 물을 필요가 있다. 친족이 아닌 구성원을 돕기 위해 자신의 생명을 희생하는 경향이 인간이라는 종에게 특별히 주어진 것인가? 그렇지 않을 확률이 높다. 극단적 이타성을 뒷받침하는 감정들—예를 들어 친구와 조직을 향한 사랑과 충성심—은 자연 선택의 산물일 확률이 매우 높다. 그러나 극단적 이타성 자체는 이러한 감정의 산발적이고 부적응적인 산물에 지나지 않을 가능성이 있다. 이 감정들은 덜 극단적이고, 진화적 측면에서 보다 적응적인 행위로 이어지는 경우가 대부분이다.

강력한 호혜성, 즉 호혜적 보답이나 평판의 강화가 보장되지 않는데도 자신과 무관한 낯선 자를 돕는 현상 또한 비슷한 논지의 주장이 가능하다. 극단적 이타성과 마찬가지로 강력한 호혜성 역시 어쩌면 그 자체로는 진화된 경향이 아닐 것이다. 지켜보는 눈이 전혀 없는 상황에서 앞으로 두 번 다시 볼일 없는 상대를 돕겠다는 구체적 동기가 진화되지는 않았을 터다. 대신 우리에게는 타인을 돕겠다는, 상대적으로 일반적인 의지가 있다. 이 의지는 대개 적응적 행위를 유발하지만 그렇지 않을 때도 있다. 적응적 행위에 대한 설명을 위해 상황을 판단할 때 우리가 던질 질문은 "이 특정 상황에서의 행위가 이 사람의 적합도를 어떻게 증진시키는가?"가 아니라 "이 행위를 뒷받침하는 감정과 동기가 인간 일반의 적합도를 어떻게 증진시키는가?"이다.

사실 후자의 질문에도 수정은 필요하다. 우리가 정말로 물어야 할 것은 "이 행위를 뒷받침하는 감정과 동기는 그것이 진화해 온 유형의 환경에서 인간의 적합도를 어떻게 증진시켰는가?"이다. 이렇게 질문하면 강력한 호혜성의 설명이 훨씬 쉬워진다. 대부분 진화의 역사 기간 동안 우리는 다시 볼 일이 없는 사람과 마주치는 일이 드물었다. 우리의 사회적 궤도에 들어오는 이들의 대부분은 잠재적인 호혜적 행위자들이었고, 그들과의 상호작용 대부분은 우리의 평판을 더럽히거나 드높일 가능성을 가지고 있었다. 이 같은 세계에서는 상대적으로, 조건 없이 타인을 돕겠다는 의지가 적응 행위에 해당했을 가능성이 있다. 그러나 오늘날 우리는 사회적으로 아주 다른 세계에서 산다. 현대에는 아침 출근길에 스치는 낯선 자들의 수가 우리 조상 대부분이 평생에 걸쳐 조우했을 이들의 수보다 많다. 하지만 우리의 이타적 성향은 진화적으로 현대에 맞춰지지 않았다. 대신 우리의 진화 대부분이 진행되었던 소규모 사회에 맞춰져 있다. 그 결과 현대인들은 호혜성이나 평판 효과가 보장되지 않을 때조차 타인을 돕는다. 이렇게 하도록 우리가 특별히 진화해서가 아니라, 이렇게 하지 않도록 진화된 바가 없기 때문이다. 요컨대 강력한 호혜성은 어쩌면 진화적 불일치의 산물일 수 있다.[77] 자연 선택이 강력한 호혜성을 선호했다고 증명하려는 것은 자연 선택이 비만 또는 산후우울증을 선호했다고 증명하려는 것만큼 그릇된 일이다(관련 내용은 2장을 참고하라).

마지막으로 인간의 초협력성과 집단성을 보자. 우리가 생물 세계에서 유례를 찾기 힘들 정도로 협력하고, 때에 따라서는 자신이나 가족보다 집단을 먼저 생각한다는 사실은 어떠한가? 우리의 집단성을 부정하는 이는 없다. 그 증거는 도처에 산재해 있다. 그러나 집단성이 꼭 집단 선택의 산물만은 아니라는 사실을 기억하자. 어떤 특성과, 그 특성을 만들어내는 선택의 과정 사이에 분명한 선을 그을 필요가 있다. 집단성은 특성이고 집단 선택은 선택의 과정이다. 집단성이 집단 선택의 산물인 것은 자명한 이치라고 생각하는 이들이 많다. 그러나 집단성이 '집단 전체'가 아니라 '집단적 성향을 가진 개체'들을 이롭게 한다는 이유로 선택되었을 가능성도—높은 확률로— 있다. 무리 지어 사냥하는 고래, 늑대, 사자의 사례를 생각해 보라. 이들은 진사회성 곤충을 제외한 동물의 세계에 존재하는 집단성의 흔한 예다. 그러나 이미 살펴봤듯, 이들의 단체 행동은 참여하는 각 개체에게 이로운 행위다. 단독으로 움직일 때에 비해 더 많은 먹이를 얻을 수 있기 때문이다. 이는 집단성이 개별 구성원을 이롭게 할 수 있고, 집단 선택의 직접적 증거로 취급될 수는 없다는 사실이다.

인간이 개미를 제외한 다른 동물에 비해 대규모의 협력을 하는 건 맞다. 그리고 개미와 달리 우리의 협력 대상에는 흔히 비친족이 포함된다. 그렇다고 집단 선택이 이러한 현상을 설명하는 최선의 방식일까? 아마 아닐 것이다. 첫째, 협력은 그 정의상 당사자 모두를 유익하게 하는 행위이며, 따라서 집단 선택을 다소 무용하게 만든다. 인간이 다른 동물에 비해 협력성을 훨씬 멀리까지 확장할 수 있었던 주원인은 언어, 지능, 문화를 누적하는 역량의 진화 덕분에 가장 정교한 형태의 사회 조직을 만들 수 있었다는 점이다. 이렇게 보더라도 인간의 협력에 대한 적응주의적 논리는 변치 않는다. 둘째, 대규모의 협력은 종종 자기 이익이라는 명시적 동기에 의해 발현된다. 사람들이 피라미드 건설이나 전쟁에 집단으로 참여하는 이유가 무리를 위해 자신의 시간이나 생명을 희생하려는 욕구 때문은 아니다. 그보다는 누군가의 강요 또는 노동의 대가 때문이다. 그러니까 이 경우 인간은 직접적인 자기 이익에 따라 행동하는 것이지 집단 전체의 이익을 위해 행동하는 것이 아니다.

이 프리즘을 통해서 보기 시작하면 이내 명백해지는 것들이 있다. 사실 인간의 세계에서 집단 선택은 그렇게 강력하지 않다.[78] 집단 선택이 강력하다면 우리 세계에 세금징수원은 필요 없을 것이다. 우리는 휴가에 돈을 쓰듯 기꺼이 세금을 낼 것이다. 징병제도 필요하지 않을 것이다. 우리는 먹고, 마시고, 즐길 때와 마찬가지로 기꺼이 총알받이가 될 것이다. 우리를 벗겨먹으려는 무임승차자들을 걱정할 필요도 없을 것이다. 그들이 우리 소속인 한, 그리고 그들의 이익이 우리의 비용을 능가하는 한, 우리는 그들에게 기꺼이 이용당해 줄 것이다. 하지만 내 생각으로는 우리가 그런 종은 아니라고 보는 게 타당하다. 집단의 이익을 도모하는 우리의 행위는 종종 자극을 필요로 한다. 이는 집단 선택의 경향이 강하다는 추정에는 부합하지 않으나, 집단 선택의 경향이 강하지 않다는 추정에는 완벽히 부합한다. 우리가 집단과 종, 더 나아가 생명 전체에 유익한 행위를 선택한다는 사실을 부정하는 게 아니다. 우리는 당연히 그런 선택을 할 수 있다. 하지만 이는 우리 두뇌가 달성하도록 구체적으로 진화된 목표가 아니며, 그 결과 자기 자신, 가족, 지인을 이롭게 할 때보다 더 고되게 자신과의 싸움을 해야 할지도 모른다.

물론 집단 선택 지지자들의 주장대로 모든 사회가 집단 차원의 이타성이라는 덕목을 찬양하고, 자기 이익보다 집단의 이익을 우선하도록 만드는 다양한 전술을 활용하는 것은 사실이다. 그러나 이것이 집단 선택에 따른 이타성을 보여주는 증거라고 하기에는 미심쩍다. 설교자나 스승이 우리에게 자기 이익을 추구하는 사람이 되라고 가르칠 필요는 없다. 설령 그럴 필요가 있다고 해도 이것이 우리의 선천적 이기성을 보여주는 증거는 될 수 없다(오히려 선천적으로 이기적이지 않음을 보여주는 증거가 될 것이다). 마찬가지로 사회가 개인보다 집단을 앞세우도록 유도하기 위해 온갖 요령과 전술을 동원한다는 사실이 우리가 집단을 우선시하도록 진화된 경향을 가지고 있음을 입증하지는 못한다. 그런 요령과 전술까지 동원해야 한다는 말은 오히려 반대의 경향을 보여주는 증거다(극도로 친사회적인 인간의 경향, 즉 문화에 있어서는 다른 방식의 설명이 존재한다. 이에 대해서는 곧 논하게 될 것이다).

그러므로 우리는 대단히 집단적이지 않다. 또한 우리의 집단성에 있어서는 다른 이론들이 더 나은 설명을 제공한다. 하지만 집단 선택 지지자들에게는 한 장의 카드가 더 남아 있다. 집단 선택과 포괄 적합도가 수학적으로 동일한 것이라는 아이디어다.[79] 그들의 견해에 따르면 이 두 접근법은 자연에 존재하는 동일한 현상의 다른 해석일 뿐이다. 한 잔의 물을 두고 '컵에 물이 반이나 있다.' 또는 '반밖에 없다.'라고 표현할 수 있는 것처럼, 진화적 변화의 동일한 사례를 포괄 적합도 또는 집단 선택으로 설명할 수 있다는 얘기다. 이 이론들이 수학적으로 정말 동일한 것인지 여부에 대해서는 논쟁 중이다.[80] 그러나 논의를 위해 둘이 동일하다고 가정한다면 의미는 명확하다. 포괄 적합도에 따른 설명이 유효하다면 집단 선택의 틀에 따른 설명 또한 유효하다는 것이다.

동일성 논쟁은 집단 선택과 관련해 앞에서 소개한 비판들을 헤집어 놓는다. 특히 집단 선택 지지자들 다수가 집단 선택을 포괄 적합도의 다른 이름 이상으로 보는 듯하다.[81] 일례로 집단 선택이 포괄 적합도로는 설명할 수 없는 이타성의 사례를 설명할 수 있다는 것은 집단 선택이 포괄 적합도에 따른 선택 이상의 어떤 것이라고 은연중에 가정하고 있는 것이다. 하지만 그렇다면 집단 선택과 포괄 적합도의 수학적 동일성 카드는 사용할 수가 없다. 역으로 집단 선택 지지자들이 수학적 동일성 카드를 내세울 생각이라면, 집단 선택이 포괄적 적합도를 넘어선다는 그들의 주장을 철회하고, 포괄 적합도가 우리의 이타적 본능을 완벽하게 제대로 설명해 낸다는 사실을 인정해야 한다.

물론 이는 양쪽 진영 모두에 해당하는 얘기다. 포괄 적합도의 지지자 또한 집단 선택이 인간의 이타성을 완벽하게 설명해 낸다는 사실을 인정해야 한다. 그렇다면 문제는 이것이다. 둘 중 무엇이 현상의 틀을 잡는 데 더 유용한가? 집단 선택의 틀이 언제나 더 유용한가? 나는 그렇지 않다고 생각한다. 집단 선택의 틀을 활용할 때는 종종 난감하고도 반직관적으로 집단을 재정의하는 작업이 뒤따른다. 가령 호혜적 이타성을 집단 선택의 측면에서 재구성하려면 호혜적 행위를 하는 한 쌍을 곧 하나의 집단—호혜적 행위를 하지 않는 2인 집단보다 더 성공적인 2인 집단—으로 취급해야 한다.[82] 이는 집단을 상대적으로 안정적이고, 지리를 기반으로 묘사되는 개인의 무리로 보는 전통적 정의와는 거리가 멀다. 집단 선택을 유효하게 만들기 위해 이처럼 작위적이고 인위적인 정의를 채택해야 한다는 사실이야말로—내 생각에는—집단 선택에 기반한 접근의 진짜 걸림돌이다. 포괄 적합도가 현상을 개념화하는 유일한 방법은 아닐지라도, 보다 직관적이고 다루기 쉬운 방식으로 개념화해주는 것은 맞다. 어쩌면 이러한 이유로 포괄 적합도가 집단 선택에 비해 훨씬 실증적인 결실을 거두며 부모와 자녀의 대립, 모체와 태아의 대립, 유전체 각인, 진사회성 곤충에서의 성비 편차 등 다양하고 예상 밖의 발견들을 이룩한 것일지도 모른다.[83]

정리하면 이렇다. 집단 선택이 포괄 적합도 이상의 어떤 것이라면 우리에게 영향을 끼칠 수 있는 구석이 많지 않을 것이다. 포괄 적합도와 동일한 것이라면 포괄 적합도로 더 훌륭히 포착할 수 있는 발견을 어색하게 재구성하는 것에 지나지 않는다. 둘 중 어느 쪽이든 간에 우리의 이 비대한 이타적 성향을 이해하는 데 집단 선택이 특별히 생산적인 접근법 같지는 않다.

이타성은 정체를 감춘 자기 이익일 뿐인가

집단 선택은 막다른 골목인 듯 보인다. 표준 사회생물학 이론들이 예측할 수 있는 수준 이상으로 인간이 이타적이라면 이는 문화의 산물이지 집단 선택의 산물은 아닐 것이다. 그러나 표준 사회생물학 이론이 이타성의 문제 전반을 설명하지는 못해도, 상당히 유의미한 해석을 제공하는 것은 사실이라고 보는 게 합리적이다. 다음 장으로 넘어가기 전에 이것이 인간의 선함을 이해하는 데 갖는 의미를 생각해 보자. 보다 구체적으로는 인간의 이타성이 진화에서 유래한다는 사실이 곧 현실 속 모든 이타성은 결국 정체를 감춘 자기 이익일 뿐이라는 의미인지 질문해 보자.

진화생물학자를 포함한 다수가 동일한 결론을 도출했다. 일례로 위태로웠던 천재 조지 프라이스George Price를 들 수 있다. 이타성 문제에 있어 현대의 집단 선택 이론을 뒷받침하는 결과를 내놓은 그는 이타성에 대한 진화적 접근이 오히려 이타성이라는 개념의 뒤통수를 친다고 결론 내렸다. 프라이스는 이렇게 정리했다. 우리가 이타적이라고 간주하는 행위들이 실은 유전자가 자신을 전파하려 사용하는 전략일 뿐 전혀 이타적이지 않다. 이 결론은 프라이스를 깊은 우울로 몰아넣는 데 일조했고 결국 그의 자살로 이어졌다. 분명히 이는 극단적 반응이다. 그러나 정도는 덜하지만 동일한 맥락의 반응은 흔하다. 진화의학의 창시에 일조한 랜디 네스Randy Nesse는 리처드 도킨스의 『이기적 유전자』를 처음 읽고는 일주일 내내 잠을 이루지 못했다. 유전자의 눈 관점에 따르면 이타성은 환상에 불과하고 인간은 근본적으로 이기적인 데다 제 잇속만 차리는 로봇일 뿐이었다.[84] 유전자의 눈 관점을 설계한 인물이자 네스와 함께 진화의학을 창시한 조지 C. 윌리엄스George C. Williams 또한 비슷한 반응을 보였다. 그는 이타성의 기원이 도덕적이지 않다는 암울한 의미에 말년까지 시달렸다.

그러나 이타성의 진화적 설명이 실제로 그처럼 암울한 의미를 담고 있는 것일까? 이기적 유전자 이론이 사실이라면, 인간이 궁극적으로 이기적이거나 혹은 도덕 관념이 부재한 존재일지도 모른다는 생각에 그토록 많은 이가 근심하는 상황은 모순이다. 이들의 근심은 최소한 우리 중 누군가는 그렇게 사악하지 않음을 의미하기 때문이다. 우리가 그렇게 사악한 존재라면 인간이 이기적이라는 사실에 잠을 이루지 못할 이유가 무엇이겠는가? 내 생각에 진화심리학이 이타성의 정체를 폭로한다는 주장은 잘못되었다. 그 이유를 알기 위해서는 먼저 이 주장을 해석하는 두 가지 방식을 구분할 필요가 있다.

첫째는 자연 선택이 우리를 심리적 관점에서 이기적인 존재로 만들었다는 해석이다. 이 관점에서 보면 인간에게는 타인의 운명을 목적 그 자체로 놓고 이를 개선할 진실한 동기가 부재하다. 우리는 그저 다른 이기적 목적을 달성할 수단으로 이타적 행동을 할 뿐이다. 타인이 우리를 좋아하게 만들기 위해서, 혹은 우리에게 빚을 진 존재로 만들기 위해서, 혹은 구경꾼을 감명시키기 위해서 이타적으로 행동하는 것이다. 이유를 불문하고 행위의 배후에는 의식적인 수준이든 무의식적인 수준이든 숨겨진 의제가 늘 존재한다. 두 번째 해석은 우리가 심리적 수준에서는 정녕 이타적이라 해도—그러니까 진심으로 타인을 도우려는 욕구를 가지고 있다 해도—이것이 이타성 생산 유전자를 전달할 목적으로 진화된 것이라는 사실에는 변함이 없으므로 궁극적으로는 여전히 이기적이라는 것이다. 즉, 유전자 수준에서 이기적이라는 얘기다.

첫 번째 해석부터 살펴보자. 이 해석은 겉으로 드러나는 모든 이타성에 저의가 있고, 따라서 인간의 정신은 그것을 만들어내는 이기적 유전자와 똑같이 이기적이라고 본다. 이런 취지의 주장이 확실히 가능은 하다. 우리의 도덕 규범과 격언들을 생각해 보라. 언뜻 보면 이들은 인간이 이기적이라는 주장에 반하는 증거처럼 다가온다. 도덕 규범 대부분이 이기적이지 않은 행위를 권장하기 때문이다. 그러나 조금 더 깊이 들여다보면 도덕 밑의 다수가 자기 이익에 미묘하게 호소하고 있음이 드러난다. 일례로 사람들은 이렇게 말한다. "얻으려면 먼저 주어라." 좋은 말이다. 그러나 여기에는 우리가 주어야 하는 이유가 그것이 우리를 이롭게 할 것이기 때문이라는 무언의 메시지가 담겨 있다. 다음의 구절도 마찬가지다. "칼로 흥한 자는 반드시 칼로 망한다(마태복음 26

장 52절)." 여기에도 우리가 칼로 흥하는 것을 피해야 하는 이유는 우리 자신의 이익을 위해서라는 무언의 가정이 깔려 있다. 일단 이 벌집을 건드리고 나면 더 많은 예들을 놀랍도록 쉽게—많이 더 많이—찾아낼 수 있다. "주는 만큼 받는다.", "그건 네 자신을 속이는 것일 뿐이다.", "비판을 받지 아니하려거든 비판하지 말라(마태복음 7장 1절).", "나는 섬겼고, 섬김의 기쁨을 보았다(마더 테레사)." 각각의 경우, 타인에게 행하는 선의 암묵적 이유는 자신의 이익이다. 도덕의 영역에서조차 자기 이익이 강력한 영향력을 행사한다.

개인주의, 자본주의, 배금주의가 만연한 서구에서는 그렇다고 답하는 이도 있을 것이다. 하지만 이것이 인간 본성에 내재된 것은 아니라는 주장이다. 우리는 이를 익히 알고 있다(그래야 논지가 전개된다). 집단주의 문화와 사회주의 국가의 사람들이 본인의 이익보다 집단의 이익을 먼저 걱정한다는 사실을 자주 보기 때문이다. 서구와 나머지 세계 사이의 이러한 차이는 개별 문화의 모든 측면에 스며들어 있으며, 여기에는 속담도 포함된다. 일례로 서구의 속담 '삐걱거리는 바퀴가 기름칠을 얻는다'는 우리에게 이렇게 말한다. 두려워 말고 나서라, 돋보여라, 네 권리를 위해 싸워라! 반면 일본 속담 '튀어나온 못은 망치질을 당한다.'는 이렇게 말한다. 풍파나 소란을 일으키지 말라, 집단에 섞이고 집단에 충성하라! 이는 모든 문화가 자기 이익의 추구에 상을 주는 것은 아니며, 우리의 뿌리 깊은 이기심이 문화적 습성일 뿐이라는 사실을 입증하는 것이 아닌가?

글쎄, 문화적 차이의 존재를 시사하는 것은 맞다. 그러나 그 차이는 권장되는 행위 유형의 차이일 뿐, 서구의 속담은 자기 이익에 호소하고 일본의 속담은 집단성에 호소한다는 차원의 문제가 아니다. 두 속담 모두 자기 이익에 호소하기는 마찬가지다. 일본 속담의 경우, 튀어나온 못이 야기할 집단 이익의 감소를 경고하는 게 아니다. 그 못 자체가 불이익을 당하리라고, 망치질을 당하리라고 경고하는 것이다. 이는 집단 전체가 아니라 튀어나온 못에 불리한 일이다. 다른 집단주의적 속담도 동일한 양상을 보인다. 예를 들어 공자는 "타인의 득을 바라는 자는 자기 자신의 득을 이미 얻은 자"라고 말한 바 있다. 마찬가지로 노자는 이렇게 조언했다. "얻고자 하거든 먼저 주어라." 요컨대 개인주의적 가치와 마찬가지로 집단주의적 가치 또한 자기 이익에의 호소로 유지되는 경우가 빈번하다. 속담을 이용한 반례는 불 난 데 기름 끼얹었거나 마찬가지다.

여기에서 짚고 넘어갈 것은 이타성과 도덕성이 껍데기일 뿐이며, 우리의 반짝이고 이타적인 공적 페르소나의 저 안 깊숙한 곳에는 숨겨진 이기심이 도사리고 있다는 생각이다. 우리가 비밀스레 이기적 동기를 품는 때가 있다는 사실을 부정할 수는 없겠지만, 한편으로는 이 논거를 과도하게 부풀리는 경향도 없지 않아 있다. 냉소적인 이들은 인간이 마음속 깊숙한 곳에서는 오직 자기 자신만을 신경 쓸 뿐이라고 주장한다. 하지만 나는 그렇게 생각하지 않는다. 내 영국인 친구 하나가 어느 날 퇴근길에 운전을 하는데 아홉 살짜리 소년이 차로 뛰어들었다. 친구는 급히 브레이크를 밟았지만 너무 늦었다. 소년을 차로 치고 말았다. 그가 차에서 뛰어나와 도우러 갔을 때, 소년의 누이가 소리치기 시작했다. "아저씨가 내 동생을 죽였어! 아저씨가 내 동생을 죽였다고!" 사실이었다. 친구는 소년과 아무런 연관이 없었고, 소년의 가족 또한 몰랐다. 그의 과실이 아니었으므로 교도소에 가지 않았고, 어떤 형태의 가시적 처벌도 받지 않았다. 그러나 그 일은 여전히 그의 인생에서 벌어진 최악의 사건이었다. 그는 영국에서 도저히 버텨낼 수 없었고, 뉴질랜드로 옮겨가 새로운 인생을 시작했다. 사람들 대부분의 반응도 유사할 것이다. 이 일화를 읽는 것만으로도 여러분이 어떤 반응을 보이는지 보라! 이 모두를 고려하면 우리가 자기 자신에게만 신경 쓸 뿐이고, 혹여 타인에게 신경을 쓸 때는 그저 그러는 척하는 것뿐이라는 주장에는 설득력이 없다(이따금씩 등장하는 사이코패스는 논외로 하고). 인간은 그렇게 사악하지 않다.

"모든 인간은 궁극적으로 이기적이다."라고 주장하는 이들이 이 지점에 이르러 택하는 또 다른 방책이 있다. 그들은 이렇게 주장한다. 맞다, 우리는 때로 타인에게 신경을 쓰고 이것이 그들을 도울 동기를 부여한다. 그러나 그런 도움조차 이기적인 것은 그게 우리의 기분을 좋게 해준다는 사실 때문이다. 우리는 기분이 좋을 것을 익히 알고, 그래서 돕는다. 결국 우리는 타인이 아니라 우리 자신을 위해서 도움을 제공한다. 이 주장을 참으로 받아들이는 이들이 많지만, 그래서는 안 될 일이다. 다른 무엇보다도 이 주장은 이타성을 아주 이상하게 규정하는 시각을 암묵적으로 따르고 있다. 타인에게 선을 행하는 동시에 그것을 즐기지 않아야 이타성이라는 시각이다. 나는 저 마지막 조건이 좀 혼란스럽다. 이타적 인간은 당연히, 타인을 위해 선을 행하기를 즐기는 사람이다. 반면 이기적 인간은 다른 사람을 목적 그 자체로 두고 선을 행하기를 즐기지 않고, 대신 그가 즐기는 다른 목적을 위한 수단으로 선을 행할 뿐이다. 이 두 유형의 인간(아니 그보다는 도움의 두 가지 동기) 사이에는 중요한 차이가 존재하며 이 차이야말로 애초에 이타적과 이기적이라는 단어가 나뉘어 고안된 이유다. 이타적이기를 즐기는 이가 실은 이타적이지 않다고 주장한다면 '이타적'과 '이기적'의 차이를 구분하는 언어적 도구가 더 이상은 없게 될 것이며, 그때부터 우리는 동일한 역할을 수행할 새로운 단어들이 필요해질 것이다. 우리의 자연적 언어를 왜 이런 식으로 재구성해야 하는가? 여기에 타당한 이유가 있는가?

진화가 정신과 동기의 측면 모두에서 우리를 완전히 이기적으로 만들었다는 생각은 무시해도 좋을 듯하다. 그렇다고 곤경에서 완전히 빠져나온 것은 아니다. 이기성 이론의 두 번째 버전을 다루는 작업이 아직 남아 있다. 이타성이 유전자적 자기 이익의 산물이라는 생각이다. 이 입장의 지지자들은 우리가 타인에게 진심으로 신경을 쓰는 건 사실이라고, 적어도 그런 순간들이 있기는 하다고 말한다. 그럼에도 타인을 신경 쓸 줄 아는 역량은 순전히, 그 역량을 만들어내는 유전자를 전달할 목적으로 진화했다는 것이다. 이타성이 실은 타인을 이롭게 하는 것에 관한 문제가 아니라는 얘기다. 이타성은 사실 그 유전자들을 이롭게 하는 것과 관련된 문제다. 인간이 이타적으로 행동하는 듯 보일 수 있고, 당사자 자신도 그렇게 믿을 수 있다. 그러나 사실 그들은 자신의 유전적 이익을 좇고 있을 뿐이다. 유전자 차원에서 최선을 다하고 있는 것이다.

최대한 합리적인 주장으로 들리게 하려고 애를 썼지만, 사실 나는 이 주장에서 합리적인 구석을 전혀 찾지 못하겠다. 이타성이 진화에서 유래한 것이라고 볼 때, 이타성을 만들어내는 유전자들은 이타적 행위로부터 이익을 봤을 것이 분명하다. 리처드 도킨스의 비유대로라면 이 유전자들은 이기적이다. 여기서 문제는 유전자가 이기적이라고 해서 그 유전자를 보유한 개체 또한 반드시 이기적이라고 보는 것이 타당한지 여부다. 즉, 유전자가 비유적으로 이익을 본다고 해서 유기체 또한 실질적으로 유의미한 이익을 본다는 뜻일까? 그렇다고 생각하는 사람은 누구나 이타성의 본래 의미를 슬그머니 비켜가고 있다는 점을 먼저 짚어야겠다. 여러분도 기억하겠지만 이타성의 본래 정의는 행위자가 치르는 비용을 대가로 수혜자가 이익을 얻는 모든 행위이며, 이때의 비용과 이익은 번식 성공의 측면에서 측정된다. 진화생물학계에서 반세기는 족히 넘는 기간 동안 진행된 연구들을 뒷받침해 온 이 정의에 따르면 이타성이 진화가능한 것이라는 사실에는 의심의 여지가 없다. 이번 장에서 우리는 둥지에서 돕기, 경고성 울부짖음, 곤충의 협력적 새끼 돌봄 등의 여러 사례를 살펴보았다. 이 명백하게 이타적인 행위들이 실은 이기적이라고 말한다는 것은 이타성의 본래 정의—이타성은 행위자가 치르는 비용을 대가로 수혜자가 이익을 보는 행위—를 무언중에 폐기하고 이타성은 행위자가 치르는 비용을 대가로 수혜자가 이익을 보는 행위인 동시에 이타성을 만들어내는 유전자에게는 이익이 되지 않는 행위라는 새로운 정의로 돌아서는 것이다. 이 다소 어색한 정의, 혹은 정의 비슷한 무언가에는 이타성이 정녕 유전자적 자기 이익을 위한 것이라는 아이디어가 내포되어 있다.

어떤 단어든 진정한 의미가 하나만 있는 것은 아니고, 따라서 원한다면 이타성을 이런 식으로 정의할 수도 있다. 하지만 그러기를 원할 이유가 어디에 있는가? 잘 확립된 정의를 버리고 이 새로운 정의를 받아들이기 원할 이유가 무엇인가? 내가 아는 한, 새로운 정의를 받아들이자는 입장의 논리적 근거는 어떤 특성이 유전자를 이롭게 한다면 유기체 또한 이롭게 하리라는 직관에 기대고 있다. 그러나 면밀한 검토를 시작하는 순간 이 직관은 손 안의 먼지처럼 바스러진다. 사실 이 직관은 개체와 그것의 유전자를 동일시한다—더 정확히는 개체의 이익과 유전자의 "이익"을 동일시한다. 문제는 여기에 있다. 개체는 유전자가 아니다. 유전자는 개체를 형성하는 여러 요소 중 하나에 불과하다. 개체와 유전자를 동일하게 취급하는 논리의 불합리함은 같은 논리를 행위의 비유전적 원인들에 적용하면 확연히 드러난다. 문화를 예로 들어보자. 문화가 구성원들 사이에 이타성을 육성하고, 이 이타성이 해당 문화를 이롭게 하는 상황은 어렵지 않게 그려볼 수 있다. 그런데 이 문화적 학습의 결과로 이타적 행위를 하는 누군가를 보면서 그가 문화적 차원에서는 이기적으로 굴고 있다고 말하고 싶을까? 아니다. 이 경우 오류는 명백하다. 문화적 차원 같은 건 없다. 개인이 있고, 문화가 있으며, 이익을 보는 쪽이 있으면 불이익을 당하는 쪽이 있는 법이다. 동일한 원리가 유전자에도 적용된다. 앞서 살펴봤듯 유전자가 이타성을 육성하고, 이타성은 유전자를 이롭게 한다. 그렇다면 우리는 이타적으로 진화된 성향에 따라 행동하는 누군가가 유전자적 차원에서는 이기적으로 굴고 있는 것이라고 말해야 하는가? 유전자적 차원 같은 건 없다—문자 그대로 차원 같은 건 없다. 개인이 있고, 유전자가 있으며, 이익을 보는 쪽이 있으면 불이익을 당하는 쪽이 있는 법이다. '유전자적 차원에서의 이기성'은 이타성을 뒷받침하는 유전자가 그 이타성의 결과로 확산될 수 있음을 보여주려 고안된 추상적 개념일 뿐이다. 그러나 이로 인해 유전자 풀 내에서 발견되는 이타성 유전자의 수에 해당 개체가 진정한 관심을 갖고 있다면 이 가정에는 문제가 있는 셈이다. 그렇지 않다고 가정하는 것은 유전자의 비유적 이익과 그 유전자를 보유한 개체의 실제적 이익을 혼동하는 것이다.

아무리 생각을 해봐도 인간의 친사회적 본능에 대한 진화적 설명이 이타성에서 이타성을 앗아가는 것은 아니며, 우리 모두의 마음속 깊은 곳에 이기심이라는 이름의 꿈틀거리는 뱀들이 한 무더기씩 들어있다고 주장하는 것도 아니다. 인간은 일상적 의미와 진화생물학자들이 말하는 기술적 의미 모두를 충족하는 이타성을 보인다. 우리가 분명 천사는 아니다. 그렇지만 마키아벨리식 괴물도 아니다. 대개 그렇듯이 인간은 양극단 사이의 회색 지대 어딘가에 떨어진 중간자다.

잠시 점검의 시간을 갖자. 다섯 개 장을 거쳐 오는 동안, 진화심리학이 인간의 정신과 행위를 이해하는 필수불가결한 도구라는 사실을 여러분에게 납득시킬 수 있었기를 바란다. 진화심리학은 성 차이와 낭만적 관계부터 부모의 돌봄과 이타성에 이르기까지 광범위한 현상들을 조명한다. 인간 정신—다양한 감정, 동기, 사회적 성향 등—의 기본 요소들이 자연 선택에 의해 만들어지고 연마되었으며, 그 궁극적 기능은 포괄 적합도의 향상이라는 생각에는 더 이상 의심의 여지가 없다. 그러나 이 접근법이 우리의 생각과 행동과 감정에 얼마나 적용될지는 여전히 심각한 질문으로 남는다. 이에 큰 기대를 걸고 있는 이들도 있다. 클레어 엘 모우든Claire El Mouden과 동료들은 이렇게 썼다.

> 우리의 행위를 관찰하고 정신을 읽을 수 있는 외계 생물학자라면 인간이 무엇을 극대화하기 위한 존재라고 정리할까? (중략) 외계인은 인간 또한 다른 모든 유기체와 마찬가지로 평생에 걸쳐 자신의 포괄 적합도를 최대화하기 위해 애쓰는 존재로 묘사하는 것이 최선이라는 결론에 도달할 것이다.[85]

이것이 우리 아닌 다른 동물에 대한 얘기였다면 나는 동의할 의향이 있다. 그러나 인간은 다른 동물들 같지 않다. 철학자 대니얼 데닛이 지적하는 대로 우리 종은 이웃보다 더 많은 손주와 조카를 갖는 것 이상의 목표와 목적을 추구한다는 점에서 지구상 동식물 사이에서 유일무이하다. 그리고 이는 우리가 유전자의 운반자이기는 하지만, 그것만이 전부는 아니기 때문이다. 문화를 영위할 능력이 진화한 순간 우리는 다른 무언가의 운반자 지위를 획득했다. 우리는 밈의 운반자가 되었다.

6장
문화적 동물

외계 인류학자가 1943년 유럽에 떨어졌다면, 이 용감무쌍한 관찰자는 우리를 "험악한" 사람들이라고 불렀을 게 분명하다. 그러나 착륙 장소가, 예를 들어, 1968년의 뉴욕 우드스톡 또는 캘리포니아 샌프란시스코였다면 ET는 우리를 "에로틱한" 사람들로 이름 붙였을 가능성이 높다. 지역적이고 역사적인 맥락이 중요하다.

—마이클 셔머

우편함 속 바이러스

혹시 아는가? 오늘 일찍이 내게 좋은 소식이 전해졌다. 징크스 때문에 너무 많이 털어놓고 싶지는 않지만……뭐, 우리 사이의 비밀로만 하는 얘기인데, 오늘 나는 내 행운을 비는 편지를 받았다. 이 편지는 세상을 벌써 9번이나 돌았다. 나는 이 편지를 받은 날로부터 나흘 안에 행운을 만나게 될 것이다—편지를 다른 이에게 전달한다는 전제하에. 이건 장난이 아니다. 나는 행운이 필요하다고 생각되는 사람들에게 복사본을 보내야 한다. 돈을 보내서는 안 된다. 행운은 값을 매길 수 없기 때문이다. 이 편지를 가지고 있어도 안 된다. 이 편지는 96시간 내에 내 손을 떠나야 한다. 나는 보통 이런 종류의 일에 회의적이지만, 이 지침을 따른 영국 공군 장교 하나는 7만 달러를 받았다. 7만 달러면 나도 도전해 볼 만한 금액이다. 한편, 조 엘리엇이라는 사람은 4만 달러를 받았지만 그 돈을 잃고 말았다. 편지를 다른 사람에게 전달하지 않았고, 따라서 행운의 사슬이 끊어졌다. 필리핀의 진 웰치는 이 편지를 받고 엿새만에 아내를 잃었다. 편지를 전달하지 않았기 때문이다. 하지만 웰치는 아내가 죽기 전에 775만 5천 달러를 받았다. 아내의 죽음이 안긴 타격을 어느 정도는 완화해 줬을 돈이다.

이 편지는 베네수엘라에서 시작되었고, 작성자는 남아메리카 출신 선교사 사울 앤서니 디크로프다. 이 편지는 세계일주를 계속해야 하므로 나는 복사본 20통을 만들어 친구와 지인에게 보내야 한다. 그러고 나면 며칠 후 기분 좋은 충격을 경험하게 될 것이다. 내가 미신을 믿는 사람이 아닐지라도 이는 사실이다. 콘스탄티온 디아스는 1953년에 이 편지를 받았다. 그는 비서를 시켜 복사본 20통을 만들게 한 다음 발송했다. 며칠 후 그는 2백만 달러짜리 복권에 당첨되었다. 회사원 칼 대디트는 이 편지를 받았지만 96시간 이내에 자신의 손에서 떠나보내야 한다는 사실을 잊었다. 그는 직장을 잃었다. 후에 이 편지를 다시 발견했을 때 편지의 명령에 따라 복사본을 보냈고, 그로부터 며칠 후 전보다 나은 일자리를 얻었다. 댈란 페어차일드는 이 편지를 받았으나 그 내용을 믿지 않고 그냥 버렸다. 9일 후 그는 사망했다. 이 사실을 무시한다면 나는 미친 인간인 게 분명하다. 이 편지는 진짜로 효력이 있는 듯 보인다.

오케이, 효력 같은 건 없다. 여러분도 알겠지만, 나는 그 악명 높고 짜증스러운 문화 바이러스, 행운의 편지 얘기를 하고 있는 것이다. 위의 단락은 20세기 후반에 돌아다녔던 편지에 기초한 것이며, 물리학자 찰스 베넷Charles Bennett이 진행한 매혹적인 연구의 주제이기도 했다. 베넷과 동료들은 이 편지의 33개 버전을 수집했고, 서로 미세하게 다른 편지들의 "부모"에 해당하는 편지들이 있다는 사실을 이내 파악했다. 약간의 노력을 기울인 끝에, 인간의 가계도 혹은 영장류의 가계도처럼 행운의 편지 가계도를 만들 수 있었다. 그런 다음 이 편지들이 시간의 흐름에 따라 어떻게 변화하고 변형되었는지 추적했다.

그중 하나의 계통에서 영국 공군 장교는 보잘것없는 7만 달러가 아니라 47만 달러를 받았다(47만 달러면 나도 정말 도전해 볼 만하다). 다른 계통에서 진 웰치는 아내의 사망 전에 원래 1,755달러를 받았지만, 이 편지의 자손 버전에서는 아내가 죽기 전에 당첨된 복권으로 5만 달러를 받았다. 두 경우 모두에서 보다 높은 금액의 보상이 제시된 덕분에 몇 명은 더 되는 사람들이 불신을 접어두고 편지의 복사본을 보내게 되었을지도 모른다. 또 다른 계통의 편지는 성경 구절로 시작되었다. "너는 범사에 그를 인정하라. 그리하면 네 길을 인도하시리라." 이는 일부 집단 내에서는 편지의 확산에 기여했겠으나, 다른 집단에서의 확산은 방해했을 것이다.

이 시점에서 행운의 편지와 생물학적 진화 사이의 유사성을 분명히 하고 가야겠다. 베넷은 이렇게 설명했다.

이 편지들은 숙주에서 숙주로 전달되며 변형되고 진화해 왔다. 마치 유전자처럼, 이 편지의 평균 길이는 약 2,000자로 구성된다. 마치 강력한 바이러스처럼, 이 편지는 여러분을 죽이겠다고 위협하고 여러분의 "친구와 지인"에게 자신을 보내도록 유도한다─이 편지의 변종들은 어쩌면 수백만 명의 손에 전달되었을 것이다. 마치 유전되는 특성처럼, 이 편지는 여러분 그리고 여러분이 편지를 전달할 이들에게 이익을 약속한다. 마치 유전체처럼, 행운의 편지는 자연 선택을 거치고, 공존하는 "종들" 사이에서 일부가 이동하기도 한다.[1]

우리의 현재 목표와 관련하여 위 단락에서 가장 중요한 부분은 행운의 편지가 어쩌면 자연 선택의 대상일 수도 있다는 제안이다. 알다시피 자연 선택은 특정 과업을 수행하도록 지적으로 설계된 듯 보이는 개체들—즉, 기능을 가진 개체들을 만들어 낸다. 행운의 편지의 기능은 무엇일까? 내 생각에 이 편지의 유일한 기능은 자신을 전달하는 것이다. 유전자 또는 바이러스처럼 '자신의 전달'은 이 편지들이 궁극적으로 수행하도록 설계된 기능이다. 이런 기능을 갖게 된 부분적 이유는 이 편지의 작성자 또는 편집자가 애초에 '전달'을 목적으로 했기 때문일 수 있다. 그러나 다른 한편으로는 작성자가 들인 공에도 불구하고 복사와 전달의 기회를 확보하지 못한 편지들이 행운의 편지 집단에서 자동으로 도태되었기 때문이기도 하다. 동일한 이유로, 편지의 저자들이 알고 그랬든 모르고 그랬든 특별히 설득력 있는 편지들은 더 빠른 속도로 증식했다. 그러니까 행운의 편지 일부를 만든 것은 맹목적이고도 무심한 선택이다. 성공적인 편지들은 그것을 보내거나 받는 개인에게 이롭기 때문에, 또는 사회 전체에 이롭기 때문에 선택된 것이 아니었다. 이 편지들은 그들 자신에게 이로웠기 때문에 선택되었다. 매력이 떨어지는 다른 변종들에 비해 빠른 속도로 스스로를 복사한다는 단순한 이유에서였다.

이 설명에 부합하는 문화적 인공물에 행운의 편지만 있는 것은 아니다. 컴퓨터 바이러스 허위 경고가 또 다른 예다. 이는 사람들에게 악성 컴퓨터 바이러스가 확산되고 있음을 알리는 이메일이다. 전형적인 경고는 다음과 같다. "버드와이저 프록스 스크린세이버라는 이름으로 첨부된 파일을 열지 마십시오! 이 파일을 열게 되면 여러분의 신용카드 정보가 유출되고, 하드 드라이브가 삭제되며, 컴퓨터가 폭발합니다. 본 이메일을 여러분의 친구들에게 전달해 주세요!" 말할 것도 없이, 그런 첨부파일도 그런 컴퓨터 바이러스도 존재하지 않는다. 여기에서 유일한 바이러스는 경고 메일 그 자체로, 이 이메일은 사람들의 속기 쉬운 경향과 선한 본성을 이용해 확산된다. 바이러스 허위 경고와 행운의 편지는 리처드 도킨스의 이기적 유전자에 제대로 필적할 만한 "이기적" 문화 요소다. 이들의 존재 이유는 스스로를 전달하는 것이다.

처음에는 이런 인공물이 대부분의 문화와 다르다고 생각할 수 있다. 특히 짝짓기와 육아 패턴, 언어, 종교, 예술, 엔터테인먼트 등 우리의 외계 과학자를 혼란스럽게 만들었던 문화의 양상들과는 정말 다르다고 생각할 수 있다. 문화의 산물 대부분은 행운의 편지나 허위 이메일보다 훨씬 유용하다. 이들이 유지되는 것은 우리의 생존을 돕거나, 우리를 행복하게 하거나, 우리가 속해 있는 집단을 어떻게든 이롭게 하기 때문이다. 그렇다면 행운의 편지와 허위 이메일을 형성하는 것과 동일한 힘이 일반적인 문화에도 형성될 수 있을까? 다시 말해 문화적 개체 또는 제도의 기능이 인간을 이롭게 하는지 여부와는 무관하게 그저 자기 자신의 복제만을 추구하는 것일 수 있을까?

문화를 보며 이런 생각을 직관적으로 떠올리는 경우는 분명 많지 않을 것이다. 그러나 이는 밈 연구memetics라 불리는 학파의 핵심 주장이기도 하다.[2] 밈 연구는 도킨스가 그의 1976년작 베스트셀러 『이기적 유전자』에서 소개한 "밈" 개념에 기초하고 있다. 뭉뚱그려 말하면 밈은 하나의 아이디어다. 좀 더 풀어서 말하면 밈은 문화의 단위다. 밈의 예를 제시하는 사람들은 농담, 레시피, 더러운 차량을 뒤덮은 먼지 위에 "세차해 주세요."라고 쓰는 것, 유행어, 잊기 힘든 멜로디, 매듭을 묶는 방식, 결혼을 하는 방식, 인터넷에서 입소문이 난 영상 등 전염성이 강하고 기발한 문화에 집착하는 경향이 있다. 하지만 밈의 개념은 그보다 훨씬 광범위하다. 밈은 사회적 학습을 통해 전수될 수 있는 모든 것을 아우른다. 사소한 것들(표정, 본인은 의식하지 못하는 버릇)부터 역사적으로 중대한 것들(농업 기술, 정치·종교 이데올로기)까지 모두를 포함한다. 유전학이 유전자의 과학이듯 밈 연구는 밈의 과학이다. 밈 연구는 본질적으로 밈에 대한 밈의 컬렉션이다(혹자는 '메타밈meta—memes'의 컬렉션이라 부르기도 한다). 밈 연구의 핵심 아이디어는 유전자와 마찬가지로 밈 또한 자연 선택의 대상이며, 자연 선택이 "이기적" 밈들—우연을 통해서든 설계를 통해서든 스스로의 복제에 뛰어나고 문화 속에서 순환을 계속하는 밈들—을 선호한다는 것이다. 이는 행운의 편지와 바이러스 허위 경고를 넘어 밈 전반에 적용된다.

　문화의 진화에 있어 밈 연구가 유일한 접근법은 아니다. 다른 접근법도 다수 존재한다.[3] 일부는 사람들이 어떤 문화를 받아들일지 결정할 때 내재적 학습 편향의 역할이 크다고 강조한다. 문화적 "끌개attractors"의 역할을 강조하는 이들도 있다. 문화적 끌개란 인간 정신의 고유한 구조 때문에 사람들이 자연적으로 끌리는 생각과 관행을 의미한다. 일각에서는 유전자와 문화가 공진화coevolution한다는 생각을 강조하기도 한다—새로운 문화가 새로운 선택 압력을 만들고, 이것이 생물학적 진화로 이어지며, 그 결과 새로운 문화의 더 많은 창출이 가능해진다는 것이다. 이 모든 접근법의 공통점이자 이들과 밈 연구를 구분하는 한 가지는 문화적 산물이 개인 또는 집단, 또는 둘 모두를 이롭게 하는 방식에 거의 전적으로 집중한다는 점이다. 반면 밈 연구는 문화의 산물이 자신을 이롭게 하는 방식에 초점을 맞춘다.

　이 마지막 장에서 나는 문화 진화에 대한 밈 기반 접근법을 변호해 보겠다. 밈 연구만이 진실한 답이고 다른 접근법들은 거짓이라고 주장하지는 않을 것이다. 대신 나는 밈 연구가 문화 진화를 이해하는 하나의 통일된 틀로 작용할 수 있음을, 다른 접근법들이 보여주는 혜안을 망라하면서도 그를 넘어서는 틀이 되어줄 수 있음을 논증할 생각이다. 이번 장이 이기적 밈이라는 도킨스의 개념을 중심으로 구성되어 있기는 하지만 내가 여기에서 논할 아이디어의 대부분은 로버트 보이드Robert Boyd,, 피터 리처슨Peter Richerson,, 요제프 헨리히Joseph Henrich 등의 다른 사상가들(여담인데, 이들은 밈 기반 접근법의 팬은 아니다)이 내놓은 것임을 언급해야겠다. 도킨스의 기여를 간과하려는 게 아니다. 도킨스는 문화 요소가 자기 자신을 이롭게 하는 딱 그 수준에서만 선택된다고 제안한 최초의 인물이며, 그의 통찰이야말로 문화 진화에 대한 다양한 접근법을 통합하는 핵심이다. 그런데 본론에 들어가기에 앞서, 자연 선택이 문화의 영역에 작용한다는 생각에 회의적인 독자가 있을 수 있다. 그러므로 논의를 시작하기 전에 일부 사례부터 살펴보자.

생물학 밖의 선택

세상의 어떤 것들은 지적으로 설계된 것처럼 보인다. 이러한 것들의 대부분—사실상 거의 대부분—은 딱 두 가지 범주로 나뉜다. 인간의 인공물과 생물학적 구조다. 맥주병과 선인장 줄기는 액체를 저장하기 위해 설계된 것처럼 보이고 컴퓨터와 두뇌는 정보를 처리하도록 설계된 것처럼 보인다. 이 설계는 어디에서 유래했는가? 의견은 분분하다. 창조론자들에 따르면 우리가 생물학적 세계에서 목격하는 설계는 신 또는 지적 설계자의 작품인 반면, 우리의 인공물에서 목격하는 설계는 우리의 작품이다. 다윈주의자들은 신 또는 지적 설계자 부분에 동의하지 않으며, 대신 삶 속의 설계들은 자연 선택이라는 무심한 과정의 작품이라고 주장한다. 그러나 그들도 보통 인공물 설계에 대해서는 동의한다. 다윈주의자 다수도 우주의 어떤 것들에 있어서는 창조론자들과 똑같이 지적 설계의 존재를 주장하기를 즐긴다……. 그것이 다만 생명체에만 적용되지 않을 뿐이다. 지구상에서는 오직 인간의 인공물—파리채, 전자레인지, 치즈스틱 등—만이 유일하고 진정한 지적 설계의 산물이다. 그러나 이 설계의 설계자는 신이 아니다. 인간, 즉 진화된 동물이다. 아이러니하게도 지적 설계 또한 궁극적으로는 자연 선택의 산물인 셈이다.

이것이 다윈주의자 다수가 말하는 바다. 하지만 이들이 아주 정확하다고는 할 수 없다. 우선 생물학적 세계에도 아주 조금이나마 지적 설계가 존재한다. 물론, 신의 작품은 아니다. 인간이 선발 육종으로 새로운 견종, 더 달콤한 과일, 더 화려한 꽃, 더 살찐 소, 번식력이 더 강한 닭 등을 만드는 것도 일종의 지적 설계다. 이 유기체들은 문자 그대로, 그리고 상당한 수준까지, 인간이 만들어낸 것이다. 두 번째 증거는 지금 이야기하는 주제와 밀접한 관련이 있다. 인간의 인공물과 제도가 온전히 지적 설계의 산물인 것은 아니다. 지능이 중요한 것은 맞다—중요하지 않았다면 진화 자체를 하지 않았을 것이다. 그러나 지능은 문화 영역에서 발견되는 설계의 한 원천일 뿐이다. 맹목적 선택 또한 설계의 핵심 역할을 담당하며 인간의 지능과 독창성이 짊어지는 부담을 줄인다. 생물학 밖 진화의 사례 여섯 가지를 소개한다.

1. 브리타니 어선

첫 번째 예는 브리타니 지방 그루아섬 어부들의 어선과 관련이 있다. 이 어선들은 어디에서 유래했나? 언뜻 보면 머리를 굴릴 것도 없이 쉬운 문제처럼 보인다. 어선은 당연히 지적 설계의 산물이다. 그러나 자세히 들여다보면 머리를 정말로 굴릴 필요가 없었던 문제임이 드러난다……. 아니, 머리는 일부만 굴리면 되는 문제였음이 드러난다. 이 어선을 만드는 데 인간의 두뇌는 우리가 으레 추정하는 것에 비해 기여한 바가 대단치 않다는 얘기다. 이 가능성은 프랑스 철학자 에밀 샤르티에Émile–Auguste Chartier, 일명 '알랭'이 최초로 제시했다. 1908년에 그는 다음과 같이 말하며 세간의 상식적인 견해에 다윈주의의 도끼를 휘둘렀다.

각 어선은 다른 어선을 복제한 것이다. (중략) 다윈주의적 입장에서 다음과 같이 추론해 보자. 형편없이 만들어진 어선은 한두 차례의 항해 뒤 해저에 가라앉는 신세가 될 것이고, 따라서 절대 복제되지 않을 것이다. (중략) 그러므로 제 기능을 다하는 어선을 선택하고 그렇지 않은 어선은 파괴하는 방식으로 어선을 만들어가는 누군가는 바로 바다 그 자신이라고 당당히 말할 수 있겠다.[4]

어선이 돌아오면 선박제작자들이 그것을 복제할지도 모른다. 돌아오지 못한다면 복제하는 일은 없을 것이다. 따라서 복제될 가능성이 가장 높은 어선은 가장 오래 살아남은 어선이다. 대니얼 데닛이 지적했듯, 이 특정 어선들이 살아남은 이유를 누가 군이 알아야 할 필요는 없다.[5] 좋은 어선을 만들 때도, 무엇이 이 어선을 좋은 어선으로 만드는지 이해할 필요가 없다. 그냥 다른 어선을 복제할 능력만 있으면 된다. 자신이 복제하는 어선이 좋은 어선이라는 것은 어떻게 알까? 자, 그것도 알 필요는 없다. 좋지 않은 어선은 바다가 알아서, 보트들의 집단에서 도태시킬 것이기 때문이다. 한편 특별히 좋은 어선은 더 빠른 속도로 복제된다. 시간이 지나며 거듭되는 도태와 복제의 과정이 항해에 더욱 더 적합한 어선을 빚어낸다.

어선의 점진적 진화 단계가 어쩌면 하나도 빠짐없이 지적 설계의 산물일 수도 있다. 이제는 잊히고 만 선박제작자 수천이 어선의 항해 적합도를 높이는 수천 가지 방법을 시도한 결과일 수 있다. 하지만 아닐 가능성도 있다. 그 진화의 경로에 존재했던 수많은 단계들이 그저 우연한 사고였을 뿐이고, 그 사고가 자동으로 보존되고 전파된 결과가 오늘날의 어선일 수 있다. 이 것이 사실이라면 브리타니 어선에서 명백히 발견되는 설계는 어느 지적 정신의 묘략이 아니라 맹목적이고 무심한 선택의 작품이다.

2. 조건 행동

어선이 부분적으로만 지적 설계의 산물이라는 생각은 놀랍다. 이 현상이 우리의 행위에서도 동일하게 나타난다면 더 놀라울 것이다. 행동주의심리학자 B. F. 스키너B. F. Skinner에 따르면 우리 행동의 대부분은 학습되고, 학습은 문자 그대로 진화의 과정이다. 단, 스키너가 말하는 학습은 일상적 의미의 학습이 아니고, "조작적 조건 형성operant conditioning"을 통한 학습을 뜻한다. 조작적 조건 형성은 동물의 특정 행동이 그 행동의 직접적인 결과들에 의해 형성될 때 발생한다. 애완견이 여러분에게 슬리퍼를 가져왔고 그 행위의 대가로 쇠고기 육포를 얻었다면, 미래에 슬리퍼를 다시 가져다줄 가능성이 높아진다. 행동주의심리학으로 보면 이 행위는 강화되었다고 볼 수 있다. 반면, 여러분이 가장 사랑하는 슬리퍼를 애완견이 씹어놨고 그 일로 꾸중을 들었다면 슬리퍼의 나머지 한 짝마저 씹을 가능성은 줄어든다. 행동심리학으로 보면 이 행위는 처벌되었다고 볼 수 있다. 행동주의심리학자들에 따르면 강화와 처벌은 쥐에서 비둘기, 인간에 이르기까지 모든 동물의 행위를 형성하는 가장 강력한 힘에 속한다.

1953년작 『과학과 인간 행동Science and Human Behavior』에서 스키너는 조작

적 조건 형성과 다윈의 진화론의 깊은 유사점에 대해 논하면서 이렇게 썼다. "어떤 면에서 보면 조작적 강화는 진화론의 자연 선택과 닮았다. 돌연변이로 생겨난 유전자적 특성들이 그 결과에 따라 선택 혹은 폐기되듯, 새로운 형태의 행위 또한 강화를 통해 선택 혹은 폐기된다."[6] 생물학적 진화에는 사망 또는 번식 실패에 따른 선택이 수반된다. 반면 조작적 조건 형성에는 행동의 결과에 따른 선택이 수반된다. 결과가 긍정적인 행위는 선택된다. 유기체의 "행위 집단" 내에서 이 행위의 빈도가 증가한다. 결과가 부정적인 행위는 버려진다. 빈도가 감소하고 궁극적으로는 멸종하게 될지도 모른다. 임의적인 행위 "돌연변이"들은 강화와 처벌을 통해 점진적으로 형체를 갖추며 복잡한 패턴의 적응 행위가 되어간다. 감지할 수 없을 정도로 작은 변화들이 서서히 누적되어 대규모의 진화적 변화로 이어지는 현상이 자발적 행위에서도 나타난다.

물론 다른 사안들과 마찬가지로 행위 영역에서의 선택이 지적 설계에 대한 착각을 불러일으킬 수 있다. 여러분의 친구 잭과 질이 서로 다른 유머 감각을 가지고 있다면, 여러분은 결국 질에게 하는 농담과 잭에게 하는 농담 사이에 차이를 두게 될 것이다. 외부 관찰자에게 이는 여러분이 최대한 많은 웃음을 끌어내기 위해 의도적으로 청중에 맞추는 듯 보일 수 있다. 그러나 반드시 그렇다고는 할 수 없다. 대신, 여러분이 던진 재치 있는 말에 잭과 질이 보이는 반응에 따라 여러분의 농담 습관이 서서히 형성되어 왔을 것이며 여러분은 이런 일이 일어나고 있다는 사실조차 인지하지 못했을 것이다. 즉, 여러분의 행위는 지적 설계가 아니라 맹목적인 자연 선택의 산물일 수 있다. 물론 자칫 잘못하면 현상을 지나치게 과장할 수도 있다. 실제로 인간의 행위 대부분은 지적으로 설계된다. 우리는 무엇을 할지 신중하게 계획하고 실행한다. 그러나 우리가 으레 상상하는 것보다는 많은 인간 행위들이 맹목적 선택에 의해 형성될 수 있다는 얘기다.

당연한 말이지만 조작적 조건 형성 능력은 그 자체로 자연 선택의 산물이다—우리와 다른 동물들은 조작적 조건 형성을 통해 학습하도록 진화되었다. 여기에 담긴 한 가지 흥미로운 사실은 자연 선택이 '자연 선택의 원리'에 따라 작동하는 학습 체계를 구축했다는 점이다. 어떻게 보면 자연 선택이 자연 선택을 발견한 셈이다.

3. 언어

개별 행위뿐 아니라 우리의 문화적 도구도 자연 선택에 의해 형성된다. 언어가 그 대표적인 예다. 진화심리학자들은 인간이 농경과 인터넷과 리얼리티 TV를 발명했듯 말하는 방법도 발명해 낸 영리한 동물이 아니라, 천성적으로 말을 할 줄 아는 동물이라고 강력히 주장해 왔다.[7] 인생 초년에 언어를 배우는 능력은 우리가 가진 생물학적 자질의 일부인 듯 보인다. 그러나 개별 언어의 경우에는 그렇지 않다. 중국어, 영어, 우르두어에 대한 실용 지식을 가지고 태어나는 아이는 없으며, 해당 언어들에 전혀 노출되지 않으면서 자연스레 습득하는 사례도 없다. 그렇다면 우리의 언어는 어디에서 유래하는가? 외계 인류학자는—처음에는—각각의 언어가 어느 지적 설계자의 창조물이 아닐까 궁금해할 것이다. 언어 천재 한 명이 자리를 잡고 앉아 나머지 인간을 위한 언어를 발명해 준 것일까 생각할지도 모른다. 그러나 외계 인류학자도 이내 파악하게 될 것이다. 소수의 예외를 제외하면(에스페란토어와 클링온어 등) 언어는 지적 설계의 산물이 결코 아니다. 원숭이와 미어캣처럼 언어에는 저자가 없다. 언어는 진화 과정의 산물이다. 다윈이 『인간의 유래』에서 이 문제를 설명한 단락이 눈길을 끈다.

지배적 언어와 방언이 널리 확산되면서 타 언어는 점진적 멸종으로 이어진다. (중략) 별개의 언어는 교차되거나 혼합될 수 있다. 모든 언어는 가변적이며, 새로운 단어가 끝없이 등장한다. 그러나 기억력에는 한계가 있기 때문에 전체 언어와 마찬가지로 개별 단어도 점진적으로 멸종되어 간다. 막스 뮐러Max Muller가 이를 잘 표현했다. "각 언어의 단어와 문법 형식들 사이에서는 삶을 위한 투쟁이 끊임없이 계속된다. 더 좋고, 더 짧고, 더 쉬운 형태들이 지속적 우위를 점하며, 이들의 성공은 이들 고유의 태생적 장점 덕분이다." 특정 단어의 생존이라는 보다 중요한 명분에는 약간의 참신함이나 유행이 더해질지도 모를 일이다. 인간의 정신에는 매사에 발생하는 약간의 변화들을 향한 강력한 애정이 있기 때문이다. 존재를 위한 투쟁 속에서 선호되는 특정 단어들의 생존 또는 보존이 곧 자연 선택이다.[8]

정리하자면 항해 적합성이 떨어지는 어선을 어선들의 집단에서 도태시키고 보상이 적은 행위를 행위 집단에서 도태시키듯, 자연 선택은 각 언어의 단어 집단에서 학습성과 유용성이 떨어지는 단어를 도태시킨다. 당연한 결과로 언어는 시간이 흐르면서 보다 배우기 쉽고 유용하게 진화한다.[9] 그리고 언어의 작은 변화들이 이내 누적되기 시작한다. 생물학에서 단일 종이 독립적 집단들로 분리되어 있는 경우 처음에는 별개의 품종이나 아종亞種으로 진화하고, 최종적으로는 완전히 새로운 종으로 진화한다. 동일한 현상이 언어에서도 나타난다는 것이다. 두 개의 독립적 집단이 쓰는 단일 언어는 처음에는 별개의 방언('품종' 또는 '아종'의 언어학상 등가물)으로 진화하고, 최종적으로는 완전히 새로운 언어('종'의 언어학상 등가물)로 진화

한다.[10] 다윈이 예리하게 지적했듯 생물학적 진화와 언어의 진화는 놀라울
정도로 유사하다.

4. 테디베어

언어의 진화는 인간 존재만큼이나 오래된 문제지만 문화 진화의 다른 영역
들은 훨씬 최근의 역사에 해당한다. 개중 가장 중요한 것이 자본주의 시장
이다.[11] 종들이 지역 환경 속 제한된 공간을 놓고 경쟁하듯 책에서 탄산음
료, 운동기구에 이르기까지 여러 제품들 또한 슈퍼마켓 진열대와 베스트셀
러 순위라는 제한된 공간을 놓고 "경쟁한다". 이 경쟁은 사람들의 주머니와
은행계좌에서 돈을 빼내도록, 즉 팔리도록 정교하게 설계된 제품의 진화를
촉진할 수 있다. 중요한 것은 특정 제품이 다른 제품보다 더 잘 팔리는 이
유를 사업가들은 굳이 알 필요가 없다는 사실이다. 그들은 그저 더 잘 팔리
는 제품을 복제만 하면 된다. 그런 의미에서 우리의 제품에서 발견되는 설
계들은 지적 설계가 아니라 맹목적 선택의 작품이다.

　일례로 테디베어의 문화적 진화를 살펴보자. 최초의 테디베어들이 판매
되기 시작한 것은 20세기 초다. 당시의 테디베어들은 긴 주둥이, 길고 가
는 팔다리를 가지고 있었으며, 꽤나 못생겼다. 그러나 20세기가 계속되
는 사이 점점 귀여워졌다.[12] 주둥이가 짧아지면서 귀엽고 판판한 얼굴이 되
었다. 이마가 더 커졌다. 팔다리는 더 짧고 토실토실해졌다. 테디베어들은
한마디로 보다 아기 같은 형태가 되었다. 우리가 4장에서 논했던 선천적 킨
첸스키마에 더욱 가까워졌다. 오늘날의 테디베어는 사실상 이 질문에 대한
답이다. "인간의 아기와 곰을 합쳐놓으면 어떤 모습일까?" 테디베어 자체를
둘러싼 질문도 있다. "우리는 이 인기가 끊이지 않는 장난감이 밟아온 진화

의 궤적을 어떻게 설명할 것인가?"

여기 한 가지 가능성이 있다. 성공적인 테디베어 제조사는 시장 동향에 민감하고, 대개는 지난 시즌에 가장 잘 팔린 디자인을 복제했다. 그러나 정확히 똑같이 베끼지는 않았다. 어쩌다 보니 인간이 진화적으로 얻게 된 귀여움의 기준에 조금 더 가까워진 디자인이 나온다. 어떨 때는 그 기준에서 약간 멀어진 디자인도 나온다. 전자가 더 많이 판매되고, 가장 많이 팔린 테디베어가 다음 시즌의 기본선이 되었다. 조금씩 조금씩, 테디베어들은 유태성숙(어릴 적 모습 그대로 성체가 되는 현상—역자주)을 향해갔다. 성공적인 제조사는 유태성숙으로의 근접이 그들 성공의 비법이라는 것을 알았을까? 글쎄. 만약 알았다면 유태성숙을 극대화한 모델로 곧장 뛰어들었을 것이다. 유태성숙을 좇는 경향은 사후에야 깨달았을 것이다. 정작 이 변화가 진행되는 와중의 테디베어 제조사들은 잘 팔리는 모델은 무엇이든 더 많이 만들어냈을 뿐이다. 어떤 의미에서 소비자는 그들의 총체적인 선호와 구매 결정으로 테디베어를 재설계했다. 여러분의 부모님이 테디베어를 사준 적이 있다면 그들은 이 사랑스러운 장난감의 진화에 기여하고 있었던 셈이다. 이를 일반화하면 이렇다. 여러분 또는 누군가가 무엇이든 구매할 때는 문화의 진화를 인도하는 것이다.

5. 기업

시장경제에서 자연 선택의 대상이 되는 것은 제품만이 아니다. 기업들도 마찬가지다. 간략히 말해 이윤을 내는 기업은 생존하는 반면 이윤을 내지 못하는 기업은 실패한다. 그 결과 기업들은 이윤 창출 기계로 진화한다. 경제학자 밀턴 프리드먼Milton Friedman도 이 관점을 수용했다. 프리드먼에 따르면 전형적인 기업들은 이윤 극대화를 추구하는 듯 행동한다. 기업이 원래 목표하는 방향이 이윤 극대화인 이유도 있지만, 이윤을 많이 내지 못하면 기업 집단에서 무자비하게 도태된다는 이유도 있다.[13] 당연히 이는 결과론적인 설명이다. 좋고 나쁨의 문제를 떠나, 경제 영역에서 자연 선택의 거침 없는 작용을 막는 구제금융 등의 기타 요인을 무시하고 있기 때문이다. 그럼에도 시장경제가 자유를 보장하고 이윤이 기업의 동기인 이상, 자연 선택은 지적 설계자의 하향식 개입이 없이도 기업 구조를 설계할 수 있다.[14]

내 친구이자 동료인 필립 터커Philip Tucker가 이에 대한 훌륭한 사례를 제시했다. 조직심리학자들에 따르면 어떤 조직이든 기초적 매개변수의 개수를 써서 묘사할 수 있다. 이 매개변수에는 노동자의 역할을 협소하게 정의하는가 아니면 다양한 책임이 따르는 것으로 광범위하게 정의하는가, 해당 조직 내 권력이 중앙화되어 있는가 아니면 널리 분산되어 있는가 등이 포함된다.[15] 이러한 매개변수의 설정은 사실상 해당 조직의 DNA에 해당한다. 여기서 중요한 것은 산업별로 적합한 기업의 설계가 각기 다르다는 점이다. 기업은 자신의 경제적 역할에 부합하는 설계를 어떻게 찾아낼까? 필립이 지적한 바에 따르면 특정 기업에서 최선의 효과를 낼 매개변수를 찾아낸 누군가의 존재를 가정할 필요는 없다―다시 말해, 기업이 지적으로 설계되었다고 상상할 필요가 없다. 대신 최적의 기준에 부합하지 못하는 기업은 선택에서 제외될 것이고, 적합하게 구성된 기업만이 생존해 동종의 기업을 전파할 것이라고 가정하기만 하면 된다.

그리고 기업에서 참인 것들은 일반 조직에서도 참일 것이다. 인류학자 E. B. 테일러E. B. Tylor는 1871년에 이렇게 썼다. "세계에서 자기 위치를 가장 잘 고수할 수 있는 조직들은 적합성이 떨어지는 조직들을 점진적으로 대체

한다. 그리고…… 이 끝없는 대립들이 문화 일반의 경로를 결정한다."[16] 이렇게 우리는 이해도 통제도 좀처럼 불가능한 흐름에 정신없이 빠져든다.

6. 과학

문화 선택의 장으로 기능하는 현대 제도에 시장만 있는 건 아니다. 또 다른 유명 사례로 과학이 있다. 이 주제와 관련해 가장 잘 알려진 인물은 오스트리아 출신 철학자 칼 포퍼Karl Popper다. 포퍼에 따르면 과학 지식의 성장은 말 그대로 아이디어 영역 내에서의 진화 과정이다.[17] 그는 과학에 다윈주의적 진화의 두 가지 핵심 요소가 포함되어 있다고 봤다. 바로 변이와 선택이다. 과학자들은 우주의 본질에 대한 대립적 이론들을 제안하고(변이), 세계와 실험실에서 발견되는 현상에 부합하지 않는 이론들을 배제한다(선택). 그에 따라 아리스토텔레스의 물리학이 뉴턴의 물리학으로 대체되었고, 다시 아인슈타인의 상대성 이론으로 대체되었다. 각 단계에서 새롭게 부상하는 이론이 우리의 관찰에 보다 근접할 때, 기존의 이론은 과학적 아이디어의 집단에서 제외된다. 이러한 과학적 방법론은 이론들 사이에서 존재의 투쟁을 유발하고, 궁극적으로 가장 적합한 이론, 즉 사실을 가장 잘 설명하는 이론의 생존이라는 결과로 이어진다. 그 최종 결과는 우리의 이론이—한걸음씩 천천히—더욱더 높은 수준의 정확성을 향해 진화하는 것이다. 어느 순간, 우리는 신이 엿새만에 세상과 생명 일체를 창조했다고 얘기한다. 다음 순간, 우리는 빅뱅과 자연 선택에 의한 진화를 얘기하며 상대성 이론과 양자역학을 조화시키려 애쓴다. 기업이 거대한 이윤 창출 기계로 기능한다면 과학은 거대한 진실 생산 기계로 기능한다. 이때의 과학은 세계에 대한 진실된 진술을 생성하도록 설계된 분산식 인식 시스템이다.

이상의 사례들을 통해, 자연 선택이 생물학의 영역 밖에서도 작동할 수 있다는 생각에 여러분의 마음이 좀 열렸기를 바란다. 그러나 문화의 진화는 그 사촌 격에 해당하는 생물학적 진화와는 여러 면에서 아주 다르다는 것을 강조해야겠다. 우리와 같은 다세포 유기체의 유전자는 거의 전적으로 부모에서 자손으로 전달된다. 여러분이 박테리아가 아닌 이상 친구에게서 유전자를 배워올 수는 없다. 그러나 밈은 친구, 자녀, 다른 누구에게서든 배워올 수 있다. 사실 책과 TV, 인터넷의 세계에서는 죽은 사람에게서조차 밈을 배워올 수 있다. 생물학적 진화와 문화적 진화의 또 다른 차이점은 서로 다른 다세포 종 사이에서 유전자가 공유되는 경우는 많지 않은 반면, 서로 다른 문화적 "종" 사이에서 밈이 공유되는 경우는 상당히 많다는 점이다. 예를 들어 영어는 게르만어로 분류되지만 다수의 어휘가 프랑스어와 라틴어 등의 로망스어에서 유래한다. 어떻게 보면 현대 영어는 언어학상 잡종이다. 게르만어와 로망스어의 혼종인 셈이다. 동일한 맥락에서 록 음악은 블루스, 컨트리, 가스펠, 재즈를 포함한 여러 음악 장르의 혼종이다. 록 음악도 영어도 그저 평범한 사례의 하나일 뿐이다. 특정 성향의 종간 공유가 다세포 유기체 사이에서는 드물지 몰라도 문화의 영역에서는 일반적이다.

생물학적 진화와 문화적 진화의 차이가 상당하기는 하나 둘의 유사성 또한 꽤 놀라운 수준이다. 의심의 여지없이 가장 놀라운 사실은 식물, 동물과 마찬가지로 문화의 산물들 또한 가계도 형태로 배열할 수 있다는 점이다.[18] 가장 좋은 사례가 바로 언어다. 생물학적 종과 마찬가지로 언어도 다른 언어에서 유래하며, 두 개의 언어는—최소한 주요 어족 내에서는—시간을 충분히 거슬러 올라가기만 하면 공통의 조상이 나온다. 생물학적 종과 마찬가지로 언어 또한, 정도의 차이는 있겠지만, 서로 밀접한 관련성을 갖는 것도 가능하다. 비교를 위해 유인원을 생각해 보라. 인간은 오랑우탄보다 침팬지와 더 가깝다. 인간과 침팬지가 공유했던 최후의 조상이 인간과 오랑우탄이 공유했던 최후의 조상보다 근래에 살았기 때문이다. 이와 유사하게, 프랑스어가 힌두어보다 스페인어와 더 가까운 것은 프랑스어와 스페인어가 공유했던 최후의 조상(즉 라틴어)이 프랑스어와 힌두어가 공유했던 최후의 조상(인도─게르만 공통 조어PIE)보다 근래에 존재했기 때문이다. 언어가 가장 명백한 사례이기는 하나 문화의 다른 여러 측면들─예를 들어 갑옷, 학교 교육과정에 진화론이 포함되는 것을 막기 위한 창조론자들의 전술, 동화, 금기 음식, 헬멧, 음악 양식, 신화, 아메리카 인디언의 포인트형 석기, 신석기 시대 토기 장식, 페르시아산 양탄자, 스케이트보드, 바이올린, 세계 종교, 그리고 심지어는 숙제의 표절 등─에서도 가계도가 만들어졌다.[19] 이러한 문화적 실체들을 가계도에 위치시킬 수 있다는 사실은 중요하다. 가계도는 해당 실체들이 전달과 수정의 과정을 거쳐 만들어졌음을 보여주는, 즉 그들이 진화했음을 보여 주는 명백한 증표이기 때문이다.

톱니바퀴 효과

옛날 옛적에 인류학자들은 인간이 유일한 문화적 동물이라고 생각했다. 그들은 문화가 인류를 다른 동물과 구분하는 특성이며, 자연 선택의 더러운 손으로부터 우리를 보호하는 특성이라고 주장했다. 그러나 20세기 중반에 접어들면서 동물 연구자들이 이 기분 좋은 망상을 서서히 깎아먹기 시작했다. 이들이 초창기에 가한 타격 중 가장 심각했던 것은 1960년대 영장류학자 제인 구달의 발견이었다. 그는 암컷 침팬지가 흰개미굴에서 흰개미를 빼낼 때 나뭇가지를 사용한다는 사실을 찾아냈다.[20] 침팬지 버전의 막대모양 간식을 만드는 이 요령은 학습이 필요하나 침팬지들이 스스로 익히는 법은 없다. 대신, 다른 침팬지들이 하는 것을 보고 배운다. 흰개미 낚시는 문화적 전통이다.

이 초기 발견 이후 동물의 전통에 해당하는 것들의 목록은 기하급수적으로 늘었다. 학술지 〈네이처Nature〉에 게재된 중요 연구에서 앤드류 화이튼Andrew Whiten과 침팬지 전문가 팀은 침팬지 세계에 존재하는 명백한 문화적 관행 39개—즉, 침팬지들의 밈 39개를 규명했다.[21] 여기에는 돌멩이로 견과류 껍질 부수기, 나뭇잎을 냅킨 대용으로 사용하기, 머리 위 하이파이브 형태로 인사하기 등이 포함되었다. 이 각각의 행위들은 무리에 따라 발견되기도 하고 발견되지 않기도 하며, 견과류나 돌멩이에 접근할 수 있는 등 서식 환경이 상대적으로 유사할 때도 무리별로 차이가 있다. 이는 이 행위들이 단순히 독립적이고 비사회적인 학습의 산물인 것만은 아님을 보여준다. 게다가 이런 행위를 하지 않는 무리에 속한 침팬지들도 행위 자체를 배울 능력은 완벽히 갖추고 있는 듯하다. 이는 이 행위들이 무리에 따라 발견되기도 하고 발견되지 않기도 하는 단순한 본능은 아님을 보여준다. 요컨대 화이튼의 연구팀이 기록한 39개 행위들은 문화로 전파되는 진정한 전통인 듯하다. 침팬지는 문화적 동물이다.

침팬지뿐만이 아니다. 캐럴 반 샤익Carel van Schaik과 연구진은 오랑우탄을 대상으로 유사한 조사를 진행했고, 최종적으로 24개의 오랑우탄 밈을 규명했다.[22] 여기에는 채집 시에 나뭇잎을 장갑 삼아 손 보호하기, 잠자리에 들 준비를 마치고 서로에게 투레질하기, 죽어서 쓰러지는 나무에 타고 있다가 최후의 순간에 근처 나뭇가지를 잡고 탈출하는 "죽은 나무 타기" 등이 포함되었다. 마지막 행위의 경우 오랑우탄의 목표는 우리와 같았다—재미의 추구였다. 39개의 침팬지 밈과 마찬가지로 24개의 오랑우탄 밈 또한 진정한 문화적 전통처럼 보인다.

문화적 전통이 유인원에만 국한되는 것도 아니다. 일부 원숭이 사이에서도 발견된다. 가령 꼬리감는원숭이의 경우 돌로 견과류를 부수거나, 다른 개체의 손가락을 자기 코에 올려놓은 다음 번갈아 가며 상대의 손가락으로 제 눈을 찌르는(이런 이상한 동물 같으니!) 등 다양한 전통을 가지고 있다.[23] 게다가 문화적 전통이 영장류에만 국한되는 것도 아니다. 생물학자 할 화이트헤드Hal Whitehead가 지적한 바에 따르면, 인간의 문화가 등장하기 수백만 년 전의 바다에도 문화가 있었다. 이 수중 문화의 보유자는 고래였다. 고래들은 종족에 따라 방언, 사회 형태, 사냥의 기술이 각기 달랐다. 이 역시 개별적 학습 또는 무리 간 유전적 차이의 산물이라기보다는 진정한 의미의 전통인 듯 보인다.[24] 문화적 전통은 큰 두뇌를 가진 포유류에만 국한되지도 않는다. 일부 명금들은 자기 종에 속하는 이웃 구성원들의 소리를 듣고 노래를 배운다. 이는 지역적인 노래 "방언"의 출현으로 이어진다. 이와 유사하게 여러 종의 새들은 서로에게서 사냥의 기술을 배우며, 이는 지역에 따른 사냥 전통의 출현으로 이어진다. 이러한 현상들이 의미하는 바를 외면할 수는 없다. 일부 비인간 동물들 또한 '문화 클럽'의 구성원으로 인정되어야 한다. '인간 회원 전용'의 지위는 더 이상 유지될 수 없다.

그렇지만 다른 동물들의 문화적 자질을 굳이 깎아내리지 않더라도 그들과 우리의 문화는 그냥 차원 자체가 다르다는 사실을 인정하지 않을 도리는 없다. 인간이 스스로를 달로 쏘아 보내고, 유전체 서열을 정리하고, 강입자 충돌기를 만들어 현실의 기본 요소들을 덮은 장막을 걷어내는 것과 침팬지의 흰개미 사냥 사이에는 거대하고, 앞으로 더욱 거대해질 격차가 존재한다. 무엇이 이 크나큰 차이를 만드는가?

일반적인 대답은 지능이다. 인간은 다른 동물보다 영리하고, 영리함이 있으면 산도 옮길 수 있다. 미래학자 엘리저 유드코프스키Eliezer Yudkowsky의 말대로, 대부분의 경우 우리 주변에 있는 거의 모든 것들은—우리가 숨 쉬는 공기를 제외하면—우리의 크고 영리한 두뇌의 산물이다. 그는 이렇게 말했다. "인간 지능의 부상은 지구를 개조했다. 땅에서 고층 건물과 도시가 싹텄고, 비행기가 하늘을 날고, 달에 발자국이 생겼다."[25]

그러나 지능의 역할은 거기까지다. 우리가 침팬지보다 똑똑한 것은 분명하지만, 외계 과학자가 우리의 문화적 성취(예를 들면, 달 착륙)와 침팬지의 문화적 성취(돌멩이로 견과류 부수기 또는 흰개미 낚시)를 비교해 추정할 정도로 똑똑하지는 않다. 전체 스펙트럼에서 보면 인간 개개인은 어쩌면 견과류를 부수고 흰개미를 낚시하는 쪽에 더 가깝게 위치할지도 모른다. 이것이 의심스럽다면 관련 지식이 전무한 상황에서 정글에 버려졌다고 생각해 보라. 이위기 상황에서 여러분은 약간의 먹거리나마 획득할 방법 정도는 알아낼 수있을지도 모른다. 그러나 우주선을 만들어 달에 도달할 방법은 절대 알아낼 수없을 것이다. 우주선은 극단적 사례일 뿐, 그보다 일반적인 예들도 많다. 우리가 똑똑하다고는 하나, 제트팩이나 민주주의적 민족국가는 고사하고 카약처럼 간단한 어떤 것조차 온전히 처음부터 혼자 힘으로 설계해낼 수는 없다.[26]

그렇다면 이들은 어디에서 왔는가? 이 질문에 답하려면 우리의 두뇌보다커다란 어떤 것—사실 우리 중 누구보다도 커다란 것—을 들여다볼 필요가있다. 종으로서 우리가 가진 "슈퍼 파워"는 지능이 아니라고 주장하는 학자들이 늘고 있다. 그들은 지능 대신 우리의 집단 지성과 문화를 누적하는 역량, 즉 지식을 축적하고 세대에서 세대로 물려주며 시간의 흐름 속에서 손보고 개선하는 능력을 슈퍼 파워로 꼽는다.[27] 생물학적 진화가 시각을 만들어낼 수 있다. 그러나 누적되는 문화의 진화는 비행기와 휴대전화, 법체계와 인터넷 등 시각 못지않게 복잡한 실체들을 만들어낼 수 있다.

침팬지나 짖는원숭이는 달성할 수 없는 문화적 성취의 누적이 인간은 가능한 이유가 뭘까? 이에 대해서는 누구도 확신하지 못하지만 다양한 의견들이 제시되고는 있다. 여기에는 언어, 마음 이론(즉, 인간을 생각과 욕망과 의도를 가진 존재로 해석할 수 있는 능력), 정신 시간 여행mental time travel, 초협력성, 관행, 교육, 거래, 공유 관심, 공동 관심, 모방, 진짜 모방, 과도한 모방, 그리고 당연히 이러한 재능들이 우연히 섞여 결실을 낸 경우 등이 포함된다. 그 원인이 무엇이든 간에 그것이 세상의 모든 차이를 만든다. 그것이 우리의 문화적 성취를 완전히 유일무이한 위치에 올려놓는다.

일부 비인간 동물들 또한 어느 정도는 누적되는 문화를 보유할 수 있다. 침팬지의 견과류 부수기를 생각해 보라. 침팬지들은 견과류를 돌멩이 하나로 그냥 내려치는 게 아니다. 돌멩이 하나를 모루로 쓰고 다른 하나를 망치로 사용한다. 또한 껍데기를 부술 수 있지만 알맹이를 다치지는 않을 정도의 강도로 내려친다. 어느 고독한 아인슈타인 침팬지가 이 전체 과정을 단번에 성공하는 엄청난 도약을 이룩한 후 그것이 통째로, 침팬지들의 두뇌에서 두뇌로 확산되며 침팬지 세대를 통해 전수되었다고는 상상하기 힘들다. 여러 전문가들이 주장하듯 이 관행은 아주 작은 단계들이 누적되어 등장한 것이라는 설명이 더 그럴듯하다.[28]

그래도 문화의 누적이 우리 종 고유의 것은 아니라 하더라도 우리가 다른 생명체에 비해 이를 천 배는 더 발전시켰다는 사실은 부정하기 힘들다. 문화의 누적이 유용한 이유를 추측하기는 쉽다. 문화의 누적은 궁극적으로 시간을 절약해 준다. 문화가 누적되는 한 이미 있는 것을 다시 만드느라 시간을 낭비할 필요가 없다. 우리 각각은 미적분학을 만들 필요가 없다. 뉴턴과 라이프니츠가 대신 만들어줬기 때문이다. 유체역학을 이해하기 위해 우리 각각의 '유레카' 순간을 가질 필요도 없다. 중력을 이해하기 위해 우리 각각의 머리 위에 사과가 떨어질 필요도 없다. 벤젠 분자의 구조를 이해하기 위해 뱀이 제 꼬리를 먹는 꿈을 꿀 필요도 없다. 우리에게 필요한 것은 도서대출증, 좋은 선생님, 인터넷 접속이 전부다. 이렇게 우리는 종이 달성한 지식의 일부를 우리 뇌에 다운로드한다. 이는 다음 차례의 혁신을 위한 출발점이 된다.

발달심리학자 마이클 토마셀로Michael Tomasello는 이러한 진전을 문화적 톱니바퀴cultural ratchet로 칭했다.[29] 이 톱니바퀴 과정이 장기간 누적되며 발생하는 효과는 놀랍다. 언젠가 나는 데이비드 아텐버러David Attenborough의 다큐멘터리를 본 적이 있는데, 보트의 노를 저어 강을 내려가는 오랑우탄의 얘기였다. 처음에는 이상하다는 생각이 들었다. 여기 이 동물은 제 힘으로는 절대 발명할 일이 없을 이동 수단을 능숙하게 조종하고 있었다. 하지만 그 뒤를 이은 생각은, 비유적인 의미에서, 인간 또한 이 오랑우탄과 같은 배에 타고 있다는 것이었다. 가장 단순한 형태의 사회에서조차 인간은 제 힘으로는 절대 발명할 일이 없을 도구들을 사용한다. 게다가 현대를 사는 우리들이 일상적으로 사용하는 테크놀로지는 너무도 복잡해서 우리 대다수는 그것이 어떻게 작동하는지조차 전혀 모르는 경우도 많다. 마치 어느 진일보한 종의 외계인들이 수수께끼처럼 사라져 버리며 남긴 테크놀로지를 우리가 유용하는 것처럼 느껴지기도 한다. 물론 이 외계인이 정말로 존재했던 적은 없다. 이 모든 테크놀로지는 우리가 만들어 낸 것이다.

문화의 누적은 우리 종의 누구도 단독으로는 발명하지 못할 테크놀로지를 선물할 뿐 아니라 우리를 문자 그대로 더 똑똑하게 만든다. 문화 누적의 산물에는 물리적 도구에 더해 풍부히 축적된 인지적 도구들도 포함된다. 이 아이디어와 알고리즘은 인간의 두뇌라는 부드럽고 끈적한 회백색 물질에 아로새겨져 우리의 능력을 극적으로 증대시킨다. 가장 대표적인 사례가 언어의 단어와 구절들이다. 단어와 구절은 사고에 편리한 도구다. 대니얼 데닛의 표현대로 이들은 '인지의 보철물'이다. 인간의 삶을 바꾸는 또 다른 인지 도구로 확률론, 비용—효용 분석, 시간 관리, 재정 계획, 열이 받았을 때 10까지 숫자를 세는 것 등도 있다. 이 도구들은 스마트폰 애플리케이션과 상당히 유사하다. 설치하는 애플리케이션이 많을수록 휴대전화의 기능도 많아진다. 마찬가지로 여러분이 두뇌에 다운로드하는 문화적 도구가 많을수록 여러분이 할수 있는 것도 많아진다. 하지만 휴대폰 애플리케이션과 달리 문화적 애플리케이션 대부분은 식별가능한 원제작자가 없다. 대신, 그들은 진화했다. 수백년, 더 나아가 수천 년의 시간 동안 수백만 인구의 정신에서 정신으로 전달되며 천천히 그러나 확실히 진화했다.[30]

여러분이 구제불능의 낙관론자가 아니더라도 이 도구들이 세월을 거듭하며 계속 개선된다는 사실은 인정할 것이다. 로마숫자 체계를 생각해 보라. 이 인식 체계는 측정 및 기록 보관 등의 특정 목적에는 완벽하게 유용하다. 그러나 생물학자 데이비드 크라카우어David Krakauer의 지적대로, 계산에서는 그렇게 유용하다고 할 수 없다. 로마숫자의 체계에는 C를 IV로 나누거나 X에 MCMLX을 곱하는 단순 알고리즘이 없다. 유럽인들은 1,500년 동안 로마숫자 체계를 사용했다. 이 말은 곧 그 시간 내내 곱셈이나 나눗셈을 할 수 없었음을 의미한다. 물론 생리적으로는 가능했다. 다만 두뇌에 적절한 문화적 소프트웨어를 설치하지 않은 것뿐이다. 오늘날 우리가 사용하는 인도—아라비

아 숫자 체계는 계산을 훨씬 용이하게 해준다. 말 그대로 우리를 더 똑똑하게 만든다.[31]

문화의 누적은 다른 방면에서도 우리를 더 똑똑하게 만든다. 우리의 해부학적 두뇌가 부과하는 한계로부터 우리를 해방시키고, 단독으로는 좀처럼 닿을 수 없는 지식을 제공한다. 우리가 가진 방대한 지식의 보고에 어떤 방식으로든 기여한 모든 이들의 명단을 만들고, 그 기여를 위해 그들이 쏟아부은 시간 전체를 더하면 지금 우리가 보유한 모든 지식을 한 개인이 단독으로 모으는 데 얼마나 오랜 시간이 걸릴지 대강이나마 추정할 수 있을 것이다. 그 시간이 얼마나 될 것 같은가? 수십만 년, 어쩌면 수백만 년은 될 것이다. 그러니까 이 말은 세계의 사고와 탐색에 수천 혹은 수백만 년을 할애한 이들에 맞먹는 지식을 과학 학습과 훌륭한 교육을 통해 습득할 수 있다는 얘기다. 버트런드 러셀Bertrand Russell은 "평범한 인간의 식견은 그가 홀로 사고해 얻었을 식견보다 어리석음이 훨씬 덜하다."고 말했다.[32] 그가 핵심을 짚기는 했으나 이것이 평범한 사람에게만 적용되는 것은 아니다. 우리 사이의 천재들, 우리 종이 초창기에 이룩한 인지적 달성을 쌓아올린 이들에게도 적용된다. 뉴턴은 우리의 기대에 부합하는 천재의 좋은 예다. 나는 그가 천재 중의 천재라고 생각한다. 그러나 그런 뉴턴조차 물질이 공간을 비틀고 시간을 느리게 할 수 있다는 아이디어를 이해하지 못했다. 어떤 구조상의 무능력 때문이 아니라, 그가 아인슈타인 이전 시대에 살았기 때문이다. 하지만 아인슈타인의 입장에서는 뉴턴과 그의 지적 후손이라는 기반이 없었다면 그 업적을 달성하지 못했을 것이다. 매트 리들리Matt Ridley는 경제 성장의 원인과 관련한 어느 토론에서 이를 정확히 표현한 바 있다. "나는 개인으로서 내가 애덤 스미스의 천재성에 필적하리라 생각할 수 없지만, 내가 그보다 아주 유리한 점이 하나 있다. 나는 그의 책을 읽을 수 있다는 점이다."[33]

우리는 우리 단독으로는 특별히 영리하지 않다. 우리 자체만으로는 우주의 미스터리를 풀거나 달에 발자국을 남길 정도로 영리하지 않은 것만은 분명하다. 침팬지나 난쟁이침팬지보다는 영리하지만 그들과 우리 사이의 간극은 우리 생각만큼 크지 않다. 그 간극은 험준한 계곡보다는 무난한 강에 가깝다. 그러나 수천 년은 족히 될 분량의 사고에서 추출한 지식을 획득하는 능력 때문에 우리 개개인은 우리와 가장 가까운 동물 친족들이 흉내조차 낼 수 없는 정도로 우주를 이해하게 되었다. 누적된 문화의 결과로 엄청나게 영리한 아이디어를 머릿속에 가질 수 있게 되었고 개인 단독으로는 절대 만들어낼 수 없고, 설령 만들어낼 수 있다 해도 수백만 년이 걸릴 지식과 테크놀로지를 갖게 되었다.

그러나 이 겸손한 진리는 종종 우리의 시야를 벗어난다. 우리는 우리 종의 문화적 성취를 고독한 천재들, 과학과 기술을 발명해 낸 엄청나게 똑똑한 괴짜들에게 돌리고는 한다. 이러한 경향은 너무도 만연해서 이를 부르는 용어까지 있다. 바로 영웅적 창안자의 신화Myth of the Heroic Inventor다. 이것이 그저 신화에 지나지 않는 건 대부분의 아이디어와 기술이 천재 단독의 '유레카' 순간들이 아니라, 기껏해야 한두 번의 작은 발걸음을 내딛는 개인들이 모여 이루는 거대한 무리의 고군분투로 만들어지기 때문이다.[34] 과학사가 조지프 니덤Joseph Needham의 표현대로 "증기기관의 아버지가 단 한 사람일 수는 없다. 단 하나의 문명일 수도 없기는 마찬가지다."[35] 역시 동일한 맥락에서, 진화론의 창시자도 한 명일 수 없다. 그 공을 다윈에게 돌리는 게 보통이지만 사실 진화론은 그의 것이 아니다. 진화론은 수 세기에 걸쳐 수천의 남녀가 기울인 노력의 산물이다. 그럼에도 진화론의 친구와 적들 모두가 이를 이 위대한 사람의 공으로 돌리고 싶어한다.

그렇다면 내가 다윈을 위대한 사람으로 부르는 것이 위에서 펼친 주장에 모순되는가? 나는 그렇게 생각하지 않는다. 다윈을 포함한 인물들 일부는 나머지 우리보다 더 큰 걸음을 내딛은 게 사실이다. 그렇다고는 해도 새로운 아이디어들이 완전한 무의 상태에서 나오는 경우는 드물다는 점을 기억할 필요가 있다. 새로운 아이디어는 옛 아이디어들의 재조합, 매트 리들리의 표현대로라면 아이디어들의 섹스에서 나온다. 일례로 자연 선택이라는 개념은 맬서스Malthus가 말했던 '자연에서의 투쟁'이라는 아이디어와 '선발 육종'의 아이디어를 결합한 것이다. 이들이 다윈을 이끌어 '제 자손 대부분을 죽인다는 점에서 자연은 거대한 동물 육종가로 기능한다.'는 통찰에 이르도록 했다. 중요한 통찰이기는 하나 본질적으로는 '리믹스'에 불과하다. 대부분의 문화도 마찬가지다. 예를 들어 새로운 테크놀로지의 탄생에는 대개 기존의 요소를 참신한 방식으로 재결합하는 작업이 수반된다.[36] L. T. C. 롤트L. T. C. Rolt가 말했듯 "자동차는 자전거에서 나왔고 자전거는 마차에서 나왔다." 마찬가지로 리들리가 저서 『이성적 낙관주의자The Rational Optimist』에서 보고한 바와 같이 인터넷은 컴퓨터와 전화기의 결혼으로 탄생했고, 캡슐내시경은 위장병 전문의와 유도미사일 설계사의 대화로 태어났다.[37] 어쩌면 이 상황을 가장 온당히 요약하는 말은 우리의 문화적 성취 대부분이 엄청나게 똑똑한 괴짜들 대신 적당히 똑똑한 반半괴짜들의 누적되는 문화에서 유래한다는 것일 테다. 이렇게 우리의 문화는 우리 자신보다 영리해진다.

적응적 문화

독창성이란? 들키지 않은 표절.

—윌리엄 랄프 잉William Ralph Inge

  자연 선택이 문화에 작용하고 문화의 진화가 누적된다는 사실을 받아들인다면—나는 반드시 받아들여야 한다고 생각한다—생물학 영역과 마찬가지로 문화의 영역에서도 설계자 없는 설계를 목격하게 될 것으로 예측해야 한다. 그렇다면 다음에 나올 질문은 이것이다. 우리의 문화적 산물들은 무엇을 하도록 설계되었나? 2장에서 우리는 유기체의 설계 목적과 관련한 일련의 가설을 살펴봤으며, 유기체가 곧 유전자 기계—즉 자신들을 만들어내는 유전자의 전달을 위해 설계된 유기적 기계라는 최종 결론에 도달했다. 2장과 동일한 가설검정 접근법을 문화의 영역에 적용해 보도록 하자.

  다윈주의자들이 자연스럽게 떠올리게 되는 최초의 생각은 문화적 산물이 생물학적 산물과 똑같은 일을 하도록, 즉 소유자 자신의 유전자를 전달하도록 설계되었다는 것이다. 그 효과에 맞춰 논거를 구성하기는 쉽다. 문화를 영위하는 능력은 엄지손가락과 코와 생식기가 그렇듯 생물학적 적응이다.[38] 자연 선택은 이 능력이 우리 조상의 포괄 적합도를 증진(더 정확히는 그것을 만들어내는 유전자의 복제를 성공)시킬 때에만 이를 선호했을 것이다. 여기에는 문화적 산물이라면 우리의 포괄 적합도를 반드시 증진시켜야 한다는 의미가 함축되어 있다. 그렇다면 우리의 첫 번째 가설은 다음과 같이 완성된다. 이를 적응적—문화 가설adaptive—culture hypothesis이라 부르자.

  가설 1: 문화의 진화는 문화적 동물의 유전자적 포괄 적합도에 관한 것이다. 우리의 문화적 산물—우리의 밈—은 포괄 적합도 증진을 위한 도구이자 전술이다. 이들이 설계된 1차 목표는 우리의 생존과 번식 성공률을 높이거나 친족을 이롭게 할 능력을 강화하는 것이다. 문화는 인간이라는 동물의 유전적 생존 전략이다.

이러한 관점에 기초하여 문화진화론자들은 문화를 가능하게 하는 심리적 기제와 이러한 기제들이 줄 수 있는 포괄 적합도상의 이점을 검토했다. 밝혀진 바에 따르면 가장 중요한 기제의 하나는 서로를 복사하는 능력이다. 로버트 보이드와 피트 리처슨은 우리 종이 가진 영리한 비책으로 복사 능력, 즉 서로의 두뇌에서 아이디어를 훔치는 행위를 꼽았다. 우리가 가진 영리한 비책이라는 게 바로 표절인 것이다! 코끼리는 코를 가지고 있고, 기린은 기다란 목을 가지고 있으며, 인간은 표절 능력을 가지고 있다. 우리는 상습적으로 표절을 행한다. 어느 과학자 커플이 아기 침팬지와 자신들의 자녀를 함께 기른 적이 있는데, 그들은 이내—상당히 불안하게도—침팬지가 아기를 흉내 내는 것보다 아기가 침팬지를 흉내내는 경향이 훨씬 높은 것을 발견했다.[39] 삶의 끝자락에 도달한 이들이 임종 시에 하는 마지막 말이 인용구인 경우도 종종 있는 듯하다. 다윈은 "인간이 수행한 지적 작업의 대부분은 모방에 의한 것이지 사고력에 의한 것이 아니다."라고 쓴 바 있으며 그가 옳았다.[40] 여러분이 새로운 매듭법, 도구, 가구를 마지막으로 발명했던 게 대체 언제인가? 설령 여러분이 그런 것들을 스스로 발명할 수 있다고 하더라도 그것이 여러분의 시간을 가장 효과적으로 활용하는 방법은 아닐 것이다. 여러분이 직접 하지 않아도 취할 수 있는 것들이 이미 나와 있기 때문이다. 그것이 모방의 일차적 이점이다. 우리는 독학으로 깨치려면 영겁의 시간이 걸릴 것들을 모방으로 배운다. 결국 우리는 약간의 혁신과 다수의 모방을 하도록 진화했다.

모방이 주는 명백한 이점을 감안할 때 사람들이 모방을 부정적인 것으로 본다는 사실은 이상한 일이다. 특히 개인주의적 서구에서는 이러한 경향이 더욱 두드러진다. 알버트 슈바이처Albert Schweitzer는 "자기 마음대로 할 자유가 주어지기만 하면 사람들은 서로를 모방한다."고 말했다. 이는 분명히 칭찬의 뜻은 아니었다. 보통은 우리가 서로를 모방하는 방식을 조롱할 때 인용하는 말이다. 가만히 생각해보면 다소 모순적이다. 우리는 고유성과 독창성을 높이 사면서도 서로를 끝없이 모방한다. 하지만 우리가 그렇게 하는 건 효과가 있기 때문이다. '카피캣'은 조롱 섞인 단어지만 '카피'는 성공적인 전략이다. 우리는 모방의 대가大家이면서 그런 우리의 능력을 깔본다.

그러나 바이올린 연주의 거장이 옛 음악이라고 해서 닥치는 대로 연주하지는 않는 것처럼 인간 또한 인물이든 사물이든 닥치는 대로 모방하지는 않는다. 생물학자 찰스 럼스덴Charles Lumsden과 에드워드 O. 윌슨Edward O. Wilson은 인간이 적합도를 높이는 밈은 붙들고, 적합도를 제한하는 밈은 기피하는 경향을 진화시켰다고 주장했다.[41] 이런 방식으로—여기서 그들의 그 유명한 말이 나온다—우리의 유전자가 문화를 구속한다. 여기에 로버트 보이드, 피트 리처슨, 조 하인리히Joe Henrich, 리처드 맥엘리아스Richard McElreath 등의 학자들이 살을 붙였다.[42] 그들의 견해에 따르면 인간이 물려받은 일련의 학습 편향이 우리를 적응적 밈으로 강력히 인도한다. 이 편향은 두 가지 범주로 나뉜다. 바로 내용적 편향content biases과 맥락적 편향context biases이다. 내용적 편향은 밈의 주제와 관련이 있다. 사람들은 음식, 불, 위험한 동물, 폭력, 질병, 친족, 섹스, 외도, 아기, 우정, 무임승차자, 지위, 집단에의 소속 등 진화적으로 유관한 자극들에 특히 관심을 보이는 듯하다. 뱀과 높이에 대해 갖는 경계심처럼, 이러한 자극과 상황에 대한 우리의 흥미는 자연 선택의 산물이라는 것이 타당한 설명이다. 그리고 이 흥미는 진화적으로 중대한 의미를 가진 문제들과 유관한 지식의 축적을 용이하게 한다는 점에서 유용하다.

그러나 밈의 내용이 모든 것을 결정한다면 성공 스토리만큼이나 쉽게 노숙자를 모방하고, 주류의 견해만큼이나 쉽게 돌팔이의 신념을 모방하게 될 수도 있다. 그러나 보통은 그러지 않는다. 내용적 편향과 더불어 다양한 맥락적 편향이 있기 때문이다. 즉, 밈을 보다 쉽게 받아들이게 만드는 상황들이 있다는 얘기다. 맥락적 편향은 몇 가지 유형으로 구분할 수 있다. 먼저 모델 기반 편향model—based biases이 있다. 이는 우리가 '무엇'이 아니라 '누구'를 모방하는가에 관한 편향이다. 모델 기반 편향에서 가장 중요한 것은 명성 편향prestige bias으로, 명성과 지위를 가지고 있는 인물을 모방하려는 편향을 뜻한다.[43] 공동체 내에서의 입지와 삶에서의 성공은 당사자가 그동안 획득한 밈에 부분적으로 좌우되는 측면이 있으므로, 명성이 있는 자를 모방한다는 말은 대개 우리가 성공을 촉진하는 밈을 염두에 두고 있다는 의미가 된다. 프로테스탄트의 직업 윤리를 사례로 들 수 있다. 이 밈을 획득하는 개인은 부와 지위를 확보할 가능성이 커지고, 따라서 타인이 이들을 모방할 확률과 함께 이 밈이 전파될 확률 또한 높아진다. 혹시 명성 편향이 진화가 가능한 것인지 의심스럽다면, 이 경향이 인간에게서만 발견되는 것은 아니라는 사실을 기억하라. 우리와 마찬가지로 침팬지들은 계급 제도의 아래에 위치하는 개체보다 높은 지위를 가진 개체를 모방하는 경우가 더 많다.[44]

또 다른 모델 기반 편향으로 유사성 편향similarity bias이 있다. 오렌지를 모방하는 사과나 치즈를 모방하는 분필이 되는 대신 인간은 같은 무리, 즉 우리와 같은 사람들을 모방하는 경향이 있다. 일례로 사회심리학자 알버트 반두라

Albert Bandura가 오래 전에 관찰한 바에 따르면 아이들은 자신과 같은 성별, 유사한 연령대의 개인을 모방하는 경우가 많다.[45] 여기에 작용하는 적응의 논리는 명확하다. 여러분이 아이라면, 버팔로를 사냥하는 아버지 대신 작은 동물을 사냥하는 여러분의 친구를 모방하려 애쓰는 편이 훨씬 낫다. 친구를 모방하면 현실적으로 활용이 가능한 기술들을 습득하여 발달상 적합한 속도로 축적할 수 있게 된다. 반면 아버지를 모방하다가는 목숨을 잃기 십상이다.

모델 기반 편향은 이쯤 해두자. 맥락적 편향의 다른 범주로 빈도 의존적 편향frequency—dependent biases이 있다. 이 편향의 핵심은 해당 밈을 누가 가지고 있느냐가 아니라, 해당 밈이 얼마나 희소 또는 만연한가이다. 지금까지 가장 중요한 빈도 의존적 편향으로 꼽히는 것은 순응주의적 편향conformist bias이다. 이는 다수의 밈을 받아들이려는 경향을 뜻한다. 사회심리학계에서 가장 유명한 연구들에 따르면 인간은 순응의 동물이다.[46] 성인들은 때로 십대들을 대세 추종의 무리로 정형화한다. 맞는 얘기다. 그러나 대부분의 성인 또한 대세를 추종하는 무리다. 또래 압력은 우리를 일평생 쫓아다니며, 진정한 의미의 선구자는 흔치 않다. 소위 비순응주의자라 불리는 이들도 대개는 대안적이고 확산의 정도가 덜한 관례(최근 힙스터 효과hipster effect라는 세례명을 받은 현상)를 그대로 따르는 것에 지나지 않는다.[47] 물론 사람들이 밈을 선택하는 이유가 그 밈이 흔하지 않아서, 군중 속에서 돋보이기 위해서일 때가 있는 것은 사실이다. 하인리히와 맥엘리아스는 이를 희소성 편향rarity bias이라 부른다.[48] 그러나 이 경향은 법칙이 아니라 예외에 해당한다. 순응주의적 편향의 법칙은 새 뮤얼 버틀러의 이 말에서 가장 잘 드러난다. "우리가 그렇게 해야 한다고 생각하는 주된 이유는 다른 사람들이 그렇게 생각하기 때문이다."

심리학자들은 순응성 관련 연구를 다수 진행하면서도 우리의 순응주의적 성향의 기원에 대해서는 상대적으로 많은 말을 하지 않았다. 모방과 마찬가지로 우리는 끝없이 순응하는 동시에 순응을 깔본다. 이런 이유로 대세 추종 성향을 적응이 아닌 인간 결점의 반영으로 가정한다. 그러나 순응은 성공적인 전략일 수 있다. 주변인의 행태와 믿음을 받아들이는 것은 때로는 유익하다. 우선 여러분 주변의 사람들은 죽어서 누워 있지 않다. 그들이 하는 대로 따른다면—그들이 먹는 것을 먹고 그들이 기피하는 어두운 골목을 기피한다면—여러분 또한 죽지 않고 버틸 수 있을 것이다. 이 주장의 일반적 요지는 수학적 시뮬레이션으로도 확인이 가능하다. 두 가지 행위 사이에서 선택을 해야 하는 상황을 그려보라. 예를 들어, 매머드를 잡는 두 가지 전술이 있다고 해보자. 여러분 무리의 모두가 개별 학습만으로 최선의 전술을 채택할 확률이 60%라고 가정하자. 대신 여러분이 10명의 학습자를 무작위로 선택해 그들 대다수가 채택했던 전술을 그대로 따른다면 여러분이 최선의 전술을 채택할 확률은 75%가 나온다. 홀로 알아낼 확률보다 높다.[49] 이는 개별 학습에 의존하기보다는 다수를 따르는 것이 최선의 선택일 수 있음을 의미한다.

물론 모든 것이 그렇듯 순응성은 양날의 검이다. 모두가 다수를 모방하면 다수 믿의 축출도, 새로운 아이디어의 태동도 어려워진다. 급변하는 사회에서 순응은 과거에는 효과가 있었을지언정 이제는 사용 기간을 한참 넘긴(진화적 불일치의 문화 버전) 행동 패턴에 우리를 가둔다. 사실 사회의 변화가 크지 않을 때조차 순응은 비효율적이거나 무의미한 관행에 우리를 묶어두고 거짓된 믿음을 짊어지게 만들었다. 그럼에도 우리 조상들에게는 순응성이 적응적인 것에 해당했고, 그 결과 현재의 우리 또한 순응성을 지니게 된 것이라고 가정해도 무리가 없다.

또한 순응주의자적 편향과 학습 편향 일체가 문화의 진화를 견인하는 데

일조한다고 가정해도 무리가 없으리라. 이러한 편향들이 생물학적 적응이라면(그럴 확률이 높아 보인다) 추정상 모든 문화의 밈들은 포괄 적합도를 높이는 경향이 있을 것이다. 문화적 산물 다수—헬멧과 안전벨트에서 백신과 체외 수정에 이르기까지—가 사실상 그것을 사용하는 이들의 생존과 번식 성공 증진을 목표로 삼는다. 그리고 효과를 발휘하고 있는 것도 사실이다. 세계의 인구가 그 어느 때보다도 많은 것을 보면 알 수 있다. 현대적 인류가 진화하고 지구상에 퍼져나간 지 30만 년이 채 되지 않았으며, 그 사이 우리는 육지의 구석구석으로 파고들어 남극을 제외한 전 대륙에서 대량으로 서식하게 되었다. 이것이 가능했던 유일한 이유는 새로운 영역으로 진출하면서 변화하는 요구에 부합할 수 있도록 우리의 문화가 진화와 적응을 거듭했기 때문이다. 물론 우리 또한 일부 진화했다. 2장에서 이미 살펴봤고, 곧 다시 논의하게 되겠지만 서로 다른 인구 집단은 서로 다른 환경에 부분적으로 적응한다. 그러나 우리가 거둔 성공의 진정한 비법은 문화다. 칼라하리 사막의 부시맨Bushman이라 해도 이누이트의 문화가 있다면 북극에서 완벽하게 생존할 수 있겠지만, 설령 이누이트라 한들 문화가 없다면 북극에서 살아남을 수 없을 것이다.

적응적—문화 가설은 외계인의 보고서가 제기한 딜레마를 해결할 새롭고 전도유망한 길을 제시한다. 도덕성, 종교, 예술을 생각해보라. 혹자는 이 관행들이 생물학적 적응이라고 주장하며 이들이 가진 적응상 이익을 근거로 지목한다. 일각에서는 이들이 절대 적응이 아니며 가변적인 문화적 산물이라고 말한다. 이와 관련해 적응적—문화 가설은 다음과 같은 해법을 제시한다. 도덕성, 종교, 예술은 적응이 아니라 문화적 산물이지만 이들이 적응할 수 있는 것은 문화를 만드는 우리의 정신이 적응적 밈을 특별히 선호하도록 설계되었기 때문이다. 사실상 이러한 문화 현상들은 습득된 적응이며, 문화를 영위하는 능력은 곧 우리 힘으로 새로운 적응을 발명하는 능력이다.

적응적—문화 가설에는 타당한 측면이 있고, 논의 테이블의 한 자리를 차지해 마땅하다. 그러나 동시에 우리를 목표점까지 데려가기에는 역부족인 것도 사실이다. 그렇다. 우리의 적합도를 높이는 문화적 혁신의 항목들을 술술 나열하는 것은 충분히 쉬운 일이다. 그러나 스트라이크를 빼고 안타만 기록할 수는 없는 것처럼, 적합도를 높이지 않는 문화 또한 함께 고려해야 한다. 그 예는 어렵지 않게 찾을 수 있다. 첫째, 문화의 양상들은 좋든 나쁘든 간에 적합도에 영향을 미치지 않는 경우가 많다. 좌측 주행보다 우측 주행이, 바짓단이 좁아지는 대신 넓어지는 바지를 입는 것이, 바지를 배꼽까지 올려 입는 대신 엉덩이에 걸쳐 입는 것이 본래적으로 더 적합한 것일 이유는 없다. 문화의 이러한 측면들은 집단에 융화되거나 짝짓기 상대를 매료시키기 위해 따라야 할 현지의 임의적 규범이나 패션과 유관할 뿐, 적합도 측면에서는 중립적이다. 둘째, 문화의 여러 양상들은 적합도에 직접적인 방해가 되기도 한다. 흡연, 정크 푸드, 포르노, 피임 등을 포함한 다양한 사례들을 2장에서 살펴봤다. 이러한 문화적 산물들은 아주 흔하지만 적응적인 것과는 거리가 멀다(여기에서 "적응적"은 일상적으로 통용되는 의미가 아니라 엄격한 생물학적 의미임을 기억하라. 일상적 의미로 보면 현대인 대다수가 피임이 적응적이라는 주장에 동의할 것이다. 하지만 생물학적 의미에서는 적응적이지 않다. 인간의 생식력을 정지시키기 때문이다).

우리는 이와 같은 중립적이고 부적응적인 밈을 이미 여럿 가지고 있을 뿐 아니라, 학습 편향을 통해서도 습득하게 된다. 명성 편향을 생각해 보라. 명성을 지닌 인물을 모방할 때 우리는 그 인물을 성공으로 이끈 것만을 모방하는 게 아니다. 옷차림, 버릇, 정치색, 상습적 마약 복용 등 명성과는 무관한 것들 또한 모방한다. 내가 가장 좋아하는 동물 일화 중에 보르네오의 동물보호구역에 사는 오랑우탄 얘기가 있다. 어느 날 이 오랑우탄들의 무리가 인간의 부엌에 들어가 솥단지를 하나 훔쳤다. 돌멩이 무더기를 쌓고 그 위에 솥을 얹은 다음 둘러앉아 솥단지가 스프를 내놓기를 기다렸다. 녀석들은 인간이 그렇게 하는 것을 이미 백 번은 보았고, 그것을 그대로 재현하려 했다. 이는 오랑우탄이 얼마나 영리한지 보여준다. 그리고 얼마나 멍청한지도! 그렇지만 우리라고 한들 얼마나 더 영리할까? 높은 지위를 가진 인물의 실체가 아닌 스타일을 모방할 때—스포츠 영웅의 것과 같은 신발을 신거나 록스타의 타락한 생활방식을 흉내 내려 할 때—의 우리는 솥단지 주변에 둘러앉은 오랑우탄과 별반 다르지 않다. 광고주들은 우리의 이 같은 약점을 이용해 유명인에게 돈을 주고 자사 제품을 홍보하게 한다. 축구장에서 보여주는 실력이 최고의 속옷 브랜드를 고르는 실력이나 최고의 분무식 데오도란트를 고르는 실력과 일치하리라 믿을 충분한 이유가 없다. 그러나 다른 사안에서는 이성적인 사람들도 이 문제에서만큼은 그렇지 못하다.

솔직한 말로, 이 문제가 특별히 해로울 건 없다. 그러나 명망 있는 인물을 모방하는 성향은 확실히 해로울 수 있다. 실은 치명적일 수 있다. 그 극명한 사례가 바로 모방 자살copycat suicide이다. 누군가의 자살이 대서특필될 때면 위험한 환경에 처해 있는 이들이 희생자를 모방하여 삶을 스스로 마감하기도 한다. 자살한 인물의 명망이 높을수록 모방 자살이 증가함을 보여주는 증거도 있다.[50] 따라서 명성 편향은 때로 치명적인 밈의 획득으로 이어질 수 있다.

그렇다면 중립적이고 부적응적인 문화가 엄연히 존재한다는 사실과 문화를 영위하는 능력은 그것이 적응적일 때만 진화한다는 아이디어를 어떻게 조화시킬 수 있을까? 이를 쉽게 달성할 수 있는 2단계 방법이 있다. 첫째, 문화를 영위하는 능력이 적응적이라는 사실이 꼭 문화의 모든 사례가 적응적이라는 의미는 아니라고 보면 된다. 어떤 특성이 적응적이라고 말할 때는 그것이 평균적으로 적응적이라는 사실을 줄여 말하는 것뿐이다. 이렇게 빠져나갈 구멍을 만들면 그 즉시 부적응적 밈—또는 보이드와 리처슨이 '불량한 문화적 변종rogue cultural variants'이라 부르는 것—이 존재할 수 있는 가능성이 열린다. 여기에 더해, 2장에 등장한 길 건너는 고슴도치의 사례에서처럼 자연 선택에는 선경지명이 없음을 강조하는 것이다. 문화를 영위하는 능력이 자리를 잡는 순간, 그것이 비적응적 또는 부적응적 방향으로 이탈하는 상황을 막을 수 있는 이는 없었다.

실제로도 그런 일이 벌어진 듯하다. 문화는 상당한 정도로, 유전자의 구속을 벗어나 그 자체로, 적합도에 대한 고려와는 꽤나 별개로, 나름의 진화를 시작했다. 이는 다른 방식으로는 설명할 수 없는 현상을 설명하는 데 도움이 된다. 문화가 가끔 우리의 직관적 본능과 충돌할 때가 있다는 사실이다. 다양한 문화 체계들이 친족주의를 금하는 규칙을 가지고 있으며, 이는 비친족보다 친족을 선호하는 우리의 선천적 성향과 충돌한다. 서로에게 다른 쪽 뺨도 내놓으라고들 말하지만, 이는 우리에게 잘못을 범한 사람을 비난한다는 우리의 성향과 충돌한다. 모든 생명이 동등한 가치를 가진다고들 서로에게 말하지만, 이는 친족과 무리 내 구성원의 생명을 다른 생명 이상의 가치로 보는 우리의 성향과 충돌한다. 이를 비롯한 곳곳에서 우리의 문화적 유산과 본능적 성향 사이에 존재하는 긴장은 문화 영역의 자연 선택이 때로 생물학 영역의 자연 선택과 크게 다른 뭔가를 선호함을 시사한다. 그게 대체 무엇일까?

문화적 집단 선택

그 해답의 하나는 문화적 집단 선택론cultural group selection theory이라 불리는 이론에서 나온다.[51] 우리가 앞서 논의한 집단 선택은 유전자적 집단 선택이었다. 문화적 집단 선택도 이와 유사해서 집단 간 경쟁, 경쟁 집단을 앞서는 데 기여하는 특성들을 선택한다. 유전자적 집단 선택과 다른 점은 문화적 집단 선택의 경우 집단을 이롭게 하는 유전자가 아니라 집단을 이롭게 하는 밈들을 선택한다는 점이다. 문화적 집단 선택은 이렇게 작동한다. 집단들은 문화적으로 서로 다르다. 규범도, 주민 구성도, 외부인과 상호작용하는 방식도 다 다르다. 이러한 차이의 결과, 다른 집단보다 성공적인 집단이 생겨난다. 이 집단은 더 오래 유지되고 더 빨리 성장하며 자손에 해당하는 무리들을 더 많이 싹틔운다. 충분한 시간이 주어진다면 더 나은 기량을 보이는 집단의 문화적 관행들이 광범위한 인구 집단 내에서 우세한 것으로 자리잡는다.

문화적 집단 선택에는 때로 집단 간의 직접 경쟁이 포함된다. 예를 들어 우월한 무기나 군사 전략을 가진 집단의 경우 이를 활용해 이웃을 정복할 수 있다. 이 과정에서 해당 무기와 전술들은 그보다 효과가 떨어지는 다른 변종들에 우선해 선택된다. 그러나 집단 경쟁이 꼭 그렇게 직접적일 필요는 없다. 때로 문화적 집단 선택은 한 집단이 더 빨리 성장해 다른 집단을 밀어내는 과정만으로 일어나기도 하는데, 이를 인구학적 쇄도demographic swamping라 부른다. 그 한 가지 사례가 농경의 확산이다. 역사를 거치는 동안 농경 공동체는 수렵채집을 하는 부족보다 더 안정적이고 빠르게 팽창했고, 그에 따라 수렵채집인들이 주변부로 서서히 밀려났다. 이 과정에서 농경이 크게 확산되었다.[52]

문화적 집단 선택론의 특징적인 주장—다른 문화진화론과 구분되는 주장—은 다음과 같다. 집단에 이로운 밈은 그것을 소유한 개인에게 이롭지 않을 때도 선택될 수 있다. 가상의 예를 들어보자. 문화적 집단 선택은 이론상 "집단의 이익을 위해 네 생명을 걸어라." 같은 밈을 선호할 수 있다. 이는 개인에게는 이롭지 않은 밈이다. 그러나 그 개인이 속한 집단에 충분히 이롭다면 개인에게 이롭지 않더라도 유지될 가능성이 있다. 유전자의 눈 관점에서 엄밀히 말하면 이 밈은 문화를 가능하게 하는 탄력적 학습 기제가 낳은 부적응적 부작용에 해당할 것이다. 이 밈이 무작위적 오류에 지나지 않는다고 말하는 게 아니다. 문화적 집단 선택이 만든 믿음과 제도는 생물학적 적응과 마찬가지로 진화된 기능을 가지고 있다. 다만 그 기능이 다를 뿐이다. 믿음과 제도의 기능은 집단을 이롭게 하는 것이다. 이 생각에까지 이르렀다면 우리의 두 번째 가설을 세울 준비가 되었다.

가설 2: 문화적 진화가 개인의 적합도를 위한 것일 때도 있지만 언제나 그런 것은 아니다. 어떤 경우에는 집단의 이익에 관한 것이기도 하다. 집단 경쟁은 집단을 이롭게 하는 밈을 선호할 것이며 이는 밈의 개별 소유자에게 손해가 될 때도 마찬가지다. 이처럼 여러 문화적 산물들은, 정도의 차이는 있겠지만, 그들이 속한 집단의 생존과 성공을 촉진하기 위해 설계된다.

이 가설을 구체화하기 위해 문화적 집단 선택일 가능성이 있는 사례 몇 가지를 살펴보자. 첫 번째는 일부일처제와 관련이 있다. 이는 외계 과학자가 완전한 미스터리라고 생각할 만한 것이다. 일부일처제 자체는 미스터리가 아니다. 앞서 살펴봤듯 다른 개입이 전혀 없다면 암수 한 쌍 결합은 인간 종에서 가장 흔한 짝짓기 방식이다. 여기에서 미스터리는 높은 지위를 가진 남자가 둘째(혹은 셋째 혹은 넷째) 아내를 갖는 것을—이 관계에 포함된 당사자 모두가 행복하다고 해도—금지하는 사회가 있다는 사실이다.

역사적으로 보더라도 이는 특이한 상황에 속한다. 4장에서 논의했다시피 일부다처제는 대다수 사회에서 허용되어 왔고, 특별히 드문 현상이 아니다.[53] 그리고 이는 진화론이 정확히 예측했음직한 것이기도 하다. 다양한 종에서 일부다처제는 수컷의 번식 성공률을 크게 높일 수 있고, 따라서 자연 선택은 수컷을 일부다처로 유도하는 성향을 선호한다. 동시에 일부다처가 암컷에게 크게 불리하지도 않으므로 암컷을 일부다처로부터 밀어내는 힘도 크지 않다. 게다가 일부다처 역치 모델polygyny threshold model에 따르면 일부다처제는 암컷의 번식 성공률까지도 증가시킬 수 있다. 이는 수컷이 암컷에게 제공할 수 있는 것이 얼마나 상이한지에 좌우된다.[54] 수컷들이 별로 다르지 않다면, 그러니까 수컷 대부분이 상당히 건강하거나 자원을 훌륭히 보유하고 있다면 암컷의 입장에서는 수컷을 다른 암컷과 공유하지 않고 그에게만 전념하는 편이 더 나을 수 있다. 그러나 수컷들의 상태가 서로 크게 다를 시에는 건강하지 못하거나 보유 자원이 빈약한 수컷의 유일한 짝이 되느니 보다 건강하고 자원이 풍부한 수컷의 두 번째 짝이 되는 게 더 나을 때가 많다. 따라서 여기에서의 예측은 수컷이 제공할 수 있는 자원의 격차가 심할수록 일부다처가 더 흔해지리라는 것이다.

이는 광범위한 종에서 사실로 드러나고 있고, 인간 종에서도 최근까지는 그랬다. 세계 문명의 초기에는 가장 부유한 남자와 가장 빈곤한 남자 사이의 격차가 매우 컸으며, 꼭대기에 있는 소수가 수십 명, 더 나아가 수백 명의 짝을 거느렸다(피에 굶주린 이스마일을 기억하라). 반면 수렵채집 사회에서는 빈부 격차가 크지 않았고 일부다처제도 흔치 않은 편이었다.[55] 다시 말해, 우리의 과거 역사에 대해서는 일부다처 역치 모델이 상당한 설득력을 발휘한다. 그런데 여기 한 가지 이상한 점이 있다. 현대 서구 사회에서 최상위층과 최하위층의 빈부 격차는 그 어느 때보다도 크다. 물론 부가 남성의 손에 집중되는 정도는 전보다 덜하다지만, 어쨌든 이와 관련하여 우리의 외계 과학자는 현대 서구 사회가 지구상에서 가장 강력한 일부다처제 성향을 보이리라는 예측을 내놓을 것이다. 빌 게이츠Bill Gates와 제프 베이조스Jeff Bezos 같은 억만장자들은 수천의 아내를, 심지어는 저 옛날 전제군주들보다도 많은 아내를 가질 수도 있을 것이다. 하지만 그러지 않는다. 왜인가?

현대 서구 사회의 인간 본성이 크게 달라서 각 개인에게 일부다처의 성향이 없기 때문은 아니다—그런 성향이 아예 없다면 이를 금하는 법은 필요가 없을 것이다. 그리고 여기에 우리가 던진 질문의 답이 들어 있다. 서구인이 일부다처제를 하지 않는 주원인은 일부다처제를 금하는 동시에 일부일처제를 주장하는 법과 사회 규범들이 있기 때문이다. 그렇다면 진짜 질문은 이런 법과 규범이 어떻게 생겨났는가 하는 것이다. 이 "일부일처제 유일" 밈은 어떤 면에서는 인간 본성과 충돌하는데도 불구하고 어떻게 서구에서 번성할 수 있게 되었을까?

하인리히, 보이드, 리처슨은 그 원인을 집단 선택으로 본다.[56] 이들의 추정에 따르면 일부일처제를 고집하는 사회들은 일부다처제를 허용하는 사회에 비해 다수의 이점을 누린다. 이는 일부다처제가 잠재적 짝의 성비를 왜곡한다는 사실에 기초한다. 남성 한 명이 두 명의 짝을 갖는다면 다른 남성 한 명은 짝이 없게 된다…… 솔로몬왕이 1,000명의 짝을 가졌을 때 나머지 999명은 짝이 없었을 것이다. 그래서 일부다처제를 허용하는 사회에서는 늘 젊은 미혼 남자가 과잉이다. 3장에서 살펴봤고 또 인생에서 직접 경험하듯 젊은 미혼 남성들은 짓궂은 행위에 연루되는 위험한 습성을 가지고 있다(보다 정확히 표현하자면, 젊은 미혼 남성 다수가 상당히 올바르게 처신하지만, 사회의 말썽꾸러기들이 높은 비율로 이 집단에 속해 있는 것도 사실이다). 그 결과 일부다처제 사회는 일부일처제 사회에 비해 인구통계학과 관련된 사회적 문제들로 골치를 앓는 경우가 더 많다. 범죄율이 높고 폭력도 빈번하다. 아동 학대, 사기, 납치, 강도, 살인도 더 많이 발생한다. 전쟁에 나설 확률도 더 높다. 이 모든 것들이 일부일처제 사회에 상당한 이익으로 작용한다. 위에서 언급한 문제들로 받는 고통이 적기 때문에 부와 생산성이 더 강력해지는 경향이 있다. 이 사회들은 보다 빠르게 성장하고, 더 오래 지속되고, 때로는 다른 사회들의 모방 대상이 된다. 이 과정에서 '일부일처제 유일' 밈은 보다 널리 확산된다. 이 밈이 번성하는 건 이를 채택하는 집단에 이롭기 때문이다.

  그렇다면 집단들은 어쩌다가 일부일처혼의 제도화에 도달하게 된 것일까? 한 가지 가능성은 일부일처 규범이 지적으로 설계되었다는 것이다—멀리 내다볼 줄 아는 지도자들이 일부다처제의 금지가 종래에는 여러 사회적 문제들을 줄이고 번영과 평화를 가져오리라 예상했다는 생각이다. 그러나 이제 여러분은 이 아이디어에 목을 맬 마음이 별로 없을 것이다. 위에 나열한 사회 문제와 일부다처제의 연관성을 과학자들이 눈치챈 것은 최근의 일이다. 따라서 지금보다 정보력이 부족했던 초창기 시대의 도덕지도자와 입법자가 그렇게까지 대단한 통찰력을 가졌을 확률은 낮아 보인다. 보다 가능성 있는 시나리오는 규범과 법이 맹목적 문화 선택의 산물이라는 것이다. 사회적 병폐의 절감과는 전혀 관련이 없이 어쩌다보니 일부일처 규범으로 치우치게 된 집단들이 있었고, 이들이 곧 더 나은 기량을 발휘하며 다른 집단을 앞서기 시작했다. 일부일처 쪽으로 우연히 헛디딘 걸음들이 포착되고 확대되는 것이다. 문화적 집단 선택은 이처럼 막후에서 줄을 움직이는 조종자가 없이도, 그리고 그것의 이점을 제대로 파악하는 이조차 없이도, 일부일처혼이 서구 사회에서 규범으로 자리매김한 과정을 설명해 준다.

문화적 집단 선택은 인간 생명 컨베이어 벨트의 다음 단계, 즉 아이들과 관련된 사회 규범도 설명할 수 있다. 보다 구체적으로는 1인이 가져야 할 아이의 수와 관련한 규범을 조명할 수 있다. 세계 초기 문명들—어쨌든 살아남은 문명들—의 도덕 체계에서 지배적인 견해는 인간의 능력이 허락하는 한 많은 아이를 낳아야 한다는 것이었다. 구약성경에 등장하는 613개 계명 중 제1계명은 "생육하고 번성하라"다.[57] 마찬가지로 하디스에서 무함마드는 한 남자에게 "자애롭고 다산하는 여인과 혼인하라. 너로 하여금 내가 많아질 것이니."라고 조언했다.[58] 이런 생각들이 어떻게 널리 퍼지게 되었을까?

문화적 집단 선택론이 제안하는 답은 '생육하고 번성하라'는 종류의 규범을 채택한 집단이 번식을 절제하는 집단보다 성공적인 경향이 있었다는 것이다. 농경으로 전환한 후에는 사망률이 극도로 높았고, 따라서 어떤 농경 집단이건 그들의 생존은 상대적으로 높은 출산율을 유지하는 데 달려 있었다. 벌집의 벌들처럼 아이들을 생산해 내는 집단은 훨씬 빠르게 성장했고, 이것이 다른 집단과의 경쟁에서 세 가지 주요 이점으로 작용했다. 첫째, 집단의 규모가 클수록 감시에 투입할 눈과 방어에 보탤 주먹이 늘어나 약탈당할 위험이 감소한다. 둘째, 집단의 규모가 클수록 집단 대 집단의 실랑이에서 승리할 확률이 높으며, 이는 더 뛰어난 전사들과 대적할 때도 마찬가지다. 셋째, 집단의 규모가 클수록 더 작고 취약한 집단을 약탈하거나 병합할 능력도 커진다. 이러한 이유로 문화적 집단 선택이 높은 번식력을 보장하는 규범을 선호하리라는 예측이 나온다.[59]

다만 이는 세계 초기의 농경 사회를 바탕으로 한 예측이다. 시대와 장소가 달라지면 다른 형태의 번식 규범이 주목을 받게 될 수도 있다. 유목을 하는 수렵채집 사회의 경우, 집단의 차원에서는 너무 많은 자손을 갖는 것이 너무 적은 자손을 갖는 것만큼이나 심각한 위협이다. 여성이 아이를 낳자마자 다시 임신을 한다면 완전히 의존적인 아이 둘을 갖게 되는 셈이다. 이는 산모 본인에게도 힘든 일이지만 집단에게도 방해가 된다. 이런 상황에서 출산율을 보다 관리가능한 수준으로 낮추는 데 도움이 되는 규범이나 믿음—예를 들어 출산 후 섹스를 재개할 시점에 관한 규범들—이 선택될 가능성이 높을 것이다. 이러한 믿음들이 무엇인지, 그것이 현실을 얼마나 제대로 반영하고 있는지는 중요치 않다는 사실에 주목하라. 중요한 것은 이 믿음이 그 보유자의 행위에 미치는 영향이다. 남아메리카의 유와U'wa인을 살펴보자. 유와 신화에 따르면 쌍둥이는 불운을 들여온다. 그렇기 때문에 쌍둥이를 낳으면 아이 하나 또는 둘을 즉시 죽여야 한다.[60] 두말할 것도 없이 이는 순전한 미신이다. 하지만 이 미신은 유와인들의 번식 수준 최적화에 기여하는 측면이 있기 때문에 선택되었을 가능성이 있다. 문화적 집단 선택에 관한 한 특정 관행이 잘못된 세계관에 뿌리내리고 있는가 여부는 상관이 없다. 사실, 보다 정확한 시각—그러니까 쌍둥이가 불운을 불러오지 않는다는 믿음—은 출산율을 낮게 유지하려는 유와인의 논리를 훼손하여 오히려 집단의 이익에 반하는 쪽으로 작용할 수 있다. 요컨대 문화적 진화에서 중요한 것은 어떤 믿음이 행동에 미치는 효과이지 그 믿음이 현실에 부합하는지 여부가 아니다.[61]

이러한 통찰은 문화의 또 다른 주요 영역, 즉 종교의 설명에도 일조한다. 데이비드 슬로언 윌슨과 아라 노렌자얀Ara Norenzayan 등의 여러 학자들은 종교의 상당 부분이 문화적 집단 선택에 의해 형성되었다고 주장한다.[62] 날카로운 이

빨이 먹잇감을 물어뜯는 기능을 수행하는 것처럼 종교는 개인의 집합을 사회적 응집력을 지닌 집단으로 조직하는 기능을 수행한다. 이를 활용하면 세계 종교의 주요 특징들을 설명할 수 있다. 노렌자얀의 견해에 따르면 그중 가장 중요한 것이 바로 신神에 대한 만연한 믿음이다. 신은 우리의 행위를 추적하고 선을 넘는 행동에는 벌을 주는 강력한 초자연적 존재다. 이러한 존재들에 대한 믿음은 인류 보편의 것은 아니고, 규모가 큰 사회에서만 발견된다. 이는 그들의 존재가 대규모 사회에서만 필요하다는 의미이기도 하다. 진화심리학자 로빈 던바Robin Dunbar의 주장대로 100~200명으로 구성된 집단은 우리의 사회적 본능만으로도 원활한 운영이 가능하다.[63] 집단 내 구성원 모두를 알고, 그들의 행위를 확인할 수 있으며, 승인과 비난 등의 일상적 도구로도 구성원의 사회 동조를 이끌어 내고 유지할 수 있다. 그러나 집단의 크기가 이 규모를 넘어서는 순간부터는 낯선 자, 또는 낯선 자에 가까운 이들과 조우하는 빈도가 부자연스럽게 높아지며 보통의 사회적 도구가 더 이상 제 기능을 하지 못한다. 사회적 응집력이 약화되고 집단은 붕괴되기 시작한다……. 이를 막으려면 새로운 제도들이 개입해 우리의 사회적 본능이 미치지 못하는 영역에서의 응집력을 강화해야 한다.

노렌자얀에 따르면 바로 이 지점에서 신이 등장한다. 신에 대한 믿음은 부자연스럽게 거대한 사회에서 부자연스럽게 높은 수준으로 발견되는 협력의 조성에 기여하는 측면이 있다. 그 작동의 원리는 단순하다. 사람들은 감시가 있을 때 훌륭히 처신한다. 경찰차가 보일 때 주행 속도를 늦추는 것과 마찬가지로, 우리는 전지전능하고 도덕적인 신이 우리의 모든 움직임을 지켜보고 있다고 믿을 때 사회 규범을 더 준수하는 경향이 있다. 물론 사람들이 정도正道를 걷게 하는 방법에 신만 있는 것은 아니다. 일부 전통 사회는 업보와 윤회의 교리를 선택하고 현대의 세속 사회는 경찰, 법원, CCTV 카메라를 선택한다. 그럼에도 신은 우리의 반사회적 성향을 길들이는 문제에 있어 역사적으로 중요한 해법이며, 문화적 집단 선택에 의해 형성되었을 가능성이 있다.

단, 사람들은 "집단에 유익한 것"과 "유익한 것"을 동의어로 상정하는 경향이 있으므로, 문화적 집단 선택의 산물이 언제나 아름다운 것은 아니라는 사실을 강조할 필요가 있겠다. 문화적 집단 선택이 집단 내 협력과 충성심을 선호하는 것은 사실이다. 그러나 다른 집단을 향한 비인도적 행위와 적대감 또한 선호할 수 있다. 실제로는 집단 내에서도 형제애나 자매애를 언제나 보장하지는 않는다. 형제애나 자매애가 집단의 성공을 촉진하는 방법이기는 하겠으나, 유일한 방법인 것은 아니다. 거짓과 폭정과 폭력이 집단을 하나로 모아 적을 앞서도록 돕는다면 문화적 집단 선택은 거짓과 폭정과 폭력을 선호할 것이다. 여기 담긴 교훈은 명확하다. 집단에 유익하다고 해서 집단 내 개인에게 혹은 도덕적 의미에서 반드시 유익한 것은 아니다.

유전자적 집단 선택과 마찬가지로 문화적 집단 선택에도 논란이 따른다. 증거보다 이론이 훨씬 많은 분야이고, 문화적 집단 선택의 타당성을 모두가 확신하는 것도 아니다. 그렇지만 이 이론은 외계 과학자의 질문에 답을 내놓겠다는 우리의 과업에 또 하나의 잠재적 생명줄을 달아준다. 인간의 도덕 체계와 종교는 왜 그토록 빈번히 우리를 압박해 자신의 이익보다 집단의 이익을 앞세우게 만들고, 왜 그렇게 인간의 본성을 거스르도록 강요하는가? 우리는 왜 유전자 기계 모델에 입각하여 내놓는 예측보다 이타적이고 협력적으로 행동하는가? 그리고 사람들은 왜 집단 내 구성원은 기꺼이 돕고자 하면서, 다른 모두에게는 집단적으로 맞서는가? 이 모든 질문에의 대답은 오랜 세월을 거치는 동안 문화적 집단 선택이 집단의 이익을 촉진하는 밈들을 선호했

고, 이를 위해 때로는 해당 밈을 보유한 개인의 손실까지 감수하도록 만들었다는 것일 수 있다.[64]

우리의 도구함에 문화적 집단 선택이 추가됨에 따라, 이제 개인에게 이로운 문화 요소와 집단에 이로운 문화 요소를 설명하는 데 필요한 자원들을 확보했다. 그러나 우리도 이미 알다시피 아직 설명되지 않는 문화의 양상들은 많다. 행운의 편지와 바이러스 허위 경고처럼 문화의 어떤 측면들은 개인에게도 집단에게도 이롭지 않고, 오직 자기 자신에게만 이로운 경우도 있다. 이 통찰을 우리가 가진 문화의 개념과 결합하려면 관점을 근본적으로 바꿔야 한다. 진화에 대한 유전자의 눈 관점에 상응하는 문화적 등가물이 필요한 순간이다.

이기적 밈

사회의 진화와 인종의 정신적 성장, 그리고 미스터 다윈이 설명했던 동물학적 진화 사이에는 나로서는 지금껏 결코 눈치채지 못했던 놀라운 유사점이 존재한다.

—윌리엄 제임스

자연 선택은 만유인력과 판 구조론에 버금가는 과학계의 위대한 아이디어다. 그러나 이 이론을 어디까지 확대할 수 있을까? 그러니까, 어디에까지 적용할 수 있을까? 만유인력은 우주 모든 곳의 모든 물질에 적용된다. 판 구조론은 지구의 표면에만 적용된다. 자연 선택의 경우에는 어떠한가? 사람들 다수는 그에 대한 분명한 답을 가지고 있다. 자연 선택은 유전 물질에 적용되며, 지구상에서 유전 물질은 유전자를 의미한다. 그러나 리처드 도킨스에 따르면 이건 실수다. 제대로 이해하기만 한다면 자연 선택은 훨씬 깊숙한 곳으로까지 이어지며 훨씬 대단한 보편성을 확보한다. 『이기적 유전자』와 그 이후의 연구에서 도킨스는 보편적 다윈주의universal Darwinism라 부르는 관점의 틀을 잡았다. 보편적 다윈주의의 핵심 아이디어는 유전자를 포함한 어느 복제자에든 자연 선택이 작용한다는 것이다. 2장에서 논의한 대로 복제자는 세계—사실상 우주—에서 자신을 복제시키는 모든 것을 의미한다. 복사의 과정이 완벽에 미치지 못하는 한 어쩔 수 없이 오류가 발생하고 새로운 변종이 만들어진다. 이 변종의 일부는 순전히 운에 따라 복제 속도를 남들보다 높이는 자질들을 갖게 된다. 특별한 재난 상황이 없다면 이 변종들은 결국 복제자 집단을 압도하게 될 것이다. 지난 40억 년 세월의 대부분 기간 동안 이 지구상에 복제자는 단 하나, 유전자뿐이었다. 그러나 도킨스의 주장에 따르면 상대적으로 최근에 해당하는 역사에서 새로운 복제자가 등장해서는 지금 우리 코앞에 앉아 있다. 사실 우리의 코 너머, 두뇌 속에 앉아 있다. 천부적 용어제조기인 도킨스는 이 새로운 복제자에게 밈이라는 이름을 붙여주었다.[65]

앞서 살펴본 대로 밈은 문화의 단위다. 아이디어, 믿음, 관행을 비롯한 다른 무엇이든 사회적 학습을 통해 전수될 수 있다. 도킨스의 견해에 따르면 밈은 정신에서 정신으로 점프하며 유전자와 동일한 방식으로 자연 선택의 대상이 된다. 말하자면 밈이라는 개념 자체가 곧 하나의 밈으로, 이 밈은 지금 이 책을 통해 여러분의 머릿속으로 전달되고 있다. 이 밈이 여러분의 마음에 든다면 다른 누군가에게 다시 전달될 것이다(긍정적 선택). 혹여 마음에 들지 않는다면 전달되지 않을 것이다(부정적 선택). 지금까지 이 밈은 아이디어 시장(다른 말로 밈 풀meme pool)의 생존 경쟁에서 좋은 성과를 내왔다. 보이드와 리처슨은 이 문화의 단위에 문화적 변종cultural variant이라는 새로운 이름표를 달아주자고 제안했지만 그렇게 큰 주목을 끌지 못했다. 윌슨과 럼스덴이 제안한 문화유전자culturgen는 완전히 실패였다.[66] 이처럼 밈은 다른 어떤 경쟁자보다도 훨씬 중독성 있는 것으로 입증되었다. 사실 너무도 훌륭히 만들어져서 '옥스퍼드 영어 사전'에까지 등재되었다.

무엇이 이 아이디어를 그토록 성공적으로 만들었을까? 도킨스가 이 용어를 단순히 문화의 요소에 붙이는 이름으로만 생각했다면 밈은 이미 오래 전에 소멸되고 말았으리라는 생각이 든다. 그러나 밈에는 훨씬 많은 것들이 담겨 있다. 밈 연구자들의 핵심적이고 특징적인 주장은 생물학 영역에서 자연 선택이 이기적 유전자를 선호하는 것과 똑같이 문화의 영역에서 자연 선택은 이기적 밈을 선호한다는 것이다. 이기적 밈은 일생일대의 목표가 문화 속에서 생존하며 스스로를 전파하는 것인 양 행동하고, 이 목표를 위해 자신의 보유자에게 영향을 미친다. 이기적 유전자에 대해 윌리엄 해밀턴이 1963년에 했던 진술을 환언하면, 밈의 확산을 결정하는 궁극적 기준은 그것이 우리 또는 집단을 이롭게 하는지 여부가 아니라 밈 자신을 이롭게 하는지 여부다.

두 가지 사례를 살펴보자. 첫 번째는 애플파이와 아이스크림이다. 인간 사회에서 애플파이와 아이스크림 밈이 번성한 것은 두뇌의 쾌락 중추를 강력하게—사실상 자연 환경 속 어떤 것보다도 강력하게—활성화하기 때문이다. 너무 많이 먹으면 우리에게 이롭지 않지만, 그건 상관이 없다. 밈이 확산되는 것은 우리에게 이롭기 때문이 아니라 밈 자체에게 이롭기 때문, 그러니까 이 밈 자체가 확산에 능하기 때문이다. 분명히 말하지만 유전자와 마찬가지로 밈 또한 확산을 원하거나 확산에 좋은 게 무엇인지 알고 싶어하지 않는다. 애플파이는 그냥 애플파이일 뿐이다! 여기 담긴 아이디어는 단순하다. 특정 문화에서 어떤 밈이 우위를 차지하게 되는지 이해하고 싶다면 해당 밈이 우리나 집단의 적합도에 미치는 영향이 아니라 밈 자신의 전달 가능성에 미치는 영향을 살펴야 한다.

두 번째 사례는 언어와 관련이 있다. 특정 언어의 단어들은 대부분 유용하다. 그렇기 때문에 우리가 이 단어들을 사용하고, 그렇기 때문에 이들이 문화 속에서 생존한다. 그러나 대니얼 데닛이 지적한 대로, 모든 단어가 유용한 것은 아니다. 어떤 단어는 우리에게 무용지물임에도 단어 자체의 생존력이 뛰어나 살아남기도 한다. 이런 단어들은 언어계의 정크 DNA(DNA 내 아무런 유전 정보도 갖고 있지 않은 부분—역자주)다. 이들의 성공 비결 중 하나는 우리가 그들의 존재조차 모른다는 점이다. 데닛은 한 학생에게 이 아이디어를 개략적으로 설명했고, 학생은 예를 들어줄 것을 요청했다. 데닛이 대답했다. "글쎄, 그러니까, 그건, 그러니까, 유행어 같은 것이나, 그러니까, 음성틱verbal tic처럼, 그러니까, 나쁘지만 전염성이 강한 습관 같은 게, 그러니까, 소집단 사이에서 퍼져나가고, 그러니까, 의사 전달상 이점을 전혀 제공하지 않는데도, 그러니까, 굳건히 자리를 잡는 거야." 학생이 대답했다. "이해했어요. 제 말은, 그러니까, 예를 들어 주시라고요."[67]

요컨대 밈은 진화과학자들이 사용하는 기술적 의미(즉, 유전자 전파를 촉진)나 혹은 일반인이 일상적으로 사용하는 의미(즉, 행복이나 안녕을 촉진)에서 적응적이기 때문에 선택되는 게 아니다. 우리에게 유익하기 때문에 선택되는 것도 아니다. 흡연 밈은 그 밈의 보유자를 죽인다는 사실에도 불구하고 성공적이다. 밈은 우리가 좋아해서 선택되는 것도 아니다. 귀벌레로 불리는 곡조들은 머릿속에서 윙윙거리는 한 마리 파리처럼 짜증스럽다는 사실에도 불구하고 성공적이다. 밈이 '참'이라서 선택되는 것도 아니다. 프로이트의 밈은 그의 가장 유명한 주장들 모두가 거의 확실히 거짓이라는 사실에도 불구하고 성공적이었다. 궁극적으로 밈이 선택되는 이유는 단 하나이다. 밈 풀에서 계속 유통될 수 있도록 하는 속성들을 가지고 있어서다.

이 무난한 출발점에서 다소 심오한 결과들이 도출된다. 첫째, 밈은 문화 경쟁을 거치면서 생존과 확산에 더욱 능숙해진다. 음식은 더 먹음직스러워지고, 음악의 중독성은 더 강해지며, 이야기들은 더 흥미로워진다. 폴 그레이엄Paul Graham의 말대로 세계가 보다 중독적으로 변해간다.[68] 둘째, 충분한 시간이 주어지면 밈은 상호 도움이 되는 군집들로 나뉜다. 이 현상을 밈플렉스memeplexes라 부른다. 밈플렉스에는 미적분학에서 정치 이데올로기에 이르기까지 모든 것이 포함된다. 유전체 속 유전자들과 같이 밈플렉스 속 밈들은 서로 협력하며 공진화할 수 있다. 예를 들어 "종교를 위해 생명을 바쳐야 한다."는 믿음이 "사후에도 삶은 계속된다."는 믿음과 공진화할 수 있는 것이다. 한 밈이 다른 밈을 강화할 수 있고, 다른 밈의 존재 속에서 더 안정적으로 번성할 수 있다. 셋째, 자연 선택이 생물학의 영역에서 지적 설계의 착각을 불러일으키듯, 문화 영역에서도 마찬가지다. 밈과 밈플렉스는 스스로를 보호하고 촉진하고 인간의 정신에서 전파될 목적으로 지적 설계된 존재처럼 보일 수 있다. 물론 실제로도 여러 밈들이 이런저런 이유에 의해 지적으로 설계된다. 그러나 맹목적이고 무심한 선택이 우리의 제도와 믿음 체계 내에 다층적인 설계들을 숨겨둔 것일 가능성도 있다. 생물학적 적응들이 으레 그렇듯 밈과 밈플렉스 또한 우리 누구도 알지 못하는 목적을 우리 누구도 이해할 필요가 없는 방식으로 달성하도록 설계되었을지도 모른다.

밈의 개념으로 문화에 접근하는 방법은 우리가 앞에서 살펴본 적응적—문화 이론과 문화적 집단 선택 이론의 대안처럼 보이기도 한다. 그러나 내 생각에 이는 타당하지 않다. 대신 밈 접근법은 대단히 중요한 하나의 틀로 두 접근법을 통합하는 동시에 그 둘을 훌쩍 뛰어넘는다. 밈은 우리 안에 살고 우리에게 의존해 자기 존재를 지속하기 때문에 밈이 스스로를 돕는 최선의 방법은 우리를 돕는 것일 경우가 많다. 따라서 어떤 문화 속에서 가장 성공적인 밈이라고 하면, 가라앉지 않는 어선 혹은 감시자의 부재 속에서 올바른 처신을 이끌어 내는 신의 존재처럼 우리 개인의 적합도를 높이거나 집단의 생존을 돕는 것들이다. 하지만 늘 그렇다고는 할 수 없으며, 바로 이런 경우에 밈 접근법이 미진한 부분을 보완한다. 밈 접근법은 다른 이론이 설명할 수 없는 것을 설명한다. 여기에는 행운의 편지, 귀벌레, 흡연 등이 포함된다. 나중에 살펴보겠지만 문화의 보다 중대한 양상들 또한 포함된다.

문화에 대한 다른 접근법들의 통찰을 통합하는 동시에 그것을 넘어서는 밈 연구는 진화에 대한 유전자의 눈 관점과 매우 닮아 있다. 앞에서 논한 대로 유전자들은 보유자의 생존 또는 번식 성공률을 높이는 데 기여한다는 이유로 선택되고는 한다. 그러나 유전자가 보유자에게 도움이 되지 않을 때—예를 들어 보유자의 친족에게 도움이 될 때—조차 선택될 수 있다는 사실도 앞에서 살펴봤다. 두 시나리오 모두를 아우르는 일반 법칙은 유전자가 유전자 자신에게 기여하는 한 선택된다는 것이다. 밈의 경우도 마찬가지다. 밈은 보유자의 적합도 또는 집단의 적합도 증진에 기여할 때 선택된다. 그러나 보유자에게 도움이 되지 않는데도 선택되는 상황이 존재한다. 두 시나리오 모두를 아우르는 일반 법칙은 유전자와 마찬가지로 밈도 밈 자신에게 기여하는 한 선택된다는 것이다. 여기에서 우리의 세 번째 가설이 만들어진다.

가설 3: 문화적 진화는 가장 적합한 유전자, 개인, 집단의 생존에 관한 것이 아니다. 문화적 진화는 궁극적으로 가장 적합한 밈의 생존에 관한 것이다. 밈과 밈플렉스는 문화 경쟁을 거치는 동안 인간의 정신과 문화에서 스스로를 전파할 목적으로 지적 설계된 존재처럼 보인다. 이들은 종종 보유자나 보유자가 속한 집단에 기여하는 것으로 이 목적을 달성한다. 그러나 때로는 인간에게 전혀 도움이 되지 않는 방식으로, 오히려 적극적으로 해를 끼치는 방식으로 이를 달성하기도 한다.

문화에 대한 밈 접근법이 처음에는 다소 기이하게 들릴 수 있다. 그렇다면 이제부터 보다 세부적으로 살펴보면서 타당성 여부를 확인하도록 하자.

밈의 성공 전략

밈은 어디에나 있다. 친구와 얘기할 때, 우리는 늘 새로운 밈에 노출된다. TV 전원을 켜거나 인터넷에 접속하거나 거리를 걸을 때, 우리는 늘 새로운 밈에 노출된다. 매일 더 많은 농담, 더 많은 흥밋거리 얘기, 더 많은 의견 등 우리 뇌에 담을 수 있는 수준보다 많은 밈에 노출된다. 이 중 어떤 것이 장수하고 번성하며, 어떤 것이 소진되거나 사라지는가? 수전 블랙모어Susan Blackmore 가 저서 『밈 기계The Meme Machine』에서 언급한 대로 "밈의 숙주(예를 들어 두뇌)로 가득한 세상을 그려보라. 그리고 숙주보다 훨씬 많아 머물 곳을 찾지 못할 밈들로 가득한 세상을 그려보라. 이제 질문해 보자—안전하게 머물 곳을 찾고 다시 전파되기 시작할 확률이 높은 밈은 무엇이겠는가?"[69]

유전자적 진화가 그렇듯 이는 부분적으로 운의 문제, 또는 우리가 밈의 부동memetic drift이라 부를 문제다.[70] 예를 들어 어떤 대의나 음모론이 어느 유명인 또는 사상적 지도자의 머릿속에 들어갈 방법을 우연히 발견이라도 한다면 자력으로는 절대 달성할 수 없을 정도로 신속히 그리고 느닷없이 들불처럼 번질 수 있다. 그러나 밈의 성공이 온전히 우연에만 달린 것은 아니다. 어떤 밈은 다른 밈들에 비해 전파 가능성이 높다. 블랙모어의 관찰에 따르면 밈이 자신의 "시장 점유율"을 늘리기 위해 반드시 해야 할 두 가지가 있다. 첫째, 사람들의 정신으로 들어갈 길을 찾아야 한다. 이는 밈이 인간의 관심을 장악하고 그에 대한 생각을 멈출 수 없게 만들어야 한다는 문화적 선택 압력을 야기한다. 둘째, 밈은 인간 행위에 영향을 미쳐 자신의 확산을 유발할 수 있어야 한다. 이는 밈을 언급하고 전수하고 타인에게 강요할 동기가 필요하다는 문화적 선택 압력을 만들어낸다.[71] 귀벌레는 두 조건 모두를 충족한다. 일단 귀벌레에 꽂히고 나면 머릿속에서 제거하기 힘들다(기준1). 그리고 흥얼거림이나 휘파람을 통해 여러분의 주변인—자신에게 귀벌레를 옮겼다는 이유로 이제는 여러분을 미워하고 있을 사람들—에게 전달한다(기준2). 밈의 눈 관점에서 이는 문화 일반의 상징과도 같은 것이다. 문화는 귀벌레로 가득한 거대 주머니다.

이 선택 압력이 각각 어떻게 작동하는지 자세히 살펴보자. 첫째, 밈이 우리의 관심을 장악하고 머릿속에 자리잡는 방법은 무엇인가? 가장 기본적으로 밈은 인간 정신 본연의 구조와 잘 어울릴 때 가장 훌륭히 전파된다. 내가 제일 좋아하는 사례는 색채 용어다.[72] 기본색을 표현하는 단어의 수는 언어에 따라 다르다. 가장 적으면 2개, 가장 많으면 11개다. 따라서 사람들이 색에 대해 말하는 방식은 문화적으로 꽤나 가변적이다. 그러나 혼돈의 와중에도 질서는 있다. 어떤 문화에 기본색 용어가 오직 2개뿐이라면 늘 흰색과 검정색이다. 어떤 문화에 기본색 용어가 오직 3개뿐이라면 늘 흰색, 검정색, 그리고—여러분이 맞춰볼 수 있겠는가? 계속 읽어나가기 전에 여러분 나름의 추측을 해보라(이것은 여러분이 추측을 마치기 전에 무심코 다음 문단을 읽는 것을 방지하기 위한 문장이다).

정답은 빨간색이다. 흥미로운 것은 사람들 대부분이 이를 정확히 추측해 낸다는 점이다. 마치 우리가 우리의 정신을 들여다보고 빨강이 가장 핵심적인 색채라는 사실을 내적으로 알아채는 듯하다. 빨강이 그토록 핵심적이라는 사실에는 우리가 가진 시각 체계의 기본 설계상의 어떤 요소가 반영되어 있고, 이것이 전 세계 언어의 색채 용어에 그 흔적을 남긴 것이다.

여기서 끝이 아니다. 4~5개의 기본색 용어를 가지고 있는 문화의 경우 검정색, 흰색, 빨간색 뒤에는 대개 파란색과 노란색이 나오고, 둘 사이에 순서의 구분은 없다. 6~7개의 기본색 용어를 가지고 있는 문화에서는 대개 녹색이 나오고 갈색이 뒤를 잇는다. 7개가 넘는 기본색 용어를 가진 문화에서는 오렌지색, 회색, 분홍색, 보라색이 뒤따라 나오며 이들 사이에 순서의 구분은 없다. 결론적으로 전 세계 문화의 색채 용어에는 상당한 가변성과 일반성이 혼재하며, 이때의 일반성은 시각 체계라는 인간 종 전형의 설계에서 비롯된다. 우리는 우리 정신의 기본 구조에 더 잘 부합하는 색채 개념들을 생각해 낼 확률이 높고, 이 개념들이 확산될 확률 또한 높다.

이 원칙은 낮은 수준의 지각 범주뿐 아니라 보다 복잡한 사회적 사고에도 적용된다. 인간은 세계를 "우리"와 "그들", 선인과 악인, 내집단과 외집단으로 나누는 선천적이고 거부가 거의 불가능한 경향을 가지고 있는 듯하다.[73] 우리는 이를 정치, 종교, 스포츠, 국민적 자긍심 등 모든 곳에서 목격한다. 예수에게 있어 빈자와 짓밟힌 자들은 내집단이었고 바리새인과 부자들은 외집단이었다. 마르크스주의자의 경우(예수만큼이나) 노동자 계급은 내집단이었고 지배 계급은 외집단이었다. 나치에게는 아리아인이 내집단이었고 유대인이 외집단이었다. 그리고 일부 급진적 페미니스트와 레즈비언 분리주의자에게는 여성이 내집단이고 남성이 외집단이다. 표면상으로는 이러한 철학들이 아주 다르게 보인다. 그러나 이들은 뿌리 깊은 구조적 공통점을 공유하고 있다. 인류를 친구와 적으로 나누는 것이다. 이런 식으로 사회적 세계를 잘게 쪼개는 것이 인간에게는 너무도 자연스러운 일이기 때문에, 이 주제를 이용하는 밈들은 적재적소에 들어가는 테트리스 조각처럼 여러 사람의 마음을 비집고 들어간다. 이를 통해 자신의 확산 가능성을 높인다.

다른 사례들도 동일한 패턴을 따른다. 앞서 살펴봤듯 인간의 관심은 자연스레 섹스, 관계, 친족, 지위, 위협 관련 정보로 쏠린다. 그 결과 진화적으로 유관한 주제와 관련이 있는 밈들이, 예를 들면, 볼베어링 기법과 관련한 밈들에 비해 널리 확산될 가능성이 높다. 게다가 이런 주제들 내부에서조차 다른 밈보다 특히 잘 확산되는 밈들이 있다. 사람들은 근친상간에 대한 자연스러운 혐오를 가지고 있으며, 따라서 근친상간을 금기시하는 밈이 근친상간에 우호적인 프로파간다보다 널리 확산될 가능성이 높다. 인간은 섹스와 친밀감에 대한 자연적 욕구를 가지고 있으므로 연애 관련 주술과 관계의 조언이 독신주의 밈보다 널리 확산될 가능성이 높다. 또한 우리는 죽음에 대한 자연적 공포를 가지고 있기 때문에 사후 세계의 위안을 주는 밈이 죽으면 끝이라는 밈보다 널리 확산될 가능성이 높다.[74] 어쨌든 일반 법칙은 인간 본성의 윤곽과 잘 어울리는 밈이 인간의 두뇌 공간 확보를 위한 다툼에서 우위를 차지한다는 것이다. 반면 우리의 진화된 본성에 경의를 표하지 않는 밈들은 생물학적 현실의 암초에 부딪쳐 난파되고는 한다.

물론 모든 정신이 다 같지는 않으며, 정신에 따라 번성하는 밈들도 제각각이다. 예를 들어 양자역학의 밈은 오직 고도로 지적인 정신에서만 뿌리내리는 반면, 극단적인 정치 견해와 근본주의적 종교 신념은 보다 지적이지 못한 정신에서 안정적으로 번영하는 듯 보인다.[75] 개인의 성격도 중요하다. 참신한 밈은 개방적 특성이 높은 이들 사이에서 번성하는 반면, 염세적인 밈은 우호적 특성이 낮은 이들 사이에서 번성한다. 사실상 모든 심리적 특성과 마찬가지로 지능과 성격 또한 부분 유전이 가능하다는 사실에 주목하라—그러니까 이러한 자질들의 개인차는 유전자의 차이에서 기인하는 측면이 있다.[76] 이는 우리가 보유하게 될 밈의 결정에 유전자가 기여하는 바가 있다는 흥미로운 결론으로 이어진다.

그러나 밈이 우리의 주의를 끌고 정신에 뿌리내린다 해도, 이는 절반의 성공만을 의미한다. 밈은 하나의 정신에서 나가 다른 정신으로 들어갈 길 또한 찾아야 한다. 이를 달성하는 방식은 나양하다. 간단한 전략 하나는 보유자의 포괄 적합도를 높이는 것이다. 일단, 해독 식단처럼 보유자의 장수 확률을 높이는 밈은 확산될 가능성 또한 상당히 높아지는데, 보유자가 장수하면 타인이 해당 밈을 복제해 갈 시간이 늘어난다는 단순한 이유에서다. 이를 반대로 뒤집으면 보유자의 수명을 단축하는 밈은 그게 무엇이든 확산 가능성이 줄어들 수밖에 없다는 얘기가 된다. 사람들이 죽은 자를 복제하는 일은 좀처럼 없기 때문이다(적어도 TV가 발명되기 전까지는 그랬다).[77] 여기 한 사례가 있다. 유럽 식민주의의 절정기에 피해 지역의 토착민 다수는 굳건한 믿음만 있으면 유럽인의 총알이 그들을 해할 수 없으리라는 생각을 갖게 되었다. 두말할 것도 없이 이 밈은 처참한 결과를 초래했다. 이 밈에 전염되었던 집단의 하나인 수단 마흐디스트Mahdists는 영국 키치너 부대의 총탄에 믿음으로 맞섰다가 단일 전투에서 11,000명의 주민을 잃었다. 이는 주민들에게도 악재였지만 밈 자체에도 악재였다. 사실상 이 밈은 자신이 보유자의 행위에 미친 영향 때문에 밈 풀에서 자멸한 것이다.

따라서 밈이 문화 속에서 확산되는 한 가지 방법은 보유자의 장수를 촉진하는 것이다. 또 다른 방법은 보유자의 번식 성공을 높이는 것이다. 보유자가 많은 자손을 갖도록 고무시키는 밈은 필연적으로 확산의 가능성을 높인다.[78] 아이들은 부모와 공동체의 신념 체계를 물려받는 경향이 있으므로 번식을 촉진하는 밈은 자동적으로 자신이 서식할 새로운 공간을 많이 건설하는 셈이다. 이는 종교의 영역에서 가장 극명히 드러난다. 보수 교파의 신도들은 대개 온건파나 종교가 없는 이들에 비해 자녀를 더 많이 낳는다. 이는 보수 교파 부모들의 유전적 적합도를 높인다. 또한 보수적 종교 밈의 밈적 적합도도 높인다. 다산의 번식 패턴은 해당 밈을 수용해 득세를 도울 아이 다수를 만들어내는 결과로 이어지기 때문이다. 일각에서는 보수 종교가 신도의 다산을 조장하는 것으로 세계적 우위를 점하고 있다고 주장하기도 한다.[79] 이를 18세기 미국 종파인 셰이커Shakers교의 사례와 비교해 보라. 셰이커교는 번식을 일제히 금하고 엄격한 금욕을 고집했다. 사제뿐 아니라 신도 모두가 금욕의 대상이었다. 익히 상상할 수 있듯, 이는 총탄이 우리를 해하지 못하리라는 믿음과 동일한 결론으로 가는 레시피였다. 데닛의 표현처럼 셰이커교는 불임을 부르는 기생충이었다. 당연한 결과지만 셰이커 밈은 이제 거의 멸종되어 역사 교과서 속에나 보존되어 있다.

이상의 사례에서 밈의 적합도는 그 밈을 보유한 이들의 적합도와 일치한다. 그러나 우리도 익히 알다시피 밈이 자신의 적합도를 높이기 위해 그 보유자의 적합도를 반드시 높여야 하는 것은 아니다. 로마로 통하는 다른 길도 있는 법이니까. 일례로 밈플렉스들은 자녀의 추가 생산을 자극하는 것에 더해 기존의 자녀에게 파고들 가능성을 높이는 방식으로도 확산을 꾀할 수 있다. 아론 린치Aaron Lynch는 저서 『사상 감염Thought Contagion』에서 동일한 종교적 전통을 가진 아이들끼리만 교육을 시켜야 한다고 주장하는 종교 밈을 예로 든다.[80] 코

쿠닝cocooning으로도 불리는 이 관행은 아이들을 경쟁적 밈들로부터 격리시킨다(인터넷의 발명 이전까지는 그랬다). 그러니까 이 관행을 가진 종교는 인간의 영혼(말하자면 그렇다는 얘기다)을 얻기 위한 경쟁에서 시작부터 유리한 고지를 점령하고 가는 셈이다. 이 전술은 보유자의 적합도를 딱히 높이지 않으면서도 밈플렉스의 확산을 촉진한다.

유전자와 밈의 중요한 차이는 밈의 경우 부모에게서 자녀로만 전달되는 것은 아니라는 점이다. 따라서 보유자의 자손뿐 아니라 모두에게 "널리 알리자"는 지침을 가진 밈플렉스는 확산가능성이 높아진다. 기독교가 거둔 성공의 한 가지 요인은 타인을 개종시키라는 지침이 교리에 포함되어 있다는 사실이다. 마태복음 28장 19~20절에서 예수는 "너희는 가서 모든 민족을 제자로 삼아 아버지와 아들과 성령의 이름으로 세례를 베풀고 내가 너희에게 분부한 모든 것을 가르쳐 지키게 하라."고 신도들을 격려한다. 기독교를 비롯한 포교 위주 종교가 자이나교나 유대교 등 포교 활동이 상대적으로 적은 종교에 비해 더 많은 신도를 확보하고 있는 것은 우연이 아니다.[81] 포교가 행위자 또는 대상자에게 직접적 이익을 안기는 것은 아니다. 그러나 해당 종교에는 명확하고 분명한 이로움을 안긴다. 섹스가 유전자를 퍼트리기 위해 진화했듯 포교는 밈을 퍼트리기 위해 진화했다.

진화에서 성공은 늘 상대적이다. 여러분과 내가 마라톤을 하는데 여러분이 뒤쳐진다면 내가 굳이 빨리 달리지 않아도 내 상대적 순위는 올라간다. 따라서 밈플렉스가 출세에 성공하는 또 다른 방법은 경쟁을 줄이는 것이다. 종교와 정치 이데올로기를 포함한 밈플렉스 다수가 경쟁자들이 거짓 또는 사악한 이유들을 완벽히 갖춰놓고 있다. 이 음해의 밈플렉스들은 '나는 나대로 살 테니 너는 너대로 살아라.'라는 라이벌들에 비해 경쟁에서 우위를 점하는 경우가 많다. 이들이 음해하는 바가 지독히 불공정하거나 부정확할 때도 마찬가지다. 인정하건대, 이 전략을 채택하는 밈플렉스들에게 인생은 결코 호락호락하지 않다. 음해는 종종 그에 대항하는 음해를 낳고, 점점 심해지는 음해의 군비 경쟁을 촉발한다(일례로 현대 국가 다수의 정치 담론이 처해 있는 유감스러운 상황을 떠올려 보라). 그러나 이런 위험에도 불구하고 음해와 비방이 밈플렉스에게 유리하게 작용하는 경우도 많다.

(경쟁자 밈을 공격하는 행위가 늘 나쁘다는 의미는 아니다. 오히려 이는 종종 바람직한 일이다. 사회적 차원에서 아이디어의 비판은 도덕적, 지적 진보를 위한 최상의 원천이다. 또한 개인의 차원에서 비판적 사고는 특정한 종류의 유독성 밈들—빈약한 증거와 논리적으로 미심쩍은 주장을 내놓는 밈들—을 공격하고 중화하도록 설계된 '밈계의 방화벽'으로 기능한다.)

어떤 밈의 운명이 고유의 끈질김이나 확산성에 의해서만 결정되는 것은 아니라는 점 또한 중요하다. 다른 요인들도 영향을 미친다. 그중 하나가 '밈 벡터(해당 밈을 분출하는 자)'의 권위다. 예를 들어 가톨릭 신자들은, 실제로는 아닐지라도 이론상으로는, 교황이 내놓는 밈을 자동적으로 수용한다. 사실 가톨릭 교회는 교황이 특별한 국면에 오류 없는 밈을 내놓는다고 주장해 왔다. 따라서 교황의 머릿속에 들어갈 길을 찾아내는 밈들은 다른 방식에 비해 성공적인 결과를 낼 가능성이 생긴다. 그렇다면 어떤 밈의 성공을 그 밈의 외부 요인이 좌우할 수도 있는 것이다. 그럼에도 특정 외부 요인이 이미 주어진 상황이라면 선택은 우리의 이목을 끌고, 우리의 정신에서 끈질기게 버티고, 자신의 확산을 유발하는 방식으로 우리의 행위에 영향을 미치는 밈을 선호할 것이다.

밈 생태계로서의 인간 정신

비판론자들은 밈 연구가 인간 정신의 본질을 무시한다고 비난한다. 우연히 조우하는 밈들을 로봇처럼 무차별적으로 복제하는 빈 서판으로 인간 정신을 취급한다는 것이다. 이 생각이 오해에 지나지 않는다는 것을 앞선 논의들을 통해 명확히 할 수 있었기를 바란다. 밈의 성공에는 그것이 서식하는 정신의 본질이 압도적인 영향을 미친다. 그러면 이 사실을 어떻게 개념화해야 할까? 이 섹션에서 나는 두 가지 가능성을 탐구하고자 한다. 첫째, 유기체가 환경에 적응하는 것과 동일한 방식으로 밈이 우리 정신에 적응할 가능성이다. 둘째, 밈이 우리의 정신에 기생하며 그것을 자신의 목적을 위해 개조할 가능성이다 (밈 연구의 다른 비판들에 대한 논의는 부록 B를 참고하라).

밈이 우리의 정신에 적응한다는 아이디어부터 시작해 보자. 이 아이디어의 틀을 잡는 한 가지 방법은 인간의 본성이 특정 문화의 밈에 선택 압력을 만들어낸다고 보는 것이다. 원칙상 밈은 자신이 원하는 어떤 방향으로든 진화할 수 있지만 실제로는 그렇지 않다. 밈은 자신을 보유한 정신—일부는 개인의 경험에 의해, 또 다른 일부는 자연 선택에 의해 형성된 정신—의 형세에 스스로를 맞춘다. 사실 인간의 정신은 밈이 적응하는 환경에 해당한다.

문화의 진화에 이 같은 각도로 접근하면 외계 과학자의 질문에 답할 새로운 방법을 얻게 된다. 신에 대한 질문을 예로 들어보자. 신성한 존재에 대한 믿음은 우리에게 왜 그토록 자연스러울까? 왜 이 믿음은 우리의 지성을 그토록 완강하게 붙들고 있는 것일까? 찬찬히 생각해 보면 약간 이상한 일이다. 산타클로스나 이빨 요정tooth fairy(영어권 설화에 등장하는 빠진 젖니를 머리맡에 두고 자면 선물로 교환 해주는 요정—역자주)에 대한 믿음을 버리는 데 곤란을 겪는 이는 없다. 반면 신이라는 밈은 증거나 논거와는 별개로 정신에서 몰아내기가 불가능하다시피 할 때가 있는 게 사실이다. 귀벌레와도 약간은 유사한 측면이 있다. 다른 점이라고 하면 귀벌레는 짜증스러운 것으로 받아들여지지만 신은 그것을 믿는 대부분의 사람들이 극도로 좋아하며, 신에 대한 믿음을 유지할 때보다 잃는 상황을 더 우려한다. 혹자는 인간이 신을 믿도록 특별히 진화했다고, 그러니까 유신론적 믿음이 하나의 적응이라고 주장한다.[82] 그러나 그럴 가능성은 낮아 보인다. 인간의 팔이나 기본 감정처럼 명백한 적응에 해당하는 것들을 보면 평범한 인간 모두가 소유하고 있고, 그 형태 또한 인간과 문화 사이에서 상당히 유사하게 나타난다. 그러나 신의 경우에는 수백만에 달하는 이들이 믿음을 갖고 있지 않으며, 믿는 이들 사이에서도 그 개념이 너무 다양해서 그들이 사실상 같은 것을 믿고 있는지조차 논란의 여지가 있을 정도다.[83] 이 중 어떤 것도 유신론적 믿음이 적응이라는 아이디어와 쉽게 어울리지 않는다. 그러므로 수수께끼는 여전히 남는다. 신에 대한 다양한 개념들은 하나같이, 말하자면 하이젠베르크의 불확정성 원리와는 달리 인간의 마음에 무리 없이 안착한다. 우리가 신을 믿도록 진화한 게 아니라면 신이라는 존재는 우리의 정신에 어쩌면 그토록 꼭 맞을까?

밈의 눈 관점은 적응주의적 설명을 반대로 뒤집는 것으로 해법을 제시한다. 인간의 정신이 신에 맞춰 진화된 것이 아니라 신이 인간의 정신에 맞춰 진화되었다고 보는 것이다. 신이라는 밈이 강력한 설득력을 발휘하는 것은 우리가 그렇게 생각하도록 진화해서가 아니라, 이 밈이 수백 세대에 걸쳐 우리의 주목과 충성을 놓고 벌어진 문화 경쟁에서 생존한 노익장이기 때문이다. 신 밈은 우리의 충성을 다양한 방식으로 얻어낸다. 이와 관련해 도킨스는 다음과 같이 썼다.

밈 풀 속에서 신의 밈이 나타내는 생존 가치는 그것이 갖는 강력한 심리적 매력의 결과다. 실존을 둘러싼 심원하고 마음을 괴롭히는 여러 의문에 그것은 표면적으로는 그럴듯한 해답을 준다. 그것은 현세의 불공정이 내세에는 고쳐진다고 말한다.[84]

도킨스의 제안에 더해 나는 신이라는 밈이 죽음, 불운, 믿지 못할 경우 겪을 영원한 고통 등 인간 본연의 두려움에 작용한다고 말하고 싶다. 이를 비롯한 여러 면에서 신이라는 밈은 인간의 본성 및 동기와 훌륭히 어울린다. 인간의 폐가 물 밖 세계의 생태계에 맞도록 생물학적으로 진화했듯, 신이라는 밈은 인간 정신이라는 생태계에 맞도록 문화적으로 진화했다.

신만이 아니다. 음악의 뒷이야기 또한 유사할 수 있다. 인간은 누구나, 아기 오리가 물을 대하듯, 너무도 자연스럽게 음악에 빠져든다. 우리 대부분은 어릴 때부터 음악을 "받아들이고", 정서적으로 영향을 받으며, 특정 장르에 대한 특별한 애정을 발전시킨다(흥미롭게도 사람들은 특별히 싫어하는 음악 또한 가지게 마련이다). 이 가장 추상적인 형태의 예술과 우리의 이 '아기 오리와 물 같은' 관계를 어떻게 설명할 수 있을까? 여러 진화심리학자들은 신과 마찬가지로 음악도 하나의 적응이라고 주장한다. 혹자는 음악이 집단의 사기를 높이는 방법의 하나라고 말하고, 다른 이들은 음악이 청각적 형태의 공작 꼬리로 짝을 매료시키기 위한 수단이라고 말한다.[85] 그러나 역시나, 적응주의적 관점은 설득력이 떨어진다. 음악의 형태와 영향은 극도로 상이하며, 우리 대부분의 경우 음악의 창작에 담당하는 역할이 거의 없다. 따라서 음악이 적응이라고는 보기 힘들다. 그렇다고 해도 음악이 우리에게 너무도 자연스러운 존재라는 난감한 사실은 여전히 남는다. 음악과 인간 정신이 이토록 잘 어울린다는 사실을 어떻게 설명할 수 있을까?

　여기에서도 밈의 눈 관점이 구원자로 등판한다. 오랜 세월에 걸쳐 진행된 수많은 음악적 "실험" 중에서 지금까지 끈질기게 버티고 있는 것은 인간의 감정과 연결된 버튼을 특별히 자극적인 방식으로 누르는, 다시 말해 인간의 정신에 가장 편안히 자리잡을 수 있게 된 소수다. 우리의 두뇌가 음악에 맞춰 진화된 것이 아니다. 음악이 우리 두뇌에 맞춰 진화했다.[86] 우리와 다른 두뇌를 가진 문화적 동물이라면 다른 형태의 음악 체계, 어쩌면 우리가 전혀 알아볼 수 없는 형태의 음악을 진화시킬 수도 있을 것이다.

　신과 음악의 경우 힘든 일의 대부분은 문화적 진화가 담당하고, 생물학적 진화는 옆에서 구경이나 하는 존재였을 것이다. 그러나 다른 영역에서는 생물학적 진화와 문화적 진화가 업무를 보다 동등하게 분담했을지도 모른다. 가장 대표적인 사례가 언어다. 음악이나 신에 비해 말하는 능력은 어린아이들에게 훨씬 자연스럽게 어울린다. 신발끈을 제 손으로 묶거나 집 찾는 법을 익히기 전의 아이들도 언어 능력의 발달에 있어서만큼은 수화를 가장 능숙하게 한다는 유인원보다도 훨씬 월등한 모습을 보인다. 어떻게 그럴 수 있을까? 해답은 아이들이 언어를 특히 민감하게 습득하는 내재적 시기가 있다는 사실에서 찾을 수 있을 듯하다. 스티븐 핑커와 폴 블룸의 주장대로 아이들의 두뇌는 인생 초반에 진공청소기처럼 언어를 빨아들이도록 설계된 특수 신경 기계들을 보유하고 있다.[87] 그러나 이 기계가 아이들이 쉽게 언어를 배우는 유일한 이유는 아니다. 문화적 진화 또한 중요한 역할을 담당할 수 있다. 오랜 세월에 걸쳐 아이들의 언어 학습이 반복되는 동안 쉽게 익혀지는 단어와 문법들은 문화 속에서 더 오래 살아남았다. 새로운 세대의 정신은 전수되어야 할 언어의 요소들을 선별하는 거름망으로 기능했다. 이 거름망이 수천 년에 걸쳐 작동한 결과 언어는 더 배우기 쉬운 쪽으로 진화했다. 인류학자 테런스 디컨Terrance Deacon은 이 사실을 적용하면 아이들이 쉽게 언어를 습득하는 이유를 설명할 수 있다고 주장한다.[88] 아이들이 언어 습득 능력을 보유하는 쪽으로 진화했을 뿐 아니라, 인간의 언어 또한 아이들의 두뇌를 장악하도록 진화한 것이다. 생물학적 진화와 문화적 진화가 중간에서 만났다.

밈이 인간의 두뇌에서 살 수 있도록 진화한다는 아이디어는 설득력이 있다. 그러나 이를 달리, 보다 심란하게 바라볼 수도 있다. 밈은 우리 뇌에 단순히 적응하는 것을 넘어 거기 기생할 수도 있는 것이다. 생물학에서 기생충은 다른 유기체를 즉시 죽이지 않고 자신의 생존에 이용하면서 숙주의 적합도에 영향을 미치지 않거나 혹은 적극적 피해를 유발하는 개체 또는 유기체를 말한다. 우리가 사랑할지도 모르는 많은 밈들이 이 정의에 부합한다. 예를 들어 애플파이와 아이스크림은 우리의 쾌락 회로를 자극해가며 인간 사회에서 생존하지만, 우리에게 특별히 유익하지는 않다. 이들은 우리의 두뇌 회로에 기생하도록, 말하자면 달고 기름진 음식을 좋아하는 우리의 약점을 이용하도록 문화적으로 진화해 왔다. 마찬가지로 테디베어는 우리의 부모 본능에 기생하도록 진화했고, 행운의 편지는 우리의 탐욕과 잠재적 불운을 향한 경계심에 기생하도록 진화했다고 말할 수 있을 것이다. 단, 밈의 일부가 기생충이라고 해서 그들 모두가 나쁘다는 의미는 아니라는 점을 분명히 해 둬야겠다. 행운의 편지야 없어도 살 수 있겠지만, 애플파이가 기생충이라면 나는 이 기생충을 기꺼이 받아들이고 말겠다. 그러나 어쨌든 우리가 가진 여러 밈들이 기생충의 기술적 정의에 부합한다는 지적은 인간조건에 대한 흥미로운 사실의 하나다.

행운의 편지와 애플파이는 상대적으로 사소한 기생적 밈이다. 다른 사례들은 무게감이 더할 수 있다. 여러 사상가들은 종교가 정신에 기생하는 바이러스라고 주장해 왔다.[89] 이는 어쩌면 상황을 과장하는 것일 수 있는데, 종교적 신념과 관행이 적어도 어떤 면에서는 우리에게 이로운 측면이 있기 때문이다. 그러나 늘 그런 것도 아니다. 종교라는 밈은 때로 그 보유자들을 불임으로 이끈다(금욕과 포교에 투신하기로 다짐하는 경우). 그 보유자들을 죽이기도 한다(생명을 구할 의술을 거부하거나 신앙에 따라 자폭하는 경우). 이렇게 치명적 결과들은 차치하더라도 종교를 위해 치르는 대가들은 많다. 대부분의 종교들은 장시간을 할애해야 하는 복잡한 의식과 관행을 가지고 있다. 기도를 하거나, 전도를 하거나, 바늘 끝에서 몇 명의 천사가 춤출 수 있는지(무의미한 신학 논쟁을 의미—역자주) 걱정하느라 보낸 시간은 사실 먹거리 또는 짝을 찾거나 포식자를 경계하는 데 쓸 수도 있었다. 종교적 밈은 대가를 상쇄하는 분명한 이익 없이 우리의 귀중한 연료를 소진한다. 더 정확히 말하면, 우리에게 안기는 분명한 이익 없이 귀중한 연료를 소진한다. 그러나 종교적 밈 자신이 얻는 이익은 있을 것이다. 이 같은 정보 기생충에 장악당한 이들은 자신의 이익이 아니라 이 기생충의 이익을 위해 행동하게 된다.

동일한 내용이 음악에도 적용될까? 그러니까 음악은, 인간의 두뇌라는 생태계 속 틈새에서 생존하도록 진화된 기생충인가? 그럴지도 모르겠다. 언뜻 보면 음악은 진화적으로 무용한 것 같다. 뚜렷한 다원주의적 대가 없이 시간과 자원을 전용한다. 가장 극명한 사례가 귀벌레다. 종이에 베인 상처처럼 신경에 거슬리는 이 음악은 귓속 주크박스에서 매일, 상당한 시간 내내 재생된다. 물론 공짜는 아니다. 하루 내내 라디오를 켜놓는 것과 동일하게 에너지가 든다. 이런 관점에서 본다면 귀벌레가 정보 기생충이라는 아이디어를 거부하기 힘들다. 이들은 숙주의 의지와는 상관없이 두뇌의 에너지 예산 일부를 횡령해 스스로를 반복적으로, 무의미하게 전파하는 데 쓴다. 그렇다면 귀벌레가 아니라 음악 일반도 이에 해당할까? 우리의 즉각적 반응은 '아니오'다. 대부분의 경우 우리는 들을 음악을 선택하고, 음악이 좋으니까 듣는다. 우리의 흥미를 자극하는 것, 당연히 이는 음악이 자신의 확산을 위해 진화시킨 주요 전술이다. 그렇다면 음악도 두뇌에 기생하는 측면이 있다. 다시 말하지만 그게 나쁘다는 의미가 아니다. 우리 대부분에게 음악은 인생의 즐거움 중 하나이며, 따라서 우리가 음악을 포기해야 할 이유는 없다. 여기서 요점은 원래 유전자의 전파를 위해 진화한 인간의 두뇌가 문화적 진화라는 예상 밖의 변화를 만났고, 이제는 음악이라는 밈의 숙주 노릇을 하며 그것의 전파에 상당 시간을 할애하고 있다는 사실이다.

밈을 기생충으로 보는 관점을 진지하게 고민해 봐야 하는 이유는 일부 밈이 인간의 두뇌에 자신을 맞추는 데 그치지 않고 말 그대로 인간의 두뇌를 장악해 재구성하는 경우가 있어서다. 신경과학자 스타니슬라스 드앤Stanislaw Dehaene은 이를 신경재활용neuronal recycling이라 부른다.[90] 신경재활용은 한 가지 목적으로 진화된 두뇌 영역이 문화적으로 구성된 새로운 목적을 위해 동원되고 재구성될 때 발생한다. 드앤은 '읽기'를 주요 사례로 제시한다. 사람들이 읽기를 배울 때면 문자의 인지와 이해라는 새로운 과업의 달성을 위해 시각적 인식과 관련된 두뇌 영역 다수가 재조정을 거친다. 이 과정에서 시각적 인식이라는 본래의 기능을 수행하는 능력이 떨어지기도 한다. 이를 밈의 관점에서 설명하면, 진화적으로 유구한 역사를 가진 두뇌의 영역에 밈이 기생하면서 자신의 목적에 맞춰 두뇌를 재훈련하고, 원래는 적합하지 않았던 환경을 적합한 서식지로 바꿔낼 수 있도록 진화했다고 말할 수 있겠다. 이는 보다 광범위한 분야에서도 '참'일 것이다. 종교에서 음악, 고급수학에 이르는 각종 밈들은 우리의 머나먼 조상들이 땅을 식민지화하도록 생물학적 진화를 거친 것과 마찬가지로 두뇌를 식민지화하도록 문화적 진화를 거쳤다. 하지만 그 과정에서 자신이 식민지화하고 있는 바로 그 지형을 변화시켰다.

밈 적응과 밈 기계

이번 장의 도입부에서 언급했듯 사람들은 밈이라고 하면 전염성 문화들을 주로 떠올린다. 유행어, 유명문구, 귀벌레, 동화, 도시괴담, 유튜브 인기 영상 등이 유력한 용의자다. 그러나 이런 사례에만 집중하는 것은 밈의 눈 관점이 가진 저력을 심각하게 훼손하는 일이다. 도킨스의 아이디어가 갖고 있는 진짜 저력은 수백 또는 수천 년에 걸쳐 진화된 문화의 누적 효과를 함께 고려할 때 비로소 모습을 드러낸다. 단순히 특정 밈을 다른 밈보다 육성하는 대신 문화 선택은 충분한 시간의 힘을 빌려 복잡한 밈 "구조물", 즉 유기체의 속성을 가진 정보 체계를 구축할 수도 있다.

선택은 종교, 정치 이데올로기, 또는 공동 적응한 밈들의 집합과 같은 대규모 밈플렉스를 만들 수 있다. 2장에서 살펴봤듯 모든 유기체의 궁극적 기능은 유전자를 물려주는 일이다. 반면 모든 밈플렉스의 궁극적 기능은 자기 자신을 물려주고 문화 속에서 계속 존재할 수 있게 만드는 것이다. 이 목표를 위해 선택은 밈플렉스에게 생물학의 적응에 해당하는 것을 장착해 주었을 것이다.[91] 유기체는 유전자를 전달하기 위해 먹이 찾기, 적정 체온 유지하기, 적합한 짝 고르기 등을 포함한 갖가지 과업을 달성하도록 설계된 적응들을 가지고 있다. 마찬가지로 밈플렉스는 자기 자신을 전달하기 위해 추종자를 얻고 유지하기, 정신에서 정신으로 스스로를 퍼트리기, 경쟁적 밈플렉스와 비판과 공격으로부터 자신을 보호하기 등의 과업을 달성하도록 설계된 적응들을 가지고 있을 수 있다.

밈 적응의 개념은 종교와 관련하여 가장 철저히 탐구되어 왔다. 심리학자 대럴 레이Darrel Ray가 제시한 흥미로운 사례가 눈길을 끈다.[92] 그는 그토록 많은 종교들이 자위, 혼전 섹스, 쾌락을 위한 섹스 등의 흔한 성적 행위를 출산보다 비교적 강력히 금하는 이유를 묻는다. 이 행위들은 사람들 대다수가 거부하기 힘들어하고, 대부분의 경우 상대적으로 무해하다. 따라서 이 같은 금지는 기이해 보인다……. 그러니까, 이들을 밈의 관점에서 살펴보기 전까지는. 사람들이 흔히들 그러는 것처럼, 실수를 하고 규칙을 어길 때 무슨 일이 벌어지는지 보라. 그들 대다수가 후회로 고통스러워하며 종교적 노력을 배가한다. 사제 또는 설교자에게 돌아와 죄를 고백하거나 자기 종교의 경전에 새롭게 몰두한다. 레이는 이것이 금지의 핵심이라고 말한다. 금지는 특정 행위를 하지 못하게 막으려는 것이 아니다. 인간이 자신이 저지른 말 행위에 대해 죄책감을 느끼게 하려는 것이다. 이는 신자들을 자기 종교에 그 어느 때보다도 강력하게 묶어두는 역할을 한다.

이것이 사실이라면 여러 종교 규칙이 준수하기 힘들게 구성되어 있다는 것은 오류가 아니라 특징에 해당한다. 그러나 포유류의 눈처럼 설계자가 없는 설계의 사례일 수도 있다. 어느 날 아침 잠에서 깬 음흉한 종교지도자가 "사람들이 우리 종교를 버리는 것을 막기 위해 내가 무엇을 할 수 있을까? 맞다! 준수하기 힘든 도덕 규범을 만들어 본능적 갈망을 누르지 못한 이들이 죄책감을 느끼며 용서를 빌러 다시 돌아오게 할 것이다!"라는 생각을 떠올렸으리라 추정할 필요가 없다는 얘기다. 대신 이 설계는 자연 선택의 맹목적이고 무심한 과정에서 비롯된 것일 수 있다. 종교 집단들은 그 엄격함 측면에서 상이했으며, 어쩌다 보니 준수하기 힘든 규칙을 갖게 된 집단들이 신도들을 더 오래 잡아두는 경향이 있었다. 이 집단들이 상대적으로 자유로운 경쟁자들에 비해 더 오래 유지되었고, 오늘날 우리 주변에 있는 집단들로 남게 된 것이다. 그러므로 위에서 언급한 규칙들은 적응으로 볼 수 있다. 종교적 개인의 적응이 아니라 종교 그 자체의 적응인 셈이다. 장미가 제 몸에 붙은 가시의 궁극적 기능을 이해할 필요가 없듯, 적응이 작동하기 위해 개인이 그것의 궁극적 기능을 이해할 필요는 없다.

종교의 종류를 불문하고 추종자의 유지는 적응의 핵심 과제다. 다른 과제는, 특히 계몽사상의 등장 이후, 회의적인 질문들을 무력화하고 이성적인 비판을 모면하는 것이다. 거북이가 등껍질을, 나무가 나무껍질을 진화시킨 것처럼 종교는 밈 차원에서의 위협에 대항하는 여러 방어수단들을 진화시켰다. 그중 가장 중요한 것이 신앙의 개념이다. 신앙은 증거가 부재하거나, 그 자체가 전혀 말이 되지 않는 상황에서도 자기 종교의 교리들을 받아들여야 한다는 개념이다. 이는 세계 종교 다수의 공통적 특징이다. 예를 들어 기독교도의 다수는 하느님을 믿는 것이 아주 중요하다고 생각하며, 자신의 신앙이 약화된다는 느낌이 들면 그것을 유지하기 위해 무엇이든 해야 한다고 믿는다. 곰곰이 생각해보면 이는 다소 이상한 일이다. 리처드 도킨스가 저서 『만들어진 신The God Delusion』에서 질문했듯, 전지전능하고 우주 만물을 창조한 신의 입장에서 우리가 불충분한 증거에 기반해서도 그를 믿는다는 사실이 왜 그토록 중요할까? 자비로운 신은 그를 믿는 대신 우리가 서로에게 선을 행하는 것이 더 중요하다고 생각하지 않는 것일까? 반대로, 우리가 형이상학적 믿음을 확고히 갖는 것이 그토록 중요하다면 왜 자비로운 창조주는 그의 존재를 보다 설득력 있게 증명할 증거와 논거를 하사하지 않는 것일까?

이 역시 그렇게 타당한 얘기로 들리지는 않는다. 이 문제를 밈의 눈 관점에서 보기 전까지는. 도킨스의 지적대로, 이성적 비판으로부터 밈플렉스를 보호할 방법을 찾고 싶다면 맹목적 믿음이 최고의 미덕이며 그것을 의심하는 건 끔찍한 죄악이라고 믿게 만드는 것보다 나은 밈플렉스는 없다.[93] 그렇다면 실제로 자리를 잡고 앉아서 목적을 가지고 이 아이디어를 발명한 사람이 정말로 있을까? 아닐 것이다. 이 아이디어는 맹목적 선택의 산물이며, 인간이 아니라 자신이 속한 종교에 어쩌다보니 도움이 되었다는 단순한 이유로 밈들의 먹이 사슬 꼭대기까지 올라간 것일 가능성이 있다. 다음의 목록은 회의적 밈들의 무력화를 위해 설계된—설계자는 없을—종교적 적응의 후보들이다. 도킨스와 데닛의 연구를 주로 참고했다.[94]

- 신은 불가해한 방식으로 움직인다.
- 신은 우리의 믿음을 시험하기 위해 거짓 증거들을 심어 두었다.
- 악마는 우리의 믿음을 해하기 위해 거짓 증거들을 심어 두었다.
- 교리에 의문을 품는 것은 불경하고 위험한 일이다.
- 믿지 않는 자들은 지옥에서 불탈 것이다.
- 믿지 않는 자들은 공동체에서 추방되어야 한다.
- 믿지 않는 자들은 죽임을 당해야 한다.

물론, 생물학 영역에서 적응주의적 설명을 과도하게 확대할 수 있듯 문화의 영역에서도 적응주의적 설명을 과도하게 확대할 수 있다. 그렇지만 우리가 오직 두 가지 전제만을 인정하는 순간—첫째, 자연 선택은 이기적 밈을 선호하고 둘째, 장기간에 걸쳐 작용하는 자연 선택은 지적 설계의 착각을 불러일으킨다—밈플렉스가 자신의 확산을 돕도록 설계된 정교한 적응을 보유하게 되리라는 결론을 피해가기는 어렵다.

그리고 일단 이 수준에 도달하고 나면, 다음 수순은 피하기가 거의 불가능하다. 2장에서 확인한 바와 같이 유전자에 작용하는 자연 선택은 유전자 기계, 즉 유전 물질의 영속을 위해 설계된 유기체를 만들어낸다. 밈들의 세계에도 유사한 구석이 있을까? 여기서부터는 추정의 영역이지만 탐구할 가치는 충분하다. 밈은 인간이라는 숙주가 없이 독립적으로 존재할 수 없으므로 문화적 진화는 유기체의 등가물, 그러니까 독립적으로 존재하는 "밈 기계"를 만들어낼 수 없다. 문화적 진화가 사실상 할 수 있는 일은 우리를 밈 기계로 바꿔줄 사회적 제도와 믿음의 체계를 만들어내는 것이다. 바이러스가 세포를 차지하고 그들을 활용해 스스로를 전파하도록 진화하는 것처럼, 밈들도 우리의 뇌를 차지하고 그것을 활용해 밈 자신을 전파하도록 진화했을 수 있다. 정도의 차이는 있겠지만 자신의 유전자를 물려주도록 설계된 유인원을 종교와 정치 철학, 단순하게는 취미와 흥미를 물려주도록 설계된 유인원으로 바꿀 수 있을지도 모른다. 이를 일반화해보면, 인간의 역사를 거치는 동안 진화를 거듭한 이기적 밈은 그것을 우연히 획득했거나 거기 전염된 우리를 자신들의 홍보담당자로 바꿔놓았을 수 있다.[95]

이 중 어느 것 하나라도 참이라면 거기 담긴 의미는 엄청나다. 우선 내가 이 책을 쓰는 이유를 완전히 새로운 관점에서 보게 된다. 나는 밈에 전염되었고, 그 밈들이 나를 자신들의 대변자로 바꿔놓은 것이다. 무엇보다도 나는 밈이라는 밈에 이미 감염되었고, 이제 여러분 또한 감염시키려고 작업 중이다. 밈 관점의 옹호자들 전부가 전염성 밈의 위력을 홍보하는, 걷고 말하는 광고판인 셈이다. 이는 겨우 시작일 뿐이다. 밈의 안경을 쓰면 모든 것이 현저히, 놀랍도록 다르게 보인다. 대학들이 갑자기 밈의 거대한 모략처럼 보이기 시작한다. 전염된 사람들(교수진)이 아직 전염되지 않은 사람들(학생들)에게 밈을 전달하도록 설계된 모략이다. 마찬가지로 인터넷은 갑자기 빠르고 거대하게 진화하는 정보의 소용돌이로, 우리가 컴퓨터에 딱 붙어 앉아 노예라도 되는 듯 밈을 퍼트리게 하려고 설계된 것처럼 보인다.

무엇보다도 놀라운 건 인간의 역사가 문득, 서로 경쟁하는 밈의 "종들" 간 거대한 대립처럼 보이기도 한다는 점이다. 좌파 밈과 우파 밈이 민주주의 국가의 지배권을 두고 씨름한다. 이슬람 원리주의 밈과 계몽적 자유주의 밈이 세계 전역에서 다양한 방식으로 충돌하고, 방대한 전통 내 여러 밈의 계보들이 충돌한다. 20세기 역사의 대부분은 마르크스주의 밈, 파시스트 밈, 자본주의적 민주주의 밈으로 구성되었으며 이들은 우리의 육체와 목소리와 커뮤니케이션 기술을 수단삼아 치열하게 경쟁했다. 이 같은 역사적 충돌은 본질적으로 아이디어들의 전쟁이었고, 인간은 아이디어의 주도권 싸움에 동원된 수단에 지나지 않았다. 세계의 다른 곳에서 태어났다면, 아니 동네의 다른 곳에서 태어났다면 사람들 열에 아홉은 반대쪽 입장에서 싸우고 있었을 것이다. 따라서 아이디어들은 어쩌다 장악하게 된 인간들을 가리지 않고 이용해 다툼을 벌이는 것이나 마찬가지다. 작가 조니 휴즈Jonnie Hughes는 영리하게 이름 붙인 책 『천막의 기원On the Origin of Tepees』에서 이 지점을 잘 지적했다. "역사 속에서 우리 인간은 아이디어를 소유하는 능력에 자부심을 느껴 왔지만, 이 자부심은 잘못된 것일지도 모르겠다. 어쩌면 아이디어가 우리를 소유한 것인지도 모른다."[96]

오늘날 우리가 처한 곤경이 너무 공포스럽게 느껴진다면 다음을 기억하라. 우리는 밈의 진화에 전례 없는 수준의 통제력을 확보하고 있다. 두 가지 예를 들어보겠다. 첫째, 인류 역사의 과정에서 우리는 중요한 것으로 간주되지만 외부의 도움이 없이는 살아남지 못할 것 같은 밈을 "생명유지장치"에 넣는 다양한 방법들을 개발했다. 데넷은 미적분을 예로 든다.[97] 미적분 밈은 인간 사회에서 수백 년을 생존했다. 그러나 미적분의 생존은 그것이 기억하기 쉬운 밈플렉스이기 때문이 아니다. "젠장, 미적분은 너무 중독성 있어. 도대체가 한시도 잊을 수가 없잖아!"라고 불평하는 이는 없다. 아니, 아니다. 그런 사람이 있을 수도 있겠다. 천재들과 자폐성 서번트들은 그럴 수도 있겠다(이들 범주 사이에는 일정 정도 겹치는 부분이 있다는 사실에 주목하라). 그러나 우리 대부분에게는 미적분 밈이 그렇게까지 큰 영향력을 발휘하지 못한다. 미적분 밈이 우리 문화에서 생존하는 것은 마치 길들여진 양처럼 교사, 교과서 집필자, 교육과정 개발자 등 헌신적 관리자들의 보살핌을 받기에 가능한 일이다. 이 관리자들의 역할은 쉽지 않다. 미적분을 만들어낸 정신은 일상적이고 극히 평범한 정신과는 아주 다르다. 우리 대부분이 미적분을 배우면서 느끼는 어려움은 사실 밈 불일치의 결과다. 미적분 밈이 서식하도록 최초로 진화된 환경(괴짜의 정신)과 전형적인 인간 정신이 제공하는 환경 사이의 불일치 때문이다. 요컨대 미적분을 가르치는 것은 외국 땅에서 작물을 기르는 것과 비슷한 구석이 있다. 엄청난 시간과 노력과 에너지를 요한다. 하지만 가능은 하다! 이 사실이 의미하는 바는 가치는 충분하나 흥미가 떨어지는 밈의 경우에도 우리가 그 가치를 발견하기만 한다면 문화 속에서 생존할 수 있다는 점이다.

이것이 인간의 시선을 사로잡고 자기 이익 본위로 행동하는 밈들에게 우리가 전적으로 휘둘리지 않는 이유 중 하나다. 두 번째 이유는 우리가 이룬 문화적 성취의 가장 소중한 부분, 바로 과학이다. 앞에서 살펴봤듯 밈들은 꼭 '참'이라서 선택되는 게 아니다. 거짓이지만 시선을 끄는 밈이 참이지만 시선을 끌지 못하는 밈에 승리하는 경우도 많다. 그렇지만 이 또한 피할 수 없는 것은 아니다. 지난 몇 세기에 걸쳐 우리는 주목성 대신 진실을 보다 안정적으로 선호하게 돕는 문화적 기제들을 점진적으로 조합해 왔다. 여기에는 비판적 사고, 세심한 관찰, 동료 검토peer review, 공개 토론, 독립적 반복 실험independent replication, 권위와 전통과 묵시를 지식의 신뢰성 있는 원천으로 삼는 행위의 거부 등이 포함된다. 이러한 관행과 전술을 한데 모으면 과학적 방법이 된다. 어떤 의미에서 보면 과학은 정확한 밈들을 선발 육종하는 시스템이다. "야생"에서는 정확한 밈들이 부정확한 밈들보다 우세하리라는 보장이 없다. 그러나 과학이라는 이름으로 신중하게 통제되는 밈 생태계에서는 진실에 보다 가까운 밈들을 육종할 수 있고, 실제로도 그렇게 하고 있다. 이를 비롯한 다양한 방법 덕분에 밈의 진화는 이제 더 이상 우리의 통제 밖에만 존재하는 문제가 아니게 되었다. 유전자와 밈이 창조한 우리라는 생명체는 자기 밈의 운명을, 어느 정도까지는, 장악할 수 있게 된 것이다.

유전자—밈의 공진화 I: 신체의 조형

나는 우리의 정신과 신체를 지배하기 위해 다투는 밈의 여러 종들이 인간이라는 동물의 역사를—유의미한 수준으로—구성해 왔다고 주장했다. 지금까지의 설명에 기초하면 이 과정이 정태적인 생물계를 배경으로 진행되는 일이라고 생각할지도 모르겠다. 하지만 그건 어쩌면 실수일 것이다. 유전자 풀과 밈 풀은 각각이 광활한 정보의 바다지만, 이 바다들이 해석상 서로에게 완전히 봉인되어 있는 것은 아니다. 한 풀의 진화적 변화는 다른 풀의 진화적 변화를 촉진할 수 있다. 석기에서 요리, 농경에 이르기까지 새로운 밈들은 우리 종에 새로운 선택 압력을 가한다. 이것이 생물학적 변화로 이어지고, 다음으로 새로운 밈을 만들어내며, 다시 이 밈이 새로운 선택 압력을 가하는 과정이 반복된다. 유전자와 밈 사이의 역동적인 상호작용은 유전자―문화 공진화론 gene—culture coevolutionary theory으로 알려진, 현재 급속도로 성장하고 있는 연구 분야의 핵심이다.[98] 케빈 랄랜드Kevin Laland와 질리언 브라운Gillian Brown은 이 영역을 "밈 연구와 진화심리학의 혼종에다 약간의 수학적 정밀성을 가미한 것"으로 묘사한다.[99] 유전자―문화 공진화를 만난 지금, 우리는 이들을 혼합해 최종 가설을 수립할 준비가 됐다.

가설 4: 문화적 진화는 가장 적합한 밈의 생존에 관한 것이다. 밈은 그 보유자나 집단에 이로운지 여부와는 무관하게(이익이 되는 경우가 많기는 하나) 밈 자신에게 이로울 때 선택된다. 문화적 경쟁을 통해 밈과 밈플렉스는 인간의 정신에 서식하고 그를 이용할 수 있도록 진화한다. 그러나 그 과정에서 보유자에게 새로운 선택 압력이 가해진다. 그 결과, 오래 지속되는 밈은 자신이 서식하는 정신과 신체에 진화적 변화를 가져올 수 있다.

몇 가지 예를 살펴보자. 지금까지 가장 훌륭히 연구된 사례는 유당내성의 진화에 관한 것이다.[100] 유당은 우유에서 발견되는 당분이다. 성인 일부는 유당불내증lactose intolerance을 가지고 있다. 우유를 섭취하면 위경련, 더부룩함, 설사 등 여러 불쾌한 부작용을 경험한다는 얘기다. 이런 사람들에게 우유는 순한 수준의 독소다. 서구 사람들은 유당불내증을 일종의 결함, 장애, 정상으로부터의 일탈로 간주하고는 한다. 그러나 이는 데이터를 오독하는 것이다. 사실상 모든 포유류들이 젖을 뗀 후 유당불내증을 경험한다. 유아기에는 장에서 락타아제lactase라는 효소가 분비되는데, 이는 모유에 담긴 유당을 분해하는 역할을 한다. 그 짧은 시간 동안 포유류들은 유당내성을 지닌다. 그러나 일단 젖을 떼고 나면 우유를 마시는 시절은 끝이 나고 락타아제의 분비 또한 멈춘다. 이는 다윈주의적 비용 절감일 뿐이다. 더 이상 필요 없는 효소를 생산해 무엇하겠는가? 따라서 젖을 떼고 난 후 대다수의 표유류는 유당불내증의 대열에 합류하게 된다. 이는 유당불내증이 아니라 유당내증이 오히려 정상으로부터의 일탈에 해당함을 의미한다. 더불어 포유류식 전통의 중대한 위반을 상징하기도 한다.

젖을 뗀 후 유당불내증을 갖게 되는 것이 비인간 포유류만은 아니다. 인간 대부분도 마찬가지다! 락타아제를 평생 생산할 수 있는 인구는 어림잡아 3명 중 1명밖에 되지 않는다. 지구상에는 유당내성이 특별히 집중되는 '핫스팟'들이 있다. 북유럽에서 특히 흔하고, 남부의 지중해나 동부의 인도 등지로 이동하면서 점차 줄어든다. 동아프리카와 아라비아 반도의 특정 지역에서도 발견된다. 보다 정확히 말해 유당내성은 그들이 현재 살고 있는 장소와는 관계가 없고, 위에서 언급한 지역들에 조상이 거주했던 이들에게서 발견된다. 어쨌든 이들은 예외적 존재들이다. 아프리카인, 호주 원주민, 아시아인, 아메리카 원주민을 포함한 다른 모두는 거의가 전형적인 포유류의 표현형을 가지고 있다. 즉, 유아기와 유년기의 초창기에만 유당을 효율적으로 소화할 수 있다. 유럽 계통의 조상을 가진 이들이 사람들 대부분을 유당내성으로 가정하는 경향은 일종의 자민족중심주의, 다시 말해 생물학적 자민족중심주의를 반영한다.

이는 또한 역사적 근시안을 반영하는 것이기도 하다. 최근까지는 젖을 뗀 후에 유당을 소화할 수 있는 이가 없었다. 그러다가 지난 수천 년 사이에 다양한 집단들이 소, 염소, 낙타 등의 가축을 기르기 시작했다. 이 비인간 포유류의 젖 덕분에 단백질의 새로운 공급원이 불쑥 등장한 셈이다. 우유를 섭취하는 습관이 최초에 어떻게 시작되었는지는 분명하지 않다. 채식주의자들은 때로 우유를 섭취하는 것이 생물학적으로 얼마나 이상한 일인지 강조하는 것으로 이 관행으로부터 사람들을 떼어놓으려 한다. 그들은 아침에 일어나 소의 젖을 빠는 것으로 하루를 시작할 사람은 없을 것이라고 말한다. 그러나 어느 시점에 누군가는 그와 아주 유사한 무언가를 해서 우유를 마시는 관행이 시작되었을 것이다. 일부 얼리 어답터들이 자신의 소, 염소, 낙타로부터 젖을 훔치자는 묘안을 가졌음이 틀림없다. 어쩌면 굶주림 때문이었을 수 있다. 어쩌면 젖을 떼기 전에 모친이 사망한 아이를 돌보고 있었던 건지도 모른다. 이유야 어떻든 간에 다른 이들도 그 사람을 그대로 따랐을 것이다. 그 밈이 유행했을 것이다. 우유를 섭취하기 시작한 사람들도 처음에는 이 새로운 먹거리와 맞지 않았다. 그러나 우유 섭취 밈이 락타아제의 평생 소화 능력에 대한 새롭고 강력한 선택 압력을 만들어냈고, 일단 이 선택 압력이 등장한 이상 유당내성의 진화는 그저 시간 문제였을 뿐이다.

사실 유당내성은 몇 차례에 걸쳐, 세계의 다양한 지역에서 독립적으로 진화했다. 각 사례에서 자연 선택의 대상은 LCT_Lactase 조절 유전자였다. 보통 이 유전자는 젖을 뗀 이후 락타아제 소화 능력을 정지시킨다. 그러나 기나긴 낙농의 역사를 가진 인구 집단에서는 이 유전자가 종종 파괴된다. 이것이 바로 유당내성 유전자로, 젖을 뗀 후 유당불내증을 유발하는 유전자가 파괴된 버전인 셈이다. 이 유전자의 가장 유구한 형태는 유라시아에서 발견된다. 약 8천 년 전, 파괴된 형태의 LCT 유전자를 가진 아기가 태어났다. 다음으로 이 변종이 선택되었다. 제대로 작동하는 유전자 대신 이 유전자가 더 많은 신체에 복사되었다. 실은 월등히 많은 신체에 복사되었는데, 이 파괴된 유전자를 가진 이들이 그렇지 않은 이들에 비해 평균 10%는 많은 자손을 생산했고, 이는 과학계에 알려진 유전자 중에 가장 강력한 선발차selection differentials에 해당한다. 오늘날 이 변종은 아일랜드에서 인도에 이르기까지 유라시아 전역에 걸쳐 수백만 인구에게서 발견되며, 이 최종 복사본 모두는 한 명의 돌연변이 아기에게로 거슬러 올라간다. 이 유전자의 다른 버전들—아프리카와 아라비아의 다양한 버전 포함—도 거의 동일한 방식으로 퍼져나갔으나 시기적으로는 보다 최근에 해당한다. 중요한 것은 이 버전들의 파괴 형태가 유라시아 변종과는 다르다는 사실이다. 유당내성이 몇 차례에 걸쳐 독립적으로 진화했음을 알 수 있게 해주는 대목이다.[101]

각 진화가 일어날 때마다 포유류의 기준으로는 기이하다는 말 외에는 설명할 수 없는 삶의 방식들이 등장했다. 성체 호랑이라면 성체 암컷의 우유를 절대 마시지 않을 것이다. 특히 그것이 다른 종에게서 나오는 것이라면 더더욱 그럴 테다. 그러나 낙농을 하는 집단의 사람들에게는 이것이 기본에 해당한다. 사실상 그들은 소를 비롯한 다른 낙농용 가축들의 젖을 평생 먹는다. 모기가 인간의 피에 기생하듯, 귀벌레가 인간의 지력에 기생하듯, 시리얼에 우유를 부어 먹거나 크래커에 치즈를 올려 먹는 이들은 말 그대로 우유(또는 염소나 낙타의 젖)에 기생하는 셈이다. 그레고리 코크란Gregory Cochran과 헨리 하펜딩Henry Harpending의 말대로, 그들은 "맘파이어mampires(인간 또는 포유류와 뱀파이어를 조합한 단어—역자주)"들이다.[102]

맘파이어의 선택상 이점은 무엇일까? 위경련과 더부룩함이 기분 좋지는 않지만, 그렇다고 그게 아기를 갖거나 친족이 아기를 갖도록 돕는 것을 가로막는 문제는 아니지 않은가? 하펜딩이 이를 잘 정리해 준다. 우리는 유당내성 유전자를 마법의 알약으로 생각해도 좋다. 이 알약을 먹으면 우유에서 40%의 에너지를 더 얻을 수 있다. 그러니까 이 알약을 먹지 않은 이는 확보가능한 에너지의 3분의 1가량을 그냥 버리는 셈이다. 자원이 부족한 환경에서 이는 삶과 죽음을 가르는 차이이기 십상이다. 그러나 형편이 더 나은 시절마저 유당내성 유전자는 포괄 적합도를 높일 수 있다. 유당불내증을 가진 아이 셋을 먹이는 데 필요한 양의 우유로 유당내성을 가진 아이들 넷은 족히 먹일 수 있을 것이다. 이는 전근대 환경에서 유당내성 유전자를 가진 부모가 그렇지 않은 부모보다 생존에 성공하는 자손을 더 많이 가질 수 있었음을 의미한다.[103]

대다수 포유류가 젖을 뗀 후 락타아제를 멀리한다고 말했지만, 최소 2종의 포유류는 이 추세를 거스른다. (치즈를 먹는) 쥐와 (우유를 먹는) 고양이다. 이 이상 현상은 어떻게 설명할 수 있을까? 더 쉬운 사례에서부터 시작해 보자. 왜 쥐들은 치즈를 좋아하나? 답은⋯⋯ 쥐들은 치즈를 좋아하지 않는다. 쥐가 치즈를 좋아한다는 생각은 '이목을 끄는 하나 거짓된' 밈이다. 달리 먹을 게 없다면 치즈를 먹겠지만, 선택이 가능하다면 대부분의 쥐는 치즈를 피하는 대신 과일, 곡물, 씨앗을 선호할 것이다. 그렇기는 하지만 쥐가, 사실상 모든 포유류가, 우유보다는 치즈를 더 잘 소화하리라 생각하는 이유가 있다. 치즈를 만드는 과정에서 진행되는 발효는 우유 속 락타아제의 상당량을 제거하고 보다 쉽게 소화될 수 있게 만든다. 요거트와 산패유의 경우도 마찬가지다. 하지만 쥐가 세간에 알려진 만큼 열렬한 치즈의 팬이 아니라는 사실은 여전하다.

자, 이제 더 어려운 질문이 나온다. 고양이는 왜 우유를 먹는가? 고양이야말로 포유류가 유아기에만 우유를 섭취한다는 법칙의 진정한 예외인 듯 보인다. 그러나 모든 고양이가 그렇지는 않다. 세계 특정 지역의 고양이들은 다른 지역의 고양이에 비해 유당내성이 더 강하다. 그리고 고양이에서 발견되는 유당내성의 지리적 분포가 인간에게서 발견되는 유당내성의 지리적 분포와 상당히 일치한다는 사실이 확인되고 있다.[104] 유럽의 고양이들은 유럽인과 마찬가지로 유당에 내성을 보일 확률이 더 높다. 낙농을 하는 이들은 수천 년 동안 고양이와 우유를 나눠 왔을 것이다. 이 문화적 습관 덕분에 고양이가 (약간은) 다른 동물로 진화하게 되었다―이는 낙농업인 자신에게 일어난 변화와 일치한다.

유당내성은 유전자―밈 공진화의 가장 유명한 사례지만 유일한 사례는 아니다. 두 번째 사례는 뿌리채소, 쌀, 밀 등 녹말이 많은 음식을 효율적으로 소화하는 능력이다. 세계 각지의 사람들이 이런 음식을 먹고, 일부 과학자들은 이들이 제공하는 여분의 에너지(육류와 조리가 제공하는 여분의 에너지와 함께) 덕분에 우리 종이 이도록 크고 영리한 두뇌를 갖도록 진화할 수 있었다고 주장한다.[105] 모든 인간이 녹말 많은 음식을 먹기는 하지만, 특히 많이 먹는 이들이 존재한다. 농경인들이 특히 많이 먹고, 사막에 사는 채집인들도 마찬가지다. 나머지 인구의 섭취량은 그보다 상당히 적다(적어도 최근까지는 그랬다). 녹말을 많이 섭취하는 이들에게는 녹말을 신속히 당분으로 분해해 음식에서 더 많은 에너지를 얻을 수 있도록 해주는 능력이 또 다른 마법 알약에 해당한다. 이 경우 마법 알약의 재료는 아밀라아제amylase라는 이름의 효소다. 침에서 발견되는 아밀라아제는 녹말을 두뇌와 신체용 연료로 바꾸는 데 기여한다. 녹말이 많은 음식을 오랜 세월 먹어 온 유럽인과 동아시아인, 그리고 하드자 부족의 수렵채집인들은 다른 인구 집단에 비해 침에 아밀라아제 성분이 더 많이 함유되어 있다. 이는 그들이 새로운 형태의 침 속 아밀라아제 유전자를 갖고 있어서는 아니고, 그 유전자의 복사본을 더 많이 가지고 있어서다. 유당내성과 마찬가지로 이는 녹말이 풍부한 음식을 먹는다는 문화적 혁신에 대한 생물학적 반응이다.[106]

그러나 녹말 섭취량이 많은 사람들만 아밀라아제 유전자의 복사본을 여분으로 가지고 있는 것은 아니다. 그들의 개도 마찬가지다! 여러분도 알겠지만 개는 늑대에서 진화했다. 더 정확히 말하면 개가 곧 늑대다. 인간과 함께 살도록 진화된 '길들여진 늑대'다. 그러나 개는 녹말의 소화에 있어 그들의 야생 사촌 격인 늑대들보다 뛰어나다. 이는 오늘날 개의 조상들이 초창기 인간 농부들의 쓰레기 더미를 뒤져 먹이를 얻었기 때문이다. 이 삶의 방식에서 생겨난 선택 압력은 농부들이 먹고 남긴 음식의 녹말을 효율적으로 소화시키는 능력을 요했다. 녹말을 더 잘 소화시키는 개체가 더 많은 강아지를 얻었고, 따라서 이 능력은 곧 표준으로 자리 잡았다.[107]

이처럼 유전자—밈 공진화는 인간과 그들의 반려동물을 현지의 먹거리와 음료에 적응시키고, 인구 집단 간 차이도 설명해 주지만 그것이 다가 아니다. 모든 인간이 공유하고, 우리를 다른 동물 모두와 구분해주는 특성들의 설명에도 도움이 된다. 인류학자들은 이에 대한 다양한 예를 확보해 놓고 있다. 그 중 하나는 인간의 손재주가 비인간 동물 대부분의 능력치보다 훨씬 뛰어나다는 사실이다. 침팬지는 상상할 수 있는 한 최고의 학습 환경을 만들어준다 해도 기타를 치거나, 펜을 사용하거나, 모형 비행기를 만드는 법을 배울 수 없다. 반면 대부분의 인간은 이러한 재능 또는 그에 못지않게 까다로운 기술을 습득할 능력을 가지고 있다. 우리의 이 손재주는 어디에서 유래하는 것일까? 이는 유전자—문화 공진화, 아니 더 정확히는 유전자—테크놀로지 공진화의 산물일 가능성이 높다. 새로운 도구들은 손재주에 대한 선택 압력을 증가시켰고, 덕분에 더 새롭고 보다 정교한 도구의 문화적 진화가 가능했다. 이 새로운 도구들이 다시, 손재주에 대한 선택 압력을 더욱 증가시키고, 이 과정이 계속 반복된다. 요약하자면 우리의 손재주는 우리가 너무도 솜씨 좋게 다루는 이 도구들과 공진화했다. 이 과정의 시작점이 우리가 가졌던 건 석기들이었다. 그 끝에는 바늘과 실과 피아노와 베틀이 있었다. 이 모든 것을 유전자—문화 공진화가 제공했다.[108]

손재주라는 이점에 더해 인간은 던지기 능력도 동료 유인원보다 월등히 뛰어나다. 나무 사이를 활공하는 침팬지는 우아하다. 물건을 던지려 애쓰는 침팬지는 웃기다. 반면 인간—특히 수컷 인간—은 던지기에 상당히 뛰어나며 이 재능은 동물 사이에서는 아주 드문 것이라 어떤 인류학자들은 우리를 던지기의 유인원throwing ape이라 부르기도 한다. 우리의 던지기 재주는 어디에서 유래한 것일까? 가장 그럴듯한 제안은 우리가 사냥에 썼던 발사체들과 공진화했다는 것이다. 던지기에 점점 능숙해짐에 따라 우리는 보다 정교한 발사체들을 사용할 수 있게 되었다. 발사체들이 보다 정교해질수록 우리는 던지기에 더욱 능숙해졌다. 던지는 자와 던지는 대상이 공진화했다.[109]

발사체 던지기는 농경시대 이전 조상들의 생존과 성공에 필수적이었다. 그러나 그 당시에 가장 중요했던 도구는, 이론의 여지없이, 불이었다. 불을 피우는 능력은 명백한 문화적 혁신이다. 우리의 외계 과학자가 여러분을 자신의 우주선으로 빨아들여서 숲에다 뱉어놓은 다음 불을 피워보라고 명령한다면 여러분은 아마 해내지 못할 것이다. 설령 해낸다 하더라도 그건 누군가 방법을 가르쳐 줬기 때문일 터다. 불 피우기는 인간의 본성이 아니라 문화의 산물에 해당한다. 그러나 이 문화의 산물이 우리의 생물학적 구성에 엄청난 영향을 끼쳤다. 인류학자 리처드 랭엄Richard Wrangham의 주장처럼, 불이 있어 음식을 조리하게 되었고 이 단순한 혁신이 중대한 결과를 몰고 왔다.[110] 일단, 우리 치아의 크기를 조정했다. 치아의 직무기술서에서 가장 중요한 업무 항목은 음식을 부드럽게 만들어 소화를 촉진하는 것이다. 그런데 우리가 조리를 하는 이유 중 하나가 바로 음식을 부드럽게 만드는 일이다. 실제로 전에 치아가 담당하던 업무의 상당 부분을 불이 담당하게 되었다. 그 결과 예의 그 무시무시한 칼날 같은 치아를 입 속에 달고 있을 필요가 더는 없어졌고, 자연 선택이 그 크기를 줄였다. 우리의 치아와 입이 점차 작아진 것이다. 자연 선택은 우리의 장기에도 비슷한 작업을 했다. 음식의 조리는 섭취 시 더 많은 에너지의 확보를 의미했다. 그러므로 조리 또한 우리의 마법 알약 목록에 올려도 좋다. 우리가 활동하는 데 필요한 연료를 보다 적은 양의 음식으로 얻을 수 있게 되었기 때문에 자연 선택은 인간 장기의 크기를 줄일 수 있었다. 이러한 이유로—우리가 과체중이 아닌 이상—상반신이 허리에서 가늘어지는 것인데, 이는 허리 부분이 더 두꺼워지는 다른 유인원과는 대조적이다.

그러나 무엇보다도 중요한 지점은 음식의 조리가 에너지의 갑작스러운 과잉을 의미했다는 사실이다. 이 잉여분을 커다란 두뇌의 발달과 가동에 전용할 수 있었다. 즉, 조리는 인간 지능의 진화에 기여했다. 그리고 이를 통해 우리는 유전자—밈 공진화의 전혀 새로운 영역으로 진입한다.

유전자—밈 공진화 II: 정신의 조형

유전자—문화 공진화는 우리의 다윈주의 무기고에서 가장 중요한 도구의 하나다. 머리에서 발끝까지, 우리의 신체는 이 강력한 선택 압력의 지울 수 없는 흔적을 가지고 있다. 그런 자연 선택이 우리의 두개골 근방에서만 마법처럼 그 힘을 잃을 리 없고, 문화에 기인한 선택이 그 법칙의 예외라고 추정할 근거 또한 없다. 문화가 신체를 개조할 수 있다면 우리의 정신 또한 개조할 수 있으리라는 생각은 당연히 합리적이다.

정신의 어떤 측면이 그 존재를 유전자—밈 공진화에 빚지고 있을까? 그 최고 사례로 우리가 가진 가장 고유하고 중요한 속성, 지능을 들 수 있을 것이다. 문화적 두뇌 가설cultural brain hypothesis에 따르면 인간의 지능은 우리의 진화하는 문화에 발맞춰 진화했다.[111] 간단하고도 설득력 있는 주장이다. 인간은 문화를 영위할 수 있는 내재적 능력을 가지고 있다. 이는 곧 우리 진화의 역사 대부분을 통틀어 문화가 적응적이었음을 의미한다. 우리의 도구와 전통은 일반적으로 우리의 적합도를 향상시켰다. 문화가 적응적이었으므로 문화의 습득에 뛰어난 선조들은 그렇지 못한 이들에 비해 뚜렷한 이점을 누렸다. 자신들의 유전자를 훨씬 신속히 전달할 수 있었던 것이다. 따라서 문화는 더 크고 더 영리한 두뇌에 대한 선택 압력을 만들어냈다. 두뇌가 더 크고 더 영리해짐에 따라 우리는 더 정교한 문화를 가질 수 있게 됐다. 이 문화가 다시 더 크고 더 영리한 두뇌에 대한 선택 압력을 만들어냈고, 다시 이것이 더 정교한 문화를 가질 수 있게 했고, 그렇게 선택 압력이…… 자, 이해가 되었을 것이다. 이렇게 우리의 더 영리한 두뇌와 더 영리한 문화가 공진화했다. 어느 시점의 우리는 단순한 도구와 불을 제외하면 가진 게 별로 없었다. 그러나 다음 순간 우리는 음식을 조리하며 정교한 전술로 먹잇감을 추적하고, 다음으로는 집을 짓고 옷을 만들고 있었다. 결정적으로 우리는 한 걸음 더 나아갈 때마다 조금 더 영리해졌고, 조금 더 영리해졌고, 조금 더 영리해졌다. 인간이 문화를 만들었으나 문화 또한 우리를 만들었다.[112]

문화적 두뇌 가설은 지능의 진화를 견인함에 있어 문화의 유용성에 초점을 맞추지만, 그것이 얘기의 전부는 아닐 것이다. 문화는 유용한 것에만 그치지 않는다. 간혹 위험하기도 하다. 불, 카누, 활과 화살 등의 도구와 기법은 현명하게 사용한다면 우리의 적합도를 높이겠지만, 제대로 사용하지 못한다면 우리를 죽일 수도 있다. 이는 세상에 새로운 문화가 등장하면 새로운 위험 또한 등장하는 것임을 의미한다. 그리고 뱀, 높이, 포식자와 달리 문화의 위험은 우리 종이 특별히 상대하도록 진화된 것이 아니다. 지능지수를 연구하는 린다 고트프레드슨Linda Gottfredson에 따르면 지능지수가 더 낮은 개인의 경우 과거에도 존재했던 위험들에는 타인과 마찬가지로 잘 대처하지만, 진화적으로 새로운 것들에 대처하는 능력은 크게 떨어진다. 지능지수가 높을수록 새로운 위험을 사전에 발견하고 예방적 조치를 취하는 데 뛰어날 확률이 높다. 보호재로 둘러싸인 현대 세계에서조차 더 영리한 개인일수록 익사, 자동차 또는 오토바이 사고로 사망할 확률이나 총기 또는 폭발물로 부상을 입을 가능성이 낮다. 재난을 보다 능숙하게 회피하는 능력은 유전자 전달 경쟁에서 커다란 이점이다. 다른 동물들이 이 이점을 필요로 하지 않는 것은 그들에게는 그토록 강력하고 위험한 문화가 없기 때문이다. 고트프레드슨에 따르면 지능은 도구와 기술 등 지능 스스로 만들어내는 위험에 반응하는 과정에서 일부 진화했다.[113] 이는 문화적 두뇌 가설의 해맑은 낙관주의에 존재하는 암울한 이면이다. 그러니까 전자가 '양'이라면 후자는 그에 대한 '음'이 되는 셈이다. 이러한 아이디어가 제대로 된 방향을 가리키는 것이라면 지능은 유당내성과 동일한 개념적 범주에 드는 셈이다. 둘 모두 유전자—문화 공진화의 산물이다.

동일한 범주에 들어갈 또 다른 후보가 바로 언어다. 앞에서 나는 인간이 언어를 배울 선천적 능력을 가지고 있다고 언급했지만, 우리가 배우는 구체적 언어는 언어에 목마른 우리의 두뇌와 잘 어울리도록 문화적으로 진화한다. 그러나 여기에는 반전이 있을 수 있다. 언어가 우리의 언어 학습 본능을 유전체로 연결했을 가능성이다.[114] 그 과정은 이랬을지도 모른다. 모든 것의 발단은 가장 초보적 형태를 띤 원생 언어의 문화적 진화였을 것이다. 이 언어는 오늘날 우리가 야생 침팬지들의 세계에서 보는 것과 별반 다르지 않은 그르렁거

림과 몸짓의 체계였다. 그 당시 우리에게 언어 전문 학부 같은 것은 없었으므로, 우리는 이 원생 언어를 일반적인 학습 기제를 통해 습득했다(추정컨대 포획된 유인원들이 신호로 소통하는 법을 배우는 방식도 이와 동일할 것이다). 원생 언어는 현대적 언어의 유용함과는 거리가 멀었다. 그러나 사용 언어가 다른 국가에 방문해본 사람이라면 누구나 알 듯, 미미한 언어나마 없는 것보다는 있는 게 낫다. 따라서 원생 언어를 보다 쉽게 습득했거나, 더 어린 나이에 통달했거나, 더 영리하게 사용했던 고대 인간은 언어적으로 서툰 동시대인에 비해 이점을 누렸을 것이다. 그리고 이것이 어디 보통 이점인가! 언어는 사실상 인간사의 모든 영역에서 유용하다. 필요와 바람을 소통하고, 사냥과 기타 협력적 작업을 조직하고, 짝을 즐겁게 하고, 자손에게 유용한 정보를 전달하고, 신뢰할 수 있는 자와 그렇지 못한 자를 파악하게 한다.[115] 언어 활용의 능력자는 조금 전 나열한 여러 방면에서 확고한 우위를 점하게 되었을 것이다. 이러한 활동의 진화적 중요성을 감안할 때 언어 활용 능력자는 당연히 더 많은 자손을 가졌을 것이고 그들의 언어적 장점이 인구 집단 내에 확산되었을 것이다. 그리고 언어 능력의 발달과 더불어 보다 복잡한 원생 언어로의 문화적 진화가 촉발된다. 이것이 다시 더 뛰어난 언어 능력으로의 선택 압력을 만들고, 다음으로 더 복잡한 언어인 일상적인 이야기의 문화적 진화를 촉진하였을 것이다. 간단히 말해 언어의 문화적 진화가 언어 습득 본능의 생물학적 진화로 이어졌고, 다시 그 반대의 상황이 뒤를 이었다.

이것이 사실이라고 한다면 한 가지 흥미로운 지점이 있다. 우리는 유당내성 유전자가 우유 섭취의 원인이 아니라 결과라는 사실을 살펴본 바 있다. 언어 또한 마찬가지일 것이다. 우리는 언어 관련 유전자가 먼저 있었고, 그에 따라 언어를 만드는 게 가능했다고 추정하는 경향이 있다. 그러나 그와 똑같은 확률로 정반대의 상황도 가능하다. 언어가 먼저 있었고, 그것이 언어의 빠른 습득을 촉진하는 유전자에 대한 선택 압력을 만들었다는 것이다. 즉, 수다를 떠는 우리의 재능은 유전적 돌연변이가 아니라 문화적 돌연변이로 시작되었을지도 모른다.[116]

언어와 지능에 대한 유전자―문화 공진화 관점의 설명은 상당한 설득력을 지닌다. 그렇지만 얘기를 마무리하기 전에 다시 한번 추정의 영역에 발을 담가볼 필요가 있다. 종교로 시작해보자. 지금까지 내가 취해온 가정은 종교가 생물학적 적응이 아니라 문화의 산물이라는 것이다. 그러나 유전자―밈 공진화가 끼어들면 그림이 복잡해진다.[117] 종교는 아주 오랜 세월, 어느 추정에 따르면 5만 년 동안 존재해 왔다. 종교가 처음 등장했을 때는 최초의 원생 언어처럼 단순한 문화의 산물이었을지도 모른다. 그러나 종교가 인간 집단에 발판을 다지기 시작하면서부터는 그것이 우리 종에 새로운 선택 압력을 야기했을 수 있다. 어떤 종교 공동체에서의 삶에 선천적으로 적합했던 사람들은 무신론에 가까운 이들보다 더 잘 적응하고 크게 번성했을 것이다. 이에 따라 인간은 세월을 거듭하면서 종교적 믿음과 관행에 더 개방된 태도를 갖도록 진화했을 수 있다. 다시 말해 종교가 순수한 학습의 산물로 그 생을 시작했을지라도 시간이 흐르면서 학습적 측면은 약화되고 선천적 측면이 강화되었을 수 있다는 얘기다. 피터 프로스트Peter Frost가 표현한 대로, "인간은 자신의 형상을 본떠 종교를 만들었고, 종교도 그걸 똑같이 되갚아 줬다."[118]

이것이 종교가 결국 하나의 적응임을 의미할까? 까다로운 질문이다. 우리는 이런 사안들을 종종 흑백의 논리로 생각한다. 특성이 하나의 적응이든가 아니든가 하는 식이다. 그러나 한쪽 끝에 전면적 적응이 있고 다른 쪽 끝에 명백한 부산물이 있는 연속선 사이에 다양하고 막연한 단계들이 위치하고 있다고 상상하는 편이 더 정확할 수도 있다. 그게 사실이라면 종교가 적응이라고 말하는 게 참이 아닐 수 있지만, 그렇다고 완전한 거짓도 아니게 된다. 종교는 적응과 부산물 사이의 무인 지대 어딘가에 위치하고 있을지도 모른다. 섬에 고립된 아기들이 새가 둥지를 틀듯 자연스럽게 신을 찬양하거나 기도문을 암송하지는 않을 것이 분명하다.[119] 그러나 종교의 출현 이전에 살았던 이들에 비해서는 종교 비슷한 믿음과 관행을 만들어낼 확률이 높을 것이다. 이렇게 만들어진 믿음과 관행이 확산될 확률 또한 높을 것이다.

이제 마지막 사례다. 외계 과학자의 보고서에 언급되었듯 인간은 실용적 기능은 없고 순진히 재미를 위한 것처럼 보이는 광범위한 활동에 참여한다. 여기에는 예술, 음악, 유머 등이 포함된다. 진화심리학자 중에도 이 현상들이 적응이라고 주장하는 이들과 단순한 부산물이라고 주장하는 이들이 섞여 있다.[120] 그러나 바로 앞에서 살펴본 바와 같이 다른 가능성이 존재한다. 예술, 음악, 유머는 부산물과 적응 사이의 회색지대에 해당할 수 있다. 이쯤 되면 여러분도 어떻게 전개될지 알 것이다. 1단계: 예술, 음악, 유머가 순전한 문화의 산물로 등장한다. 2단계: 문화적 진화의 누적으로 이러한 문화 산물들의 전염성이 더욱 강해지고 보다 널리 확산된다. 3단계: 이 전염성 밈들이 인간의 문화에서 확고한 영역을 차지하면서 이들의 생산에 특히 능숙한 이들이 적합도상의 혜택을 보았다. 어쩌면 짝, 친구, 연맹의 관계를 맺기에 더 바람직한 인물로 취급되었을지도 모른다. 이유야 어쨌든 간에 예술적이거나 음악적이거나 유머러스한 이들이 더 많은 자손을 갖게 되었다면 우리의 종은 필연적으로, 보다 예술적이고 음악적이고 유머러스한 쪽으로 진화할 것이다. 이것이 예술, 음악, 유머가 전면적 적응에 해당한다는 의미는 아니다. 대신 적응이 아니었을 때 달성할 수준에 비해서는 우리의 평균적 예술성, 음악성, 유머감각이 월등함을 의미할 수는 있다. 예술, 음악, 유머의 기저에 있는 일반적 용도의 인지 기제의 경우 원래는 이런 식의 사용이 기대되지 않았으나 자연 선택이 이내 미세조정을 시작한다. 이런 식으로 자연 선택은 인간의 두뇌를 예술적이고 음악적이고 유머러스한 밈이 더 안정적으로 서식할 공간으로 만든 것일 수도 있다. 이게 사실인지는 나도 모른다. 그러나 사실이라면, 유전자—밈 공진화는 인간 문화의 가장 당혹스럽고 가장 소중한 측면의 형성에 한 몫을 담당한 셈이다.

최약체의 생존

우리가 지금까지 살펴본 모든 사례에서 문화는 새로운 선택 압력을 야기했고 그렇게 함으로써 새로운 적응(경우에 따라서는 원생—적응proto-adaptations)을 형성했다. 하지만 문화는 또 다른, 아주 다른 방식으로 우리의 진화에 영향을 미치기도 한다. 기존의 선택 압력을 제거할 수 있고, 그에 따라 우리가 이미 가지고 있는 적응의 붕괴를 촉발할 수 있다. 여러분이 보다시피 선택 압력은 적응을 만들 뿐 아니라 일단 생긴 적응을 제자리에 유지시킨다. 이 과정을 생물학자들은 안정화도태stabilizing selection라 부른다. 그리고 어떤 적응을 안정시키는 선택 압력이 약화될 시, 자연 선택은 해당 적응을 형성하는 유전자 사이에서 새롭게 등장한 유해한 돌연변이들을 더 이상 걸러내지 못하게 된다. 그 결과 돌연변이들이 아무런 저항도 받지 않고, 마치 오스트리아로 진격하는 히틀러처럼 유전자 풀로 흘러들어 가기 시작하고, 궁극적으로는 그 적응의 와해를 야기한다.

이는 드물게 발생하는 현상이 아니다. 우리의 머나먼 영장류 선조들이 비타민 C가 풍부한 과일을 먹기 시작하면서 체내에서 비타민 C를 합성할 필요가 더는 없어졌고, 그 기능은 결국 사라졌다. 마찬가지로 우리의 보다 근래의 조상에 해당하는 호미닌hominin들이 육류를 먹기 시작하면서부터는 비타민 A나 비타민 B12를 합성할 필요가 없어졌고, 그래서 그 기능은 사라졌다(여담이지만 이는 인간이 태생적 육식인임을 보여 주는 증거다). 이 사실이 주는 교훈은 적응에 관한 한, '사용하지 않으면 잃는다.'라는 원칙이 적용된다는 것이다.

인간의 문화와 테크놀로지가 적응의 와해를 야기할 수 있을까? 동물의 사례를 보자. 개코원숭이의 경우 암컷의 엉덩이가 클수록 짝짓기에 유리하다. 따라서 암컷 개코원숭이 사이에서 더 커다란 하체에 대한 선택 압력이 만들어진다. 하지만 야생 상태에서는 엉덩이가 얼마나 커질 수 있는가에 대해 타협할 수 없는 한계가 존재한다. 만약 암컷들이 행동이 어렵거나 배고픈 포식자로부터의 탈출이 불가능하다면 큰 엉덩이 유전자를 물려줄 수 없을 것이기 때문이다. 그러나 포획 상태에서는 이 선택 압력이 완화되고 크기 제한이 제거된다. 그 결과 일부 동물원 암컷 개코원숭이들의 엉덩이가 너무나 크게 진화하고 있다. 심미적인 차원에서 하는 말이 아니다. 야생으로의 복귀가 불가능할 정도라는 게 문제다. 영국 페이턴 동물원의 비키 멜피Vicky Melfi가 언급한 대로 "환경적 차단막이 없는 동물을 육종한다는 것의 의미를 동물원들이 제대로 이해하는 게 아주 중요하다. 이들의 엉덩이가 계속 커지게 두어서는 안 된다."[121]

인간의 경우에는 어떠한가? 비유적으로 말해서 우리의 엉덩이는 계속 커지고 있는가? 다른 말로, 문화가 인간의 적응을 약화시키고 우리를 자연 상태의 삶에 적합하지 않게 만들고 있는가? 정답은 아마도 '예'일 것이다. 고고학자 티모시 테일러Timothy Taylor가 지적했듯 인간은 예로부터 우리를 괴롭혀 왔던 선택 압력 다수로부터 격리된, 테크놀로지의 "비그늘rain shadow"에서 오랜 세월을 살고 있다.[122] 이는 테일러가 "최약체의 생존"이라 부르는 현상을 조장했다. 일례로 우리가 인공의 안식처를 건설하고 영리한 도구를 고안하기 시작하면서 크고 에너지 소모가 많은 근육의 필요성이 줄었다. 그 결과 우리는 영장류계의 왜소하고 연약한 표본으로 진화했다. 강자 중의 강자에 속하는 인간이라고 해봤자 우리의 침팬지 사촌 앞에서는 약골들로 이뤄진 거대한 무리에서 그나마 덜 약골에 해당하는 존재일 뿐이다.

보다 근래에 문화에 희생당한 피해자로 우리의 시력을 들 수 있다. 수렵채집의 시대에 근시가 극심했던 개인은 사자를 발견하거나 낭떠러지를 감지할 확률이 낮았고, 그래서 근시안 유전자를 물려줄 가능성도 적었다. 반면, 요즘에는 안경 및 여러 기술들 덕분에 근시의 소유자도 가장 예리한 시력을 보유했던 우리 조상만큼이나 잘 볼 수 있다. 사실 현대 기술을 활용하면 극심한 근시안도 조그마한 세균부터 저 멀리 떨어진 은하계까지 모든 것을 볼 수 있다. 근시의 일부 원인은 작은 것을 너무 많이 들여다보는 업무나 부족한 햇빛 등 새로운 환경적 요인들이다.[123] 그러나 사실상 다른 모든 것과 마찬가지로 근시 또한 유전자의 산물인 측면이 있다. 이는 우리의 테크놀로지가 근시안의 생존과 번식을 가능케 하여 인간 시력의 유전적 품질을 서서히 약화시킬 수 있음을 의미한다. 물론 이에 대해 우리가 할 수 있는 일은 없다. 근시의 소유자에게서 안경을 빼앗고, 그래서 그들이 더듬더듬 자동차로 뛰어들어 근시안 유전자를 물려주지 못하게 만들 수는 없는 노릇이다. 그저 우리가 할 수 있는 일은 테크놀로지와 함께하는 시간이 길어질수록 그것에 의존할 수밖에 없고, 습관적 수준을 넘어 생물학적 수준에서도 그렇게 되리라는 사실을 인지하는 것뿐이다.

미래는 알 수 없다

십억 년에 걸친 진화의 결과 우주가 스스로를 자각하고, 과거의 역사와 가능한 미래의 무언가를 이해할 수 있게 되었다. 이 장대한 자각은 우주의 극히 작은 조각의 내부, 즉 우리 몇몇 인간의 내부에서 실현되고 있다. 다른 별 행성에 사는 의식 있는 생명체의 진화를 통해 다른 어딘가에서도 동일한 일이 실현되어 왔는지는 모른다. 그러나 우리의 행성에서 이는 전례가 없는 일이다.

—줄리언 헉슬리Julian Huxley

    우리는 외부인의 눈으로 우리 종을 들여다보는 것으로 이번 여정을 시작했다. 다른 세계에서 온 이 지적 존재에게는 그간 우리가 우리 자신과 삶에 대해 당연시했던 모든 것들이 당혹스러운 새로움이었다. 이어지는 논의들에서 우리는 외부인의 관점에서 제기된 미스터리 다수를 다윈주의 원칙이라는 간단한 도구로 해결할 수 있음을 확인했다. 인간은 동물이다. 그리고 다른 모든 동물이 그렇듯 우리도 셀 수 없이 많은 세대를 거치며 자연 선택이 만들고 연마한 본성을 가지고 있다. 가장 기본적인 수준에서의 인간 본성은 그것을 만드는 유전자를 전달하는 전략들의 복잡한 집합체다. 이 간단한 통찰은 우리 종의 가장 핵심적이고 뿌리 깊은 특징 다수를 설명해준다. 남자가 여자보다 가벼운 섹스에 관심이 많고 더 폭력적으로 기우는 경향을 설명한다. 여자가 남자보다 배우자 선택에 까다롭고 대개는 육아에 더 치우치는 경향을 설명한다. 우리가 사랑에 빠지고 질투를 느끼는 현상을 설명한다. 우리가 다른 이들 혹은 세상의 다른 어떤 것보다도 우리 아이들을 깊이 사랑하는 현상을 설명한다. 그리고 우리가 비친족보다 친족을 선호하면서도 비친족과의 고도 협력 또한 가능하다는 사실을 설명한다.

    그러나 가장 중요하게 진화심리학은 인간이 문화적 동물이라는 사실을 설명한다. 인간은 세상과 주변인의 아이디어와 행위를 자신의 머릿속에 들여오도록 설계된 동물이다. 인간 본성의 모든 측면이 그렇듯 문화라는 재능도 초창기에는 유전자의 복제 전략으로 진화했다. 가혹한 다윈주의 세계에서 생존하는 또 하나의 방법이었을 뿐이다. 그러나 여타의 유전자 복제 전략—코나 깃털이나 욕망과 두려움—과 달리 문화와 관련한 우리의 재능은 자연 선택에 의한 진화에 완전히 새로운 영역을 열어젖혔다. 새로운 복제자, 즉 밈을 탄생시킨 것이다. 밈은 자신이 존재하도록 해준 유전자와는 아주 다른 의제를 가지고 있었다. 그리고 밈의 진화가 차츰 속도를 내면서 인간은 변화했다. 오로지 유전자만을 물려주도록 설계된 기계들이 더는 아니게 되었다. 느닷없이 우리는 유전자를 물려주는 것과 밈을 물려주는 것 사이에서 갈팡질팡하는 혼종의 생명체가 되었다. 이 시각으로 우리 종을 보면 외계 과학자를 가장 혼란스럽게 했던 사안, 즉 우리의 도덕 체계, 종교, 예술과 음악과 과학 등의 상당 부분을 설명할 수 있다. 문화적 진화는 인간이라는 동물의 가장 심오한 미스터리를 푸는 열쇠다.

이것이 참이라면 우리의 외계 과학자에게는 최후의 질문만이 남는다. 다음은 무엇인가? 우리가 인간이라고 부르는 이 유전자—밈 혼종의 미래는 어떻게 될 것인가? 지구를 탈출해 다른 세계를 식민화할 것인가, 아니면 스스로를 멸종의 길로 몰아갈 것인가? 자체 엔지니어링으로 아인슈타인의 종이 될 것인가, 아니면 비타민 A 합성 능력과 마찬가지로 우리의 지력 또한 쇠락할 것인가? 합리적 탐구에 의거하여 미신들을 벗어던질 것인가, 아니면 그 미신들이 마치 항생제 내성 박테리아처럼 보다 맹독성으로 진화할 것인가? 우리 안의 악마들—누군가를 제물로 삼는 경향과 도덕적 공황에 대한 취약성—을 다스리게 될 것인가, 아니면 대세의 편견과 집단적 망상을 이리저리 갈아타다 최후의 날을 맞이할 것인가?

미래는 예측이 어렵기로 악명 높다. 초지능을 가진 외계 과학자들에게도 마찬가지다. 그러다 보니 현명한 외계인이라면 어떤 추측이든 너무 자신만만하게 내놓기를 꺼릴 터다. 하지만 한 가지는 확실하다. 시간이 거듭될수록 이 모든 질문에 대한 답은 점점 우리 인간의 손에 맡겨질 것이다. 최초의 시절, 원숭이 같은 조상의 자궁에서 미끄러져 나와 우리 조상들의 자궁으로부터 존재하게 되었을 때, 우리는 날씨, 포식자, 기아, 질병과 같은 비인간 세계의 손에 전적으로 맡겨져 있었다. 그러나 수천 년에 걸친 문화적 진화의 가속화 결과 오늘날은 형세가 급변하고 있다. 우리는 더 이상 비인간 세계의 손에 맡겨져 있지 않다. 비인간 세계의 많은 부분이 우리의 손에 맡겨져 있다. 문화의 진화는 우리 종의 궁극적인 '게임 체인저game-changer'였다. 어느 중립적 관찰자가 유인원에게 합리적으로 기대할 수준을 훨씬 넘어 우리 자신과 세계를 이해할 수 있게 해줬다. 우리의 바람과 변덕에 맞춰 세계의 개조를 시작하게 해주고 우리 종의 진화뿐 아니라 지구상 다른 모든 생명의 진화를 관장할 힘 또한 부여하기 시작했다. 이는 굉장한 책임이며, 우리가 수행하기에 적합할 수도 적합하지 않을 수도 있는 책임이다. 그러나 좋건 싫건 간에, 우리의 진화하는 문화는 인간이라는 종을 그 어느 때보다도 확고하게 지구 전체의 운전석에 올려놓고 있다. 좋든 싫든 간에—어쩌면 좋은 동시에 싫게도—이는 세계에서 가장 이상한 동물, 우주를 이해한 유인원의 운명인 듯하다.

부록 A

빈 서판 이론 지지자와의 논쟁에서 승리하는 법

이런, 이놈 정말 귀찮구먼!

—진화심리학계 조나단 막스Jonathan Marks

진화심리학은 분란을 야기하는 특별한 재주가 있다. 누군가는 진화심리학을 사랑한다. 학계에서는 좀처럼 보기 드물게 매료되고 흥분한다. 그러나 또다른 이들은 진화심리학을 증오한다. 결론에 동의하지 않는 차원이 아니다. 말 그대로 증오한다. 이 사태는 진화심리학자들에게도 일말의 책임이 있다. 자기 분야에 지나치게 열심을 떠느라 다른 접근법들을 무시하고, 의도적으로 "충격적 막말"이나 던지는 극소수는 반발을 초래하는 것에 기쁨을 느낀다. 그러나 이것이 진화심리학에 대한 반감의 유일한 이유는 아니다. 진화심리학의 반대론자들 일부는 마틴 데일리와 마고 윌슨이 바이오포비아biophobia라 명명한 고질병을 앓고 있는 듯하다. 바이오포비아는 인간 심리를 진화적, 유전자적 방식으로 설명하는 것에 알레르기 반응을 보이는 증상으로, 특히 사회과학자들 사이에서 유행하는 것 같다. 이 치명적인 질환에 시달리는 이들은 종종 "분명히, 인간은 진화했고 인간 정신의 형성에는 선천성과 후천성 모두가 개입했다!"는 데 동의한다. 그런데 이렇게 선언해 놓고 막상 진화된 성 차이, 지능에 대한 유전자의 기여, 또는 이러한 맥락의 구체적 현상들에 대한 주장에는 죽기 살기로 덤빈다. 그들 중 일부는 우리가 그런 생각을 즐기는 게 필연적으로 성 차별과 인종 차별을 조장하고, 책임감이 사라지며, 심지어는 우생학으로까지 이어질 수 있다고 생각하는 것 같다. 그러니 이들이 유전자와 진화를 부정하는 것도 당연하다! 그러나 이제부터 살펴보겠지만 이런 걱정들은 근거가 없다. 물론 진화심리학에 대한 합리적 비판도 존재한다. 하지만 그만큼 빈약하고 아둔한 비판도 많으며, 이들은 진화심리학에 마치 날파리처럼 들러붙어 떨어질 줄을 모른다. 그중 가장 흔한 것들의 일부를 이제부터 철저히 해부해 보도록 하겠다.

1. "진화심리학의 목표는 전통적 성 역할과 사회 불평등의 정당화다. 진화심리학은 과학의 외피를 입은 우익 프로파간다로 현상 유지를 위해 치밀하게 설계되었다."

이 첫 번째 비판은 건전한 학문적 비평이라기보단 음모론에 가깝다. 일단 "우익"이 곧 "나쁜 것"이라고 자동으로 가정하는 문제는 차치하더라도, 진화심리학자 대다수는 (학계 일반의 학자들과 마찬가지로) 정치적으로 좌파 성향이 강하다.[1] 보다 중요한 것은 두 번째 문제인데, 이 비판은 부당하고 불합리한 추정에 전제하고 있다. 진화에 기원을 둔 것이라면 반드시 용인할 만하거나, 합법적이거나, 선해야 한다는 추정이다. 정치적 올바름이 전통적 성 역할과 폭력의 원인을 오직 후천적인 것에서만 찾고, 동성애의 원인은 선천적인 것에서만 찾는 이유도 동일한 추정에서 기인하는 것일 터다. 그러나 이 추정 전체가 오도되었다. 이는 철학자들이 말하는 자연론적 오류naturalistic fallacy

의 사례로, 자연적인 것이라면 무조건 좋다고 결론짓는 오류다.[2] 이것이 오류인 이유는—다윈주의의 세계에서는—자연적 성질과 선善이 반드시 일치한다고 생각할 이유가 없기 때문이다. 이는 적응의 문제에도 그대로 적용된다. 어떤 특성이 자연 선택의 산물이라는 말은 생존성 테스트를 통과했다는 의미다. 여기에 어떻게 도덕적 허용가능성 또는 선량함 테스트를 통과했다는 의미가 포함되겠는가? 그렇다고 상정하는 것은 혹자가 수영으로 금메달을 땄으니 골프로도 금메달을 땄을 거라고 상정하는 것과 같다. 이치에 맞지 않는 얘기다. 어떤 특성이 자연적이냐 인위적이냐 여부는 그것이 선한가의 질문과는 무관하다. 도덕 가치는 어떤 특성의 자연적 성질이 아니라 그 특성이 관련자들의 안녕에 미치는 영향으로 판단해야 한다. 그래서 폭력은 자연적이지만 악하고, 의학은 인위적이지만 선하다.

2. "진화심리학이 '나쁜 것이 실은 좋은 것'이라는 암시를 주지는 않는다 해도, 나쁜 행위에 변명거리를 제공하는 것은 사실이다. 특히 여기에서 말하는 나쁜 행위에는 무책임한 섹스, 부정, 성적 강압, 강간 등 남성 전문 악행들이 포함된다. 진화적 설명은 뉘른베르크 전범 재판에서 나왔던 변론의 생물학적 버전이다. '나는 명령에 따랐을 뿐이다.'를 '나는 유전자의 명령에 따랐을 뿐이다.'로 바꾼 것에 지나지 않는다."

여기에서 가장 먼저 할 얘기는 이것이 진화적 설명에 문제가 된다면, 사회문화적 설명에도 문제가 된다는 사실이다. 같은 인과적 설명인데 하나는 책임을 해체하고 다른 하나는 책임을 보호할 이유가 무엇인가? 다음으로 얘기할 것은 다른 설명들과 달리 진화적 설명이 책임을 정말로 해체한다고 해도 그것이 곧 진화적 설명이 허위임을 의미하지는 않는다는 점이다. 자연에 어떤 기제가 있어 우리 마음에 드는 대로 현상을 짜 맞춰 줄 수 있는 것은 아니다. 만약 그렇다고 한다면 여러분은 뒷마당을 파는 것만으로 부자가 될 것이다. 여러분의 마음에 들 수 있게 자연이 해적의 보물을 파묻어 뒀을지도 모르니까.

게다가 이 논지들은 고려의 가치가 없다. 진화적 설명이 책임을 해체한다고 볼 충분한 이유가 없기 때문이다. 이를 이해하기 위해서는 우리가 애초에 사람들에게 책임을 묻는 이유를 생각할 필요가 있다. 우리는 왜 선행을 보상하고 악행을 벌하는가? 이 관행의 기능은 무엇인가? 짧게 답하면 선행을 장려하고 악행을 방지하며 사회의 나머지를 보호하는 것이다. 그러나 인간의 행위를 견인하는 의도와 동기가 환경에서 나오든, 유전자에서 나오든, 둘의 혼합에서 나오든(이 가능성이 가장 높을 것이다) 인간에게 책임을 묻는 소기의 동기는 모두 달성할 수 있다. 인간 행위의 정확한 원인과는 별개로 우리의 범죄와 비행을 설명하는 것과 그것을 변명하는 것은 같지 않다.[3]

> 3. "진화심리학이 악행을 정당화하지 않고, 개인의 행위에 책임을 물을 수 없다고 의미하는 것도 아니라고 치자. 그러나 바람직하지 않은 특정 현상들, 예를 들어 구식의 성 역할, 외국인 혐오, 전쟁과 공격성 등의 근절이 불가하다고 암시하는 것은 사실이다. 이는 끔찍한 메시지다."[4]

첫째, 설령 이 주장이 참이라 해도 그게 진화심리학이 거짓이라는 의미는 될 수 없음을 다시 짚어야겠다. 희망사항은 논거로는 형편없다. 둘째, 이 주장은 참이 아니다. 진화에 기원을 두었다고 해서 고정불변의 것이라는 의미는 아니다. 내가 아는 한 그렇게 주장하는 진화심리학자는 없다. 오히려 대부분이 대놓고 반대의 상황을 꾀한다. 예를 들어 스티븐 핑커는 공격성이 인간 본성의 일부임에도 불구하고 지난 수십 년, 수 세기, 수 천년에 걸쳐 폭력과 전쟁이 감소했다고 주장하는 기나긴 책을 썼다.[5] 이 감소가 가능했던 것은 공격성이 인간 본성의 유일한 요소가 아니기 때문이다. 공감, 도덕 관념, 이성, 자제력 또한 우리 본성의 필수 요소이며 상황이 허락하기만 한다면 이 "더 나은 천사들"이 우리의 보다 비열한 본능을 이길 수도 있다. "진화되었다"는 말이 "불가피하다"를 의미하는 건 아니다.

곰곰이 생각해 보면 그렇게 놀라울 것도 없는 얘기다. 다이어트를 해봤거나 일출을 보려고 밤을 샌 적이 있는 사람이라면 누구나 인간이 진화된 동기대로 행동하는 것에 저항할 수 있음을 안다. 물론 그게 언제나 쉽지만은 않다. 인간 본성을 거스르는 것은 때로 조류를 거슬러 헤엄치는 것과도 같다. 그러나 그게 진화심리학자들의 잘못은 아니지 않은가! 그리고 우리 행위의 원인에 대해 스스로를 기만하는 것으로는 상황을 개선할 어떤 기회도 모색할 수 없다. 그릇된 진단은 그릇된 치료를 낳는다.

4. "진화심리학은 불온한 서구식 사고인 유전적 결정론의 화신이다. 이 위험천만한 유사과학의 실천자들은 유전자들이—종종 단일 유전자가 홀로—모든 특성의 청사진을 담고 있다고 추정한다. 하지만 이는 인간의 발달을 순진하고도 단순하게 보는 시각이며, 우리라는 존재의 조형에서 환경이 수행하는 중대한 역할을 간과하는 것이다."

진화심리학은 유전적 결정론이라는 혐의에 어떻게 답해야 하는가? 경우에 따라 다르다. 어떤 특성의 발달을 유전자가 단독으로 통제한다는 의미에서 유전적 결정론을 갖다 쓴 것이라면 진화심리학은 "무죄"를 주장해야 한다. 진화심리학자 누구도 그런 시각을 견지하지 않는다. 혹시 그렇게 생각하는 사람이 있다면 그는 일란성 쌍둥이가 놀라울 정도로 닮은 게 아니라 문자 그대로 완전히 동일한 인간이라고 생각하는 것이나 다름없으며, 나는 이렇게 생각하는 진화심리학자가 한 명이라도 있다면 찾아서 데려와 보라고 감히 말하고 싶다. 이러한 유형의 유전자 결정론자들은 그리핀, 켄타우로스, 프로이트의 무의식처럼 신화적 생명체들이다. 진화심리학자들의 발달관에는 논란의 여지가 없다. 그들은 모든 특성이 유전자와 비유전자적 요인 사이의 복잡한 상호작용을 통해 발달한다고 믿는다. 물론 대부분의 특성들이 수백 혹은 수천 개에 달하는 유전자들의 영향을 받는다는 사실은 인정한다. 또한 유전자가 특성들의 청사진을 담고 있기보다는 발달 과정을 이런저런 방향으로 단순 유도하며 특정 결과가 나올 확률을 높인다는 것도 인정한다. 발달을 보는 이 같은 관점은 진화심리학자 사이에서는 표준에 해당하며, 그들의 모든 이론과도 부합한다.[6] 그러나 비판론자 다수는 "유전자가 참여한다."는 온건한 주장을 "유전자만이 참여한다."는 터무니없는 주장으로 헛듣고 있다.

그러므로 우리라는 존재를 유전자가 단독으로 조형한다는 의미로 유전자 결정론을 갖다 쓴 것이라면 진화심리학자들은 유전적 결정론 혐의에 "무죄" 주장을 해야 한다. 그러나 정신과 행위의 조형에 유전자가 담당하는 역할—커다란 역할—이 있다는 단순한 의미로 가져다 쓴 것이라면 어떨까? 자, 이 경우라면 진화심리학자들은 "기소 내용 인정"으로 가야 할 것이다. 하지만 이런 식의 정의라면 모두가 유전적 결정론 혐의에 유죄 인정을 해야 한다. 전에는 오직 학습과 문화의 공으로만 돌렸던 인간 심리의 여러 특징에 유전자들이 중대한 영향을 미친다는 압도적인 증거들이 존재한다. 여기에는 다양한 성 차이, 기본 감정, 더 나아가 사랑과 낭만적 질투처럼 복잡한 감정 상태들이 포함된다(2~5장을 참고하라). 이러한 것들을 유전자와 환경의 공동 작용이 아니라 오직 환경의 산물로만 돌리려는 비평가가 있다면 극단적인 시각을 견지하는 쪽은 진화심리학자가 아니라 그 비평가일 것이다.

진화심리학자들은 이렇게 묻는다. 그렇다면 왜 사람들은 모든 것을 유전자의 탓으로만 돌리는가? 문제는 어떤 특성이 적응이라면 후천보다는 선천, 학습보다는 유전자의 산물이어야 한다고 추정하는 이들이 상당히 많다는 데 있다. 이 추정은 매혹적이지만 거짓이다. 다양한 경우에 학습은 적응을 설치하는 발달 프로그램의 일부다. 그 좋은 예가 아기 고양이들의 싸움놀이play—fighting다. 싸움놀이는 재미있어 보인다. 실제로 재미있다. 하지만 진지한 활동이기도 하다. 고양이 종에서 전형적인 사냥과 싸움의 기술을 발달시키는 데 도움이 되기 때문이다. 아기 고양이들이 자연스럽게 뛰어다니며 노는 쪽으로 발달을 유도하는 유전자의 존재는 쉽게 상상할 수 있다. 이 유전자가 선택된 이유는 아마도 뛰고 노는 과정이 사냥과 싸움 기술의 발달 및 세부 조정을 자극하기 때문이었을 것이다. 그러니까 사냥과 싸움은 자연 선택이 선호했기 때문에 지금까지 살아남은 적응이지만 부분적으로는 학습된 것이기도 하다. 학습은 친족 이타성, 근친상간 기피, 언어 등 인간의 여러 적응에서도 핵심적 역할을 수행한다.

5. "진화심리학의 가설들은 가장 기본적인 과학적 타당성 검증조차 불가능하다. 허위 입증 불가의 문제가 있다는 얘기다. 이론의 허위를 입증할 방법이 원칙적으로조차 없다. 우리에게는 타임머신이 없고 인간 행위가 화석으로 남는 것도 아니니까!"

첫 번째 요점부터 보자. 진화심리학이 허위임을 입증할 수 없다고 주장한다면, 그것이 허위라고 주장할 수도 없는 것이다. 두 주장을 동시에 하는 비판론자들이 많은데, 사실 이 둘은 서로 모순된다. 두 번째 요점을 보자. 진화적 설명의 허위가 입증되지 않는다면 그와 상충하는 사회문화적 설명들이 입증되지 않는다. 사회문화적 설명이 참임을 보였다면 그와 동시에 진화적 설명이 거짓임을 보였다는 것이고, 그렇다면 진화적 설명의 허위 입증이 가능하다는 얘기가 되기 때문이다. 비판론자들의 주장대로 진화적 설명의 허위를 입증할 수 없다면 그 설명이 거짓임을 보일 수 없고 따라서 그와 상충하는 어떤 이론이든 참임을 보일 수 없다. 요컨대 허위 입증 불가의 논거를 사용하는 이들은 누구든 진화론이 거짓이거나 사회문화적 설명이 참이라고 주장할 수 없다. 상당히 이상한 일인 것이다.

그런데 진화적 설명의 허위 입증이 불가능하다는 말이 사실이기는 한가? 이 주장 자체의 허위 입증이 가능하다—그리고 거듭해서, 확실히 허위임이 입증되어 왔다. 진화심리학의 여러 가설들이 실증적이고 철저한 검토 후에 버려졌다. 가장 유명한 것이 에드워드 O.윌슨의 동성애에 대한 적응주의적 설명이다.[7] 윌슨에 따르면 동성애는 친족 선택의 산물이다. 동성을 향한 성적 지향을 가진 이들은 형제자매, 조카들의 돌봄에 기여하는 것으로 자신의 포괄 적합도를 높인다. 다시 말해 게이 남성과 레즈비언은 기능적으로 비생식 일개미와 동일하다. 이 가설은 수년간 진지하게 받아들여졌다. 그러나 여러 자료들이 쇄도하기 시작하면서 윌슨의 생각이 틀렸고 동성애는 적응이 아니라는 것이 명백해졌다. 윌슨의 이론은 거짓으로 입증되었다.[8]

또 다른 사례는 진화심리학의 창시자 중 한 명인 데이비드 버스다. 인간의 배우자 선호에 대한 그 유명한 비교문화연구에서 버스는 이렇게 예측했다.

모든 문화에서 남자는 여자에 비해 성 경험이 없는 상대, 즉 숫처녀와 결혼하려는 바람이 더 클 것이다. 아니나 다를까, 남녀 차이가 나타나는 문화에서는 버스의 예측이 옳았다. 그런데 문제는 버스가 조사를 진행한 문화의 거의 절반가량에서 해당 성 차이가 나타나지 않았던 것이다. 게다가 상대의 순결에 중요성을 부여하는 정도는 문화 간에 거대한 차이가 존재했다. 어떤 문화에서는 양성 모두가 순결에 관심을 가졌다. 다른 문화에서는 양성 모두 관심이 없었다. 역시나, 버스의 가설은 버려져야 했다.[9] 이를 비롯한 여러 유사 사례들은 진화심리학의 가설들이 허위 입증 불가라는 주장의 허위를 입증한다.

비판론자들의 입장에서는 차라리 '진화심리학자들은 자신의 설명이 절대적으로 참임을 입증하고 다른 비진화적 설명들을 배제하는 것이 힘들다.'고 주장하는 편이 더 나을 것이다. 그러나 이 진술은 사실 보편적 진리이기도 하다. 그러니까 어떤 설명이 절대적으로 참임을 입증하고 다른 어떤 종류의 설명이든 배제하는 것은 누구에게나 힘든 일이라는 점이다. 어떤 특성이 적응인지 아닌지 단박에 판단해 줄 마법의 특효약 같은 연구는 없다. 우리가 할 수 있는 최선은 어떤 증거가 우세한지 살피고 그것이 가리키는 방향을 보는 것이다.

6. "진화심리학자들은 가만히 앉아서 우리도 익히 알고 있는 특성들에 대한 '그냥 얘기들'이나 만들고 있다가 표면적 타당성에만 근거해 자신들의 얘기가 참이라고 결론짓는다. 이는 과학적 재앙으로 가는 레시피다. 적응주의적 얘기는 세상 무엇에 대해서든 그럴싸하게 꾸며낼 수 있기 때문이다."[10]

진화심리학자들이 불충분한 증거에 기반한 적응주의적 가설을 받아들일 때가 있다는 게 아주 틀린 말은 아닐 수도 있겠다. 이에 대한 얘기는 곧 하게 될 것이다. 하지만 진화심리학 전체가 '그냥 얘기들'로만 이뤄져 있다는 말은 부당하다. 진화심리학자들이 '그냥 얘기들'로 시작하는 것은 맞다. 이를 부르는 다른 이름이 바로 가설이다. 그런 다음 그들은 밖으로 나가 가설을 검증하고 발견한 바를 논문 심사 저널에 게재한다. 이 과정에서 '그냥 얘기들'이 잠정 수용 또는 배제되는 과학적 주장으로 변환된다. 어쩌다 생기는 특이한 사례를 소개한 게 아니다. 진화심리학계에 발표된 실증 연구만 문자 그대로 수천이다. 또한 과학 가설 전체가 검증을 거치기 전까지는 '그냥 얘기들'이라는 사실 또한 짚고 넘어갈 필요가 있겠다. 사람들은 왜 진화적 가설에만 비판을 쏟아내는가? 대부분의 경우 이는 순전히, 타인이 그렇게 하는 걸 봤기 때문이다. 이들은 1970년대에 사회생물학 논란이 최초로 점화된 이래 계속되어 온 비판을 앵무새처럼 반복한다. 초창기의 비판에는 높이 살 부분들이 있기도 했다. 하지만 이제는 그저 케케묵은 것일 뿐이다. 거의 모든 것에 대해 적응주의적 설명을 꾸며낼 수 있는 건 사실이다. 그렇지만 거의 모든 것에 대한 사회문화적 설명을 꾸며낼 수 있는 것 또한 사실이다. 왜 사회문화적 설명이 부전승을 거둬야 하는가?

7. "진화심리학자들은 인간 정신의 본질에 대해 자민족중심주의적 경향이 강한 시각을 제시한다. 성 차이부터 가족 형태에 이르기까지 그들은 서구 문화의 일시적 특징일 뿐인 것을 인간 본성에 대한 불변의 진리로 착각한다. 이는 별로 놀라운 일도 아니다. 진화심리학자들은 대개 그들의 이론을 WEIRD 국가 출신 학부생만을 대상으로 진행하기 때문이

다. WEIRD는 서구Western에 속하며 교육 수준이 높고Educated 산업화되어 Industrialized 부유한Rich 민주주의Democratic 국가를 말한다."[11]

개별 문화 요소를 인간 본성의 양상으로 오인할 위험은 늘 존재하며, 우리는 당연히 이 함정을 경계해야 한다. 그러나 정반대의 실수를 할 위험도 있다. 인간 본성의 양상을 개별 문화 요소로 오인하는 것이다. 한 가지 오류 가능성에 집중하면서 그 반대 오류의 가능성을 지속적으로 무시하는 것은 이상한 일이다. 이는 아슬아슬하게 줄타기 곡예를 하고 있는 누군가를 지켜보면서 "왼쪽으로 떨어지지 않게 조심해! 무슨 짓을 하더라도 왼쪽으로는 떨어지지 마!"라고 외치는 것과 비슷하다. 이는 적어도 1900년대 중반 이후 사회과학자들이 "오른쪽으로 떨어지는", 그러니까 인간 본성을 지역의 문화로 오인하는 경우가 더 빈번했다는 사실을 감안하면 특히 이상하다. 서구의 사회과학자들은 세대를 거듭하면서 인간 정신을 빈 서판으로 보는 관점에 현혹되어 비非서구인에게 낭만적 사랑, 감정에 따른 표정, 유아의 죽음에 따른 슬픔 등 우리가 공유하는 인간성의 기본적 측면마저 부여하지 않았다.[12] 진화적 설명을 기피한다고 해서 오류를 피할 수 있는 것은 아니다.

진화심리학자들이 학부생 또는 WEIRD 인구만을 대상으로 이론을 검증하는 경우가 너무 많다는 주장에 대해서는 나도 어느 정도까지는 인정할 용의가 있다. WEIRD 인구는 심리적으로 여러 면에서 전형적이지 않으며 진화심리학자들이 자신의 이론을 보다 넓은 범주의 사람들을 대상으로 검증한다면 진화심리학 분야가 개선될 것은 자명한 사실이다.[13] 그러나 이는 솔직히 진화심리학뿐 아니라 심리학계 일반의 문제다. 그리고 이 부분에 있어서는 진화심리학자들의 실적이 더 낫다. 가장 유명한 진화심리학 연구들은 또한 심리학계 전반을 통틀어 가장 대규모의 비교문화연구에 해당하기도 한다. 여기에는 배우자 선호의 성 차이를 다룬 데이비드 버스의 연구, 성적 성향에 있어서의 성 차이를 다룬 데이비드 슈미트David Schmitt의 연구 등이 포함된다.[14] 이에 더해 진화심리학은 인류학과 동물 행동 연구를 적극 활용하는 한편, 나비에서 버팔로까지 모든 것에 적용되는 사회생물학 원리에 근거를 둔다. 덕분에 진화심리학자들은 자신의 문화적 편견을 제쳐두고 저 WEIRD(여기에서는 약어로 쓰였으나 원래 '이상한', '기이한'의 뜻이 있다—역자주) 심리학이 때로 간과하는 것들, 예를 들어 인간 사회 전반에서 친족과 유전적 근연도의 중요성 등에도 적절한 관심을 기울일 수 있다.[15] 당연한 말이지만 개선의 여지는 늘 존재한다. 그러나 진화심리학이 얼마나 이상한지 과장하기 십상일 것이다. 진화심리학은 지극히 정상이다.

8. "진화심리학자들은 모든 것이 적응이라고 주장한다. 이들은 인간사의 모든 측면에 적응주의적 설명을 제멋대로 적용한다. 다시 말해 이들은 일명 범적응주의panadaptationism의 죄를 짓고 있다."

이 비판은 고생물학자 스티븐 제이 굴드가 처음 제기했다.[16] 진화심리학에 입문하던 당시의 나는 이를 그냥 무시했다. 진화심리학에서 적응이 아닌 것으로 인정받은 사례들도 상당히 많기 때문이다. 우선 농경, 읽기와 쓰기, 복잡한 수학, 형식논리학은 적응이 아니라 문화적 도구라는 의견에 사실상 모두가 동의할 것이다.[17] 그리고 진화심리학자들은 비적응주의적 설명을 활용하는 것도 좀처럼 부끄러워하지 않는다. 일례로 비만을 불일치 개념으로 설명하는 것은 비적응주의적 설명이지만 진화심리학을 통틀어 가장 유명한 아이디어이기도 하다.

진화심리학자들이 적응주의적 틀을 아주 광범위한 현상에 적용하려 시도하는 것은 사실이다. 그러나 적응주의적 가설이 있는 곳에는 비적응주의적 가설도 있는 경우가 거의 대부분이다. 그러니까 일부 진화심리학자들이 여성의 오르가즘, 살인, 음악, 강간, 종교가 적응이라고 주장하는 사이 누군가는 이것이 다른 특성의 부산물이라고 주장하는 것이다.[18] 요컨대 진화심리학자들이 모든 것을 적응으로 간주하고 다른 가능성을 전혀 고려하지 않는다는 주장은 사실이 아니다.

그런 이유로 나는—처음에는—범적응주의 혐의를 부정했다. 하지만 시간이 흐르면서 어쩌면 굴드가 옳은 게 아닐까 걱정이 되기 시작했다(진화심리학자에게 이는 살인 자백이나 다름없다). 모든 특성이 적응이라고 주장하는 이는 당연히 없다. 그러나 진화심리학자들은 너무도 빈번히 적응주의적 틀을 과도하게 확대하고 근거가 상대적으로 빈약한 적응주의적 설명을 받아들인다. 내 개인적 견해로 볼 때 적응주의를 지나치게 밀어붙인 듯한 가설을 다음에 소개한다(사례별로 내가 잘못 알고 있을 가능성 또한 인정한다).

하품은 뇌를 식히기 위한 적응이다. • 꿈은 "오프라인"에서 중요한 행위를 연습하기 위한 적응이다. • 월경 전 증후군은 현재의 파트너가 임신을 시켜주지 못할 경우 그를 버리기 위한 적응이다. • 남성의 자위는 정자가 너무 노쇠하기 전에 배출하기 위한 적응이다. • 인간 페니스의 나팔 모양 귀두는 여성의 생식관 내에 있을 다른 남성의 정액을 제거하기 위한 적응이다. • 자폐는 단독으로 식량을 찾기 위한 적응이다.[19]

이 가설들이 내 범적응주의 경계경보를 발동시킨다. 물론 어디선가, 누군가가, 부실한 적응주의적 설명을 내놓는다는 말이 진화심리학자 모두 혹은 대부분이 이를 받아들인다는 말과 동격은 아니다. 나는 내 진화심리학 수련이 옛 적응주의 가설들을 그대로 소비하는 게 아니라 이 가설들을 보다 분별 있게 소비할 줄 아는 사람이 되는 과정이라고 생각하고 싶다. 그리고 진화심리학자 일부가 빈약한 적응주의적 설명을 받아들이고 있는 것이라면, 진화심리학 비판론자들은 강력한 적응주의적 설명을 거부하고 있다. 그럼에도 적응주의적 추론에 정신을 놓는 것은 너무도 쉬운 일이다. 신중을 기하지 않는다면 우리는 저 오래 전 굴드가 고발했던 그 죄를, 적응주의적 모드의 설명을 과도하게 확대하는 죄를 짓고 말 것이다.

내가 진화심리학이 완벽하다고 생각하지는 않는다는 점을 분명히 했기를 바란다. 진화심리학은 완벽하지 않다. 그러나 이 분야에 쏟아지는 비판의 다수는 그저 판단 착오일 뿐이다. 현상유지 조장, 유전적 결정론, '그냥 얘기들'을 욕하는 비판론자들은 버스정류소에서 실재하지 않는 상대와 주먹다짐을 하는 광인과도 같다. 그들 자신의 진화심리학을 만들어내고 그에 대해 요란스럽게 논하는 것이다. 안타깝게도 구경꾼들은 그 광인이 가상의 적과 싸우고 있음을 언제나 눈치챌 수 있는 것은 아니며, 그가 그리는 진화심리학이 진짜인 양 오인할 수도 있다. 이런 비평들을 다루는 것이 중요한 이유도 여기에 있다. 그렇지만 다소 답답한 과업이라고밖에 할 수 없겠다. 아무리 빈번히 논박을 당해도 이 비판론자들은 B급 영화의 좀비 떼처럼 살아 돌아오기를 반복한다. 진화심리학자 로버트 커즈번Robert Kurzban은 이 상황을 이렇게 정리했다.

비판론자들은 진화심리학자들이 행위가 유전적으로 결정되고, 유기체의 모든 측면이 적응이고, 정체의 발견이 곧 당위의 결정이라고 믿는 것은 잘못이라고 주장한다. 진화심리학자들은 이런 주장을 한 적이 없다고 답하고, 그것과는 정반대의 주장을 했음을 자료로 증명한다. 그러면 비판론자들은 진화심리학자들이 행위가 유전적으로 결정되고, 유기체의 모든 측면이 적응이고, 정체의 발견이 곧 당위의 결정이라고 믿는 것은 잘못이라고 답한다.[20]

진화심리학자의 편에서 싸우는 것은 정원의 잡초 뽑기, 또는 히드라의 머리 자르기와 비슷하다. 니체 철학의 영겁 회귀, 또는 시지프스의 바위 밀어올리기처럼 다시 또 다시, 영원히 반복된다. 게다가 아주 귀찮은 일이기도 하다. 하지만 수고를 무릅쓸 가치는 충분하다. 왜냐고? 간단하다. 진화심리학자들이 옳기 때문이다! 보다 정확히는, 그들이 옳은 방향으로 나아가는 크나큰 걸음을 내딛었기 때문이다. 그리고 그런 이유로 그들이, 결국에는, 논쟁에서 승리할 것이다.

부록 B

밈 반대론자와의 논쟁에서 승리하는 법

만일 우리가 세계 문화에 무언가 기여할 수 있다면, 예컨대 좋은 아이디어를 내거나, 음악을 작곡하거나, 전화 플러그를 발명하거나, 시를 쓰거나 하면, 그것들은 우리의 유전자가 공통의 풀 속에 용해되어 버린 후에도 온전히 살아남을 수 있을지도 모른다. (중략) 소크라테스, 레오나르도 다빈치, 코페르니쿠스, 마르코니의 밈 복합체는 아직도 건재하지 않은가.

—리처드 도킨스

밈 연구가 사회생물학과 진화심리학만큼 심각하게 동네북이었던 적은 없다. 하지만 밈 연구와 관련해 다수의 논의와 비판이 있어 온 것도 사실이다. 밈 연구가 인생이라는 수수께끼의 해답이라고 생각하는 이들이 있는가 하면 쓰레기, 그것도 위험한 쓰레기라고 생각하는 이들도 있다. 가령 루이스 베니테스—브라이비에스카Luis Benitez—Bribiesca는 밈 연구가 "위험한 아이디어"이자 "유사과학적 도그마"로 "의식과 문화 진화를 다루는 진중한 연구에 위협을 초래한다."고 경고했다.[1] 이번 부록에서 우리는 밈 연구에 대한 주요 반론 일부를 고찰하고 그처럼 지독하고 암울한 예언이 과연 타당한지 여부를 살펴보도록 하겠다.

1. "밈이란 게 정확히 무엇인가? 밈은 전체적으로 빈약하게 정의되어 있

다. 그리고 정의가 빈약한 개념으로는 훌륭한 과학을 할 수 없다."

이는 밈 연구에 가해지는 가장 흔한 비판의 하나다. 먼저 인정부터 하고 들어가도록 하겠다. 밈은 사실 정의하기 힘들다. 하나의 밈이 끝나고 다른 밈이 시작하는 지점을 말하기 힘들다. 수전 블랙모어의 질문대로, 베토벤 5번 교향곡의 첫 음 4개가 하나의 밈인가? 아니면 곡 전체가 하나의 밈이고 첫 음 4개는 그 밈의 일부일 뿐인가?[2] 아니면 둘 다 밈인가? 여러분은 토메이토라고 하고 나는 토마토라고 하는데, 이것은 두 가지 밈인가 하나의 밈인가? 바퀴가 밈인가, 아니면 바퀴라는 아이디어가 밈인가? 이 질문들의 어떤 것에도 확실한 답은 없다.

그러므로 어떤 면에서는 비판론자들이 옳다. 밈을 정의하기는 힘들다. 그런데 문제는 이것이 밈 연구 전체의 배제를 정당화해 주는지 여부다. 이것이 만약 정당하다면 밈 연구보다 훨씬 많은 것들의 배제 또한 정당하다. 사회과학계에는 아이디어의 확산diffusion of ideas, 즉 아이디어와 기술이 어떻게 확산되는지에 대한 연구가 아주 많다. 일단 그 연구들부터 버려야겠다. 아이디어라는 게 정확히 무엇인가? 그 전체적 개념 또한 빈약하게 정의되어 있다. 그렇게 생각하기 시작한다면 우리가 문화를 묘사할 때 사용하는 모든 개념들도 다 마찬가지다. 믿음, 관습, 규범, 의식, 더 나아가 문화 그 자체(그리고 개념이라는 개념)까지도 다를 바 없다. 규정이 약간 모호하다는 이유로 밈을 거부한다면 인간의 문화와 관련한 이론 대부분과 사회과학 대부분 역시 거부해야 할 것이다. 숙청 작업은 여기서 끝나지 않는다. 유전자의 경우에도 완벽하고 반박불가의 정의는 없으니 유전학을 버려야 한다. 이와 유사하게 언덕과 산, 그리고 여러 유형의 구름들도 확고부동하게 구분하는 기준선은 없으므로 지리학과 기상학도 버려야 한다. 요컨대 우리가 만약 "밈이 정확히 무엇인가?"라는 비판을 심각하게 받아들인다면, 그리고 우리가 일관된 사람들이라면, 과학 대부분이 쓰레기장으로 직행하는 신세가 될 것이다.

이게 우리가 처한 상황이다. 밈의 정의와 관련한 비판이 정당하고, 그래서 과학의 상당 부분을 버려야 하든가, 아니면 그 비판에 뭔가 문제가 있어서 그 비판을 버려야 하든가, 둘 중 하나다. 과학의 성공은 후자의 선택에 따른 기념비다. 화학에서 우주론, 의식의 연구에 이르기까지 과학의 여러 영역이 완벽하도록 정확한 정의가 없이도 놀라운 진전을 만들어 왔다. 한편, 철학이 이룩한 최고의 메타 발견 중 하나는 무엇이든 정의하는 것이 극도로 어렵다는 점이다. 철학자들은 앎이나 진실 같은 기본적인 개념조차 아직 정의하지 못했다(그럴 엄두가 난다면 구글에서 "게티어 문제Gettier problems"를 검색해 보라). 우리는 내가 철학자의 덫the philosopher's trap이라 부르는 것을 피해야 한다. 정의에 너무 열중하는 나머지 아예 출발선 자체를 떠나지 못해 세계에 대한 새로운 발견에 착수할 수 없는 상황을 뜻한다. 랄랜드와 브라운의 논평대로, "밈"이라는 단어의 완벽한 정의를 찾아야 한다는 걱정은 그만두고 밈 연구를 통해 우리가 도달하게 될 곳을 봐야 한다.[3]

2. "밈 연구는 인간 지식의 비축분에 새롭게 더하는 내용이 전혀 없다. 밈 연구가 하는 것이라고는 '아이디어'라는 단어를 '밈'으로 바꾸고 과학임을 자처하는 것뿐이다. 밈 연구가 주장하는 과학적 통찰력은 그저 상식의 허세 가득한 성문화成文化에 지나지 않는다. 뇌신경철학자 폴 처치랜드Paul Churchland가 관찰한 바와 같이, 밈 연구는 '좋은 아이디어가 확산된다'는 보잘것없는 관찰로 귀결된다."

밈 개념이 "아이디어"라는 일상적 단어를 과학적 용어처럼 들리게 바꿔놓은 것에 지나지 않는다는 주장부터 시작해 보자. 몇 가지 이유로 이 비판은 헛다리를 짚고 있다. 첫째, 밈은 그냥 아이디어가 아니다. 밈은 사소한 습관, 의식, 관행을 포함하여 사회적으로 전수될 수 있는 모든 것이다. 둘째, "밈"이라는 단어가 사용될 때면 언제나 이 가설을 달고 나온다. 문화 요소들이 번성하는 이유가 꼭 우리 또는 집단에 이롭기 때문인 것만은 아니다. 밈들이 번성이라는 것을 정말 한다면, 그 이유는 그들 스스로에게 이롭기 때문이다. 이 가설은 아이디어라는 단어에는 내포되어 있지 않으며, 뻔한 것과는 거리가 멀다. 게다가 참일 수도 있고 참이 아닐 수도 있다. 진화심리학계의 가설들과 마찬가지로 거짓으로 입증될 가능성이 있다.

밈 연구가 이미 합의된 사실들을 다시 쓰는 것에 지나지 않는다는 주장은 어떤가? 이 분야의 회의론자이면서 수학의 대중화에 앞장섰던 마틴 가드너 Martin Gardner 또한 이 관점을 채택하고 다음과 같이 말했다. "밈 연구는 사람들이 다 아는 얘기를 칭하는 번잡스러운 용어에 지나지 않는다."[4] 하지만 그가 과연 옳았는가? 첫 번째로 지적할 점은 밈 연구가 이미 알고 있는 사실들의 반복일 뿐이라고 말하는 이들은 은연중에 밈 연구가 정확하다고, 매번은 아닐지라도 대체적으로 그렇다고 인정하는 셈이라는 것이다. 이들이 일관성을 유지하려면 여기에서 방향을 바꿔 밈 연구가 허위라고 주장할 수도 없다. 두 번째 지적할 부분—이것이 보다 중요하다고 생각할 이도 있을 것이다—은 밈 연구가 이미 합의된 바를 다시 쓸 뿐이라는 주장의 경우 사실이 아니라는 점이다. 종교와 관련한 전통 이론 몇 가지를 살펴보자.[5] 소망 성취 이론에 따르면 종교적 믿음이 확산되는 것은 우리에게 이롭기 때문이다. 우리에게 위안이 되고 힘든 시기를 헤쳐 나가도록 도와서다. 사회적 접착제 이론에 따르면 종교적 믿음이 확산되는 것은 사회에 이롭기 때문이다. 각 개인을 묶어 사회적으로 응집력이 있는 집단으로 만들어줘서다. 사회 통제 이론에 따르면 종교적 믿음이 확산되는 것은 지도자들에게 이롭기 때문이다. 폭도들이 규칙을 지키게 만들어서다. 적응주의 이론에 따르면 종교적 믿음이 확산되는 것은 우리의 유전자에 이롭기 때문이다. 종교적 성향을 유발하는 유전자의 전파를 촉진해서다. 반면 종교와 관련한 밈 이론은 완전히 다른 주장을 펼친다. 종교적 믿음이 확산되는 것은 순전히 그 믿음 자신에게 이롭기 때문이다. 따라서 밈 연구가 명백한 것들을 다시 진술하는 것에 지나지 않는다고 주장하는 이들은 종교와 관련한 전통적 이론—한 세기 넘게 학자들의 관심을 붙들어 온 것들—이 분명히 허위이고, 종교가 스스로를 영속시킨다는 목적만으로 설계된 기계임이 분명하다고 믿는 셈이다. 그런데 이것이 이토록 분명한 문제라면, 이 주장을 하는 것이 왜 밈 연구자들뿐일까?

밈 연구가 "좋은 아이디어가 확산된다."는 뻔한 관측으로 귀결될 뿐이라는 폴 처치랜드의 주장에는 딱 하나의 문제밖에 없다. "좋은 아이디어가 확산된다."는 밈 연구자들이 주장하는 바가 아니라는 점이다. 오히려 밈 연구자들의 관점에서 핵심은 나쁜 아이디어들이 확산되기도 한다는 부분이다. 귀벌레와 흡연을 생각해 보라. 물론 이에 대해 비판론자들은 우리가 의미하는 "좋은 아이디어"가 우리에게 좋은 아이디어를 뜻하는 게 아니라 확산에 능한 아이디어를 일컫는 것이라고 말할 수도 있겠다. 이 입장을 취한 후의 비판은 밈 연구가 "확산에 능한 아이디어가 확산되는 경향이 있다"는 보잘것없는 주장으로 귀결된다는 것이 될 터다. 그런데 정말 그 주장으로 귀결되는 게 맞나? 어떻게 보면, 그렇다—하지만 이런 식이라면 진화론도 "확산에 능한 유전자가 확산되는 경향이 있다."는 보잘것없는 주장으로 귀결된다. 두 경우 모두 과도하게 단순화한 요약이 흥미롭고 예상밖의 무수한 의미들을 감춰버린다. 밈 연구에는 밈이 문화 속에서 스스로를 전파하기 위해 진화한다는 것, 종교와 제도들은 자신의 생존을 돕기 위해 설계된 적응들을 보유하고 있다는 것, 상호 간에 도움을 주고받는 밈들의 집합이 진화하여 우리의 관심을 끌고 우리를 자신들의 대변자로 만든다는 것 등의 아이디어들이 포함되어 있다(6장을 참고하라). 밈 연구 비판론자들은 밈의 논쟁적 주장 가능성 자체를 부정하는 대신 위에서 언급한 다양한 주장들과 경합하는 것에 노력을 집중해야 한다.

3. "좋은 과학 이론의 전형적인 특징은 연구를 발생시킨다는 것이다. 세상에 대한 참신한 예측을 하고 과학자들을 이끌어, 다른 방식이었다면 기대하지 못했을 발견을 하도록 만든다. 그러나 밈 연구는 이 부분에서 한심하게도 실패했다. 사실 해당 분야의 주요 학술지인 〈밈 연구 저널 Journal of Memetics〉은 제출되는 연구가 충분하지 않아 폐간을 해야 했다."

이것은 "네가 그렇게 똑똑하다면, 왜 부자가 아닌데?" 식의 비판이다. 거론되는 모든 비판을 통틀어 어쩌면 가장 우려스러운 것이기도 하다. 하지만 결국에는 이 주장도 성공적이지는 못한 듯하다. 밈 분야에서 새로운 연구가 아직 많이 진행되고 있지 않은 것은 분명한 사실이다. 또한 밈에 기반한 개별 설명들 다수가 아직 적절한 검증을 거치지 않은 것도 사실이다. 그러나 특정 이론이나 설명을 평가하는 문제에 있어 우리가 궁극적으로 알고자 하는 바는 그것이 얼마나 많은 논문을 만들어냈는가, 혹은 놀랄 만한 발견이 얼마나 많은가 여부가 아니다. 우리가 알고 싶은 것은 그보다 훨씬 기본적인 것, 즉 참인지 아닌지 여부다. 결국에는 이것이 과학의 관건이다. 게다가 현재의 연구

부족에도 불구하고 적어도 이론의 일반적 개요 측면에서는 밈 연구가 정확하고 참이라고 믿을 충분한 이유가 있다.

이 결론을 도출하게 된 주요 논거는 다음과 같다. 문화의 진화에 대한 밈 기반 접근과 밈에 기반하지 않은 접근 사이의 주요 차이는 다음의 질문에 어떻게 답하는가에 달려 있다. "문화적 개체들은 무엇을 하도록 설계되었는가?" 밈에 기반하지 않은 접근은 이들이 개인 또는 집단에 이롭도록 설계되었다는 답을 내놓는다. 반면 밈 기반 접근은 이들이 스스로를 이롭게 하도록 설계되었다고 말한다. 이 목적의 달성을 위해 밈들이 종종 서식지에 해당하는 개인이나 집단을 이롭게 하는 경우가 있으니 밈에 기반하지 않은 접근법들과도 일치한다. 하지만 밈들은 때로 개인이나 집단을 이롭게 하지 않고도, 더 나아가 적극적으로 해를 끼치면서까지 자신을 이롭게 한다. 우리는 6장에서 행운의 편지, 바이러스 허위 경고, 귀벌레, 담배, 문장에 "그러니까"와 같은 음성틱을 넣는 것 등의 다양한 사례를 살펴봤다. 밈에 기반하지 않은 접근법으로 보면 이는 이례적인 현상이다. 그러니까 밈이 개인 또는 집단에게 이로울 때만 지속된다는 법칙의 난감한 예외인 셈이다. 반면 밈 연구의 관점에서 이는 밈들이 우리 또는 집단에게 이로운지 여부와는 별개로 스스로에게 이로울 때 지속된다는 더 광범위한 법칙을 확증하는 사례다. 요컨대 밈 연구는 다른 접근법들을 모두 통합하면서도 그들을 넘어서는 법칙을 제공한다. 설명의 범위가 더 넓다는 것은 밈 기반 접근법이 진화의 본질을 더 정확하게 그려 냄을 시사한다.

물론 이것이 밈 연구자가 자신의 이론을 뒷받침할 새로운 증거를 제공하지 않아도 된다는 의미는 아니다. 마땅히 제공해야 한다. 그러나 우리가 이미 가지고 있는 증거들을 밈 연구가 훌륭히 설명해 낸다는 사실은 이 분야가 광범위한 정확성을 확보하고 있다고 생각할 강력한 이유가 되어준다. 이는 또한 기존의 연구가 부족하다는 사실을 영구적 번민거리로 생각할 필요가 없음을 시사하는 것이기도 하다.

4. "진화는 유전자를 고도로 충실하게 복제할 수 있을 때만 발생한다. 유전 자가 완벽하게 복제되는 경우가 대부분이 아니라면, 자연 선택은 특정 유전자의 변이를 절대로 촉진하지 못할 것이다. 자연 선택이 기회를 잡 기도 전에 유전자가 분해되고 말 것이기 때문이다. 여기에 밈 연구의 문 제가 있다. 유전자는 전반적으로 완벽하게 복제되지만 밈은 좀처럼 그렇 지 않다. 방안을 가득 채운 아이들에게 동화를 읽어준다면 아이들은 그 를 약간씩 다른 버전으로 회상할 것이다. 밈의 전파가 그토록 부정확한 데 자연 선택이 어떻게 어느 한 밈에 고정될 수 있겠는가?"[6]

이 비판은 겉으로는 위협적인 듯 보이지만 세부적으로 파고 들어가는 순간 산산조각 난다. 밈이 유전자만큼 정확히 복제되지 않는 것은 분명한 사실이 다. 그러나 마찬가지로 분명한 것은 문화가 단순히 거대한 차이니즈 위스퍼스 (사람 간에 이야기가 전달되면서 내용이 왜곡되어 달라지는 게임—역자주)— 또는 미국인들이 '텔레폰 게임'이라 부르는 게임—인 것만은 아니라는 점이 다. 밈의 전파는 충분히 정확하다. 그렇기 때문에 학자들이 역사를 가로질러 가며 아이디어의 확산을 추적할 수 있고, 조부모보다 반세기는 늦게 언어를 배운 아이들이 그들과 소통할 수 있는 것이다.[7] 방향을 달리 해서 따져보자. 밈 전파가 대개는 정확하지 않았다면, 진화된 문화의 누적은 불가능했을 것 이다. 좋은 아이디어가 사람에서 사람으로 전달되면서 쉽사리 훼손된다면 서로의 통찰력과 혁신을 쌓아 올리는 게 불가능할 터다. 그렇다면 유전자—문화 공진화도 배제될 것이다. 유전학자 루이지 카발리 스포르차Luigi Cavalli—Sforza와 마르커스 펠트만Marcus Feldman이 지적했듯 유당내성의 진화는 우유 섭취 밈이 고도로 충실하게 복사된 덕분이다. 유당내성을 가진 부모는 자녀에게 유당내성 유전자뿐 아니라 우유 섭취 습관 또한 물려준 것이 틀림없다. 따라서 적어도 어떤 밈들은 종 내에서 역사적으로 중대한 진화적 변화를 야기할 수 있을 만큼 충실히 복제된다. 호박벌 비행과 위키피디아처럼 밈 개념 또한 이론적으로는 말이 되지 않을지 몰라도 실질적으로는 아무런 문제없이 작동한다.

5. "좋아, 잘 피해나가는군. 그러나 유전적 진화와 문화적 진화 사이에는 또 다른 중요한 차이점들이 있는데, 이 차이들이야말로 밈 연구의 함선을 침몰시킬 만한 것들이다. 그중 하나는 유전자가 유기체에서 유기체로 복사되는 반면 밈은 정신에서 정신으로 복사되지 않는다는 것이다. 댄 스퍼버Dan Sperber가 지적한 대로, 밈은 그것을 받아들이는 새로운 정신 각각에서 재구성된다. 사람들은 아이디어의 가장 기본적인 뼈대에 노출되고, 그들의 배경 지식과 내재적이고 심리적인 편향으로 간극을 메꾼다. 따라서, 특정 아이디어가 널리 확산된다는 사실이 꼭 그들이 경쟁자 변종을 누르고 선택되었음을 의미하는 건 아니다. 이는 이 아이디어를 담고 있는 정신 또한 동일한 방식으로 조직되었다는 사실을 반영하는 것일 수 있다."[8]

가장 중요한 것부터 보자. 아이디어가 복사되기보다 재구성된다는 말은 정확히 무엇을 의미하는가? 파스칼 보이어Pascal Boyer가 유령의 개념에 대해 진행한 연구가 이를 잘 그리고 있다.[9] 유령의 개념은 전 세계 문화에서 발견되며, 발견되는 모든 곳에서 사람들은 이 초자연적 존재를 놀라울 정도로 비슷하게 이해한다. 특히 유령들은 고정된 육신이 없지만 심리적으로는 우리와 아주 닮았다. 보고 들을 수 있고, 믿음을 갖고, 욕망을 갖고, 의도를 갖는다. 다양한 문화의 사람들이 그리는 모습이 이 형태에 수렴된다는 사실은 어떻게 설명할 수 있을까? 보이어에 따르면 사람들이 사회적 학습의 과정을 통해 유령 개념의 각 요소들을 습득했다는 것은 타당한 설명이 아니다. 물론 사회적 학습도 개입한다. 그러나 대부분의 경우 각 개인은 유령의 개념을 무의 상태에서부터 구축한다. 사람들은 유령이 무생물체가 아니라 지각을 가진 존재라는 생각을 하게 되는 순간 자동으로 감각 경험, 신념, 욕구, 의도를 가지고 있을 것이라고 추론한다. 보이어는 그 이유를 이렇게 주장한다. 인간에게는 지각을 가진 존재를 이런 식으로 이해하는 진화된 경향이 있다. 유령 개념은 댄 스퍼버가 "인지 끌개"라 부르는 아이디어의 한 사례다. 인지 끌개는 인간 정신 본연의 구조 때문에 전역의 사람들이 자연스럽게 끌리는 것들을 의미한다.

이 접근법에는 분명히 몇 가지 장점이 있다. 적어도 밈의 널리 알려진 특징들을 죄다 밈 선택의 산물로는 상정할 수 없다는 사실을 되새겨 준다. 그러나 스퍼버와 보이어의 생각은 밈 연구와 모순되는 대신 밈의 눈 관점에 유리하게 녹아든다. 6장에서 우리는 밈 연구가 완전한 과학이기 위해서는 인간 심리에의 철저한 이해를 수반해야 함을 확인했다. 내재적 편향과 끌개가 그 이해의 일부일 것이다. 이들은 인간이 지금과 같은 밈을 생산한 이유, 다른 밈보다 인간 정신에 보다 쉽게 안착하는 밈이 있는 이유를 설명해 준다. 사회로 전달된 아이디어들이 다시 그대로 전달되거나 서로 경쟁할 여지가 전혀 없다면 편향이나 끌개의 존재는 밈 연구의 시각을 훼손하게 될 것이다. 그러나 이는 현실적이지 않다. 사실 우리 밈의 구조에 존재하는 광범위한 경향을 설명하는 것 외에 끌개가 실제로 얼마나 많은 역할을 하는지는 분명하지 않다. 어떤 문화에서 사람들은 우주의 창조주가 두 발로 걷는 영장류의 모습을 취했고, 동종의 다른 영장류에게 살해당했으며, 의학의 도움 없이 사흘 뒤에 부활했다고 믿는다. 우리가 비학습적 인지 편향 몇 개를 가지고 있다고 해서 어떤 문화의 사람들은 위의 얘기를 믿고 다른 문화의 사람들은 믿지 않는 이유를 설명할 수는 없다. 이를 설명할 수 있는 유일한 방법은 아이디어의 사회적 전달이다. 일단 사회의 전달을 받아들이게 되면 전달되는 존재가 되고자 아이디어들이 벌이는 경쟁도 받아들이게 된다.

유전자가 세포에서 세포로 복제되는 것과 달리 밈이 정신에서 정신으로 직접 복제되지 않는 것은 분명하다. 밈은 그들이 조우하는 새로운 정신에서 재구성된다. 그러나 이것이 문제가 되는 건 재구성된 밈을 밈으로 간주할 수 없을 때뿐이다. 재구성된 밈이 왜 밈이 아니어야 하나? 재구성이 되었든 아니든 밈은 키질의 대상이며, 이 과정은 필연적으로 이기적 밈을 선호한다.

6. "생물학적 진화와 문화적 진화 사이의 유사성 중 가장 취약한 지점은 아직 꺼내지도 않았다. 새로운 유전자들은 무작위적 돌연변이의 산물이다. 유전자 코드의 글자 하나가 잘못 새겨지거나 DNA 절편이 삽입, 치환, 결실, 중복되는 경우다. 그러나 새로운 밈들은 무작위적 돌연변이의 산물이 아니다. 우리는 특정 목적을 갖고 밈을 의도적으로 발명한다. 따라서 문화적 진화는 생물학적 진화와 크게 다르며 밈은 이 과정을 호도하는 설명이다."

스티븐 핑커는 저서 『마음은 어떻게 작동하는가』에서 이 비판을 다음과 같이 설명했다.

문자 그대로 받아들이면 밈 이론은 문화적 진화가 다음의 방식으로 진행된다고 예측한다. 하나의 밈이 그 보유자를 움직여 자신을 광고하게 하고, 전달받는 자의 내부에서 돌연변이를 일으켜 소리 하나, 단어 하나, 구문 하나가 무작위적으로 변경된다. 어쩌면 몬티 파이선Monty Python의 코미디 드라마 〈브라이언의 생애Life of Brian〉에서처럼 산상수훈의 청중들은 "화평하게 하는 자peacemaker는 복이 있나니"를 "치즈를 만드는 자cheesemaker는 복이 있나니"로 잘못 들었을지도 모른다. 새로운 버전이 기억하기 쉽고 다수의 정신에서 우세한다. 하지만 이 또한 오자와 화자의 실수와 청자의 실수로 훼손되고 가장 확산이 잘될 만한 것들이 누적되면서 소리의 서열이 점진적으로 변형된다. 그리고 마침내 이를 증명한다. "한 인간의 작은 걸음이 인류 전체의 거대한 도약이 된다."[10]

물론 이는 새로운 문화가 발생하는 방식은 아니다. 누군가가 실수로 휘파람 음을 틀린다고 해서 새로운 음악이 나오는 것도, 그 "돌연변이" 멜로디에 중독성이 더해지는 것도 아니다. 아인슈타인이 $E = mc^2$를 생각해 낸 것이 뉴턴을 오인했기 때문은 아니다. 좋은 아이디어는 뭔가를 잘못 듣거나 잘못 기억하고, 이 유용한 우연들이 선택적으로 보존되어 나오는 게 아니다. 핑커의 주장에 따르면 이 모든 것들은 창조적인 정신의 의도적인 발명이다.

의심의 여지 없이, 이 주장에는 상당히 많은 진실이 담겨 있다. 단순한 실수와 복사상의 오류가 생물학적 진화보다 문화적 진화에서 중요성이 떨어지는 것은 사실이다. 그러나 몇 가지 이유에서 이는 밈 연구에 치명타가 되지는 못한다. 먼저, 새로운 밈들이 실제로는 단순한 복사상 오류로 만들어질 때가 있다. 그런 방식으로 탄생했고 역사적으로 중대한 의미를 갖는 밈의 몇 가지 사례를 소개한다.

- **"마리아는 예수를 잉태하던 당시 동정녀였다."** 이는 이사야의 오역에 기초한다. 원래 버전에서 마리아는 동정녀가 아니라 미혼 여성이었다.
- **"부자가 천국에 가는 것은 낙타가 바늘구멍에 들어가는 것보다 어렵다."** 어쩌면 여기서 낙타는 원래 밧줄이었을 것이다.
- **"순교자는 천국에 들어갈 때 보상으로 72명의 숫처녀를 받을 것이다."** 어쩌면 72개의 포도 또는 건포도였을 수 있다—완전히 반갑지 않은 보상은 아니라 해도, 숫처녀를 기대하고 있었다면 다소 실망스럽기는 하겠다.[11]

따라서 문화에서는 무작위적 오류가 창조적인 역할을 수행한다. 진정한 창조성은 반드시 어느 정도의 무작위성을 수반한다고 주장하는 이들도 있다. 인류학자 그레고리 베이트슨Gregory Bateson은 다음과 같이 썼다.

창의적 사고는 언제나 임의적 요소를 포함해야 한다. 탐구의 과정—정신적 진보의 끝없는 시행착오—은 무작위로 펼쳐지는 경로를 밟을 때만 새로운 것을 달성할 수 있으며, 그들 중 일부가 생존과 비슷한 어떤 이유로 선택된다.[12]

새로운 문화의 변종 다수—어쩌면 대부분—가 완전히 무작위로 나타나지 않는 것은 사실이다. 사람들은 마음속에 명확한 목표를 품고 그를 향해 왕성히 노력한다. 이것이 자연 선택에 부과되는 업무량을 적어도 어느 정도까지는 절감하는 것도 사실일 터다. 그러나 무작위적이든 작위적이든 자연 선택은 여전히 일익을—그것도 없어서는 안 될 커다란 일익을—담당한다. 위대한 윌리엄 제임스의 관찰대로, 아이디어 영역에서의 자연 선택은 주로 두 가지 수준에서 진행된다. 첫째는 개인 정신의 내부이고 둘째는 더 넓은 사회의 내부다.[13] 첫 번째와 관련해서 많은 이들은 창의성이 변형과 선택적 보존의 과정을 수반한다고 주장했다. 가령 물리학자이자 철학자인 에른스트 마흐Ernst Mach는 이렇게 말했다. "뉴턴, 모차르트, 리하르트 바그너 등의 경우…… 말하자면 사고와 멜로디와 하모니가 그들에게 퍼부어졌고, 그들은 적당한 것을 보존했을 뿐이다."[14] 최고의 작곡가나 작사가조차 밋밋한 곡조와 별 볼일 없는 가사를 만들어낼 때가 있다. 다만 우리가 그걸 접할 일이 없을 뿐이다. 라이너스 폴링Linus Pauling이 언급한 것과 같이, "좋은 아이디어를 얻는 최선의 방법은 많이 생각하는 것이다."

두 번째 선택 과정은 더 넓은 세계에서 벌어진다. 생물학적 진화와 마찬가지로, 문화 내 변종들의 수는 생존가능한 개체수를 늘 초과한다. 랩음악을 예로 들어보자. 다윈주의 래퍼 바바 브린크맨Baba Brinkman의 말을 인용하자면 MC(래퍼)는 너무 많은데 mic(마이크)는 부족하다. 그 결과 변종들 사이에서는 늘 생존을 위한 투쟁이 벌어진다. 이러한 변종들이 전적으로 무작위는 아니라고 해서 투쟁이 없어지거나 선택의 역할이 무효화되는 것은 아니다. 오히려 그 반대다. 새로운 변종 대부분이 문화에 채택되지 않는다. 모든 작사가들이 히트곡을 쓰고 싶어하지만 대부분의 노래는 히트곡이 아니다. "나는 이제부터 최고의 문화적 변종을 발명하겠다."라고 생각하며 자리를 잡고 앉을 수는 없는 노릇이다. 설령 그렇게 할 수 있다 해도 이것이 모든 문화가 의도적으로 발명된다는 의미는 아니다. 물론 어떤 사람들은 히트하는 음악을, 책을, 영화를 만들겠다는 목표를 갖고 있다. 그러나 드물게 나타나는 예외를 제외하고는 히트하는 도덕 체계를, 종교를, 언어를 만들겠다는 목표를 갖고 있는 사람은 없다. 이러한 문화적 산물은 핵심 계획이나 주요 목표가 없이 우리의 상호작용의 과정에서 자연스럽게 나타나는 게 거의 대부분이다. 그럼에도 우리가 6장에서 살펴본 바와 같이 이들은 종종 설계의 징후를 보인다. 이 중 많은 것들이 의식적이고 의도적인 계획이 아니라 맹목적인 문화 선택에서 비롯된다.

마지막으로 짚을 지점은 이것이다. 우리는 생물학에서 "무작위적" 유전자 돌연변이에 대해 자주 듣는데, 그 의미를 명확히 하는 것이 중요하다. 어떤 돌연변이가 무작위적이라고 하는 것은 그것이 유기체의 적합도와 관련하여 무작위라는 의미일 뿐이다. 하지만 돌연변이들은 당연히 원인—방사선, 화학물질, 바이러스 등—을 가지고 있으며, 이들과 관련해서는 무작위가 아니다(유일한 예외는 원인이 없는 양자 섭동에 의한 돌연변이일 텐데, 이는 진실로 그리고 비축소적으로 무작위다). 밈도 마찬가지다. 유전적 돌연변이가 그렇듯 새로운 밈들은 원인, 즉 그들을 만드는 인간의 정신 및 의도와 관련해서는 무작위적이지 않다. 그러나 대부분의 경우 그들 자신의 밈 적합도와 관련해서는 무작위적이다. 문화 속에서 살아남고 자신의 확산을 촉진하는 밈을 만들겠다는 바로 그 목표를 가지고 창의적 노력에 뛰어드는 사람은 좀처럼 없다. 그들의 마음속에는 다른 목표들이 있다. 감정을 포착하는 노래, 아이디어를 포착하는 책, 곰을 포착하는 덫을 만드는 등이다. 따라서 분출하는 우리의 창의력은 우리의 목표와 관련해서는 무작위적이지 않지만 적어도 그 밈에 작용하는 선택 압력과 관련해서는 어느 정도 무작위적인 측면이 있다. 생물학적 진화와 문화적 진화의 유사성은 우리가 의심했음직한 것보다 깊다.

> 7. "밈 연구에 따르면 밈은 우리의 정신을 침범하고 자유의지를 빼앗고 번식 이익에 반하는 행동을 하는 바이러스다. 정말 그렇다면 엄청난 수의 인간이 자살 폭탄 테러범이나 독신주의자일 것이다. 그러나 사실상 해로운 밈들은 드물다―꼬리 달린 유인원만큼이나 드물다. 상황 끝!"[15]

아니 잠깐! 우선, 밈 연구는 밈이 우리에게 항상 나쁘다고 주장하는 게 아니다. 밈이 선택되기 위해서는 그들 자신에게 이롭기만 하면 된다고 주장하는 것이다. 때로 밈은 우리에게 이롭기 때문에 그들 자신에게도 이롭다. 결국 밈은 우리 안에 살고, 따라서 그들의 이해와 우리의 이해가 종종 겹친다. 밈 연구자들이 밈을 정신의 바이러스로 묘사할 때가 있는 것은 사실이고, 이는 그들이 대개 유해하다는 뜻을 담고 있는 듯 보인다.[16] 그렇지만 바이러스는 다소 허술한 선택이다. 보다 적절한 비유는 박테리아일 것이다. 어떤 박테리아는 우리에게 해롭지만, 다수의 박테리아는 유익하다. 우리는 박테리아 없이 생존할 수 없다. 밈도 마찬가지다.

그렇긴 하지만 비판론자들의 말처럼 악한 밈이 그렇게 드물지는 않다는 사실을 강조할 필요가 있겠다. 외계인 과학자는 콘돔과 피임약 등 우리의 번식 이익에 반하는 밈들이 널리 퍼져 있다는 사실을 발견했다. 우리는 이 목록에다 진화의 욕구가 촉발하도록 되어 있는 특정 행위를 하지 않고도 그 욕구를 충족할 수 있도록 하는 문화적 혁신들 또한 추가할 수 있다. 포르노, 오락용 약물, 자녀 대신 기르는 반려동물들을 생각해 보라. 이러한 문화적 습관들은 흔하기는 하나 기껏해야 적응적으로 중립적이거나, 최악의 경우 부적응적이다(용어의 기술적 의미에 따른 것뿐이다. 이들이 좋다거나, 나쁘다거나, 그 사이의 어떤 것이라고 말하는 것이 아니다).

자살 폭탄 테러나 독신주의처럼 고도로 치명적이고 적합도를 훼손하는 밈들은 실제로 드물다. 그렇게 놀라운 사실은 아니다. 보유자를 죽이거나 불임으로 만드는 밈은 오래 지나지 않아 스스로 소진되고 말 것이다. 그렇다고 이것이 밈 연구에 대한 반론일 수는 없다. 보균자를 죽이거나 불임으로 만드는 바이러스는 오래 지나지 않아 스스로 소진될 수밖에 없지만, 그렇다고 이것이 바이러스학에 대한 반론은 아니다. 이는 오히려 질병의 확산과 관련한 중요한 지점, 즉 가장 흔한 질병일수록 대개는 경증이라는 사실을 말해준다.[17] 비적응적 밈도 마찬가지다. 치명적인 밈일수록 흔하지 않을 것이다. 따라서 순교 밈과 독신주의 밈은 언제나, 말하자면, 흡연 밈이나 애플파이와 아이스크림 밈보다 드물 것이다. 고도로 치명적인 밈이 상대적으로 희소하게 목격된다는 사실은 밈 연구와 모순되지 않는다. 오히려 밈 연구가 이 패턴을 훌륭히 설명한다.

사용허가

Extract from Has Man a Future? by Bertrand Russell (1961), reprinted by permission of the Bertrand Russell Peace Foundation.

Extract from Sociobiology: The New Synthesis by Edward O. Wilson (1975), reprinted by permission of Harvard University Press.

Extract from "The psychological foundations of culture," by John Tooby and Leda Cosmides (1992), in Jerome H. Barkow, Leda Cosmides, and John Tooby (Eds.), The Adapted Mind: Evolutionary Psychology and the Generation of Culture, pp. 96—97, reprinted by permission of Oxford University Press.

Extract from "Sexual strategies: A journey into controversy," by David M. Buss, (2003), Psychological Inquiry, 14, p. 225, reprinted by permission of Taylor & Francis.

Extract from The Science of Intimate Relationships by Garth J. O. Fletcher, Jeffry A. Simpson, Lorne Campbell, and Nickola C. Overall (2013), p. 43, reprinted by permission of John Wiley and Sons Inc.

Extract from The Science of Good and Evil by Michael Shermer (2004), p. 84, reprinted by permission of Michael Shermer.

Extract from New Bottles for New Wine by Julian Huxley (1957), reprinted by permission of Peters Fraser & Dunlop (www.petersfraserdunlop.com) on behalf of the Estate of Julian Huxley.

Extract from "Controversial issues in evolutionary psychology," by Edward H. Hagen (2005), in David M. Buss (Ed.), The Handbook of Evolutionary Psychology, p. 145, reprinted by permission of John Wiley and Sons Inc.

Extract from The Selish Gene by Richard Dawkins (1976/2016), p. 259, reprinted by permission of Oxford University Press.

각주

서문

1. https://pewrsr.ch/2SWfRPE

2. https://bit.ly/1cSg1Qc

3. Shermer, Michael. 2006. Why Darwin Matters: The Case Against Intelligent Design. New York: Henry Holt.

4. Shermer, Michael. 1997. Why People Believe Weird Things. New York: Henry Holt/Times Books, 137—138.

5. The Harris Poll. 2013. "Americans' Belief in God, Miracles, and Heaven Declines." December 16. http://bit.ly/1W29oPk

6. https://pewrsr.ch/2vFmEqu

7. https://pewrsr.ch/2Cf0yMy

8. 퓨 리서치 센터의 2005년 조사에 따르면 응답자의 42%가 "생명체는 태초부터 지금과 똑같은 형태로 존재했다."는 엄격한 "창조론적" 시각을 가지고 있다. https://bit.ly/2kFVHu6

9. 일례로 1925년 스코프스의 "원숭이 재판monkey trial"이 있은 후 교사와 교과서 제작자들은 진화론 교육을 중단했다—한 과학사가가 1925년부터 1960년 사이 고등학교 생물학 교과서를 대상으로 진행한 연구에 따르면 이 시기 진화론이라는 주제는 교육과정에서 그냥 자취를 감췄다(Grabiner, Judith V., and Peter D. Miller. 1974. "Effects of the Scopes Trial." Science, 185, 832—836). 가르침이 없으니 배움도 없다.

10. 이 3시간짜리 브리핑은 2000년 5월 10일에 진행됐다. Quoted in Wald, David. 2000. "Intelligent Design Meets Congressional Designers." Skeptic, 8(2), 16—17.

11. Quoted in Bailey, Ron. 1997. "Origin of the Specious." Reason, July.

12. Sowell, Thomas. 1987. A Conflict of Visions: Ideological Origins of Political Struggles. New York: Basic Books, 24—25.

13. Pinker, Steven. 2002. The Blank Slate: The Modern Denial of Human Nature. New York: Viking, 290—291.

14. Shermer, Michael. 2011. The Believing Brain. New York: Henry Holt, 243—248.

15. Pinker, Steven. 2011. The Better Angels of Our Nature. New York: Penguin.

16. Madison, James. 1788. "The Federalist No. 51: The Structure of the Government Must Furnish the Proper Checks and Balances Between the Different Departments." Independent Journal, Wednesday, February 6.

17. Inaugural Addresses of the Presidents of the United States. Washington, D.C.: U.S. G.P.O.: for sale by the Supt. of Docs., US GPO, 1989; Bartleby.com, 2001.

1장. 외계인의 도전

1. 이 구절은 1978년 앨범 Jeff Wayne's Musical Version of The War of the Worlds의 "The Eve of War"에서 가져왔다.
2. Hawking (2008).
3. 이 다른세계학자의 실제 모델은 지구인 천문학자 마틴 리스 경Sir Martin Rees이다. 이 문단은 리스의 2004년작 Our Final Century에서 아이디어를 얻었다.
4. Cf. Kelly (2010); McLuhan (1964).
5. Cf. Pollan (1990).
6. Shubin (2008).
7. Barkow, Cosmides, and Tooby (1992); Buss (2014); Cronin (1991); Daly and Wilson (1988); Dawkins (1976/2016); Hamilton (1996); Pinker (1997); Trivers (2002); Workman and Reader (2014); Wright (1994).
8. Blackmore (1999); Boyd and Richerson (1985); Cavalli—Sforza and Feldman (1981); Dawkins (1976/2016); Dennett (1995); Durham (1991); Henrich (2016); Laland (2017); Lumsden and Wilson (1981); Mesoudi (2011); Richerson and Boyd (2005).
9. Alexander (1987), p. 3.
10. Dawkins (1976/2016).
11. Blackmore (1999).

2장. 정신에 찾아온 다윈

1. Darwin (1859); Stewart—Williams (2010).
2. 진화론의 훌륭한 개관 정리와 그것이 참임을 입증하는 증거는 다음을 참고하라. Coyne (2009).
3. Dawkins (1986).
4. Goodall (1986).
5. Darwin (1871).
6. Hamilton and Zuk (1982); Miller (2000b); Thornhill and Gangestad (1993).
7. Zahavi (1975).
8. Andersson (1994); Darwin (1871).
9. Miller (2000b).
10. Stewart—Williams and Thomas (2013a, 2013b).
11. Hamilton (1964).
12. J. L. Brown (1975).
13. Hamilton (1963), p. 354.

14. Hamilton (1964); Trivers (1985, 2002); Williams (1966).

15. Dawkins (1976/2016, 1982).

16. Dawkins (1982).

17. Burt and Trivers (2006); Dawkins (1998).

18. Dawkins (1976/2016), p. 26.

19. Darwin (1871); Wynne—Edwards (1962).

20. Williams (1966); see also Dawkins (1976/2016).

21. Nowak, Tarnita, and Wilson (2010); Sober and Wilson (1998); D. S. Wilson and Sober (1994); D. S. Wilson and Wilson (2007).

22. West, Griffin, and Gardner (2007a).

23. 신다윈주의의 서거를 자신만만하게 선언한 최근 사례와 그에 대한 응수는 Laland et al.을 참고하라(2014).

24. Nesse (1990).

25. Curtis, de Barra, and Aunger (2011); Rozin, Haidt, and McCauley (1993).

26. Marks and Nesse (1994); Seligman and Hager (1990).

27. Öhman and Mineka (2001).

28. Cook and Mineka (1987); Darwin (1872).

29. Conley (2011).

30. Pinker (2002), pp. 53—54.

31. Montagu (1973), p. 9.

32. 빈 서판과 표준사회과학모델이 허수아비 논증의 오류일 수 있다는 생각이 든다면 동류의 사례를 다음에서 확인하라. Pinker (2002) and Tooby and Cosmides (1992).

33. Pinker (1997), pp. 21—22.

34. Trivers (1972).

35. Buss et al. (1992); Daly, Wilson, and Weghorst (1982); Symons (1979).

36. Daly and Wilson (1988).

37. D. Lieberman, Tooby, and Cosmides (2007); Westermarck (1891).

38. 어떤 특성이 적응임을 시사하는 증거의 종류는 다음을 확인하라. Schmitt and Pilcher (2004).

39. Miller (2000b), p. 134.

40. Polderman et al. (2015); Turkheimer (2000).

41. Miller (2013); Stewart—Williams and Thomas (2013b).

42. 상대적 평등주의: E. A. Smith et al. (2010). 친족과 비친족 간의 혼합 거주: Hill et al. (2011). 음식 조리: Wrangham (2009). 성별에 따른 노동 분업: Murdock and Provost (1973). 친모 및 비친모의 양육: Hrdy (2000, 2009); Sear and Mace (2008). 폭력: Pinker (2011). 언어: Pinker (1994); Pinker and Bloom (1992). 캠핑 여행: Cosmides and Tooby (1997).

43. Eaton, Konner, and Shostak (1988), p. 739; Wright (1994), p. 191.

44. Tooby and Cosmides (1992).

45. Hawks et al. (2007).

46. Cochran and Harpending (2009).

47. Gould (2000b).

48. Jablonski (2006).

49. Cosmides and Tooby (1997).

50. Zuk (2013).

51. Pinker (1997), p. 42.

52. Power and Schulkin (2009), p. 110.

53. Walpole et al. (2012).

54. Nesse and Williams (1994), p. 213.

55. Seligman and Hager (1990).

56. Bekoff and Byers (1998); Burghardt (2005).

57. Geary (1995).

58. Nesse and Williams (1994).

59. Strassmann (1997).

60. D. E. Lieberman (2013).

61. Pinker (2011, 2018); Ridley (2010).

62. Miller (2009).

63. Hahn—Holbrook and Haselton (2014).

64. Principe (2012).

65. R. A. Friedman (2014).

66. Sommers (2013b).

67. Gould and Lewontin (1979).

68. 포유류의 기본 성별은 암컷이라고 생각하던 시절이 있었다. 그러나 양성의 발달은 유전자가 관장하는 능동적 과정임이 밝혀졌고, 따라서 기본 성별은 없다. Jordan et al. (2001).

69. Symons (1979).

70. King and Belsky (2012); Miller (2000b); Puts, Dawood, and Welling (2012).

71. Fausto—Sterling (2000); Lloyd (2006).

72. Kenrick et al. (1995).

73. Glocker et al. (2009); Lorenz (1943).

74. Pinker (1997).

75. Art and music: Pinker (1997). Morality: Haidt (2012); Stewart—Williams (2015a). Religion: Atran (2002); Boyer (2001); Stewart—Williams (2015b).

3장. SeXX/XY의 동물

1. Geary (2010); Halpern (2012); Maccoby and Jacklin (1974).

2. Jussim (2012).

3. 이 관점의 훌륭한 논의는 다음을 참고하라. Eagly (1995).

4. Bernard (1974), p. 13; Money (1987), cited in Halpern (2012), p. 8.

5. Le Bon (1879), cited in Gould (1981), p. 104.

6. Geary (2010); Halpern (2012); Maccoby and Jacklin (1974).

7. Buss and Schmitt (1993); Symons (1979); Trivers (1972).

8. Chasin (1977). 사회생물학 논쟁의 역사를 잘 설명해 놓은 글을 다음에서 찾을 수 있다. Segerstråle (2000).

9. 개관은 다음을 참고하라. Andersson (1994); Janicke et al. (2016).

10. Gwynne and Rentz (1983); Haddad et al. (2015); Moeliker (2001); Pelé, et al. (2017).

11. Thornhill (1976).

12. Tidière et al. (2015).

13. Janicke et al. (2016).

14. Clutton—Brock and Vincent (1991); Trivers (1972); Williams (1966).

15. Oberzaucher and Grammer (2014). 일부 학자들은 이스마일이 실제 기록 보유자가 아닐 수 있으며 징기스칸이 더 많은 자손을 낳았을 수도 있다고 주장한다.

16. Trivers (1972).

17. Stewart—Williams (in press—b).

18. Campbell (2002).

19. Stewart—Williams and Thomas (2013a, 2013b). 20 Trivers (1985).

20. Trivers (1985).

21. Emlen and Wrege (2004).

22. Paczolt and Jones (2010). 해마는 성 역전 종의 대표적 사례로 자주 언급된다. 수컷이 부화 전의 알을 특수낭에 담아 가지고 다니기 때문이다. 그러나 전체적으로는 암수가 자녀에게 동등하게 투자하며, 따라서 해마는 부분 성 역전 종에 해당한다(Eens & Pinxten, 2000).

23. Lack (1968).

24. Stewart—Williams and Thomas (2013b).

25. Lassek and Gaulin (2009).

26. Kruger and Nesse (2006).

27. Wood and Eagly (2002).

28. Stewart—Williams (in press—b); Stewart—Williams and Thomas (2013a, 2013b). 인간이 상대적으로 낮은 수준의 이형성을 가지고 있다는 주장에 대한 가장 강력한 답변은 Marco Del Giudice와 연구진으로부터 나왔다(2012). 이들은 특정 특성에서의 성 차이는 무난할 수 있으나 관련 특성들 다수를 동시에 비교하면 다요인에 따른 결과는 상당하다고 주장

한다. 이에 대한 응답은 다음을 참고하라. Stewart—Williams and Thomas (2013b), pp. 167—168. 이 응답에 대한 응답은 다음을 참고하라. Del Giudice (2013). 때에 따라서는 Del Giudice의 다요인 접근법이 유용할 수 있으나 우리의 직계 조상을 포함해 대부분의 동물보다 우리가 덜 이형적이라는 사실은 여전히 남는다.

29. Buss (1988); Campbell (2002).

30. Miller (2000b).

31. Feingold and Mazzella (1998); Ford and Beach (1951).

32. Marlowe (2000); Stewart—Williams and Thomas (2013b

33. Kaplan (1994).

34. Hrdy (2000, 2009); Sear and Mace (2008).

35. Marlowe (2000).

36. Miller (2000b).

37. Stewart—Williams and Thomas (2013a, 2013b).

38. Anthropological evidence: Betzig (2012). Genetic evidence: Labuda et al. (2010).

39. Sex drive: Baumeister, Catanese, and Vohs (2002). Sexual fantasies: Ellis and Symons (1990). Sexual regret: Kennair, Bendixen, and Buss (2016).

40. Sex outside a committed relationship: Simpson and Gangestad (1991). Desire for sexual variety: Buss and Schmitt (1993). Infidelity: Schmitt (2014).

41. Bendixen et al. (2017); Lippa (2009); Schmitt (2005); Schmitt and 118 Members of the International Sexuality Description Project (2003).

42. Clark and Hatfield (1989).

43. Summarized in Schmitt (2014).

44. Friday (1973).

45. Conley (2011).

46. 여기에서의 성 차이가 단지 가벼운 섹스에 대한 관심도의 결과인 것만은 아니라는 사실을 기억하라. 남성에 비해 여성의 경우 낯선 이성과 단둘이 있는 것의 위험 부담이 크다는 등의 여러 요인들이 작용한다. See Stewart—Williams and Thomas (2013b), pp. 154—155.

47. Bell and Weinberg (1978).

48. Symons (1979), p. 300.

49. McClintock (2011).

50. Betzig (1986).

51. Stewart—Williams and Thomas (2013b).

52. Ellis and Symons (1990), p. 543.

53. Salmon (2012).

54. Baumeister and Vohs (2004); Symons (1979).

55. Buss (2016).

56. Saad and Gill (2003).

57. van den Berghe (1979), pp. 60—61.

58. Morris (2016).

59. Cited in Pinker (1997), p. 474.

60. Buss and Schmitt (1993); Gangestad and Simpson (2000); Stewart—Williams and Thomas (2013b).

61. Buss and Schmitt (1993); Gangestad and Simpson (2000).

62. Buss and Schmitt (1993); Kenrick et al. (1993).

63. C. R. Harris (2013).

64. Allison and Risman (2013); Stewart—Williams, Butler, and Thomas (2017).

65. 이 글은 Ken Wishnia의 소설 Soft Money (2015), p. 187에서 인용하였다.

66. 이 예외들은 진화론적 측면에서도 의미가 있다는 점에 유의하라; Hrdy (1977).

67. 인류 진화 역사에서 자손의 상한선이 여성보다 남성이 더 많았다는 증거는 다음과 같다. Betzig (2012); Labuda et al. (2010).

68. Buss and Schmitt (1993); Kenrick et al. (1993).

69. Stewart—Williams and Thomas (2013b).

70. Buss (1989).

71. Buss (1989); Feingold (1990); N. P. Li, Bailey, and Kenrick (2002).

72. 다음에 요약되어 있다. Buss (2014).

73. Kenrick and Keefe (1992).

74. Sohn (2017).

75. Sohn (2016).

76. Symons (1979).

77. Ogas and Gaddam (2011).

78. 이 주장에 대한 자격 요건은 Stewart—Williams (in press—b)를 참조하라.

79. Muller, Thompson, and Wrangham (2006).

80. Thornhill and Gangestad (1994).

81. Ogas and Gaddam (2011).

82. Millward (2013).

83. Buss (2016).

84. Buss (1989).

85. 정확히 말하자면 이는 신체적 외양과 관련한 남성의 선호다. 그러나 중요한 것은 배우자 선택에서 신체적 외양만 중요한 것이 아니라는 사실이다. 사람들은 또한 자신과 유사하고 통할 수 있는 사람을 원한다. 따라서 남성의 이상형의 나이는 생식력 최대 연령과 해당 남성의 연령 사이에 위치하는 경향이 있다(Kenrick & Keefe, 1992).

86. Kenrick and Keefe (1992).

87. Cited in Symons (1989), p. 34.

88. Gottschall et al. (2004).

89. Kenrick et al. (1995).

90. Buss (1989); Feingold (1992).

91. Barrett, Dunbar, and Lycett (2002).

92. Betzig (1989).

93. Buss (2014).

94. F. Harris (1975), p. 58.

95. Buss (1989).

96. Buss, Shackelford, Kirkpatrick, and Larsen (2001).

97. Gottschall et al. (2004).

98. Eagly and Wood (1999).

99. Eagly and Wood (1999).

100. Buss (2014).

101. 여성의 더 큰 매력은 다음에서 찾을 수 있다. Feingold and Mazzella (1998); Ford and Beach (1951).

102. Lubinski, Benbow, and Kell (2014).

103. Ridley (1993).

104. Sommers (2013b), p. 204.

105. Archer (2004); M. Wilson and Daly (1985).

106. 벽 치기: Collins (2015). 살인에 대한 공상: Kenrick and Sheets (1993). 살인: Daly and Wilson (1988).

107. Archer (2002).

108. Daly and Wilson (1988).

109. M. L. Wilson et al. (2014).

110. LeBoeuf (1974).

111. Stewart—Williams and Thomas (2013a, 2013b).

112. Stewart—Williams and Thomas (2013b), pp. 160—162.

113. Lassek and Gaulin (2009); Puts (2010).

114. Puts (2010).

115. Deaner and Smith (2013).

116. Daly and Wilson (1988).

117. 이글리와 우드의 사회적 역할 이론에 대한 비평은 다음을 참고하라.Stewart—Williams and Thomas (2013a), pp. 258—263.

118. Stewart—Williams (2002).

119. Maccoby and Jacklin (1974).

120. Starr (2015).

121. Low (1989).

122. Maccoby and Jacklin (1974).

123. Lonsdorf (2017); Pasterski et al. (2007); Wallen (2005).

124. Campbell (2005).

125. Archer (2009).

126. M. Wilson and Daly (1985).

127. Lykken (1995), p. 93.

128. Clutton—Brock (1991); Trivers (1972).

129. Schärer, Rowe, and Arnqvist (2012).

130. Wood and Eagly (2002).

131. Hewlett (1991).

132. Buss (2014).

133. Møller and Birkhead (1993).

134. Badinter (2010/2011).

135. Stewart—Williams and Thomas (2013a).

136. Eagly and Wood (1999); Wood and Eagly (2012).

137. Janicke et al. (2016).

138. Tiger and Shepher (1975).

139. Lubinski et al. (2014); K. Parker and Wang (2013); Susan Pinker (2008).

140. Buss (2014).

141. Bekoff and Byers (1998); Burghardt (2005).

142. Lamminmäki et al. (2012); G. Li, Kung, and Hines (2017); Pasterski et al. (2005).

143. Lonsdorf (2017).

144. Kahlenberg and Wrangham (2010).

145. Wood and Eagly (2012)

146. Gray, McHale, and Carré (2017).

147. Chasin (1977); Fausto—Sterling (2000); Fine (2010, 2017).

148. Stewart—Williams (2017).

149. Sommers (2013a, 2013c); Stewart—Williams (2014, 2017).

4장. 데이트하고 짝짓기하고 아기를 만드는 동물

1.   Schopenhauer (1818/1966), p. 534.

2.   N. Wolf (1991).

3.   Darwin (1871), pp. 341, 582.

4.   Darwin (1871), p. 353.

5.   Cloud and Perilloux (2014).

6.   Cunningham et al. (1995).

7.   Langlois et al. (1987); Slater et al. (2000).

8. 여기에서 배타적인 동성 성적 지향을 유지하는 이들에 대한 난감한 질문이 제기된다. 지면의 제약이 있으나 두 가지만 짚고 넘어가겠다. 첫째는 성적 지향과 관련한 단순한 진화적 예측이다. 사람들은 주로 이성에게 끌린다—95%이상 맞을 확률이 있으며 이는 심리학의 모든 이론보다도 훨씬 높은 성공률이다. 둘째, 동성 성적 지향에 대한 설명이 무엇이든 간에 이는 적응이 아니다(Bobrow & Bailey, 2001; Camperio—Ciani, Corna, & Capiluppi, 2004; LeVay, 2011; 또한, Appendix A를 참고하라).

9. Summarized in Perrett (2010).

10. Gangestad and Simpson (2000); although see Kordsmeyer and Penke (2017).

11. López, Muñoz, and Martín (2002); Møller (1993); Swaddle and Cuthill (1994); Thornhill (1992); Waitt and Little (2006).

12. Nedelec and Beaver (2014); Shackelford and Larsen (1997); Stephen et al. (2017); Van Dongen and Gangestad (2011).

13. Pound et al. (2014).

14. Møller (1997).

15. Johnston and Franklin (1993); Perrett (2010); 다음을 참조하라. Jones et al. (2017).

16. Singh (1993). 어떤 사람들은 선호하는 WHR이 일반적인 여성의 신체 범위이거나 실제 평균보다 낮게 하는 것이 더 나은 일반화가 될 것이라고 제안한다.

17. B. J. Dixson et al. (2010); King (2013); Singh (1993); Singh et al. (2010); Singh and Luis (1995).

18. Thornhill and Gangestad (1993); 다음을 참조하라. Scott et al. (2013).

19. 체형 및 운동 능력: S. M. Hughes, Dispenza, and Gallup (2003); Sell, Lukazsweski, and Townsley (2017); Singh (1995). 음성 음조: Apicella, Feinberg, and Marlowe (2007); Feinberg et al. (2005).

20. Perrett (2010).

21. B. J. Dixson and Vasey (2012); Puts (2010).

22. Cited in Jahr (1976).

23. Based on D. Lieberman et al. (2007).

24. H. E. Fisher (2009).

25. Kokko and Ots (2006).

26. Dawkins (1979).

27. Bixler (1992); Joshi et al. (2015).

28. Boulet, Charpentier, and Drea (2009); Pusey (2004).

29. Shepher (1971).

30. A. P. Wolf (1966, 1970).

31. Weinberg (1963).

32. DeBruine (2005).

33. D. Lieberman et al. (2007).

34. Pinker (1997), p. 455.

35. Stewart—Williams (2015a).

36. Scheidel (2004).

37. Bixler (1982).

38. Archie et al. (2007); Hoffman et al. (2007); Lihoreau, Zimmer, and Rivault (2007); Muniz et al. (2006).

39. Penn and Potts (1998).

40. McClure (2004).

41. Tallis (2005).

42. Gaiman (1996).

43. H. E. Fisher (2006, 2008, 2016); H. E. Fisher et al. (2002); Tennov (1979).

44. Cited in Tennov (1979), p. 241.

45. Shostak (1981), p. 268.

46. Sternberg (1986).

47. de Bernières (1994), pp. 344—345.

48. Maugham (1938/2001), p. 71.

49. Stewart—Williams and Thomas (2013a, 2013b).

50. Marlowe (2003a).

51. H. E. Fisher (2016).

52. Boutwell, Barnes, and Beaver (2014); Buss et al. (2017).

53. Buckle, Gallup, and Todd (1996).

54. Betzig (1989).

55. Buckle et al. (1996).

56. Burns (2000), p. 481.

57. Jankowiak and Fischer (1992).

58. Gottschall and Nordlund (2006).

59. Easton and Hardy (1997); Ryan and Jethá (2010).

60. Mead (1928); Ryan and Jethá (2010).

61. Daly and Wilson (1988); Jankowiak, Nell, and Buckmaster (2002); Saxon (2012).

62. Handy (1923); Stephens (1963), both cited in Daly and Wilson (1988), p. 204.

63. Freeman (1983); Mead (1928).

64. 이누이트: Rasmussen (1927). 다른 민족: Daly and Wilson (1988).

65. C. R. Harris (2013).

66. Petrie and Kempenaers (1998).

67. Sommer and Reichard (2000); Young and Alexander (2012).

68. M. Wilson and Daly (1992), p. 289.

69. Stewart—Williams and Thomas (2013a, 2013b).

70. Buss et al. (1992); Daly et al. (1982); Symons (1979).

71. Kuhle (2011); Sagarin et al. (2012); Scelza (2014); Shackelford et al. (2004).

72. Stewart—Williams (in press—b); Stewart—Williams and Thomas (2013a).

73. Buss et al. (1992).

74. Sagarin et al. (2012).

75. Lishner et al. (2008).

76. C. R. Harris (2013); Stewart—Williams (in press—b).

77. Anderson (2006); Larmuseau et al. (2013).

78. Stewart—Williams and Thomas (2013b).

79. Diamond (1997); James (1890).

80. Glocker et al. (2009); Perrett (2010).

81. 스콜링이라고 불리는 아기 전갈은 귀엽게 생겼다.

82. Archer (1998).

83. Harford (2016).

84. Kahneman et al. (2004).

85. Daly and Wilson (1988, 1998).

86. Hrdy (1977); Lukas and Huchard (2014).

87. Anderson, Kaplan, Lam, and Lancaster (1999); Case, Lin, and McLanahan (1999); Case and Paxson (2001).

88. Anderson, Kaplan, Lam, and Lancaster (1999); Daly and Wilson (2001); Flinn (1988); Marlowe (1999b).

89. Flinn (1988).

90. Daly and Wilson (2001).

91. Rohwer, Herron, and Daly (1999), pp. 385—386.

92. Daly and Wilson (1998); Rohwer et al. (1999).

93. Miller (2000b).

94. R. A. Fisher (1930).

95. Cf. Burnstein, Crandall, and Kitayama (1994).

96. Burnstein et al. (1994).

97. Daly and Wilson (1988), pp. 75—77.

98. Burnstein et al. (1994).

99. Mann (1992).

100. Daly and Wilson (1988), pp. 72—73.

101. Littlefield and Rushton (1986).

102. Stewart—Williams (2010).

103. Stewart—Williams and Thomas (2013b).

104. See Schmitt (2014), table 1.2, p. 27.

105. Barash (2007), p. 206.

106. Harvey and Bradbury (1991).

107. Murdock (1967).

108. Lassek and Gaulin (2009).

109. Apicella (2014); Washburn and Lancaster (1968).

110. Marlowe (2003b).

111. Stewart—Williams and Thomas (2013b).

112. de Waal (1997a); Woods (2010).

113. Saxon (2016).

114. Ryan and Jethá (2010).

115. H. E. Fisher et al. (2002); Schmitt (2005); R. L. Smith (1984).

116. Birkhead and Møller (1998); G. A. Parker (1970); Shackelford and Goetz (2006).

117. A. F. Dixson (1998).

118. de Waal (2005), p. 113.

119. Stewart—Williams and Thomas (2013b), pp. 150—151.

120. Wingfield et al. (1990).

121. Archer (2006).

122. Gettler et al. (2011); Holmboe et al. (2017).

123. Stewart—Williams and Thomas (2013b).

124. Marlowe (2000).

125. Anderson, Kaplan, and Lancaster (1999); Apicella and Marlowe (2004); Daly and Wilson (1987).

126. Marlowe (1999a).

127. Stewart—Williams and Thomas (2013b); A. G. Thomas and Stewart—Williams (2018).

128. Alexander (1974).

129. Marlowe (1999a); Pedersen (1991).

130. Alexander et al. (1979).

131. Buss (1996).

5장. 이타적 동물

1. 이 부분에서는 Stewart—Williams (2015a)에 대해 설명한다.

2. Cheney and Seyfarth (1990); Sherman (1977).

3. Hamilton (1964).

4. Daly, Salmon, and Wilson (1997); Stewart—Williams (2007, 2008).

5. Daly et al. (1997).

6. Dawkins (1976/2016).

7. Dawkins (1976/2016).

8. Dawkins (1982).

9. Dawkins (1979).

10. 심지어 몇몇 학자들도 이런 실수를 했다: Washburn (1978), p. 415.

11. Curry (2006).

12. Dawkins (1979).

13. Emlen (1984).

14. Sherman (1977).

15. Spiders: Anthony (2003). Squirrels: Sherman (1980).

16. Holmes and Sherman (1982).

17. Holmes and Sherman (1982).

18. 이에 대한 최근의 토론을 확인하려면 다음을 참고하라. Nowak, Tarnita, and Wilson (2010), 토론에 대한 반응은 다음을 참고하라. Abbot et al. (2011); Liao, Rong, and Queller (2015).

19. Singer (1981).

20. Essock—Vitale and McGuire (1985); Neyer and Lang (2003); M. G. Thomas et al. (2018).

21. Burnstein et al. (1994).

22. Stewart—Williams (2007, 2008).

23. Fitzgerald, Thomson, and Whittaker (2010); Xue (2013). 도움의 비용 효과는 다른 동물에게도 발견된다. Carter, Wilkinson, and Page (2017)는 뱀파이어 박쥐가 음식을 공유할 때의 위험이 더 클 때 음식을 더 공유하는 경향이 있다고 밝혔다.

24. M. S. Smith, Kish, and Crawford (1987).

25. Stewart—Williams (2007, 2008).

26. Judge and Hrdy (1992).

27. Stewart—Williams (2008).

28. Daly and Wilson (1982).

29. Apicella and Marlowe (2004); DeBruine (2002); Krupp, DeBrine, and Barclay (2008); D. Lieberman et al. (2007).

30. R. C. Johnson (1996).

31. Curry, Mullins, and Whitehouse (2019); Essock—Vitale and McGuire (1980); Madsen et al. (2007); Silk (1987).

32. Jankowiak and Diderich (2000).

33. Dudley and File (2007).

34. Griffin, West, and Buckling (2004).

35. Dunn, Aknin, and Norton (2008).

36. Trivers (1971).

37. de Waal (1996).

38. Cosmides and Tooby (1992).

39. Trivers (1971); see also Cosmides and Tooby (1992).

40. Mencken (1916/1982), p. 617.

41. Wright (1994).

42. Axelrod (1984).

43. Hardin (1968).

44. Trivers (1985), p. 392.

45. Nowak and Sigmund (1992).

46. Axelrod (1984); Dawkins (1976/2016).

47. Ridley (1996), p. 84.

48. Curry et al. (2019); Essock—Vitale and McGuire (1980).

49. Nietzsche (1886/1966), p. 28.

50. Essock—Vitale and McGuire (1980); M. G. Thomas et al. (2018).

51. Hames (1987).

52. Berté (1988).

53. Stewart—Williams (2007).

54. Carter and Wilkinson (2013); Wilkinson (1984).

55. de Waal (1997b); Jaeggi and Gurven (2013).

56. Dolivo and Taborsky (2015); Trivers (1985); Voelkl et al. (2015).

57. Massen, Ritter, and Bugnyar (2015).

58. Seyfarth and Cheney (1984).

59. Miller (2007).

60. Miller (2000b), p. 292.

61. Cited in Litchfield (1904), p. 419.

62. Buss (1989).

63. Arnocky et al. (2016).

64. Blurton Jones (1987).

65. Hawkes (1991).

66. 사냥은 단지 신호를 보내는 것에 불과하다는 의견에 대한 비판은 다음 글에서 확인할 수 있다. Gurven and Hill (2009); Marlowe (1999b); Stewart—Williams and Thomas (2013b).

67. Apicella (2014); Hill and Hurtado (1996); Marlowe (2004); E. A. Smith, Bird, and Bird (2003).

68. Miller (2000a), p. 336.

69. Zahavi and Zahavi (1997).

70. Fehr and Gaechter (2002).

71. Gintis (2000).

72. Hrdy (2009); Ridley (1996).

73. Bowles and Gintis (2011); D. S. Wilson (2015); D. S. Wilson and Wilson (2007).

74. D. S. Wilson (2015).

75. Bowles (2009).

76. Haidt (2012).

77. Burnham and Johnson (2005); Hagen and Hammerstein (2006).

78. Pinker (2012); M. E. Price (2012).

79. G. R. Price (1970); D. S. Wilson (2015).

80. van Veelen et al. (2012).

81. Nowak et al. (2010).

82. Henrich (2004).

83. West, Griffin, and Gardner (2007a, 2007b).

84. Nesse (2006); Ridley (1996).

85. El Mouden et al. (2012), p. 42.

6장. 문화적 동물

1. Bennett, Li, and Ma (2003), p. 77.

2. Blackmore (1999); Dawkins (1976/2016); Dennett (1995, 2017).

3. Boyd and Richerson (1985); Cavalli—Sforza and Feldman (1981); Henrich (2016); Laland (2017); Mesoudi (2011); Richerson and Boyd (2005); Sperber (1996); Tooby and Cosmides (1992).

4. Cited in Dennett (2017), p. 210.

5. Dennett (2017).

6. Skinner (1953), p. 430.

7. Pinker (1994); Pinker and Bloom (1992).

8. Darwin (1871), pp. 60—61.

9. Kirby, Cornish, and Smith (2008); Pagel (2012).

10. Lee and Hasegawa (2014).

11. Shermer (2009).

12. Hinde and Barden (1985).

13. M. Friedman (1953).

14. Shermer (2009).

15. Hofstede (2001).

16. Tylor (1871), p. 62.

17. Popper (1979), p. 261.

18. Mace and Holden (2005); Mesoudi (2011).

19. Matzke (2015); Prentiss et al. (2011); Tehrani and Collard (2002).

20. Goodall (1986).

21. Whiten et al. (1999).

22. van Schaik et al. (2003).

23. S. Perry (2011).

24. Whitehead and Rendell (2014).

25. Yudkowsky (2006).

26. Henrich (2016); Richerson and Boyd (2005).

27. Legare and Nielsen (2015); Ridley (2010); Tennie, Call, and Tomasello (2009).

28. Boesch (2003); Sasaki and Biro (2017)에서도 확인 가능하다.

29. Tomasello (1999).

30. Dennett (2017).

31. Cited in S. Harris (2016).

32. Russell (1926), p. 54.

33. Ridley (2010), p. 8.

34. S. Johnson (2010).

35. Needham (1970), p. 202.

36. Arthur (2009); Basalla (1988).

37. Ridley (2010).

38. Richerson and Boyd (2005).

39. Kellogg and Kellogg (1933).

40. Darwin (1871), p. 39.

41. Lumsden and Wilson (1981).

42. Boyd and Richerson (1985); Henrich and McElreath (2003).

43. Henrich and Gil—White (2001).

44. Kendal et al. (2014).

45. Bandura (1986).

46. Asch (1951).

47. Touboul (2014).

48. Henrich and McElreath (2007).

49. Henrich and McElreath (2007).

50. Stack (1987).

51. Henrich (2004); Richerson et al. (2016).

52. Cavalli—Sforza, Menozzi, and Piazza (1996).

53. Murdock (1967).

54. Orians (1969).

55. Betzig (2012).

56. Henrich, Boyd, and Richerson (2012).

57. Blume (2009).

58. Kaufmann (2010).

59. Henrich (2016).

60. Daly and Wilson (1988).

61. Henrich (2016).

62. Norenzayan (2013); D. S. Wilson (2002).

63. Dunbar (1993).

64. Richerson et al. (2016).

65. Dawkins (1976/2016, 1983).

66. Lumsden and Wilson (1981).

67. Dennett (2009), p. 3.

68. Graham (2010).

69. Blackmore (1999), p. 37.

70. Bentley, Hahn, and Shennan (2004); Newberry et al. (2017).

71. Blackmore (1999).

72. Berlin and Kay (1969).

73. Haidt (2012).

74. Stewart—Williams (2015b, in press—a).

75. Zuckerman, Silberman, and Hall (2013).

76. Polderman et al. (2015); Turkheimer (2000).

77. Boyd and Richerson (1985).

78. Lynch (1996).

79. Blume (2009); Kaufmann (2010).

80. Lynch (1996).

81. Blackmore (1999); Dennett (2006).

82. Hamer (2004).

83. Stewart—Williams (2010).

84. Dawkins (1976/2016), p. 250.

85. Levitan (2006); Miller (2000a).

86. Changizi (2011); Marcus (2012).

87. Pinker (1994); Pinker and Bloom (1992).

88. Deacon (1997). 디콘은 그 이후로 이 문제에 대한 자신의 생각을 바꿨고, 더 이상 인간이 언어를 사용하도록 특별히 진화하지 않았다는 입장이다. 저자는 1997년의 디콘의 입장에 동의한다.

89. Dawkins (1993); Ray (2009).

90. Dehaene (2010).

91. Dawkins (2006); Dennett (2006).

92. Ray (2009).

93. Dawkins (1976/2016, 2006).

94. Dawkins (2006); Dennett (2006).

95. Blackmore (1999); Dennett (2017).

96. J. Hughes (2011).

97. Dennett (2006).

98. Boyd and Richerson (1985); Cavalli—Sforza and Feldman (1981); Cochran and Harpending (2009); Durham (1991); Lumsden and Wilson (1981); Richerson, Boyd, and Henrich (2010).

99. Laland and Brown (2002), p. 242.

100. Durham (1991); Simoons (1969).

101. Tishkoff et al. (2007).

102. Cochran and Harpending (2009).

103. Harpending (2013).

104. Coyne (2011).

105. Hardy et al. (2015).

106. G. H. Perry et al. (2007).

107. Axelsson et al. (2013).

108. Henrich (2016).

109. Henrich (2016).

110. Wrangham (2009).

111. Henrich (2016); Taylor (2010); Tomasello (1999).

112. Henrich (2016); Kaplan et al. (2000).

113. Gottfredson (2007).

114. Deacon (1997); Dennett (2017); Henrich (2016).

115. Deacon (1997); Dunbar (1996); Miller (2000b).

116. Deacon (2013).

117. Blackmore (1999); Haidt (2012).

118. Frost (2015).

119. Banerjee and Bloom (2013).

120. Levitan (2006); Miller (2000a); Pinker (1997).

121. Melfi (2005).

122. Taylor (2010).

123. Dolgin (2015).

부록 A: 빈 서판 이론 지지자와의 논쟁에서 승리하는 법

1. Tybur, Miller, and Gangestad (2007).
2. 자연주의적 오류에 대한 자세한 설명은 Stewart—Williams (2010) 12장을 참조.
3. Stewart—Williams (2010), chapter 12.
4. Bleier (1984), p. 15.
5. Pinker (2011). See also Pinker (2018).
6. Confer et al. (2010).
7. E. O. Wilson (1978).
8. Bobrow and Bailey (2001); Vasey, Pocock, and VanderLaan (2007)를 참조.
9. Buss (1989).
10. Gould and Lewontin (1979).
11. 이 두문자어(단어의 머리글자로 만든 말—역자주)는 Henrich, Heine, Norenzayan (2010)에서 나왔다.
12. Pinker (2002).
13. Henrich et al. (2010).
14. Buss (1989); Schmitt (2005).
15. Daly et al. (1997).
16. Gould (2000a).
17. Geary (1995).
18. 적응적 여성 오르가즘: King and Belsky (2012); Miller (2000b); Puts et al. (2012). 부산물로서의 여성 오르가즘: Symons (1979). 적응으로서의 살인: Buss (2005). 부산물로서의 살인: Daly and Wilson (1988). 적응으로서의 음악: Levitan (2006); Miller (2000b). 부산물로서의 음악: Pinker (1997). 적응으로서의 강간과 부산물로서의 강간: Thornhill and Palmer (2000). 적응으로서의 종교: D. S. Wilson (2002). 부산물로서의 종교: Atran (2002); Boyer (2001); Stewart—Williams (2015b).
19. 하품: Massen et al. (2014). 꿈: Revonsuo (2000). 월경 전 증후군: Gillings (2014). 자위: Baker and Bellis (1993). 정자 이동 장치로서의 음경: Gallup, Burch, and Mitchell (2006). 자폐증: Reser (2011).
20. Kurzban (2002).

부록 B: 밈 반대론자와의 논쟁에서 승리하는 법

1. Benitez—Bribiesca (2001), p. 29.
2. Blackmore (1999).
3. Laland and Brown (2002).
4. Gardner (2000).
5. Stewart—Williams (2015b, in press—a).

6.   Sperber (1985).

7.   Pagel (2012).

8.   Sperber (1996).

9.   Boyer (2001).

10. Pinker (1997), p. 209.

11. Warraq (2002).

12. Bateson (1979), p. 182.

13. James (1890).

14. Mach (1896), p. 174.

15. Pagel (2012).

16. Dawkins (1993); Ray (2009).

17. Ewald (1996).

참고문헌

Abbot, P., Abe, J., Alcock, J., et al. (2011). Inclusive fitness theory and eusociality. Nature, 471, E1—E4.

Alexander, R. D. (1974). The evolution of social behavior. Annual Review of Ecology and Systematics, 5, 325—383.(1987). The biology of moral systems. Hawthorne, NY: Aldine de Gruyter.

Alexander, R. D., Hoogland, J. L., Howard, R. D., Noonan, K. M., & Sherman, P. W. (1979). Sexual dimorphisms and breeding systems in pinnipeds, ungulates, primates, and humans. In N. A. Chagnon & W. Irons (Eds.), Evolutionary biology and human social behavior: An anthropological perspective (pp. 402—435). North Scituate, MA: Duxbury Press.

Allison, R., & Risman, B. J. (2013). A double standard for "hooking up": How far have we come toward gender equality? Social Science Research, 42, 1191—1206.

Anderson, K. G. (2006). How well does paternity confidence match actual paternity? Evidence from worldwide nonpaternity rates. Current Anthropology, 47, 513—520.

Anderson, K. G., Kaplan, H., Lam, D., & Lancaster, J. B. (1999). Paternal care by genetic fathers and stepfathers II: Reports from Xhosa high school students. Evolution and Human Behavior, 20, 433—451.

Anderson, K. G., Kaplan, H., & Lancaster, J. B. (1999). Paternal care by genetic fathers and stepfathers I: Reports from Albuquerque men. Evolution and Human Behavior, 20, 405—431.

Andersson, M. (1994). Sexual selection. Princeton, NJ: Princeton University Press.

Anthony, C. D. (2003). Kinship influences cannibalism in the wolf spider, Pardosa milvina. Journal of Insect Behavior, 16, 23—36.

Apicella, C. L. (2014). Upper—body strength predicts hunting reputation and reproductive success in Hadza hunter—gatherers. Evolution and Human Behavior, 35, 508—518.

Apicella, C. L., Feinberg, D. R., & Marlowe, F. W. (2007). Voice pitch predicts reproductive success in male hunter—gatherers. Evolution and Human Behavior, 3, 682—684.

Apicella, C. L., & Marlowe, F. W. (2004). Perceived mate fidelity and paternal resemblance predict men's investment in children. Evolution and Human Behavior, 25, 371—378.

Archer, J. (1998). Why do people love their pets? Evolution and Human Behavior, 18, 237—260.
       (2002). Sex differences in physically aggressive acts between heterosexual partners: A meta—analytic review. Aggression and Violent Behavior, 7, 313—351.
       (2004). Sex differences in aggression in real—world settings: A meta—analytic review. Review of General Psychology, 8, 291—322.

(2006). Testosterone and human aggression: An evaluation of the challenge hypothesis. Neuroscience and Biobehavioral Reviews, 30, 319—345.

(2009). Does sexual selection explain human sex differences in aggression? Behavioral and Brain Sciences, 32, 249—266.

Archie, E. A., Hollister—Smith, J. A., Poole, J. H., et al. (2007). Behavioural inbreeding avoidance in wild African elephants. Molecular Ecology, 16, 4138—4148.

Arnocky, S., Piché, T., Albert, G., Ouellette, D., & Barclay, P. (2016). Altruism predicts mating success in humans. British Journal of Psychology, 108, 416—435.

Arthur, W. B. (2009). The nature of technology: What it is and how it evolves. New York: Free Press.

Asch, S. E. (1951). Effects of group pressure on the modification and distortion of judgments. In H. Guetzkow (Ed.), Groups, leadership and men (pp. 177—190). Pittsburgh, PA: Carnegie Press.

Atran, S. (2002). In Gods we trust: The evolutionary landscape of religion. Oxford University Press.

Axelrod, R. (1984). The evolution of cooperation. New York: Basic Books.

Axelsson, E., Ratnakumar, A., Arendt, M.—L., et al. (2013). The genomic signature of dog domestication reveals adaptation to a starch—rich diet. Nature, 495, 360—364.

Badinter, E. (2010/2011). The conflict: How modern motherhood undermines the status of women (A. Hunter, Trans.). New York: Henry Holt.

Baker, R. R., & Bellis, M. A. (1993). Human sperm competition: Ejaculate adjustment by males and the function of masturbation. Animal Behaviour, 46, 861—885.

Bandura, A. (1986). Social foundations of thought and action: A social cognitive theory. Englewood Cliffs, NJ: Prentice—Hall.

Banerjee, K., & Bloom, P. (2013). Would Tarzan believe in God? Conditions for the emergence of religious belief. Trends in Cognitive Sciences, 17, 7—8.

Barash, D. P. (2007). Natural selections: Selfish altruists, honest liars, and other realities of evolution. New York: Bellevue Literary Press.

Barkow, J. H., Cosmides, L., & Tooby, J. (Eds.). (1992). The adapted mind: Evolutionary psychology and the generation of culture. Oxford University Press.

Barrett, L., Dunbar, R. I. M., & Lycett, J. (2002). Human evolutionary psychology. Basingstoke, UK: Palgrave.

Basalla, G. (1988). The evolution of technology. Cambridge University Press.

Bateson, G. (1979). Mind and nature: A necessary unity. New York: Dutton.

Baumeister, R. F., Catanese, K. R., & Vohs, K. D. (2002). Is there a gender difference in strength of sex drive? Theoretical views, conceptual distinctions, and a review of relevant evidence. Personality and Social Psychology Review, 5, 242—273.

Baumeister, R. F., & Vohs, K. D. (2004). Sexual economics: Sex as female resource for social exchange in heterosexual interactions. Personality and Social Psychology Review, 8, 339—363.

Bekoff, M., & Byers, J. A. (Eds.). (1998). Animal play: Evolutionary, comparative and ecological perspectives. Cambridge University Press.

Bell, A. P., & Weinberg, M. S. (1978). Homosexualities: A study of diversity among men and women. New York: Simon & Schuster.

Bendixen, M., Asao, K., Wyckoff, J. P., Buss, D. M., & Kennair, L. E. O. (2017). Sexual regret in US and Norway: Effects of culture and individual differences in religiosity and mating strategy. Personality and Individual Differences, 116, 246—251.

Benitez—Bribiesca, L. (2001). Memetics: A dangerous idea. Interciencia, 26, 29—31.
Bennett, C. H., Li, M., & Ma, B. (2003). Chain letters and evolutionary histories. Scientific American, 76—81.

Bentley, R. A., Hahn, M. W., & Shennan, S. J. (2004). Random drift and culture change. Proceedings of the Royal Society B, 271, 1443—1450.

Berlin, B., & Kay, P. (1969). Basic color terms: Their universality and evolution. Berkeley, CA: University of California Press.

Bernard, J. (1974). Sex differences: An overview. New York: MSS Modular Publications.

Berté, N. A. (1988). Kékch'i horticultural labor exchange: Productive and reproductive implications. In L. Betzig, M. Borgerhoff Mulder, & P. Turke (Eds.), Human reproductive behavior (pp. 83—96). Cambridge University Press.

Betzig, L. (1986). Despotism and differential reproduction: A Darwinian view of history. Hawthorne, NY: Aldine.
    (1989). Causes of conjugal dissolution: A cross—cultural study. Current Anthropology, 30, 654—676.
    (2012). Means, variances, and ranges in reproductive success: Comparative evidence. Evolution and Human Behavior, 33, 309—317.

Birkhead, T. R., & Møller, A. P. (1998). Sperm competition and sexual selection. New York: Academic Press.

Bixler, R. H. (1982). Comment on the incidence and purpose of royal sibling incest. American Ethnologist, 9, 580—582.
    (1992). Why littermates don't: The avoidance of inbreeding depression. Annual Review of Sex Research, 3, 291—328.

Blackmore, S. (1999). The meme machine. Oxford University Press.

Bleier, R. (1984). Science and gender: A critique of biology and its theories on women. New York: Pergamon.

Blume, M. (2009). The reproductive benefits of religious affiliation. In E. Voland & W. Schiefenhövel (Eds.), The biological evolution of religious mind and behavior (pp. 117—126). Berlin, Germany: Springer—Verlag.

Blurton Jones, N. (1987). Tolerated theft: Suggestions about the ecology and evolution of sharing, hoarding, and scrounging. Social Science Information, 26, 31—54.

Bobrow, D., & Bailey, J. M. (2001). Is homosexuality maintained via kin selection? Evolution and Human Behavior, 22, 361—368.

Boesch, C. (2003). Is culture a golden barrier between human and chimpanzee? Evolutionary Anthropology, 12, 82—91.

Boulet, M., Charpentier, M. J., & Drea, C. M. (2009). Decoding an olfactory mechanism of kin recognition and inbreeding avoidance in a primate. BMC Evolutionary Biology, 9, 281.

Boutwell, B. B., Barnes, J. C., & Beaver, K. M. (2014). When love dies: Further elucidating the existence of a mate ejection module. Review of General Psychology, 19, 30—38.

Bowles, S. (2009). Did warfare among ancestral hunter—gatherers affect the evolution of human social behaviors? Science, 324, 1293—1298.

Bowles, S., & Gintis, H. (2011). A cooperative species: Human reciprocity and its evolution. Princeton, NJ: Princeton University Press.

Boyd, R., & Richerson, P. J. (1985). Culture and the evolutionary process. Chicago, IL: University of Chicago Press.

Boyer, P. (2001). Religion explained: The evolutionary origins of religious thought. New York: Basic Books.

Brown, J. L. (1975). The evolution of behavior. New York: Norton.

Buckle, L., Gallup, G. G., & Todd, Z. A. (1996). Marriage as a reproductive contract: Patterns of marriage, divorce, and remarriage. Ethology and Sociobiology, 17, 363—377.

Burghardt, G. M. (2005). Genesis of animal play: Testing the limits. Cambridge, MA: MIT Press.

Burnham, T. C., & Johnson, D. D. P. (2005). The biological and evolutionary logic of human cooperation. Analyse and Kritik, 27, 113—135.

Burns, A. (2000). Looking for love in intimate heterosexual relationships. Feminism and Psychology, 10, 481—485.

Burnstein, E., Crandall, C., & Kitayama, S. (1994). Some neo—Darwinian decision rules for altruism: Weighing cues for inclusive fitness as a function of the biological importance of the decision. Journal of Personality and Social Psychology, 67, 773—789.

Burt, A., & Trivers, R. L. (2006). Genes in conflict: The biology of selfish genetic elements. Cambridge, MA: Harvard University Press.

Buss, D. M. (1988). The evolution of human intrasexual competition: Tactics of mate attraction. Journal of Personality and Social Psychology, 54, 616—628.

(1989). Sex differences in human mate preferences: Evolutionary hypotheses tested in 37 cultures. Behavioral and Brain Sciences, 12, 1—49.

(1996). Sexual conflict: Evolutionary insights into feminism and the "battle of the sexes". In D. M. Buss & N. M. Malamuth (Eds.), Sex, power, conflict: Evolutionary and feminist perspectives (pp. 296—318). Oxford University Press.

(2003). Sexual strategies: A journey into controversy. Psychological Inquiry, 14, 219—226.

(2005). The murderer next door: Why the mind is designed to kill (5th ed.). New York: Penguin.

(2014). Evolutionary psychology: The new science of the mind (5th ed.). New York: Pearson.

(2016). The evolution of desire: Strategies of human mating (rev. ed.). New York: Basic Books.

Buss, D. M., Goetz, C., Duntley, J. D., Asao, K., & Conroy—Beam, D. (2017). The mate switching hypothesis. Personality and Individual Differences, 104, 143—149.

Buss, D. M., Larsen, R. J., Westen, D., & Semmelroth, J. (1992). Sex differences in jealousy: Evolution, physiology, and psychology. Psychological Science, 3, 251—255.

Buss, D. M., & Schmitt, D. P. (1993). Sexual strategies theory: An evolutionary perspective on human mating. Psychological Review, 100, 204—232.

Buss, D. M., Shackelford, T. K., Kirkpatrick, L. A., & Larsen, R. J. (2001). A half century of mate preferences: The cultural evolution of values. Journal of Marriage and Family, 63, 491—503.

Campbell, A. (2002). A mind of her own: The evolutionary psychology of women. Oxford University Press.

(2005). Feminism and evolutionary psychology. In J. H. Barkow (Ed.), Missing the revolution: Darwinism for the social sciences (pp. 63—99). Oxford University Press.

Camperio—Ciani, A., Corna, F., & Capiluppi, C. (2004). Evidence for maternally inherited factors favouring male homosexuality and promoting female fecundity. Proceedings of the Royal Society B, 271, 2217—2221.

Carter, G. G., & Wilkinson, G. S. (2013). Food sharing in vampire bats: Reciprocal help predicts donations more than relatedness or harassment. Proceedings of the Royal Society B, 280, 20122573.

Carter, G. G., Wilkinson, G. S., & Page, R. A. (2017). Food—sharing vampire bats are more nepotistic under conditions of perceived risk. Behavioral Ecology, 28, 565—569.

Case, A. C., Lin, I.—F., & McLanahan, S. (1999). Household resource allocation in step-families: Darwin reflects on the plight of Cinderella. American Economic Review, 89, 234—238.

Case, A. C., & Paxson, C. (2001). Mothers and others: Who invests in children's health? Journal of Health Economics, 20, 301—328.

Cavalli—Sforza, L. L., & Feldman, M. W. (1981). Cultural transmission and evolution: A quantitative approach. Princeton, NJ: Princeton University Press.

Cavalli—Sforza, L. L., Menozzi, P., & Piazza, A. (1996). The history and geography of human genes. Princeton, NJ: Princeton University Press.

Changizi, M. (2011). Harnessed: How language and music mimicked nature and transformed ape to man. Dallas, TX: BenBella Books.

Chasin, B. (1977). Sociobiology: A sexist synthesis. Science for the People, 9, 27—31.

Cheney, D. L., & Seyfarth, R. M. (1990). How monkeys see the world: Inside the mind of another species. Chicago, IL: University of Chicago Press.

Clark, R. D., & Hatfield, E. (1989). Gender differences in receptivity to sexual offers. Journal of Psychology and Human Sexuality, 2, 39—55.

Cloud, J. M., & Perilloux, C. (2014). Bodily attractiveness as a window to women's fertility and reproductive value. In V. A. Weekes—Shackelford & T. K. Shackelford (Eds.), Evolutionary perspectives on human sexual psychology and behavior (pp. 135—152). New York: Springer.

Clutton—Brock, T. H. (1991). The evolution of parental care. Princeton, NJ: Princeton University Press.

Clutton—Brock, T. H., & Vincent, A. C. J. (1991). Sexual selection and the potential reproductive rates of males and females. Nature, 351, 58—60.

Cochran, G., & Harpending, H. (2009). The 10,000 year explosion: How civilization accelerated human evolution. New York: Basic Books.

Collins, K. (2015). America's most prolific wall punchers, charted. Quartz. Retrieved February 24, 2017, from https://qz.com/582720/americas—mostprolific—wall—punchers—charted/

Confer, J., Easton, J., Fleischman, D., et al. (2010). Evolutionary psychology: Controversies, questions, prospects, and limitations. American Psychologist, 65, 110—126.

Conley, T. D. (2011). Perceived proposer personality characteristics and gender differences in acceptance of casual sex offers. Journal of Personality and Social Psychology, 100, 309—329.

Cook, M., & Mineka, S. (1987). Second—order conditioning and overshadowing in the observational conditioning of fear in monkeys. Behaviour Research and Therapy, 25, 349—364.

Cosmides, L., & Tooby, J. (1992). Cognitive adaptations for social exchange. In J. H. Barkow, L. Cosmides, & J. Tooby (Eds.), The adapted mind: Evolutionary psychology and the generation of culture (pp. 163—228). Oxford University Press.
　　　　(1997). Evolutionary psychology: A primer. Center for Evolutionary Psychology. Retrieved March 26, 2015, from www.cep.ucsb.edu/primer.html

Coyne, J. A. (2009). Why evolution is true. New York: Viking.
    (2011). Evolution 2011: Hot research — with cats! Why Evolution is True.
    Retrieved March 30, 2015, from https://whyevolutionistrue.wordpress.com/
    2011/06/19/evolution—2011—hot—research—with—cats/

Cronin, H. (1991). The ant and the peacock: Altruism and sexual selection from Darwin to today. Cambridge University Press.

Cunningham, M. R., Roberts, A. R., Barbee, A. P., Druen, P. B., & Wu, C. H. (1995). "Their ideas of beauty are, on the whole, the same as ours": Consistency and variability in the cross—cultural perception of physical attractiveness. Journal of Personality and Social Psychology, 68, 261—279.

Curry, O. (2006). One good deed. Nature, 444, 683.

Curry, O. S., Mullins, D. A., & Whitehouse, H. (2019). Is it good to cooperate? Testing the theory of morality—as—cooperation in 60 societies. Current Anthropology, 60, 47—69.

Curtis, V., de Barra, M., & Aunger, R. (2011). Disgust as an adaptive system for disease avoidance behaviour. Philosophical Transactions of the Royal Society B, 366, 389—401.

Daly, M., Salmon, C., & Wilson, M. (1997). Kinship: The conceptual hole in psychological studies of social cognition and close relationships. In J. A. Simpson & D. T. Kenrick (Eds.), Evolutionary social psychology (pp. 265—296). Mahwah, NJ: Lawrence Erlbaum.

Daly, M., & Wilson, M. (1982). Homicide and kinship. American Anthropologist, 84, 372—378.
    (1987). The Darwinian psychology of discriminative parental solicitude. Nebraska Symposium on Motivation, 35, 91—144.
    (1988). Homicide. Hawthorne, NY: Aldine de Gruyter.
    (1998). The truth about Cinderella: A Darwinian view of parental love. New Haven, CT: Yale University Press.
    (2001). An assessment of some proposed exceptions to the phenomenon of nepotistic discrimination against stepchildren. Annales Zoologici Fennici, 36, 287—296.

Daly, M., Wilson, M., & Weghorst, S. J. (1982). Male sexual jealousy. Ethology and Sociobiology, 3, 11—27.

Darwin, C. (1859). On the origin of the species by means of natural selection. London: Murray.
    (1871). The descent of man and selection in relation to sex. London: Murray.
    (1872). The expression of the emotions in man and animals. London: Murray.

Dawkins, R. (1976/2016). The selfish gene (fortieth anniversary ed.). Oxford University Press.
    (1979). Twelve misunderstandings of kin selection. Zeitschrift für Tierpsychologie, 51, 184—200.
    (1982). The extended phenotype: The long reach of the gene. Oxford University Press.
    (1983). Universal Darwinism. In D. S. Bendall (Ed.), Evolution from molecules to men (pp. 403—428). Cambridge University Press.

(1986). The blind watchmaker: Why the evidence of evolution reveals a universe without design. London: Penguin.

(1993). Viruses of the mind. In B. Dahlbom (Ed.), Dennett and his critics: Demystifying mind (pp. 13—27). Oxford, UK: Blackwell.

(1998). Unweaving the rainbow: Science, delusion, and the appetite for wonder. London: Penguin.

(2006). The God delusion. New York: Houghton Mifflon.

de Bernières, L. (1994). Captain Corelli's mandolin. London: Vintage Books.

de Waal, F. B. M. (1996). Good natured: The origins of right and wrong in humans and other animals. Cambridge, MA: Harvard University Press.

(1997a). Bonobo: The forgotten ape. Berkeley, CA: University of California Press.

(1997b). The chimpanzee's service economy: Food for grooming. Evolution and Human Behavior, 18, 375—386.

(2005). Our inner ape: A leading primatologist explains why we are who we are. New York: Riverhead Books.

Deacon, T. W. (1997). The symbolic species: The co—evolution of language and the brain. New York: Norton.

(2013). Incomplete nature: How mind emerged from matter. New York: Norton.

Deaner, R. O., & Smith, B. A. (2013). Sex differences in sports across 50 societies. Cross—Cultural Research, 47, 268—309.

DeBruine, L. M. (2002). Facial resemblance enhances trust. Proceedings of the Royal Society B, 269, 1307—1312.

(2005). Trustworthy but not lust—worthy: Context—specific effects of facial resemblance. Proceedings of the Royal Society B, 272, 919—922.

Dehaene, S. (2010). Reading in the brain: The new science of how we read. New York: Penguin.

Del Giudice, M. (2013). Multivariate misgivings: Is D a valid measure of group and sex differences? Evolutionary Psychology, 11, 147470491301100511.

Del Giudice, M., Booth, T., & Irwing, P. (2012). The distance between Mars and Venus: Measuring global sex differences in personality. PLoS ONE, 7, e29265.

Dennett, D. C. (1995). Darwin's dangerous idea: Evolution and the meanings of life. New York: Simon & Schuster.

(2006). Breaking the spell: Religion as a natural phenomenon. New York: Viking.

(2009). The cultural evolution of words and other thinking tools. Paper presented at the Cold Spring Harbor Symposia on Quantitative Biology. Retrieved March 3, 2018, from http://ase.tufts.edu/cogstud/dennett/papers/ coldspring. pdf

(2017). From bacteria to Bach and back: The evolution of minds. New York: Norton.

Diamond, J. (1997). Why is sex fun? The evolution of human sexuality. London: Weidenfeld & Nicolson.

Dixson, A. F. (1998). Primate sexuality: Comparative studies of the prosimians, monkeys, apes, and human beings. Oxford University Press.

Dixson, B. J., Sagata, K., Linklater, W. L., & Dixson, A. F. (2010). Male preferences for female waist—to—hip ratio and body mass index in the highlands of Papua New Guinea. American Journal of Physical Anthropology, 141, 620—625.

Dixson, B. J., & Vasey, P. L. (2012). Beards augment perceptions of men's age, social status, and aggressiveness, but not attractiveness. Behavioral Ecology, 23, 481—490.

Dolgin, E. (2015). The myopia boom. Nature, 519, 276—278.

Dolivo, V., & Taborsky, M. (2015). Norway rats reciprocate help according to the quality of help they received. Biology Letters, 11, 20140959.

Dudley, S. A., & File, A. L. (2007). Kin recognition in an annual plant. Biology Letters, 3, 435—438.

Dunbar, R. I. M. (1993). Coevolution of neocortical size, group size, and language in humans. Behavioral and Brain Sciences, 16, 681—735.
    (1996). Grooming, gossip, and the evolution of language. London: Faber & Faber.

Dunn, E. W., Aknin, L. B., & Norton, M. I. (2008). Spending money on others promotes happiness. Science, 319, 1687—1688.

Durham, W. H. (1991). Coevolution: Genes, culture, and human diversity. Stanford, CA: Stanford University Press.

Eagly, A. H. (1995). The science and politics of comparing men and women. American Psychologist, 50, 145—158.

Eagly, A. H., & Wood, W. (1999). The origins of sex differences in human behavior: Evolved dispositions versus social roles. American Psychologist, 54, 408—423.

Easton, D., & Hardy, J. W. (1997). The ethical slut: A practical guide to polyamory, open relationships and other adventures. Berkeley, CA: Celestial Arts.

Eaton, S. B., Konner, M., & Shostak, M. (1988). Stone Agers in the fast lane: Chronic degenerative diseases in evolutionary perspective. American Journal of Medicine, 84, 739—749.

Eens, M., & Pinxten, R. (2000). Sex—role reversal in vertebrates: Behavioural and endocrinological accounts. Behavioural Processes, 51, 135—147.

El Mouden, C., Burton—Chellew, M., Gardner, A., & West, S. A. (2012). What do humans maximize? In S. Okasha & K. Binmore (Eds.), Evolution and rationality: Decisions, co—operation and strategic behaviour (pp. 23—49). Cambridge University Press.

Ellis, B. J., & Symons, D. (1990). Sex differences in sexual fantasy: An evolutionary approach. Journal of Sex Research, 4, 527—555.

Emlen, S. T. (1984). Cooperative breeding in birds and mammals. In J. R. Krebs & N. B. Davies (Eds.), Behavioural ecology: An evolutionary approach (pp. 305—339). Sunderland, MA: Sinauer.

Emlen, S. T., & Wrege, P. H. (2004). Size dimorphism, intrasexual competition, and sexual selection in Wattled Jacana (Jacana jacana), a sex—role—reversed shorebird in Panama. Auk, 121, 391—403.

Essock—Vitale, S. M., & McGuire, M. (1980). Predictions derived from the theories of kin selection and reciprocation assessed by anthropological data. Ethology and Sociobiology, 1, 233—243.
   (1985). Women's lives viewed from an evolutionary perspective: II. Patterns of helping. Ethology and Sociobiology, 6, 155—173.

Ewald, P. W. (1996). Evolution of infectious disease. Oxford University Press.

Fausto—Sterling, A. (2000). Beyond difference: Feminism and evolutionary psychology. In H. Rose & S. Rose (Eds.), Alas poor Darwin: Arguments against evolutionary psychology (pp. 174—189). London: Jonathan Cape.

Fehr, E., & Gaechter, S. (2002). Altruistic punishment in humans. Nature, 415, 137—140.

Feinberg, D. R., Jones, B. C., Little, A. C., Burt, D. M., & Perrett, D. I. (2005). Manipulations of fundamental and formant frequencies influence the attractiveness of human male voices. Animal Behaviour, 69, 561—568.

Feingold, A. (1990). Gender differences in effects of physical attractiveness on romantic attraction: A comparison across five research paradigms. Journal of Personality and Social Psychology, 59, 981—993.
   (1992). Gender differences in mate selection preferences: A test of the paternal investment model. Psychological Bulletin, 112, 125—139.

Feingold, A., & Mazzella, R. (1998). Gender differences in body image are increasing. Psychological Science, 9, 190—195.

Fine, C. (2010). Delusions of gender: The real science behind sex differences. New York: Norton.
   (2017). Testosterone rex: Myths of sex, science, and society. New York: Norton.

Fisher, H. E. (2006). Why we love, why we cheat. Ted. Retrieved March 3, 2018, from www.ted.com/talks/helen_fisher_tells_us_why_we_love_cheat
   (2008). The brain in love. Ted. Retrieved March 3, 2018, from www.ted.com/talks/helen_fisher_studies_the_brain_in_love
   (2009). Why him? Why her? How to find and keep lasting love. New York: Henry Holt.
   (2016). Anatomy of love: A natural history of mating, marriage and why we stray (2nd ed.). New York: Norton.

Fisher, H. E., Aron, A., Mashek, D., Li, H., & Brown, L. L. (2002). Defining the brain systems of lust, romantic attraction, and attachment. Archives of Sexual Behavior, 31, 413—419.

Fisher, R. A. (1930). The genetical theory of natural selection. Oxford, UK: Clarendon Press.

Fitzgerald, C. J., Thomson, M. C., & Whittaker, M. B. (2010). Altruism between romantic partners: Biological offspring as a genetic bridge between altruist and recipient. Evolutionary Psychology, 8, 462—476.

Fletcher, G., Simpson, J. A., Campbell, L., & Overall, N. (2013). The science of intimate relationships. Oxford, UK: Blackwell.

Flinn, M. V. (1988). Stepand genetic parent/offspring relationships in a Caribbean village. Ethology and Sociobiology, 9, 1—34.

Ford, C. S., & Beach, F. A. (1951). Patterns of sexual behavior. New York: Harper & Row.

Freeman, D. (1983). Margaret Mead and Samoa: The making and unmaking of an anthropological myth. Canberra, ACT: Australian National University Press.

Freud, S. (1914). On narcissism: An introduction. London: Karnac Books.

Friday, N. (1973). My secret garden: Women's sexual fantasies. New York: Simon & Schuster.

Friedman, M. (1953). The methodology of positive economics. In Essays in positive economics (pp. 3—43). Chicago, IL: University of Chicago Press.

Friedman, R. A. (2014). A natural fix for A.D.H.D. The New York Times. Retrieved March 27, 2015, from www.nytimes.com/2014/11/02/opinion/sunday/a—natural—fix—for—adhd.html

Frost, P. (2015). The fellowship instinct. Evo and Proud. Retrieved January 30, 2017, from http://evoandproud.blogspot.my/2015/11/the—fellowship—instinct.html

Gaiman, N. (1996). The sandman, Vol. ix: The kindly ones. New York: DC Comics.

Gallup, G. G., Burch, R. L., & Mitchell, T. J. B. (2006). Semen displacement as a sperm competition strategy. Human Nature, 17, 253—264.

Gangestad, S. W., & Simpson, J. A. (2000). The evolution of human mating: Trade—offs and strategic pluralism. Behavioral and Brain Sciences, 23, 573—587.

Gardner, M. (2000). Kilroy was here. Los Angeles Times. Retrieved April 2, 2015, from http://articles.latimes.com/2000/mar/05/books/bk—5402

Geary, D. C. (1995). Reflections of evolution and culture in children's cognition: Implications for mathematical development and instruction. American Psychologist, 50, 24—37.
    (2010). Male, female: The evolution of human sex differences (2nd ed.). Washington, DC: American Psychological Association.

Gettler, L. T., McDade, T. W., Feranil, A. B., & Kuzawa, C. W. (2011). Longitudinal evidence that fatherhood decreases testosterone in human males. Proceedings of the National Academy of Sciences, 108, 16194—16199.

Gillings, M. R. (2014). Were there evolutionary advantages to premenstrual syndrome? Evolutionary Applications, 7, 897—904.

Gintis, H. (2000). Strong reciprocity and human sociality. Journal of Theoretical Biology, 206, 169—179.

Glocker, M. L., Langleben, D. D., Ruparel, K., Loughead, J. W., Gur, R. C., & Sachser, N. (2009). Baby schema in infant faces induces cuteness perception and motivation for caretaking in adults. Ethology, 115, 257—263.

Goodall, J. (1986). The chimpanzees of Gombe: Patterns of behavior. Cambridge, MA: Harvard University Press.

Gottfredson, L. S. (2007). Innovation, fatal accidents, and the evolution of general intelligence. In M. J. Roberts (Ed.), Integrating the mind: Domain general versus domain specific processes in higher cognition (pp. 387—425). Hove, UK: Psychology Press.

Gottschall, J., Martin, J., Quish, H., & Rea, J. (2004). Sex differences in mate choice criteria are reflected in folktales from around the world and in historical European literature. Evolution and Human Behavior, 25, 102—112.

Gottschall, J., & Nordlund, M. (2006). Romantic love: A literary universal. Philosophy and Literature, 30, 432—452.

Gould, S. J. (1981). The mismeasure of man. New York: Norton.
    (2000a). More things in heaven and earth. In H. Rose & S. Rose (Eds.), Alas poor Darwin: Arguments against evolutionary psychology (pp. 101—126). London: Jonathan Cape.
    (2000b). The spice of life: An interview with Stephen Jay Gould. Leader to Leader, 15, 14—19.

Gould, S. J., & Lewontin, R. C. (1979). The spandrels of San Marco and the Panglossian program: A critique of the adaptationist programme. Proceedings of the Royal Society B, 205, 281—288.

Graham, P. (2010). The acceleration of addictiveness. PaulGraham.com. Retrieved March 30, 2015, from www.paulgraham.com/addiction.html

Gray, P. B., McHale, T. S., & Carré, J. M. (2017). A review of human male field studies of hormones and behavioral reproductive effort. Hormones and Behavior, 91, 52—67.

Griffin, A. S., West, S. A., & Buckling, A. (2004). Cooperation and competition in pathogenic bacteria. Nature, 430, 1024—1027.

Gurven, M., & Hill, K. (2009). Why do men hunt? A reevaluation of "Man the Hunter" and the sexual division of labor. Current Anthropology, 50, 51—74.

Gwynne, D. T., & Rentz, D. C. F. (1983). Beetles on the bottle: Male buprestids mistake stubbies for females (Coleoptera). Australian Journal of Entomology, 22, 79—80.

Haddad, W. A., Reisinger, R. R., Scott, T., Bester, M. N., & de Bruyn, P. J. N. (2015). Multiple occurrences of king penguin (Aptenodytes patagonicus) sexual harassment by Antarctic fur seals (Arctocephalus gazella). Polar Biology, 38, 741—746.

Hagen, E. H. (2005). Controversial issues in evolutionary psychology. In D. M. Buss (Ed.), The handbook of evolutionary psychology (pp. 145—176). Hoboken, NJ: Wiley.
Hagen, E. H., & Hammerstein, P. (2006). Game theory and human evolution: A critique of some recent interpretations of experimental games. Theoretical Population Biology, 69, 339—348.

Hahn—Holbrook, J., & Haselton, M. (2014). Is postpartum depression a disease of modern civilization? Current Directions in Psychological Science, 23, 395—400.

Haidt, J. (2012). The righteous mind: Why good people are divided by politics and religion. New York: Random House.

Halpern, D. F. (2012). Sex differences in cognitive abilities (4th ed.). New York: Psychology Press.

Hamer, D. H. (2004). The God gene: How faith is hardwired into our genes. New York: Random House.

Hames, R. B. (1987). Relatedness and garden labor exchange among the Ye'kwana. Ethology and Sociobiology, 8, 354—392.

Hamilton, W. D. (1963). The evolution of altruistic behavior. American Naturalist, 97, 354—356.
　　(1964). The genetical evolution of social behaviour: I & II. Journal of Theoretical Biology, 7, 1—52.
　　(1996). Narrow roads of gene land: The collected papers of W. D. Hamilton. Oxford, UK: Freeman/Spektrum.

Hamilton, W. D., & Zuk, M. (1982). Heritable true fitness and bright birds: A role for parasites? Science, 218, 384—387.

Hardin, G. (1968). The tragedy of the commons. Science, 162, 1243—1248.

Hardy, K., Brand—Miller, J., Brown, K. D., Thomas, M. G., & Copeland, L.
　　(2015). The importance of dietary carbohydrate in human evolution. Quarterly Review of Biology, 90, 251—268.

Harford, T. (2016). How to be a happier man. Men's Health. Retrieved March 21, 2017, from www.menshealth.co.uk/healthy/stress/how—to—be—a—happier—man

Harpending, H. (2013). Ongoing evolution in humans. Paper presented at CultureGene Interactions in Human Origins CARTA Symposium. Retrieved March 3, 2018, from www.ucsd.tv/search—details.aspx?showID=24112

Harris, C. R. (2013). Humans, deer, and sea dragons: How evolutionary psychology has misconstrued human sex differences. Psychological Inquiry, 24, 195—201.

Harris, F. (1975). The short stories of Frank Harris: A selection. Carbondale, IL: Southern Illinois University Press.

Harris, S. (Producer). (2016). Complexity and stupidity: A conversation with David Krakauer. Waking Up [Podcast]. Retrieved March 3, 2018, from https://sam harris.org/complexity—stupidity/

Harvey, P. H., & Bradbury, J. W. (1991). Sexual selection. In J. R. Krebs & N. B. Davies (Eds.), Behavioural ecology: An evolutionary approach (3rd ed., pp. 203—233). Oxford, UK: Blackwell.

Hawkes, K. (1991). Showing off: Tests of an hypothesis about men's foraging goals. Ethology and Sociobiology, 12, 29—54.

Hawking, S. (2008). Stephen Hawking asks big questions about the universe. Ted. Retrieved March 3, 2018, from www.ted.com/talks/stephen_hawking_asks_ big_questions_about_the_universe

Hawks, J., Wang, E. T., Cochran, G. M., Harpending, H. C., & Moyzis, R. K. (2007). Recent acceleration of human adaptive evolution. Proceedings of the National Academy of Sciences, 104, 20753—20758.

Henrich, J. (2004). Cultural group selection, coevolutionary processes and large—scale cooperation. Journal of Economic Behaviour and Organisation, 53, 3—35.
   (2016). The secret of our success: How culture is driving human evolution, domesticating our species, and making us smarter. Princeton, NJ: Princeton University Press.

Henrich, J., Boyd, R., & Richerson, P. J. (2012). The puzzle of monogamous marriage. Philosophical Transactions of the Royal Society B, 367, 657—669.

Henrich, J., & Gil—White, F. J. (2001). The evolution of prestige: Freely conferred deference as a mechanism for enhancing the benefits of cultural transmission. Evolution and Human Behavior, 22, 165—196.

Henrich, J., Heine, S. J., & Norenzayan, A. (2010). The weirdest people in the world? Behavioral and Brain Sciences, 33, 61—83.

Henrich, J., & McElreath, R. (2003). The evolution of cultural evolution. Evolutionary Anthropology, 12, 123—135.
   (2007). Dual—inheritance theory: The evolution of human cultural capacities and cultural evolution. In R. I. M. Dunbar & L. Barrett (Eds.), Oxford handbook of evolutionary psychology (pp. 555—570). Oxford University Press.

Hewlett, B. S. (1991). Intimate fathers: The nature and context of Aka pygmy paternal infant care. Ann Arbor, MI: University of Michigan Press.

Hill, K., & Hurtado, A. M. (1996). Aché life history: The ecology and demography of a foraging people. Hawthorne, NY: Aldine de Gruyter.

Hill, K. R., Walker, R. S., Božièeviæ, M., et al. (2011). Co—residence patterns in hunter—gatherer societies show unique human social structure. Science, 331, 1286—1289.

Hinde, R. A., & Barden, L. (1985). The evolution of the teddy bear. Animal Behaviour, 33, 1371—1373.

Hoffman, J. I., Forcada, J., Trathan, P. N., & Amos, W. (2007). Female fur seals show active choice for males that are heterozygous and unrelated. Nature, 445, 912—914.

Hofstede, G. (2001). Culture's consequences: Comparing values, behaviors, institutions, and organizations across nations. Thousand Oaks, CA: Sage.

Holmboe, S. A., Priskorn, L., Jørgensen, N., et al. (2017). Influence of marital status on testosterone levels: A ten year follow—up of 1113 men. Psychoneuroendocrinology, 80, 155—161.

Holmes, W. G., & Sherman, P. W. (1982). The ontogeny of kin recognition in two species of ground squirrels. American Zoologist, 22, 491—517.

Hrdy, S. B. (1977). The langurs of Abu. Cambridge, MA: Harvard University Press. (2000). Mother nature: Maternal instincts and how they shape the human species. New York: Ballentine Books.
    (2009). Mothers and others: The evolutionary origin of mutual understanding. Cambridge, MA: Harvard University Press.

Hughes, J. (2011). On the origin of tepees: The evolution of ideas (and ourselves). New York: Free Press.

Hughes, S. M., Dispenza, F., & Gallup, G. G. (2003). Sex differences in morphological predictors of sexual behavior: Shoulder to hip and waist to hip ratios. Evolution and Human Behavior, 24, 173—178.

Huxley, J. (1957). New bottles for new wine. London: Chatto & Windus.

Inge, W. R. (1929). Labels and libels. New York: Harper & Brothers.

Jablonski, N. G. (2006). Skin: A natural history. Berkeley, CA: University of California Press.

Jaeggi, A. V., & Gurven, M. (2013). Reciprocity explains food sharing in humans and other primates independent of kin selection and tolerated scrounging: A phylogenetic meta—analysis. Proceedings of the Royal Society B, 280, 20131615.

Jahr, C. (1976). Elton John: It's lonely at the top. Rolling Stone, 223, 11, 16—17.

James, W. (1880). Great men, great thoughts, and the environment. AtlanticMonthly, 66, 441—459.
    (1890). Principles of psychology. New York: Dover.

Janicke, T., Häderer, I. K., Lajeunesse, M. J., & Anthes, N. (2016). Darwinian sex roles confirmed across the animal kingdom. Science Advances, 2, e1500983.

Jankowiak, W., & Diderich, M. (2000). Sibling solidarity in a polygamous community in the USA: Unpacking inclusive fitness. Evolution and Human Behavior, 21, 125—139.

Jankowiak, W. R., & Fischer, E. F. (1992). A cross—cultural perspective on romantic love. Ethnology, 31, 149—156.

Jankowiak, W. R., Nell, M. D., & Buckmaster, A. (2002). Managing infidelity: A cross—cultural perspective. Ethnology, 41, 85—101.

Johnson, R. C. (1996). Attributes of Carnegie medalists performing acts of heroism and of the recipients of these acts. Ethology and Sociobiology, 17, 355—362.

Johnson, S. (2010). Where good ideas come from: The natural history of innovation. New York: Penguin.

Johnston, V. S., & Franklin, M. (1993). Is beauty in the eye of the beholder? Ethology and Sociobiology, 14, 183—199.

Jones, B. C., Hahn, A. C., Fisher, C. I., et al. (2017). No evidence that more physically attractive women have higher estradiol or progesterone. bioRxiv.

Jordan, B. K., Mohammed, M., Ching, S. T., et al. (2001). Up—regulation of WNT—4 signaling and dosage—sensitive sex reversal in humans. American Journal of Human Genetics, 68, 1102—1109.

Joshi, P. K., Esko, T., Mattsson, H., et al. (2015). Directional dominance on stature and cognition in diverse human populations. Nature, 523, 459—462.

Judge, D. S., & Hrdy, S. B. (1992). Allocation of accumulated resources among close kin: Inheritance in Sacramento, California, 1890—1984. Ethology and Sociobiology, 13, 495—522.

Jussim, L. (2012). Social perception and social reality: Why accuracy dominates bias and self—fulfilling prophecy. Oxford University Press.

Kahlenberg, S. M., & Wrangham, R. W. (2010). Sex differences in chimpanzees' use of sticks as play objects resemble those of children. Current Biology, 20, R1067—1068.

Kahneman, D., Krueger, A. B., Schkade, D. A., Schwarz, N., & Stone, A. A. (2004). A survey method for characterizing daily life experience: The day reconstruction method. Science, 306, 1776—1780.

Kaplan, H. (1994). Evolutionary and wealth flow theories of fertility: Empirical tests and new models. Population and Development Review, 20, 753—791.

Kaplan, H., Hill, K., Lancaster, J., & Hurtado, A. M. (2000). A theory of human life history evolution: Diet, intelligence and longevity. Evolutionary Anthropology, 9, 156—185.

Kaufmann, E. (2010). Shall the rich inherit the Earth? Demography and politics in the twenty—first century. London: Profile Books.

Kellogg, W. N., & Kellogg, L. A. (1933). The ape and the child: A comparative study of the environmental influence upon early behavior. New York: Hafner.

Kelly, K. (2010). What technology wants. New York: Viking.

Kendal, R., Hopper, L. M., Whiten, A., et al. (2014). Chimpanzees copy dominant and knowledgeable individuals: Implications for cultural diversity. Evolution and Human Behavior, 36, 65—72.

Kennair, L. E. O., Bendixen, M., & Buss, D. M. (2016). Sexual regret. Evolutionary Psychology, 14, 1474704916682903.

Kenrick, D. T., Groth, G., Trost, M. R., & Sadalla, E. K. (1993). Integrating evolutionary and social exchange perspectives on relationships: Effects of gender, self—appraisal, and involvement level on mate selection criteria. Journal of Personality and Social Psychology, 64, 951—969.

Kenrick, D. T., & Keefe, R. C. (1992). Age preferences in mates reflect sex differences in reproductive strategies. Behavioral and Brain Sciences, 15, 75—133.

Kenrick, D. T., Keefe, R. C., Bryan, A., Barr, A., & Brown, S. (1995). Age preferences and mate choice among homosexuals and heterosexuals: A case for modular psychological mechanisms. Journal of Personality and Social Psychology, 69, 1166—1172.

Kenrick, D. T., & Sheets, V. (1993). Homicidal fantasies. Ethology and Sociobiology, 14, 231—246.

King, R. (2013). Baby got back: Some brief observations on obesity in ancient female figurines: Limited support for waist to hip ratio constant as a signal of fertility. Journal of Obesity and Weight Loss Therapy, 3, 1000159.

King, R., & Belsky, J. (2012). A typological approach to testing the evolutionary functions of human female orgasm. Archives of Sexual Behavior, 41, 1145—1160.

Kirby, S., Cornish, H., & Smith, K. (2008). Cumulative cultural evolution in the laboratory: An experimental approach to the origins of structure in human language. Proceedings ofthe National Academy of Sciences, 105, 10681—10686.

Kokko, H., & Ots, I. (2006). When not to avoid inbreeding. Evolution, 60, 467—475.

Kordsmeyer, T. L., & Penke, L. (2017). The association of three indicators of developmental instability with mating success in humans. Evolution and Human Behavior, 38, 704—713.

Kruger, D. J., & Nesse, R. M. (2006). An evolutionary life—history framework for understanding sex differences in human mortality rates. Human Nature, 17, 74—97.

Krupp, D. B., DeBruine, L. M., & Barclay, P. (2008). A cue to kinship promotes cooperation for the public good. Evolution and Human Behavior, 29, 49—55.

Kuhle, B. X. (2011). Did you have sex with him? Do you love her? An in vivo test of sex differences in jealous interrogations. Personality and Individual Differences, 51, 1044—1047.

Kurzban, R. (2002). Alas poor evolutionary psychology: Unfairly accused, unjustly condemned. Human Nature Review, 2, 99—109.

Labuda, D., Lefebvre, J.—F., Nadeau, P., & Roy—Gagnon, M.—H. (2010). Female—to—

male breeding ratio in modern humans: An analysis based on historical recombinations. American Journal of Human Genetics, 86, 353—363.

Lack, D. (1968). Ecological adaptations for breeding in birds. London: Methuen.

Laland, K. N. (2017). Darwin's unfinished symphony: How culture made the human mind. Princeton, NJ: Princeton University Press.

Laland, K. N., & Brown, G. R. (2002). Sense and nonsense: Evolutionary perspectives on human behaviour. Oxford University Press.

Laland, K. N., Uller, T., Feldman, M., et al. (2014). Does evolutionary theory need a re-think? Nature, 514, 161—164.

Lamminmäki, A., Hines, M., Kuiri—Hänninen, T., et al. (2012). Testosterone measured in infancy predicts subsequent sex—typed behavior in boys and in girls. Hormones and Behavior, 61, 611—616.

Langlois, J. H., Roggman, L. A., Casey, R. J., et al. (1987). Infant preferences for attractive faces: Rudiments of a stereotype? Developmental Psychology, 23, 363—369.

Larmuseau, M. H. D., Vanoverbeke, J., Van Geystelen, A., et al. (2013). Low historical rates of cuckoldry in a Western European human population traced by Y—chromosome and genealogical data. Proceedings of the Royal Society B, 280, 20132400.
Lassek, W. D., & Gaulin, S. J. C. (2009). Costs and benefits of fat—free muscle mass in men: Relationship to mating success, dietary requirements, and native immunity. Evolution and Human Behavior, 30, 322—328.

LeBoeuf, B. J. (1974). The hectic life of the alpha bull: Elephant seal as fighter and lover. Psychology Today, 8, 104—108.

Lee, S., & Hasegawa, T. (2014). Oceanic barriers promote language diversification in the Japanese Islands. Journal of Evolutionary Biology, 27, 1905—1912.

Legare, C. H., & Nielsen, M. (2015). Imitation and innovation: The dual engines of cultural learning. Trends in Cognitive Sciences, 19, 688—699.

LeVay, S. (2011). Gay, straight, and the reason why: The science of sexual orientation. Oxford University Press.

Levitan, D. (2006). This is your brain on music: The science of a human obsession. New York: Penguin.

Li, G., Kung, K. T., & Hines, M. (2017). Childhood gender—typed behavior and adolescent sexual orientation: A longitudinal population—based study. Developmental Psychology, 53, 764—777.

Li, N. P., Bailey, J. M., & Kenrick, D. T. (2002). The necessities and luxuries of mate preferences: Testing the tradeoffs. Journal of Personality and Social Psychology, 82, 947—955.

Liao, X., Rong, S., & Queller, D. C. (2015). Relatedness, conflict, and the evolution of eusociality. PLoS Biology, 13, e1002098.

Lieberman, D., Tooby, J., & Cosmides, L. (2007). The architecture of human kin detection. Nature, 445, 727—731.

Lieberman, D. E. (2013). The story of the human body: Evolution, health, and disease. New York: Pantheon.

Lihoreau, M., Zimmer, C., & Rivault, C. (2007). Kin recognition and incest avoidance in a group—living insect. Behavioral Ecology, 18, 880—887.

Lippa, R. A. (2009). Sex differences in sex drive, sociosexuality, and height across 53 nations: Testing evolutionary and social structural theories. Archives of Sexual Behavior, 38, 631—651.

Lishner, D. A., Nguyen, S., Stocks, E. L., & Zillmer, E. J. (2008). Are sexual and emotional infidelity equally upsetting to men and women? Making sense of forced—choice responses. Evolutionary Psychology, 6, 667—675.

Litchfield, H. E. (Ed.). (1904). Emma Darwin, wife of Charles Darwin: A century of family letters. Cambridge University Press.

Littlefield, C. H., & Rushton, J. P. (1986). When a child dies: The sociobiology of bereavement. Journal of Personality and Social Psychology, 51, 797—802.

Lloyd, E. A. (2006). The case of the female orgasm: Bias in the science of evolution. Cambridge, MA: Harvard University Press.

Lonsdorf, E. V. (2017). Sex differences in nonhuman primate behavioral development. Journal of Neuroscience Research, 95, 213—221.

López, P., Muñoz, A., & Martín, J. (2002). Symmetry, male dominance and female mate preferences in the Iberian rock lizard, Lacerta monticola. Behavioral Ecology and Sociobiology, 52, 342—347.

Lorenz, K. (1943). Die angeborenen formen möglicher erfahrung. Zeitschrift für Tierpsychologie, 5, 235—409.

Low, B. S. (1989). Cross—cultural patterns in the training of children: An evolutionary perspective. Journal of Comparative Psychology, 103, 311—319.

Lubinski, D., Benbow, C. P., & Kell, H. J. (2014). Life paths and accomplishments of mathematically precocious males and females four decades later. Psychological Science, 25, 2217—2232.

Lukas, D., & Huchard, E. (2014). The evolution of infanticide by males in mammalian societies. Science, 346, 841—844.

Lumsden, C. J., & Wilson, E. O. (1981). Genes, mind, and behavior: The coevolutionary process. Cambridge, MA: Harvard University Press.

Lykken, D. T. (1995). The antisocial personalities. Hillsdale, NJ: Lawrence Erlbaum.

Lynch, A. (1996). Thought contagion: How belief spreads through society. New York: Basic Books.

Maccoby, E., & Jacklin, C. N. (1974). The psychology of sex differences. Stanford, CA: Stanford University Press.

Mace, R., & Holden, C. J. (2005). A phylogenetic approach to cultural evolution. Trends in Ecology and Evolution, 20, 116—121.

Mach, E. (1896). On the part played by accident in invention and discovery. Monist, 6, 161—175.

Madsen, E., Tunney, R., Fieldman, G., et al. (2007). Kinship and altruism: A cross—cultural experimental study. British Journal of Psychology, 98, 339—359.

Mann, J. (1992). Nurturance or negligence: Maternal psychology and behavioral preference among preterm twins. In J. H. Barkow, L. Cosmides, & J. Tooby (Eds.), The adapted mind: Evolutionary psychology and the generation of culture (pp. 367—390). Oxford University Press.

Marcus, G. (2012). Guitar zero: The science of becoming musical at any age. New York: Penguin.

Marks, I. M., & Nesse, R. M. (1994). Fear and fitness: An evolutionary analysis of anxiety disorders. Ethology and Sociobiology, 15, 247—261.

Marlowe, F. W. (1999a). Male care and mating effort among Hadza foragers. Behavioral Ecology and Sociobiology, 46, 57—64.
(1999b). Showoffs or providers? The parenting effort of Hadza men. Evolution and Human Behavior, 20, 391—404.
(2000). Paternal investment and the human mating system. Behavioural Processes, 51, 45—61.
(2003a). A critical period for provisioning by Hadza men: Implications for pair bonding. Evolution and Human Behavior, 24, 217—229.
(2003b). The mating system of foragers in the Standard Cross—Cultural Sample. Cross—Cultural Research, 37, 282—306.
(2004). Mate preferences among Hadza hunter—gatherers. Human Nature, 15, 365—376.

Massen, J. J. M., Dusch, K., Eldakar, O. T., & Gallup, A. C. (2014). A thermal window for yawning in humans: Yawning as a brain cooling mechanism. Physiology and Behavior, 130, 145—148.

Massen, J. J. M., Ritter, C., & Bugnyar, T. (2015). Tolerance and reward equity predict cooperation in ravens (Corvus corax). Scientific Reports, 5, 15021.

Matzke, N. J. (2015). The evolution of antievolution policies after Kitzmiller v. Dover. Science, 38, 28—30.

Maugham, W. S. (1938/2001). The summing up. London: Vintage Books.

McClintock, E. A. (2011). Handsome wants as handsome does: Physical attractiveness and gender differences in revealed sexual preferences. Biodemography and Social Biology, 57, 221—257.

McClure, B. (2004). Reproductive biology: Pillow talk in plants. Nature, 429, 249—250.

McLuhan, M. (1964). Understanding media: The extensions of man. New York: McGraw—Hill.

Mead, M. (1928). Coming of age in Samoa: A psychological study of primitive youth for Western civilization. New York: Morrow.

Melfi, V. (2005). Red baboon bottoms as sexual trafic lights. The Naked Scientists [Podcast]. Retrieved January 26, 2015 , from www.thenakedscientists.com/podcasts/naked—scientists/animal—communications exual—signalling—and—emotions

Mencken, H. L. (1916/1982). A Mencken chrestomathy: His own selection of his choicest writings. New York: Vintage Books.

Mesoudi, A. (2011). Cultural evolution: How Darwinian theory can explain human culture and unify the social sciences. Chicago, IL: University of Chicago Press.

Miller, G. F. (2000a). Evolution of human music through sexual selection. In N. L. Wallin, B. Merker, & S. Brown (Eds.), The origins of music (pp. 329—360). Harvard, MA: MIT Press.
> (2000b). The mating mind: How sexual choice shaped the evolution of human nature. New York: Vintage Books.
> (2007). Sexual selection for moral virtues. Quarterly Review of Biology, 82, 97—125.
> (2009). Spent: Sex, evolution, and consumer behavior. New York: Viking.
> (2013). Mutual mate choice models as the red pill in evolutionary psychology: Long delayed, much needed, ideologically challenging, and hard to swallow. Psychological Inquiry, 24, 207—210.

Millward, J. (2013). Deep inside: A study of 10,000 porn stars and their careers. Jon Millward Data Journalist. Retrieved February 24, 2017, from http://jon millward.com/blog/studies/deep—inside—a—study—of—10000—porn—stars/

Moeliker, C. W. (2001). The first case of homosexual necrophilia in the mallard Anas platyrhynchos (Aves: Anatidae). Deinsea, 8, 243—247.

Møller, A. P. (1993). Female preference for apparently symmetrical male sexual ornaments in the barn swallow Hirundo rustica. Behavioral Ecology and Sociobiology, 32, 371—376.
> (1997). Developmental stability and fitness: A review. American Naturalist, 149, 916—932.

Møller, A. P., & Birkhead, T. R. (1993). Certainty of paternity covaries with paternal care in birds. Behavioral Ecology and Sociobiology, 33, 261—268.

Montagu, A. (1973). Man and aggression (2nd ed.). Oxford University Press.

Morris, C. (2016). Porn's dirtiest secret: What everyone gets paid. CNBC. Retrieved February 24, 2017, from www.cnbc.com/2016/01/20/porns— dirtiest—secret—what—everyone—gets—paid.html

Muller, M. N., Thompson, M. E., & Wrangham, R. W. (2006). Male chimpanzees prefer mating with old females. Current Biology, 16, 2234—2238.

Muniz, L., Perry, S., Manson, J. H., et al. (2006). Father—daughter avoidance in a wild primate population. Current Biology, 16, R156—157.

Murdock, G. P. (1967). Ethnographic atlas. Pittsburgh, PA: University of Pittsburgh Press.

Murdock, G. P., & Provost, C. (1973). Factors in the division of labor by sex: A cross—cultural analysis. Ethnology, 12, 203—225.

Nedelec, J. L., & Beaver, K. M. (2014). Physical attractiveness as a phenotypic marker of health: An assessment using a nationally representative sample of American adults. Evolution and Human Behavior, 35, 456—463.

Needham, J. (1970). Clerks and craftsmen in China and the West: Lectures and addresses on the history of science and technology. Cambridge University Press.

Nesse, R. M. (1990). Evolutionary explanations of emotions. Human Nature, 1, 261—289. (2006). Why a lot of people with selfish genes are pretty nice except for their hatred of The Selfish Gene. In A. Grafen & M. Ridley (Eds.), Richard Dawkins: How a scientist changed the way we think: Reflections by scientists, writers, and philosophers (pp. 203—212). Oxford University Press. Nesse, R. M., & Williams, G. C. (1994). Why we get sick: The new science of Darwinian medicine. New York: Vintage Books.

Newberry, M. G., Ahern, C. A., Clark, R., & Plotkin, J. B. (2017). Detecting evolutionary forces in language change. Nature, 551, 223—226.

Neyer, F. J., & Lang, F. R. (2003). Blood is thicker than water: Kinship orientation across adulthood. Journal of Personality and Social Psychology, 84, 310—321.

Nietzsche, F. (1886/1966). Beyond good and evil: Prelude to a philosophy of the future (W. Kaufmann, Trans.). New York: Vintage Books.

Norenzayan, A. (2013). Big gods: How religion transformed cooperation and conflict. Princeton, NJ: Princeton University Press.

Nowak, M. A., & Sigmund, K. (1992). Tit for tat in heterogeneous populations. Nature, 355, 250—253.

Nowak, M. A., Tarnita, C. E., & Wilson, E. O. (2010). The evolution of eusociality. Nature, 466, 1057—1062.

Oberzaucher, E., & Grammer, K. (2014). The case of Moulay Ismael — fact or fancy? PLoS ONE, 9, e85292.

Ogas, O., & Gaddam, S. (2011). A billion wicked thoughts: What the Internet tells us about sexual relationships. New York: Penguin.
Öhman, A., & Mineka, S. (2001). Fears, phobias and preparedness: Toward an evolved

module of fear and fear learning. Psychological Review, 108, 483—522.

Orians, G. H. (1969). On the evolution of mating systems in birds and mammals. American Naturalist, 28, 1—16.

Paczolt, K. A., & Jones, A. G. (2010). Post—copulatory sexual selection and sexual conflict in the evolution of male pregnancy. Nature, 464, 401—404.

Pagel, M. (2012). Wired for culture: Origins of the human social mind. New York: Norton.

Parker, G. A. (1970). Sperm competition and its evolutionary consequences in the insects. Biological Reviews, 45, 525—567.

Parker, K., & Wang, W. (2013). Modern parenthood: Roles of moms and dads converge as they balance work and family. Washington, DC: Pew Research Center.

Pasterski, V. L., Geffner, M. E., Brain, C., et al. (2005). Prenatal hormones and postnatal socialization by parents as determinants of male—typical toy play in girls with congenital adrenal hyperplasia. Child Development, 76, 264—278.

Pasterski, V., Hindmarsh, P., Geffner, M., et al. (2007). Increased aggression and activity level in 3to 11—year—old girls with congenital adrenal hyperplasia (CAH). Hormones and Behavior, 52, 368—374.

Pedersen, F. A. (1991). Secular trends in human sex ratios: Their influence on individual and family behavior. Human Nature, 2, 271—291.

Pelé, M., Bonnefoy, A., Shimada, M., & Sueur, C. (2017). Interspecies sexual behaviour between a male Japanese macaque and female sika deer. Primates, 58, 275—278.

Penn, D., & Potts, W. (1998). MHC—disassortative mating preferences reversed by cross—fostering. Proceedings of the Royal Society B, 265, 1299—1306.

Perrett, D. (2010). In your face: The new science of human attraction. Basingstoke, UK: Palgrave Macmillan.

Perry, G. H., Dominy, N. J., Claw, K. G., et al. (2007). Diet and the evolution of human amylase gene copy number variation. Nature Genetics, 39, 1256—1260.

Perry, S. (2011). Social traditions and social learning in capuchin monkeys (Cebus). Philosophical Transactions of the Royal Society B, 366, 988—996.

Petrie, M., & Kempenaers, B. (1998). Extra—pair paternity in birds: Explaining variation between species and populations. Trends in Ecology and Evolution, 13, 52—58.

Pinker, S. (1994). The language instinct: The new science of language and mind. New York: Penguin.
    (1997). How the mind works. New York: Norton.
    (2002). The blank slate: The modern denial of human nature. New York: Penguin.
    (2011). The better angels of our nature: Why violence has declined. New York: Penguin.

(2012). The false allure of group selection. Edge.org. Retrieved May 20, 2013, from http://edge.org/conversation/the—false—allure—of—group—selection (2018). Enlightenment now: The case for reason, science, humanism, and progress. New York: Viking.

Pinker, S., & Bloom, P. (1992). Natural language and natural selection. In J. H. Barkow, L. Cosmides, & J. Tooby (Eds.), The adapted mind: Evolutionary psychology and the generation of culture (pp. 451—493). Oxford University Press.

Pinker, Susan. (2008). The sexual paradox: Troubled boys, gifted girls, and the real difference between the sexes. New York: Scribner.

Polderman, T. J. C., Benyamin, B., de Leeuw, C. A., et al. (2015). Meta—analysis of the heritability of human traits based on fifty years of twin studies. Nature Genetics, 47, 702—709.

Pollan, M. (1990). The botany of desire: A plant's—eye view of the world. New York: Random House.

Popper, K. R. (1979). Objective knowledge: An evolutionary approach. Oxford, UK: Clarendon.

Pound, N., Lawson, D. W., Toma, A. M., et al. (2014). Facial fluctuating asymmetry is not associated with childhood ill—health in a large British cohort study. Proceedings of the Royal Society B, 281, 20141639.

Power, M., & Schulkin, J. (2009). The evolution of obesity. Baltimore, MD: Johns Hopkins University Press.

Prentiss, A. M., Skelton, R. R., Eldredge, N., & Quinn, C. (2011). Get rad! The evolution of the skateboard deck. Evolution: Education and Outreach, 4, 379—389.

Price, G. R. (1970). Selection and covariance. Nature, 227, 520—521.

Price, M. E. (2012). Group selection theories are now more sophisticated, but are they more predictive? Evolutionary Psychology, 10, 45—49.

Principe, G. (2012). Orangutans on ritalin: An evolutionary developmental psychology perspective on ADHD. This View of Life. Retrieved March 27, 2015, from https://evolution—institute.org/article/orangutans—on—ritalin—anevolutionary—developmental—psychology—perspective/

Pusey, A. (2004). Inbreeding avoidance in primates. In A. P. Wolf & D. H. Durham (Eds.), Inbreeding, incest, and the incest taboo. Stanford, CA: Stanford University Press.

Puts, D. A. (2010). Beauty and the beast: Mechanisms of sexual selection in humans. Evolution and Human Behavior, 31, 157—175.

Puts, D. A., Dawood, K., & Welling, L. L. M. (2012). Why women have orgasms: An evolutionary analysis. Archives of Sexual Behavior, 41, 1127—1143.

Rasmussen, K. (1927). Across Arctic America: Narrative of the Fifth Thüle Expedition.

Fairbanks, AK: University of Alaska Press.

Ray, D. W. (2009). The God virus: How religion infects our lives and culture. Bonner Springs, KS: IPC Press.

Rees, M. (2004). Our final century. London: Heinemann.

Reser, J. E. (2011). Conceptualizing the autism spectrum in terms of natural selection and behavioral ecology: The solitary forager hypothesis. Evolutionary Psychology, 9, 207—238.

Revonsuo, A. (2000). The reinterpretation of dreams: An evolutionary hypothesis of the function of dreaming. Behavioral and Brain Sciences, 23, 877—901.

Richerson, P. J., Baldini, R., Bell, A., et al. (2016). Cultural group selection plays an essential role in explaining human cooperation: A sketch of the evidence. Behavioral and Brain Sciences, 39, e30.

Richerson, P. J., & Boyd, R. (2005). Not by genes alone: How culture transformed human evolution. Chicago, IL: University of Chicago Press.

Richerson, P. J., Boyd, R., & Henrich, J. (2010). Gene—culture coevolution in the age of genomics. Proceedings of the National Academy of Sciences, 7, 8985—8992.

Ridley, M. (1993). The red queen: Sex and the evolution of human nature. London: Penguin.
    (1996). The origins of virtue: Human instincts and the evolution of cooperation. London: Penguin.
    (2010). The rational optimist: How prosperity evolves. New York: HarperCollins.

Rohwer, S., Herron, J. C., & Daly, M. (1999). Stepparental behavior as mating effort in birds and other animals. Evolution and Human Behavior, 20, 367—390.

Rozin, P., Haidt, J., & McCauley, C. R. (1993). Disgust. In M. Lewis & J. M. Haviland (Eds.), Handbook of emotions (pp. 575—594). New York: Guilford Press.

Russell, B. (1926). On education: Especially in early childhood. London: Routledge.
    (1961). Has man a future? New York: Simon & Schuster.

Ryan, C., & Jethá, C. (2010). Sex at dawn: The prehistoric origins of modern sexuality. New York: HarperCollins.

Saad, G., & Gill, T. (2003). An evolutionary psychology perspective on gift giving among young adults. Psychology and Marketing, 20, 765—784.

Sagarin, B. J., Martin, A. L., Coutinho, S. A., et al. (2012). Sex differences in jealousy: A meta—analytic examination. Evolution and Human Behavior, 33, 595—614.

Salmon, C. A. (2012). The pop culture of sex: An evolutionary window on the worlds of pornography and romance. Review of General Psychology, 16, 152—160.

Sasaki, T., & Biro, D. (2017). Cumulative culture can emerge from collective intelligence in animal groups. Nature Communications, 8, 15049.

Saxon, L. (2012). !Sex at dusk: Lifting the shiny wrapping from Sex at Dawn. Lexington, KY: Createspace.
(2016). The naked bonobo. Lexington, KY: Createspace.

Scelza, B. A. (2014). Jealousy in a small—scale, natural fertility population: The roles of paternity, investment and love in jealous response. Evolution and Human Behavior, 35, 103—108.

Schärer, L., Rowe, L., & Arnqvist, G. (2012). Anisogamy, chance and the evolution of sex roles. Trends in Ecology and Evolution, 27, 260—264.

Scheidel, W. (2004). Ancient Egyptian sibling marriage and the Westermarck effect. In A. P. Wolf & W. H. Durham (Eds.), Inbreeding, incest, and the incest taboo: The state of knowledge at the turn of the century (pp. 93—108). Stanford, CA: Stanford University Press.

Schmitt, D. P. (2005). Sociosexuality from Argentina to Zimbabwe: A 48—nation study of sex, culture, and strategies of human mating. Behavioral and Brain Sciences, 28, 247—275.
(2014). Evaluating evidence of mate preference adaptations: How do we really know what Homo sapiens sapiens really want? In V. A. Weekes—Shackelford & T. K. Shackelford (Eds.), Evolutionary perspectives on human sexual psychology and behavior (pp. 3—39). New York: Springer.

Schmitt, D. P., & Pilcher, J. J. (2004). Evaluating evidence of psychological adaptation: How do we know one when we see one? Psychological Science, 15, 643—649.

Schmitt, D. P., & 118 Members of the International Sexuality Description Project. (2003). Universal sex differences in the desire for sexual variety: Tests from 52 nations, 6 continents, and 13 islands. Journal of Personality and Social Psychology, 85, 85—104.

Schopenhauer, A. (1818/1966). The world as will and representation, Vol. ii: Supplements to the fourth book (E. F. J. Payne, Trans.). New York: Dover Publications.

Scott, I. M. L., Clark, A. P., Boothroyd, L. G., & Penton—Voak, I. S. (2013). Do men's faces really signal heritable immunocompetence? Behavioral Ecology, 24, 579—589.

Sear, R., & Mace, R. (2008). Who keeps children alive? A review of the effects of kin on child survival. Evolution and Human Behavior, 29, 1—18.

Segerstråle, U. (2000). Defenders of the truth: The sociobiology debate. Oxford University Press.

Seligman, M. E. P., & Hager, J. L. (Eds.). (1990). Biological boundaries of learning. New York: Appleton—Century—Crofts.

Sell, A., Lukazsweski, A. W., & Townsley, M. (2017). Cues of upper body strength account for most of the variance in men's bodily attractiveness. Proceedings of the Royal Society B, 284, 20171819.

Seyfarth, R. M., & Cheney, D. L. (1984). Grooming alliances and reciprocal alliances in vervet monkeys. Nature, 308, 541—543.

Shackelford, T. K., & Goetz, A. T. (2006). Comparative evolutionary psychology of sperm competition. Journal of Comparative Psychology, 120, 139—146.

Shackelford, T. K., & Larsen, R. J. (1997). Facial asymmetry as an indicator of psychological, emotional, and physiological distress. Journal of Personality and Social Psychology, 72, 456—466.

Shackelford, T. K., Voracek, M., Schmitt, D. P., et al. (2004). Romantic jealousy in early adulthood and in later life. Human Nature, 15, 283—300.

Shepher, J. (1971). Mate selection among second generation kibbutz adolescents and adults: Incest avoidance and negative imprinting. Archives of Sexual Behavior, 1, 293—307.

Sherman, P. W. (1977). Nepotism and the evolution of alarm calls. Science, 197, 1246—1253.
    (1980). The limits of ground squirrel nepotism. In G. B. Barlow & J. Silverberg (Eds.), Sociobiology: Beyond nature/nurture? AAAS Selected Symposium 35 (pp. 505—544). Boulder, CO: Westview Press.

Shermer, M. (2004). The science of good and evil: Why people cheat, gossip, care, share, and follow the Golden Rule. New York: Henry Holt.
    (2009). The mind of the market: How biology and psychology shape our economic lives. New York: Henry Holt.

Shostak, M. (1981). Nisa. Cambridge, MA: Harvard University Press.

Shubin, N. (2008). Your inner fish: A journey into the 3.5 billion—year history of the human body. New York: Pantheon.

Silk, J. B. (1987). Adoption among the Inuit. Ethos, 15, 320—330.

Simoons, F. J. (1969). Primary adult lactose intolerance and the milking habit: A problem in biological and cultural interrelations. American Journal of Digestive Diseases, 14, 819—836.

Simpson, J. A., & Gangestad, S. W. (1991). Individual differences in sociosexuality: Evidence for convergent and discriminant validity. Journal of Personality and Social Psychology, 60, 870—883.

Singer, P. (1981). The expanding circle: Ethics and sociobiology. New York: Farrar, Strauss, & Giroux.

Singh, D. (1993). Adaptive significance of female physical attractiveness: Role of waist—to—hip ratio. Journal of Personality and Social Psychology, 65, 293—307.
    (1995). Female judgment of male attractiveness and desirability for relationships: Role of waist—to—hip ratio and financial status. Journal of Personality and Social Psychology, 69, 1089—1101.

Singh, D., Dixson, B. J., Jessop, T. S., Morgan, B., & Dixson, A. F. (2010). Crosscultural consensus for waist—hip ratio and women's attractiveness. Evolution and Human Behavior, 31, 176—181.

Singh, D., & Luis, S. (1995). Ethnic and gender consensus for the effect of waist—to—hip ratio on judgement of women's attractiveness. Human Nature, 6, 51—65.

Skinner, B. F. (1953). Science and human behavior. New York: Free Press.

Slater, A., Quinn, P. C., Hayes, R., & Brown, E. (2000). The role of facial orientation in newborn infants' preference for attractive faces. Developmental Science, 3, 181—185.

Smith, E. A., Bird, R. B., & Bird, D. W. (2003). The benefits of costly signaling: Meriam turtle hunters. Behavioral Ecology, 14, 116—126.

Smith, E. A., Hill, K., Marlowe, F., et al. (2010). Wealth transmission and inequality among hunter—gatherers. Current Anthropology, 51, 19—34.

Smith, M. S., Kish, B. J., & Crawford, C. B. (1987). Inheritance of wealth as human kin investment. Ethology and Sociobiology, 8, 171—182.

Smith, R. L. (1984). Human sperm competition. In R. L. Smith (Ed.), Sperm competition and the evolution of animal mating systems (pp. 601—659). London: Academic Press.

Sober, E., & Wilson, D. S. (1998). Unto others: The evolution and psychology of unselfish behavior. Cambridge, MA: Harvard University Press.

Sohn, K. (2016). Men's revealed preferences regarding women's ages: Evidence from prostitution. Evolution and Human Behavior, 37, 272—280.
    (2017). Men's revealed preference for their mates' ages. Evolution and Human Behavior, 38, 58—62.

Sommer, V., & Reichard, U. (2000). Rethinking monogamy: The gibbon case. In P. Kappeler (Ed.), Primate males (pp. 159—168). Cambridge University Press.

Sommers, C. H. (2013a). Freedom feminism: Its surprising history and why it matters today. Washington, DC: AEI Press.
    (2013b). The war against boys: How misguided policies are harming our young men (rev. ed.). New York: Simon & Schuster.
    (2013c). What "lean in" misunderstands about gender differences. The Atlantic. Retrieved January 12, 2017, from www.theatlantic.com/sexes/archive/2013/0 3/what—lean—in—misunderstands—about—gender—differences/274138/

Sperber, D. (1985). Anthropology and psychology: Towards an epidemiology of representations. Man, 20, 73—89.
    (1996). Explaining culture: A naturalistic approach. Oxford, UK: Blackwell.

Stack, S. (1987). Celebrities and suicide: A taxonomy and analysis, 1948—1983. American Sociological Review, 52, 401—412.

Starr, S. B. (2015). Estimating gender disparities in federal criminal cases. American Law and Economics Review, 17, 127—159.
Stephen, I. D., Hiew, V., Coetzee, V., Tiddeman, B. P., & Perrett, D. I. (2017). Facial shape

analysis identifies valid cues to aspects of physiological health in Caucasian, Asian, and African populations. Frontiers in Psychology, 8, 1883.

Sternberg, R. J. (1986). A triangular theory of love. Psychological Review, 93, 119—135.

Stewart—Williams, S. (2002). Gender, the perception of aggression, and the overestimation of gender bias. Sex Roles, 46, 177—189.
　　　(2007). Altruism among kin vs. nonkin: Effects of cost of help and reciprocal exchange. Evolution and Human Behavior, 28, 193—198.
　　　(2008). Human beings as evolved nepotists: Exceptions to the rule and effects of cost of help. Human Nature, 19, 414—425.
　　　(2010). Darwin, God, and the meaning of life: How evolutionary theory undermines everything you thought you knew. Cambridge University Press.
　　　(2014). The sticking point: Why men still outnumber women in science. Psychology Today. Retrieved January 12, 2017, from www.psychologytoday. com/ us/blog/ the—nature—nurture—nietzsche—blog/201402/the—stickingpoint— why—men—stilloutnumber—women—in
　　　(2015a). Evolution and morality. In J. D. Wright (Ed.), International encyclopedia of the social and behavioral sciences (2nd ed., Vol. xv, pp. 811—818). Oxford, UK: Elsevier.
　　　(2015b). Foreword: On the origin of afterlife beliefs by means of memetic selection. In M. Martin & K. Augustine (Eds.), The myth of afterlife: Essays on the case against life after death (pp. xiii—xxv). Jefferson, NC: McFarland.
　　　(2017). The science of human sex differences: Implications for policy on gender equity. Gifted Women, Fragile Men. Retrieved March 21, 2017, from http://euromind.global/steve—stewart—williams/
　　　(in press—a). Afterlife beliefs: An evolutionary approach. In D. M. Wulff (Ed.), Oxford handbook of the psychology of religion (2nd ed.). Oxford University Press.
　　　(in press—b). Are humans peacocks or robins? In L. Workman, W. Reader, & J. Barkow (Eds.), Cambridge handbook of evolutionary perspectives on human behavior (2nd ed.). Cambridge University Press.

Stewart—Williams, S., Butler, C. A., & Thomas, A. G. (2017). Sexual history and present attractiveness: People want a mate with a bit of a past, but not too much. Journal of Sex Research, 54, 1097—1105.

Stewart—Williams, S., & Thomas, A. G. (2013a). The ape that kicked the hornet's nest: Response to commentaries on "The ape that thought it was a peacock". Psychological Inquiry, 24, 248—271.
　　　(2013b). The ape that thought it was a peacock: Does evolutionary psychology exaggerate human sex differences? Psychological Inquiry, 24, 137—168.

Strassmann, B. I. (1997). The biology of menstruation in Homo sapiens: Total lifetime menses, fecundity, and nonsynchrony in a natural fertility population. Current Anthropology, 38, 123—129.

Swaddle, J. P., & Cuthill, I. C. (1994). Preference for symmetric males by female zebra finches. Nature, 367, 165—166.

Symons, D. (1979). The evolution of human sexuality. Oxford University Press. (1989). The psychology of human mate preferences. Behavioral and Brain Sciences, 12, 34—35.

Tallis, F. (2005). Love sick: Love as a mental illness. New York: Avalon.

Taylor, T. (2010). The artificial ape: How technology changed the course of human evolution. New York: Palgrave Macmillan.

Tehrani, J., & Collard, M. (2002). Investigating cultural evolution through biological phylogenetic analyses of Turkmen textiles. Journal of Anthropological Archaeology, 21, 443—463.

Tennie, C., Call, J., & Tomasello, M. (2009). Ratcheting up the ratchet: On the evolution of cumulative culture. Philosophical Transactions of the Royal Society B, 364, 2405—2415.

Tennov, D. (1979). Love and limerence: The experience of being in love. Lanham, ML: Scarborough House.

Thomas, A. G., & Stewart—Williams, S. (2018). Mating strategy flexibility in the laboratory: Preferences for longand short—term mating change in response to evolutionarily relevant variables. Evolution and Human Behavior, 39, 82—93.

Thomas, M. G., Ji, T., Wu, J., et al. (2018). Kinship underlies costly cooperation in Mosuo villages. Royal Society Open Science, 5, 171535.

Thornhill, R. (1976). Sexual selection and nuptial feeding behavior in Bittacus apicalis (Insecta: Mecoptera). American Naturalist, 110, 529—548.
    (1992). Female preference for the pheromone of males with low fluctuating asymmetry in the Japanese scorpionfly(Panorpa japonica: Mecoptera). Behavioral Ecology, 3, 277—283.

Thornhill, R., & Gangestad, S. W. (1993). Human facial beauty: Averageness, symmetry, and parasite resistance. Human Nature, 4, 237—269.
    (1994). Human fluctuating asymmetry and sexual behavior. Psychological Science, 5, 297—302.

Thornhill, R., Thornhill, R., & Palmer, C. T. (2000). A natural history of rape: Biological bases of sexual coercion. Cambridge, MA: MIT Press.

Tidière, M., Gaillard, J.—M., Müller, D. W. H., et al. (2015). Does sexual selection shape sex differences in longevity and senescence patterns across vertebrates? A review and new insights from captive ruminants. Evolution, 69, 3123—3140.

Tiger, L., & Shepher, J. (1975). Women in the kibbutz. New York: Harcourt, Brace, Jovanovich.

Tishkoff, S. A., Reed, F. A., Ranciaro, A., et al. (2007). Convergent adaptation of human lactase persistence in Africa and Europe. Nature Genetics, 39, 31—40.

Tomasello, M. (1999). The cultural origins of human cognition. Cambridge, MA: Harvard University Press.

Tooby, J., & Cosmides, L. (1992). The psychological foundations of culture. In J. H. Barkow, L. Cosmides, & J. Tooby (Eds.), The adapted mind: Evolutionary psychology and the generation of culture (pp. 19—136). Oxford University Press.

Touboul, J. (2014). The hipster effect: When anticonformists all look the same. arXiv, 1410.8001.

Trivers, R. L. (1971). The evolution of reciprocal altruism. Quarterly Review of Biology, 46, 35—57.

(1972). Parental investment and sexual selection. In B. Campbell (Ed.), Sexual selection and the descent of man: 1871—1971 (pp. 136—179). Chicago, IL: Aldine Press.

(1985). Social evolution. Menlo Park, CA: Benjamin/Cummings.

(2002). Natural selection and social theory: Selected papers of Robert Trivers. Oxford University Press.

Turkheimer, E. (2000). Three laws of behavior genetics and what they mean. Current Directions in Psychological Science, 9, 160—164.

Tybur, J. M., Miller, G. F., & Gangestad, S. W. (2007). Testing the controversy: An empirical examination of adaptationists' attitudes towards politics and science. Human Nature, 18, 313—328.

Tylor, E. B. (1871). Primitive culture: Researches into the development of mythology, philosophy, religion, art and customs. New York: Henry Holt.

van den Berghe, P. L. (1979). Human family systems: An evolutionary view. New York: Elsevier.

Van Dongen, S., & Gangestad, S. W. (2011). Human fluctuating asymmetry in relation to health and quality: A meta—analysis. Evolution and Human Behavior, 32, 380—398.

van Schaik, C. P., Ancrenaz, M., Borgen, G., et al. (2003). Orangutan cultures and the evolution of material culture. Science, 299, 102—105.

van Veelen, M., García, J., Sabelis, M. W., & Egas, M. (2012). Group selection and inclusive fitness are not equivalent: the Price equation vs. models and statistics. Journal of Theoretical Biology, 299, 64—80.

Vasey, P. L., Pocock, D. S., & VanderLaan, D. P. (2007). Kin selection and male androphilia in Samoan fa'afafine. Evolution and Human Behavior, 28, 159—167.

Voelkl, B., Portugal, S. J., Unsöld, M., Usherwood, J. R., Wilson, A. M., & Fritz, J. (2015). Matching times of leading and following suggest cooperation through direct reciprocity during V—formation flight in ibis. Proceedings of the National Academy of Sciences, 112, 2115—2120.

Waitt, C., & Little, A. C. (2006). Preferences for symmetry in conspecific facial shape among Macaca mulatta. International Journal of Primatology, 27, 133—145.

Wallen, K. (2005). Hormonal influences on sexually differentiated behavior in nonhuman primates. Frontiers in Neuroendocrinology, 26, 7—26.

Walpole, S. C., Prieto—Merino, D., Edwards, P., et al. (2012). The weight of nations: An estimation of adult human biomass. BMC Public Health, 12, 439.

Warraq, I. (2002). Virgins? What virgins? The Guardian. Retrieved March 30, 2015, from www.theguardian.com/books/2002/jan/12/books.guardian review5

Washburn, S., & Lancaster, C. (1968). The evolution of hunting. In R. B. Lee & I. DeVore (Eds.), Man the hunter (pp. 193—303). Chicago, IL: Aldine.

Washburn, S. L. (1978). Human behavior and the behavior of other animals. American Psychologist, 33, 405—418.

Weinberg, K. S. (1963). Incest behavior. New York: Citadel Press.

West, S. A., Griffin, A. S., & Gardner, A. (2007a). Social semantics: Altruism, cooperation, mutualism, strong reciprocity and group selection. Journal of Evolutionary Biology, 20, 415—432.
⠀⠀⠀⠀(2007b). Social semantics: How useful has group selection been? Journal of Evolutionary Biology, 21, 374—385.

Westermarck, E. A. (1891). The history of human marriage. London: Macmillan.

Whitehead, H., & Rendell, L. (2014). The cultural lives of whales and dolphins. Chicago, IL: University of Chicago Press.

Whiten, A., Goodall, J., McGrew, W. C., et al. (1999). Cultures in chimpanzees. Nature, 399, 682—685.

Wilkinson, G. S. (1984). Reciprocal food sharing in the vampire bat. Nature, 308, 181—184.

Williams, G. C. (1966). Adaptation and natural selection: A critique of some current evolutionary thought. Princeton, NJ: Princeton University Press.
Wilson, D. S. (2002). Darwin's cathedral: Evolution, religion, and the nature of society. Chicago, IL: University of Chicago Press.
⠀⠀⠀⠀(2015). Does altruism exist? Culture, genes, and the welfare of others. New Haven, CT: Yale University Press.

Wilson, D. S., & Sober, E. (1994). Reintroducing group selection to the human behavioral sciences. Behavioral and Brain Sciences, 17, 585—654.

Wilson, D. S., & Wilson, E. O. (2007). Rethinking the theoretical foundation of sociobiology. Quarterly Review of Biology, 82, 327—348.

Wilson, E. O. (1975). Sociobiology: The new synthesis. Cambridge, MA: Harvard University Press.
⠀⠀⠀⠀(1978). On human nature. Cambridge, MA: Harvard University Press.

Wilson, M., & Daly, M. (1985). Competitiveness, risk taking, and violence: The young male syndrome. Ethology and Sociobiology, 6, 59—73.
⠀⠀⠀⠀(1992). The man who mistook his wife for a chattel. In J. H. Barkow, L. Cosmides, & J. Tooby (Eds.), The adapted mind: Evolutionary psychology and the generation of culture (pp. 289—322). Oxford University Press.

Wilson, M. L., Boesch, C., Fruth, B., et al. (2014). Lethal aggression in Pan is better explained by adaptive strategies than human impacts. Nature, 513, 414—417.

Wingfield, J. C., Hegner, R. E., Dufty, A. M. J., & Ball, G. F. (1990). The "challenge hypothesis": Theoretical implications for patterns of testosterone secretion, mating systems, and breeding strategies. American Naturalist, 136, 829—846.

Wishnia, K. (2015). Soft money: A Filomena Buscarsela mystery. Oakland, CA: PM Press.

Wolf, A. P. (1966). Childhood association, sexual attraction, and the incest taboo. American Anthropologist, 68, 883—898.
  (1970). Childhood association and sexual attraction: A further test of the Westermarck hypothesis. American Anthropologist, 72, 530—515.

Wolf, N. (1991). The beauty myth: How images of beauty are used against women. New York: Morrow.

Wood, W., & Eagly, A. H. (2002). A cross—cultural analysis of the behavior of women and men: Implications for the origins of sex differences. Psychological Bulletin, 128, 699—727.
  (2012). Biosocial construction of sex differences and similarities in behavior. In J. M. Olson & M. P. Zanna (Eds.), Advances in experimental social psychology, Vol. XLVI (pp. 55—123). London: Elsevier.

Woods, V. (2010). Bonobo handshake: A memoir of love and adventure in the Congo. New York: Penguin.

Workman, L., & Reader, W. (2014). Evolutionary psychology: An introduction (3rd ed.). Cambridge University Press.

Wrangham, R. (2009). Catching fire: How cooking made us human. London: Prole.

Wright, R. (1994). The moral animal: The new science of evolutionary psychology. New York: Vintage Books.

Wynne—Edwards, V. C. (1962). Animal dispersion in relation to social behaviour. Edinburgh, UK: Oliver & Boyd.

Xue, M. (2013). Altruism and reciprocity among friends and kin in a Tibetan village. Evolution and Human Behavior, 34, 323—329.

Young, L., & Alexander, B. (2012). The chemistry between us: Love, sex, and the science of attraction. New York: Penguin.

Yudkowsky, E. S. (2006). The human importance of the intelligence explosion. Paper presented at the Singularity Summit 2006, Stanford, CA. Retrieved March 3, 2018, from www.scribd.com/document/2327576/The—Human—Importance—of— the—Intelligence—Explosion—Powperpoint—Presentation—Handout

Zahavi, A. (1975). Mate selection: A selection for a handicap. Journal of Theoretical Biology, 53, 205—214.

Zahavi, A., & Zahavi, A. (1997). The handicap principle: A missing piece of Darwin's puzzle. Oxford University Press.

Zuckerman, M., Silberman, J., & Hall, J. A. (2013). The relation between intelligence and religiosity: A meta—analysis and some proposed explanations. Personality and Social Psychology Review, 17, 325—354.

Zuk, M. (2013). Paleofantasy: What evolution really tells us about sex, diet, and how we live. New York: Norton.

우주를 이해한 유인원
인류는 어떻게 문화적 동물이 되었을까

펴 낸 날 | 초판 1쇄 2023년 7월 31일

지 은 이 | 스티브 스튜어트-윌리엄스
옮 긴 이 | 강아름

책 임 편 집 | 이윤형
편   집 | 백지연, 이정

표지디자인 | 별을 잡는 그물 양미정

펴 낸 곳 | 데이원
출 판 등 록 | 2017년 8월 31일 제2021-000322호
편 집 부 | 070-7566-7406, dayone@bookhb.com
영 업 부 | 070-8623-0620, bookhb@bookhb.com
팩   스 | 0303-3444-7406

우주를 이해한 유인원 © 스티브 스튜어트-윌리엄스, 2023

ISBN 979-11-6847-315-7 (03300)